Alexander Solschenizyn   Die Eiche und das Kalb

Alexander Solschenizyn
Die Eiche und das Kalb

Skizzen aus dem literarischen Leben

Aus dem Russischen von Swetlana Geier
Der Anhang wurde von
Wolfgang Kasack übertragen

Luchterhand

Titel der bei YMCA-Press, Paris, erschienenen
Originalausgabe: БОДАЛСЯ ТЕЛЕНОК С ДУБОМ

Lektorat: Katja Behrens
Umschlag von Kalle Giese
Ausstattung von Martin Faust
Gesamtherstellung bei der Druck- und Verlags-Gesellschaft
mbH, Darmstadt
ISBN 3-472-86397-8

Vorbemerkung

Es gibt eine ziemlich umfangreiche sekundäre Literatur: Literatur über Literatur; Literatur um die Literatur herum; aus der Literatur geborene Literatur (hätte es die eine nicht schon vorher gegeben, wäre auch die andere nicht geboren worden). Ich selbst lasse von Berufs wegen diese Literatur gerne gelten, schätze sie aber weit weniger als die primäre Literatur. Und es gibt so viel Geschriebenes, und die Zeit zum Lesen wird so knapp, daß man denkt: Memoiren schreiben, literarische Memoiren überdies – kann man das mit gutem Gewissen tun?

Und ich habe erst recht nicht angenommen, daß ich selbst, in meinem neunundvierzigsten Lebensjahr, den Mut aufbringen und etwas Memoirenähnliches zustande bringen würde. Aber dann trafen zwei Umstände zusammen und wiesen mir den Weg.

Der eine – das ist die grausame und feige Geheimnistuerei, auf die alles Elend unseres Landes zurückgeht. Wir haben nicht nur Angst, offen zu äußern, zu schreiben und den Freunden zu erzählen, was wir denken und wie die Dinge sich verhalten – wir haben sogar Angst, uns dem Papier anzuvertrauen, denn immer noch schwebt das Beil über unseren Nacken und kann jeden Augenblick niedersausen. Man kann nicht im voraus sagen, wie lange diese Geheimnistuerei dauern wird – vielleicht wird mancher von uns bis dahin geköpft sein, und das Unausgesprochene mit uns untergehen.

Der zweite Umstand – das ist meine Absicht, im kommenden Frühling den Hals in der Schlinge, die mir vor zwei Jahren umgelegt, aber nicht zugezogen worden ist, ein wenig zu recken. Ob die Schlinge reißt, ob sie sich zuzieht – das läßt sich nicht exakt voraussehen.

Und genau zwischen zwei Felsbrocken – den einen habe ich zurückgestoßen, den nächsten erwarte ich mit Bangen – kann ich kurz Atem schöpfen. Da denke ich, daß es vielleicht an der Zeit ist, für alle Fälle einiges klarzustellen.

April 1967

Der Schriftsteller im Untergrund

Es ist nichts Besonderes, wenn Revolutionäre in den Untergrund gehen. Etwas Besonderes ist es, wenn Schriftsteller das tun.

Schriftsteller, denen es um die Wahrheit geht, hatten nie ein leichtes Leben, sie haben es nicht (und sie werden es nie haben!): bei dem einen waren es Verleumdungen, bei dem anderen ein Duell, bei diesem ein zerstörtes Familienleben, bei jenem der Ruin oder ewige, hoffnungslose Armut, hier das Irrenhaus, dort das Gefängnis. Wenn es aber jemandem wirklich gutgeht – wie Lew Tolstoj – wird das eigene Gewissen die Brust von innen noch schlimmer zerfleischen.

Dennoch: in den Untergrund gehen und sich nicht bemühen, in der Welt bekannt zu werden, im Gegenteil – Gott bewahre uns davor! – möglichst unbekannt zu bleiben – dieses Schriftstellerlos gehört uns, ist echt russisch, ist sowjetrussisch! Heute weiß man mit Sicherheit, daß Radischtschew im letzten Lebensabschnitt etwas Wichtiges geschrieben und das tief und wohlüberlegt versteckt hat: so tief, daß wir es auch jetzt nicht finden und nicht kennen. Puschkin hat ebenfalls das zehnte Kapitel des *Onegin* scharfsinnig verschlüsselt, das ist allgemein bekannt. Weniger bekannt ist, wie lange sich Tschaadajew mit geheimen Aufzeichnungen beschäftigt hat: er verteilte sein Manuskript einzeln auf die verschiedenen Bände seiner umfangreichen Bibliothek. Bei einer Hausdurchsuchung der Lubjanka wäre das natürlich kein sicheres Versteck gewesen: wie viele Bücher es auch sein mögen, jederzeit können genügend Operatiwniks zusammengetrommelt werden, die jedes Buch an beiden Enden des Rückens nehmen und geduldig schütteln (versteckt nichts in Büchern, Freunde!). Aber die zaristischen Gendarmen haben versagt: Tschaadajew starb, seine Bibliothek blieb bis zu den Revolutionen erhalten und die nicht vereinten, niemandem bekannten Seiten schmachteten darin. In den zwanziger Jahren wurden sie entdeckt, zusammengesucht, studiert und in den Dreißigern von D. S. Schachowskoj endlich zum Druck vorbereitet. Aber da wurde Schachowskoj *verhaftet* (er kam nie zurück), und Tschaada-

jews Manuskripte werden bis auf den heutigen Tag im Puschkinhaus unter Verschluß gehalten: sie dürfen nicht gedruckt
werden wegen . . . ihres *reaktionären* Inhalts!

So hat Tschaadajew – noch hundertzehn Jahre nach seinem
Tod! – zu einem Rekord im Verschweigen eines russischen
Schriftstellers beigetragen. Er hat wirklich gezeigt, was Schrei-
ben ist!

Aber dann kamen viel freiere Zeiten: die russischen Schriftsteller schrieben nicht mehr *für die Schublade,* sondern konnten alles drucken, was sie wollten (und nur Kritiker und Publizisten suchten nach äsopischen Wendungen). Und sie haben
so frei geschrieben und so frei an dem ganzen Staatsgebäude
gerüttelt, daß es die russische Literatur war, aus der all die
jungen Leute hervorgegangen sind, die in Haß gegen den Zaren und die Gendarmen entbrannten, sich der Revolution ergaben und sie in die Tat umsetzten.

Aber kaum hatte die Literatur den Schritt über die Schwelle
der von ihr selbst hervorgebrachten Revolution getan, als sie
schon ins Stocken geriet: sie fand sich keineswegs in einer
strahlenden himmlischen Region, sondern unter einer Dachschräge zwischen sich immer enger zusammenziehenden Wän-
den. Die sowjetischen Schriftsteller mußten sehr bald erfahren,
daß nicht jedem Buch beschieden war *durchzukommen.* Und
nach einem weiteren Dutzend Jahren mußten sie erfahren, daß
ein Buch Gitter und Stacheldraht als Honorar einbringen kann.
Und wieder begannen die Schriftsteller, das Geschriebene zu
verstecken, auch wenn sie die Hoffnung, ihre Bücher noch bei
Lebzeiten gedruckt zu sehen, nicht restlos aufgeben mochten.

Bis zu meiner Verhaftung war mir vieles unverständlich geblieben. Ohne zu reflektieren, hatte ich mich der Literatur zugewandt und wußte nicht recht, wozu das für mich und wozu
das für die Literatur gut sein sollte. Mich bedrückte nur, daß
es schwer war – wie ich meinte – unverbrauchte *Themen* für
Erzählungen zu finden. Schrecklich, sich vorzustellen, was für
ein Schriftsteller ich geworden wäre (und ich wäre einer geworden), wenn man mich *nicht eingesperrt* hätte.

Nach der Verhaftung aber, nach rund zwei Jahren Gefängnis-
und Lagerleben, fast erdrückt unter Bergen von Themen, nahm
ich es hin, wie das Atmen, wie alles Unbestreitbare, was das
Auge sieht: keiner wird mich je drucken, ja, mehr noch, eine

einzige Zeile von mir kostet den Kopf. Ohne Zögern nahm ich das Los des zeitgenössischen russischen Schriftstellers auf mich, dem es um die Wahrheit geht: nur zu schreiben, damit *das alles* unvergessen bleibt und die Nachkommen es einmal erfahren. Solange ich lebe, darf ich mir nicht vorstellen, nicht einmal davon träumen, gedruckt zu werden.

Und ich überwand den müßigen Traum. Und an seine Stelle trat die Gewißheit, daß meine Arbeit nicht vergeblich ist, daß sie die Häupter, gegen die sie sich richtet, treffen, daß sie jene erreichen wird, denen sie in unsichtbaren Strömen zufließt. Mit dem lebenslänglichen Schweigen fand ich mich ab wie mit der lebenslänglichen Unmöglichkeit, die Erdenlast abzustreifen. Und während ich eine Arbeit nach der anderen zum Abschluß brachte, erst im Lager, dann in der Verbannung, dann rehabilitiert, zunächst Gedichte, später Dramen, und noch später auch Prosa, hatte ich nur den einen sehnlichen Wunsch: ihr Geheimnis zu bewahren und damit auch mich selbst.

Dafür mußte ich im Lager die Gedichte auswendig lernen – viele Tausende von Zeilen. Dafür dachte ich mir eine Art Rosenkranz aus, mit einem metrischen System, und in den Etappengefängnissen Markierungen mit Streichholzstückchen. Gegen Ende der Lagerzeit, als ich mich von der Leistungsfähigkeit meines Gedächtnisses überzeugt hatte, ging ich daran, Prosadialoge aufzuschreiben und auswendig zu lernen, und nach und nach auch geschlossene Prosa. Das Gedächtnis nahm alles auf! Es ging. Aber ich brauchte immer mehr Zeit für das allmonatliche Wiederholen all des Auswendiggelernten – bis zu einer Woche pro Monat.

Damals begann die Verbannung und gleich zu Beginn der Verbannung – der Krebs. Im Herbst 1953 sah es ganz so aus, als blieben mir nur noch wenige Monate. Im Dezember bestätigten mir die Ärzte, Verbannte wie ich, daß ich kaum länger als drei Wochen zu leben hätte.

Zusammen mit meinem Kopf war auch alles im Lager auswendig Gelernte vom Auslöschen bedroht.

Das war ein furchtbarer Moment in meinem Leben: der Tod auf der Schwelle zur Freiheit und der Untergang alles Geschriebenen, des ganzen Sinns des bis dahin Erlebten. Die Art der sowjetischen Zensur schloß einen Hilferuf an die Außenwelt aus: Kommt, holt, rettet das von mir Geschriebene! Einen fremden Menschen hätte man nicht rufen können. Die Freunde saßen selbst in Lagern. Meine Mutter war tot. Meine Frau hatte einen anderen geheiratet; ich rief sie dennoch, damit wir uns verabschieden und sie vielleicht die Manuskripte mitnehmen könnte – aber sie kam nicht.

In diesen von den Ärzten zugestandenen letzten Wochen mußte ich die Arbeit in der Schule fortsetzen, aber an den Abenden und in den vor Schmerzen schlaflosen Nächten schrieb ich in winziger Schrift eilig Seite um Seite, rollte jeweils mehrere Blätter eng zusammen und schob diese Rollen in eine Sektflasche. Diese Flasche vergrub ich in meinem Gemüsebeet und fuhr Ende 1953 zum Sterben nach Taschkent.

Ich starb jedoch nicht (was bei der hoffnungslos vernachlässigten, äußerst bösartigen Geschwulst ein Wunder Gottes war, anders habe ich es nie aufgefaßt. Seit dieser Zeit ist mein gesamtes wiedergeschenktes Leben nicht mehr ausschließlich mein, sondern hat ein vorgegebenes Ziel). In jenem Frühjahr, genesend, trunken vor wiederkehrendem Leben (vielleicht bloß für zwei, drei Jahre?), taumelnd vor Freude, schrieb ich die *Republik der Arbeit*. Dieses Stück habe ich nicht mehr sogleich auswendig gelernt. Es war das erste, bei dem ich das Glück kennenlernte: nicht Abschnitt um Abschnitt verbrennen zu müssen, sobald ich den letzten auswendig konnte; den Anfang unversehrt vor mir liegen zu haben, solange, bis der Schluß niedergeschrieben war, und das ganze Stück mit einem Blick erfassen zu können; und eine Version nach der anderen abzuschreiben; und zu verbessern; und noch einmal abzuschreiben.

Aber als nun alle Rohfassungen vernichtet werden konnten – wie sollte ich das letzte Manuskript aufbewahren? Der glückliche Einfall eines Fremden und die glückliche Hilfe eines Fremden brachten mich auf einen neuen Weg: es zeigte sich, daß ich ein neues Handwerk beherrschen lernen und selbst *Verstecke* anlegen mußte, nahe und entfernte, wo alle meine Manuskripte, abgeschlossene und noch in der Arbeit befindliche, weder von einem gewöhnlichen Dieb noch bei einer, in der Verbannung allerdings oberflächlichen, Hausdurchsuchung gefunden werden konnte. Nicht genug, daß ich dreißig Unterrichtsstunden in der Schule zu geben hatte und Klassenlehrer war, nicht genug, daß ich meinen Haushalt allein besorgen mußte (das Geheimnis meines Schreibens erlaubte mir auch nicht zu heiraten), nicht genug vor allem, daß ich insgeheim schrieb – jetzt mußte ich das Handwerk lernen, das, was ich geschrieben hatte, zu verstecken.

Das eine Handwerk brachte das andere mit sich: ich mußte selbst Mikrofilme der Manuskripte anfertigen (ohne eine einzige elektrische Birne und unter einer Sonne, die fast nie hinter Wolken verschwindet). Und die Mikrofilme in Buchdeckel einziehen und in zwei Paketen abschicken: »USA. Farm Alexandra Lwowna Tolstaja.« Ich kannte im Westen sonst keinen Menschen, keinen Verleger, war aber überzeugt, daß die Tochter Tolstojs mir ihre Hilfe nicht versagen würde.

Wenn man als Junge über die Front oder die Menschen im Untergrund liest, wundert man sich: woher nehmen diese Leute ihre Tollkühnheit? Man glaubt, man selbst hätte das nie durchgehalten. So dachte ich in den dreißiger Jahren, als ich Remarque (*Im Westen nichts Neues*) las, aber als ich an die Front kam, wurde mir klar, daß alles wesentlich einfacher ist und daß man sich langsam hineinleben kann, während es in der Beschreibung viel schrecklicher ist als in der Wirklichkeit.

Auch im Untergrund würde man, wenn man dort kopfüber landen, bei rotem Licht und schwarzmaskiert einen Eid schwören oder mit Blut unterschreiben müßte, gewiß einen großen Schrecken bekommen. Aber ein Mensch, der schon längst aus dem Gefüge einer Familie herausgefallen ist, keinen Boden unter den Füßen und keine Lust mehr zum Aufbauen des äußeren Lebens hat und nur im Inneren lebt, der gehe Schritt für Schritt, von Versteck zu Versteck, von einer Bekanntschaft zur anderen, hier ein Erkennungssatz im Brief oder beim Treffen, dort ein Erkennungsname, dann eine Kette aus ein paar Menschen – dieser Mensch wacht eines Morgens auf und merkt: Herrgott! Ich bin ja schon längst im Untergrund!

Bitter ist es natürlich, daß man nicht für eine Revolution in den Untergrund geht, sondern einfach für die Literatur.

Die Jahre vergingen, ich konnte aus der Verbannung zurückkehren, zog nach Mittelrußland, heiratete, wurde rehabilitiert und in das gemäßigt-geregelte, jämmerlich-gefügige Leben aufgenommen – aber ich hatte mich an seine konspirative literarische Kehrseite genauso gewöhnt wie an die Fassade der Schule. Solche Fragen: welche Fassung kann als die Schlußfassung angesehen werden, welche Frist sollte man sich am besten setzen, die Zahl der Durchschläge und das Seitenformat, der Zeilenabstand und die Schreibmaschinentype, das Aufbewahren der fertigen Manuskripte – all diese Fragen wurden nicht mit dem entspannten Atem eines Schriftstellers gelöst, dem es nur darum geht, sein Werk zu Ende zu bauen, sich daran satt zu sehen und dann zurückzutreten, sondern auch in der ewig kalkulierenden Spannung eines Illegalen: wie und wo soll es aufgehoben, worin transportiert werden, welche neuen Verstecke ließen sich angesichts des ständig wachsenden Volumens des Geschriebenen und Abgeschriebenen erfinden.

Das Wichtigste war ja das Volumen – nicht der Werkumfang in Bogen, sondern das Volumen in Kubikzentimetern. Dabei retteten mich meine noch unverdorbenen Augen und die von Natur aus winzige Handschrift – wie Zwiebelsamen; sehr dünnes Papier, soweit es sich aus Moskau beschaffen ließ, restlose Vernichtung (immer und ausschließlich Verbrennen) sämtlicher Entwürfe, Pläne und Zwischenfassungen, engster Zeilenabstand, ohne Rand und beiderseitig beschriebene Blätter; sobald das maschinengeschriebene Exemplar fertig war, verbrannte ich auch die letzte handschriftliche Fassung: seit meinen ersten literarischen Versuchen im Gefängnis hielt ich nur das Feuer für vertrauenswürdig. Nach diesem Programm lief der Roman *Der erste Kreis*, die Erzählung *Schtsch-854* und das Drehbuch *Die Wahrheit kennen die Panzer*, von den früheren Werken ganz zu schweigen.*

Alle diese Vorsichtsmaßnahmen waren bewußt weit gegriffen, aber »den Behüteten hütet Gott«. Ein überraschender Besuch des KGB in meiner Wohnung war ohne einen äußeren Anlaß statistisch unwahrscheinlich, obwohl ich ein ehemaliger Häftling war: sie zählten doch nach Millionen, diese ehemaligen Häftlinge!** Das galt allerdings nur, solange man nach dem Sprichwort handelte:

* Ich hätte weinen können, als ich an einem unruhigen Abend das auf eine ganz besondere Weise geschriebene Manuskript meines Drehbuchs verbrennen mußte. Zum Glück hatte ich in Rjasan Öfen. In zentralgeheizten Wohnungen ist das Verbrennen viel komplizierter.
** Wenn sie damals, als ich unbekannt und schutzlos war, gekommen wären, dann wäre mir der Tod sicher gewesen. Der Leser wird sich davon überzeugen können, wenn er, zum Beispiel, die Originalfassung des *Kreises* (96 Kapitel) irgendwann lesen wird.

»Niemand im Wald wüßte etwas vom Specht, wenn der nicht seinen Schnabel hätte.«

Die Sicherheitsvorkehrungen mußten sich auf meine gesamte Lebensweise erstrecken: in Rjasan, wohin ich vor kurzem gezogen war, durfte ich keinerlei Bekanntschaften und Freundschaften anknüpfen, durfte keine Gäste zu mir nach Hause einladen und selbst niemanden besuchen – denn wie kann man jemandem erklären, warum ein Mensch weder in einem Monat noch in einem Jahr, weder feiertags noch während der Urlaubszeit auch nicht eine einzige Stunde frei hat; nicht ein Atom des Verborgenen durfte aus der Wohnung entweichen, nicht für einen Moment durfte ein aufmerksamer Blick dort eindringen – meine Frau hielt sich strikt an diese Regeln, und ich rechnete ihr das hoch an. Im Dienst, im Kreise meiner Kollegen, galt es, die breite Skala der Interessen nie in Erscheinung treten zu lassen, vielmehr das Desinteresse an Literatur zu betonen (»feindliche« literarische Tätigkeit war mir bereits im Untersuchungsverfahren vorgeworfen worden, und in diesem Punkt – ob ich nun Vernunft angenommen hatte oder nicht – konnten Agenten auf mich angesetzt werden); und wenn ich schließlich im Alltag auf Schritt und Tritt auf Dünkel, Grobheit, Torheit und Eigennutz bei den Vorgesetzten aller Ränge und Institutionen stieß und zuweilen eine Möglichkeit sah, durch treffsichere Beschwerde oder entschiedenen Widerspruch etwas zu bereinigen oder etwas zu erreichen, durfte ich es mir nie erlauben, mich auch nur eine Schulter breit in Richtung auf Kampf und Widerstand vorzuwagen, sondern mußte stets der mustergültige Sowjetbürger sein, d. h. jedem Befehl gefügig und mit jeder Dummheit zufriedenzustellen.

»Das Schweinchen hält den Kopf gesenkt, kommt aber an die tiefe Wurzel.«

Das war keineswegs einfach! Als wäre die Verbannung noch nicht zu Ende, die Lagerzeit noch nicht vorüber, als liefe ich immer noch mit einer *Nummer* herum, als bliebe mein Kopf gesenkt, der Rücken gekrümmt und jedes Schulterstück wäre mein Natschalnik. Die ganze Empörung konnte nur im nächsten Buch ausgelebt werden, und das durfte ebensowenig sein, weil es Gesetz der Dichtung ist, über seinem eigenen Zorn zu stehen und das Dasein vom Gesichtspunkt der Ewigkeit anzusehen.

Aber ich zahlte diesen Preis in aller Gemütsruhe: ich konnte trotz allem gut und konzentriert arbeiten, selbst wenn die Muße spärlich, selbst wenn die wirkliche Stille selten war. Ich wunderte mich über die Ausführungen gutgestellter und nicht überlasteter berühmter Schriftsteller im Radio: über verschiedene Methoden, sich zu Beginn eines Arbeitstages in Stimmung zu bringen, wie wichtig es sei, alle störenden Faktoren auszuschalten und sich mit stimulierenden Gegenständen zu umgeben. Und ich hatte bereits im Lager gelernt, meine Sätze im Gehen zu bilden und aufzuschreiben, beim Marsch in bewachter Kolonne, in der frostklirrenden Steppe, in der Gießerei und in der dröhnenden Baracke. Wie der Soldat einschläft, sobald er sich irgendwo auf die Erde niederläßt, wie einem Hund bei Frost das eigene Fell den Ofen ersetzt, so war ich von Natur aus geschaffen, überall schreiben zu können. Und obwohl ich jetzt, draußen, wählerischer geworden war (nach dem Gesetz von Systole und Diastole der menschlichen Seele) und mich durch Reden und Radio gestört fühlte, habe ich, trotz der unter meinem Fenster in Rjasan ununterbrochen heulenden Lastautos, das mir nicht vertraute Genre des Drehbuchs bewältigt. Das einzige, was ich brauchte – das waren ein-zwei ungestörte Stunden hintereinander! Mit schöpferischen Krisen, Anfällen von Verzweiflung und Unfruchtbarkeit hat Gott mich verschont!

In einer zuversichtlichen, ja freudigen, ja sogar triumphierenden Stimmung befand ich mich während all dieser Jahre des Schreibens im Untergrund – fünf Jahre im Lager bis zu meiner Krankheit und sieben Jahre in der Verbannung und draußen, in meinem »zweiten Leben« nach der wunderbaren Genesung. Die vorhandene Literatur, das Dutzend dicker Zeitschriften, zwei Literaturzeitungen, die unzähligen Almanache, die Einzelveröffentlichungen und Gesamtausgaben, die alljährlichen Preisverteilungen, die Radioübertragungen ödester Machwerke hielt ich ein für allemal für Spiegelfechterei, ich verschwendete keine Zeit auf sie und gab mir keine Mühe, sie zu verfolgen: wußte ich doch schon im voraus, daß es dort nichts Würdiges geben konnte. Nicht, weil dort keine Begabungen auftauchen könnten, wahrscheinlich gab es sie dort sehr wohl, aber sie gingen dort auch zugrunde. Denn es war nicht der *rechte* Boden, den sie bestellten: wußte ich doch, daß auf einem solchen Boden nichts gedeihen kann. Kaum wandten sie sich der Literatur zu, als sie alle – Verfasser sozialer Romane, pathetische Dramatiker, Gesellschaftslyriker, von den Publizisten und Kritikern ganz zu schweigen – auch schon bereit waren, die *Hauptwahrheit* über jeden Gegenstand und jede Angelegenheit nicht auszusprechen, jene, die den Menschen auch ohne Literatur in die Augen springt. Dieser beeidete Verzicht auf die Wahrheit nannte sich SOZIALISTISCHER REALISMUS. Und sogar die Liebeslyriker, und sogar jene Poeten, die sich aus Sicherheitsgründen auf Natur oder eine hübsche Romantik zurückgezogen hatten, waren unrettbar gezeichnet von ihrer Scheu, die Hauptwahrheit auch nur zu streifen.

Außerdem lebte ich in den Jahren des Schreibens im Untergrund mit der Überzeugung, daß ich nicht als einziger so zurückhaltend und listig war. Daß es einige Dutzend von uns gibt – verschlossene, hartnäckige Einzelgänger, über ganz Rußland verstreut, daß jeder von uns nach bestem Wissen und Gewissen das schreibt, was er von unserer Zeit weiß und worin er die Hauptwahrheit sieht, die zwar nicht nur aus Gefängnissen, Erschießungen, Lagern und Verbannung besteht, aber ohne diese nicht darstellbar ist. Einige Dutzend von uns, denen das Atmen nicht leicht fällt, die sich aber vor der Zeit nicht zu erkennen geben dürfen – nicht einmal untereinander. Aber wenn die Zeit gekommen ist – dann werden wir wie die dreiunddreißig Recken aus der Meerestiefe ans Ufer treten, und dann wird unsere große Literatur sich wieder erheben, nachdem wir sie beim Großen Umbruch, vielleicht aber auch schon früher auf den Meeresgrund versenkt hatten.

Und die dritte Überzeugung: nur nach dem Tode, symbolisch, werden wir, eine helmblinkende Schar, aus dem Meer auftauchen. Nur unsere Bücher, die dank der Treue und des Scharfsinns der Freunde erhalten bleiben, werden es sein, aber nicht wir persönlich, nicht wir leibhaftig: wir selbst werden das nicht erleben. Ich glaubte immer noch nicht, daß die Literatur eine Erschütterung der Gesellschaft auslösen und bewirken könnte (als ob nicht die russische Literatur uns gerade dies schon bewiesen hätte?!). Ich glaubte, andere Ursachen würden zur Erschütterung und sogar zur Erneuerung der Gesellschaft führen und dann würde sich ein Spalt, ein Durchbruch zur Freiheit öffnen, in den sich unsere Untergrundliteratur sofort ergießen und den verwirrten und bestürzten Köpfen erklären würde, warum das alles unbedingt so kommen mußte und wie es sich seit 1917 verschlungen und verknotet hat.

Aber die Jahre zogen sich dahin, und es sah ganz so aus, als ob ich mit jeder dieser Überzeugungen unrecht haben sollte.

Nicht ganz so unfruchtbar wie vermutet erwies sich der Boden der Literatur. Wie oft man auch alles herausätzte, was etwas Lebendiges mit Nahrung und Feuchtigkeit versieht – das Lebendige kam trotzdem hervor. Kann man etwa *Tjorkin im Jenseits* und die Bauern von Krutolutschino nicht als etwas Lebendiges ansehen? Wie kann man die Namen Schukschin, Moschajew, Tendrjakow, Below und auch Solouchin nicht als lebendig ansehen? Und wie kraftvoll und gediegen könnte Jurij Kasakow sein, wenn er sich nicht vor der Hauptwahrheit verstecken würde! Ich will nicht alle Namen aufzählen, das gehört nicht hierher. Und es gibt ja auch mutige junge Lyriker. Überhaupt, der Schriftstellerverband, der einst Zwetajewa die Aufnahme verweigerte, Samjatin mit Bann belegt, Bulgakow geächtet, Achmatowa und Pasternak ausgeschlossen hatte, erschien mir in meinem Untergrund als ein Sodom und Gomorrha, wie jene Krämer und Wechsler, die den Tempel zum Trödelladen machten und entwürdigten, deren Tische man umstoßen und die man auf die Stufen vor dem Eingang hinauspeitschen müßte. Ich war erstaunt und sehr froh, daß ich mich geirrt hatte.

Ich irrte mich auch mit der zweiten Prognose: so listig, so hartnäckig und – so glücklich! – waren durchaus nicht viele. Zu einer ganzen Literatur würden wir nie und niemals reichen, der eiserne Besen der Tscheka hatte ärger gefegt als ich annahm. Wie viele helle, vielleicht sogar geniale Köpfe sind in die Erde getreten worden, spurlos, unwiederbringlich. (Oder sind sie noch hartnäckiger und listiger als wir und schreiben auch heute noch, ohne einen Ton von sich zu geben, ohne sich vorzuwagen, ahnend, daß die Stunde der Freiheit noch nicht geschlagen hat? Ich halte es durchaus für möglich. Hätte jemand vor einem Jährchen von mir in der Prosaabteilung erzählt – hätte man ihm da geglaubt?)

Warlam Schalamow entfaltete seine Blätter schon im Vorfrühling: er glaubte dem XX. Parteitag und schickte bereits damals seine Gedichte über die gerade angelegten Wege des Samisdat hinaus. Ich las sie im Sommer 1956 und zitterte: da, ein Bruder! Einer jener geheimen Brüder, von denen ich wußte, ohne jemals zu zweifeln. Ich hatte einen Faden, über den auch ich mich ihm hätte zu erkennen geben können, aber ich war mißtrauischer als er, damals war vieles noch nicht geschrieben, zudem erlaubten Gesundheit und Alter mir abzuwarten – ich schwieg und schrieb weiter.

Ich irrte mich auch in meiner dritten Überzeugung: wesentlich früher, noch zu unseren Lebzeiten, begann unser Aufstieg aus dem bodenlos tiefen, dunklen Wasser. Mir war beschieden, dieses Glück zu erleben – den Kopf herauszustrecken und die ersten Steinchen gegen die sture Stirn Goliaths zu schleudern. Die Stirn blieb heil, die Steinchen prallten ab, aber wenn sie auf die Erde fielen, blühten sie als Steinbrech auf und wurden mit Jubel oder Haß begrüßt, keiner ging teilnahmslos vorbei.

Aber dann geriet alles ins Stocken und zog sich lange hin wie ein kühler Frühling. Die Geschichte machte Schleife um Schleife, um eine Schlinge um jeden Hals zu legen und möglichst vielen die Luft abzuschnüren. Und alles nahm einen solch widrigen Verlauf (wie ja auch zu erwarten war), daß wir jetzt keine Wahl mehr haben und uns nichts mehr übrigbleibt, als mit letzter Kraft die letzten Steinchen gegen diese undurchdringliche Stirn zu schleudern.

Freilich, freilich, es ist klar, und wer wüßte es nicht: mit einem Reis kann man Turmmauern aus Eisenbeton nicht durchstoßen. Aber da fällt einem ein: sind sie nicht vielleicht auf eine Bastmatte gemalt?

* * *

Zwölf Jahre lang habe ich in aller Ruhe geschrieben. Und erst im dreizehnten Jahr wurde ich unruhig. Das war im Sommer 1960. Die vielen Manuskripte – ganz unbekannt und ganz ohne Aussicht veröffentlicht zu werden – verursachten mir ein Völlegefühl, und ich verlor die Leichtigkeit des Planens und Sich-Bewegens. Ich begann im literarischen Untergrund an Atemnot zu leiden.

Im Untergrund hat der Schriftsteller einen großen Vorteil: die Freiheit der Feder. Er braucht sich weder Zensoren noch Redakteure vorzustellen, nichts steht ihm gegenüber außer dem Material, und nichts schwebt über ihm außer der Wahrheit. Aber seine Lage hat auch einen anhaltenden Mangel: das Fehlen von Lesern, insbesondere literarisch erfahrenen, fordernden Lesern. Denn seine wenigen Leser (ich hatte ungefähr zehn, hauptsächlich ehemalige Häftlinge, aber selbst ihnen konnte ich nicht alle meine Sachen zu lesen geben – wir wohnten in verschiedenen Städten, keiner hatte weder überflüssige Zeit noch überflüssiges Geld für Reisen, noch ein überflüssiges Zimmer für den Besuch) sucht sich der Schriftsteller im Untergrund nach völlig anderen Gesichtspunkten aus: nach politischer Zuverlässigkeit und Verschwiegenheit. Diese beiden Eigenschaften gehen nur selten mit ausgeprägtem künstlerischem Geschmack einher. Infolgedessen wird der Schriftsteller im Untergrund kaum mit harter künstlerischer Kritik, mit der Kenntnis zeitgenössischer literarischer Normen konfrontiert. Dabei stellt sich heraus, daß eine solche Kritik, eine nüchterne topographische Ortung des Geschriebenen im ästhetischen Raum, sehr nötig ist, nötig für jeden Schriftsteller, wenigstens einmal in fünf, wenigstens ein einziges Mal in zehn Jahren. Es zeigt sich, daß Puschkins Ratschlag:

Bist du zufrieden selbst, du, anspruchsvoller Künstler? zwar sehr richtig ist, aber nicht voll ausreicht. Zehn, zwölf Jahre in größter Einsamkeit schreibend, macht man es sich allmählich bequem, nimmt manches nicht mehr so genau, oder übersieht auch etwas: hier eine übertrieben schroffe Tirade, dort einen pathetischen Ausruf oder eine etwas abgegriffene traditionelle Verbindung an einer Stelle, wo mir eine sichere Koppelung nicht eingefallen war.

Später, als ich aus dem Untergrund auftauchte, und das von mir Geschriebene für die Außenwelt *leichter* machte, also manches strich, was meine Landsleute vorerst noch nicht akzeptieren konnten, stellte ich mit Erstaunen fest, daß durch Ausgleichen von Schroffheiten die Sache nicht nur gewinnt, sondern sogar wirksamer wird; ich stutzte an Stellen, an denen mir vorher nicht aufgefallen war, daß ich mich hatte gehenlassen, es mir bequem gemacht und statt mit ganzen, feuerfesten Ziegelsteinen mit angeschlagenen und zerbröckelnden gemauert hatte. Gleich nach dem ersten Kontakt mit dem professionellen literarischen Milieu spürte ich, daß ich mich disziplinieren mußte.

Meine Unkenntnis hatte zu besonderen Mißgriffen in meinen Dramen geführt. Am Anfang, als ich im Lager und später in der Verbannung die ersten Stücke schrieb, stellte ich mir einzig und allein die Aufführungen im provinziellen Rostow der dreißiger Jahre vor, die schon damals dem Welttheaterniveau ganz und gar nicht entsprachen. In der Überzeugung, daß Wahrheit und Lebenserfahrung die wichtigsten Faktoren des Schöpferischen sind, hatte ich übersehen, daß die *Formen* veralten, daß im XX. Jahrhundert der Geschmack sich rasch ändert und vom Autor nicht völlig mißachtet werden darf.

Aber heute, nachdem ich die Moskauer Theater der sechziger Jahre kennengelernt habe (nicht mehr Schauspieler-, leider auch nicht Autorentheater, sondern Theater der Regisseure als der einzigen Schöpfer der Aufführungen), bedauere ich, daß ich Dramen geschrieben habe.* 1960 konnte ich das alles noch nicht genau ausdrücken und erklären, aber ich fühlte, wie ich erstarrte, wie der stattliche Brocken des von mir Geschriebenen wirkungslos dalag – und es drängte mich nach Bewegung. Weil es aber keine Bewegung geben, weil ich mich nicht einmal rühren konnte, wurde ich schwermütig: mein ganzes, so scharfsinnig ausgedachtes, unhörbares, unsichtbares literarisches Unternehmen endete in einer Sackgasse.

Tolstoj schrieb kurz vor seinem Tode, daß es überhaupt unmoralisch sei, wenn ein Schriftsteller zu Lebzeiten gedruckt werde. Man solle, meinte er, auf Vorrat arbeiten, und dürfe erst nach dem Tode veröffentlicht werden. Abgesehen davon, daß Tolstoj zu allen tugendhaften Gedanken erst über einen vollen Kreis von Leidenschaft und Sünde kam, irrte er in diesem Punkt selbst für gemächlichere Epochen, und für unsere schnellebige erst recht. Es stimmt, daß der Durst nach wachsendem Publikumserfolg der Feder des Schriftstellers schadet. Aber noch mehr schadet der langjährige Verzicht auf Leser – strenge, feindliche, begeisterte – und der Verzicht, die Umwelt, die heranwachsende Jugend mit dieser Feder zu beeinflussen. Eine solche Stummheit führt zur Reinheit, aber auch zur Verantwortungslosigkeit. Das Urteil Tolstojs schießt über das Ziel hinaus.

Die zeitgenössische gedruckte Literatur, die mir bis dahin nur komisch erschienen war, fing nun an, mich zu reizen. Gerade

---

* Schalamows Prosa hat meiner Ansicht nach ebenfalls unter seiner jahrelangen Isolation gelitten. Sie könnte vollkommener sein – unter Beibehaltung des Stoffs und des Gesichtspunkts des Autors.

damals erschienen die Memoiren von Ehrenburg und Paustowskij, und ich schickte eine scharfe Kritik an viele Redaktionen, die selbstverständlich niemand annahm, denn niemand kannte meinen Namen. Mein Artikel richtete sich scheinbar gegen die Memoirenliteratur im allgemeinen, aber in Wirklichkeit stand dahinter der Zorn über jene Schriftsteller, die, Zeugen einer großen düsteren Epoche, ständig versuchten, sich zu drücken, uns das Wichtigste nicht zu sagen, nur irgendwelche Lappalien, und uns lindernde Salbe in die Augen zu schmieren, damit wir auch weiterhin die Wahrheit nicht sähen – wovor hatten sie eigentlich Angst, diese Schriftsteller, in guter Position und von nichts bedroht?

Im Herbst, als ich in meinem Schlupfloch hin und her rannte und meine Kräfte immer mehr nachließen, wollte ich herausfinden: könnte ich nicht trotzdem etwas schreiben, was sich meinetwegen nicht veröffentlichen, wenigstens aber jemandem zeigen ließ? Wenigstens nicht versteckt zu werden brauchte! Und so kam ich auf den Gedanken, *Das Licht, das in dir scheint* zu schreiben, ein Stück ohne nationalen Bezug, das in einer beliebigen Wohlstandsgesellschaft unseres Jahrzehnts, einer westlichen oder östlichen, spielt.

Dieses Drama, das mißlungenste von allem, was ich geschrieben habe, fiel mir schwerer als alles andere. Genauer: ich machte zum ersten Mal die Erfahrung, wie lange und wie hartnäckig ein Stück nicht gelingen will, selbst in der vierten oder fünften Fassung; wie man ganze Szenen streichen oder gegen andere auswechseln kann, und alles bleibt – ausgedacht. Es hat mich sehr viel Arbeit gekostet, ich dachte, es sei fertig – aber nein, es wollte nicht gelingen. Dabei hatte ich die wahre Geschichte einer Moskauer Familie zugrunde gelegt und an keiner Stelle gegen mein Gewissen geschrieben, nur aufrichtige, sogar Lieblingsgedanken von mir ausgesprochen und vom ersten Aufzug an keine Rücksicht auf die Zensur genommen – woran lag dann der Mißerfolg? Nur daran, daß ich auf den konkreten russischen Bezug verzichtet hatte (keineswegs als Tarnung und nicht nur um der »Zugänglichkeit« des Stückes, sondern auch um seiner Allgemeingültigkeit willen: den satten Westen betrifft das alles ja noch mehr als uns)? Und ohne den russischen Boden auch die russische Sprache verlieren mußte? Schreiben doch die anderen ungezwungen in dieser gesichtslosen Manier, ohne eine ausgeprägte Sprache – und ihnen gelingt es, warum nicht auch mir? . . . Also ist auch die abstrakte Form nicht jedermanns Sache, ebenso wie die konkrete. Man kann nicht anderthalb Schritte in die Abstraktion tun und alles andere konkret lassen. (Übrigens hängt das Mißlingen hauptsächlich mit der ungreifbar gebliebenen Frauengestalt zusammen.)

Einen anderen Versuch unternahm ich 1961, aber ohne mir darüber Rechenschaft zu geben. Ich wußte nicht warum, ich hatte keine bestimmte Absicht – aber ich nahm *Schtsch-854* und schrieb es *erleichtert* ab, ohne die schroffsten Stellen und Urteile und auch ohne den langen Bericht über den Hokuspokus, der 1945 den Amerikanern in Sewastopol unseren angeblichen Wohlstand vorgaukeln sollte. Ich tat es ohne Grund – und ließ das Manuskript wieder liegen. Aber ich ließ es jetzt offen liegen, ich versteckte es nicht. Das war ein freudiger, befreiter Zustand – sich nicht mehr den Kopf zerbrechen zu müssen, wohin mit dem soeben abgeschlossenen Manuskript, sondern es einfach im Schreibtisch verstauen zu können, ein Glück, das von den Schriftstellern nicht genügend geschätzt wird. Denn ich bin abends nie zu Bett gegangen, ohne mich zu vergewissern, ob alles versteckt war und wie ich mich zu verhalten hätte, wenn es nachts an die Tür klopft.

Die Konspiration machte mich müde, sie stellte mich vor Aufgaben, die mehr Kopfzerbrechen kosteten als die Schriftstellerei. Eine Erleichterung war von keiner Seite zu erwarten, und auch das westliche Radio, das ich trotz Störungen regelmäßig hörte, wußte nichts von den geologischen Verschiebungen und Rissen in der Tiefe, die sich bald als Erdstoß an der Oberfläche bemerkbar machen sollten. Niemand wußte etwas, ich rechnete mit nichts Erfreulichem und nahm eine weitere Korrektur und Abschrift des *Ersten Kreises* in Angriff. Nach dem farblosen XXI. Parteitag, der die löblichen Ansätze des XX. stillschweigend übergangen hatte, war man auf die plötzlich einsetzende, wütende, sich überschlagende Attacke gegen Stalin nicht gefaßt, die Chruschtschow dem XXII. Parteitag diktieren würde! Und wir, die wir nicht informiert waren, konnten keine Erklärung dafür finden!

Es gab sie jedoch, und zwar nicht mehr versteckt, wie auf dem XX. Parteitag, sondern offen! Seit langem war mir eine so interessante Lektüre wie die der Reden zum XXIII. Parteitag nicht vorgekommen. In dem kleinen Zimmer des morschen Holzhäuschens, wo meine gesamten Arbeiten durch ein einziges unglückseliges Streichholz in Flammen aufgehen konnten, las ich diese Reden, und die Wände meiner geheimen Welt wankten wie Theaterkulissen, traten wankend auseinander, und ich wankte mit und glaubte zu zerspringen: ist das der lang ersehnte, furchtbare, freudige Augenblick – der Augenblick, an dem ich mit dem Scheitel aus dem Wasser auftauchen werde?

Ich durfte mich nicht irren! Ich durfte nicht voreilig auftauchen. Aber ich durfte ebensowenig diese seltene Gelegenheit versäumen!

Und dann hatte auch Twardowskij auf dem XXII. Parteitag gut gesprochen, es klang so, als ob man schon längst freier und mutiger veröffentlichen könnte, wir aber »keinen Gebrauch davon machen« würden. Es klang so, als ob *Nowyj mir* nichts wirklich Mutiges oder Scharfes bekäme, womit Twardowskij etwas hätte anfangen können.

Der Twardowskij aus der Zeit der *Murawija* hatte sich für mich in nichts von jenen Dichtern unterschieden, die der Lüge ihre Rauchopfer darbrachten. Ich kannte auch keine bemerkenswerten Gedichte von ihm – als ich in der Verbannung die zweibändige Ausgabe von 1954 durchgeblättert hatte, war mir nichts aufgefallen. Aber *Wassilij Tjorkin* hielt ich seit meiner Frontzeit für erstaunlich gelungen: lange vor dem Erscheinen der ersten wahrheitsgetreuen Bücher über den Krieg (nach Nekrassows *In den Schützengräben von Stalingrad* sind sehr wenige wirklich geglückt, vielleicht ein halbes Dutzend), mitten im betäubenden Agitationsgeprassel, das unsere Geschützfeuer unaufhörlich begleitete, brachte Twardowskij es fertig, etwas Zeitloses, Mutiges und Reines zu schreiben, dank einem persönlichen Gefühl für Maß und vielleicht auch dank einem allgemeinen bäuerlichen Zartgefühl. (Dieses Zartgefühl, das unter der rauhen Unbildung auch im harten bäuerlichen Alltag lebendig ist, kann ich nicht genug bewundern.) Ohne die Freiheit, die ganze Wahrheit über den Krieg sagen zu können, hat Twardowskij beim letzten Millimeter vor der Lüge haltgemacht und ist nirgends über diesen Punkt hinausgegangen, nirgends! Und so ist etwas Wunderbares entstanden. Ich spreche nicht nur für mich allein, im Krieg konnte ich auch die Soldaten meiner Batterie beobachten. Dank der Aufklärung durch Horchgeräte hatten sie sogar in der Kampflinie viel Zeit zum Zuhören (nachts, am Horchgerät, und in der Zentrale wurde immer irgend etwas vorgelesen). Und sie haben unter dem vielen, das ihnen vorgeschlagen wurde, gewählt und eindeutig vorgezogen: *Krieg und Frieden* und *Tjorkin*.

Aber dann hinderte mich der Zeitmangel in Lager, Verbannung, Schule und Untergrund daran, *Das Haus an der Straße* und anderes zu lesen. (Nur *Tjorkin im Jenseits* hatte ich bereits 1956 in einer Abschrift gelesen, dem Samisdat galt unter allen Umständen Aufmerksamkeit und Vorrang.) Ich wußte nicht einmal, daß in der *Prawda* die Verserzählung *Ferne über Ferne* in Fortsetzungen abgedruckt worden war, und daß diese Dichtung in jenem Jahr den Leninpreis erhalten hatte. Diese Verserzählung las ich viel später, und das Kapitel »So war es« erst, als ich im *Nowyj mir* darauf stieß.

Gemessen an den Gepflogenheiten jener Zeit, gemessen an der allgemeinen Ängstlichkeit, machte es einen recht mutigen Eindruck: die Arbeitsnacht von Tante Darja, »Hurra, er hatte wieder recht!« und sogar »Das hochgebaute Moskau ragte wie ein gewisser Pavillon«. Und schon damals war meine erste Regung: sollte ich Twardowskij etwas von mir zeigen? Sollte ich mich entschließen?

Aber als ich in diesem Kapitel blätterte und überlegte, begegnete ich dem »strengen Vater« und seinem »Recht« Seite an Seite mit dem Unrecht, dem uns »ihm verpflichtenden Sieg«, und der Wesensgleichheit Stalins mit dem »Kampfstahl«.

> ... und in unserem goldenen Buch
> wirft kein Komma, keine Zeile
> einen Schatten auf unsere Ehre.
> Ja! So wie es war – so war es eben!

Das war des Guten zuviel: vier Jahrzehnte Lagerschande sollten keinen Schatten auf die Ehre werfen? Das ist zu verwaschen: »So wie es war – so war es eben«, »kein Wort hinzufügen, kein Wort streichen.« Das ließe sich dann auch über sämtliche Erscheinungsformen des Faschismus sagen. Dann wäre auch Nürnberg nicht nötig gewesen: es war wie es war? Eine hilflose Philosophie, die kein Urteil über die Geschichte herausfordert.* Der Dichter tastete mit dem Fuß neben dem gepflasterten Weg, aber er fürchtete sich, ihn zu verlassen.

Und ich wußte nicht: wenn man sich aus dem Sumpf zu ihm emporarbeitet und ihm die Hände entgegenstreckt: Komm! – Wird er kommen oder sich sträuben?

Auch von *Nowyj mir* hatte ich keine besondere Meinung: nach dem, was seinen Hauptteil füllte, zeichnete er sich in meinen Augen kaum vor anderen Zeitschriften aus. Die Unterschiede, die die Zeitschriften selbst so sehr betonten, waren für mich bedeutungslos, um so mehr für eine breitere historische Betrachtung, sei es nach vorwärts, sei es von rückwärts. Alle diese Zeitschriften benutzten dieselbe Terminologie, dieselben Schwüre, dieselben Beschwörungen – und ich konnte das alles nicht einmal teelöffelweise vertragen.

Aber das Dröhnen der sich verschiebenden Schichten im Erdinnern, das sich auf dem XXII. Parteitag vernehmen ließ, mußte eine Bedeutung haben. Und ich traf eine Entscheidung. Jetzt konnte ich *Schtsch-854,* die ich, einer unerklärlichen Eingebung folgend, aus einem unerklärlichen Grund »erleichtert« hatte, gut gebrauchen. Ich entschloß mich, sie bei *Nowyj mir* einzureichen. (Wäre es nicht so gekommen, dann wäre Anderes und Schlimmeres passiert, schon ein ganzes Jahr fühlte ich mich in meiner Sackgassensituation miserabel, und es drängte mich, irgendwie herauszukommen.)

Ich bin nicht persönlich zum *Nowyj mir* gegangen: die Beine wollten es nicht, bei der geringen Aussicht auf Erfolg brachte ich es einfach nicht fertig. Ich war bereits dreiundvierzig und hatte zuviel erlebt, um als Anfänger bei der Redaktion anzuklopfen. Mein Gefängnisfreund Lew Kopelew erklärte sich be-

---

* Lidija Tschukowskaja erinnert sich in ihren *Aufzeichnungen über Anna Achmatowa,* wie sie fünf Jahre früher Twardowskij das damalige Kapitel »Jugendfreund« übelgenommen hatte: »Eine neue Lüge statt der alten!«

»Das Land? Was hat das mit dem Land zu tun?
. . . Das Volk? Vom Volk ist nicht die Rede!«
Und der Dichter hat mit dem Häftling
». . . Erfahren alles. Und jenes Brot gegessen.«
Und der Häftling war
»Auf gleichem Fuß mit mir,
Mit gleicher Eintrittskarte Gast im Kreml.«

Ja, eine dem Jahr 1956 angemessene Leiter von Lügen.

reit, das Manuskript hinzubringen. Sechs Bogen, aber es sah ganz dünn aus: beiderseitig beschriebene randlose Seiten mit minimalem Zeilenabstand.

Ich gab es aus der Hand – und geriet in Erregung, aber es war nicht die Erregung eines jungen ruhmsüchtigen Autors, sondern die eines alten, zum Zurückbeißen bereiten Häftlings, der die Unvorsichtigkeit begangen hatte, irgendwie aufzufallen.

Das war Anfang November 1961. Ich hatte keine Erfahrung mit Moskauer Hotels, aber da kam mir die Ruhe vor den Feiertagen zustatten, und ich erhielt ein Bett. Hier verbrachte ich die Tage meiner letzten Zweifel – noch konnte man alles anhalten, das Manuskript zurückholen. (Ich war jedoch nicht geblieben, um zu zweifeln, sondern um Hemingways *Wem die Stunde schlägt* zu lesen, eine Samisdat-Ausgabe, die ich für drei Tage geliehen hatte. Bis dahin kannte ich auch von Hemingway nicht eine Zeile.)

Es stellte sich heraus, daß das Hotel in Ostankino lag, ganz in der Nähe des ehemaligen Priesterseminars, der Scharaschka, dem Schauplatz meines *Kreises,* wo ich, nach den ersten Versuchen im Lager, ernsthaft zu schreiben anfing. Während der Pausen in der Hemingway-Lektüre ging ich am Zaun meiner Scharaschka entlang spazieren. Der Zaun stand immer noch da, begrenzte immer noch in demselben Perimeter denselben engen Platz, auf dem einmal so viele außerordentliche Menschen zusammengepfercht waren und unsere Diskussionen und Pläne brodelten.

Etwa zehn Meter von mir entfernt stand das Häuschen des Erzbischofs, das an eine Arche erinnert, standen jene Linden, jene hundertjährigen Linden, unter denen ich drei Jahre lang morgens, mittags und abends hin und her – hin und her – hin und her marschiert war und von der fernen hellen Freiheit geträumt hatte – in anderen, helleren Zeiten und in einem heller gewordenen Land.

Und heute, an einem glitschigen, trüben Tag, stapfte ich durch den Novembermatsch auf der anderen Seite des Zaunes, über den Pfad, der früher nur von den sich ablösenden Wachen von Wachturm zu Wachturm benutzt wurde, und dachte: Was habe ich bloß getan? Jetzt bin ich doch wieder in ihren Händen. Wie kam ich bloß dazu, ohne jeden Druck von außen, mich selbst anzuzeigen? . . .

Ich tauche auf

Danach hatte ich einen schweren Monat in Rjasan: irgendwo, für mich unsichtbar, nahm jetzt das Schicksal seinen Lauf, und in mir wuchs die Überzeugung, daß es zum Schlimmeren sein werde. Einem alten Häftling, einem Sohn Gulags ist der Glaube an das Bessere fast unmöglich. Und nachdem wir uns während der Jahre im Lager das eigene Entscheiden abgewöhnt haben (fast in allem Wesentlichen ist man dem Lauf des Schicksals ausgeliefert), haben wir uns daran gewöhnt, daß es sicherer ist, überhaupt nichts zu entscheiden, nichts zu unternehmen: man lebt – das ist genug.

Ich aber hatte dieses Gesetz des Lagers übertreten, und nun würde es schrecklich werden. Dazu war ich bei einer neuen Arbeit, alles lag in meiner Wohnung, und das ließ mein Unterfangen mit *Nowyj mir* noch verhängnisvoller und leichtsinniger erscheinen.

Wie laut auch der XXII. Parteitag gedonnert, welch ein Mahnmal man den zugrunde gegangenen Häftlingen auch zu setzen versprochen hatte (allerdings – nur den Kommunisten; allerdings – ist es bis heute noch nicht gesetzt) – glauben, daß die Zeit gekommen sei, um die Wahrheit zu sagen, nein, das konnten wir nicht, nein, das hatten unsere Köpfe, Herzen und Zungen viel zu gründlich verlernt! Wir waren schon so zahm, daß wir uns damit abgefunden hatten, niemals mehr die Wahrheit zu sagen und sie niemals mehr zu hören.

Aber Anfang Dezember kam ein Telegramm von Kopelew: »Alexandr Trifonowitsch von Artikel begeistert« (wir hatten ausgemacht, die Erzählung als »Artikel« zu bezeichnen, ein Artikel hätte auch ein methodisches mathematisches Problem zum Gegenstand haben können). Wie ein Vogel im Flug gegen eine Fensterscheibe prallt – so traf mich dieses Telegramm. Und die langjährige Stille war zu Ende. Einen Tag später (ausgerechnet an meinem Geburtstag) kam auch ein Telegramm von Twardowskij – eine Einladung in die Redaktion. Und noch einen Tag später fuhr ich nach Moskau und blieb, als ich auf dem Weg zum *Nowyj mir* den Strastnaja-Platz überquerte, einen Augenblick abergläubisch vor dem Denkmal Puschkins stehen – teils, um ihn um Beistand zu bitten, teils, um zu geloben, daß ich meinen Weg kennen und mich nicht verirren würde. Es war so etwas wie ein Gebet.

Zusammen mit Kopelew stieg ich die breite herrschaftliche Treppe zum *Nowyj mir* hinauf – diese Treppe könnte für eine Ballszene gefilmt werden. Es war Mittag, aber Twardowskij war noch nicht da, und auch die Redaktionsmitglieder versammelten sich erst nach und nach – so spät fingen sie an. Wir machten uns in der Prosa-Abteilung bekannt. Die Redakteurin, Anna Samojlowna Berser, hatte die wichtigste Rolle auf dem Weg meiner Erzählung bis zu Twardowskij gespielt.

Es war so gewesen (allerdings erfuhr ich das nicht im selben Jahr): Mein lange gehütetes und geheimgehaltenes Manuskript blieb eine ganze Woche auf Anna Bersers Schreibtisch liegen, nicht einmal in einer Mappe, jedem Spitzel oder Dieb zugänglich – Anna Samojlowna war über das Besondere dieser Erzählung nicht informiert. Eines Tages räumte sie ihren Tisch auf, las einige Sätze und sah: so etwas darf hier nicht herumliegen und hier auch nicht gelesen werden. Sie nahm es mit nach Hause und las es abends. Sie war verblüfft. Sie prüfte ihren Eindruck, indem sie ihre Freundin, Kalerija Ozerowa, Redakteurin der Kritik-Abteilung, das Manuskript lesen ließ. Die Eindrücke stimmten überein. Mit den Verhältnissen im *Nowyj mir* vertraut, wußte Anna Samojlowna mit Sicherheit, daß jedes Redaktionsmitglied, seinen Vorstellungen über das Wohl der Zeitschrift entsprechend, dieses Manuskript zweifellos abfangen, aufhalten, verschlucken und es nie bis zu Twardowskij durchlassen würde. Also galt es, einen Weg ausfindig zu machen und das Manuskript über ihre Köpfe hinweg, über einen Sumpf von Vorsicht und Feigheit hinüberzuwerfen und Twardowskij als erstem in die Hände zu spielen. Aber ... es konnte sein, daß er das Manuskript wegen seines ärmlichen, zusammengeflickten und zusammengepreßten Aussehens sofort ablehnte. Anna Samojlowna sorgte dafür, daß es auf Kosten der Redaktion abgeschrieben wurde. Das dauerte seine Zeit. Und dann mußte man abwarten, bis Twardowskijs Anfall seiner immer wieder ausbrechenden, unglückseligen, vielleicht aber auch, wie ich später einsah, gnädigen Trunksucht vorüber war. Aber die Hauptschwierigkeit bestand darin, die anderen Redaktionsmitglieder hinters Licht zu führen und Twardow-

skij direkt anzusprechen, der sie nur selten empfing und ungerechterweise nicht sonderlich mochte (vielleicht unterschätzte er Anna Samojlownas künstlerischen Geschmack, Fleiß und ihre totale Hingabe an die Interessen der Zeitschrift, vielleicht war er eifersüchtig, weil die Autoren mit ihr freundschaftlich verkehrten und sich immer in der Prosa-Abteilung versammelten). Da sie das Wesen und die Schwächen ihrer Vorgesetzten genau kannte, fragte sie zuerst den Leiter der Prosa-Abteilung E. Gerassimow: »Hier ist etwas über die Lager. Willst du es lesen?« Und der wohlgelaunte Gerassimow, selbst ein vielschreibender Prosaist, winkte nur ab: »Mach mich bloß nicht mit diesen Lagern verrückt.« Dieselbe Frage – an den Zweiten Stellvertreter des Chefs, A. Kondratowitsch (zierlich, immer gespitzte Ohren, immer witternde Nase, von der Zensur geplagt und verschüchtert). Kondratowitsch antwortete, er wisse bereits *alles* über die Lager und wolle nichts mehr damit zu tun haben. Veröffentlichen könnte man es sowieso nicht. Daraufhin legte Anna Berser das Manuskript dem Verantwortlichen Sekretär B. Saks vor und fragte heimtückisch: »Sehen Sie sich das an. Haben Sie Lust, das zu lesen?« Man hätte nicht geschickter fragen können! Bereits seit vielen Jahren war die Lust an der Literatur bei diesem trockenen, etwas langweiligen Gentleman von dem Wunsch bestimmt, sie möchte ihm seinen Lebensabend, sein Gehalt, den sonnigen Oktober in Koktebel und die besten Konzerte der Moskauer Wintersaison ja nicht verderben. Er las den ersten Absatz meiner Erzählung, legte sie schweigend aus der Hand und ging.
Jetzt konnte Anna Berser sich mit vollem Recht an Twardowskij wenden – das wollte ja sonst niemand! Sie wartete eine günstige Gelegenheit ab und sagte dem Chef, allerdings im Beisein· Kondratowitschs (anders ging es nicht), es lägen zwei Manuskripte vor, die er unbedingt lesen müsse: *Sofja Petrowna* von Lidija Tschukowskaja und noch ein anderes, über »das Lager aus der Sicht eines Bauern, ein sehr volksnahes Stück«. Und wieder hätte man, mit nur einem Dutzend Worten, das Herz Twardowskijs nicht besser treffen können! Er sagte sofort – geben Sie her.* Aber da besann sich Kondratowitsch

---

* Und *Sofja Petrowna* mußte noch einige Jahre warten – bis zur Veröffentlichung im Ausland. Uns ohne weiteres verständlich, wird das dem Westen

und sprang auf: »Dann geben Sie es mir, bis morgen, ich lese es zuerst!« Er konnte doch nicht versäumen, sich als Filter vor den Chef zu stellen!

Kondratowitsch nahm sich das Manuskript vor und sah gleich nach den ersten Zeilen, daß der namenlose (die Unterschrift fehlte, ich wollte damit versuchen, den widrigen Lauf der Ereignisse wenigstens zu bremsen) ungebildete Autor der Lagererzählung nicht einmal über Satzstellungen Bescheid wußte und auch alle möglichen merkwürdigen Worte gebrauchte. Er konnte nicht anders als einen Bleistift nehmen und die erste, zweite, fünfte, achte Seite durchkorrigieren, um Subjekte, Prädikate und Attribute auf die angestammten Plätze zurückzubringen. Aber es zeigte sich, daß die Erzählung bis zum Ende von Fehlern strotzte, und Kondratowitsch verzichtete von einer bestimmten Seite an aufs Korrigieren. Zu welcher Meinung er gegen Morgen gekommen ist, weiß man nicht, ich denke jedoch, daß sie sich so oder so wenden ließe. Twardowskij aber fragte ihn gar nicht erst nach seiner Meinung, sondern las selbst.

Als ich später das Leben in der Redaktion kennenlernte, war ich sicher, daß *Iwan Denissowitsch* nie das Licht der Welt erblickt hätte, wenn es Anna Berser nicht gelungen wäre, Twardowskij direkt anzusprechen und ihn mit der Bemerkung zu ködern, es sei »aus der Sicht des Bauern« geschrieben. Den Denissowitsch hätten die drei Beschützer des Chefs – Dementjew, Saks und Kondratowitssch – lebendig gefressen.

Ich sage nicht, daß ich es darauf angelegt hätte, aber ich habe mit Bestimmtheit geahnt, vorausgefühlt: der Bauer Iwan Denissowitsch konnte dem Oberbauern Alexandr Twardowskij und dem Staatsbauern Nikita Chruschtschow nicht gleichgültig bleiben. So ist es auch gekommen: nicht die Poesie, nicht einmal die Politik entschieden das Schicksal meiner Erzählung, sondern ihr elementarer bäuerlicher Kern, der bei uns seit dem Großen Umbruch – und auch schon früher – verhöhnt, mit Füßen getreten und verleumdet wird.

Wie Twardowskij später erzählte, hatte er sich abends ins Bett gelegt und das Manuskript zur Hand genommen. Aber nach

unverständlich bleiben: ein und dieselbe Zeitschrift kann es nicht wagen, zwei Erzählungen zum Thema »Lager« zu veröffentlichen. Denn das liefe auf eine *Linie* hinaus . . .

zwei, drei Seiten glaubte er, daß so etwas sich im Liegen schlecht lesen ließe. Er stand auf und zog sich an. Seine Angehörigen schliefen bereits, und er las die Erzählung die ganze Nacht hindurch, mit Teepausen in der Küche, einmal und dann noch einmal (keine meiner späteren Sachen hat er zweimal gelesen. Überhaupt liest er nie etwas zum zweiten Mal, nicht einmal nach den gewünschten Korrekturen des Autors, und kann sich deshalb manchmal sehr irren.). So verging die Nacht, es kam die Zeit, die bei den Bauern Morgen, bei den Literaten aber Nacht heißt, und er mußte noch länger warten. Twardowskij ging nicht mehr zu Bett. Er rief Kondratowitsch an und veranlaßte ihn, sich bei A. Berser (warum nicht direkt? Das wäre ein Verstoß gegen die hierarchische Ordnung gewesen!) zu erkundigen, wer der Autor sei und wo er stecke. So erfuhr er von Kopelew und rief dort an. Es gefiel ihm ganz besonders, daß es sich nicht um eine Mystifikation einer illustren Feder (davon war er überzeugt gewesen) handelte und der Autor weder Berufsschriftsteller noch Moskauer war.

Für Twardowskij kamen die glücklichen Tage nach einer Entdeckung: er stürzte mit dem Manuskript zu seinen Freunden und verlangte, sie sollten zu Ehren des neuen Schriftstellers eine Flasche herausrücken. Man muß Twardowskij kennen: seine Liebe gilt dem Entdecken neuer Autoren und steigert sich bis zu der zitternden Leidenschaft des Goldgräbers, und das macht ihn zu einem echten Redakteur (im Gegensatz zu den andern).

Er stürzte zu seinen Freunden – aber es war merkwürdig: mit seinen einundfünfzig Jahren, ein bekannter Dichter, Redakteur der führenden Zeitschrift, eine wichtige Figur im Schriftstellerverband und nicht ohne Bedeutung unter den Kommunisten, hatte Twardowskij nur wenige, fast gar keine Freunde: sein Erster Stellvertreter (und böser Geist) Dementjew, sein Zechkumpan, der trübe I. A. Saz, und M. A. Lifschiz, ein verknöcherter dogmatischer Marxist. (Es soll in seinem Leben viele Versuche gegeben haben, einen Freund zu finden; eine Zeitlang war er eng befreundet mit Viktor Nekrassow, mit Kasakewitsch und anderen, aber immer ging es mit der Freundschaft bergab, über Schlaglöcher und Hindernisse, bis sie sich überschlug und ein böses Ende nahm. Also auch das gehört zu Twardowskij: seine Bestimmung, einsam und abseits zu stehen. Wegen seines Formats. Und seines Charakters. Und seiner bäuerlichen Herkunft. Und wegen des widernatürlichen Lebens eines sowjetischen Würdenträgers: so war er früher stolz auf das Wohlwollen Fadejews und behandelte andere von oben herab.)

Während die Flaschen geleert wurden und mein Originalmanuskript, in dem die Buchstaben gedrängt standen wie die Schafe im Pferch und kein weißes Fleckchen für den redaktionellen Bleistift zu finden war, herumgereicht und bestaunt wurde, fertigte man in der Redaktion, wie in schwierigen Fällen üblich, schriftliche Gutachten an. Kondratowitsch schrieb: »... Wir werden es wahrscheinlich nicht veröffentlichen können ... Zunächst sollte man dem Autor empfehlen, ein weiteres Motiv aufzunehmen – die Häftlinge erwarten das Ende ihrer Leiden ... Die Sprache müßte bereinigt werden.« Dementjew: »Sein Standpunkt: im Lager ist es entsetzlich, und außerhalb des Lagers ist es auch entsetzlich. Ein komplizierter Fall: nicht veröffentlichen – hieße die Wahrheit fürchten ... Veröffentlichen – unmöglich, denn trotz allem zeigt er das Leben zu einseitig.« (Der Leser darf keineswegs daraus schließen, daß Dementjew wirklich schwankte – veröffentlichen oder nicht. Er wußte sehr wohl, daß eine Veröffentlichung unmöglich, schädlich und undenkbar war, aber da sein Chef sich so begeisterte und sich so darauf versteifte, konnte er nicht allzu deutlich werden.)

Aber das alles erfuhr und kombinierte ich erst im Laufe der Zeit, nicht in jenem Jahr. Damals, bei meinem ersten Besuch, setzte Kondratowitsch eine wichtige Miene auf (übrigens erkannte ich seine Prinzipienlosigkeit und Unselbständigkeit auf den ersten Blick) und fragte mich, den beglückten, schüchternen Autor, bedeutungsvoll:

»Und haben Sie *noch etwas*?«

Leicht gefragt! Verständlich – sie wollten wissen, ob der gelungene Wurf ein Zufall war oder nicht. Aber das war ja mein größtes Geheimnis. Ich hatte nicht fünf Jahre lang im Lager beim Filzen alle möglichen Kniffe angewandt, drei Jahre in der Verbannung Verstecke ausgedacht und weitere fünf Jahre draußen mich nicht gemuckst, um nun eine liebenswürdige Unterhaltung zu führen. Und ich speiste Kondratowitsch ab:

»Ich möchte unsere Bekanntschaft nicht mit dieser Frage einleiten.«

Dann kam Twardowskij, und ich wurde in das große Redaktionszimmer gerufen (sie hatten es damals ziemlich eng, und Twardowskijs sogenanntes Kabinett befand sich in einer Ecke dieses Zimmers). Ich kannte ihn nur von schlechten Zeitungsphotos und hätte ihn bei meinem schwachen Personengedächtnis möglicherweise nicht erkannt. Er war groß und massig, aber dann kugelte noch jemand herein, auch groß, auch massig, eine treue Seele, die ihre Gutmütigkeit kaum verbergen konnte. Dieser zweite war, wie sich herausstellte, Dementjew. Twardowskij verhielt sich mit einer dem Augenblick angemessenen Würde, aber ich war verblüfft über seinen kindlichen Gesichtsausdruck – offenherzig-kindlich, sogar schutzlos-kindlich, überhaupt nicht verdorben durch die langjährige Zugehörigkeit zu den oberen Schichten und nicht einmal durch die Huld des Throns.

Die Spitze der Redaktion ließ sich um das langgezogene Oval eines antiken Tisches nieder, und ich saß Alexandr Trifonowitsch gegenüber. Er gab sich alle Mühe, sich zu beherrschen und solide zu benehmen, aber das gelang ihm schlecht: er strahlte immer mehr. Dies war einer seiner seligsten Augenblicke, nicht ich war das Geburtstagskind am Tisch, sondern – er.

Er sah mich mit einem Wohlwollen an, das schon fast Liebe war. Gemächlich führte er verschiedene Beispiele aus der Erzählung an, kürzere und längere, die ihm in den Sinn kamen, er brachte sie mit Vergnügen, Stolz und sogar mit einer Freude, die nicht die eines Entdeckers oder Gönners, sondern die des Schöpfers war; er zitierte so liebevoll und ergriffen, als hätte er das alles selbst durchgestanden und als wäre es sein Lieblingsbuch. (Die anderen Redaktionsmitglieder nickten bloß und pflichteten dem Lob des Chefs bei, nur Dementjew blieb irgendwie zurückhaltend – teilnahmslos. An diesem Tag sagte er überhaupt nichts.)

Reservierter als alle anderen, beinahe finster, saß ich da. Zu dieser Haltung hatte ich mich entschlossen, weil ich damit rechnete, daß sie mir sofort die Knochen brechen, Verbesserungen verlangen würden, ich dagegen um keinen Preis darauf eingehen könnte, da sie ja, was sie nicht wußten, die schon *er*-

leichterte, geglättete Fassung in der Hand hatten. Ich dachte, daß sie mir nur Honig um den Bart schmieren, aber alsbald die Schere hervorholen würden – um alles abzuschneiden, was an dem Lager sticht, alle Lumpen und alle Blumen. Und mit meiner finsteren Miene wollte ich ihnen von vornherein zu verstehen geben, daß die neue Bekanntschaft mir durchaus nicht zu Kopfe gestiegen sei und ich keineswegs besonderen Wert auf sie legte.

Aber – ein Wunder! Sie renkten mir die Arme nicht aus. Aber – ein Wunder! Sie holten keine Schere hervor und klapperten nicht damit. War ich noch bei Sinnen?! Glaubte die Redaktion etwa allen Ernstes, daß man so etwas veröffentlichen könnte?

Im großen ganzen hatte Twardowskij (in dem behutsamen Ton einer höflich vorgebrachten Bitte) zwei Dinge auszusetzen: daß Iwan Denissowitsch jemandem den Nebenverdienst neidet – das Malen von Teppichen, und daß er es unmöglich für völlig ausgeschlossen halten kann, irgendwann herauszukommen. Das war vielleicht sogar richtig, und ich habe es auf der Stelle zugegeben. Und Saks meinte, Iwan Denissowitsch könne doch nicht allen Ernstes glauben, daß Gott den Mond zerschneidet, um Sterne daraus zu machen. Und Marjamow machte mich auf zwei, drei unrichtige ukrainische Wörter aufmerksam.

So geht es unter guten Freunden zu, so kann man zusammenarbeiten! Ich hatte mir unsere Redaktionen anders vorgestellt . . .

Sie schlugen mir vor, die Erzählung – »der Gewichtigkeit wegen« – Powest zu nennen. Nun, meinethalben, sollte es eine Powest sein.* Und dann erklärte Twardowskij entschieden,

---

* Ich hätte nicht nachgeben sollen. Bei uns vermischen sich die Grenzen zwischen den einzelnen Gattungen, und dadurch kommen wir zu einer Entwertung der Formen. Selbstverständlich ist *Iwan Denissowitsch* eine Erzählung, wenn auch eine große und gewichtige. Die Novelle ist weniger breit angelegt, leichter im Aufbau, mit klarem Sujet und klarer Gedankenführung. Eine Powest ist das, was bei uns meistens als Roman bezeichnet wird: mehrere Handlungsträger und eine obligate zeitliche Ausdehnung. Und der Roman (ein gräßliches Wort! Gibt es kein anderes?) unterscheidet sich von der Powest weniger durch den Umfang oder die zeitliche Ausdehnung (zu ihm gehört sogar Gedrängtheit und Dynamik), sondern durch die Vielzahl einbezogener Schicksale, weiten Horizont und die Vertikale des Gedankens.

daß eine Powest niemals unter dem Titel *Schtsch-854* gedruckt werden könne. Ich wußte damals noch nichts von ihrer Neigung zu abschwächenden, verwässernden Umbenennungen und habe ebenfalls nicht widersprochen. Man warf sich über den Tisch einige Vorschläge zu und fand mit Hilfe Kopelews: *Ein Tag des Iwan Denissowitsch*. Twardowskij machte mich darauf aufmerksam, daß er mir die Veröffentlichung nicht fest versprechen (mein Gott, ich war ja bloß froh, daß sie das Buch nicht an den KGB weitergeleitet hatten!) und auch keinen Termin nennen könne, aber sich nach Kräften einsetzen würde.

Sie stellten mir neugierig verschiedene Randfragen. Wie lange ich denn an dieser Powest geschrieben hätte? (Achtung! Explosionsgefahr! Zwei Monate habe ich an dieser Erzählung geschrieben. Und in den übrigen Jahren?!) Ja, sehen Sie, das ist schwer zu sagen, abschnittweise, nach der Schule ... In welchem Jahr ich sie begonnen, wann abgeschlossen, wie lange liegengelassen hätte? (Alle Daten brannten in mir wie Feuer! Aber wenn ich sie genannt hätte, wäre sofort klargeworden, wie viel freie Zeit übriggeblieben sein mußte.) Ich habe mir die Jahreszahlen nicht gemerkt ... Und warum ich so eng schreibe – ohne Zeilenabstand und auf beiden Seiten? (Ja, wißt ihr eigentlich, was ein Kubikzentimeter ist, ihr Schlappohren?! ...) In Rjasan, wissen Sie, ist das Papier knapp ... (Was ja auch stimmte.)

Sie fragten mich nach meinem früheren und jetzigen Leben und verstummten verlegen, als ich ihnen heiter erzählte, daß ich mit meiner Unterrichtstätigkeit sechzig Rubel im Monat verdiente und damit gut auskäme. (Ich wollte kein volles Gehalt haben, damit ich mehr Zeit hatte, und brauchte bei dem hohen Einkommen meiner Frau nicht für die Familie zu sorgen.) Solche Zahlen sind für Literaten unvorstellbar, sie bekommen genausoviel für ein paar Zeilen Rezension. Auch meine Kleidung entsprach meinem Einkommen. Gebieterisch und glücklich ordnete Twardowskij an, mir auf der Stelle einen Vertrag zu den günstigsten Bedingungen zu geben (allein der Vorschuß entsprach meinem Zweijahresgehalt). Ich saß wie benommen da und versuchte mich darauf zu konzentrieren, nur ja nicht zu viel über mich zu sagen.

Besonders hartnäckig fragten Twardowskij und die Redakteure, was ich denn noch hätte? Was denn noch? Was noch? Ich ging schnell die seit 1948 vergrabenen Schichten durch und suchte nach etwas, was ich ihnen nennen könnte. Auf dem Weg hierher hatte ich mich nicht darauf vorbereitet, ihnen mehr zu verraten, aber jetzt mußte ich es tun, ich hätte sie schwerlich davon überzeugen können, daß *Iwan Denissowitsch* meine erste Federprobe sei.

»Der Fuchs sprach zum Bauern: laß mich nur ein Pfötchen auf den Wagen legen, ich springe schon selbst nach.«

So ging es auch mir.

Ich versprach, bis zum nächsten Mal etwas herauszusuchen, *möglicherweise* werde sich noch eine kleine Erzählung finden, ein paar Skizzen, ein paar Gedichte. (Hier äußerte Kondratowitsch erfreut, daß es so auch besser sei, das Lagerthema sei mit *Iwan Denissowitsch* erschöpft, und nun solle ich mich dem Frontthema zuwenden. Zwanzig Jahre haben Tausende von Mündern einmütig in dasselbe Armeehorn geblasen – und dieses Thema war immer noch nicht erschöpft! Aber für die fünfzig Millionen, die in Verbannung und Lager umgekommen waren, genügt das Hügelchen meiner Erzählung! . . .)

In jenem Dezember mußte ich noch zweimal nach Moskau fahren. Wir schwächten ein Dutzend Formulierungen ab, aber Anna Berser, mit der ich bald enge Freundschaft schloß, hatte recht, daß man nie im voraus wissen könne, was durchgehen und was auf der Strecke bleiben würde, und möglichst lange nichts verbessern solle. Und ich hatte auch keine Lust nachzugeben. Es wäre mir leichter gefallen, die Erzählung zurückzuziehen als sie zu verstümmeln.

Bei diesen Besuchen brachte ich Twardowskij einige Gedichte aus der Lagerzeit mit, einige möglichst unverfängliche *Miniaturen*, und die Erzählung *Ohne einen Gerechten steht kein Dorf*, um die unannehmbarsten Sätze »erleichtert«. Er bezeichnete die *Miniaturen* als »gemischte Notizen auf Vorrat«, dieses Genre war ihm fremd. Zu den Gedichten meinte er: »Einige könnte man veröffentlichen, aber das gibt keinen KNALL, und ich möchte einen Knall haben.« (Und der Empörer fleht um Stürme – nein, er hatte noch keineswegs Speck angesetzt!) Über die Erzählung fand am 2. Januar 1962 eine Redaktionskonferenz statt.

(In dieser Zeit kam ich auf den Gedanken, Nachschriften solcher literarischen Begegnungen könnten irgendwann vielleicht von Nutzen sein, und begann, mir Notizen zu machen, immer unter dem frischen Eindruck oder sogar noch während der Besprechungen. Auf diese Weise habe ich auch alles, was Twardowskij betraf, aufgezeichnet – und jetzt wäre es schade, unsere damaligen Begegnungen nicht authentisch und umfassend wiederzugeben, obwohl das den Aufbau dieser »Skizzen« belasten und ihnen die angestrebte Kürze und Leichtigkeit nehmen kann.)

Um das langgezogene Oval desselben Tisches, dort, wo vor kurzem so viele versammelt waren, konnte Twardowskij jetzt das »Quorum« nicht zusammenbringen: der eine hatte keine Zeit gehabt zu lesen, der andere war nicht im Hause. Dementjew kam (vollangestellt im »Institut für Weltliteratur«, tauchte er im *Nowyj mir* immer nur kurz auf, hier hatte er nicht seinen Arbeitsplatz, sondern eine Mission). Twardowskij forderte ihn auf: »Setz dich, Sascha!« Aber Dementjew winkte nur ab: »Was soll man da lang reden!« Er sagte das mit tiefbekümmerter Miene (»es hat ja keinen Zweck, man wird es nicht veröffentlichen können«), aber ich hörte dabei auch noch einen Unterton: er war aufgebracht, daß ich ihnen Erzählungen, eine unmöglicher als die andere, anschleppte und Twardowskij von dem bewährten gepflasterten Weg abbrachte. Ich habe damals sogleich den eigentlichen Sinn ihres kurzen Wortwechsels gespürt und mich später, nachdem ich beide näher kennengelernt hatte, vergewissert: Dementjew hatte schon zu Hause die Manuskripte gelesen und (sie wohnten im selben Haus) Twardowskij zu überzeugen versucht, daß an eine Veröffentlichung nicht zu denken sei. Aber der verblendete Twardowskij gab nicht auf.

Sie duzten sich, immer leger, beide – Saschas.

Keiner in der Redaktion wagte Twardowskij auch nur leise zu widersprechen, allein Dementjew behauptete seine eigene Meinung und debattierte nach Belieben, und das hatte sich so eingespielt, daß Twardowskij keinen Entschluß für endgültig hielt, solange er sich nicht mit Dementjew geeinigt hatte – ob er nun nachgab oder sich durchsetzte. Die meisten Siege über den Chef errang Dementjew zu Hause: Twardowskij brüllte ihn an und trommelte mit den Fäusten, aber meistens gab er nach. Auf diese Weise lenkte der eine Sascha hinter dem Rükken des anderen mit sanfter Hand die Zeitschrift. Man sagt, daß Dementjew sehr vorsichtig und wohlüberlegt vorging. Twardowskij hätte es sich kaum gefallen lassen, wenn Dementjew ihn immer nur zurückgehalten hätte. Es gab auch Fälle, in denen Dementjew den Anstoß gegeben hatte – los, es wird nicht gekniffen (so war es beispielsweise bei den Erzählungen von W. Grossman). Und fast jedes Mal hielt er ihm sein »Sascha, du bist im Unrecht! Wir wollen es drucken!« entgegen, wenn Twardowskij aus irgendwelchen persönlichen Gründen, aus persönlicher Antipathie sich widersetzte (das kam nicht selten vor). Dementjew stritt – aber er wußte auch ganz genau, wann er den Rückzug antreten und sich geschlagen geben mußte. Er war niemals hochnäsig und aufgeblasen, und das machte sein eigenes Leben und das der Redaktionsmitglieder leichter. Jeder Redakteur konnte sich ohne Scheu an ihn wenden, bei ihm hing nichts von einer üblen oder leutseligen Laune ab, anders als bei Twardowskij. Dementjew war immer sachlich, erfaßte rasch das Wesentliche, und wenn es möglich war zu helfen und einem Artikel, einem Abschnitt den Weg zu bahnen – indem man ihn zurechtfrisierte oder Worte umstellte – so half er unbedingt. Es war ihm, im Gegensatz zu Saks, nicht gleichgültig, wie jede einzelne Nummer ausfiel, er setzte sich dafür ein, daß die Zeitschrift nach Möglichkeit frischer, saftiger und sogar schärfer würde – aber alles im Rahmen des Vernünftigen, und um alles wurde der bewährte Parteireifen gelegt und allem der bewährte Parteideckel aufgesetzt!

Auch mit den Autoren redete er zwanglos und kam gut mit ihnen zurecht: bar jeder Selbstgefälligkeit, hatte er den richtigen Blick für einen Autor und wußte mit ihm umzugehen. Er hatte eine angenehme Art, das unbetonte O zu betonen, er lächelte angenehm und wußte genau, daß er seinen Gesprächspartnern gefiel – ein sympathisches rundbäckiges Bäuerlein um die Sechzig, mit ziemlich gelichtetem, leicht welligem Haar. Er konnte einem auch gelegentlich zuzwinkern und mit gesenkter Stimme eine Anspielung machen – kurzum, ein Mann von echtem Schrot und Korn, wie jeder sehen konnte. Er nimmt das Manuskript gerne an, aber: »Wir wollen es überarbeiten, selbstverständlich wollen wir es ÜBERARBEITEN!« (und es entstellen). Er kann ja auch bei dem Chef ein gutes Wort für dich einlegen: »Du hast Recht, Sascha, das ist alles Mist, aber wir können doch dem Autor nicht deinen Kopf aufsetzen. Also, wir wollen ihm helfen, wir werden es verbessern und drucken.«

Aber da, wo der Reifen sprang, wo der Deckel herausflog, da begriff Dementjew nicht, worüber man überhaupt noch reden konnte. Hier begann das Herz und das Auge Twardowskijs. So kam es zu der Niederlage Dementjews bei *Iwan Denissowitsch:* die Eindrücke der durchwachten Nacht und der zweimaligen Lektüre waren in Twardowskij zu mächtig, als daß Dementjew es gewagt hätte, sich dem jähen Drängen seines poetischen und bäuerlichen Instinkts zu widersetzen.

Übrigens habe ich auch das alles erst Jahre später erfahren und verstanden. Damals witterte ich in Dementjew nur einen Feind. Ich hatte noch nicht begriffen, daß die Hauptbesprechung über *Matrjona* zwischen den beiden bereits stattgefunden hatte, zu Hause, im stillen, und daß diesmal der Zweite Sascha über den Ersten gesiegt hatte. Er siegte über den Redakteur, aber er konnte das Gefühl des Dichters nicht zum Schweigen bringen. Und Twardowskij, dazu verurteilt abzulehnen, quälte sich und rief den Zweiten Sascha an den Tisch, an dem eine Besprechung abgehalten, aber nichts entschieden werden sollte, damit der ihm helfe, sich in seiner Verwirrung zurechtzufinden und mir zu erklären, warum die Erzählung von Matrjona auf keinen Fall, auf gar keinen Fall veröffentlicht werden könnte. (Als ob ich sie darum gebeten hätte! Ich hatte eine Erzählung mitgebracht, um mich von der Ausfragerei loszukaufen.) Aber Dementjew ging, er half nicht, und Twardowskij mußte die »Besprechung« allein führen, vor drei schweigenden Redaktionsmitgliedern und mit meinen spärlichen und zurückhaltenden Antworten. Fast drei Stunden dauerte diese BESPRECHUNG – ein Monolog Twardowskijs.

Es war eine verworrene, verwirrte und herzliche Rede. (Anna Berser, die zwischen uns saß, sagte mir später, daß sie in all den Jahren im *Nowyj mir* Twardowskij noch nie so erlebt, so sprechen gehört habe.)

Er kreiste um die Erzählung, kreiste dann in allgemeinen Betrachtungen, kehrte zu der Erzählung zurück und kam dann wieder auf allgemeine Betrachtungen. Als wirklicher Künstler konnte er mir nicht vorwerfen, daß sie unwahr sei. Aber zugeben, daß es die volle Wahrheit sei – nein, damit hätte er gegen seine Partei, gegen seine gesellschaftspolitische Überzeugung gehandelt.

Aber nicht zum ersten Mal, schon oft hatte er diese zerstörerische seelische Kollision durchgemacht, vielleicht hatte es nur noch nicht auf des Messers Schneide gestanden. Lebte er doch nur aus einer einzigen Quelle: das war die russische Literatur, angefangen mit den ersten Nekrassow-Gedichten, die er als kleiner barfüßiger Junge auswendig gelernt hatte und mit dem ersten eigenen, mit dreizehn Jahren geschriebenen Gedicht. Er war der russischen Literatur ergeben, ihrer heiligen Einstellung zum Leben. Und er wollte so sein wie jene, wie Puschkin und die, die nach ihm kamen. Wie Jessenin hätte er gern sein Leben für das Glück gegeben, Puschkins Schicksal teilhaftig zu werden. Aber die Zeiten hatten sich geändert – von allen und überall anerkannt, in jedem verankert (und erst recht in einem Chefredakteur) gab es eine andere, vorherrschende Wahrheit, die Wahrheit der Partei. Er hätte heute die russische Literatur nicht lenken, ihr nicht helfen können, wenn er nicht im Besitz eines Parteibuches gewesen wäre. Und er konnte nicht das Parteibuch in der Tasche tragen, ohne aufrichtig zu sein. Und er brauchte es wie die Luft zum Atmen, daß diese beiden Wahrheiten zusammenflossen und sich nicht gabelten. (Deshalb schloß er bald darauf Lakschin so sehr ins Herz und war auf den Umgang mit ihm so erpicht, weil dieser es glänzend verstand, diese beiden Wahrheiten zur Übereinstimmung zu bringen und sich elastisch zwischen den beiden zu bewegen, ohne daß sich irgendwo ein Riß zeigte.) Jedes Manuskript, das er mit seinem ersten Gefühl bejaht hatte, mußte auch von dem zweiten akzeptiert und durfte erst dann gedruckt werden – als ein SOWJETISCHES Werk.

Wir alle saßen unbeweglich da, aber er stand immer wieder auf, trat hinter seinen Stuhl und ging zwei, drei Schritte auf und ab. Und er redete etwa so: »Bei Ihnen sieht man das Dorf von der unansehnlichsten Seite – gäbe es doch wenigstens einen winzigen Ausblick auf etwas Ansehnliches ... Alle sind durch und durch degeneriert, sind Vampire, dabei stammen auch Generäle, auch Fabrikdirektoren aus solchen Dörfern und verbringen später dort ihren Urlaub.« Aber schon schlug er von selbst eine andere Richtung ein: »Nein, ich sage ja gar nicht, daß Sie Kira zu einer Komsomolzin machen sollen.« Einmal fand er das Verhältnis des Erzählers zum Leben »viel zu christlich«, dann kreiste er wie angepflockt um den Gedanken, daß das GUTE uns zum Besitz geworden ist, und kam auf Tolstoj zu sprechen: »Kinder, der Alte hat euch gute Dinge gesagt!« Und er lobte meine Erzählung wegen ihrer Verwandtschaft mit der moralischen Prosa Tolstojs. Und warf mir vor, daß sie »künstlerisch dünner« sei als *Iwan Denissowitsch*. (Aber wenn sie künstlerisch dünner ist, dann habt ihr ja Grund genug, sie nicht zu veröffentlichen . . .) Aber im nächsten Atemzug lobte er wieder die volkstümlichen Wendungen, die Details des Dorflebens.

Er ging so weit, daß er den »Realismus ohne Adjektive« lobte und zugab, daß für ihn der *kritische* Realismus keineswegs schlechter sei als der sozialistische.

Und dann kam noch viel über die materiell-technische Basis, die in den USA und Schweden besser sei, die wir auch in zwanzig Jahren nicht erreichen würden, aber schon jetzt »angewidert von uns weisen«. Und im gleichen Atemzug erinnerte er sich, daß Stalin in seiner Diskussion mit Trotzkij versichert hatte, den Sozialismus »nicht auf Kosten des ausgepowerten Dorfes« aufbauen zu wollen. Und dann hielt er plötzlich inne, wie von einer Lichtgarbe geblendet, ließ die erstaunten Augen von einem zum andern wandern und fragte: »Aber auf wessen Kosten hat man ihn eigentlich aufgebaut?« Doch wir hielten ihm keinen rettenden Strohhalm hin, wir schwiegen, und er wanderte weiter über das glatte Parkett und stellte Überlegungen an über den Bruch zwischen materiell-technischer Basis und Moral. Jedenfalls, beharrte er, habe »die Religion die niedrigen Instinkte nur schwach beeinflussen und eindämmen können«. (Unbegreiflich – was hatte die Instinkte denn sonst eingedämmt? . . .)

So führte er seinen Monolog fast ohne Pausen weiter, einmal mit leuchtendem Edelmut, dann zusammengekrümmt unter der dogmatischen Dachschräge; einmal erschauernd in der Ahnung der Wahrheit, die der Hand und den Augen des Dichters vorauseilt, dann, mit großem Kraftaufwand, wie ein Bulldozer den Unrat des Augias vor sich her schiebend.

Und wir widersprachen nicht und pflichteten nicht bei – wir schwiegen. Ihm widersprach nur die Erzählung von der bettelarmen alten Matrjona, das stumme Manuskript, das abzulehnen er Dementjew versprochen hatte. Ohne daß Widerspruch laut geworden wäre, bei jedem Argument irgendwie geschlagen, brachte Alexandr Trifonowitsch schließlich, an unser Gewissen appellierend, mit einem Stöhnen das Letzte und Wichtigste:

»Aber man kann doch nicht sagen, daß die Oktoberrevolution umsonst gewesen ist!«

Keiner von uns hatte das gesagt! Keiner geschrieben! Aber – und das war das Peinliche – keiner von uns lächelte, keiner stimmte zu, keiner nickte. Wir schwiegen ganz ungehörigerweise.

Wie? Verstanden wir nicht einmal das Elementarste? Fassungslos, immer noch wie von einem Scheinwerfer geblendet, pflanzte sich Alexandr Trifonowitsch stiernackig vor uns auf und rief verzweifelt:

»Aber wenn die Revolution nicht gewesen wäre – hätte man doch Issakowskij nicht entdeckt! . . . Und was wäre aus mir geworden, wenn die Revolution nicht gekommen wäre?!«

In diesem Augenblick fielen ihm nur diese willkürlichen literarischen Argumente ein! (Und Jessenin, und Kljujew – sind sie nicht auch ohne die Revolution *»geworden«?)*

Und die »Besprechung« schloß damit, daß diese Erzählung »auf keinen Fall gedruckt werden kann«, natürlich nicht, nein, nein.

Und obwohl es nahegelegen hätte, das Manuskript dem Autor zurückzugeben, sagte Twardowskij mit schuldbewußtem Zögern:

»Aber trotzdem, lassen Sie es in der Redaktion. Der eine oder andere soll es noch lesen . . .«

Nachdem ich es einmal gezeigt hatte, war nichts mehr zu verlieren, wenn ich es daließ.

Und dann *bat* mich Alexandr Trifonowitsch (was nach allem Vorgebrachten einfach unglaublich schien):

»Aber ich bitte Sie, werden Sie bloß nicht IDEOLOGISCH KONSEQUENT! Schreiben Sie bloß nicht ein Stück, das die Redakteure auch ohne mich, auf eigene Verantwortung, durchlassen würden.«

Mit anderen Worten, er konnte nichts von dem, was ich mitgebracht hatte, veröffentlichen – und bat mich, künftig nicht anders zu schreiben!!

Das konnte ich ihm leicht versprechen . . .

Bemüht, die Absage noch mehr abzuschwächen, kam Alexandr

Trifonowitsch auf die Maßnahmen zu sprechen, die zur Veröffentlichung des *Iwan Denissowitsch* unternommen werden sollten, vorläufig aber bloß Phantasie waren. Er stutzte. Er wußte tatsächlich nicht, was man unternehmen könnte. Wo ansetzen? Wann? Und er sagte versöhnlich zu mir:

»Nun ja, Sie dürfen uns nicht drängen. Fragen Sie nicht, in welcher Nummer er kommen wird.«

Aber das hatte ich ja auch nicht vorgehabt. Ich war schon dankbar, daß es ohne die Lubjanka abgegangen war. Der Schaden bestand lediglich darin, daß ich überhaupt die Maske gelüftet hatte und nun meine fertigen Sachen und die laufende Arbeit mit dreifacher Umsicht verstecken mußte. Ich antwortete:

»Nur wenn man jung ist, ist es wichtig, daß man sich möglichst schnell gedruckt sieht. Jetzt aber habe ich einen ganz anderen Atem.«

Und so haben wir uns für geraume Zeit verabschiedet. Ich drängte Twardowskij nicht und fand in jenem Jahr seine Langsamkeit nicht falsch. Und womit sollte man diese Langsamkeit auch vergleichen, mit welchem Maß messen? Hat es denn in unserer Literatur je vorher einen vergleichbaren Fall gegeben? Über leere Fußstapfen ist leicht reden. Wenn ein Hühnerei am stumpfen Pol eingedrückt und aufgestellt wird, dann sieht jeder, daß es stehen kann. Und vorher war es bei jedem umgefallen. Welcher sowjetische Würdenträger vor Twardowskij hätte den Willen und den Mut aufgebracht, eine derartig destruktive Erzählung nach oben weiterzuleiten? Anfang 1962 hatte man keine Ahnung, auf welchen Wegen er zu handeln gedachte und wie weit ihm das Ganze gelingen könnte.

Aber heute, nach Jahren, wissen wir, daß Twardowskij diese Powest mit einer Verzögerung von elf Monaten gedruckt hat, und jetzt fällt es leicht, ihm vorzuwerfen, er habe sich nicht beeilt, er habe unverantwortlich gezögert. Als meine Powest gerade eben in der Redaktion eingetroffen war, wütete Nikita noch gegen Stalin, suchte noch nach einem Stein – und wie gut hätte sich der Bericht eines Opfers in seiner Hand gemacht! Wenn man damals, noch in dem Sog des XXII. Parteitags, meine Powest sofort veröffentlicht hätte, wäre sie bei der Treibjagd auf Stalin zustattengekommen, und ich kann mir gut vorstellen, daß Nikita in seinem Zorn auch die Kapitel »Eine

Nacht Stalins« aus dem *Ersten Kreis* mit Vergnügen in der *Prawda* hätte abdrucken lassen. Diese Publikation in der *Prawda* in der hübschen Auflage von fünf Millionen sah ich so deutlich, als hätte ich sie vor Augen.

Noch heute weiß ich nicht, wie dies alles richtig zu beurteilen ist. Ich selbst wäre mit der Powest nicht zu Nikita gegangen und wäre auch nicht bis zu ihm vorgedrungen. Ohne die Mitwirkung Twardowskijs hätte mir auch der XXII. Parteitag nicht geholfen. Aber bei alledem kann heute nicht übersehen werden, daß Twardowskij den goldenen Augenblick verpaßt hat, daß er die Flut verpaßt hat, die unser Fäßchen eine Strecke weit, bis hinter die Kette stalinistischer Riffe getragen und erst dort seinen Inhalt freigegeben hätte. Hätten wir damals, zwei, drei Monate nach dem Parteitag, auch die Stalin-Kapitel veröffentlicht – wäre seine Bloßstellung um einiges endgültiger, das spätere Nachschminken um einiges schwieriger gewesen. Die Literatur hätte die Geschichte beschleunigen können. Aber sie hat sie nicht beschleunigt.

Nervös sagte mir Viktor Nekrassow im Juli 1962: »Ich verstehe nicht, wozu diese komplizierten Umwege? Er trägt irgendwelche Gutachten zusammen und setzt dann einen Brief auf. Aber er hat doch Zugang zu DEM Telefon! Er braucht doch nur den Hörer abzunehmen und Nikita direkt anzurufen. Er hat Angst . . .«

Twardowskij ist tatsächlich so, daß ihm einfach übel wird, wenn man ihm eine Bitte abschlägt. Man erzählt, daß es eine Pein für ihn bedeutet, wenn er gebeten wird, für jemanden einzutreten oder jemandem zu einer Wohnung zu verhelfen: und wenn man nun plötzlich ihm, dem Deputierten des Obersten Sowjets, dem ZK-Kandidaten, eine Bitte abschlagen würde? Erniedrigend . . .

Möglicherweise befürchtete er, daß ein allzu direkter und unvorbereiteter Appell an Chruschtschow *Iwan Denissowitsch* schaden könnte. Aber ich glaube, das geht auf die Gemächlichkeit jenes Nomenklatur-Kreises zurück, dem er so lange angehörte: sie leben träge und sind nicht gewohnt, die dahingleitende Geschichte so rasch wie möglich zu schmieden – vielleicht, weil sie nirgendwohin entgleiten kann? Vielleicht, weil sie eigentlich nicht von ihnen geschmiedet wird? Außerdem war Twardowskij einige Monate lang bis zu einem gewissen

Grade durch seine Entdeckung gesättigt, die Powest genügte ihm auch ungedruckt. Ohne sich zu beeilen, gab er sie anderen zu lesen – Tschukowskij, Marschak – nicht nur, um mit deren Namen den bevorstehenden Weg des Manuskripts zu erleichtern, sondern auch, um selbst deren Urteil zu genießen, sie laut vorzulesen – in der Redaktion – und sie bei guten Bekannten herumzuzeigen (nur mir hat er sie nicht gezeigt, weil er fürchtete, mich dadurch zu verderben). Er hat auch Fedin das Manuskript gegeben (der kein Verhältnis dazu fand) und hat auch nicht verhindert, daß Paustowskij und Ehrenburg es zu lesen bekamen. (Da er sie nicht sonderlich mochte, bot er es ihnen nicht selbst an.) Er hat lange an dem Vorwort zu der Powest gefeilt. (Dabei hätte man eigentlich darauf verzichten können: weshalb sollte man sich noch entschuldigen?) So betrieb er monatelang in aller Gemächlichkeit die Vorbereitung, noch ohne genau zu wissen, wie man nach OBEN vordringen könnte. Einfach drucken und der Zensur vorlegen – das hielt er für verhängnisvoll (es wäre auch ein Verhängnis gewesen): die Zensur hätte sie nicht nur verboten, sondern auch umgehend der »Kulturabteilung« des ZK gemeldet, und so hätte diese einen Vorsprung für feindselige Präventivmaßnahmen gehabt.

Aber die Monate gingen dahin, und der Schwung des XXII. Parteitags ließ nach und war bald verebbt. Unstet in all seinen Ansätzen, und noch viel mehr in der Durchführung, unbeständig in seinen Stimmungen, mußte Nikita Nasser unterstützen und Castro mit Raketen versorgen und die endgültige (die allerbeste) Methode finden, die Landwirtschaft zu retten und zur vollen Blüte zu bringen, zwischendurch etwas für den Kosmos tun und in den Lagern die Zügel anziehen, die nach dem Sturz Berijas locker geworden waren.

Aber es gab noch eine von Twardowskij nicht einkalkulierte Gefahr bei diesem Vorgehen mit Hilfe des Vorlesens, Empfehlens und planmäßigen Vorbereitens: in unserer Zeit der Schreibmaschine und Photographie vermehrten sich die Kopien des Manuskripts sehr rasch (einer schaffte es in vierundzwanzig Stunden, ein anderer in zwanzig Minuten). Die Urabschriften wurden im Safe des *Nowyj mir* unter strenger Kontrolle aufbewahrt – aber Dutzende, wenn nicht Hunderte von Abschriften und Photokopien hatten sich in dieser Zeit in

Moskau und Leningrad verbreitet, waren bis nach Kiew, Odessa, Swerdlowsk und Nischnij Nowgorod gedrungen. Die Verbreitung wurde noch von der allgemein herrschenden Überzeugung beschleunigt, daß dieses Stück niemals gedruckt werden würde. Twardowskij ärgerte sich, suchte nach »Verrätern« in der Redaktion, unfähig, die Technik und das Tempo unseres Jahrhunderts zu begreifen, unfähig zu begreifen, daß er selbst durch das Sammeln mündlicher Begeisterungsäußerungen und schriftlicher Gutachten am meisten für diese Verbreitung getan hatte. Er zauderte immer noch, er konnte sich immer noch nicht entschließen, es vergingen Monate – und nun stand man vor der bereits akuten Gefahr, daß die Powest in den Westen, wo die Menschen um vieles geschickter sind, abwandern und – dort einmal veröffentlicht – niemals mehr bei uns veröffentlicht werden würde. (Eine Logik, die dem Menschen in der Sowjetunion absolut einleuchtend und dem Menschen im Westen absolut fremd ist. Für uns – so sind wir erzogen worden – ist doch die Welt nicht die Welt, sondern besteht aus sich ständig bekämpfenden »Lagern«.) Möglich, daß diese Gefahr Twardowskij zur Eile angetrieben hat. Im Juli überreichte er das Manuskript mit einem ganzen Bukett von Empfehlungen dem Kulturexperten Chruschtschows, Wladimir Semjonowitsch Lebedjew.

In der Zwischenzeit hatte Twardowskij mich kein einziges Mal kommen lassen, und ich erfuhr nur aus Erzählungen von Anna Berser, was in der Redaktion vorging. Und ab und zu traf ich jetzt Menschen, die meine Powest bereits gelesen hatten. Nach der Stille des Untergrunds wirkten auf mich zwei Dutzend solcher Leser wie eine große Menge und gaben mir das Gefühl eines stürmischen Erfolgs.

Ich bereitete mich eilig auf eine neue gefährliche Periode meines Lebens vor. Es ist eines, Manuskripte zu verstecken, solange man ein Sandkörnchen unter anderen ist; etwas anderes ist es, wenn man sich bemerkbar gemacht hat und die Lubjanka mehr Wißbegier als der *Nowyj mir* an den Tag legen und ein paar Burschen losschicken kann, um in aller Gemütlichkeit nachzusehen, was man noch alles geschrieben hat. Und so inspizierte ich meine Verstecke – sie kamen mir viel zu simpel vor, diese Einbrecher hätten sie leicht entdecken können. Also brach ich selbst einige von ihnen auf, räumte sie aus, so daß

keine Spuren übrigblieben und verbrannte alle entbehrlichen Varianten und Arbeitsmanuskripte. Ich beschloß, den Rest nicht länger zu Hause aufzubewahren und brachte Sylvester 1961 zusammen mit meiner Frau mein wohlgehütetes Archiv zu ihrem Freund Teusch nach Moskau (dreieinhalb Jahre später solle ausgerechnet er von den Opritschniki geholt werden). Dieser Umzug ist mir ganz besonders im Gedächtnis geblieben, weil in der feiertäglichen Stadtbahn ein besoffener Rowdy anfing, die Fahrgäste zu belästigen und niemand von den Männern sich zur Wehr setzte: der eine war alt, der andere zu vorsichtig. Meiner Natur nach wäre ich aufgesprungen, zumal ich in der Nähe saß und nicht schlecht zupacken kann. Aber vor unseren Füßen stand das geheiligte Köfferchen mit sämtlichen Manuskripten, und ich durfte mir nichts erlauben: nach der Prügelei würde man unweigerlich auf die Miliz gebracht, wenn auch nur als Zeuge, mit oder ohne Köfferchen – beides gleich mißlich. Das wäre eine typisch russische Geschichte geworden – wenn meine feingesponnenen Fäden an diesem Rowdy gerissen wären. Also mußte ich, um eine russische Pflicht zu erfüllen, eine unrussische Selbstbeherrschung aufbringen. Und ich saß schmählich und feige da und senkte die Augen vor dem Vorwurf der Frauen – ihr seid ja alle keine Männer.
Wie oft – wenn auch nicht immer so schmählich – hat mich meine aufreibende literarische Konspiration die Freiheit des Handelns, die Freiheit der Meinungsäußerung, die Freiheit des aufgerichteten Rückens gekostet. Wir alle mußten uns ducken, aber ich war auch noch dem Druck dieser lastenden Kellergewölbe ausgesetzt, der der Literatur so viel Seele entzog. Alle Knochen taten weh, alle Knochen sehnten sich danach sich zu recken – auch wenn man dafür sterben müßte.
Nach der Januarbesprechung im *Nowyj mir* wurde mir klar, daß für den Druck eigentlich nichts in Frage kam. In meiner neuen gefährdeten Position mußte ich mir auch weiterhin neben der Schule Zeit abknapsen, um zu schreiben. Ich hatte das Bedürfnis, den *Ersten Kreis* noch ein letztes Mal zu korrigieren und entschloß mich dazu im Januar 1962. Vier Monate, bis Ende April, habe ich an nichts anderes gedacht, und für das Schicksal von *Iwan Denissowitsch* hatte ich nur den einen Wunsch, daß es sich in diesen Monaten nicht verändern, daß sich meinetwegen nichts rühren möchte – nur, damit mir die

Möglichkeit blieb, den Roman in Ruhe abzuschließen.

Man brauchte nicht darum zu beten: *Iwan Denissowitsch* rührte sich nicht vom Fleck. In den Maifeiertagen reiste ich herum und verteilte die maschinengeschriebenen Exemplare des Romans ohne Zwischenfälle, danach schloß ich noch verschiedenes ab, und dann war es schon Sommer, und ich wollte mir viel Bewegung verschaffen. Die ganze Sache mit *Nowyj mir* schien so weit eingeschlafen zu sein (um so besser, dachte ich, dann kann ich langsam wieder ungefährdet leben), daß meine Frau und ich planten, eine Reise zum Jenissej und zum Baikal zu unternehmen (ich war schon einmal in Sibirien gewesen, aber im »Stolypin« und nur bis Nowosibirsk): Und so kam es wie in dem Sprichwort: »Wenn der Arme heiratet, ist die Nacht kurz.« Ausgerechnet in Irkutsk, keinen Augenblick früher, erwartete mich die Kopie eines dringenden Telegramms von Twardowskij, der mich zu einem »kurzen Besuch« in die Redaktion bat.

Für diesen »kurzen Besuch« brauchten wir von Irkutsk vier Mal vierundzwanzig Stunden, und so bekamen wir den Baikal nicht zu sehen.

Und wieder fand eine Redaktionskonferenz statt. Es wurde mir ziemlich unbestimmt mitgeteilt, daß eine wichtige Instanz (das hieß W. S. Lebedjew) meine Powest gutgeheißen, aber gewisse *Verbesserungswünsche* geäußert habe.

Twardowskij meinte, daß diese Wünsche annehmbar seien und bat mich dringend, sie zu berücksichtigen und die sich bietende Chance zu nutzen.

Er mußte sich sehr beherrschen, um nicht in offenen Jubel auszubrechen. Seine Kindlichkeit zeigte sich jetzt in den vor Freude leuchtenden Augen. Er war sehr zufrieden mit dem Erfolg seines monatelangen Planens, und nur dem Redaktionszeremoniell zuliebe machte er ein paar Bemerkungen, aber in Wirklichkeit lag ihm nur daran, daß ich die Wünsche Lebedjews akzeptierte. Aber er sprach es nicht direkt aus, sondern leitete die Sitzung sehr förmlich und forderte alle Teilnehmer auf, sich zu den notwendigen Verbesserungen zu äußern.

Es wurde allerlei geredet, aber nichts Wesentliches, denn niemand hatte etwas anderes im Sinn, als dem Chefredakteur zu Willen zu sein, und niemand wollte auch nur eine eigene, von der des Chefs abweichende Meinung haben. Irgendwann wird die Literaturgeschichte sich damit beschäftigen und feststellen, daß diese freiheitlichste, liberalste Zeitschriftenredaktion der Sowjetunion in den Jahren, als der Persönlichkeitskult um Stalin verdammt wurde, im Innern nach demselben Prinzip des Persönlichkeitskults funktionierte. (Nicht Twardowskij hatte das bestimmt, es hatte sich in der Zeitschrift ganz von selbst und organisch ergeben, analog dem Verhältnis eines Teils zum Ganzen, es ergab sich, wie es sich in jeder Institution, in jedem Glied des sowjetischen Systems ergab – nur wirkte das an dieser Stelle besonders absurd, und Twardowskij mangelte es an Schlichtheit und Humor, um das zu sehen und es aufzutauen.) Aber hier saß auch Dementjew, und der sah sehr wohl, daß der Reifen sprang und der Deckel herausflog. Dementjew, der in dem bösen Jahr 1949 ohne zu zögern den Pflichten eines Partorg und Henkers des Leningrader Schriftstellerverbandes nachgekommen und in der Chruschtschow-Ära bei der liberalsten Zeitschrift Kommissar geworden war – der war doch mit einer bestimmten Absicht hierher geschickt worden? Teils, um zu verschnaufen, teils, um sich reinzuwaschen – aber doch auch, um *nichts durchzulassen!* Im Auftrag derer, die ihn mit halbem Gehalt, aber mit doppelter Verantwortung hierher entsandt hatten, durfte er in diesem Moment sich nicht einmal der Autorität des Chruschtschow-Referenten beugen und sich der Milde der Redaktion anschließen. Als nüchterner Mann hatte er damals, im Dezember 1961, als ich von allen gelobt und gehätschelt wurde, nicht widersprochen: er wußte ja ganz genau, daß diese Powest sowieso nicht veröffentlicht werden würde. Aber nun, da sich durch den gestörten, gesetzwidrigen Lauf der Dinge für die Powest gewisse Perspektiven abzeichneten, unvermutet in die Welt zu entschlüpfen – nun mußte er alles tun, um sie zu *verbessern.*

Wo war jener verschmitzt bis herzlich-freundschaftliche Ausdruck geblieben, wenn er den ergrauenden Kopf so sympathisch zurückwarf? Und wie hart wirkte jetzt sein bezwingend charmantes »O«! Und wie rot er anlief, wie er bis über die Ohren zu glühen begann! Aber – er donnerte nicht vom Olymp herab, sondern er argumentierte erregt – erregt durch die Befürchtung, nicht zu gewinnen, nicht zu überzeugen. Donnernd waren nur die Formulierungen selbst: Kommunismus, Patriotismus, Materialismus, Sozialistischer Realismus. Hätte

Dementjew zu entscheiden gehabt – er hätte meine Powest so glatt gehobelt, daß kein Splitterchen dran geblieben wäre. Aber jetzt ging es ihm um den Kern. Er warf mir vor, die Fahne und das Symbol der sowjetischen Kunst, den *Panzerkreuzer Potjomkin* verunglimpft zu haben und verlangte, das Gespräch darüber zu streichen. Außerdem sollte auch das Gespräch Schuchows mit Aljoschka über Gott gestrichen werden, weil es künstlerisch blaß, ideologisch falsch und obendrein zu lang sei und die gute Erzählung nur verdürbe. Und außerdem dürfe der Autor einer politisch präzisen Wertung von Benderas Leuten nicht ausweichen, nicht einmal im Lager, denn an ihnen klebe das Blut unserer sowjetischen Menschen. Und außerdem . . . Ja, er habe das Manuskript mit zahlreichen Anmerkungen versehen, könne mir alles zeigen, nur habe er es leider zu Hause liegenlassen.

Wie ein wutschnaubender Eber sah Dementjew am Schluß seines Monologs aus, und hätte man ihm die hundertfünfzig Seiten meiner Powest vorgelegt, er hätte sie, konnte man meinen, mit den Hauern zerfetzt.

Aber Twardowskij schwieg. War das etwa nicht zutreffend?! Die Überlegungen des Politkommissars waren durchaus zutreffend, er wollte aus meiner amorphen Powest eine Waffe des Sozialistischen Realismus schmieden – und was konnte ihm der Chefredakteur entgegenhalten? Er durfte ihm nicht widersprechen, aber aus irgendeinem Grunde *schwieg* er. Er unterstützte Dementjew nicht einmal mit einem Kopfnicken oder Hochziehen der Braue. Und sah mich erwartungsvoll an. Wenn ich nachgegeben hätte, dann wäre alles entschieden gewesen.

Aber – Dementjew hatte den Bogen überspannt! Bei all seiner schnellen Auffassungsgabe hatte er nicht die mindeste Ahnung von der Rasse der Häftlinge, von unserer angestammten Art. Hätte er sich vorsichtig ausgedrückt, hätte er geringe, wenn auch widerwärtige und das Stück entstellende Korrekturen verlangt, so hätte ich das alles notiert, gegen die Wünsche des Chruschtschow-Experten abgewogen und mit Sicherheit etwas verdorben. Aber unter dem mich fixierenden wütenden Blick antwortete ich ohne Zögern, mühelos, ohne zu überlegen, was das Vorteilhafteste wäre. Ich schämte mich vor meinen Mithäftlingen, vor meinen Brüdern, vor dem Hungerstreik in Ekibastus, vor dem Aufstand in Kengir und empfand nichts als

Abscheu, daß ich hier immer noch mit diesen Leuten zu Rate saß, daß ich allen Ernstes glauben konnte, Literaten mit roten Parteibüchern wären – selbst nach dem XXII. Parteitag – fähig, ein Wort der Wahrheit zu veröffentlichen.

»Ich habe zehn Jahre lang gewartet«, sagte ich erleichtert, »und ich kann noch zehn Jahre warten. Ich habe keine Eile. Mein Leben hängt nicht von der Literatur ab. Geben Sie mir mein Manuskript zurück, ich möchte nach Hause fahren.«

Da mischte sich der aufgeschreckte Twardowskij ein:

»Aber Sie *müssen* gar nichts! Alles, was heute vorgeschlagen wurde, liegt in Ihrem Ermessen. Aber wir möchten alle so gerne, daß das Manuskript durchkommt.«

Von da an erhob Dementjew keinen Einspruch mehr! Er war still. Er fiel in sich zusammen. Er hatte jene Grenze erreicht, wo sein Einfluß auf den Chef zu Ende war. Weiter durfte er nichts mehr riskieren.

Anschließend mußte ich ausgerechnet zu ihm nach Hause fahren – um das Originalmanuskript abzuholen. Wie verwandelt war er, wie freundschaftlich! War er es wirklich, der vor einer halben Stunde hitzig und unter Hufegeklapper eine Attacke gegen mich geritten hatte? Auf einmal bot er mir . . . seine Wohnung zum Arbeiten an. Auf einmal, die Terminologie donnernder Ismen von vorhin vergessend, warb er durch Andeutungen um mein Verständnis. Aha, dieser Kommissar war nicht aus Eisen! Er hatte sich, wie es schien, durch mehrere Zwischenwände abgesichert, war aber jeweils hinter der nächsten immer trauriger. (Später hörte ich übrigens, daß er aus einer reichen Kaufmannsfamilie stammte; dem Alter nach konnte er von jener Zeit noch etwas mitbekommen haben; ließ ihn vielleicht eine gewisse Unsicherheit hinsichtlich seines Fragebogens seine orthodoxe Haltung betonen? So etwas kommt manchmal vor. Auch bei Sofronow vielleicht . . .)

Und so saß ich wieder über meiner Powest. Ich wußte ja etwas, was die Redaktion nicht wußte: daß dies überhaupt nicht die Urfassung war, daß hier eingegriffen und zurückgeschnitten worden und daß meine Powest keineswegs ein unangetastetes Rührmichnichtan war. Wo es einen Anfang gibt, kann es auch weitergehen. Die Ladung würde auch dezimiert noch reichen. Aber – dieser Anfang des literarischen Weges kam mir nicht richtig vor: nachgeben, genau wie sie alle. Ich erinnere mich ganz deutlich, daß ich in diesem Moment um *meinetwillen* am liebsten nichts verändert hätte, wenn sie sie auch, hol sie der Teufel, nicht gedruckt hätten. Aber es wäre töricht gewesen, nicht wenigstens einen Versuch zu unternehmen. Um ein halbes, um dreiviertel Prozent abgeschwächt (soviel an Volumen und Bedeutung hatte ich beschlossen, Lebedjew und *Nowyj mir* abzutreten) – welche Wirkung würde sie dennoch haben! Doch, es lohnte sich, es zu versuchen.

Wenn man es genau überlegt, waren Lebedjews Wünsche verblüffend geringfügig. Sie tasteten das Wesentliche überhaupt nicht an. Die tollkühnen Stellen, die ich mit blutendem Herzen vielleicht aufgegeben hätte, hatte er übergangen, als wären sie ihm nicht aufgefallen. Aber was war das für ein geheimnisumwitterter Liberaler, dort oben, in der nächsten Nähe des Ersten Sekretärs des ZK? Wie war er hinaufgeklettert? Wie konnte er sich dort halten? Was hatte er für ein Programm? Den Mann mußte man unterstützen!

Lebedjew verlangte vor allem, die Stellen zu streichen, in denen der Kapitän komisch wirkte (wie Iwan Denissowitsch ihn sah und wie er tatsächlich angelegt war) und seine Parteiideologische Zuverlässigkeit hervorzuheben. (Man mußte doch unbedingt einen »positiven Helden« haben!) Das schien mir das kleinste Opfer zu sein. Ich strich das Komische und ließ das »Heroische« stehen, allerdings nicht »ausreichend entfaltet«, wie die Kritiker später meinten. Jetzt wirkte der Protest des Kapitäns beim Appell etwas aufgebläht (der ursprünglichen Idee nach sollte der Protest lächerlich sein), aber das Bild des Lagers wurde dadurch nicht beeinträchtigt. Dann mußte das Wort »Hintern« seltener gebraucht werden – ich habe es auf dreimal reduziert – »Drecksau« in Verbindung mit der Lagerverwaltung sollte seltener vorkommen (es war tatsächlich ein bißchen viel), und wenigstens der Kapitän, wenn schon nicht der Autor, mußte die Bendera-Leute verurteilen. (Ich habe daraufhin dem Kapitän einen entsprechenden Satz zugedacht, aber ihn in der Buchausgabe wieder gestrichen: dem Kapitän war er angemessen, aber *sie* wurden ohnedies oft genug beschimpft.) Ferner sollten die Häftlinge auf Befreiung hoffen (das konnte ich nicht ändern). Und dann mußte, was für mich, den Stalinhasser, besonders grotesk war, wenigstens an einer Stelle Stalin als der Hauptschuldige an dem ganzen Elend genannt werden. (Tatsächlich – er wurde kein einziges Mal, von keiner Person in der Powest erwähnt! Das war natürlich kein Zufall.) Ich ging darauf ein und erwähnte an einer Stelle den »schnauzbärtigen Vater«...

Ich trug die Korrekturen ein, verließ Moskau, und wieder begann für mich eine Zeit völliger Stille und Dunkelheit. Wieder fiel alles in die frühere Bewegungslosigkeit zurück, als hätte sich nie etwas um die Powest gerührt, als wäre alles ein Traum gewesen. Erst Ende September erfuhr ich unter dem Siegel der Verschwiegenheit von Anna Berser, wie es um die Sache stand. Auf der Datscha in Pizunda hatte Lebedjew sie Nikita vorgelesen (Nikita selbst las nicht gern, er schöpfte seine Bildung nach Möglichkeit aus Filmen). Nikita hörte bei dieser sonderbaren Lektüre gut zu, lachte, wenn es etwas zum Lachen gab, seufzte und ächzte, wenn es etwas zum Seufzen gab, und verlangte in der Mitte nach Mikojan, um mit ihm zusammen weiter zu hören. Es wurde alles bis zur letzten Zeile für gut befunden, und am besten gefiel selbstverständlich die Arbeitsszene und wie »Iwan Denissowitsch Mörtel spart« (das erwähnte Chruschtschow später beim Treffen im Kreml). Mikojan hatte Chruschtschow nicht widersprochen, das Schicksal des Buches war nach dieser häuslichen Lesestunde entschieden. Aber Chruschtschow wollte alles demokratisch ablaufen lassen. Nach etwa zwei Wochen, als er aus dem Urlaub nach Moskau zurückgekehrt war, traf beim *Nowyj mir* ein Weisung des ZK ein, bis zum nächsten Morgen sage und schreibe dreiundzwanzig Exemplare der Powest vorzulegen. In der Redaktion gab es drei. Abschreiben? Unmöglich! Sie mußte also gedruckt werden. Es wurden einige Setzmaschinen in der Setzerei der *Iswestija* zur Verfügung gestellt, die Setzer bekamen jeweils einen Teil des Manuskripts, machten sich an die Arbeit und staunten. Nachts lasen die Korrektoren des *Nowyj mir* die Fahnen, verzweifelten an den ungewohnten Worten, der ungewohnten Wortstellung und wunderten sich über den Inhalt. In der Dämmerung band der Buchbinder alle fünfundzwanzig Exemplare in die blaue Pappe des *Nowyj mir* ein, und am Morgen, als sei es das Selbstverständlichste von der Welt, wurden dreiundzwanzig Exemplare dem ZK zugestellt, und der Satz kam in das Spezialmagazin unter Verschluß. Chruschtschow befahl, die Exemplare an die führenden Persönlichkeiten der Partei zu verteilen und fuhr selbst nach Mittelasien, um dort die Landwirtschaft in Schwung zu bringen.

Er kehrte Mitte Oktober zurück, unter den für ihn verhängnisvollen Sternen. Bei der nächsten Sitzung des Politbüros (damals »Präsidium«) forderte Nikita die Mitglieder auf, ihr Einverständnis zur Veröffentlichung des Buches zu erklären. Ich kenne nicht alle Details, aber ich glaube, daß die Mitglieder des Politbüros nicht sonderlich einverstanden waren. Viele schwiegen. (»Warum schweigt ihr?« drang Nikita in sie.) Jemand wagte die Frage: »Und auf wessen Mühle ist dieses Wasser?« Aber damals war Nikita der Bär »Ich werd' euch alle erdrükken!« aus dem Märchen, dann wurde ja auch lobend erwähnt, daß Iwan Denissowitsch so gewissenhaft mauert. Und so wurde beschlossen, *Iwan Denissowitsch* zu drucken. Jedenfalls gab es keine entschiedene Gegenstimme.

Und so kam es zu dem Wunder der sowjetischen Zensur, oder, wie es drei Jahre später exakter formuliert wurde, zu der »Auswirkung des Voluntarismus in der Literatur«.

Am 20. Oktober, an einem Samstag, empfing Chruschtschow Twardowskij – um ihm den Beschluß mitzuteilen. Ich weiß nicht, ob das ihre erste Begegnung war, aber es war die letzte ruhige Unterhaltung von Mensch zu Mensch. Im Herzen Twardowskijs, wie vermutlich in jedem russischen, ja in jedem menschlichen Herzen überhaupt, lebt ein starkes Verlangen nach Glauben. So hatte er früher – ungeachtet der offenkundigen Ausrottung der Bauern und der Leiden seiner eigenen Familie, hingebungsvoll an Stalin geglaubt und dessen Tod aufrichtig betrauert. Und ebenso aufrichtig wandte er sich später von dem entlarvten Stalin ab und versuchte an die neue, geläuterte Wahrheit und an den neuen Menschen zu glauben, der das Licht dieser Wahrheit verbreitet. Und genauso sah er Chruschtschow während dieses zwei-, dreistündigen Gesprächs; einen Monat später, in der Zeit unserer größten Nähe und Aufgeschlossenheit füreinander, sagte Alexandr Trifonowitsch zu mir: »Welch ein gemütvoller und gescheiter Mann! Welch ein Glück, daß wir einen solchen Menschen an der Spitze haben!«
Bei dieser Zusammenkunft mit Twardowskij wirkte Chruschtschow weich, nachdenklich, sogar philosophisch. Das ist durchaus glaubhaft. Die feindseligen Sterne kreuzten sich über

ihm wie Schwertklingen. Wahrscheinlich hatte er bereits das Telegramm Gromykos erhalten, der am Tag zuvor im Weißen Haus gefragt worden war: »Sagen Sie ehrlich, Herr Gromyko, unterhalten Sie Raketen auf Kuba?« Worauf Gromyko, ehrlich und überzeugt wie immer, antwortete: »Njet.« Natürlich wußte Chruschtschow nicht, während er sich mit Twardowskij friedlich über Schöne Literatur unterhielt, daß in Washington Tafeln mit vergrößerten Photos sowjetischer Raketen auf Kuba hergestellt wurden, um am Montag dem Repräsentantenhaus gezeigt zu werden, worauf Kennedy die Zustimmung für seinen beispiellos mutigen Schritt erhalten wird: die Kontrolle sowjetischer Schiffe. Ein einziger Sonntag nur lag zwischen Chruschtschow und der Woche seiner Schmach, Angst und Niederlage. Und genau an diesem letzten Sonnabend erteilte er *Iwan Denissowitsch* das Visum.

»Ich fiel ihm sogar ins Wort!« erinnerte sich Twardowskij und wunderte sich nachträglich. »Ich sagte zu ihm: ›Nur vom Küssen kommen keine Kinder, schaffen Sie die literarische Zensur ab! Es gibt nichts Schlimmeres, als wenn die Bücher als Abschriften kursieren!‹« Und Nikita hörte sich das alles friedfertig an, er schien selbst diese Gedanken als naheliegend zu empfinden, wenigstens glaubte Twardowskij das. (Nach dem, was er in der Redaktion erzählte, konnte man zu dem Schluß kommen, daß Trifonowitsch dem schweigenden Chruschtschow seine eigenen Äußerungen in den Mund gelegt hatte.)

Chruschtschow erzählte Twardowskij, daß bereits drei Bände mit Material über die Verbrechen Stalins zusammengestellt worden seien, vorläufig jedoch nicht veröffentlicht werden sollten.* »Die Geschichte wird einst darüber urteilen, was wir gemacht haben.« (Wenn Nikita auf den Menschen als sterbliches Wesen und auf die den Menschen gesetzten Fristen zu sprechen kam, wirkte er weicher und wie auf einer anderen Ebene. Dies klang auch in seinen öffentlichen Reden durch. Es war ein unbewußter christlicher Zug in ihm. Keiner der kommunistischen Führer, weder vor ihm noch nach ihm, weder im Westen noch im Osten, hat je so gesprochen. Nikita war ein Zar, dem jede Einsicht in das eigene Wesen, in die eigene histo-

---

* Nichts hat Chruschtschow zu Ende gebracht, auch nicht den Sturz Stalins. Dabei hätte nur noch wenig gefehlt, und keiner hätte mehr die Zähne auseinandergekriegt, um von den »großen Verdiensten« des Mörders zu schwatzen.

rische Sendung fehlte, der immer jene Schichten untergrub, die ihn stützen konnten und wollten, der nie nach einem klugen Ratgeber suchte und keinen einzigen hatte. Sein flinker habsüchtiger Schwiegersohn war ebenfalls nicht klug, dazu noch ein Abenteurer, der den Sturz seines Schwiegervaters nur beschleunigte.) Chruschtschow war davon überzeugt, daß Stalin Kirow ermordet hatte, wußte aber auch, daß Kirow an und für sich eine ziemlich unbedeutende Persönlichkeit gewesen war.

Es sah so aus, als ob alles entschieden sei, und Twardowskij ordnete an, daß *Iwan Denissowitsch* in der elften Nummer erscheinen sollte. Aber da begann das Raketendrama in Amerika. Es hätte leicht passieren können, daß der Sturm über der Karibischen See als Windstoß durch den Korridor des ZK gefahren und meine kleine Powest hinweggefegt hätte.

Aber alles beruhigte sich wieder! Vor den Novemberfeiertagen, genau ein Jahr, nachdem ich meine Powest aus den Händen gegeben hatte, wurde ich zur ersten Korrektur nach Moskau gerufen. Solange ich über dem maschinengeschriebenen Text saß, war alles mythisch und unvorstellbar. Aber als ich die Druckfahnen vor mir liegen hatte, da sah ich, wie das Krokodilungeheuer unseres Lagerlebens vor Millionen von Ahnungslosen auftaucht, ans Licht kommt – und weinte in meinem prächtigen Hotelzimmer zum ersten Mal über meiner Powest.*

Aber da wurde mir eine Bitte Lebedjews übermittelt. Tjurins Worte: »Ich bekreuzigte mich und sagte zu Gott: ›Also gibt es dich doch im Himmel: lange duldest du, aber hart schlägst du zu‹« möchten gestrichen werden. Jetzt erst hatten sie es entdeckt. Jetzt erst, viel zu spät, hatten sie die wichtigste Stelle

---

* *Nowyj mir* erlaubte sich einen hübschen Spaß mit der Zensur: die Redaktion schickte die Fahnen des *Iwan Denissowitsch* kommentarlos ein. In der Abgeschiedenheit ihrer Verliese wußten sie dort nichts von dem Beschluß des ZK, er wurde ja, wie bei uns üblich, in aller Heimlichkeit gefaßt. Als die Fahnen eintrafen, geriet die Zensur angesichts solcher »ideologischen Sabotage« außer sich und rief drohend bei der Redaktion an: »Wer hat dieses Manuskript geschickt?« – »Wir alle hier«, antwortete die Redaktionsleiterin N. P. Bianki voller Unschuld. »Und wer hat es persönlich befürwortet?« – »Aber es hat uns allen gut gefallen«, zwitscherte Bianki. Darauf wurde gedroht und aufgehängt. Nach einer halben Stunde wieder ein Anruf, diesmal freundlich: »Schikken Sie uns noch ein paar Exemplare.« (Sie wollten es ja auch lesen.) Chruschtschow war Chruschtschow, aber das Visum der Zensur durfte auf keinem Bogen fehlen.

entdeckt, in der ich die ganze Legende über das Verschwinden der Führungsspitze 1937 umgestoßen und vom Kopf auf die Füße gestellt hatte! In der Redaktion redete man auf mich ein: Lebedjew sei doch so positiv eingestellt! Er sei es doch gewesen, der alles durchgesetzt und eingeleitet habe! Jetzt müßte man ihm entgegenkommen! Das traf alles zu, und ich hätte nachgegeben, wenn es um mich oder um formal-literarische Belange gegangen wäre. Aber bei der gewünschten Korrektur ging es um Gott, ging es um den Bauern – und ich hatte mir geschworen, darin niemals nachzugeben. Und habe die Bitte des mir noch immer nicht persönlich bekannten mythischen Wohltäters abgeschlagen.

Dem Trägheitsgesetz zufolge konnte sogar der Ratgeber Chruschtschows den einmal in Bewegung geratenen rollenden Stein nicht mehr beeinflussen oder aufhalten.

Das versuchte Adschubej: wenn schon nicht aufhalten – dann wenigstens umleiten. Vielleicht unter dem Druck wohlanständiger Orthodoxer, die die Geschichte der Lager wenigstens aus ihrer Sicht dargestellt sehen wollten (sie selbst als Hauptmärtyrer und Haupthelden), wahrscheinlich aber aus einem kleinlicheren Motiv: Twardowskijs Initiative aufzugreifen, ihn, nachdem er die schwierigste Strecke bereits überwunden hatte, zu überholen und der erste bei der Preisverteilung zu sein. Bei einer Redaktionskonferenz der *Iswestija* zürnte Adschubej, daß nicht seine Zeitung das wichtige Thema »entdeckt« hatte. Jemand erinnerte sich, daß irgendwann »irgend so eine« Erzählung aus Tschita eingesandt, aber als »unpassierbar« abgelehnt worden war. Man suchte in den Papierkörben – aber die Erzählung war bereits vernichtet. Man fragte bei G. Schelest an, und der mußte seinen *Goldfund* telefonisch übermitteln. Er wurde in der Festnummer der *Iswestija* gedruckt – er wurde mit schamloser Selbstverständlichkeit, ohne jedes Ausrufezeichen gedruckt, als wären ebensolche Erzählungen aus dem Lagerleben schon seit vierzig Jahren in unseren Zeitungen erschienen und bis zum Überdruß bekannt. Twardowskij war sehr unglücklich und fühlte sich von Adschubej gekränkt. Aber ich glaube, daß der *Goldfund* ihnen nichts eingebracht hat: unser Stein rollte unaufhaltsam weiter, und dem russischen Leser war es beschieden, die Umrisse des Lagers in eben *dieser* Weise zum ersten Mal wahrzunehmen.

Seines Sieges endlich gewiß, dachte Twardowskij als erfahrener weitblickender Redakteur an die Zukunft und schrieb mir noch in denselben Novemberfeiertagen einen langen Brief:

»... Alter und literarische Erfahrung geben mir das Recht, Ihnen einiges zu sagen. Schon jetzt versuchen viele Menschen, bei uns in der Redaktion Ihre Anschrift zu erfahren, und Sie erregen ein Interesse, das manchmal auch durch außerliterarische Impulse stimuliert wird. Und was wird es erst geben, wenn die Powest erscheint? ... Dann kommt all das, was man Ruhm nennt ... Ich sage das alles, um meine Hoffnung auf Ihre Gelassenheit, Ihre Haltung, auf Ihr hohes Gefühl für Selbstachtung zu betonen ... Sie haben bereits viele Prüfungen bestanden, und es fällt mir schwer, an Ihre Anfälligkeit angesichts dieser Prüfung zu glauben, ... im Gegenteil, manchmal hatte ich den Eindruck, daß Ihre Uneitelkeit, ja, Gleichgültigkeit vielleicht sogar übertrieben ist ... Ich fand, während ich mit meinen Redaktionskollegen an dem Tag, an dem ich erfuhr, daß ›alles in Ordnung‹ sei, ein wahres Siegesfest, einen Triumph erlebte – ich fand die Zurückhaltung, mit der Sie damals auf mein Gratulationstelegramm reagierten, ein bißchen betrüblich, jenes Wörtchen ›angenehm‹, das mich in diesem Fall, entschuldigen Sie, einfach gekränkt hat ... Aber heute appelliere ich an Ihre Uneitelkeit und Zurückhaltung – mögen Sie sich weiter festigen und der treue Begleiter Ihrer künftigen Arbeit bleiben ... Man wird Sie mit aufdringlichen Bitten um ›irgend etwas‹, einen Auszug, ein Stückchen, belästigen, man wird Ihnen Verträge und Geld anbieten ... Ich beschwöre Sie – bleiben Sie standhaft ... Lassen Sie sich nicht fangen, berufen Sie sich (und wir haben ein gewisses Recht, damit zu rechnen) auf Ihre Verpflichtungen gegenüber dem *Nowyj mir,* der alles übernehmen wird, was aus Ihrer Feder kommt.«

Sie haben ein »Siegesfest« gefeiert! Und ich machte ihm meine Lage klar:

»Wissen Sie, mit welchen Gedanken ich Ihren dicken Umschlag geöffnet habe? Meine Frau brachte ihn und sagte beunruhigt: ›Ein dicker Brief vom *Nowyj mir.* Warum ist er so dick?‹ Ich tastete ihn ab und sagte: ›Völlig klar. Jemand will, daß ich noch mehr nachgebe, aber ich kann nichts mehr machen. Und damit ist die Sache mit der Veröffentlichung vorläufig zu Ende ...‹ Mein Leben in Rjasan ist völlig unverändert geblieben (morgens spalte ich in meiner Lagerweste Holz, bereite mich anschließend auf den Unterricht vor, gehe dann in die Schule, wo ich mir Vorwürfe anhören muß, daß ich die politische Schulungsstunde versäumt oder eine außerhalb der Unterrichtstätigkeit liegende Aufgabe nicht erfüllt hätte, so daß die Moskauer Gespräche und Telegramme mir wie ein Traum vorkommen ... Für mich war nach Ihrem Telegramm klar, daß *vorläufig* kein Verbot besteht. Deshalb, lieber Alexandr Trifonowitsch, tragen Sie mir das Wörtchen ›angenehm‹ nicht nach, ich wäre unaufrichtig gewesen, wenn ich mich damals stärker ausgedrückt hätte, denn ich empfand keinerlei stürmische Freude. Überhaupt hat mich das Leben viel mehr auf das Schlimme gefaßt gemacht, und ich glaube an das Schlimme viel leichter, sogar bereitwillig. Ich habe mir noch im Lager das russische Sprichwort gemerkt: ›Glaub nicht an das Glück, erschrick nicht vor dem Unglück‹, habe mein Leben danach ausgerichtet und hoffe, nie davon abzukommen ...

Die höchste Freude der ›Anerkennung‹ erlebte ich im Dezember letzten Jahres, als Sie den *Denissowitsch* mit einer durchwachten Nacht auszeichneten.«

Aber sein Appell, ich solle »standhaft bleiben« und mich nicht »einfangen lassen« war mir aus der Seele gesprochen!

»Der Ruhm wird mich nicht verschlingen... Aber ich sehe voraus, daß es nur kurz dauern wird – und möchte die Flut möglichst sinnvoll (für meine bereits fertigen Werke*) ausnutzen.«

So gut verstanden wir uns inzwischen, obwohl wir uns noch nie unter vier Augen, ohne die Redaktionsmitglieder, getroffen hatten. Bald darauf besuchte ich ihn zu Hause, und ausgerechnet da brachte der Redaktionsbote (der später als Spitzel überführt wurde) das erste Exemplar von Nummer XI. Wir umarmten uns. Alexandr Trifonowitsch freute sich wie ein kleiner Junge und flatterte in seiner ganzen Bärengröße durchs Zimmer: »Das Vögelchen ist ausgeflogen! Das Vögelchen ist ausgeflogen! ... Jetzt wird man es kaum noch einfangen! Jetzt ist das fast unmöglich!« (Fast ... Er war also auch bis zum letzten Moment nicht ganz sicher. War es nicht schon vorgekommen, daß eine ganze Auflage vernichtet worden war? Bedeutet uns

---

* Auch der *Nowyj mir* kannte sie noch nicht ...

Geld, bedeutet uns Arbeit denn etwas? Nur die Ideologie ist uns teuer.) Ich gratulierte ihm: »Der Sieg gehört Ihnen mehr als mir.«

»Los, herkommen!« In solch ungewöhnlichem Ton sprach er mit mir am Telephon bei meinem nächsten Moskauaufenthalt. Gleich nach dem Erscheinen der elften Nummer fand eine Plenarsitzung des ZK statt, ich glaube über Fragen der Industrie. Einige Tausend Hefte, die für den Moskauer Buchhandel bestimmt waren, wurden an die Bücherstände für die Sitzungsteilnehmer geliefert. Vom Rednerpult des Plenums aus erklärte Chruschtschow, es sei ein wichtiges und nützliches Buch (meinen Namen nannte er nicht und redete über den Autor als über Iwan Denissowitsch). Er beklagte sich sogar beim Plenum über sein Politbüro: »Ich frage sie – wollen wir's drucken? Und die schweigen! . . .« Und die Mitglieder des ZK trugen vom »Büchermarkt« zwei Hefte nach Hause: ein rotes (Sitzungsmaterial) und ein blaues (die elfte Nummer des *Nowyj mir*). »Sie trugen sie einfach so, unter dem Arm«, – Twardowskij lachte – »ein rotes und ein blaues.« Der Sekretär des Gebietskomitees von Nowosibirsk sagte vor der Schlußrede Chruschtschows zu Twardowskij: »Na ja, es gab auch noch Schlimmeres . . . In unserem Gebiet gibt es heute noch solche *Betriebe*, ich weiß es. Aber wozu darüber schreiben?« Und nach der Rede Nikitas suchte er Twardowskij, um ihm die Hand zu drücken und seine Meinung zu revidieren.

So groß war der Schwung der allgemeinen Zustimmung und des allgemeinen Auftriebs, daß Twardowskij mir in diesen Tagen sagte: »Und jetzt lassen wir die *Matrjona* los!« Jene *Matrjona*, die von der Zeitschrift Anfang des Jahres abgelehnt worden war, die »niemals veröffentlicht werden« sollte, jene *Matrjona* gab er jetzt leichter Hand in die Setzerei, ohne an seine Absage von damals auch nur zu denken!

»Der gefährlichste Schritt ist immer der zweite!« warnte mich Twardowskij. »Das erste Stück kann jeder Dummkopf schreiben, wie man so sagt. Aber das zweite? . . .«

Und sah mich besorgt von der Seite an. Mit dem »zweiten« meinte er nicht *Matrjona*, sondern das, was ich als nächstes schreiben würde. Ich aber, das Geschriebene immer von neuem sichtend, fand nichts, was ich hätte hervorholen können: alles war bissig.

Glücklicherweise ging mir gerade in diesem Monat die *Kretschetowka* sehr leicht von der Hand – direkt für die Zeitschrift, zum ersten Mal in meinem Leben. Alexandr Trifonowitsch war sehr aufgeregt, als er sie in Empfang nahm. Er war noch aufgeregter beim Lesen – er fürchtete einen Fehlgriff, er fürchtete sich, als ob es um ihn selbst ginge. Mit dem Auftreten Tweritinows wuchsen seine Bedenken: er meinte, es liefe auf einen patriotischen Detektivroman hinaus und am Schluß würde der richtige Spion gestellt.

Als er sich vergewissert hatte, daß dem nicht ganz so war, schickte er mir ein freudiges Telegramm. Zu *Kretschetowka* und *Matrjona*, die seiner Vorstellung nach meinen Ruf weiter festigen sollten, hat er zum ersten und letzten Mal keine politischen Überlegungen angestellt (»geht es – geht es nicht«), sondern in dichten Zigarettenrauch gehüllt, ehrliche Redaktionsarbeit geleistet.* Die Lektionen, die ich (in meiner Selbstherrlichkeit) von ihm empfangen habe, waren außerordentlich fein, besonders in den Details aus dem bäuerlichen Leben: man kann nicht von »Dorfzimmerleuten« sprechen, denn im Dorf ist jeder ein Zimmermann; es gibt keine »Spanschindeln«; wenn ein Ferkel fett ist, ist es niemals gierig; der Gang in den Wald, um Beeren oder Pilze zu suchen, ist keine Arbeit, sondern ein Vergnügen (in diesem Punkt hat er übrigens nachgegeben, denn im heutigen Dorf ist es doch eine Arbeit, weil man dabei mehr verdient als auf dem Kolchosacker); an einer Bahnstation wachsen keine Espen, weil dort nur Gepflanztes steht, während kein Mensch jemals eine Espe pflanzen würde; ein »Bursche« ist älter als ein »Junge«. Und dann beharrte er darauf, daß das Gerundium der Volkssprache fremd und ungebräuchlich sei. Aber damit war ich keineswegs einverstanden, denn es wird in vielen unserer Sprichwörter gebraucht.

Unsere häufigen Zusammenkünfte im Herbst 1962 waren zwanglos und warmherzig. In jenen Monaten kannte die Sym-

---

* Die Frage »geht es – geht es nicht« blockierte die Gehirne der Redaktionsmitglieder des *Nowyj mir* (und erst recht aller anderen sowjetischen Zeitschriftenredakteure) so sehr, daß nur noch wenig Scharfblick, Geschmack und Energie für schwerwiegende künstlerische Einwände übrig blieb. Bei den Sachen, die im *Nowyj mir* keinerlei künstlerische Bedenken weckten, erhielt ich die wichtigste Kritik und den Verriß auf privatem Weg, meistens durch Menschen, die berufsmäßig nichts mit Literatur zu tun hatten.

pathie Twardowskijs für mich keine Grenzen, und er war so stolz auf meine Erfolge, als wären es seine eigenen. Ihm gefiel ganz besonders, daß ich mich so verhielt, wie er sich das für einen von ihm entdeckten Autor gewünscht hatte: ich setzte die Korrespondenten vor die Tür, gab keine Interviews, ließ mich nicht photographieren oder filmen. Er bildete sich ein, mich geschaffen, geformt zu haben und jetzt für alle Zeiten die besten Entschlüsse für mich fassen und mich auf einem strahlenden Weg weiterführen zu müssen. Er setzte voraus (obwohl ich es ihm nie versprochen hatte), daß ich künftig keinen Schritt ohne seinen Rat und seine Billigung unternehmen würde. So bestimmte er zum Beispiel, welchem Photographen ich erlauben durfte, mich zu photographieren (der Photograph war schlecht, aber das, worauf es mir ankam – der gequälte und traurige Gesichtsausdruck – das haben wir zustandegebracht). Dann wurde es unumgänglich, wenigstens eine Art Kurzbiographie über mich herauszugeben – Twardowskij griff selbst zur Feder und stellte diese Biographie zusammen. Ich hielt es für nötig, darauf hinzuweisen, weshalb ich eingesperrt worden war – wegen negativer Äußerungen über Stalin, Twardowskij aber war entschieden dagegen. (Er ahnte nicht, welchen Dienst mir das hätte erweisen können, als die Partei mich später bei ihren Schulungsveranstaltungen zum Vaterlandsverräter erklären ließ. Sein Blick war in erster Linie auf die Gegenwart gerichtet und fast niemals in die Zukunft. Außerdem lagen die eigentlichen Ursachen seiner äußeren Reaktionen manchmal sehr tief. So hatte er zum Beispiel sehr lange an Stalin geglaubt, und jeder, der *schon damals* nicht geglaubt hatte, schien ihn heute immer noch irgendwie zu kränken. So ließ er auch meine Erklärung nicht gelten, daß Tweritinow Stalin lediglich aus seinem ästhetischen Gefühl heraus ablehnen könnte. Wie könnte er – ihn NICHT LIEBEN? Entweder er selbst oder seine Verwandten müßten gesessen haben, etwas anderes ließ Alexandr Trifonowitsch nicht zu.)
Er hatte die Neigung, Jüngeren gegenüber als Gönner aufzutreten, aber ihm fehlte die Fähigkeit, mit Ebenbürtigen auszukommen.
Mit mir erlebte er das Aufflackern einer neuen Hoffnung, einen Freund gefunden zu haben. Aber ich machte mir da nichts vor. Ich hatte seinen bäuerlichen Kern liebgewonnen,

die durchscheinende poetische Kindlichkeit, die nur schlecht von den Allüren des Würdenträgers überdeckt war, und jene besondere angeborene Würde, die er vor seinen zuweilen ranghöheren Feinden bewies (von Angesicht zu Angesicht) und die ihn vor lächerlichen und jämmerlichen Situationen bewahrte (am Telephon wurde er leicht verwirrt). Aber meine und seine Vergangenheit waren zu verschieden, und allzu Verschiedenes brachten wir daraus mit. Kein einziges Mal, niemals konnte ich mit ihm so aufrichtig und zwanglos zusammensein, wie mit Dutzenden von Menschen, auf die der Schatten des Lagers gefallen war. Unsere Charaktere hätten sich aneinander abschleifen, angleichen, anpassen können – aber eine Männerfreundschaft ohne verwandte Vorstellungen, ohne den Blick und das Aufmerken füreinander ist undenkbar. Wir waren wie zwei mathematische Kurven mit ihren besonderen Gleichungen. An bestimmten Punkten können sie sich nähern, sich berühren, sogar eine gemeinsame Tangente, eine gemeinsame Ableitung haben, aber ihr jeweiliger ureigener Verlauf wird sie unweigerlich bald auf getrennten Wegen weiterführen.

An der Oberfläche

Wie ein Tiefseefisch, der an die Oberfläche emporsteigt und, an viele Atmosphären Druck gewöhnt, zugrunde geht, weil es ihm zu leicht ist und er sich nicht umstellen kann, so begann auch ich, der ich mich fünfzehn Jahre lang umsichtig in der Tiefe des Lagers, der Verbannung, im Untergrund verborgen gehalten hatte, als ich an die Oberfläche des plötzlichen Bekanntseins, des aus vielen Trompeten geschmetterten Ruhms (bei uns wird immer übermäßig gelobt und getadelt) emporstieg, einen Fehler nach dem anderen zu machen, da ich keine Ahnung von meiner neuen Lage und meinen neuen Möglichkeiten hatte.

Ich hatte keine Ahnung von dem Maß der gewonnenen Macht und folglich von dem Maß der Dreistigkeit, die ich mir erlauben durfte. Ich verharrte gewohnheitsmäßig in meiner Vorsicht, ich verharrte in meiner Abgeschiedenheit. Das eine wie das andere war sehr wohl notwendig, denn der zufällige Durchbruch des *Iwan Denissowitsch* söhnte das System keineswegs mit mir aus und versprach keinerlei Erleichterung für die weitere Entwicklung, aber vorübergehend, eine kurze Zeit, zwei Monate, nein, einen Monat – konnte ich ungehindert weitergehen: die sklavisch-übertriebene Reklame öffnete mir für diesen Monat sämtliche Redaktionen und Theater!

Ich aber hatte keine Ahnung ... Ich beeilte mich, selbst stehenzubleiben, bevor ich angehalten wurde, mich von neuem zu tarnen, zu verstellen, so zu tun, als hätte ich nichts anderes mehr, als hätte ich nichts anderes mehr vor. Als ob eine Rückkehr noch möglich gewesen wäre! Als ob sie mich jetzt aus den Augen gelassen hätten!

Ich hatte auch in meinem unwillkürlichen Triumphgefühl nicht gesehen, daß Twardowskij und ich nicht gewonnen, sondern verloren hatten: wir hatten ein Jahr versäumt, das Jahr des Aufschwungs, den der XXII. Parteitag ausgelöst hatte, und gerieten gerade noch in das Verebben der letzten Welle. Nach meinen bescheidensten Berechnungen glaubte ich, mindestens ein halbes Jahr, möglicherweise bis zu zwei Jahren Zeit zu haben, bis Tür und Tor vor mir zugenagelt werden würden.

Aber ich hatte nur einen Monat – von der ersten lobenden Besprechung am 18. November bis zur Begegnung im Kreml am 17. Dezember. Sogar noch weniger – bis zum ersten Gegenangriff der Reaktion am 1. Dezember (als Chruschtschow in der Manege auf die modernistischen Maler gehetzt wurde, wobei es sich um eine großangelegte Kampagne handelte). Aber auch innerhalb von zwei Wochen hätte ich einige Waffenplätze besetzen und die Titel einiger meiner Bücher bekanntgeben können!

Aber aus einer falschen Einstellung heraus tat ich das alles nicht. Ich hatte vor, meinen kurzlebigen Ruhm möglichst »sinnvoll« auszunutzen, aber gerade das tat ich nicht – und zum großen Teil aus dem falschen Gefühl einer VERPFLICHTUNG gegenüber dem *Nowyj mir* und Twardowskij.

Das muß erläutert werden. Natürlich war ich Twardowskij verpflichtet – aber nur *persönlich*. Ich durfte jedoch weder Rücksicht auf Persönliches nehmen, noch darauf, was man im *Nowyj mir* über mich denken könnte, sondern mußte immer und bei allem davon ausgehen, daß ich nicht ich bin, daß mein literarisches Schicksal nicht mein Schicksal ist, sondern das Schicksal jener Millionen, die ihr Häftlingslos, ihre späteren Entdeckungen im Lager nicht zu Ende gekritzelt, nicht zu Ende geflüstert, nicht zu Ende geröchelt hatten. So wie Troja seine Existenz letztlich nicht Schliemann verdankt, so hat auch unsere in der Tiefe liegende Kultur der Lager ein eigenes Vermächtnis. Und deshalb durfte ich, nachdem ich aus einer Welt zurückgekehrt war, die ihre Toten nicht zurückgibt, weder Twardowskij noch dem *Nowyj mir* Treue geloben, ich durfte nicht danach fragen, ob sie mir glauben würden, daß der Ruhm mir keineswegs zu Kopfe gestiegen war und ich die Waffenplätze nach einem wohlüberlegten Plan besetzte.

Obwohl die Fesseln des *Nowyj mir,* verglichen mit den der äußersten Vorsicht, weniger ins Gewicht fielen, engten sie mich dennoch empfindlich ein.

Ich wurde, wie Twardowskij vorausgesagt hatte, um »Ausschnitte« für Literaturzeitungen oder Radioübertragungen gebeten – und ich hätte sie unverzüglich zur Verfügung stellen müssen, aus dem *Kreis,* der bereits abgeschlossen war, aus den fertigen Dramen, um so durch die bekanntgegebenen Titel ein Terrain abzustecken, von dem man mich nicht so leicht hätte verdrängen können. In der vier Wochen anhaltenden Woge der Verblüffung, die sich nach dem explosionsartigen Erscheinen der Erzählung ausgebreitet hatte, wäre alles widerstandslos durchgekommen – ich aber sagte »Nein«. Ich meinte, damit meine Bücher zu schützen ... Ich war stolz, daß ich dem Ruhm so leicht widerstand ...

Ich wurde zu Hause und im Hotel von Zeitungskorrespondenten bestürmt, in Rjasan von Botschaften aus Moskau angerufen, und verschiedene Zeitungsagenturen richteten zum Teil völlig törichte Anfragen an mich: beispielsweise sollte ich für den westlichen Leser analysieren, wie glänzend Chruschtschow die Kuba-Krise »gelöst« hatte. Aber ich habe keinem von ihnen auch nur ein einziges Wort gesagt, obwohl ich bereits ungehindert sehr viel sagen, sehr mutig hätte sprechen können, und tollgewordene Korrespondenten alles unter die Leute gebracht hätten. Ich befürchtete, daß ich, wenn ich erst einmal auf Fragen westlicher Korrespondenten zu antworten anfinge, sofort auch von den sowjetischen interviewt werden würde, mit Fragen, die von vornherein entweder auf Widerstand oder auf triste und treue Untertanenhaltung angelegt waren. Da ich nicht lügen wollte und mich zum Widerstand noch nicht entschließen konnte, zog ich es vor zu schweigen.

Ende November, etwa zehn Tage nach dem Erscheinen des *Denissowitsch,* bat der künstlerische Ausschuß des *Sowremennik,* nachdem er sich mein Drama *(Nemow und das Flittchen,* die bereits gemilderte Fassung der *Republik der Arbeit)* angehört hatte, dringend um die Erlaubnis, das Stück *sofort* aufzuführen, die Truppe verpflichte sich, im Theater zu essen und zu schlafen, um es innerhalb eines Monats einzustudieren! Das war ein vertrauenswürdiges Versprechen, ich kannte dieses Theater. Aber ich lehnte ab.

Warum eigentlich? Nun, erstens fühlte ich, daß für eine Veröffentlichung das Stück noch einmal überarbeitet werden müßte, das wären sieben ganze Tage gewesen, aber bei der Arbeit in der Schule und der Flut sinnlos begeisterter Korrespondenz vielleicht ganze vier Wochen. *Sowremennik* erklärte sich damit einverstanden, daß ich den Text während der laufenden Proben änderte – aber wie sollte ich die Schule einfach abhängen? Wie würde das gehen? Auf einmal ein freier Mensch sein? Auf einmal nicht mehr tagaus tagein lästigen Pflichten nachgehen müssen? Außerdem, wie konnte ich die Kinder vor dem Ende des Halbjahres im Stich lassen? Und wer sollte die Zensuren geben? Ausgerechnet um diese Zeit kam überraschend für den ganzen letzten Monat die Schulinspektion. Wie konnte ich den Direktor, der mich jahrelang gut behandelt hatte, jetzt sitzenlassen und mich einfach davonmachen? Nach sieben Tagen hätte ich dem *Sowremennik* einen für eine Aufführung geeigneten Text liefern und außerdem zweimal wöchentlich einen »erleichterten« Romanabschnitt veröffentlichen, im Radio lesen und Interviews geben können – aber ich saß im Schullabor, bereitete läppische Demonstrationen für den Physikunterricht vor, arbeitete einzelne Stunden aus und sah Schülerhefte nach. Und weiter: wenn »die da oben« plötzlich das Stück vor der Premiere ansehen und wütend werden würden? Und dann nicht nur das Drama torpedieren würden, sondern auch die Erzählungen, die in Kürze im *Nowyj mir* erscheinen sollten? *Nowyj mir* – Auflage hunderttausend, und im Saal des *Sowremennik* – Plätze für nur siebenhundert Zuschauer.

Und noch etwas anderes: ich hatte doch Twardowskij versprochen, er würde alles Neue als Erster zu sehen bekommen! Wie konnte ich das Schauspiel dem *Sowremennik* geben, bevor *Nowyj mir* es gesehen hatte? Kurz und gut – ich vertröstete den kampflustigen *Sowremennik* und gab das Stück dem vor sich hindämmernden *Nowyj mir*. Aber dort war auch jemand, der nicht vor sich hindämmerte – Dementjew, und eigentlich haben die Redakteure das Schauspiel nie zu Gesicht bekommen: es ist in den zwei Wohnungen auf der Kotelnitscheskaja Nabereschnaja bei den beiden Saschas hängengeblieben. Sie trafen die Entscheidung, und Twardowskij brauchte mir nur mitzuteilen, daß es »kein Kunstwerk« und »kein Theater«, sondern ein »Um- und Umpflügen desselben Lagerstoffs wie im Denissowitsch« sei und »nichts Neues« enthalte. Ja, kann man das eigene Werk verteidigen? Ich gebe zu, daß es »kein Theater« ist, aber ein »Um- und Umpflügen« ist es keinesfalls, denn man hatte ja noch nicht einmal begonnen, richtig zu pflügen! Es handelt sich ja auch nicht um ein Sonderlager, sondern um ein Arbeits- und Umerziehungslager: um ein Gemisch von Geschlechtern, von Paragraphen, um die Herrschaft Krimineller und ihre Psychologie und um betrügerische Manipulationen. Gut, nach *Iwan Denissowitsch* war es ein bißchen schwach. Es kann gut sein, daß das Stück Twardowskij wirklich nicht gefallen hat. Aber wenn es damit sein Bewenden gehabt hätte, und ich, nachdem *Nowyj mir* das Stück abgelehnt hatte, frei darüber hätte verfügen können! Aber das war nicht möglich! Twardowskij hatte eine völlig andere Vorstellung von meinem Versprechen und von unserer Zusammenarbeit – jetzt und immerdar und allezeit! War er es nicht gewesen, der mich mit meinen dreiundvierzig Jahren *entdeckt* hatte, ohne ihn war ich sozusagen überhaupt kein Schriftsteller und konnte den Wert meiner Sachen überhaupt nicht beurteilen (nachdem ich ihm ein Buch gebracht hatte und zehn andere hinter dem Rücken hielt)! Und jedes Manuskript von mir mußte von ihm, Twardowskij, (und Dementjew!) beurteilt werden, und er entschied, ob es im *Nowyj mir* gedruckt oder versteckt und nicht vorgezeigt werden dürfte. Etwas anderes gab es nicht.

Dementsprechend lautete das über *Nemow und das Flittchen* gefällte Urteil: an niemanden weitergeben, niemandem zeigen. »Ich warne Sie vor Theatergangstern!« belehrte mich Twardowskij eindringlich. So sprach der Chefredakteur der liberalsten Zeitschrift im Land von dem jüngsten und mutigsten Theater im Land. Woher diese Sicherheit des Urteils? Hatte er etwa viele Aufführungen des *Sowremennik* gesehen? Keine einzige hatte er gesehen und nie den Fuß über seine Schwelle gesetzt (weil das unter seiner Würde gewesen wäre). Seine hohe Position zwang ihn, die Informationen aus zweiter (und unsauberer) Hand zu beziehen. Irgendwann in Barwicha, im Regierungssanatorium, irgendwann auf einem Bankett im Kreml, vielleicht auch von einem dienstfertigen Redaktionsmitarbeiter hatte er gehört, daß dieses Theater unverschämt sei, parteilos und die Autorität untergrabe – also waren es »Gangster« . . .

Erst vor zwei Wochen war ich gedruckt worden, noch waren die Flitterwochen mit Twardowskij nicht zu Ende – ich hielt es für wenig anständig und auch für zwecklos, mich offen aufzulehnen, und so fand ich mich unversehens in der Situation eines *Bittenden*, der fragen muß, ob er die eigenen Werke jemandem zeigen darf, wogegen Twardowskij sich hartnäckig sträubte, die verschiedensten Einwände vorbrachte und sich schließlich über meinen Ungehorsam ärgerte. Nach langem Überreden erklärte er sich *einverstanden*, daß ich das Schauspiel einem Theater zeigte – aber nicht dem *Sowremennik*, sondern dem toten Theater Sawadskijs (weil dort *Tjorkin* aufgeführt wurde!). Ein spätes Zugeständnis! Ich verließ mich darauf, daß Alexandr Trifonowitsch meist ungenügend informiert war (er stand abseits, über dem durchschnittlichen Publikum, außerhalb des dynamischen literarischen Milieus Moskaus), und hielt meine Verbindung zum *Sowremennik* aufrecht. Allerdings wartete ich mit dem Schauspiel noch einen weiteren Monat – einen unwiederbringlichen Monat! – bis die Zensur *Matrjona* und *Kretschetowka* freigegeben hatte. Dann überließ ich das Stück dem *Sowremennik* – aber der richtige Zeitpunkt war bereits verpaßt: bei den Theatern machte sich ein gewisser Druck bemerkbar, der nach dem Dezembertreffen im Kreml eingesetzt hatte. Der *Sowremennik* konnte sich nicht entschließen, mit den Proben zu beginnen, und das Stück blieb mehrere Jahre liegen. Twardowskij erfuhr mit einiger Verspätung von meiner Eigenmächtigkeit – die Kränkung blieb wie ein Splitter sitzen – und warf mir in den folgenden Jahren öfters vor: Wie konnten Sie sich nur an den *Sowremennik* wenden, obwohl ich Sie gebeten habe, das nicht zu tun? . . .

Alexandr Trifonowitsch nannte mich in seinem Brief den ihm »teuersten Menschen in der Literatur«, er liebte mich aufrichtig und selbstlos, aber – tyrannisch: wie ein Bildhauer sein Werk, wie ein Souverän seinen treuesten Vasallen. Er kam einfach nicht auf den Gedanken zu fragen, ob *ich* nicht auch vielleicht eine Meinung hätte – zu der Zeitschrift oder zu einer persönlichen Frage – und etwas raten oder vorschlagen wollte. Er kam nicht auf den Gedanken, daß sich aus meiner außerliterarischen Lebenserfahrung ein neuer Gesichtspunkt ergeben könnte.

Sogar im Tempo des Alltagslebens zeigte sich unsere Verschiedenheit. Warum sollte man nicht jetzt, nach unserem großen Sieg, um den Redaktionstisch sitzen bleiben, Tee trinken, Bubliki essen und miteinander reden, über Wichtiges und Belangloses? »Alle Schriftsteller tun das, Simonow zum Beispiel auch«, sagte Twardowskij scherzend zu mir, »die sitzen hier, wie es sich gehört und rauchen in aller Ruhe. Warum haben Sie es immer so eilig?« Ich muß mich beeilen, weil ich auf die Fünfzig zuging, und noch allzuviel nicht Geschriebenes mich beinahe zerriß und weil die Beine der Lüge – aus Lehm, aber auch aus Eisenbeton – noch allzu unerschüttert standen.

Die erste Besprechung, die große von Simonow in der *Iswe-*

stija, legte Alexandr Trifonowitsch triumphierend vor mich hin (sie war soeben erschienen, und ich hatte sie noch nicht gesehen), aber gleich nach den ersten Absätzen langweilte sie mich, ich legte sie zur Seite, ohne weiterzulesen und bat darum, das redaktionelle Gespräch über *Kretschetowka* fortzusetzen. Alexandr Trifonowitsch war einfach empört, vielleicht hielt er das für affektiert. Er sah nicht, welch ein langer, langer unheilvoller Weg sich vor uns abzeichnete, und daß die Macht all dieser unerbetenen Rezensionen nicht größer war als die einer Küchenschabe.

Noch mehr unterschieden sich unsere Vorstellungen darüber, was in der Literatur wichtig sei und wie der *Nowyj mir* aussehen sollte. Alexandr Trifonowitsch selbst hielt ihn für äußerst mutig und progressiv – der große Erfolg bei der Intelligenzija und die Beachtung in der westlichen Presse waren für ihn ausschlaggebend.

Dem war so, freilich. Aber die Anhänger des *Nowyj mir* hatten keinen anderen Maßstab als den stupiden Reigen unserer übrigen Zeitschriften, mit ihrem trüben, sogar ekelerregenden Inhalt und ihrer fatalen künstlerischen Genügsamkeit. (Und wenn in diesen Zeitschriften – *Junost* klammere ich aus – tatsächlich etwas Interessantes als Köder erschien, so handelte es sich entweder um eine Spekulation auf den Namen verstorbener, von ebensolchen Kläffern zu Tode gehetzter Schriftsteller, wie es für die *Moskwa* typisch ist, oder um Artikel, die mit Literatur nichts zu tun haben.) Die angeborene Würde und Vornehmheit, die Twardowskij nicht einmal in den Augenblicken seiner größten Verblendung verließen, bewahrten ihn davor, platte Banalitäten in der Zeitschrift zu dulden (genaugenommen drangen sie auch hier ein, vor allem in den Lebenserinnerungen Prominenter wie Konjew oder Emeljanow, aber in einem noch zu verkraftenden Maße), und halfen ihm, den beschaulichen Ton eines bildungsbewußten, gewissermaßen über der Zeit stehenden Journals zu erhalten. Im ersten Teil gab es zuweilen auch Hohles und Dürftiges, aber im zweiten, dem publizistischen Teil mit Kritik und Bibliographie, fand man immer Genauigkeit, Gehalt und viel Interessantes.

Abes es gab auch noch einen anderen Maßstab: wie hätte diese Zeitschrift *aussehen müssen*, wenn sich unsere Literatur darin von den Knien hätte erheben sollen. Dann hätte der *Nowyj mir* in beiden Teilen um einen Grad mutiger sein müssen als er normalerweise war. Dann hätte jede Nummer unabhängig von der augenblicklichen Stimmung *oben,* unabhängig von Befürchtungen und Gerüchten zusammengestellt werden müssen, nicht in den Grenzen des gestern Erlaubten, sondern mit jeder Nummer diese Grenzen wenigstens ein bißchen, an einer Stelle verschiebend. Natürlich hätte man dann manchmal mit dem Kopf durch die Wand gehen müssen.

Man wird mir entgegenhalten, daß dies Phantasie und Torheit sei, daß eine *solche* Zeitschrift bei uns nicht einmal ein Jahr existieren könnte. Man wird darauf hinweisen, daß der *Nowyj mir* sich keine Gelegenheit entgehen lasse, auch nur einen halben Absatz durchzubringen, wenn es nur irgend möglich sei. Und wenn die Zeitschrift sich auch geschmeidig, verschlüsselt und zurückhaltend gebe – mache sie das alles durch ihre hohe Auflage und ihren Ruf wieder wett und rüttele unermüdlich an den Steinen der verwitternden Mauer. Daß die Redaktion es sich nicht leisten könne, es auf einen Zusammenstoß ankommen zu lassen und damit die Existenz der Zeitschrift zu gefährden: eine Zeitschrift sei, wie auch ein Theater oder ein Filmstudio, in gewisser Weise ein Produktionsbetrieb und habe nichts mit der Willkür eines unabhängigen Einzelgängers gemeinsam. Dieser biete vielen Menschen ständige Beschäftigung und müsse in Zeiten der Verfolgung geschickt manövrieren.

Wahrscheinlich enthält diese Entgegnung mehr Wahrheit als meine Worte. Aber ich werde das Gefühl nicht los, daß der *Nowyj mir* durchaus nicht das Bestmögliche erreicht hat, wenn man zum Beispiel an die unwiederbringlichen freien ersten Monate nach dem XXII. Parteitag denkt. Wie viele Nummern des *Nowyj mir* zappelten damals im seichten Gewässer der Neutralität! Und wie viele gab es damals, in denen alles bis auf zwei, drei lohnende Veröffentlichungen unverdaulich und grau war und das Verhältnis von brauchbaren und unbrauchbaren Seiten einen niedrigeren Wirkungsgrad ergab, als bei dem schlechtesten Verbrennungsmotor. Und das alles kam daher, daß die wirklich aktiven Kräfte in der Redaktion unter Druck standen, während die Marionetten an der Spitze (Saks und Kondratowitsch) sofort bereit waren, alles zu opfern, nur damit ihre Ruhe und ihre Sessel nicht erschüttert wurden.

Die liberale Haltung unserer Zeitschrift wurde von Jahr zu Jahr immer deutlicher, aber weniger dank der Freiheitsliebe des Redaktionskollegiums, als vielmehr durch den Zustrom libertinistischer Manuskripte, die diese einzigartige Zeitschrift überfluteten. Dieser Zustrom war so erheblich, daß trotz aller Kürzungen, trotz aller Entstellungen das, was übrigblieb immer noch sehr viel Wertvolles enthielt. Man hielt es für angebracht, einige Autoren von oben herab zu behandeln oder auch abzukanzeln. Im Inneren dieser liberalen Zeitschrift herrschte eine starre konservative Hierarchie, nach »oben« wurde nur Günstiges und Angenehmes weitergeleitet, und das Ungehörige wurde ebenso erfolgreich (nur in einer freundlicheren Form) gleich nach Eingang abgewürgt wie bei der *Moskwa* oder *Snamja*. Von solchen abgelehnten Manuskripten drang überhaupt nichts bis zu Twardowskij durch, allenfalls ein entstellendes Gerücht. So sagte er mir selbst:

»Auf *Nowyj mir* werden literarische Provokateure mit antisowjetischen Produkten angesetzt: ihr seid doch, sagen die, die einzige freie Zeitschrift, wo soll man denn sonst veröffentlichen?«

Und er rechnete es seiner Redaktion als Verdienst an, daß solche »Provokationen« rechtzeitig durchschaut und abgewiesen wurden. Aber indessen waren diese »Provokationen« nichts anderes als die Freiheit, und angesetzt wurden die »Provokateure« von Mütterchen Russische Literatur selbst.

Ich schreibe dies alles um der Wahrheit und nicht um meinetwillen. (In meinem Fall war es umgekehrt – Twardowskij persönlich setzte sich mit ganzer Kraft für eine hoffnungslose Sache ein.) Ich schreibe dies um all der Werke willen, die von der Legalitätsnorm wesentlich weniger abwichen und für die *Nowyj mir* sich stärker hätte einsetzen können, wenn Twardowskijs Umgebung sich nicht so krampfhaft an die Sessellehne geklammert hätte und nicht von ständiger elender Angst gelähmt gewesen wäre: »*Ausgerechnet jetzt* ist ein höchst ungünstiger Moment . . .«, »in *diesem* Moment . . .« Und dieser *Moment* dauerte schon ein halbes Jahrhundert.

Irgendwann hatte ich Alexandr Trifonowitsch gefragt, ob ich ihm, im Interesse der Zeitschrift, Sachen empfehlen sollte, die mir besonders gut gefielen. Und Alexandr Trifonowitsch hatte erfreut zugestimmt. Zweimal machte ich von diesem Recht Gebrauch – und beide Male führte es nicht nur zu keinem Erfolg, sondern belastete meine Beziehungen zu der Zeitschrift.

Das erste Mal noch während unserer Flitterwochen, im Dezember 1962. Ich hatte W. T. Schalamow überredet, aus den *Kolyma-Heften* und *Kleinen Poemen* Gedichte, die ich für garantiert unverfänglich hielt, zusammenzustellen und gab sie in einem verschlossenen Umschlag beim Sekretär für Alexandr Trifonowitsch ab.

An der Spitze des *Nowyj mir* stand ein Dichter, aber der Lyrik-Teil war armselig, die Zeitschrift hatte keinen einzigen profilierten Dichter herausgebracht, meistens waren es unbedeutende, bald vergessene Namen. Man achtete genau auf die diplomatische »Nationalitäten-Etikette« und brachte übersetzte Lyrik der Unions-Republiken* oder zwei, drei kleine Gedichte eines bereits bekannten Dichters, aber nie einen ganzen Zyklus, der einen Einblick in die *Grundtendenz* von Idee und Form gewährt hätte. Die Gedichtveröffentlichungen des *Nowyj mir* waren niemals ein literarisches Ereignis.

Die Auswahl Schalamows enthielt »Homer«, »Awwakum in Pustosersk« aus den *Kleinen Poemen* und ungefähr zwanzig Gedichte, darunter »In nächtlichen eisigen Stunden«, »Wie Archimedes« und »Beerdigung«.

Für mich persönlich ließ sich Schalamow natürlich nicht in den Bereich der »reinen« Poesie einordnen: seine Gedichte kamen aus brennenden Erinnerungen und tiefem Leid; das war mein unbekannter und ferner Bruder aus dem Lager; diese Gedichte hatte er geschrieben, als er sich ebenso wie ich kaum auf den Beinen halten konnte, sie auswendig lernen und sich vor dem Filzen hüten mußte. Bei der totalen Ausrottung aller Schreibenden in den Lagern überlebte weniger als ein halbes Dutzend.

Ich halte mich nicht für einen kompetenten Richter in Sachen Poesie. Im Gegenteil, ich erkenne Twardowskijs feinen künstlerischen Geschmack an. Angenommen, ich hätte mich geirrt

---

* Jedes Volk hat seine eigene Literatur, und außerdem gibt es die Weltliteratur (die von Gipfel zu Gipfel führt). Aber dazwischen kann es keine »multinationale« Literatur geben (die sich nach einem ähnlichen Schlüssel zusammensetzt wie der Rat der Nationalitäten). Diese abstrakte Vorstellung hat zusammen mit dem Sozialistischen Realismus die Entwicklung unserer Literatur in den vergangenen Jahrzehnten ebenfalls gehemmt.

– warum aber so strikt ablehnen, wenn der poetische Teil des *Nowyj mir* sowieso grau war? Einst, wenn diese Aufzeichnungen veröffentlicht sein werden, wird der Leser die verbotenen Gedichte Schalamows schon kennen. Er wird sich von ihrem mutigen Ton überzeugen, er wird sich überzeugen, daß die Zeilen noch bluten – Qualitäten, die den Versuchen jüngerer Dichter nicht eigen sind – und sich selbst seine Meinung bilden können, ob sie das Urteil Twardowskijs verdienen.

Mir sagte er damals, daß ihm nicht nur diese Gedichte mißfielen – sie seien »Pasternak viel zu nahe« – sondern er sei auch enttäuscht gewesen, weil er beim Öffnen des Umschlags etwas Neues von mir erwartet habe. Schalamow schrieb er, daß die Gedichte aus den *Kolyma-Heften* ihm entschieden mißfallen hätten, daß dies nicht die richtige Poesie sei, Poesie, die das Herz unseres Lesers bewege.

Ich versuchte Twardowskij zu überzeugen, daß dies keineswegs eine »Intrige« Schalamows gewesen sei, daß *ich* ihm vorgeschlagen hatte, diese Auswahl zusammenzustellen und ihm angeboten hatte, sie weiterzugeben – aber Twardowskij glaubte mir nicht. Zuweilen konnte er den einleuchtendsten Erklärungen erstaunlich unzugänglich sein. Und so blieb er bei seiner Überzeugung von einer »Intrige« Schalamows, der ein falsches Spiel mit mir getrieben hätte.

Beim zweiten Mal ging es darum, das Redaktionskollegium für die Veröffentlichung der *Skizzen zur Geschichte der Genetik* von Schores Medwedjew zu gewinnen. Sie enthielten eine allgemeinverständliche Darstellung der Genetikdiskussion, von der die breite Öffentlichkeit nichts wußte, und – noch wichtiger – Zorn und Auflehnung gegen die Ungerechtigkeit, aber unter Verwendung absolut legalen Materials. Dieses Buch fand die »allgemeine Zustimmung der Redaktion«, wie es so schön hieß (Dementjew allerdings war dagegen), und bei der Redaktionsbesprechung meinte Twardowskij, ich hätte nun genug argumentiert, da »alle schon überzeugt« seien. Sie baten den Autor nur um einige »unerhebliche Kürzungen«, später um größere und noch später um »einige Monate Geduld«. Und dann wurde das Buch eingefroren. Weil es die Gedankenfreiheit in einer noch unerlaubt großen Portion »anbot«.

Twardowskij hielt es für ebenso unverzeihlich, daß ich mich mit *Nemow und das Flittchen* an den *Sowremennik* gewandt hatte. Er konnte die Kränkung nicht verwinden, kam häufig ohne jeden äußeren Anlaß darauf zu sprechen und mißbilligte nunmehr nicht nur das Stück, sondern *prophezeite,* daß dieses Schauspiel niemals herauskommen würde, das heißt, er vertraute auf die Stabilität der Zensur-Barrieren. Mehr noch: am 16. Februar 1963, drei Monate nach dem Kulminationspunkt unserer Zusammenarbeit, sagte er mir:

»Wenn ich etwas zu sagen hätte, dann hätte ich Ihr Stück vielleicht nicht verboten . . . Ich hätte einen Artikel dagegen geschrieben . . . Ja, doch, ich hätte es sogar VERBOTEN . . .«

Wenn er etwas Ungutes sagte, wurden seine Augen kalt und hell, und es zeigte sich ein neues, ein völlig unkindliches Gesicht. (Und warum hätte er es verboten? Wegen meines Namens, weil er es gut mit mir meinte . . .)

Ich erinnerte ihn:

»Haben Sie nicht selbst Nikita Sergejewitsch geraten, die Zensur abzuschaffen?«

Er antwortete nicht. Aber auch im Herzen stimmte er nicht mit mir überein, nein, dort paßte sich alles irgendwie an. Wenn ein Buch ihm nicht gefiel – warum sollte man es nicht sogar mit Staatsgewalt zurückhalten? . . .

Solche Reaktionen Twardowskijs trafen gleich in den ersten Tagen unsere Freundschaft an der Wurzel.

Twardowskij hat nicht nur damit gedroht, die Verbreitung des Stücks zu verhindern, er hat sie tatsächlich verhindert. In jenen Tagen, Anfang März 1963, einen Weg für die Genehmigung des Schauspiels suchend, schickte ich es selbst an W. S. Lebedjew, den Wohltäter des *Iwan Denissowitsch.* »Hat Twardowskij es schon gelesen? Was sagt er?« war die erste Frage Lebedjews. Ich antwortete ausweichend. Die beiden verständigten sich. Am 21. März kam die entschiedene Absage Lebedjews.

»Ich bin fest davon überzeugt, daß dieses Stück in der vorliegenden Form für eine Aufführung ungeeignet ist. Die Angehörigen des *Sowremennik* (es liegt mir fern, ihnen etwas vorzuwerfen oder anzukreiden) möchten es zur Aufführung bringen, um einen Publikumserfolg zu erzielen*, auf Kosten Ihres Namens und eines Themas, das zweifellos in einer Dramatisierung seine Wirkung nicht verfehlen wird. Ich bezweifle gar nicht,

---

* Aber welches Theater will das nicht? . . .

daß die Zuschauer das Theater ›stürmen‹ werden, wie es so schön heißt, um zu erfahren . . ., was sich in den Lagern abgespielt hat. Aber . . . das Theater würde schließlich selbst darauf verzichten, das Stück weiter zu spielen, denn es würden sich dort jene Schwärme ›dicker fetter Fliegen‹ versammeln, die Nikita Sergejewitsch Chruschtschow neulich in seiner Rede erwähnte. Diese Fliegen sind die Auslandskorrespondenten verschiedener Zeitungen und Nachrichtenagenturen, alle möglichen einheimischen Spießer und ähnliches Volk.«

Spießer und ähnliches Volk! Heißt das nicht ganz einfach: das Volk? Das Theater wird schließlich selbst verzichten? Natürlich, nach einem Anruf aus dem ZK . . . Da sah man, was »Epoche«, was »Aufgaben des Theaters« und was »Staatsmann« heißt!

Twardowskijs und Lebedjews Beziehung war nicht nur die zwischen einem abhängigen Redakteur und einem dem Throne nahestehenden Referenten. Beide nannten diese Art von Beziehungen »Freundschaft«, und Lebedjew fühlte sich geschmeichelt durch eine Freundschaft mit dem ERSTEN DICHTER des Landes (von einem bestimmten Jahr an war das innerhalb der offiziellen Rangordnung anerkannt). Er legte großen Wert auf Twardowskijs Autogramme (später auch auf meine) und hatte bei dem ihm eigenen Ordnungssinn sicherlich eine besondere Sammelmappe angelegt. Als ihm Twardowskij den in Empfehlungen ergrauter Dichter eingebetteten *Iwan Denissowitsch* überreichte, hatte sich Lebedjew mit Vergnügen als ein Kenner gezeigt, der sich ohne weiteres ein Bild von der Qualität eines Buches machen könnte und niemals bereit wäre, sein empfindliches Gewebe durch plumpe Eingriffe zu beeinträchtigen.

Wie war er an die Seite Chruschtschows gelangt, und was hatte er vorher gemacht? Ich habe es nie erfahren. Dieser geheimnisvolle Oberliberale hielt sich für einen Berufsjournalisten. Vielleicht hatte er sich nur deshalb auf das liberale Pferdchen geschwungen, um seinen persönlichen Rivalen Iljitschow beim Rennen überholen zu können? Wir lernten uns kennen beim ersten Treffen der Spitzen von Partei und Regierung und der schöpferischen Intelligenzija im Kreml am 17. Dezember 1962. Dieses Treffen könnte ich mit Hilfe meiner Notizen sehr genau beschreiben, aber das wäre eine Abschweifung, und außerdem ist es gewiß durch andere schon geschehen oder wird noch geschehen – auch ohne mich. Die Einladung kam überraschend: am Samstagabend erreichte mich in der Schule eine Anordnung des Gebietskomitees der Partei, daß ich mich am Montag im ZK bei Genosse Polikarpow zu melden hätte (das war der hauptamtliche Würger der Literatur und Kunst), ein Wagen des Gebietskomitees würde mich hinbringen. In meiner Untergrund-Stimmung schwante mir Böses. Ich kam zu dem Schluß, daß Polikarpow, dem es nicht gelungen war, das Stück zu blockieren, mich jetzt wenigstens für die Partei anwerben wollte. Deshalb fuhr ich absichtlich in meinem Schulanzug, den ich in einem Laden für Arbeitskleidung gekauft hatte, in mehrfach neubesohlten Schuhen mit roten Flicken auf dem schwarzen Oberleder und mit lange nicht geschnittenem Haar. So würde es leichter sein, sich dumm zu stellen und mir alles vom Leib zu halten. Und als solch eine schäbige Gestalt aus der tiefsten Provinz brachte man mich in den Palast der Begegnungen mit seinem Marmor und seiner Seide, und schneidige livrierte Burschen nahmen meinen abgerissenen Mantel in Empfang, Kellner im Frack servierten ein königliches Mahl mit sieben Gängen, und eine Meute von Photo-, Kino- und Fernsehreportern traktierte unsere Berühmtheiten mit Salven von Blitzlicht (für die Dauer des Essens mußten die Objektive abgedeckt werden).

Und da, in einer der Pausen, scheinbar zufällig (in Wirklichkeit absichtlich), kamen an das Tischende, wo Twardowskij und ich saßen, zunächst der hochmütige Adschubej mit seinem roten Kopf, dann der unbedeutende katzbuckelnde Satjukow (Redakteur der *Prawda*), und dann ein mittelgroßer, intelligent aussehender Mann, sehr schlicht in Haltung und Umgang. Twardowskij beeilte sich, mich ihm vorzustellen – das war Lebedjew. Ich war verblüfft, daß er so wenig von einem Parteifunktionär an sich hatte und so viel von der zurückhaltenden Art eines echten Intelligenzlers (er trug eine randlose Brille, die wie ein Kneifer wirkte, weil man nur die funkelnden Gläser sah). Vielleicht erschien er mir damals so, weil ich wußte, daß er mein wichtigster Wohltäter war und weil er einen so freundlichen Eindruck machte. Zu einem vernünftigen Gespräch kam es nicht, er versicherte, daß ich jetzt »in eine Umlaufbahn gekommen« sei, »aus der man nicht mehr herausgeschleudert werden« könne, lobte mich, daß ich keine Interviews gäbe und bat um einen *Iwan Denissowitsch* mit Autogramm. Es war einfach der dem ungezügelten Chruschtschow vom Himmel zur Seite gestellte Engel vom Typ Tschechows.

Bei diesem ersten Treffen im Kreml wurde ich noch über den grünen Klee gelobt, ich stand im Mittelpunkt des Beifalls und der Objektive – aber mit *Iwan Denissowitsch* hatte sich der Elan des XXII. Parteitags erschöpft. Überall setzten die Stalinisten zum Gegenangriff an, unterstützt von dem kurzsichtigen Chruschtschow. Aus seinem Munde vernahmen wir, daß die Presse eine Waffe von großer Reichweite sei und unter der Kontrolle der Partei stehen müsse, daß er nicht zu den Vertretern des Grundsatzes »Leben und leben lassen« gehöre, daß ideologische Koexistenz nichts als moralischer Morast sei und daß der Kampf keinerlei Kompromisse dulde.

Das zweite Treffen im Kreml (7. – 8. März 1963) war eines der schändlichsten Kapitel in der Geschichte der Regierung Chruschtschows. Die Stalinisten sorgten für ein fünffaches Übergewicht der Kräfte, luden Apparatschiks und Gebietsfunktionäre ein und schufen eine Atmosphäre der Hetze und Vernichtung von allem, was nur irgendwie an Freiheit erinnerte. (Sie ließen nur mich ungeschoren und veranlaßten Scholochow und Kotschetow, ihre schon fertigen Reden zu ändern: man schonte den »persönlichen künstlerischen Geschmack« Chruschtschows.) In kürzester Zeit, innerhalb weniger Stunden (wie leicht war das!) entstand die Atmosphäre der Unduldsamkeit der dreißiger Jahre, jener »einstimmigen« Versammlungen, in denen die Bluthunde abgerichtet wurden und die Angegriffenen und Geschundenen wußten, daß sie nur bis zum Anbruch der Nacht zu leben hatten. Nikita hatte endlich den eigentlichen Widersacher all seiner Bemühungen, sei es in der Landwirtschaft, sei es auf dem Gebiet der Verwaltung oder der internationalen Beziehungen, erkannt – die abstrakten Maler und die liberale Intelligenzija – und hieb mit jener Wut auf sie ein, wenn es in Fäusten und Schultern prickelt und die Augen vor Haß blind werden. »He, Sie da«, schrie er, »Sie in dem roten Pullover, da, neben der Säule – warum klatschen Sie nicht mit? Kommen Sie mal nach vorne! Los, hierher mit ihm – der soll reden!« Und der aufgehetzte Chor der Stalinisten brüllte den Maler Golizyn an: »Der soll erklären, warum er nicht mitklatscht!« Selbst Roschdestwenskij und Wosnessenskij, die absolut linientreu waren, wurden im Eifer des Gefechtes ebenfalls wegen abweichlerischer Tendenzen an den Pranger gestellt. »Ich kann den Speichelleckern unserer Feinde nicht ruhig zuhören!« Chruschtschow trommelte zu den herausgebrüllten Verrücktheiten auf den Tisch – es fehlte nur noch der Schuh: »»Finger weg von unserer Jugend, sonst kommt ihr alle zwischen die Mahlsteine der Partei!«

Mit solchen Redensarten warf uns Chruschtschow nicht nur in die Zeit vor dem XXII., sondern vor dem XX. Parteitag zurück. Er ließ die Billardkugel seines Kopfes auf den Beutel der Stalinisten zurollen. Es fehlte nur noch ein leichter Stoß.

Dieses Mal traf Lebedjew keine Anstalten, mir zu begegnen, er machte einen besorgten Eindruck und eilte auf dem Korridor des Ministerrats von Tür zu Tür. Er wirkte würdiger und offizieller. Und zwei Wochen später antwortete er mir wegen des Schauspiels.

Das ideologische Karussell drehte sich immer weiter, und bald war es noch unmöglicher anzuhalten als die Sonne. Kaum war das Echo der beiden Treffen verklungen, als schon das Wichtigste geplant wurde: eine Plenarsitzung des ZK im Juni 1963, die ausschließlich den »Kulturfragen« gewidmet sein sollte (als hätte Nikita in seinem verwahrlosten unförmigen Reich keine größeren Sorgen gehabt!). Chruschtschows Größenvorstellungen entsprechend sollten zu dieser Plenarsitzung Tausende von »Arbeitern« auf diesem Gebiet eingeladen werden. Es stand mir bevor, eine Woche lang bei Hitze Sitzungen besuchen und dummes Zeug über mich ergehen lassen zu müssen, als wäre ich ein Parteimitglied »Jahrgang…« und nicht ein alter Häftling und nicht ein Schriftsteller in den ersten Monaten der gewonnenen Freiheit. Mein unglückseliger Ruhm fing an, mich in die parteihöfischen Kreise hineinzuziehen. Das beeinträchtigte bereits meine Biographie.

Darum mußte ich um ein Gespräch bei Lebedjew nachsuchen und ihn bitten, mich mit der hohen Ehre, zum Plenum eingeladen zu werden, zu verschonen und mich in Frieden ziehen zu lassen. So trafen wir uns zum dritten und letzten Mal – im ZK, fünfter Stock, Haupteingang (Chruschtschows Eingang).

Meine Bitte überraschte ihn – die Karten zu solchen Treffen und Sitzungen waren sehr begehrt, man bettelte darum, telefonierte, erkannte man doch daran, wie jemand ange-

schrieben war. Konnte ich offen mit ihm reden? Natürlich
nicht. Ich murmelte etwas von besonderen familiären Umständen . . .*

Lebedjew setzte mir noch einmal auseinander, was an meinem
Schauspiel nicht richtig war: die Menschen in den Lagern BES-
SERTEN SICH UND WURDEN ENTLASSEN – aber bei mir kam das
nicht vor. Außerdem (ein sehr wichtiger Umstand!) würde dieses Stück *die Intelligenzija kränken* – es zeigt, wie sich jemand
dort anpaßt und um seinen Vorteil kämpft – während MAN BEI
UNS GEWOHNT SEI, DAS ANDENKEN DER IM LAGER UMGEKOM-
MENEN HEILIG ZU HALTEN (seit wann?!) . . . Ferner sei es unnatürlich, daß bei mir die Unehrlichen siegten und die Ehrlichen
dem Untergang geweiht seien. (Man redete schon über das
Stück, und sogar Nikita hatte gefragt: Wie ist es? Wenn es so
ist, wie *Iwan Denissowitsch,* dann soll es aufgeführt werden.
Aber Lebedjew hatte gesagt: »Nein, geht nicht.« Für Lebedjew
wurde es höchste Zeit, in meinem Fall alle Bremsen zu ziehen.)
Und jetzt erklärte er mir wissend: »Wenn Tolstoj heute lebte,
aber so wie früher schriebe (das heißt – gegen den Staat), dann
wäre er nicht Tolstoj.«

Das also war der überzeugte Liberale, jener intelligente Engel,
der das Wunder mit *Iwan Denissowitsch* vollbracht hatte! Ich
bin lange bei ihm sitzen geblieben, ich habe ihn mir genau angesehen – und er kam mir immer unbedeutender, immer weniger originell vor. Es war undenkbar, daß in diesem glatten
Kopf eine eigene, von der Partei abweichende Idee, geschweige
denn ein eigenes politisches Programm stecken könnte. Ganz
einfach – nach dem XXII. Parteitag war die Pfanne so heiß,
daß mein Pfannkuchen darauf braten, knusprig werden konnte
und nach saurer Sahne verlangte. Aber dann kühlte alles ab,
und plötzlich merkte man, daß er nicht gar gewesen war und
schwer im Magen lag. Und es konnte leicht passieren, daß der
Pfannkuchenbäcker in den Pferdestall geschleppt wurde . . .
Er nahm immer wieder den Telefonhörer ab, führte Gespräche mit einflußreichen ZK-Mitgliedern (nur Lappalien,

---

* Twardowskij hat mich später getadelt: »Die Leute von *Oktjabr* werden
jetzt denken, man hätte Sie übergangen, und Ihre Bedeutung wäre nicht mehr
so groß; Sie durften auf keinen Fall ablehnen.« Ich war ja nicht mehr einfach
ich, und eine Herabsetzung meiner Person erstreckte sich auch auf den *Nowyj
mir* . . . Solche Politik bestimmte die Literatur seit Jahrzehnten . . .

Witze, Fußball, ein Spaß mit einem Artikel in der *Komso-molka*) und lachte unangenehm – stoßweise und bereitwillig. Er photographierte mich so lange, bis ich Kopfschmerzen bekam, prahlte mit der allerneusten Leica aus der Bundesrepublik, fünfhundertfünfzig Rubel, »wir haben doch einen Preis für das Buch bekommen« (den Leninpreis für eine Reportage über die Reise Nikitas in die USA). Voller Stolz und Vergnügen zeigte er mir schwere, in Samt eingebundene Alben, in denen unter Zellophan seine großformatigen Farbphotos aufbewahrt wurden, ein Album für jede Reise Nikitas: Iljitschow als Neptun; Iljitschow, Platten auf dem Kopf jonglierend; Adschubej und Satjukow umarmen mit albernem Gesichtsausdruck die Statue einer Göttin; Chruschtschow küßt ein bezauberndes Mädchen aus Birma; Gromyko genießerisch und wohlgelaunt im Flugzeug. Sie lebten tatsächlich in der glücklichsten Gesellschaft der Welt. (Außerdem wurden die Filme Lebedjews im Photolabor des ZK entwickelt, und Lebedjew brauchte nur, während seiner Dienststunden, die Negative und Abzüge zu sichten, zu sortieren und einzuordnen.)

Vor dem Hintergrund derselben Bücherregale, vor denen ich soeben photographiert worden war, lächelten in einem Album Scholochow und Michalkow. Es war auch noch für mich Platz. Lebedjew ahnte nicht, wie grausam er sich in mir täuschte.

***

Aber auch ich habe mich getäuscht, als ich damit rechnete, daß ich noch zwei Jahre, mindestens aber ein halbes Jahr vor mir haben würde, bevor alle Ein- und Ausgänge dicht gemacht würden. Ich hatte kaum angefangen zu veröffentlichen, als es auch schon wieder aus war. Der aalglatte W. Koschewnikow wurde damit beauftragt auszuprobieren, wieweit ich vom Thron geschützt wurde. In einem abgewogenen Artikel versuchte er, ob er *Matrjonas Hof* ungestraft anrempeln könnte. Es stellte sich heraus, daß es ging. Es stellte sich heraus, daß weder ich noch Twardowskij von »oben« geschützt wurden (Lebedjew bekam es mit der Angst zu tun, daß er sich überhaupt mit uns eingelassen hatte). Darauf ließ man noch einen Artikel los und noch einen, zuerst beschimpfte man die Erzählungen, dann die von höchster Stelle genehmigte Powest – und niemand trat dafür ein.

Nach meinen Lagererfahrungen haben mich diese Attacken eigentlich weder getroffen noch gestört. »Für andere ein Zaun und ein Ärger, für uns nur Spaß und Vergnügen«, wie es heißt. Im Gegenteil, ich war vorher weit mehr verblüfft und getroffen durch die maßlosen Lobgesänge *dieser* Presse. Und jetzt wäre mir ein Unentschieden am liebsten gewesen: Kläfft ihr ruhig vor euch hin, aber beißt nicht – dann werde ich mich auch ganz still verhalten. Genaugenommen befand ich mich in einer ausgezeichneten Lage: mit Raketengeschwindigkeit wurde ich in den Schriftstellerverband aufgenommen und dadurch von der Schule befreit, die mich so viel Zeit gekostet hatte; zum ersten Mal im Leben konnte ich im Frühling bei Hochwasser am Fluß oder im herbstlichen Wald leben und – schreiben; und schließlich erhielt ich jetzt die Erlaubnis, im Spezialarchiv der Öffentlichen Bibliothek zu arbeiten – mit Gier stürzte ich mich auf die verbotenen Bücher. Es wäre einfach eine Sünde gewesen, ihnen übelzunehmen, daß sie mich nicht druckten: sie ließen mich schreiben – was brauchte ich mehr? Ich war frei, ich konnte schreiben – was gab es noch?

Die Tage, die Monate dehnten sich, und ich arbeitete außerordentlich viel auf einmal – an vier großen Vorhaben: ich sammelte Stoff für den *Archipel* (das sprach sich unter den Häftlingen im ganzen Land herum, und sie kamen und berichteten), für meinen wichtigsten Roman über die Revolution von 1917 (Arbeitstitel *R-17*), begann mit der *Krebsstation* und suchte für den unwahrscheinlichen Fall einer späteren Veröffentlichung einige Kapitel aus dem *Ersten Kreis* heraus.

Schweigen! Schweigen – das wäre in meiner Lage das beste gewesen. Aber es ist gar nicht so leicht zu schweigen, wenn man mit einer wohlmeinenden Redaktion zu tun hat. Ab und zu brachte ich etwas hin, um mein Gewissen zu erleichtern und keine Möglichkeit ungenützt vorübergehen zu lassen. So brachte ich einige Kapitel aus einer Verserzählung *(Die Chaussee der Enthusiasten,* aber abgeschwächt und geändert), die Twardowskij mit Recht ablehnte. »Ich begreife«, sagte er, »im Lager muß man etwas schreiben, sonst setzt man Moos an. Aber . . .« Er war sichtlich aufgeregt, weil er füchtete, ich könnte es ihm übelnehmen. Ich beruhigte ihn:

»Alexandr Trifonowitsch! Auch wenn Sie zehn meiner Manuskripte hintereinander ablehnen würden, werde ich das elfte trotzdem zu Ihnen bringen.«

Er strahlte und freute sich aufrichtig. Aber es zeigte sich, daß ich richtig vorausgesehen hatte: nicht genau zehn, aber beinahe zehn Manuskripte mußte ich zu ihm schleppen, bis offenkundig war, daß er seine Rechte auf mich verloren hatte.

Im Frühjahr 1963 schrieb ich für die Zeitschrift eine Erzählung, die ich nicht hätte zu schreiben brauchen: *Im Interesse der Sache*. Sie schien mir *schlagkräftig* genug, aber sogar in der angespannten Atmosphäre nach dem Treffen im Kreml noch *passierbar* zu sein. Sie schrieb sich schwer (eindeutiges Zeichen des Mißlingens) und ging nicht in die Tiefe. Dennoch wurde sie im *Nowyj mir* mit großer Zustimmung aufgenommen, diesmal sogar einmütig (ein schlechtes Zeichen!). Und dies nur deshalb, weil sie die Stellung der Zeitschrift festigte: sie bewies, daß *Nowyj mir* keinen ideologischen Fehler begangen hatte, als er mir den Weg in die Literatur bahnte.

Die Zeitschrift war sich ihres Rechts auf mich so sicher, daß Saks im Sommer, als ich verreist war, ohne mein Wissen einige Schärfen (wie der *Streik*, den die Studenten veranstalten wollten) der Zensur opferte. Das war die übliche Methode, die sie auch anderen Autoren gegenüber anwandten: die Nummer mußte gerettet werden! Die Zeitschrift mußte erhalten bleiben! Und wenn die Linie des Autors dabei zu Schaden kam – was war schon dabei?!... Nach meiner Rückkehr machte ich ihnen bittere Vorwürfe. Twardowskij hielt zu Saks. Sie konnten meine »Prinzipienreiterei« einfach nicht begreifen: Was hat es schon zu bedeuten, wenn eine Erzählung gerupft wird! Wir, die Autoren des *Nowyj mir*, sind seine Kinder und müssen ihm alles opfern!

Nach der Veröffentlichung dieser Erzählung hatte ich einen unangenehmen Nachgeschmack, obwohl bei der herrschenden Tabuisierung sogar sie viele erregte Stimmen wachgerufen hat. Mit dieser Erzählung glitt ich von meiner Position ab und ließ gewisse Anpassungstendenzen einsickern.

Ich hatte erst nach und nach gelernt, daß auch bei dem mir freundschaftlich gesinnten *Nowyj mir* die einem Vorgesetzten gegenüber üblichen Tricks anzuwenden waren: erst dann auftauchen, wenn man sich vergewissert hat, wie die Atmosphäre ist. Bei dem Besuch im Juli 1963, als ich mich über die Entstellungen durch die Zensur beklagte, versuchte Twardowskij

vergeblich, mich an seiner Freude teilnehmen zu lassen:
»Ihnen müssen die Ohren geklungen haben – man hat *dort*
von Ihnen gesprochen!«

Ich sagte – »Freude«, aber er konnte sich auf verschiedene
Weise freuen: rein und klar, wenn er nicht gerade unter seiner
Schwäche litt, oder wie heute – mit trüben Augen, halbtot und
mitleiderregend (erst am Tag zuvor hatte man ihn mit einem
starken Medikamentenstoß nüchtern gemacht und auf die Beine
gestellt, um ihn ins ZK zu Iljitschow bringen zu können). Und
außerdem rauchte er, rauchte hemmungslos. Die Freude Alexandr Trifonowitschs bestand darin, daß er bei der Besprechung bei Iljitschow ein »frisches Lüftchen«, irgendwelche
»wärmenden Strahlen« verspürt haben wollte. (Dabei war das
alles nur die nächste Finte, ein Manöver des Agitprop. Aber
in der rechtlosen und erniedrigenden Position des Chefredakteurs einer in Ungnade gefallenen Zeitschrift, mit einem Herzen, das mit jedem Schlag das rote Buch in der linken Brust-
tasche aufrichtig bejahte, konnte Twardowskij nach einem unfreundlichen Anruf eines zweitrangigen ZK-Mannes nur noch
den Kopf hängen lassen und zur Flasche greifen oder nach
einem schiefen Lächeln des Kulturbeauftragten wieder aufblühen.)

Dort, auf dem Staraja-Platz, ging es nämlich um Folgendes: sie
»arbeiteten« dort an der Zusammensetzung der sowjetischen
Delegation für das in Leningrad stattfindende Symposium der
Europäischen Schriftstellergemeinschaft, auf dem über das
Schicksal des Romans gesprochen werden sollte, und Alexandr
Trifonowitsch hatte *erreicht*, daß auch ich in diese Delegation
aufgenommen wurde. (Iljitschow hat nachgegeben, weil er ein
Aushängeschild für das Symposium brauchte.)

Er hatte noch nicht zu Ende geredet, als ich schon wußte: ich
werde um nichts in der Welt hinfahren! In einem solchen Karussell spielte sich das Leben eines Schriftstellers an der *Oberfläche* ab . . . Sie hatten einen billigen Weg gefunden, mich
Europa vorzuzeigen (aber was war das für ein Europa, das
sich dort unter den Fittichen Vigorellis versammelte?!): als
Mitglied einer selbstverständlich EINMÜTIGEN Delegation, und
das geringste Abweichen von der kollektiven Meinung würde
nicht nur Verrat am Vaterland, sondern auch an dem heimat-
lichen *Nowyj mir* bedeuten. Ich würde nicht sagen können,

was ich wirklich dachte – es wäre auch verfrüht gewesen – aber als Affe hinzufahren – nein, das wäre würdelos gewesen. Nachdem ich bereits so viele westliche Korrespondenten abgewiesen hatte, mußte ich meine Linie weiterverfolgen.

»Sie haben sich umsonst bemüht, Alexandr Trifonowitsch. Ich habe gar kein Bedürfnis hinzufahren, und es käme mir auch ungelegen: ich war erst vor kurzem in Leningrad und bin nicht gewöhnt, so viel unterwegs zu sein.«

Und hier begann die Grenze, die wir in all den Jahren unserer literarischen Zusammenarbeit nie überschreiten konnten: niemals konnte der eine den andern richtig begreifen und gelten lassen.

(Weil ich meine Arbeit und meine Ziele geheim hielt, konnte er mich besonders schlecht verstehen.)

Alexandr Trifonowitsch war beleidigt. (Gewöhnlich zeigte er nicht gleich, wenn er gekränkt war, sondern kam im Laufe der Zeit immer wieder darauf zurück. Ich übrigens auch.)

»Meine Aufgabe bestand darin, für die Gerechtigkeit einzutreten. Sie können es natürlich ablehnen, wenn Sie wollen. Doch Sie sollten IM INTERESSE DER SOWJETISCHEN LITERATUR hinfahren.«

Aber ich hatte ihr ja keinen Eid geschworen.

Zufällig kam Viktor Nekrassow dazu, der vor kurzem, beim »Treffen« im März, abgekanzelt worden war und gegen den nun seit einigen Monaten ein Parteiverfahren in Kiew lief; er redete mir zu, auch er redete mir zu ... hinzufahren! Auch ihm war noch vieles unverständlich, und auch ihm konnte ich es nicht erklären ...

Es zog die beiden in ein Restaurant, ich aber wäre lieber verreckt, als daß ich einen Fuß über seine Schwelle gesetzt hätte. Ohne einen Entschluß zu fassen, bummelten wir über den Strastnoj Boulevard. Dabei fiel mir auf, wie ungeschickt und ängstlich Alexandr Trifonowitsch über die Straße ging. (»Die Moskauer Kreuzungen sind so gefährlich.«) Er hatte verlernt, sich anders als im Wagen durch die Stadt zu bewegen ... Und ein Autofahrer kann einen Fußgänger nicht verstehen, auch nicht bei einem Symposium. Alexandr Trifonowitsch meinte, daß bei dem Symposium nichts Vernünftiges herauskommen könnte: es gäbe keinen Roman, über den eine Diskussion sich lohnen würde, und »überhaupt ist der Roman in unseren Tagen kaum NOCH MÖGLICH«. (Die *Krebsstation* war in Arbeit, *Der Erste Kreis* war bereits seit einem Jahr abgeschlossen – aber ich wußte nicht, wie ich ihn Twardowskij anbieten sollte. Und so würde ich, geknebelt und mit gebundenden Händen, bei dem Symposium sitzen und aus aller Munde hören müssen: der Roman ist tot! Der Roman ist überlebt! Es kann keinen Roman mehr geben!)

Traurig sprach Alexandr Trifonowitsch darüber, daß er im Westen als progressiver Verleger bekannt, als Dichter aber gänzlich unbekannt sei. »Natürlich, bei mir gibt es metrische Gedichte und einen Inhalt . . .« (Nein, es liegt nicht am Modernen, es liegt an der Unübersetzbarkeit des Urrussischen, Bäuerlichen, Erdhaften seiner besten Gedichte.) »Meine *Ofensetzer* sind allerdings durch ganz Europa gewandert . . .« tröstete er sich.

Alles war mißlich: das Parteiverfahren in Kiew und mein Eigensinn – und die beiden verabschiedeten sich von mir und gingen »Limonade« trinken. Sie machten einen konfusen Eindruck auf mich: bei diesem Tempo, das unser Jahrhundert hat, wußten sie nichts mit ihrer Zeit anzufangen.

Aber das war noch nicht das Ende: vor diesem Symposium mußte ich aus dem Hause fliehen, auf einem Fahrrad, ohne eine Anschrift zu hinterlassen. So wie einst der Direktor mich in die Schule beordert hatte, so wurde ich jetzt telegraphisch und durch Boten ins Sekretariat des Schriftstellerverbandes beordert: sofort kommen! Aber ich war nicht zu finden . . .

(Twardowskij hat dieses Symposium nicht schlecht zu nutzen gewußt: sie wurden anschließend nach Pizunda gefahren, in die Datscha Chruschtschows, und dort erwies Lebedjew ihm einen weiteren Dienst: er arrangierte eine Lesung von *Tjorkin im Jenseits*! Die Ausländer begriffen nichts, Chruschtschow lachte – damit war alles erledigt, sie hatten es geschafft.*)

Nach *Tjorkin im Jenseits*, der neun ganze Jahre in der Schublade gelegen (viel zu lange) und Twardowskij die Hände ge-

---

* Adschubej, dieser schlaue Fuchs, druckte *Tjorkin im Jenseits* als erster ab, aber mit folgender Einleitung: wie »SCHÖN SCHOLOCHOW ZUHÖRT« (?!). Darin zeigt sich Adschubej, wie er wirklich ist, der Wunsch, es allen recht zu machen, und noch etwas Spezielles: hat man seit dreißig Jahren nichts Eigenes geschrieben, so muß man sich auf das *Hören* verlegen. . . .

bunden hatte, konnte er jetzt vielleicht etwas riskieren. Im Herbst 1963 wählte ich vier Kapitel aus dem *Ersten Kreis* aus und legte sie *Nowyj mir* vor, versuchsweise, als »Fragment«.

Sie wurden abgelehnt. Weil es ein »Fragment« war? Nicht nur. WIEDER DAS LAGERTHEMA. (Es ist doch »erschöpft«? Und offenkundig »mehrfach umgepflügt«?)

Währenddessen bereiteten sie die Vorschau auf das nächste Jahr vor. Ich schlug ihnen einen Roman vor, *Krebsstation*, an dem ich gerade zu arbeiten vorgab. Aber dieses Mal paßte ihnen der Titel nicht! Er rieche nach Symbol, aber auch ohne Symbol sei er schrecklich und werde »UNMÖGLICH DURCHKOMMEM«.

Mit der Entschiedenheit, mit der Twardowskij alles, was der *Nowyj mir* bekam, umbenannte, bestimmte er sofort:

»*Kranke und Ärzte*. So werden wir es ankündigen.«

Griesbrei über den Teller verteilt! *Kranke und Ärzte!* . . . Ich lehnte ab. Ein wirklich gefundener Titel, ist – sogar bei einer Erzählung – niemals zufällig, er ist dem Ganzen verwandt, ein Teil seiner Seele und seines Wesens und eine Veränderung des Titels bedeutet eine Verletzung des Werks. Wenn der Roman Salygins den amorphen Titel *Am Irtysch* bekommt, wenn der *Lebendige* Moschajews (wie tief und wie bedeutend!) sich in ein *Leben von Fjodor Kuskin* verkehrt – dann sind das irreparable Eingriffe. Aber Alexandr Trifonowitsch hat das nie begriffen, er meinte, das seien Kleinigkeiten, und die Schmeichler in der Redaktion, und die Freunde, die ihm Honig um den Bart schmierten, bestärkten ihn in dem Glauben, er verstehe es wunderbar, den Manuskripten auf den ersten Blick neue Titel zu geben. Seine Titel waren immer unauffälliger, ausdrucksloser als die alten, weil er damit leichter durch die Zensur zu kommen hoffte – und wahrscheinlich traf das in vielen Fällen zu.

Damals sind wir uns nicht einig geworden, und die *Krebsstation* wurde nicht in die Vorschau der Zeitschrift auf das Jahr 1964 aufgenommen. Statt dessen nahm sich *Nowyj mir* vor, den Leninpreis für mich zu erkämpfen. Vor einem Jahr waren alle Teppiche ausgerollt gewesen, aber jetzt war das schon komplizierter. Noch ein Jahr später werden alle einsehen, daß das ein grober politischer Fehler und eine Beleidigung des Namens Lenin und der Institution war.

Alexandr Trifonowitsch nahm sich diesen Kampf und jeden

Winkelzug Adschubejs, der sich einmal so, einmal anders verhielt, sehr zu Herzen. In der ersten Runde war Alexandr Trifonowitsch krank, und der Sieg kam ohne sein Zutun. Dafür schaltete er sich bei der zweiten Runde umso energischer ein, wobei er alle internen Subtilitäten einkalkulierte (für wen man stimmen mußte, um selbst Stimmen zu gewinnen). In der Sektion für Literatur verteilten sich die Stimmen durchaus nicht zufällig, vielmehr symptomatisch, auch für die Zukunft: für *Iwan Denissowitsch* stimmten alle Nichtrussen und Twardowskij, dagegen – alle Russen. Die Mehrheit war dagegen. Aber nach den Statuten wurden die Stimmen der Theater- und Filmsektion mitgerechnet, und die so zustandegekommene Mehrheit war dafür. Also wurde *Iwan Denissowitsch* in die Liste der Vorschläge für die geheime Abstimmung *gegen* die Stimmen der »russischen« Schriftsteller aufgenommen! Dieser Erfolg alarmierte die Feinde, und bei der Plenarsitzung brachte der Erste Sekretär des Komsomol Pawlow eine Verleumdung vor – die erste und harmloseste einer ganzen Serie von Verleumdungen: er erklärte, daß ich nicht wegen eines politischen, sondern wegen eines kriminellen Delikts im Lager gesessen hätte. Twardowskij rief zwar sofort: »Das ist nicht wahr!« war aber dennoch bestürzt: und wenn es doch wahr wäre?! Das war bezeichnend: seit über zwei Jahren hatten wir uns in der Redaktion zur Begrüßung und zum Abschied umarmt und geküßt, aber der Abstand zwischen uns, der Unterschied unserer *Positionen*, erwies sich als derart unüberbrückbar, daß er nicht darauf kam zu fragen und ich nicht darauf zu erzählen, warum ich eigentlich gesessen hatte. (Überhaupt bin ich nie dazu gekommen, ihm auch nur eine einzige jener Episoden aus meinem Gefängnis- und Lagerdasein zu erzählen, die ich sonst jedem, der mir über den Weg lief, erzählte. Und obwohl ich das Gespräch darauf brachte, hat auch er mir nie von der Verbannung seiner Familie erzählt, was mich sehr interessiert hätte, sondern ausschließlich von Vorfällen aus den höfischen und offiziell-literarischen Kreisen: wie Chruschtschow fünf Komponisten und fünf Dichter mit der Aufgabe betraut hatte, eine neue Hymne zu schaffen; was sich im Sanatorium in Barwicha abgespielt hatte; über die Schachzüge der Redakteure von *Prawda, Iswestija, Oktjabr* und die Gegenzüge von Alexandr Trifonowitsch selbst, die meistens etwas schwächlich, aber immer hochanständig gewesen waren.) Innerhalb von vierundzwanzig Stunden besorgte er sich (auf meinen Rat hin) vom Militärkollegium des Obersten Gerichts der UdSSR eine Kopie des Gerichtsbeschlusses über meine Rehabilitierung. (In der Zeit der unverhofften Freiheit hätten solche Dokumente in Sammelbänden veröffentlicht werden müssen, aber sie blieben sogar für die Rehabilitierten geheim, und meine Kenntnis davon verdanke ich der zufälligen Bekanntschaft mit dem Militärkollegium.) Am nächsten Tag gelang es Twardowskij, diesen Beschluß bei der Sitzung des Leninpreis-Komitees vor der geheimen Abstimmung sehr wirkungsvoll verlesen zu lassen. Daraus erfuhr man, daß ich schon in den Kriegsjahren ein Gegner des »Persönlichkeitskultes« und der Verlogenheit unserer Literatur gewesen war. Dem ZK-Sekretär des Komsomol blieb nichts anderes übrig, als aufzustehen und sich zu entschuldigen. Aber der Stein war bereits ins Rollen geraten. Am Morgen, zwei Stunden vor der Abstimmung, verkündete die *Prawda:* die hohen Anforderungen, die (wie sich jetzt zeigte!) an das preisgekrönte Werk gestellt werden müssen, schließen den Bericht über einen einzigen Tag im Lager selbstverständlich aus. Unmittelbar vor der geheimen Abstimmung wurden die Parteiangehörigen unter den Komiteemitgliedern einzeln daraufhin angesprochen und verpflichtet, gegen mich zu stimmen. (Trotzdem kam, wie Twardowskij später erzählte, für keinen die erforderliche Stimmenzahl zusammen. Das Komitee wurde zum zweiten Mal einberufen, Iljitschow kam persönlich dazu und veranlaßte eine Wiederholung der Abstimmung in seiner Gegenwart. Es mußte für die *Tronka* Gontschars gestimmt werden. Gontschar, mehrfacher Preisträger und selbst Komiteemitglied, saß unmittelbar vor der Wahlurne und beobachtete schamlos die geheime Abstimmung.)

Schon damals, im April 1964, vermutete man in Moskau, daß diese Geschichte mit der Abstimmung eine »Probe« für einen Putsch gegen Nikita sei: war es dem Apparat möglich, ein Buch abzudrängen, das von höchster Stelle gutgeheißen worden war? In den vergangenen vierzig Jahren hätte sich keiner je dazu erdreistet. Aber nun brachte man die nötige Dreistigkeit auf – und es klappte! Das bestärkte sie in der Hoffnung, daß auch »Er« nicht unerschütterlich war.

Über diesem *Prawda*-Artikel saß Twardowskij in seinem

neuen Arbeitszimmer (im Strastnoj-Kloster, im früheren Zellengebäude) am Morgen vor der letzten Abstimmung, völlig niedergeschlagen, wie über einem Telegramm mit der Nachricht vom Tod seines eigenen Vaters. »Das ist alles« – mit diesen deutsch gesprochenen Worten begrüßte er mich, und die Ähnlichkeit mit dem deutschen »Ich sterbe« Tschechows machte mich betroffen: weder vorher noch nachher habe ich von ihm auch nur ein einziges Wort in einer fremden Sprache gehört. Der Leninpreis, den Twardowskij, ohne sich zu schonen (erstaunlicherweise trank er nicht – auch nicht nach der Niederlage) für mich erkämpfen wollte, war eine Prestigefrage für die Zeitschrift, ein Orden, den sie sich an ihren bläulichen Einband hätte heften können.* Nach der Absage spielte er mit dem Gedanken (nicht zum ersten und auch nicht zum letzten Mal), demonstrativ aus dem Komitee auszutreten. Aber die Mitredakteure und die Familie überredeten ihn, daß es seine Aufgabe sei, die Zeitschrift zu erhalten und weiterzuführen. Das stimmte natürlich, der Anlaß war zu geringfügig.

Ich für meinen Teil wußte überhaupt nicht, was ich mir wünschen sollte. Der Preis hätte sein Positives gehabt: er hätte meine Lage gefestigt. Aber das Negative überwog, vor allem: was sollte ich mit meiner »gefestigten« Lage anfangen? Wozu? Er hätte mir nicht geholfen, *meine* Bücher zu veröffentlichen. Die »gefestigte Lage« hätte mich zur Untertänigkeit, zur *Dankbarkeit* verpflichtet – das heißt, sie hätte mich dazu verpflichtet, die ausschließlich »undankbaren« Manuskripte, die in meinem Schreibtisch lagen, im Schreibtisch zu lassen.

Den ganzen Winter verbrachte ich über einer für die Redaktion und die Öffentlichkeit »erleichterten« Fassung des *Ersten Kreises (Kreis-87)*. Der Roman war zwar »erleichtert«, aber es bestand dasselbe Risiko wie vor zwei Jahren bei *Iwan Denissowitsch*: es wurde eine Grenze überschritten, die bis auf diesen Tag noch nicht überschritten worden war. Würde es Twardowskij nicht den Atem verschlagen? Auch ihn zu einem Feind machen?

---

* Das hat sich voll bestätigt: nachdem mir der Preis nicht zugesprochen worden war, hatte es die Zeitschrift – wie Alexandr Trifonowitsch klagte – unerträglich schwer, die Zensur schikanierte sie wegen der geringsten Kleinigkeiten. Um unzumutbare Verspätungen der Nummern zu vermeiden, mußte sie ständig nachgeben.

Jedenfalls hatte ich ihn in den Wintermonaten, solange er um den Leninpreis kämpfte, nicht gestört und ihm den versprochenen *Kreis* noch nicht gezeigt. Im Frühjahr war es dann an der Zeit, Twardowskij das Buch zu zeigen. Aber wie sollte man ihn für die Dauer der Lektüre von den wichtigsten Einflüsterern, vor allem von Dementjew, fernhalten? Ich wollte, daß Twardowskij sich zunächst seine eigene Meinung über den Roman bildete. Ich sagte:

»Alexandr Trifonowitsch! Der Roman ist fertig. Aber was bedeutet es für einen Schriftsteller, der Redaktion einen Roman zu übergeben, wenn er in seinem ganzen Leben nur zwei zu schreiben gedenkt? Das bedeutet so viel, wie einen Sohn zu verheiraten. Zu dieser Hochzeit müssen Sie schon zu mir nach Rjasan kommen.«

Und er erklärte sich damit einverstanden, sogar mit Vergnügen. Ich glaube, das war ein einmaliger Fall in seinem Leben. In Rjasan, ausgerechnet in der Osternacht (aber Alexandr Trifonowitsch hatte wahrscheinlich nicht daran gedacht), empfingen wir ihn so feierlich wie möglich – in unserem eigenen »Moskwitsch«. Er machte sich beim Einsteigen in dieses kleine (für seine Statur wirklich zu kleine) Auto so schmal wie es ging: seiner Stellung entsprechend war er einen kleineren Wagen als die »Wolga« nicht gewöhnt. Auch kam er als gewöhnlicher Reisender und hatte sich die Fahrkarte im Kruglyj-Turm persönlich geholt – nicht über das Deputierten-Geschäftszimmer – vielleicht war er seit seiner Jugend in Smolensk nicht mehr so gereist.

Gleich beim ersten Abendessen bereitete mich Twardowskij sehr diplomatisch darauf vor, daß jedem Schriftsteller auch einmal etwas mißlingen könne und daß man dies mit Gelassenheit tragen müsse. Am nächsten Morgen begann er zu lesen, zuerst ohne sonderliche Spannung, aber zwischen dem Frühstück und dem Mittagessen las er sich fest, vergaß das Rauchen und rückte beim Lesen auf seinem Stuhl hin und her. Ich kam wie zufällig zu ihm herein, um seine Stimmung mit dem Kapitel zu vergleichen. Er stand vom Tisch auf: »Großartig!« aber sofort schränkte er ein: »Ich habe noch nichts gesagt!« (das heißt, es war noch nicht sein endgültiges Urteil). Nach meiner Auffassung von Arbeit hätte er bis zum Schluß nüchtern bleiben müssen, aber die Gastfreundschaft verlangte, daß mittags

Kognak und Wodka auf dem Tisch standen. Darauf verlor er sehr rasch seine Zurückhaltung, seine Augen blickten etwas wirr, wurden weißlich, und ihn überkam das Bedürfnis sich auszusprechen. Er wollte zur Post gehen und in Moskau anrufen (um mit seiner Frau über den Kauf einer neuen Datscha zu sprechen), bis zur Post waren es vierhundert Meter, aber wir waren zwei Stunden unterwegs: Alexandr Trifonowitsch blieb alle paar Schritte stehen, versperrte den Gehweg, und trotz meiner Ermahnungen weiterzugehen und leiser zu sprechen, führte er laute Reden darüber, daß der Mensch *nichts müsse*, niemals, und daß die »Obrigkeit von einer rührenden Eigenliebe« sei; er sprach über Marschall Konjew*, der einmal lobend zu ihm gesagt habe, er möchte ihn, einen Obersten der Reserve, am liebsten zum Generalmajor befördern, über das geheime Wesen der Moskauer Zuzugsgenehmigungs-Kommission, die darüber verfüge, wer in Moskau zu leben und nicht zu leben habe, über gewisse abgelegene Gegenden (eine Inselgruppe im Nordmeer), die als inoffizielle Verbannungsorte für Schwerkriegsversehrte dienten (Twardowskij war der erste, von dem ich dies hörte, aber ich zweifle nicht, daß es stimmt. Für jeden Menschen, außer einem Sowjetbürger, ist das unbegreiflich: diese ehemaligen Helden, diese ehemaligen Opfer, die uns den Sieg erkauft hatten, sollten verschwinden, damit sie mit ihren Stümpfen das harmonische Äußere des sowjetischen Lebens nicht störten und nicht auf den Gedanken kämen, allzulaut auf ihre *Rechte* zu pochen), über die Umstände, unter denen Breschnew ein »Opfer des Personenkults« geworden war (er wurde unter Stalin gemaßregelt, weil er in Kischinjow den öffentlichen Stadtgarten zu seiner Residenz machen wollte), über die ungerechte Honorierung von Gedichtbänden – für eine hohe Auflage bekomme man weniger als für eine niedrige (ich hatte Gelegenheit zu bemerken, daß er seine Einkünfte und die Abrechnungen seiner Verlage sehr wohl überschaute und oft, nachdem er eine Ausgabe gelobt hatte, hinzufügte: »Und nicht schlecht bezahlt«, aber das klang niemals gierig, sondern verriet den gutmütigen Stolz eines Bauern, der mit seinem Gewinn vom Markt nach Hause fährt), über Bulga-

---

* Ich habe ihn einmal in der Redaktion gesehen, in Zivil. Ein beschränkter, durchschnittlicher Brigadier einer Kolchosbrigade.

kow (»glänzend und leicht«), und über Leonow (»Gorkij hat ihn überschätzt und viel zu sehr gelobt«) und über Majakowskij (»flacher Witz; kein nationaler Geist, obwohl er sich so oft in kirchenslawischen Raffinessen versuchte, er hat es nicht verdient, daß der Platz neben dem Puschkin-Platz nach ihm benannt wird.«)

An diesem Abend versuchte ich ihm zu erklären, daß der eine seiner Stellvertreter völlig unbedeutend und der andere seinen Absichten feindlich sei und zum anderen Lager gehöre. Alexandr Trifonowitsch war in allem anderer Meinung: »Dementjew hat im Laufe dieser zehn Jahre eine große Entwicklung durchgemacht.« – »Was heißt denn da Entwicklung, wenn er mit Schaum vor dem Mund gegen *Iwan Denissowitsch* kämpft?« – »Er hat sich schon mal blaue Flecken geholt . . .« Und dabei erzählte Alexandr Trifonowitsch, daß er davon träumte, einen »Ersten« in der Redaktion zu haben, der so entschlossen und erfahren wäre, daß er auch selbständig zurechtkommen würde. (Dieser künftige »Erste« in der Redaktion war bereits da und im Aufstieg – es war Lakschin.)

Der zweite Lesetag verlief in ständiger Gesellschaft der Kognakflasche, und wenn wir Bedenken äußerten, bestand Alexandr Trifonowitsch auf »einem Gläschen«. Gegen Abend hatte er wieder weißliche, erregte Augen.

Nach dem vierundsechzigsten Kapitel:

»Nein, jetzt gegen Schluß können Sie unmöglich noch etwas verpatzen!«

Und etwas später:

»Sie sind ein schrecklicher Mensch. Wenn ich an die Macht käme, würde ich Sie *einsperren*.«

»Aber Alexandr Trifonowitsch, damit rechne ich auch bei anderen Varianten.«

»Aber wenn ich nicht ebenfalls eingesperrt werde, dann bringe ich Ihnen Pakete ins Gefängnis. Sie werden es dort besser haben als Zesar Markowitsch. Sogar ein Fläschchen Kognak . . .«

»Dort geht das aber nicht.«

»Dann werde ich ein Fläschchen für Wolkowoj abgeben und ein Fläschchen für Sie . . .«

Er scherzte, aber die Gefängnisluft drang immer tiefer in seine Lungen und infizierte sie.

Nach dem zweiundsiebzigsten:

»Morgen werden wir uns über etwas ganz anderes unterhalten. Sie ahnen es nicht: wir werden uns nicht mehr über Sie, sondern über mich unterhalten.«

(Über seine beschränkten Möglichkeiten? . . . Über seine Gewissenspflicht? . . . Über die Gefühle, welche die in ihm sich vollziehenden Veränderungen begleiteten? . . . Dieses Gespräch fand nicht statt und ich weiß nicht, was Twardowskij damals meinte.)

Diese Stimmung (auch ihm könnte es nicht erspart bleiben, einmal zu *sitzen*, aber wahrscheinlich war es eine schmerzliche Regung wie bei dem alten Tolstoj: eigentlich schade, daß es *mir* erspart geblieben ist, zu sitzen, ich hätte es in der Tat nötig gehabt . . .) brach damals, bei seinem Besuch von einige Male durch. Er hatte im Zug das Buch Jakubowitsch-Melschins *In der Welt der Verstoßenen* mitgebracht, es hatte ihn vorbereitet. Ihm interessierten die Details des Häftlingslebens, und er fragte neugierig: »Und warum werden dort die Schamhaare rasiert?« »Und warum darf es dort kein Glasgeschirr geben?« Und zu einer bestimmten Einstellung im Roman sagte er: »Wenn man schon auf den Scheiterhaufen muß – dann steigt man eben auf den Scheiterhaufen, Hauptsache, man weiß wofür.« Als er im Kognaknebel Maß und Gespür für Witz bereits verloren hatte, kam er immer wieder auf die Aussicht zurück, mir Pakete ins Gefängnis zu bringen und von mir welche zu bekommen, falls ich nicht eingesperrt würde. Und am zweiten Tag, gegen Abend, als im Laufe des Geschehens die Verhaftung Innokentijs unausweichlich wurde (»Man verliert das Gefühl der Sicherheit«), nach drei Gläsern Starka, war er plötzlich betrunken und verlangte, daß ich mit Ihm »Leutnant des KGB« spielen sollte: ich sollte ihn anbrüllen und ihn beschuldigen, und er wollte strammstehen.

Ärgerlicherweise artete die Lektüre in den üblichen Anfall periodischer Trunksucht aus – und das im Hause eines Antialkoholikers! Doch das Gefühl realer Bedrohung wuchs in ihm nicht unter dem Einfluß des Alkohols, sondern des Romans.

Ich mußte ihm beim Ausziehen und Zubettgehen behilflich sein. Aber bald weckte uns ein starker Lärm: Alexandr Trifonowitsch schrie und redete mit verstellter Stimme, als unterhielten sich mehrere Menschen. Er hatte alle Lampen im Zimmer angemacht (überhaupt liebte er möglichst hell beleuch-

93

tete Räume – »das ist lustiger«) und saß, nur mit einer kurzen Unterhose bekleidet, am Tisch, auf dem nun keine Flaschen mehr standen. Er klagte: »Bald werde ich wegfahren und sterben.« Dann wieder brüllte er: »Halt's Maul!! Aufstehen!!« sprang auf und stand stramm. Und dann wieder wehmütig: »Dann soll es eben so sein, ich kann nicht anders . . .« (er rang um den Entschluß, für meinen mörderischen Roman auf den Scheiterhaufen zu steigen . . .) Und dann sinnierte er: »Smoktunowskij! Was ist das für ein komischer Name? Aber den Hamlet spielt er besser als ich . . .«

Dann ging ich zu ihm und blieb eine Stunde bei ihm sitzen. Er rauchte, sein Gesicht entspannte sich, und bald lachte er wieder. Nach einer Weile brachte ich ihn ins Bett, und den Rest der Nacht machte er keinen Lärm mehr.

Am dritten Tag hatte er nicht mehr viele Kapitel vor sich, aber er erklärte gleich am Morgen: »Ihren Roman kann man ohne Wodka nicht lesen!« Als er das Kapitel las »Nein, dich nicht!« wischte er sich zweimal die Tränen: »Schade um Simotschka . . . Sie ging wie zum Abendmahl . . . Ich hätte sie getröstet . . .« Überhaupt reagierte er nicht wie ein Redakteur, sondern wie ein treuherziger Leser auf den Roman. Er amüsierte sich über Prjantschikow und überlegte mit Abakumow: »Wirklich, was soll man mit so einem Bobynin machen?« Zu den Datschas und Kühlschränken der Moskauer Schriftsteller meinte er: »Aber dort gab es auch Schriftsteller, die anständig waren, schließlich habe ich auch eine Datscha gehabt.«

Als er zu Ende gelesen hatte, gingen wir hinaus, um uns den Rjasaner Kreml anzusehen und uns über den Roman zu unterhalten. Das angekündigte Gespräch über Alexandr Trifonowitsch selbst war wohl restlos in dem nächtlichen Selbstgespräch versickert.

»Sie haben einen solchen Roman in der Schublade und können herumreisen und Stoff für den nächsten sammeln?!«

Ich: »Es muß immer weitergehen. Man darf nicht am Fluß haltmachen, sondern muß den Brückenkopf besetzen.«

Er: »Stimmt. Sonst hat man zu Ende geschrieben, sich erst mal Ruhe gegönnt und will dann an den nächsten – von wegen! Es klappt nicht!«

Twardowskij lobte den Roman unter verschiedenen Aspekten und mit nachdrücklichen Formulierungen. Urteile eines

Künstlers, die für mich sehr schmeichelhaft waren. (»Eine Energie der Darstellung wie bei Dostojewskij ... Eine geschlossene Komposition, ein echter Roman ... Ein großer Roman ... Keine überflüssigen Seiten, nicht einmal überflüssige Zeilen ... Gut ist die Ironie beim Selbstporträtieren, sie schließt jede Selbstgefälligkeit aus ... Sie stützen sich nur auf die Wichtigsten, die Klassiker, aber ohne sich an sie zu klammern, Sie gehen Ihren eigenen Weg ... Ein solcher Roman ist eine ganze Welt, vierzig, siebzig Menschen, man geht ganz in ihrem Leben auf, und was sind das für Menschen! ...« Und er lobte die knappen, nicht zerfließenden Naturbeschreibungen.) Aber es waren auch Urteile des offiziellen Redakteurs: »Innerer Optimismus ... Behauptung sittlicher Grundlagen ...« und vor allem: ». . . Geschrieben in Übereinstimmung mit dem Standpunkt der Partei (!). Enthält keine Ablehnung der Oktoberrevolution ... Als Häftling hätte er leicht dazu kommen können.«

Dieses »Übereinstimmung mit dem Standpunkt der Partei« (ausgerechnet in meinem Roman! . . .) ist sehr bemerkenswert. Das war nicht die zynische Formulierung eines Redakteurs, der sich darauf vorbereitet, einen Roman »durchzuboxen«. Die Übereinstimmung meines Romans mit dem »Standpunkt der Partei« war für ihn die durch und durch aufrichtige, einzig mögliche Voraussetzung, ohne die er, ein Dichter, aber auch ein Kommunist, sich niemals hätte vornehmen können, den Roman zu veröffentlichen. Und er hatte es sich vorgenommen – und sagte es mir.

Allerdings bat er mich um einige Veränderungen, keine schwerwiegenden, hauptsächlich dort, wo es um Stalin ging: das Kapitel »Skizze eines großen Lebens« (in dem ich die Auffassung vertrat, daß Stalin mit der zaristischen Sicherheitspolizei zusammengearbeitet hat, wobei ich mich auf psychologische und empirische Fakten stützte) zu streichen, und die Ausführlichkeit und Sicherheit in jenen Details aus dem Leben des Monarchen abzuschwächen, von denen ich keine Kenntnis haben konnte. (Ich dagegen gönnte Stalin die Früchte seiner Geheimnistuerei. Sein Leben war in ein Geheimnis gehüllt – jetzt hatte jeder das Recht, seinen eigenen Vorstellungen gemäß über ihn zu schreiben. Darin liegt das Vorrecht und die Aufgabe des Künstlers: die Dinge aus *seiner* Sicht zu zeigen und den Leser zu überzeugen.)

Im ganzen sagte er zu Recht über die Stalin-Kapitel des Romans – man könnte sie ohne weiteres streichen, aber wenn ich das von vornherein getan hätte, hätte man leicht sagen können: »er hat Angst gehabt«, »er traut sich nicht zu, damit fertig zu werden«. In ihnen ließe sich sogar manches Zusätzliche gestalten, also mehr als für die Komposition des Romans unumgänglich ist.

Spiridon kam ihm viel zu hinterhältig und listig vor, »ein bißchen aus der Vorstellung eines Städters heraus« gezeichnet. Zuerst war ich erstaunt: habe ich ihn wirklich nicht erfaßt? Aber dann begriff ich: seit den zwanziger Jahren war so viel Schlechtes über den Bauern gesagt worden, daß es Twardowskij schon schmerzte, wenn man nicht nur Gutes über ihn sagte. Das war bereits ein Reflex, ein zwanghafte Idealisierung.

Am Morgen des vierten Tages versuchten wir ungeschickt, den beginnenden Anfall von Trunksucht zu stoppen und boten ihm zum Frühstück nichts Alkoholisches an – aber er war nicht imstande, auch nur einen Bissen hinunter zu bekommen, ohne vorher einen Schnaps getrunken zu haben. Er war beleidigt und bettelte wie ein Kind: »Freilich, die Tscheremissen trinken nichts auf nüchternen Magen. Aber was ist das für ein Leben, das sie führen? Sie stehen auf der untersten Stufe der Entwicklung!« Nach einigem Hin und Her war er bereit, Bier zum Frühstück zu trinken. Aber auf dem Bahnhof stürzte er sofort die Treppe zum Restaurant hinauf, trank, fast ohne etwas zu essen, einen halben Liter Wodka und erwartete den Zug in einer geradezu seligen Verfassung. Allerdings sagte er mehrmals: »Denken Sie nicht schlecht von mir.«

Alle diese Einzelheiten hätte man aus persönlicher Rücksicht vielleicht nicht erwähnen sollen. Aber dann könnte man sich nicht richtig vorstellen, mit welch unsteten, von Mal zu Mal schwächer werdenden Händen *Nowyj mir* geführt wurde – und mit welch einem großen, aufnahmefähigen Herzen.

Mein Plan, Twardowskij in Abwesenheit Dementjews von meinem Roman zu überzeugen, schien gelungen. Twardowskij hatte den Roman nicht nur gelobt – er stellte sich darauf ein, seinetwegen zu leiden. Beim Abschied bat er mich sogar, mich zu beeilen: die Stalin-Kapitel zu überarbeiten und ihm die endgültige Fassung zu bringen.

Das übertraf alle meine Erwartungen! Ich hatte nicht geglaubt, daß der *Erste Kreis* 1964 auf irgendeine Weise zur Veröffentlichung gelangen könnte. Aber warum hatte ich ihn dann Twardowskij gezeigt? Was wollte ich eigentlich? Möglicherweise dasselbe wie bei *Iwan Denissowitsch:* die Verantwortung von mir auf ihn abwälzen – er sollte wissen, daß dieses Buch existierte – und mir nicht vorwerfen müssen, daß ich nichts für seinen weiteren Weg getan hätte. Aber plötzlich sah es ganz so aus, als ob ich in eine verkehrte und fruchtlose Geschichte hineingeraten und von der eigentlichen Arbeit nur abgehalten werden würde.

Zwei Wochen später brachte ich Twardowskij den Roman mit den gewünschten Korrekturen. Er war, wie alle meine Untergrundmanuskripte, beiderseitig, ohne Zeilenabstand und randlos getippt. Bevor man etwas unternehmen konnte, mußte er erst einmal abgeschrieben werden.

Alexandr Trifonowitsch empfing mich zu Hause in einer Samtjacke, so ordentlich, so kindlich-liebenswert, daß es einfach unmöglich war zu glauben, er könnte manchmal über den Durst trinken oder, nur mit einer Unterhose bekleidet, wie ein Büffel brüllen. Er war allein, seine Frau war verreist, um die neuerworbene Datscha in Pachra zu besichtigen (die alte hatte er seiner verheirateten älteren Tochter überlassen).

Alexandr Trifonowitsch war diesmal nicht nur nicht betrunken, sondern auch gegenüber meinem Roman wesentlich nüchterner. Er war vorsichtiger geworden und strich die Liste von Personen, die den Roman lesen sollten, zusammen. »Al-Grig« (Dementjew) war selbstverständlich Leser Nummer Eins.

»Er wird natürlich dagegen sein«, – ich unterließ nicht, ihn noch einmal zu warnen. »Aber er ist bereits Sechzig, er wurde selbst früher einmal verfolgt – wie lange kann man sich eigentlich drücken?«

»Er verändert sich vor meinen Augen!« wiederholte Twardowskij.

Freilich, in der Redaktion gab es Lakschin, dem Twardowskij zusehends mehr vertraute, und dessen Einfluß in jenen Jahren dem Dementjews entgegengerichtet war. Sie gerieten oft aneinander, und einmal sagte Lakschin bei einer solchen Auseinandersetzung:

»Wir, Alexandr Grigorjewitsch und ich, sind beide Literaturhistoriker und müßten einsehen, daß heute die eigentliche Literaturgeschichte im *Nowyj mir* betrieben wird und nicht im Institut für Weltliteratur.«

Das war gut gesagt und traf in manchen Monaten zu. Lakschin setzte sich für den *Kreis* ein.

Solange der Roman abgetippt wurde, schloß Twardowskij immer wieder alle Exemplare in den Safe ein und wachte sorgsam darüber, daß er nur von den Mitgliedern des Redaktionskollegiums gelesen wurde (sogar die Redakteure der Prosa-Abteilung, seine langgedienten unbezahlbaren Arbeitstiere, bekamen ihn nicht zu Gesicht): er hatte die größte Angst davor, daß der Roman unter der Hand verbreitet werden könnte wie seinerzeit *Iwan Denissowitsch*.

Es traf sich zufällig, daß er den Roman bei mir zu Hause während der drei Ostertage gelesen hatte und die Besprechung des Redaktionskollegiums am 11. Juni, an Himmelfahrt, stattfand. Die Sitzung dauerte fast vier Stunden, und Twardowskij erklärte bei der Eröffnung »nun komme es zum Schwur«. Er sagte, daß er in den letzten vierzig Tagen innerlich ständig mit diesem Roman gelebt und seinen Sinn überdacht habe, wobei er ihn »nicht nur vom Gesichtspunkt der Ewigkeit« betrachte, »sondern auch mit den Augen jener, in deren Händen die Entscheidung liege«. Als angreifbar bezeichnete Twardowskij lediglich Details aus dem Alltagsleben Stalins; ferner wünschte er, daß ich die »scharfen antistalinistischen Schilderungen« milderte und das »Gericht über Fürst Igor« wegen des allzu Literarischen herausnähme. Er schloß seine Rede mit einer gewissen Feierlichkeit: »Nach den Maßstäben der normativen Kritik müßte dieser Roman nicht nur in der Versenkung verschwinden, sondern der Autor gerichtlich verfolgt werden. Und von *uns* aus? Wollen wir uns vor der Verantwortung drücken? Wer möchte sich dazu äußern? Wer möchte ins kalte Wasser springen?«

Twardowskij hatte »abgeschnitten« von seinen Stellvertretern gelesen – und das hatte sich gelohnt! Die »allererste Besprechung«, sagte Alexandr Trifonowitsch, »sollte hier, in meinem Beisein beginnen«, und der Chefredakteur leitete sie mit einer so feierlichen Aufforderung ein! Als ich vor der Sitzung hereinkam, richtete ich es so ein, daß ich Dementjew als letzten begrüßte. Heute erwartete ich einen gnadenlosen Angriff von ihm. Und er mied von Anfang an den bequemen, ausladenden Sessel und hockte aus irgendeinem Grund auf dem Fensterbrett. Hinter dem weitgeöffneten Fenster toste die Straße. Twardowskij konnte sich die Bemerkung nicht verkneifen:

»Und du? Du willst wohl später sagen können: ich habe nicht richtig gehört, was sie gesagt haben?«

Dementjew blieb sitzen, mit unbequem baumelnden Beinen:

»Mir ist zu warm.«

Twardowskij gab sich immer noch nicht zufrieden:

»Dann willst du dir also eine Lungenentzündung holen? Um später im richtigen Augenblick im Bettchen liegen zu bleiben?«

So mußte Dementjew herunter und sich zu den anderen setzen. Er war so niedergeschlagen, daß er auf keinen Spaß einging. Hatte er doch schon lange und richtig geahnt, daß dieses Spiel mit dem stillen Autor aus Rjasan kein gutes Ende nehmen würde.

Kondratowitsch eröffnet die Debatte. Das Gesicht Kondratowitschs scheint wie geschaffen, den überzeugten Ausdruck einer bereits vorhandenen und ausgesprochenen Meinung anzunehmen. Dann versteht er es ausgezeichnet, mit offenherziger Erregung, voller Hingabe aufzutreten, in höchsten Tönen zu singen, gleichsam bereit, für diese Meinung zu sterben – aus Treue und Pflichteifer. Aber ich kann mir sein Gesicht im Schein einer eigenständig gereiften Überzeugung nicht vorstellen. Es wäre Kondratowitsch unmöglich gewesen, diese Debatte zu eröffnen, wenn sich in dem langjährigen Umgang mit der Zensur seine Witterung nicht der Witterung der Zensur angepaßt hätte. So wie in einem Militärfeldstecher die Skala eines Winkelmessers eingezeichnet ist, die sich vor alles Sichtbare legt, so liegen auch vor den Augen Kondratowitschs immerfort die Striche um die rote Gefahrenlinie.

Kondratowitsch gab seiner Freude darüber Ausdruck, daß »das Genre des Romans noch nicht tot« sei und sich offenbar weiter entwickele. Aber im gleichen Atemzug kam ein leises Knurren: »Untergraben von Grundsätzen«, »je stärker die Kraft der Darstellung, desto mehr werden die Entlarvungen zum Symbol«. (»Aber nein«, beruhigte ihn Alexandr Trifonowitsch, »von der Idee des Kommunismus ist hier nicht die Rede.«) Der entlassene Sekretär – das ist doch nicht einfach der

Partorg Stepanow, das ist doch ein Symbol! Weiter schlug Kondratowitsch vor, an verschiedenen Stellen »einige gereizte Sticheleien zu tilgen«. Sogar in den Kapiteln über die Große Lubjanka fand er »Überflüssiges«. Er zeigte sich besorgt darüber, daß die Stufen der Lubjanka nach *dreißig* Jahren stark ausgetreten waren – »fällt damit nicht ein Schatten auch auf Dserschinskij?« Seine Zusammenfassung ließ sich wieder bequem von zwei Seiten her auslegen, wie auch im Falle des *Denissowitsch*: »Eine Veröffentlichung ist undenkbar. Aber das Buch nicht zu veröffentlichen, ist moralisch ebenso undenkbar: wie könnte man zulassen, daß es liegenbleibt und der Leser es nicht lesen kann?«

Der Chef hatte sie in eine schwierige Lage gebracht! Das Wunder zeigte seine Stacheln und kündigte an, daß es so nicht weiter ging, aber der Chef trieb sie an: Es geht! Immer der Spur nach!

Anschließend sprach der bedächtige, umsichtige, graue Saks. Er war so erschrocken, daß sogar die übliche Gefügigkeit gegenüber Twardowskij etwas nachgelassen hatte. Er fing damit an, daß man den Roman noch ein zweites Mal lesen müsse (d. h. Zeit gewinnen). Er habe mit Erleichterung festgestellt, daß *alle* (Twardowskij eben nicht! Das war ja das ganze Unglück, und er versuchte, sich heranzutasten und es anzudeuten!) die außerordentliche Schwierigkeit des vorliegenden Falles sähen. Er habe genaugenommen, keinen Vorschlag, sondern lediglich ein *Gefühl.* Folgendes Gefühl: unnötig und uninteressant seien sämtliche Kapitel, die außerhalb des Gefängnisses spielen, diese Ausbreitung auf die ganze Gesellschaft sei überflüssig. Außerdem treffe es nicht zu, daß es der Soldat im Krieg schwerer habe als der Korrespondent, es seien ja sehr viele Korrespondenten gefallen (Saks selbst war auch Kriegsberichterstatter bei irgendeiner Zeitung gewesen)! Und ferner machte er sich Gedanken über das »geheime Telefonwesen« (seine Zensur-Nase hatte ihn nicht getäuscht! Aber Twardowskij erwiderte ganz naiv: »Das ist doch reinste Phantastik! Und ein ausgezeichneter *Einfall.*«) Auch die Szene mit Agnija und »dieses ganze Christentum« wollte ihm keineswegs gefallen. Ebenso mißlungen seien die Stellen, wo die Helden philosophieren. Ebenfalls merkwürdig sei die Vielzahl der angeschnittenen Probleme, als hätte der Autor Angst gehabt, er könnte etwas übersehen. (Vor allem mißfiel ihm Rojtmans Nacht, aber das sagte er mir später persönlich.)

An dieser Stelle mußte ich ihn unterbrechen:

»Das ist meine Eigenart. Ich kann an keiner wichtigen Frage vorübergehen. Nehmen wir zum Beispiel die jüdische Frage – was geht sie mich eigentlich an? Es wäre für mich einfacher gewesen, daran vorüberzugehen. Aber ich kann das nicht.«

Sie waren eine Literatur gewöhnt, die sich davor scheute, auch nur ein einziges Problem anzupacken – und eine Literatur, die sich scheute, auch nur ein einziges Problem liegenzulassen, rieb ihnen den Nacken wund wie ein Joch.

Saks formulierte seinen Vorschlag sehr diplomatisch:

»Wagen wir uns zu früh damit vor – wird es dem Buch schaden.«

(Er – er war *für* das Buch, ja! Deshalb sollte es gleich in der Redaktion abgewürgt werden!)

Aber Alexandr Trifonowitsch durchschaute diese redaktionellen Manöver!

»Man muß seine Angst beherrschen!« belehrte er Saks.

Lakschin äußerte sich sehr wohlwollend, aber jetzt, bei der Durchsicht meiner Notizen (die ich während der Besprechung in größter Eile laufend gemacht hatte und die meine Aufmerksamkeit völlig in Anspruch nahmen) finde ich nichts, was sich lohnen würde, hier aufgenommen zu werden, nicht zuletzt um ein Ausufern dieser Darstellung zu vermeiden. Lakschin stellte sich auf die Seite Twardowskijs, sowohl was den Roman als Ganzes, als auch was die Stalin-Kapitel betraf und meinte, daß es ohne sie nicht ginge. Aber kaum hatte er gesagt, die publizistischen Überspitztheiten entsprächen nicht dem Niveau des Romans, als Twardowskij ihm sofort ins Wort fiel:

»Vorsicht! Das gehört zu seinem Stil!«

Solch ein Redakteur konnte er sein!

Marjamow sagte einige wohlwollende Worte – er schloß sich an, lobte und äußerte, daß von einem »Untergraben von Grundsätzen« keine Rede sein könne.

»Und was sagt der Kommissar?« fragte Twardowskij lauernd. So oft und bei so vielen Manuskripten hatte er sich der Meinung dieses Kommissars angeschlossen, bevor er überhaupt eine eigene Meinung hatte, ja, er bildete sie sich mit dem anderen zusammen! Aber heute wollte er Dementjew schon durch seinen Ton warnen, daß eine Diskussion mit ihm nicht ganz einfach sein würde.

Und Dementjew verzichtete auf den Kampf Mann gegen Mann, mit dem ich gerechnet hatte. In seiner Niedergeschlagenheit sagte er sogar beinahe verwirrt:

»Über konkrete Einzelheiten will ich nicht sprechen ... Es fällt mir nicht leicht, meine Gedanken zusammenzufassen ... (Ausgerechnet ihm, dem mit allen Wassern Gewaschenen! ...) Wenn man einem so großen Künstler einen Rat geben möchte, kann man leicht in eine peinliche Lage kommen ... Das Publizistische grenzt manchmal hart an das Pamphlet, an das Feuilleton ...«

Twardowskij: »Und ist das bei Tolstoj manchmal nicht genauso?«

Dementjew: »... natürlich ein gigantisches Werk ... Die Stalin-Kapitel müßten zu einem einzigen komprimiert werden ... Wenn wir in dieser Welt leben und nicht aufgegeben haben zu denken und zu erleben – dann stürzt uns dieser Roman in Zweifel und Verwirrung ... Eine bittere, schwere und vernichtende Wahrheit ... Wenn man das Parteibuch in der Tasche hat ...«

Twardowskij: »Und nicht nur in der Tasche!«

Dementjew: »... ist man gezwungen, sich damit (mit dem Parteibuch) auseinanderzusetzen ... Diese Wahrheit pflügt so tief, daß sie objektiv oder subjektiv die Grenze des Personenkults überschreitet ... Kunst und Literatur sind ein hoher Wert, aber nicht der *höchste*. (Hervorhebung von mir – A. S. ... Ist für die Redaktion einer literarischen Zeitschrift die Diktatur des Proletariats nicht der höhere Wert?) Plötzlich wird fraglich: WOZU WURDE DIE REVOLUTION GEMACHT? (Jetzt hatte er es geschafft! Er richtete sich zu voller Größe auf und ging zum Angriff über!) Auf der philosophischen Ebene fehlt die Antwort des Autors auf die Frage: WAS TUN? Soll man nur – ein anständiger Mensch sein?« (Er provozierte mich, aus der Deckung zu kommen!)

Twardowskij: »Camus sagt das auch. Aber das hier ist ein russischer Roman.«

Dementjew: »Dostojewskij und Tolstoj beantworten die Fragen, die sie aufwerfen, nicht so Solschenizyn ...«

Twardowskij: »Nun gut, aber wie steht es mit der Fleisch- und

Milchlieferung? . . .«

Dementjew: »Ich überlege noch . . . Ich verstehe noch gar nichts . . .«

Der versteht auch nichts! . . . Er verschanzte sich wieder. Der Chef hatte sie wirklich vor ein Rätsel gestellt! . . . Plötzlich fingen Marjamow und Saks zu flüstern an. Alexandr Trifonowitsch knurrte: »Warum flüstern Sie? Sie denken wahrscheinlich, daß es besser wäre, ein *Umgehungsmanöver* einzuleiten?« Dementjew war so aufgeregt, daß er sich angesprochen fühlte: »Ich flüstere ja gar nicht . . .«

Und dann gelang es Dementjew auf staunenswerte Weise, den Spieß umzudrehen:

»Könnte der Autor nicht den Menschen und dem Leben gegenüber etwas *nachsichtiger* sein?«

Dieser Vorwurf wurde mir in der Folge immer wieder gemacht: Sie sind kein guter Mensch, wenn Sie gegen die Russanows, Makarygins und Wolkowojs, gegen die FEHLER unserer Vergangenheit, gegen die Mängel unseres Systems unnachsichtig bleiben. *(Die* waren ja alle so nachsichtig gegen uns!) »ABER ER LIEBT DAS VOLK NICHT!« hieß es später voller Empörung in den geschlossenen Seminaren für die Agitatoren, die 1966 auf mich gehetzt wurden.

Aber früher waren ich, Iwan Denissowitsch und vor allem meine unglückliche Matrjona öffentlich gezüchtigt worden, weil wir alle »viel zu nachsichtig«, »undifferenziert nachsichtig« gewesen sein sollten, weil man unmöglich gegen alle Menschen gleich nachsichtig sein könne *(die* waren es gegen uns wahrhaftig nicht!), weil die Nachsicht gegen das Böse das Böse in der Welt nur vermehre. *(Oktjabr* hat in seiner Verblendung lange auf diesen »Sich-dem-Bösen-nicht-Widersetzenden« eingedroschen, in dem Glauben . . . mich zu treffen.)

Und das alles zusammen? Das alles zusammen nennt sich DIALEKTIK . . .

Nach den Redaktionsmitgliedern erhielt ich das Wort und gab meiner Verwunderung Ausdruck über die Meinung einiger Redaktionsmitglieder, mein Roman richte sich nicht gegen den Persönlichkeitskult – eine Erscheinung, die außerordentlich weit verzweigt und noch keineswegs ausgemerzt sei, – sondern gegen unsere Gesellschaft, die doch zusehends gesünder werde, oder gar gegen die Ideen des Kommunismus. Natürlich handele es sich um einen schwierigen Fall. Die Entscheidung stehe bei der Redaktion, nicht bei mir: ich hätte ja den Roman bereits geschrieben und keine Entscheidung mehr vor mir. Aber die Redaktion könne zwei-, dreimal eine falsche Entscheidung treffen und sich darauf – verzeihen Sie meine Offenheit – in irgendeine *Snamja* oder *Moskwa* verwandeln.

So dreist war ich geworden. Aber der mir gegenüber damals so großzügige Twardowskij nahm es nicht übel und verhinderte, daß jemand anders es übelnahm, indem er erklärte, das sei ein Kompliment: der *Nowyj mir* stünde hoch über jenen Zeitschriften.

Durch den gesamten Verlauf der Konferenz hatte er die Einwilligung zur Veröffentlichung meines Romans aus der Redaktion HERAUSGEPRESST und faßte jetzt mit höchster Befriedigung das Ergebnis zusammen:

»Es ist außerordentlich zu begrüßen, daß heute zum ersten Mal (?) keiner sich gedrückt hat: mein Name ist Hase. (Genau das wollten ja alle!) Die Epauletten Scholochows lassen uns vergessen, daß sein Held NICHT UNSER Held ist und daß bei ihm die Partei durch lauter unsympathische Menschen repräsentiert wird. Die Frage des *Stillen Don* lautet: was kostet den Menschen die Revolution? Die Frage des vorliegenden Romans: was kostet den Menschen der Sozialismus, und wie verkraftet er diesen Preis? Der Inhalt dieses Romans enthält keinen Widerspruch zur Idee des Sozialismus, er läßt lediglich jene Klarheit vermissen, die wir uns wünschen. Der Krieg ist hier erschöpfend dargestellt, aber der Frieden, das viele Gute, was in jenen Jahren geschah, überhaupt nicht gezeigt. Wo ist die historische ›schöpferische Aktivität‹ der Massen? . . . Mein bescheidener Wunsch, ein Leserwunsch: wenigstens ein Lichtschein der anbrechenden Morgenröte eines SOLCHEN Lebens! Ein Lichtblick am Horizont des Lebens, selbstverständlich nur in einem vom Künstler vertretbaren Maß!«

Leider, leider konnte ich ihnen keinen Lichtblick mehr gönnen. Ich glaubte sowieso, einen bereits aufgehellten Horizont gezeigt zu haben.

Und auch Twardowskij bestand in diesem Moment – einem der Höhepunkte seines redaktionellen Wirkens – nicht weiter darauf:

»Übrigens, wenn Tolstoj auf der ideologischen Plattform der

SDAPR gestanden hätte – hätte er uns dann mehr gegeben?«

Dank Lakschin wurde gleich in diesen Tagen ein Vertrag über den Roman mit mir abgeschlossen (der feige Saks lief förmlich schwarz an, schrumpfte zusammen und brachte es immerhin fertig, sich zu drücken: statt – wie es seine Pflicht gewesen wäre – selbst zu unterschreiben, wälzte er das Unterschreiben auf Twardowskij ab).*

In einem normalen Land wäre das Ganze damit erledigt gewesen. Der Roman wäre in die Setzerei gekommen – fertig. Aber bei *uns* war ein Redaktionsbeschluß gleich Null, ein Nichts. Jetzt erst begann das Kopfzerbrechen: was sollte man tun?

Aber gab es für Alexandr Trifonowitsch etwas anderes als den Gang zur Schlachtbank der Zensur? Wieder zu Lebedjew? »Ich glaube«, sagte Alexandr Trifonowitsch, »daß Lebedjew, sogar wenn ihm im Roman etwas nicht ganz in Ordnung vorkommen sollte, niemals darauf EINGEHEN WÜRDE . . . Das wäre ja für ihn selbst ungünstig . . .«

Lebedjew *ging* nicht darauf *ein*, selbstverständlich, aber mit dem Roman *ging* es ebenfalls *nicht* weiter. Ich hatte die naive Vorstellung, daß bei der Auseinandersetzung mit den Chinesen alle Waffen recht seien und meine Stalin-Kapitel sehr gelegen kommen würden, zumal so die Verunglimpfung Stalins nicht vom ZK, sondern von irgendeinem Schriftsteller ausgegangen wäre. Aber es war bereits August 1964, und vermutlich spürte Lebedjew, wie der Boden unter den Füßen seines Chefs schwankte. Und wahrscheinlich hatte er schon mehr als einmal bereut, daß er durch mich seinen guten Ruf befleckt hatte.

Alexandr Trifonowitsch gab ihm versuchsweise das erste Viertel des Romans und sagte: »Der erste Teil. Die anderen sind noch in Arbeit.«

Um diese Zeit hatte Alexandr Trifonowitsch einen Zusammenstoß mit Lebedjew. Es ging um Ehrenburg. Polikarpow (Kulturabteilung des ZK) und Lebedjew wünschten, daß Twardowskij für die Ablehnung des letzten Teils der Ehrenburg-

---

* In denselben Tagen kam das schriftliche Gutachten von M. A. Lifschiz, einem Dogmatiker, der lange Jahre einen sehr starken Einfluß auf Twardowskij ausübte. Dieses Gutachten nahm jene Gewitterwolken von Kritiken vorweg, die sich über meinem Roman zusammengeballt hätten, falls er veröffentlicht worden wäre und erschütterte möglicherweise die Sicherheit Twardowskijs. Ich mußte mich schriftlich verteidigen.

Memoiren zeichne, das heißt, sie sollten nicht »von der Zensur verboten«, sondern »von der Redaktion abgelehnt« werden. Alexandr Trifonowitsch erwiderte mit Würde: »Nicht ich war es, der ihn zum Preisträger, Deputierten und Friedenskämpfer gemacht hat. Ich gehöre überhaupt nicht zu seinen Verehrern. Aber da er nun einmal Preisträger, Deputierter, eine Weltberühmtheit und über Siebzig ist – muß man alles drucken, was er geschrieben hat.«

Die Kapitel meines Romans verschärften die gereizte Stimmung noch mehr. Lebedjew bezeichnete sie als Verleumdung des sowjetischen Systems. Alexandr Trifonowitsch verlangte eine Erklärung. Lebedjew antwortete mit einem einzigen Beispiel: »Haben denn unsere Ministerien jemals nachts gearbeitet? Und was? Dame gespielt . . .«* Und er gab den Rat: »Verstecken Sie diesen Roman möglichst gut, damit ihn niemand zu sehen bekommt.« Alexandr Trifonowitsch antwortete fest: »Wladimir Semjonowitsch, ich kenne Sie nicht wieder. Wie haben wir beide erst vor kurzem über solche Rezensionen und solche Rezensenten gedacht?« Darauf Lebedjew: »Ach, wenn Sie wüßten, *wer* alles jetzt unzufrieden ist und bedauert, daß *Iwan Denissowitsch* veröffentlicht worden ist!«

(Aus einer anderen glaubwürdigen Quelle: N. P. Chruschtschowa beklagte sich gegenüber einem pensionierten General: »Ach, wenn Sie wüßten, was WIR WEGEN SOLSCHENIZYN AUSSTEHEN MUSSTEN! Nein, wir werden uns bestimmt nie wieder einmischen!«)

Man muß sich damit abfinden, daß das Wunder niemals zweimal auf dem gleichen Pfad kommt. Kann man Lebedjew einen Vorwurf daraus machen, daß er zurückschreckte? Muß man sich nicht vielmehr wundern, daß er beim ersten Mal so kühn war?**

---

* Erst vor kurzem hörte ich, daß Lebedjew ein Tscheka-Mann gewesen sei . . . Rechnet man nach, so muß das unter Stalin gewesen sein. Da hatten sie allerdings etwas anderes zu tun als Dame zu spielen.

** Nach dem Sturz Chruschtschows hatte Lebedjew aufgrund der neuen Solidarität unter der *Oberschicht* nur seinen Posten verloren, nicht aber sein Ansehen und seinen hohen Lebensstandard. K. I. Tschukowskij begegnete ihm 1965 im Sanatorium Barwicha. Der frühere »Kammerbojar« schrieb seine Memoiren und erzählte Tschukowskij, daß er auf alle bei mir vorkommenden Ungenauigkeiten in der Schilderung von Stalins Alltag eingehen wolle. Diese Kapitel ließen ihm keine Ruhe. Er schrieb mir zu Neujahr 1966, ich

Damit war der Weg des *Kreises* vorläufig zu Ende. Allerdings fand Twardowskij noch den Mut, in der Vorschau auf das Jahr 1965 anzukündigen, ich »arbeite an einem großen Roman für die Zeitschrift«.

Ich wollte schweigen und schreiben, ich wollte jedes Drängeln mit meinen Büchern vermeiden – aber ich hielt nicht durch. Es war zu schwierig, den wahren Sinn des allgemeinen Geschehens zu begreifen und das eigene Verhalten zu bestimmen. »Vielleicht verpasse ich eine Gelegenheit?!« So schleppte ich das Stück *Das Licht, das in dir scheint* zu mehreren Theatern, aber es kam bei den Regisseuren nicht an. Und im Frühjahr 1964 gab ich – einem Impuls folgend, der eigenen vorsichtigen Taktik widersprechend, meine *Miniaturen* aus der Hand, mit der Erlaubnis, sie nicht zu verstecken, sondern an »anständige Menschen« weiterzugeben.

Diese *Miniaturen* hatten großen Erfolg. Sie verbreiteten sich sehr schnell in Hunderten von Exemplaren, drangen bis in die Provinz. Völlig unerwarteterweise traf das offene Eintreten für den Glauben (seit langem in Rußland so verpönt, daß ein Schriftsteller mit noch so großem Ruf es sich nicht hätte leisten können) auf die Zustimmung der Intelligenzija. Der Samisdat hatte bei der Verbreitung der *Miniaturen* gute Arbeit geleistet und einem Schriftsteller, der von der Regierung verboten werden sollte, keinen schlechten Ausweg vorgezeichnet. Die *Miniaturen* verbreiteten sich so ungestüm, daß sie bereits nach einem halben Jahr – im Herbst 1964 – in *Grani* abgedruckt wurden, was der *Nowyj mir* und ich aus dem Brief einer russischen Emigrantin erfuhren.

Auf diese illegale Verbreitung auch meiner kleinsten (und von ihm bereits abgelehnten!) Sachen reagierte Twardowskij mit

---

fand das verblüffend, denn ich stand kurz vor der Verhaftung. (Hat er das vielleicht nicht gewußt?) Er hatte gehört, daß Twardowskij und ich uns zerstritten hatten, und rief mich zu einer Versöhnung auf. Es ging mir damals sehr schlecht, und ich habe diese seine vielleicht uneigennützigste Regung nicht richtig gewürdigt. Fast das ganze Jahr darauf bin ich auch mit Twardowskij nicht zusammengekommen. Vor kurzem erfuhr ich, daß Lebedjew ausgerechnet in diesem Jahr, 1966, gestorben ist, nicht älter als fünfzig. Zur Beerdigung des einst allmächtigen Ratgebers erschien weder jemand vom ZK, noch von der Partei, noch aus der literarischen Welt – nur Twardowskij. Ich kann mir gut vorstellen, wie sich sein breiter Rücken über den Sarg des zierlichen Lebedjew beugt.

einer krankhaften Empfindlichkeit: es war Eifersucht, weil etwas von mir ohne seine redaktionelle Billigung gut ankam, es war auch die Befürchtung, daß dies dem Roman und meinen legalen literarischen Werken »schaden« könnte (womit hätte man mir eigentlich noch weiter schaden können?). Er konnte sich so verändern – oder waren es seine verschiedenen Facetten? – daß er, obwohl er für meinen hoffnungslosen Roman alles getan, sich selbst übertroffen hatte, kurz darauf nach der erzwungenen Lektüre einer meiner Miniaturen (man hatte ihn in Pachra genötigt, sie zu lesen. Er las mit Widerwillen – sie war ja auch nicht von ihm veröffentlicht worden!) angewidert fragte:

»Der Schöpfer – und auch noch groß geschrieben! Was ist das? . . .«

Aber die Nachricht, daß die *Miniaturen* im Ausland gedruckt worden waren, schlug ein wie ein Blitz aus heiterem Himmel. Mit Entsetzen konnten sie im Index der Zensur lesen, welch ein fürchterliches antisowjetisches Journal *Grani* sei (aber dort stand kein Wort darüber, was in *Grani* über Dostojewskij, über Losskij erscheint!). Übrigens – ein halbes Jahr brauchten die *Miniaturen*, um Europa zu erreichen, aber die Weitergabe der Meldung durch unsere Instanzen und die Reaktion von oben brauchte noch einmal acht Monate . . .

Währenddessen kam die »kleine Oktoberrevolution«, und Nikita wurde entthront. Das waren sehr unruhige Tage. Mit dieser Form des »einfachen« Umsturzes hatte ich nicht gerechnet, ich hatte mich nur auf die Möglichkeit seines Todes eingestellt. Chruschtschow war der einzige, der mich gefördert hatte – war er nicht mein einziger Halt? Mußte ich nach seinem Sturz nicht zwangsläufig *ebenfalls stürzen*? Dies alles waren ganz natürliche Befürchtungen eines sich ewig bedroht fühlenden Häftlings – ich war mir der Macht, die mir meine Situation gab, nicht im entferntesten bewußt. Auch vor der Entmachtung Chruschtschows hatte ich mich durch keinen Ton und keine Regung bemerkbar gemacht – und jetzt hatte ich vor, noch stiller, noch regungsloser zu werden. Als erstes drängte es mich zu Twardowskij, auf seine neue Datscha. Ich war sehr beunruhigt und er sehr zuversichtlich. Ein Beschluß des ZK-Plenums war für ihn nicht nur ein administratives, sondern auch ein moralisches Gebot. Wenn das Plenum des ZK es für richtig gehalten hatte, Chruschtschow abzusetzen, so war es tatsächlich nicht zu verantworten, ihn länger experimentieren zu lassen. Vor zwei Jahren war Twardowskij begeistert gewesen, einen »solchen Menschen« bei uns an der Spitze zu wissen. Und jetzt glaubte er, daß die neuen Führer zu mancherlei Hoffnung Anlaß gäben (man habe *oben* mit ihm »gut gesprochen«). Man muß zugeben, daß das Leben Twardowskijs in den letzten Monaten der Chruschtschow-Ära fast unerträglich gewesen ist. Es gab Augenblicke, in denen die Existenz der Zeitschrift in Frage gestellt war. Die *Moskwa*, diese Leichenfledderin, durfte Bunin (zerstückelt) abdrucken, Mandelstam, Wertinskij, aber der *Nowyj mir* – niemand, nichts, und sogar Bulgakows *Theaterroman* wurde zwei Jahre zurückgehalten, um »dem Moskauer Künstlertheater nicht zu nahezutreten« ... »Wir brauchen eine loyale Erzählung von Ihnen« – hatte er traurig gesagt, ohne im geringsten darum zu bitten.

Ich kam mit einem aus panischer Angst entstandenen Projekt zu Twardowskij: den ROMAN GEGEN EINEN ANDEREN AUSZUTAUSCHEN. Das heißt, ich wollte den *Kreis*, den noch keiner außer dem entmachteten Lebedjew kannte, aus dem Safe holen und demnächst gegen die *Krebsstation* austauschen, die als »jener« vom Autor umbenannte Roman hätte gelten können.

Ich befürchtete, daß in der allernächsten Zeit der Safe des *Nowyj mir* untersucht, mein Roman konfisziert – und Twardowskij und ich den Weg in die Hölle antreten würden. Jetzt hielt ich es für unüberlegt und dumm, daß ich den Roman aus dem Untergrund geholt und der Redaktion zu lesen gegeben hatte. Jetzt suchte ich verzweifelt nach einer Möglichkeit, wie ich mich an die Erde schmiegen und wieder eins mit ihrem Grau werden könnte. Wie konnte ich wieder still vor mich hin schreiben und mich von allen Verlagen zurückziehen?

Aber ich kannte Twardowskij schlecht, sonst hätte ich ihm diesen abenteuerlichen Häftlingsplan nicht unterbreitet. Er hatte viel zuviel Hochachtung vor seiner Zeitschrift und vor seiner eigenen Stellung, um sich auf die Methode von »Versteck« und »Austausch« zu verlegen. Und außerdem: wozu sollte man ihn eigentlich verstecken, wenn im Roman »nichts gegen die Idee des Kommunismus« gesagt wird? War man nicht in diesem Sinne bei der Redaktionskonferenz übereingekommen? Das konnte ich jetzt unmöglich rückgängig machen: »Ihr habt nicht richtig aufgepaßt!« Das wäre noch gefährlicher gewesen!

Alexandr Trifonowitsch hatte ganz andere Sorgen. Seit dem Sommer erkundigte er sich mit drohendem Unterton, ob der Roman nicht unter der Hand gelesen würde? Er wollte mir vorsorglich einen Schrecken einjagen: »Es gibt Gerüchte, dieses Buch würde schon gelesen.« Das hätte er als die schwärzeste Undankbarkeit meinerseits aufgefaßt. Dem Roman waren alle Wege versperrt, vielleicht war er auf Jahre hinaus blockiert, aber ich, der Autor, durfte ihn keinem Menschen zu lesen geben. So verstand Twardowskij meinen Vertrag mit der Redaktion.

Übrigens hatte auch ich, in Erwartung einer Abrechnung, ganz andere Dinge im Kopf, als die Verbreitung des Romans. Als Nikita weichen mußte, hatte ich einen vollständigen Satz Manuskripte verloren: es handelte sich um das zweite Versteck mit allem (ich hatte zwei), weit von Moskau entfernt. Der Mann, dem ich es anvertraut hatte, besaß meine Erlaubnis, im Falle einer Gefahr alles zu verbrennen. Den Sturz Chruschtschows hielt er (in der entlegenen Provinz war das schlecht abzuschätzen) für eine solche Gefahr: Staatsstreich, Massenverhaftungen und Hausdurchsuchungen. Und er verbrannte alles. Ich hatte allerdings drei oder vier Kopien aller Manuskripte, mit Ausnahme von *Festmahl der Sieger,* davon gab es nur zwei Exemplare, und jetzt nur noch eines in Moskau.

Chruschtschows Sturz trieb mich dazu, meine Bücher in Sicherheit zu bringen: sie befanden sich ja alle hier und konnten alle erstickt werden. Noch im Oktober schickte ich den *Ersten Kreis* stockenden Herzens (aber mit Erfolg) in den Westen. Danach fühlte ich mich wesentlich erleichtert. Jetzt hätte man mich sogar erschießen können.

Aber Chruschtschows Absetzung brachte mir auch eine kleine Erleichterung – klein, fast unwägbar, machte sie sich nicht sofort, sondern erst wesentlich später bemerkbar, aber sie war eine Tatsache: seine Entmachtung befreite mich von einer Ehrenpflicht. Von Chruschtschow emporgehoben, konnte ich unter ihm eigentlich nicht frei handeln und mußte ihm und Lebedjew *dankbar* sein, wie komisch das für einen ehemaligen Häftling auch sein mochte – es war schlichte, menschliche Dankbarkeit, die von keiner politischen Überzeugung überstimmt werden kann. Ich hatte keine Protektion mehr (hatte ich wirklich je welche gehabt?), aber ich brauchte auch nicht länger dankbar zu sein.

Ich glaubte fest, daß bessere Zeiten kommen würden und daß es mir beschieden sei, sie zu erleben, und daß eines Tages alles ans Licht der Öffentlichkeit kommen würde. Einstweilen aber entschloß ich mich für den Weg langjährigen Schweigens und stiller Arbeit. Ich wollte nach Möglichkeit jeden Schritt an die Öffentlichkeit unterlassen, um wieder vergessen zu werden sowie auch jeden Versuch, meine Bücher zu drucken (ach, hätten sie mich doch vergessen! . . .). Und selbst – schreiben, schreiben. War denn das keine gute Sache? Ich glaubte, es wäre ein sehr weiser Plan. Aber in Wirklichkeit war es die reine Selbstzerstörung.

Darauf ließ ich mich ein halbes Jahr nicht mehr im *Nowyj mir* blicken – ich hatte dort nichts zu tun. Den ganzen Winter 1964/65 lief die Arbeit sehr gut, ich schrieb mit Volldampf den *Archipel*, das Material, das ich von den Häftlingen bekam, war überreichlich. Ich wollte das Schicksal antreiben, das versäumte halbe Jahrhundert einholen und eilte in das Gebiet von Tambow, um dort die verbliebenen spärlichen Nachrichten über die aufständischen Bauern zu sammeln, die Bauern, die von den eigenen Nachkommen und Verwandten inzwischen – wie man es ihnen beigebracht hatte – *Banditen* genannt wurden.

Es sah so aus, als ob meine Lage sich nicht verschlechtert hätte. Nachdem ich noch unter Chruschtschow geknebelt worden war, ließ man es nun dabei bewenden.

Darauf lebte ich wieder entspannter, wie jemand, der nicht bedroht ist: ich hatte vor, nach Obninsk umzuziehen, und kaufte dort in der Nähe eine wunderbare kleine Datscha für den Sommer, am Fluß Istja beim Dorf Roschdestwo. Mit der größten Anspannung schrieb ich den *Archipel* und begann gleichzeitig mit *R-17*.

Übrigens zeichnete sich die neue Führung durch eine gewisse Umsicht aus und veränderte und entschied nur langsam. Erst im April 1965 wurde in der »Agitprop« – oder wie man es sonst nennen soll – ein neuer Chef eingesetzt – Djomitschew. Aber Twardowskij war krank und blieb lange Zeit im Krankenhaus und Sanatorium. (Eine echt russische Methode! Aus der hoffnungslosesten Sackgasse, aus der Anspannung und dem Ärger seiner redaktionellen Arbeit, konnte er für zwei oder drei Wochen, diesmal sogar für acht, längs der eigentlich unmöglichen Koordinate des Alkohols in eine Welt ausbrechen, die für seine Mitarbeiter und Amtsgenossen nicht existierte, für ihn aber völlig real war, und mit krankem Körper zwar, aber erholter Seele aus ihr zurückkehren.) Erst im Juli sprach Twardowskij bei Djomitschew vor. Die Unterhaltung verlief in einer wohlwollenden Atmosphäre, und Djomitschew äußerte den Wunsch, auch »diesen Solschenizyn« kennenzulernen. Twardowskij wußte nicht, wo er mich suchen sollte und konnte nichts versprechen, aber am gleichen Tag zog es mich unwiderstehlich zum *Nowyj mir* – und da sage einer, es gäbe keine Gedanken- und Willensübertragung. Alexandr Trifonowitsch telephonierte noch in der Redaktion mit Djomitschew, und ich wurde gleich für den nächsten Tag, den siebzehnten Juli, zu ihm bestellt.

Fast die ganze Redaktion versammelte sich im Zimmer Twardowskijs. Ich hatte sie alle lange nicht mehr gesehen und fand sie fremd und langweilig. Ich hatte den *Archipel* und das Tambow von 1921 im Kopf, sie aber verlangten im Chor eine »kleine passierbare Erzählung«, als wäre »eine Veröffentlichung von irgend etwas« nach meinem zweijährigen Verstummen als Zeichen der Loyalität gegenüber der neuen Führung »sehr wichtig«.

Für sie und für den loyalen *Nowyj mir* – natürlich. Aber für mich wäre eine »kleine passierbare Erzählung« eine Schädigung meines Namens und ein Makel gewesen. Meine ganze Stärke lag in der Kompromißlosigkeit – und ich mußte auf die Unversehrtheit meines Namens achten, selbst wenn ich noch weitere zehn Jahre schweigen sollte.

Außerdem beharrten sie alle darauf (darin folgten sie allerdings Twardowskij; es war ganz typisch für sie, daß sie sich einstimmig der Meinung ihres Chefs anschlossen, sogar in den geringfügigsten Dingen), daß ich mir morgen vor dem Besuch den Bart abnehmen müßte, den ich seit kurzem wachsen ließ. Ich, ein unabhängiger parteiloser Schriftsteller, der sich beim Chef der Agitprop-Abteilung der Partei vorstellen sollte (warum eigentlich? wozu?), hatte unbedingt ein dem Parteiapparat gewohntes, gesichtsloses Äußeres aufzuweisen. Sie redeten so ernst auf mich ein, als gäbe es in der Redaktion nichts Ernsteres zu besprechen. Ich wich drei, viermal aus (natürlich ohne den Parteiapparat direkt zu erwähnen!), darauf verlangten sie, daß ich wenigstens nicht so leger im Hemd mit offenem Kragen, sondern im schwarzen Anzug und mit Krawatte gehen sollte – und das bei der Julihitze!

Ich versuchte, unter vier Augen mit Alexandr Trifonowitsch zu sprechen – aber ein wirkliches Gespräch kam nicht zustande. Er war erregt, sogar beschwingt, weil man freundlich mit ihm gesprochen hatte und erhoffte sich viel von der Begegnung am nächsten Tag: sie sollte meine Position und die des *Nowyj mir* festigen.

Ich aber ging zu dieser Besprechung mit einem ganz bestimmten Vorsatz: den Zustand der indifferenten Koexistenz möglichst lange auszudehnen. Ich bin euch keineswegs gefährlich – laßt mich bloß in Ruhe! Ich arbeite sehr langsam, ich habe fast nichts Geschriebenes, außer dem bereits Veröffentlichten und dem, was bei der Redaktion liegt. Schließlich bin ich Mathematiker und jederzeit bereit, zur Mathematik zurückzukehren, wenn ich von der Literatur nicht leben kann.

Das war der langgewohnte, in Fleisch und Blut übergegangene Stil, die im Lager übliche »Vernebelung«, und alles ging glatt. Zunächst sehr mißtrauisch und vorsichtig, wurde Djomitschew im Laufe der zweistündigen Unterhaltung immer zugänglicher und nahm mir alles ab. Seiner leisen Stimme fehlte jedes lebendige Gefühl, aber zum Schluß klang sie erleichtert. Er wirkte äußerst unscheinbar und sprach irgendwie verwischt.

Um diese Zeit machte sich bei uns bereits jene »Verleumdung vom Rednerpult aus« bemerkbar, die in einer offenen Gesellschaft undenkbar wäre, weil der Beschuldigte sofort darauf erwidern könnte, in unserer geschlossenen aber eine unfehlbare mörderische Waffe bedeutet: die Presse schweigt (damit der Westen nicht auf eine Hetzkampagne aufmerksam gemacht wird), aber in geschlossenen Versammlungen und Schulungsstunden tragen die Redner, einem für alle gültigen Kommando folgend, vielsagend und sicher die erste beste Lüge über den Mißliebigen vor. Er selbst hat nicht nur keinen Zutritt zu solchen Versammlungen und Schulungsstunden, um sich rechtfertigen zu können, sondern weiß lange Zeit überhaupt nicht, wo und was über ihn behauptet wird, und findet sich plötzlich vor einer Mauer der Verleumdung.

Noch waren es die ersten Keime solcher Verleumdung, noch war die endgültige Form nicht gefunden, aber schon hieß es, daß ich ein Vaterlandsverräter, ein Kriegsgefangener, während der Besatzung Polizist gewesen sei. Verklagen? Aber die Verleumder waren zu zahlreich und alle Amtspersonen.

Djomitschew blickte verständnisvoll-streng drein, mit einem verständnisvoll-verurteilenden Auge – das zweite war irgendwie nicht in Ordnung.

Ich übernahm die Führung des Gesprächs, indem ich sofort auf die Kritik von *Matrjonas Hof* in der Presse einging. Welch eine törichte Journalisten-Frage: warum bin ich nicht zwanzig Kilometer weitergefahren, um eine fortschrittliche Kolchose darzustellen? Ich bin doch kein Journalist, sondern ein Lehrer und arbeite dort, wohin ich geschickt werde.* Und ferner glaube ich nicht, ein besonders düsteres Bild der Kolchose gezeichnet zu haben, da doch sogar die *Iswestija*** in ihrer vernichtenden Kritik bestätigte, daß nicht bloß Matrjonas Dorf, sondern die Gesamtheit der Kolchosen, und nicht nur 1953, sondern auch volle zehn Jahre später, IMMER NOCH WENIGER ERNTETE, ALS SIE AN SAATGUT VERBRAUCHTEN!? Das ist eine schöne Landwirtschaft, die als Einrichtung zum Vernichten von Getreide funktioniert! ... Und der Typ der Frau, die selbstlos, ohne nach Lohn zu schielen, für die Kolchose genauso wie für die Nachbarn arbeitet? Streben wir nicht alle danach, daß die Menschen selbstlos werden?

Er schwieg immer noch, und da stellte ich die eine Frage, die üblicherweise nicht *von unten nach oben* gestellt wird:

»Sind Sie derselben Meinung wie ich? Oder möchten Sie etwas dagegen sagen?«

Die Frage kam zu überraschend, er hatte sich noch nicht zu einer Meinung entschlossen (und konnte sich im Alleingang auch nicht entschließen), meine Argumente paßten keineswegs in das übliche System von Phrasen – und so holte er mit seiner Gegenfrage weit aus:

»Wissen Sie eigentlich immer ganz genau, WAS Sie schreiben

---

* Den Kritikern war nicht aufgefallen, daß ich den »Vorsitzenden der Nachbarkolchose« erwähne, der seine Kolchose durch Schiebung mit Holz hochgewirtschaftet hat.
** Vom 30. März 1963.

und WOZU Sie schreiben?«

Achtung! . . . Ich weiß es natürlich immer, in dieser Beziehung bin ich von der russischen literarischen Tradition verdorben, aber es wäre verfrüht gewesen, das zu sagen. Vorsichtig bewegte ich mich über das Eis:

»Je nachdem. *Im Interesse der Sache* – ja. Dort geht es darum, die Jugend auf den Wert des Glaubens hinzuweisen und daran zu erinnern, daß der Kommunismus zuerst im Menschen und dann mit Steinen aufgebaut werden müßte. Bei *Kretschetowka* war meine Absicht, zu zeigen, daß nicht eine beschränkte Zahl von verstockten Verbrechern Böses tut, sondern jeder, sogar der reinste und beste Mensch dazu fähig ist, und daß man das Böse in sich bekämpfen muß. (Später bemerkte Djomitschew, daß er weder *Im Interesse der Sache* noch *Kretschetowka* gelesen habe und für ein Gespräch mit mir nicht *vorbereitet* sei.) Aber in *Matrjona* und in *Denissowitsch* bin ich den Helden einfach gefolgt und habe kein bestimmtes Ziel im Auge gehabt.«

(Dieser Punkt wurde für ihn zum Schlüssel unseres Gesprächs. In einigen öffentlichen Reden erzählte er immer mit denselben Worten, wie er mich an die Wand gedrückt hätte, indem er mich fragte, warum ich schreibe, und mir keine andere Antwort eingefallen sei, als der veraltete und für den Sozialistischen Realismus unbrauchbare Grund: »Ich folge den Helden.« Dabei müssen die Helden ja bekanntlich geführt werden . . .)

Bei der Verteidigung des *Denissowitsch* zielte ich einmal auf das Buch Djakows (hohes intellektuelles Niveau – aber wo bleiben seine Backsteine für die Mauer des Sozialismus? Warum hat er in fünf Jahren nur eine halbe Stunde Frauenarbeit getan und Äste abgehackt?! . . .) und zum anderen auf die Erzählungen von G. Schelest (wie konnte sein Lieblingsheld das den schwer Arbeitenden gestohlene Brot und Essen annehmen und anschließend Lenin exerzipieren?! . . .). Aber Djomitschew fand im Verhalten des alten Kommunisten bei Schelest nichts Verwerfliches, im Gegenteil, er ging bereitwillig darauf ein:

»Und hat Iwan Denissowitsch sich nicht auch eine Portion Grütze ergaunert?«

»Aber das ist ja auch Iwan Denissowitsch! Er hat noch nicht das intellektuelle Niveau, er kann doch nicht Lenin exerzipieren!

Ihn hat das Lager verdorben! Wir bedauern ihn ja, weil er nichts anderes zu tun weiß, als um die Ration zu kämpfen.«

»Ja«, sagte Djomitschew bedeutungsvoll. »Man wünscht sich, daß er sich dort stärker an den Menschen orientiert, die das richtige Bewußtsein haben und ihm den Sinn des Geschehenden erklären können . . .«

(Und wo hast du gesteckt, als all das geschah? Und was hättet ihr mit dem armen Buch gemacht, wenn ich auch noch alles darin erklärt hätte? . . .)

Ich: »Um das Lagerproblem in seiner vollen Bedeutung zu erfassen, müßte es noch ein Buch geben. Aber – (mit Betonung) ich weiß nicht, ob das *nötig* ist?«

Er: »Nicht nötig! Über das Lager ist nichts mehr nötig! Das alles ist bedrückend und unangenehm.«

Ich versicherte, daß ich nichts von dem Geschriebenen bereue und heute alles noch einmal genauso schreiben würde, und ging dazu über, ihm suggestiv von meinen Plänen zu erzählen: daß ich sehr langsam arbeite und mich deshalb mit dem Gedanken trage, zur Mathematik zurückzukehren (er nahm das zur Kenntnis und faßte es offenbar nicht als einen Verlust für die russische Literatur auf); daß ich mit meinen Sachen meist sehr unzufrieden sei und das Geschriebene oft vernichte.

»Ich will es Ihnen gestehen: ich habe den unbescheidenen Wunsch, daß meine Bücher zwanzig, dreißig, *sogar* fünfzig Jahre leben.«

Er hatte Verständnis für meine Unbescheidenheit und verwies mitfühlend auf Gogol, der den zweiten Teil der *Toten Seelen* verbrannt hat.

»Ja, ja. Und ich mache es genauso.«

Er war sichtlich zufrieden.

»Und wie lange haben Sie am *Iwan Denissowitsch* gearbeitet?«

»Ein paar Jahre«, seufzte ich. »Das kann ich nicht so genau sagen.«

Ich wartete ständig auf die Frage nach dem *Kreis,* der nun schon ein ganzes Jahr im Safe des *Nowyj mir* schmorte. Ich wartete auf eine Frage nach den *Miniaturen,* die im Westen veröffentlicht worden waren. Aber der Leiter des Agitprop *wußte* von alldem selbstverständlich *gar nichts.*

Auf dieser Stufe gegenseitiger Offenheit vertraute ich ihm meine geheimsten schöpferischen Pläne an: *Krebsstation.*

»Ist der Titel nicht viel zu düster?«

»Ein vorläufiger Arbeitstitel. Es handelt sich um die Arbeit der Ärzte. Und um die innere Kampfansage an den Tod. Und um Kasachen und Usbeken.«

»Aber wird es wirklich nicht zu pessimistisch werden?« – Er war trotz allem besorgt.

»Keinesfalls.«

»Wie ist das überhaupt – sind Sie Pessimist oder Optimist?«

»Ich? Ich bin ein unverbesserlicher Optimist, haben Sie das nicht an *Iwan Denissowitsch* gemerkt?«

Und dann zählte er auf, was nicht sein soll und was die Partei in der Literatur nicht wünscht (das war alles klar, er hatte es fix und fertig im Kopf):

1. Pessimismus

2. Anschwärzen

3. Versteckte Spitzen

(Ich war verblüfft, wie exakt Punkt drei ausgedrückt war, so als wäre ich persönlich gemeint. Es wäre interessant zu erfahren, wer das formuliert hat? . . .)

Die »versteckten Spitzen« ließ ich auf sich beruhen, aber ich bat ihn, den Begriff »Anschwärzen« zu präzisieren. Wenn zum Beispiel die Bauern von Bogutscharowo die Prinzessin Marja am Aufbruch hindern (während sie selbst wahrscheinlich auf Napoleon warten) – bedeutet das ein »Anschwärzen« des Vaterländischen Krieges oder nicht?

Aber Djomitschew hatte offensichtlich auch dieses Buch nicht gelesen, und eine Diskussion kam nicht zustande. Doch die Unterhaltung nahm einen immer günstigeren Verlauf.

»Es gefällt mir, daß Sie Kritik nicht übelnehmen und nicht beleidigt sind«, sagte er nun, nicht ohne Wohlwollen. »Ich fürchtete, Sie könnten verbittert sein.«

»Ich war niemals verbittert. Auch nicht in den schlimmsten Augenblicken.«

Im Laufe der Unterhaltung äußerte er mehrere Male, auch völlig unmotiviert: »Sie sind eine starke Persönlichkeit«, »Sie sind ein starker Mensch«, »auf Sie ist die Aufmerksamkeit der ganzen Welt gerichtet«.

»Aber ich bitte Sie!« – Ich wunderte mich. – »Aber Sie übertreiben!« (Er übertrieb tatsächlich: im Westen hatte man damals von mir nichts verstanden, was über die politische Mode hinausging.)

»Doch, so ist es«, – er wunderte sich ebenfalls. – »Das Schicksal hat Ihnen diesen Streich gespielt, wenn man so sagen darf.«

Seine Sympathie für mich nahm weiter zu, und schließlich glaubte er sogar, mich trösten zu müssen:

»Nicht alle Schriftsteller werden zu ihren Lebzeiten anerkannt. NICHT EINMAL in der sowjetischen Ära. Majakowskij, zum Beispiel.«

(Aber das ist ja genau das, was ich will! Wir wollen uns gegenseitig in Ruhe lassen und die Angelegenheit auf ewig vertagen.)

»Ich sehe, Sie sind wirklich ein offener russischer Mensch«, sagte er hocherfreut.

Ohne mich zu schämen, nickte ich. Ich würde es sein, wenn ihr uns nicht in den Archipel Gulag geworfen hättet, wenn ihr in den vergangenen fünfundvierzig Jahren wenigstens einen einzigen Tag uns nicht angelogen hättet, wenn ihr in den fünfundvierzig Jahren, seitdem geheime Diplomatie und geheime Verfügungen abgeschafft worden sind, wenigstens einen einzigen Tag offen mit uns gesprochen hättet.

»Ich sehe, Sie sind wirklich ein sehr bescheidener Mensch. Mit Remarque haben Sie nichts gemein.«

Ach so, das hatten sie also befürchtet – Remarque! . . . Sie haben es bereits verlernt, sich vor der russischen Literatur zu fürchten! Ob es uns gelingen wird, diese Gewohnheit wieder ins Leben zu rufen?

Ich bestätigte freudig:

»Mit Remarque – nein, nichts gemein.«

Und schließlich vergalt er mir meine Offenheit seinerseits mit Offenheit.

»Ungeachtet unserer großen Erfolge haben wir es jetzt gar nicht so leicht. Wir müssen nicht nur nach außen kämpfen, sondern auch nach innen. In unserer Jugend machen sich Nihilismus und ständige Nörgelei breit, und es gibt verschiedene Persönlichkeiten des öffentlichen Lebens (??), welche diese Tendenz mehr und mehr verstärken.«

Ich aber nicht! Ich rief wirklich aufrichtig, daß mich die anhaltende Gleichgültigkeit der jungen Menschen gegenüber den allgemeinen großen Lebensfragen empöre.

Plötzlich stellte sich heraus, daß wir zum selben Jahrgang ge-

hörten, und er schlug vor, uns gemeinsam auf unsere »opfer-
bereite, lodernde Jugendzeit« zu besinnen.

(Stimmt, Genossen, so etwas hat es tatsächlich gegeben . . .
Aber die Geschichte ist nicht so monoton in ihren Reprisen,
daß es wieder genauso . . . Sie hat immerhin Geschmack.)

Wir trennten uns höchst zufrieden.

Ich richtete keine Bitte an ihn: weder wegen der Veröffentlichung meiner Erzählungen, noch wegen der Aufführung
meiner Stücke. Der Hauptertrag bestand darin, daß meine Lage
unter der neuen Führung sich gefestigt hatte, und ich daher
eine gewisse Anzahl von Jahren ruhig würde schreiben können.

»*Die* kriegen keinen zweiten Pasternak!« Das waren die Ab-
schiedsworte des Sekretärs für Agitation.

Nein, der durchschnittliche Ingenieur oder Mathematiker des
20. Jahrhunderts wird sich nie an das Schneckentempo gewöhnen können, in dem Staraja Ploschtschad sich bequemte, Informationen innerhalb des eigenen Apparats weiterzubefördern!
Es waren erst neun Monate her, seit die *Miniaturen* in *Grani*
erschienen waren – woher sollte Djomitschew das wissen?!
Polikarpow hatte es erst vor einem Monat erfahren, er zeigte
sie Twardowskij und fragte, ob sie von mir seien. Twardowskij
antwortete, er sei sicher: nein, die meisten seien nicht von mir.
Twardowskij hatte ja nicht alle gesehen und konnte deshalb
sicher sein, daß sie nicht von mir waren! Er war so sicher, daß
er mich, als er mich zu Djomitschew schickte, nicht einmal
warnte – und ich hätte dort zugegeben, daß sie alle von mir
sind! Das ist die Logik der Nomenklatur: der Untergebene
(ich) braucht nicht alles zu wissen, was der Vorgesetzte (er)
weiß. Und der Untergebene (ich) kann unmöglich etwas geschrieben haben, worüber der Vorgesetzte (er) nicht vorher informiert worden ist.

Aber plötzlich erfuhr Alexandr Trifonowitsch durch einen Zufall, daß die Zeitschrift *Semja i schkola* einen Teil dieser Serie
in unserem eigenen Lande veröffentlichen wollte. Darauf geriet er fast außer sich: hatte er sich doch vor der Obrigkeit dafür verbürgt, daß die *Miniaturen* nicht von mir seien! Außerdem plagte ihn die Eifersucht: niemand (nicht einmal ich
selbst) hatte das Recht, von mir Geschriebenes zu veröffentlichen – einzig und allein der *Nowyj mir*. Und er hatte die

Miniaturen vor drei Jahren als »Vorentwürfe« charakterisiert – wie könnte man also von einer Veröffentlichung auch nur reden? Und schließlich, wenn ein solches Unglück passiert ist und sie im Westen veröffentlicht werden – dann bedeutet das, daß sie in der Heimat *niemals* gedruckt werden können! (Diese Auffassung von einer Veröffentlichung im Ausland als einer endgültigen Verurteilung des Buches und einer Erniedrigung des Autors vertrat Twardowskij, seit ich ihn kannte. Die gleiche Verachtung brachte er dem Samisdat entgegen. Für ihn gab es nur jene offiziell anerkannte Veröffentlichung, die ausgerechnet für die Autoren seiner Zeitschrift so schwer erreichbar war wie kaum für jemand anderen.)

Daraufhin *bestellte* er mich umgehend in die Redaktion. In anderen Redaktionen geht es wahrscheinlich ähnlich zu, aber ich kenne das nur vom *Nowyj mir* und kann mich nicht genug wundern: kaum hat der Autor sich etwas zuschulden kommen lassen – schon wird er in die Redaktion *bestellt*! Der Autor wird offenbar als ein Angestellter des Staates betrachtet und kann – wie jeder andere Angestellte – von seinem Chef umgehend in die Redaktion beordert werden.

In jenem August allerdings konnte niemand Twardowskij sagen, wo ich zu finden sei, bis er nach Nowosibirsk fuhr, wo während einer Dichterlesung bereits die schriftliche Frage gestellt wurde: »Stimmt es, daß Solschenizyn bei der Gestapo war?«

Ich kann nur ahnen, welche Umwälzungen unserem Land im August und September 1965 drohten. Irgendwann werden wir eine öffentliche Geschichtsschreibung erleben und dann werden wir erfahren, wie es damals war. Aber man kann mit ziemlich großer Wahrscheinlichkeit behaupten, daß eine scharfe Kehrtwendung zum Stalinismus mit dem »eisernen Schurik« Schelepin an der Spitze vorbereitet wurde. Es heißt, Schelepin habe vorgeschlagen, der Volkswirtschaft und der Verwaltung wieder Daumenschrauben anzulegen und sei dabei auf Kossygins Widerstand gestoßen – aber alle waren sich darin einig, daß die ideologischen Schrauben angezogen werden müßten. Ferner habe Schelepin vorgeschlagen, vor Mao einen Diener zu machen und ihn gelten zu lassen: man würde sich nichts vergeben, dafür aber einen Zusammenschluß der Kräfte erreichen. Die Stalinisten betrachteten den Sturz Chruschtschows als eine Chance zu einer Rückkehr zu Stalin – als was denn sonst? Und wann sonst hätte man es versprechen sollen? Im August wurde eine wichtige Ideologische Konferenz einberufen und anschließend verkündet: der »Kampf um den Frieden« wird fortgesetzt, aber das Ziel der Sowjetunion besteht nicht in der ABRÜSTUNG (vielmehr in einer ständigen Hetze gegen den Westen), sondern in der Stärkung des Kampfgeistes und im Kampf gegen den Pazifismus; unsere Generallinie ist nicht die KOEXISTENZ; die einzige Schuld Stalins besteht in der Aufgabe der kollektiven Führung und in widerrechtlichen Maßnahmen gegen Partei- und Regierungskader – das ist alles; das Wort Verwaltungsbehörde soll nicht abschrecken; es ist Zeit, den nützlichen Begriff »Volksfeind« wieder einzuführen; der Geist der unter Schdanow gefaßten Beschlüsse über die Literatur war richtig; man muß die Zeitschrift *Nowyj mir unter die Lupe nehmen* – weshalb wird sie von der Bourgeoisie so kräftig gelobt? (Auch ich wurde erwähnt: es hieß, ich hätte das Bild der Lagerwelt entstellt, weil dort nur die Kommunisten wirklich gelitten, alle Feinde aber zu Recht gesessen hätten.)

Die Maßnahmen, die Schelepin und seine Leute planten, sind unbekannt. Für eine Maßnahme hat ihre Zeit gereicht: die Verhaftung von Sinjawskij und Daniel Anfang September 1965. (Die Handlanger Semitschastnyjs hatten die Verhaftung von tausend Intelligenzlern gefordert.)

In dieser unruhigen Zeit, Anfang September, faßte ich den Entschluß, meinen Roman aus dem *Nowyj mir* zu holen: sie würden kommen, den Safe öffnen und . . . Ich hatte alles zu früh begonnen und mußte mich jetzt beeilen, wieder im Untergrund zu verschwinden und mich mit Mathematik zu tarnen.

Am 6. September besuchte ich Twardowskij auf seiner Datscha – obwohl er gerade einen seiner Anfälle hatte. Mit schweren Schritten kam er die Treppe aus dem zweiten Stock herunter, im Unterhemd, mit trüben Augen. Selbst wenn er nüchtern gewesen wäre, hätte ich ihm kaum alles erklären können, um so weniger jetzt, da er schwer betrunken war: er ritt auf den ihm angetanen Kränkungen herum und wollte nichts anderes sehen, hören, verstehen.

»Ich halte meinen Kopf für Sie hin, aber Sie . . .«

Man konnte ihn auch verstehen: ich hatte ihm nichts anvertraut, und das ganze Geflecht meiner Pläne, Berechnungen und Schachzüge war für ihn nicht sichtbar und tauchte von Mal zu Mal völlig überraschend vor ihm auf.

Während dieses verworrenen, um keine Achse zu ordnenden Gesprächs, hielt Alexandr Trifonowitsch mir vor:

– daß ich kein Recht hätte, selbständig zu handeln, »ohne mich vorher beraten zu lassen« (d. h. ohne seine Erlaubnis),

– daß ich die *Miniaturen* auf keinen Fall der *Semja i schkola* hätte überlassen dürfen,

– daß ich mir einen Bart wachsen ließ! Der Bart . . . der Bart ließ ihm seltsamerweise keine Ruhe. Ganze Reiche wankten, Köpfe rollten, er aber kam von diesem Bart nicht los . . . Und jetzt, mit der Vertrauensseligkeit des Betrunkenen erklärte er mir:

»Man sagt, Sie wollen sich absetzen . . .«

»Wer sagt das? Wem glauben Sie?«

»Ich brauche Ihnen darauf nicht zu antworten . . . Man sagt, daß Sie sich den Bart nicht ohne Grund haben wachsen lassen . . . Eine bequeme Möglichkeit, über die Grenze zu kommen . . .«

»Aber wie soll denn ein Bart einem helfen, über die Grenze zu kommen?!«

»Ja . . . wieder abnehmen und unerkannt rübergehen.«

Das unsichere Zwinkern eines Betrunkenen, das vielsagend und eine Andeutung sein soll . . . Und im gleichen Atemzug erzählt mir Alexandr Trifonowitsch auch, was in der »Kultur-Abteilung« des ZK geredet wird: wahrscheinlich hätte ich selbst die *Miniaturen* an *Grani* gegeben.

Das tut mir weh. Nicht, weil in der »Kultur-Abteilung« so geredet wird, sondern weil Twardowskij sich anstecken läßt und keine Widerstandskraft hat.

Trotz allem gelingt es mir schließlich, meinen Wunsch vorzubringen: den *Kreis* zu holen, um an der Syntax zu feilen.

Er glaubt mir nicht.

Ich gestehe ihm, daß ich den Safe der Redaktion nicht für sicher halte.

Das kommt ihm ganz komisch vor – was kann es Sichereres geben als den Safe einer offiziellen sowjetischen Institution?! Ich sei zwar der Autor, aber an den Vertrag gebunden, und die Zeitschrift sei im Recht, wenn sie die Rückgabe des Manuskripts verweigere. Um so mehr, als ich darauf bestehe, alle vier Exemplare mitzunehmen.

Aber Alexandr Trifonowitsch hat ein gutes Herz, er glaubt mir schließlich und verspricht, so schwer es ihm auch fällt, morgen in der Redaktion anzurufen – damit sie den Roman herausgeben.

Nun, damit scheint alles in Ordnung. Ich will ja nur abwarten, bis die Zeit des »eisernen Schurik« vorüber ist! Ich habe mich zu früh hervorgewagt . . . zu früh . . .

Am 7. September rufe ich Twardowskij von der Redaktion aus in seiner Datscha an, und nach langem Hin und Her gelingt es mir schließlich, ihn an den Apparat zu bekommen. Seine Stimme ist schwach aber beherrscht, anders als gestern. Er bittet mich sehr freundlich: Nehmen Sie es nicht mit! Bei uns ist es sicher, tun Sie es nicht! Gut, dann nehmen Sie drei Exemplare, und lassen Sie eines da.

Ihm geht es wie einer Mutter, die ihre Söhne aus dem Haus ziehen lassen muß. Laßt mir wenigstens einen!

Aber ich bin wie besessen: ich brauche alle! (Ich überblicke es besser! Ich sehe weiter! Ich habe es so beschlossen! Ich weiß noch, wie Grossmans Roman geholt wurde, direkt aus dem Safe des *Nowyj mir*!)

Meine übergroße Geschäftigkeit! Sie treibt mich, sie stachelt mich an, dem Lauf der Dinge möglichst zwanzig Züge voraus zu sein.

Ich nehme alle vier mit. Großzügig getippt, in der verlagsüblichen Weise, füllen sie den ganzen Koffer aus, so daß er sich sogar schwer schließen läßt.

Wäre es etwas anderes, etwas Geheimes gewesen, wäre ich vorsichtig gewesen, hätte mich in acht genommen und meine Spuren verwischt. Aber es handelte sich um nichts Geheimes, es ist ein für den Druck bestimmtes Manuskript. Ich will es nur aus dem bedrohten *Nowyj mir* herausholen. Ich bringe es nur fort, ohne es eigentlich verstecken zu wollen.

Allerdings will ich es in eine gefährdete Wohnung bringen, in der ich bis vor kurzem mein Hauptarchiv, das ich an Sylvester aus Rjasan herüberbrachte, aufbewahrt habe. Aber den Grundstock, den eigentlichen Schatz, habe ich vor kurzem geholt und nur Zweitrangiges, nicht ausgesprochen Geheimes, dort gelassen, und diese Reste hatte der Wohnungsinhaber,

W. L. Teusch, ein Rentner, Anthroposoph, als er für den Sommer verreiste, seinem Proselyten, dem jungen Anthroposophen I. Silberberg anvertraut.

Es gibt Augenblicke, in denen unser Verstand nachläßt und sich verwirrt. In denen übermäßige Voraussicht in stumpfe Blindheit, Kalkül in Unbesonnenheit, Wille in Charakterlosigkeit umschlagen. (Ohne solche Einbrüche würden wir unsere Grenzen nie erfahren.) Teusch ist ein durch und durch anständiger Mensch, aber unordentlich, konfus, für die Arbeit im Untergrund zu nachlässig; ich wußte das, aber alles ging irgendwie gut, seit über drei Jahren, obwohl der Wohnungsinhaber am Telephon redselig wurde und selbst eine kriminelle Arbeit über *Iwan Denissowitsch* geschrieben hat – und wir hatten sogar einen Tip bekommen, daß diese Arbeit schon beim ZK lag – das alles kümmerte mich nicht! Als ich das Archiv bei meinem so gearteten Vertrauensmann abholte, hatte ich mich nicht vergewissert, nicht nachgeprüft, ob Teusch tatsächlich nur Zweitrangiges herumliegen ließ. Gegen unsere Abmachung hatte er von Zeit zu Zeit etwas zum Lesen und Wiederlesen herausgeholt! Mal *Das Festmahl der Sieger* (das letzte Exemplar!), mal *Die Republik der Arbeit,* mal Gedichte aus der Lagerzeit, und es war ein Wunder, daß er nicht auch anderes herausgeholt hat. Und ER HAT AUS NACHLÄSSIGKEIT NICHTS WIEDER ZURÜCKGELEGT! Er hat das alles ohne mein Wissen gesichtet und es für den Sommer seelenruhig Silberberg übergeben, den ich nicht kannte und nicht überprüft hatte.

Und jetzt schleppte ich in die Wohnung von Teusch – die ich für sicherer hielt als den Safe des *Nowyj mir* – den Koffer mit den vier Exemplaren des *Kreises.* (Auf dem Weg dorthin, in den Straßen Moskaus, fühlte ich mich verfolgt, vermutlich, weil ihre Eulenaugen sich in meinen Rücken bohrten!)

Es ist einfach zum Lachen, wie sehr ich den Verstand verloren hatte: wie ein Mann hatte ich den Entschluß gefaßt, unterzutauchen, aber wie ein Kind habe ich den törichten Versprechungen J. Karjakins geglaubt, sein sehr, wirklich sehr liberaler Chef, Rumjanzew, Redakteur der *Prawda,* habe die Absicht, ein oder zwei unverfängliche Kapitel aus dem *Kreis* abzudrucken. Daraufhin ließ ich drei Exemplare bei Teusch und schleppte das vierte zur *Prawda.* Reiner Wahnsinn.

Am Abend des 11. September, zwischen den Verhaftungen

Sinjawskijs und Daniels, kamen die Männer des KGB in die Wohnung von Teusch (und beschlagnahmten den *Kreis*) und – ausgerechnet! – gleichzeitig zu dem jungen anthroposophischen Proselyten (sonst zu keinem einzigen von allen ihren Freunden) – und holten mein Archiv.

Im letzten Moment, bevor ich untertauchte, im letzten Moment an der Oberfläche, haben sie mich angeschossen.

Angeschossen.

Angeschossen . . .

Verwundet

Das ist noch keine zwei Jahre her – seit meiner Verhaftung sind es zweiundzwanzig Jahre, und das Gefühl ist verblaßt – aber diese neue Katastrophe traf mich weit schwerer. Bei der Verhaftung wirkte mildernd, daß ich direkt von der Front geholt wurde, aus dem Kampf heraus; daß ich sechsundzwanzig war; daß außer mir nichts an Arbeiten zugrunde gehen konnte (damals gab es einfach noch keine); daß mir etwas Interessantes, vielleicht sogar Spannendes bevorstand; und daß ich – ein unbestimmtes (aber prophetisches) Vorgefühl – gerade durch diese Verhaftung auf irgendeine Weise Einfluß auf das Schicksal meines Landes würde nehmen können. (In meinen Phantasien zeigte sich dies in einem naiven Bild: daß man in Moskau sich für meine Ideen zur Wiedergutmachung des von Stalin begangenen Unrechts interessieren würde!)

Aber meine Niederlage im September 1965 war für mich das größte Unglück in den siebenundvierzig Jahren meines Lebens. Ich empfand sie monatelang als eine wirkliche physische unheilbare Wunde – einen Speer durch die Brust, durch und durch, die Speerspitze blieb stecken und ließ sich nicht herausziehen. Die geringste Bewegung (die Erinnerung an die eine oder andere Zeile des beschlagnahmten Archivmaterials) löste einen stechenden Schmerz aus.

Am schlimmsten war für mich die Tatsache, daß ich die Schule des Lagers absolviert hatte und doch, wie sich nun herausstellte – so dumm und hilflos war. Achtzehn Jahre hatte ich das Netz meiner Untergrundliteratur geknüpft und die Haltbarkeit jedes einzelnen Fadens geprüft; hätte ich mich in einem einzigen Menschen getäuscht, wäre ich unweigerlich mit allem, was ich geschrieben hatte, in eine Wolfsgrube gestürzt – aber ich war nicht gestürzt, ich hatte mich kein einziges Mal getäuscht; die Vorsichtsmaßnahmen hatten so viel Mühe, das Schreiben selbst so viele Opfer gekostet; der Plan schien grandios, in ungefähr zehn Jahren wäre ich soweit gewesen, mit dem, was ich geschrieben hatte, vor die Öffentlichkeit zu treten und bereit, ohne Zaudern bei der Explosion dieser literarischen Bombe selbst zu verbrennen, aber nur ein einziges

Ausrutschen, eine einzige Fahrlässigkeit – und der ganze Plan, das gesamte Lebenswerk war zunichte. Doch nicht nur um meine Lebensarbeit ging es dabei, sondern um das Vermächtnis von Millionen Umgekommener, die ihr Leid auf dem Fußboden der Lagerbaracke nicht zu Ende geflüstert, nicht zu Ende geröchelt hatten – vor *ihrem* Vermächtnis hatte ich versagt, ich hatte es verraten und mich nicht würdig gezeigt. Mir war es beschieden gewesen, fast als einzigem wieder herauszukriechen, auf mich hatten die Köpfe, die in den Massengräbern der Lager verscharrt lagen, ihre Hoffnung gesetzt – aber ich war gestrauchelt und hatte ihre Hoffnung nicht ans Ziel gebracht.

Ständig verkrampfte Herzscheidewand. Ein unbehagliches Gefühl in der Gegend des Sonnengeflechts, man weiß nicht, ist es die Depression oder ein Vorgefühl neuen Unheils. Unerträgliche innere Hitze. Ein Brennen, dem keine Abhilfe zu schaffen ist. Immer trockener Hals. Eine ständige Spannung, aus der ich nicht herauskomme. Ich suche Rettung im Schlaf – wie damals im Gefängnis: ich möchte am liebsten schlafen ohne aufzuwachen! Und beziehungslose, sorglose Träume haben! Aber nach einigen Stunden fallen die Schutzwälle der Seele in sich zusammen, und ein glühender Bohrer holt einen in die Wirklichkeit zurück. Jeden Tag von neuem den Willen aufbringen, sich aufrecht zu halten, seinen Beschäftigungen, seiner Arbeit nachgehen, so tun, als ob das nötig, als ob es für die Seele *möglich* sei, in Wirklichkeit aber sich alle fünf Minuten fragen: *wozu das alles?* wozu das alles – jetzt?! Das ganze Leben, das man führt – bloß eine Rolle, die man spielt, denn man weiß, daß in Wirklichkeit schon alles zu Ende ist. Das Gefühl, als sei die Weltenuhr stehengeblieben. Selbstmordgedanken – zum ersten und hoffentlich zum letzten Mal in meinem Leben. Der einzige Trost: der Mikrofilm ist bereits im Westen! Die ganze erste Hälfte der Arbeit ist nicht verloren!

In diesem Zustand, allerdings mit einigen Ansätzen zum Handeln und zur Einsicht, verbrachte ich drei Monate. Impulsiv traf ich einige Schutzmaßnahmen, die unumgänglichsten, selbstverständlichsten (und manchmal ebenso falschen), aber ich konnte meine Lage nicht überblicken und deshalb nicht richtig handeln. Ich wartete auf die Verhaftung, fast jede

Nacht. Allerdings entschloß ich mich für diesen Fall zu einer neuen unerschütterlichen Haltung: ich wollte die Aussage verweigern: ich wollte denjenigen, die über die russische Literatur zu Gericht sitzen, grundsätzlich jede Kompetenz absprechen; ich wollte den Bogen für »eigenhändige Aussagen« (laut Strafprozeßordnung hatte ich ein Recht darauf) verlangen und schreiben: »Im Bewußtsein der Verantwortung gegenüber meinen Vorgängern in der großen russischen Literatur kann ich die über die Literatur verhängte Polizeiaufsicht nicht anerkennen und mich ihr nicht unterwerfen. Ich weigere mich, beim Ermittlungsverfahren oder vor Gericht irgendeine Frage zu beantworten. Dies ist meine erste und letzte Stellungnahme.« (Sie werden nicht umhin können, es zu den Akten zu nehmen!) Damit war ich bereit – sei es zum Sterben, sei es zu lebenslänglicher Haft. Aber in beiden Fällen würde es das Ende meiner Arbeit bedeuten. Doch dieses Ende war ja schon eingetreten: die Katastrophe hatte mich mitten in der Arbeit am *Archipel* überrascht. Die unersetzbaren Vorstudien und ein Teil der bereits geschriebenen ersten Fassung waren nur in einem einzigen Exemplar vorhanden und gefährlich wie eine Atomwaffe. Mit Hilfe treuer Freunde, unter größten Vorsichtsmaßnahmen gegen Bespitzelung mußte alles in ein abgelegenes Versteck gebracht werden, und es war völlig ungewiß, wann ich die Arbeit daran wieder aufnehmen könnte.

Die Arbeit kam zum Stillstand – schon vor einer Verhaftung.

Die schlechten Nachrichten erreichten mich nicht auf einmal. Zuerst erfuhr ich von der Beschlagnahme des Romans – und es traf mich so, daß ich aufstöhnte: was habe ich getan! Ich habe nicht auf Twardowskij gehört, den Roman herausgeholt und selbst das Verhängnis heraufbeschworen. Dann hörte ich von der Verhaftung Sinjawskijs. Lieferte mein Roman etwa weniger Vorwände? Vielleicht hatten sie mich nur deshalb nicht geholt, weil sie mich in meinem Roschdestwo nicht gefunden hatten? Wie es in meiner Wohnung in Rjasan aussah, wußte ich nicht, das Leben war aus den Fugen geraten. Vielleicht *waren sie auch schon dort gewesen*?

Es war gegen Abend. Wir warfen in aller Eile einige Sachen und die Manuskripte ins Auto (in unserer Abwesenheit, schon in der nächsten Stunde, hätte eine Hausdurchsuchung stattfinden können) und fuhren, Moskau meidend, über die Vororte, zur Datscha Twardowskijs: ich wollte Bescheid sagen, ehe ich verhaftet wurde.

Ich weiß heute noch nicht, warum mir die Entdeckung des Romans damals als eine solche Katastrophe erschien: von der eigentlichen Katastrophe ahnte ich noch nichts, und der Weg meines Buches zur Lubjanka war einfach »sein Fatum« wie das lateinische Sprichwort es nennt, der erste Abschnitt auf seiner literarischen Bahn. (Ich glaube, sie waren nicht seinetwegen gekommen, es war für sie eine Dreingabe. Später hat jemand bestimmt einen Orden dafür bekommen, und es gab großen Jubel bei den verschiedenen Instanzen. Und erst im Laufe der Jahre sollte sich zeigen, daß dieser Jubel voreilig war. Bevor es sich in Bewegung setzte, war dieses Buch, wie ein Gletscher im Gebirge, für sie wahrscheinlich weniger gefährlich . . .)

Ein Unglück zieht das andere nach, beim letzten Kilometer ging mir das Benzin aus, und mit einem leeren Kanister in der Hand ging ich durch die Schriftstellersiedlung Pachra. Twardowskij war zu Hause und redete mit den Handwerkern, die den Zaun um sein Grundstück reparierten und das Tor verlegten. Die Handwerker verlangten einen ordentlichen Vorschuß. Ich platzte mitten in diese Verhandlungen hinein, trat mit Alexandr Trifonowitsch zur Seite und sagte leise:

»Schlechte Nachrichten. Sie haben den Roman geholt.«

Er fiel förmlich in sich zusammen.

»Von DORT?«

Die Verhandlung mit den Handwerkern mußte zu Ende geführt, bei Tendrjakow Benzin besorgt werden, ich mußte das Auto holen – während dieser Zeit konnte sich Alexandr Trifonowitsch an die Neuigkeit gewöhnen.

An diesem Abend bewahrte er Haltung, wesentlich besser als ich. Vor einer Woche hatte er sich in denselben Zimmern aus einem bei weitem geringeren Anlaß geärgert, sich aufgeregt, mich mit Vorwürfen überschüttet – aber jetzt machte er mir nicht den leisesten Vorwurf, obwohl er Recht behalten hatte. Heute verhielt er sich männlich, besonnen, er hatte es nicht einmal eilig, mich auszufragen, wo und wie DAS geschehen war oder überhaupt darüber zu sprechen. Er zündete den Reisig in dem festlichen Kamin seiner düsteren schloßartigen Datscha an, und wir blieben einfach sitzen. Zuerst hatte er vor, sich am nächsten Tag persönlich bei Djomitschew zu beschweren. Eine Stunde später, nach einigem Überlegen, meinte er, daß es besser wäre, wenn ich das selbst tun würde.

Ich begann gleich, diesen Brief zu entwerfen – und sofort zeigte sich als feiner Riß etwas, das später abgrundtief aufklaffen sollte: Alexandr Trifonowitsch bestand auf verbindlichen, sogar bittenden Formulierungen. Er war vor allem dagegen, daß ich von »UNGESETZLICHER Beschlagnahme« sprach. Er bestand darauf, diesen Ausdruck zu streichen, denn *ihre* Handlungen könnten niemals »ungesetzlich« sein. Ich widersprach nur schwach. (Am nächsten Tag, in Moskau, vergewisserte er sich telephonisch, daß ich dieses Wort durch ein anderes ersetzt hatte. Zu meiner Schande hatte ich nachgegeben und es in das sklavische »unverschuldet« abgeändert. Dem verwirrten Kopf fiel nichts Passenderes mit denselben Anfangsbuchstaben ein – damit weniger zu verändern wäre.)

Nach einer durchwachten Nacht fuhren wir in der Frühe nach Moskau. Einige Stunden später erfuhr ich dort von dem größeren Unheil: an demselben Abend des 11. September waren auch *Das Festmahl der Sieger, Die Republik der Arbeit* und die Lagergedichte beschlagnahmt worden! Das war das eigentliche Unglück, und alles vorherige war nur ein Vorspiel gewesen! Die Brücke unter den Füßen barst und stürzte ein, ruhmlos und vor der Zeit.

Aber ich faßte die Beschwerde an Djomitschew so ab, als wüßte ich nur von dem Roman. Ich durchquerte das dichte, völlig irreale Gedränge des Moskauer Sonnentages, passierte eine scharfe Kontrolle, betrat das blitzende Gebäude des ZK, in dem ich noch vor kurzer Zeit einen so erfolgreichen Besuch abgestattet hatte, durchschritt die weitläufigen Flure, die wie Zimmer eingerichtet waren und wo an den Türen nicht die Funktionen (die mußte jeder kennen), sondern nur Namen standen, unauffällige, unbekannte, landläufige Namen, und gab die Beschwerde bei dem mir bereits bekannten liebenswürdigen Sekretär ab.

Von dort fuhr ich zum *Nowyj mir*: Alexandr Trifonowitsch machte sich Sorgen wegen der »ungesetzlichen« Maßnahmen und wollte sich mündlich vergewissern, daß ich das gestrichen hatte. Und dann verlangte er noch etwas sehr Entscheidendes: ich sollte KEINEM MENSCHEN ERZÄHLEN, daß mein Roman be-

schlagnahmt worden war: UNERWÜNSCHTES GEREDE könne die
Lage wesentlich erschweren.

Der Riß verbreiterte sich. Wessen Lage eigentlich? . . . Die der
OBRIGKEIT oder meine? Unerwünscht? . . . Aber das Gerede ist
ja meine einzige Rettung! Ich werde dem ersten besten auf der
Straße davon erzählen! Ich werde die Menschen ansprechen,
ich werde mich umsehen, wem ich es noch erzählen, wie ich es
an die große Glocke hängen kann! . . . (Daß der *Kreis* zusammen mit dem ketzerischen *Festmahl* konfisziert worden war,
erwies sich im nachhinein nicht als ungünstig, sondern als Erleichterung: ich konnte um so ungenierter von der Beschlagnahme reden.)

Aber wenn ich es Twardowskij sofort erzählt hätte – er hätte
bestimmt einen Herzschlag bekommen! Wie konnte ein Autor,
den der parteitreue *Nowyj mir* entdeckt hatte, derartige Frechheiten im Kopf haben?! . . . Und was sollte mit dem *Nowyj
mir* geschehen?! . . . Nein, Alexandr Trifonowitsch konnte
man diesen Schrecken nicht zumuten. Zudem mußte ich ihn
auf etwas anderes vorbereiten:

»Es hat sich herausgestellt, daß sie nicht nur den Roman mitgenommen haben. Auch die frühe Fassung von *Nemow und
das Flittchen* und die Lagergedichte.«

Alexandr Trifonowitsch verfinsterte sich noch mehr:

»Und die Gedichte sind auch nicht über Papa und Mama?«

. . . Jetzt ließ er den Kopf hängen. Er war nur froh, daß eine
von den Kopien des Romans erhalten geblieben war und sich
sogar im Safe der *Prawda* befand. (Ich hatte ja vorgehabt,
einige Kapitel in der *Prawda* abdrucken zu lassen . . .)

Aber in diesen Tagen kam alles ins Rutschen, auch Rumjanzew
von der *Prawda* wurde abgesetzt, und mein wohlmeinender
Freund Karjakin mußte in höchster Eile den Roman auch aus
der *Prawda* herausholen.

Das war bereits am 20. September. In der Woche nach der
Verhaftung von Sinjawskij und Daniel suchte »ganz Moskau«,
wie man so sagt, nach neuen Verstecken für die Samisdatbücher und die verbrecherischen Veröffentlichungen der Emigrantenverlage und schleppte sie, in der Hoffnung, dadurch
etwas zu retten, bündelweise von einer Wohnung in die andere.
Zwei, drei Hausdurchsuchungen – und wieviel Aufregung,
Reue, sogar Verrat! So schwankend und zerbrechlich war die

uns unter Chruschtschow geschenkte kurzlebige Freiheit der Debatten und Manuskripte.

Ich bat Karjakin, den Roman von der *Prawda* direkt zum *Nowyj mir* zu bringen. Die Wachsamkeit und die Krallen des KGB überschätzend, waren wir nicht sicher, daß er dort unbehelligt ankommen würde. Aber er traf wohlbehalten in der Redaktion ein, ich legte den Roman auf das kleine Sofa im Zimmer Alexandr Trifonowitschs und erwartete den Chef. Ich hegte nicht den geringsten Zweifel, daß das Herz Twardowskijs beim Anblick des geretteten Romans weich werden und er ihn mit Freuden sofort in den Safe zurücklegen würde. Ich konnte mir diese Freude deutlich vorstellen! Alexandr Trifonowitsch kam, wir fingen an, uns zu unterhalten – und die bekannte dicke Mappe lag schräg auf dem kleinen Sofa. Endlich fiel sie Alexandr Trifonowitsch auf, er trat näher und fragte vorsichtig, ohne sie zu berühren: »Und was ist das hier?« Ich sagte es ihm. Und Alexandr Trifonowitsch war nicht wiederzuerkennen, so finster und abweisend blickte er drein:

»Und *warum* haben Sie ihn *jetzt* hierher gebracht? Jetzt nach der Beschlagnahme (da war sie: die GESETZLICHE Beschlagnahme!) können wir ihn hier in der Redaktion nicht gebrauchen. JETZT können Sie sich nicht hinter unserem Rücken verstecken.«

Es war wie ein Faustschlag! . . . Nicht, weil ich Angst um dieses Exemplar hatte, ich hatte ja noch mehrere (und im Westen noch eins), aber Twardowskij glaubte ja, dies sei eines der beiden letzten! Eine kleine Szene, die es verdient, in die Geschichte der russischen Literatur einzugehen! . . . Alexandr Trifonowitsch hörte es gern, wenn seine Zeitschrift mit dem *Sowremennik* verglichen wurde. Aber wenn man Puschkin einen von Benkendorf gejagten Roman gebracht und ihn gebeten hätte, diesen Roman zu retten – hätte Puschkin nicht sofort die Mappe genommen? Hätte er abgelehnt: »Ich gehöre zum Adel, ich bin Kammerjunker, was wird man bei Hofe über mich sagen?«

So hat sich die Stellung des Dichters im Staat, so haben sich die Dichter selbst verändert.

Noch mehr – Alexandr Trifonowitsch weigerte sich, meinen Brief, in dem ich die Verleumdungen zurückwies (»arbeitete mit den Deutschen zusammen«, »Besatzungspolizist«, »Gestapomann« – das alles wurde von den Agitatoren des Komsomol und der Partei im ganzen Land verbreitet), im *Nowyj mir* abzudrucken. Vor zwei Wochen hatte Alexandr Trifonowitsch mir selbst geraten, einen solchen Brief aufzusetzen (mit einem geheimnisvollen: »Mir wurde empfohlen . . .«). Aber das Unglück wollte es, daß ich den Brief *zuerst* an die *Prawda* geschickt hatte – im Vertrauen auf den inzwischen gestürzten Rumjanzew – und Twardowskij hatte die *Kopie* bekommen. Und nun mußte ich hören:

»Ich bin nicht gewohnt auf Briefe zu reagieren, wenn ich sie als Kopie bekomme.«

So haben sich die Dichter verändert . . .

»Und wie kann man etwas widerlegen, solange der Roman BE-SCHLAGNAHMT ist? . . . Es wird heißen: Da stimmt etwas nicht! . . .«

Das war nomenklatorisches Denken. Das war Logik! Wenn ein Roman 1965 beschlagnahmt wurde, konnte man nicht beweisen, daß der Verfasser 1943 nicht Polizist gewesen war. (Aber das war es ja gar nicht! Er hatte einfach nicht den Mut, meine Widerlegung zu drucken und mußte vor sich selbst eine annehmbare Erklärung für seine Weigerung finden: als stände dahinter eine Überzeugung.)

Ich saß verloren da, konnte nur müde antworten, während Twardowskij mir lange und langweilige Vorhaltungen machte:

1. warum ich, ohne mich vorher mit ihm zu beraten (!), in diesen Tagen drei Beschwerden bei drei weiteren Sekretären des ZK eingereicht und Pjotr Nilytsch Djomitschew damit gekränkt und ihm die Lust genommen hatte, mir zu helfen.

Er erklärte mir das so: »Wenn man sich nur an mich wendet und mich um eine Wohnung bittet, so helfe ich nach Kräften. Wenn man aber schreibt: ›An Fedin und Twardowskij‹, dann denke ich – soll doch der andere, Fedin, helfen.«

Wie konnte er so etwas vergleichen? Ließ denn das Ausmaß des Unheils irgendwelche Rücksichten auf die persönlichen Gefühle eines ZK-Sekretärs zu? Und wenn Djomitschew mich wie ein leiblicher Vater geliebt hätte – er hätte sowieso nichts ändern können. Hier prallten der Staat und die Literatur aufeinander, Twardowskij aber wollte darin eine persönliche Angelegenheit sehen . . . Ich hatte mich beeilt, weitere drei Briefe (an Breschnew, Suslow und Andropow*) zu schreiben, weil ich bestimmte Befürchtungen hatte: Djomitschew war für mich undurchsichtig geblieben, er hätte ein Schelepin-Mann sein können, er hätte meinen Brief in der Schreibtischschublade verschwinden lassen und behaupten können, ich hätte mich nicht beschwert – also fühlte ich mich schuldig.

Alexandr Trifonowitsch war sogar bereit, mir meine menschliche Schwäche *nachzusehen* und mir zu verzeihen, daß ich mich nicht *beherrscht* und da und dort von der Beschlagnahme erzählt hatte. (Nicht beherrscht! Ich bin extra zu einem Schostakowitsch-Konzert ins Konservatorium gegangen, um es ausposaunen zu können.) Aber:

2. wenn ich ihn gefragt hätte, bei wem noch eine Beschwerde eingereicht werden könnte, dann hätte er, Alexandr Trifonowitsch, mir geraten, mich direkt und persönlich an Semitschastnyj (Minister des KGB) zu wenden. Warum sollte man ihn *übergehen?*

Ich fuhr förmlich zurück: nie und nimmer! Wenn man sich an Semitschastnyj wendet, dann bedeutet das, daß man die Machtstellung des Staatssicherheitsdienstes gegenüber der Literatur anerkennt!

Twardowskij konnte und konnte nicht begreifen,

3. daß ich seinerzeit *gegen seinen Rat* das Drama an den *Sowremennik* gegeben hatte . . .

Ausgerechnet mit diesen »Theatergangstern« mußte er jetzt abrechnen! Ausgerechnet in diesem für mich so schwierigen Augenblick mußte er mir diesen Vorwurf machen! Und weiter –

4. warum ich den *heiligen Iwan Denissowitsch* zusammen mit den verbitterten Lagerdramen aufbewahrt hatte? (Dadurch war nicht nur auf den »heiligen *Iwan Denissowitsch*«, sondern auch auf *Nowyj mir* ein Schatten gefallen!) Und weiter –

5. warum ich keine Wohnung in Moskau beantragt hatte, zu einer Zeit, als ich »ein Einfamilienhaus hätte bekommen können«? Und –

6. warum ich der *Semja i schkola* erlaubt hatte, meine *Miniaturen* zu veröffentlichen? Und schließlich, mit großem Nach-

---

* Ich habe wirklich nicht ahnen können, was er in der Zukunft werden würde!

druck, etwas ganz Neues (ohne zu lächeln, finster und völlig nüchtern!) –

7. warum ich mir den Bart stehen ließe? Vielleicht um ihn bei Gelegenheit wieder abzuschneiden und unerkannt über die Grenze zu gehen? (Er unterließ nicht, mir eine *höheren Orts* ausgesprochene Verdächtigung mitzuteilen: warum wohl war mir soviel daran gelegen, ins Atomzentrum Obninsk zu ziehen?)

Das ewige Wiederholen, das Kleinliche dieser Vorwürfe war einfach unmännlich.

Ich setzte mich nicht zur Wehr. Ich hatte die Tragfähigkeit des Seils nicht richtig berechnet, war abgestürzt und hatte meine jämmerliche Lage verdient.

Die einzige freundschaftliche Geste, die Twardowskij damals für mich übrig hatte, war seine Bereitschaft, mir Geld zu leihen. Aber es war ja nicht Geldnot, was mir so zu schaffen machte!

Ich nahm meinen abgelehnten herrenlosen Roman unter den Arm und ging die Treppe hinunter, zu dem Boten des *Nowyj mir*, einem Spitzel, um meine Mappe von allen Seiten versiegeln zu lassen. (Das war auch ein Sklaven-Gedanke: wenn der Staatssicherheitsdienst kommt, soll er sehen, daß ich den Roman nicht zum Lesen weitergegeben habe . . .) Übrigens kam ich schon in den nächsten vierundzwanzig Stunden auf den Gedanken, ihn im ZGALI, dem zentralen staatlichen Literaturarchiv, zu deponieren.

Die darauffolgende Woche – »vor Kummer weinen und wachen, mit den Händen weitermachen«, verbrachte ich damit, die wichtigsten Manuskripte und das restliche Material in Sicherheit zu bringen und verschiedene Leute zu benachrichtigen, sie sollten mir keine Briefe mehr schreiben. Und als diese Pflichten erfüllt waren, als das Naheliegende und Eindeutige erledigt war, da überkam mich jener brennende und zerreißende Schmerz, mit dem ich dieses Kapitel angefangen habe. Ich wußte nicht, ich konnte nicht begreifen, wie ich weiterleben und was ich tun sollte, und es gelang mir nur mit größter Anstrengung, täglich zwei, drei Stunden zu arbeiten.

Damals bot mir Kornej Tschukowskij seine Gastfreundschaft an (dazu gehörte viel Mut), das war für mich eine große Hilfe und richtete mich auf. Ich hatte Angst, in Rjasan wohnen zu bleiben: dort hätte man mich leicht an einer Abreise hindern, dort hätte man mich völlig geräuschlos und sogar ohne dafür die Verantwortung übernehmen zu müssen, einsperren können: dort hätte man alles als »Irrtum«, als Willkür der örtlichen KGB-Männer hinstellen können. Aber in Peredelkino, in der Datscha Tschukowskijs, war ein solcher »Irrtum« der Exekutive ausgeschlossen. Ich ging unter den dunklen Gewölben der Koniferen auf dem Grundstück Tschukowskijs stundenlang spazieren, mit einem Herzen ohne Hoffnung, und versuchte vergeblich, mich in meiner Lage zurechtzufinden und vor allem dem höheren Sinn des über mich hereingebrochenen Unheils nachzuspüren.

Obwohl die Vertrautheit mit der russischen Geschichte jedem längst die Lust hätte nehmen müssen, nach der Hand der Gerechtigkeit, nach einem höheren, universellen Sinn in der Kette der russischen Nöte zu suchen, war seit meiner Haft diese führende Hand, dieser lichtvolle, von mir nicht abhängige Sinn, für mich zu einer gewohnten Erfahrung geworden. Ich war nicht immer in der Lage, das Auf und Ab in meinem Leben zur rechten Zeit zu begreifen oder hatte es – aus geistiger und physischer Schwäche – in einem Sinne interpretiert, der seiner wahren und weitreichenden Bedeutung entgegengesetzt war. Aber im nachhinein hatte sich der wahre Sinn des Geschehenen ausnahmslos erhellt – und mir verschlug es vor Staunen die Sprache. Ich hatte in meinem Leben vieles unternommen, was dem mir aufgegebenen Ziel entgegenlief, weil ich den richtigen Weg nicht sah – aber ich wurde jedesmal von einem Etwas korrigiert. Und ich war mir dessen mit der Zeit so sicher, daß ich nur noch eine einzige Aufgabe sah: jedes bedeutende Ereignis in meinem Leben so richtig und so früh wie möglich zu erkennen.

(Wjatscheslaw Wsewolodowitsch Iwanow kam zu demselben Schluß, wenn auch auf Grund gänzlich anderer Lebensvoraussetzungen. Er formuliert das so: »Vielen Leben ist ein mystischer Sinn eigen, aber nicht alle können ihn erkennen. Wir empfangen ihn meistens als Chiffre und verzweifeln – ohne die Chiffre aufzulösen – über der Sinnlosigkeit des Lebens. Der Erfolg großer Leben beruht häufig darauf, daß der Mensch die für ihn bestimmte Chiffre dechiffriert, erkennt und lernt, den richtigen Weg zu gehen.«)

Aber meine Katastrophe – die konnte ich nicht verstehen! Ich kochte, ich rebellierte, aber ich konnte nicht verstehen: *warum* sollte diese Arbeit zugrunde gehen? War es doch nicht nur meine eigene, sondern beinahe die einzige, in der die Erinnerung an die Wahrheit weiterlebte! *Warum* sollten die Nachkommen weniger Wahrheit, die Wahrheit fast gar nicht erfahren (weil jeder, der *nach* mir kommen würde, noch mühsamer graben müßte als ich, und jene, die *vor* mir lebten, umkommen und vieles zugrunde gehen lassen mußten oder etwas ganz anderes geschrieben haben, als das, wonach Rußland in nicht allzu ferner Zukunft dürsten wird)? Meine Verhaftung, meine tödliche Krankheit, viele Ereignisse meines Privatlebens – das alles hatte sich schon seit langem als sinnvoll erwiesen, aber *diese* Katastrophe konnte ich nicht begreifen! *Diese* Katastrophe hob den Sinn *alles* Gewesenen auf.

(Ich war kleingläubig und sah das so! Aber es sollte nur noch zweimal Herbst werden, und nun, in diesem Winter, glaube ich, alles verstanden zu haben. Darum schreibe ich auch dieses Buch.)

Zwei – und nicht geringe – politische Freuden wurden mir Ende September zuteil, während ich bei Tschukowskij lebte; sie kamen fast am selben Tag und waren durch dieselben Sterne verbunden. Die erste – das Scheitern des Putsches in Indonesien, die zweite – das Scheitern von Schelepins Plänen. Das war eine Blamage für jenes China, vor dem man, nach Schelepins Vorstellungen, hätte zu Kreuze kriechen sollen, und auch dem *Eisernen Schurik*, der sich seit August in der Offensive befand, gelang es nicht, irgendeinen von den Nachfolgern Chruschtschows zu stürzen. Für den XXIII. Parteitag wurden – ein halbes Jahr im voraus – die Redner bestimmt, aber Schelepin war nicht dabei.

Ein Sieg Schelepins hätte mein augenblickliches Ende bedeutet. Nunmehr versprachen alle Anzeichen ein halbes Jahr Aufschub. Selbstverständlich hatte ich noch keinen zuverlässigen Schutz, sondern nur eine Hoffnung, und die war ziemlich vage. Als zuverlässigen Schutz betrachtete ich eine Meldung des westlichen Rundfunks über die Beschlagnahme meines Romans. Das war natürlich mit der Verhaftung lebendiger Menschen wie zum Beispiel Sinjawskijs und Daniels nicht zu vergleichen, aber – zerreiß dich der Bär! – wenn die zehnjährige

Arbeit eines russischen Schriftstellers hinter Schloß und Riegel kommt, dann könnten die eifrigen Verteidiger der griechischen Demokratie und Nordvietnams diesem Ereignis wenigstens eine einzige Zeile widmen! Oder ist es ihnen völlig gleichgültig? Oder wissen sie nichts davon?

Meine Frist war verlängert worden – aber was sollte ich jetzt unternehmen? Ich konnte es nicht sehen. Ich faßte den falschen Entschluß: jetzt muß etwas von mir erscheinen! Wenigstens etwas!

Daraufhin schickte ich dem *Nowyj mir* ein Schauspiel, *Das Licht, das in dir scheint,* ein Stück, das sie noch nicht kannten. Als alle es gelesen haben mußten, ging ich in die Redaktion. In diesem Monat, in dem wir uns nicht gesehen hatten, war Twardowskij noch mehr erloschen, er war niedergeschlagen, fühlte sich eingekreist, hilflos, sogar erledigt: und das alles, weil man *oben* unsanft mit ihm gesprochen hatte. (Er mußte einen strengen Verweis von Djomitschew einstecken, weil er in einem entscheidenden Augenblick nicht auf den Beinen gewesen war: er hätte nach Rom fahren und sich zum Vizepräsidenten der Europäischen Schriftstellergemeinschaft wählen lassen müssen, da weder Surkow noch Simonow dort erwünscht waren.)

Immerhin hatte sich Alexandr Trifonowitsch bei Djomitschew zweimal nach meinem Roman erkundigt, wenn auch nur telefonisch. Bedenkt man, wie qualvoll das für ihn war, muß man ihm diese Mühe hoch anrechnen. Das erste Mal antwortete Djomitschew: »Ja, ich habe angeordnet, daß er zurückgegeben wird.« (Das war natürlich gelogen.) Das zweite Mal: »Ja, ich habe gesagt, der Fall soll *untersucht* werden.«

Twardowskij wußte nicht, was man unternehmen könnte, und ich ebensowenig. Und so ließ ich mich auf etwas Unsinniges ein – ich bat Djomitschew, mich zu empfangen.

Alexandr Trifonowitschs Urteil über das Drama erfreute mich keineswegs. Ich wußte, daß es lahm und weitschweifig war, er aber fand es »sehr bühnenwirksam« (Alexandr Trifonowitsch, der Arme, konnte es sich in seiner Position nicht leisten, die Moskauer Theater zu besuchen, um die Entwicklung der zeitgenössischen Bühne zu verfolgen). Warum also sollte man es nicht drucken?

»Sie haben es in irgendeinem beliebigen Land angesiedelt,

aber das Stück handelt von *uns,* das ist vollkommen klar, die Schlüsse, die man aus diesem Schauspiel zieht, sind eindeutig.«

Ich (völlig aufrichtig): »Ich zeige die Laster der *gesamten* Menschheit unserer Zeit, vor allem der satten. Sie geben doch die Möglichkeit allen *gemeinsamer* Fehler zu?«

Er: »Nein, ich kann diesen Gesichtspunkt ohne die Unterscheidung zwischen Kapitalismus und Sozialismus nicht gelten lassen. Und ich kann auch Ihre Ansichten über Leben und Tod nicht teilen. Soll ich Ihnen sagen, was ich tun würde, wenn es *ausschließlich* meine Sache wäre? Diesmal würde ich kein Vorwort, sondern ein *Nachwort* schreiben (mir war zwar nicht ganz klar, worin da die Wertminderung bestand) und sagen, daß wir zwar nicht das Recht haben, dem Leser das Werk eines Schriftstellers vorzuenthalten (haha, und wie geht das seit fünfzig Jahren?), aber daß wir seine Ansichten nicht teilen und ihm widersprechen müssen.«

Ich: »Das wäre ja großartig. Mehr will ich ja gar nicht.«

Er: »Aber es ist ja nicht meine Sache.«

Ich: »Hören Sie, Alexandr Trifonowitsch, wenn dieses Stück von einem westlichen Autor geschrieben worden wäre, dann hätten wir es sofort angenommen und aufgeführt: hier wird, würden wir sagen, die bürgerliche Wirklichkeit an den Pranger gestellt.«

Er: »Ja, wenn das ein Arthur Miller geschrieben hätte . . . Aber auch bei ihm hätte sich der negative Held antikommunistisch geäußert.«

Aber es ging nicht um das Drama allein! Alexandr Trifonowitsch gab sich mir gegenüber kühler und vorsichtiger: es stellte sich heraus, daß ich durchaus nicht jener ungetrübte Kristall war, den er dem Staraja Ploschtschad und der ganzen progressiven Menschheit vorzuweisen gehofft hatte.

Aber ich hatte nichts mehr zu verlieren und legte ihm die *Rechte Hand* vor, wozu ich mich vorher nicht hatte entschließen können.

Er nahm sie freudig, fast mit zitternden Händen. Das bewährte Genre, meine Prosa – und vielleicht sogar »*passierbar*«?

Am nächsten Tag am Telephon:

»Der beschreibende Teil ist sehr gut, aber im ganzen ist es schrecklicher als alles, was Sie je geschrieben haben.« – Und dann:

»Ich habe Ihnen gegenüber keine Verpflichtungen übernommen . . .«

Oh nein, natürlich nicht! Natürlich hatte die Zeitschrift sich mir gegenüber zu nichts verpflichtet! Nur ich fühlte mich verpflichtet: ich schleppte alles immer wieder dorthin. Aber wie viele Absagen mußte ich noch einstecken – und mich weiter als *Nowyj mir*-Autor fühlen?

In diesen Monaten suchte ich Trost in der täglichen Lektüre russischer Sprichwörter – wie in einem Gebetbuch. Zuerst:
– Das Leid bringt nicht um, aber es wirft um.
– Solch ein Leid kannst du nicht überschlafen.
– Wenn das Schicksal naht, fesselt es dir die Hände.
– Die Zeit ist wie ein Berg: wenn man hinuntergerollt ist, sieht man ihn ganz.
(Das bezieht sich auf meine Fehler: als ich oben stand, habe ich Gelegenheiten verpaßt, war nicht wach und übertrieben bescheiden . . .) Dann:
– Das Leid legt dir nicht die Schlinge um den Hals.
– Für uns – Leid, für Gott – Gnade.
– Alles vergeht, nur die Wahrheit besteht!
Das letzte war besonders tröstlich, aber es war mir nicht klar, was ich für diese Wahrheit tun konnte? Denn:
– Der Gram ist kein Schiff und bringt dich nicht übers Meer.
Und dann ein direkter Fingerzeig:
– Der eine ist vor Angst eingegangen, der andere aufgelebt.
Und dann das Geheimnisvolle:
– Wenn die Not kommt, wende dich auch von ihr nicht ab.
Es sah so aus, als sollte ich »vor Angst aufleben«. Es sah so aus, als sollte ich die Not zum besten wenden. Vielleicht sogar zu einem Triumph? Aber wie? Die Chiffre des Himmels blieb dunkel.

Am 20. Oktober fand im Schriftstellerhaus eine Feier zu Ehren S. S. Smirnows statt (Fünfzigster Geburtstag), und Kopelews hatten mich überredet hinzugehen, zum ersten Mal in den drei Jahren, seitdem ich Mitglied des Schriftstellerverbandes geworden war. Das sollte heißen: »Ich erfreue mich guter Gesundheit und bin zuversichtlicher Stimmung.« Und so saß ich zum ersten Mal in meinem Leben bei einer Jubiläumsfeier und hörte mir an, wie man sich gegenseitig in den Himmel lobte.

Wenn ich gewußt hätte, daß Smirnow den Vorsitz bei der Sitzung geführt hatte, in der Pasternak ausgeschlossen worden war, wäre ich nicht gekommen. Offenbar hatte er sich um die Geschichte der Festung Brest verdient gemacht. Aber ich fragte mich, wie es um seine Arbeit bestellt wäre, wenn er die Festungsruinen nicht hätte betreten, vor dem Mikrophon des Allunionfunks nicht hätte sprechen dürfen, wenn er keine einzige Zeile in Zeitungen oder Zeitschriften hätte veröffentlichen, nie vor die Öffentlichkeit hätte treten, nicht einmal in einem Brief etwas davon hätte erwähnen dürfen, und wenn er – traf er einmal mit einem ehemaligen Brestkämpfer zusammen – mit ihm hätte heimlich, sich vor Horchern und Spitzeln hütend, sprechen müssen; wenn er seine Nachforschungen nicht als Dienstreisen hätte deklarieren und das zusammengetragene Material und das Manuskript nicht hätte zu Hause behalten können – WIE WÄRE ES DANN UM SEINE ARBEIT BESTELLT? Hätte er dann über die Festung Brest geschrieben? Wäre seine Arbeit dann auch so umfassend geworden? Und all diese Beispiele waren durchaus nicht konstruiert: unter eben diesen Bedingungen hatte ich 227 Aussagen für den *Archipel Gulag* gesammelt.*

Nach der Feier raunte man sich im Vestibül zu, daß ich da sei, und ungefähr zehn Moskauer Schriftsteller und später auch die Mitarbeiter des Schriftstellerhauses kamen und wollten mich kennenlernen – als wäre ich nicht der gefährdete Autor eines beschlagnahmten Romans; sondern ein in hoher Gunst stehender einflußreicher Preisträger. Was hatte das zu bedeuten? War es die Anziehungskraft einer, wenn auch in Ungnade gefallenen Berühmtheit? Oder war es ein ermutigendes Zeichen der Zeit?

Auch Twardowskij war zu diesem Jubiläum gekommen. Er blinzelte im Blitzlicht der Photographen und zog sich sehr bald

---

* Übrigens war aus irgendeinem Grund der wichtigste »Jubilar« dieses Abends der Marschall Schukow, der als Gast im Präsidium saß. Jedesmal, wenn sein Name erwähnt wurde, und das geschah fünf oder sechs Mal, gab es im Saal spontanen Beifall. Die Moskauer Schriftsteller grüßten demonstrativ den in Ungnade gefallenen Marschall! Ein Hauch der allgemeinen Stimmung . . . Aber steckte wirklich etwas Positives dahinter? Unser verhinderter de Gaulle saß freundlich lächelnd in seinem schwarzen Anzug da. Bei aller Freundlichkeit – er war doch ein Lakai wie alle Marschälle und Generale. Wie tief ist doch unsere Nation gesunken – sogar unter den Heerführern findet sich keine einzige *Persönlichkeit.*

aus dem ungeliebten Präsidium hinter die Bühne zurück, vielleicht auch ins Restaurant, tauchte aber im Vestibül vor dem Eingang wieder auf. Er wurde sofort eifersüchtig, weil ich nicht zusammen *mit ihm* zum ersten Mal in das Schriftstellerhaus gekommen war (und vorher nicht einmal seinen *Rat eingeholt* hatte) und zog mich sofort auf die Seite, weg von meinen Freunden und von neuen Bekannten, und dort stießen auch seine Knappen Dementjew und Kondratowitsch zu uns. Wo war nur die säuerliche Laune von vorgestern geblieben! Alexandr Trifonowitsch sagte: »Aber Ihr Bart ist nicht mehr wie bei Hemingway, sondern erinnert jetzt an Dobroljubow!« Und die beiden bestätigten das natürlich bereitwillig. Innerhalb von zwei Tagen hatte sich sogar der Bart verändert! Und zwar aus einem bestimmten Grund: ich hatte für den nächsten Tag einen Termin bei Djomitschew bekommen.

»Sieg! Sieg!« jubelte der wieder aufgelebte Twardowskij. Er roch schon das duftende Salböl, das morgen von *oben* auf mich und damit auch auf ihn und damit auch auf die Zeitschrift herabträufeln würde. »Was dort auch gesagt werden wird, ob sie den Roman zurückgeben oder nicht, schon allein die Tatsache, daß er Sie *empfängt*, bedeutet einen Sieg! Rufen Sie mich morgen unbedingt an, ich werde den ganzen Tag am Telephon bleiben.«

Armer Alexandr Trifonowitsch! Er hatte sich also keineswegs von mir abgewandt, er hielt mir in seinem Herzen die Treue – ich mußte nur zur Vernunft kommen, mir keine Frechheiten gegenüber der Führung herausnehmen und ihre Gunst wiedererlangen.

Aber das Gespräch mit Djomitschew fand zum größten Kummer Twardowskijs nicht statt. Das heißt, ich wurde nicht direkt nach Hause geschickt, sondern vom »Stellvertreter« Djomitschews, genauer vom Kulturreferenten I. T. Frolow, empfangen. Aber von einem »Empfang« konnte nicht die Rede sein. Der Referent war sechsunddreißig.* Ein noch nicht abgestumpftes Gesicht, recht gescheit. Er lavierte sehr geschickt und bedacht zwischen elementarem Demokratismus, äußer-

---

* Wie sich herausstellte, war er ein Jugendfreund Karjakins, sie hatten beide an der Philosophischen Fakultät studiert, aber Karjakin ging den Weg der Rebellion und dieser den der Servilität.

stem Zuvorkommen gegenüber einem geachteten Schriftsteller und dem ständigen ehrfürchtigen Bewußtsein seiner Nähe zu einem hohen Politiker.

Mir blieb nichts anderes übrig, als diesem Referenten den Inhalt meines letzten Briefes an Djomitschew mitzuteilen, in dem ich auch das beschlagnahmte Archiv erwähnte, aber gleichzeitig bemerkte, daß viele Parteifunktionäre wohl wenig geneigt wären, manche ihrer Aussagen aus der Zeit *vor* dem XX. Parteitag heute zu wiederholen und sich dafür zu verantworten. Aber ausgesprochen dreist an diesem Brief war, daß ich ausgerechnet in dem Moment, da eine Bleibe in der Bolschaja Lubjanka für mich vorbereitet wurde, erklärte, daß meine Wohnverhältnisse in Rjasan unzumutbar seien und die Bitte um eine Wohnung in . . . Moskau* vorbrachte!

Mangels konkreter Anhaltspunkte unterhielten wir uns ein Weilchen über allgemeine literarische Themen. Er sagte, die russische zeitgenössische Literatur sei sehr grau (das war *ihr* Kind! Das Kind *ihrer* Zensur!) und erklärte das durch eine vorübergehende Verarmung des Volkes an Begabungen. (»Ich sehe das optimistischer«, entgegnete ich. »Es gibt genug Begabungen, aber Sie lassen sie nicht hochkommen!«) Daher gäbe es niemanden, der *ein Gegengewicht* zu mir bilden könnte, leider könne das nicht einmal Scholochow, mein Buch würde unbedingt gelesen werden, aber die »gegengewichtigen« eben nicht, und das sei der einzige Grund, warum man mich mit meinen tragischen Themen nicht veröffentlichen könne; und außerdem könne er nicht umhin, bei den ehemaligen Häftlingen mit ihrer zweifellos schweren Vergangenheit einen gewissen EGOISMUS festzustellen, denn wir wollten der Jugend unsere Erlebnisse AUFDRÄNGEN!

Sie verblüffte mich geradezu, diese Moral des Big Hugh aus dem Märchen von Oscar Wilde, diese Gedankenperlen über den Egoismus jener, die die Wahrheit sagen wollen! Das also

---

* Während der vier Wochen meiner Anerkennung durch die gesamte sowjetische Welt, stand mir auf Wunsch jederzeit eine Wohnung in Moskau zur Verfügung, aber ich wollte sie nicht, weil ich mich davor fürchtete, in dem »hauptstädtischen Literaturbetrieb« unterzugehen. Später konnte ich auch in Rjasan keine Wohnung mehr bekommen. Und nun, in einem Moment, da meine Lage besonders bedrohlich und verzweifelt wurde, bot man mir in Rjasan verschiedene Wohnungen zur Auswahl an – nur um mich nicht in Moskau wohnen zu lassen!

hat sich in den führenden Kreisen herausgebildet, wurde geprägt und als bare Münze in Umlauf gesetzt! Sie legen großen Wert darauf, daß sie GUT sind, sie, die sie der Jugend nichts als Lüge, Gedankenlosigkeit und Sport zu bieten haben.

Es vergingen zehn Tage nach Abgabe des Briefes – und dann kam die Antwort über das Gebietskomitee von Rjasan, daß meine »Beschwerde an die Generalstaatsanwaltschaft der UdSSR weitergeleitet worden« sei.

Die Angelegenheit nahm einen wirklich seltsamen Verlauf! In der Generalstaatsanwaltschaft traf die Beschwerde irgendeines ehemaligen (offenbar vorzeitig entlassenen) Häftlings, eines gewissen Solschenizyn, über den Apparat des allmächtigen KGB ein! In einem Rechtsstaat hat das seine Richtigkeit: wer sonst, wenn nicht die Staatsanwaltschaft vermag einen Bürger vor dem ungerechtfertigten Zugriff der Polizei zu schützen? Bei uns aber hatte das einen ganz besonderen Nebensinn: es bedeutete, daß das ZK nicht gewillt war, einen politischen Entschluß zu fassen – jedenfalls nicht zu meinen Gunsten. Und jetzt würde dem Staatsanwalt nichts anderes übrigbleiben, als den Spieß umzudrehen und meine Beschwerde zum Anlaß zu nehmen, Anklage gegen mich zu erheben. Ich stellte mir vor, wie sie schüchtern beim KGB anriefen und man ihnen antwortete: Ihr braucht nur zu kommen und selber zu lesen! Daraufhin machen sich drei Staatsanwälte auf den Weg (zwei von ihnen stramme Stalinisten, der dritte weder Fisch noch Fleisch) – und die Haare stehen ihnen zu Berge: in der guten alten Stalin-Zeit hätte es dafür nur eins gegeben – Erschießen! Und der ist so unverschämt, daß er noch wagt, sich zu beschweren? . . . Andererseits, wenn das ZK mich hätte einsperren wollen, dann bestand keine Notwendigkeit, diese Arbeit der Generalstaatsanwaltschaft aufzubürden: es hätte genügt, Semitschastnyj die entsprechende Order zu erteilen. Aber das ZK verzichtete auf eine Entscheidung. Was blieb der Generalstaatsanwaltschaft übrig? Ebenfalls zu verzichten. (So geschah es auch. Ein Jahr später habe ich erfahren, daß der Roman im Safe des Generalstaatsanwalts Rudenko gelandet war und selbst den darauf versessenen Ressortleitern die Lektüre untersagt wurde.) Es klang unheimlich: »Ihre Beschwerde ist an die Generalstaatsanwaltschaft weitergeleitet worden«, aber schon damals drängte sich mir eine ermutigende Prognose auf.

Der zweite Monat seit der Beschlagnahme des Romans ging zu Ende, aber ich wurde nicht geholt. Ihnen stand nicht nur genügendes, sondern überreichliches Beweismaterial für eine Anklage zur Verfügung, das zehnfache von dem, was gegen Sinjawskij und Daniel zusammengetragen worden war, aber ich wurde nicht verhaftet. Oh, welch eine wunderbare Zeit war angebrochen!

»Mut ist die halbe Rettung!« raunte mir das Sprichwörterbuch zu. Alle Umstände sagten, ich müßte mutig und sogar dreist sein! Aber – worin? Aber wie? Sich »von der Not nicht abwenden«, die Not ausnützen – aber wie?

Ah, wenn ich das damals, in jenem Herbst, erkannt hätte! Alles ist einfach, wenn es erkannt und getan ist. Aber damals konnte ich nicht dahinterkommen.

Ja, wenn man im Westen viel Lärm um meinen Roman gemacht hätte, wenn seine Beschlagnahme weltweit bekannt geworden wäre – dann hätte ich mir vermutlich keine Sorgen zu machen brauchen und wie »bei Christus am Herzen unter dem Hemd« meine Arbeit fortsetzen können. Aber sie schwiegen! Antifaschisten und Existenzialisten, Pazifisten und Kämpfer für die Interessen Afrikas – über den Untergang *unserer* Kultur, über das Genozid bei *uns* schwiegen sie, weil sie sich nach unserem linken Flügel ausrichteten und daran ihre Stärke und ihren Erfolg maßen. Und weil letzten Endes die uns bedrohende Vernichtung unsere interne russische Angelegenheit war. »Der Zahn in der fremden Backe tut nicht weh.« Das Ermittlungsverfahren gegen Sinjawskij und Daniel ging seinem Abschluß entgegen, mein Archiv, mein Herz, wurde von Polizistenkrallen zerfleischt – und ausgerechnet in jenem Herbst legte man den Nobelpreis in die Henkerhände Scholochows.

Es gab keine Hoffnung auf den Westen – wie es sie überhaupt niemals geben kann. Wenn wir frei werden können – so nur durch eigene Kraft. Wenn die Menschheit des 20. Jahrhunderts eine Lektion bekommen soll – so werden wir sie dem Westen erteilen, nicht aber der Westen uns: der allzu glatte Wohlstand macht seinen Willen und seine Vernunft schlaff.[*]

[*] Ein halbes Jahr später kam der Mann, der Scholochow zum Nobelpreis verholfen und dadurch der russischen Literatur eine kaum zu überbietende Kränkung zugefügt hatte – dieser Mann kam nach Moskau und ließ mich durch seine Dolmetscherin wissen, daß er mich kennenzulernen wünsche.

Dennoch begann ich zu handeln. Falsch, wie ich heute weiß. Ich handelte gegen meinen Stil und meine Neigung. Ich wollte mich rasch bemerkbar machen und nahm einen verworrenen Artikel des Akademiemitglieds Winogradow in der *Literaturnaja gaseta* zum Anlaß. Bei mir hatte sich schon seit langem einiges Material zum Problem der Literatursprache angesammelt, aber jetzt knüllte ich den Stoff zusammen, war hastig, oberflächlich, wenig überzeugend, dazu noch scharf polemisch – und das alles in der Form eines Zeitungsartikels, einer Form, der ich abgeschworen hatte. (Zudem verschwieg ich den Hauptgedanken, daß die Sozialisten durch ihre schlampigen Broschüren der russischen Sprache am meisten geschadet haben, ganz besonders – Lenin.) Der ganze Ertrag dieses kleinen Artikels bestand darin, daß ich dem KGB zugerufen hatte: »Seht ihr! Ich lebe und werde gedruckt und lasse mir von euch keine Angst einjagen!«

Der Redakteur der *Literaturnaja gaseta*, der wendige und mit einer feinen Spürnase begabte Tschakowskij, lief sofort zu Djomitschew, um seinen »Rat« einzuholen: ob mein Name in der

---

Es war Jean-Paul Sartre. Ich traf mich mit der Dolmetscherin am Majakowskij-Platz, und die »Sartres erwarten uns im Hotel Peking zum Abendessen«. Auf den ersten Blick schien es für mich sehr vorteilhaft, ihn kennenzulernen: er war der »Herr über die Gedanken« Frankreichs und Europas, ein unabhängiger Schriftsteller von Weltruhm, nichts hinderte mich, zehn Minuten später mit ihm an einem Tisch zu sitzen und ihm alles zu klagen, was mir widerfahren war, und er, dieser Troubadour der Humanität, hätte ganz Europa auf die Beine bringen können.

Aber dazu hätte Sartre nicht Sartre sein dürfen. Sartre wollte mich sehen, ein bißchen, um von einer Begegnung mit mir erzählen zu können, ein bißchen aus Neugierde, vielleicht auch, um mich zu verurteilen, und ich hatte ja kein Forum, vor dem ich mich hätte verteidigen können. Ich sagte zu der Dolmetscherin:

»Wie können sich zwei Schriftsteller begegnen, wenn der eine die Hände in Fesseln hat und geknebelt ist?«

»Sie legen also keinen Wert auf diese Begegnung?«

»Eine solche Begegnung wäre für mich bitter und unerträglich. Mir steht das Wasser bis zum Hals. Er soll erst dazu beitragen, daß wir gedruckt werden.«

Ich erzählte ihr von dem verwachsenen Jungen aus der *Krebsstation*. So einseitig verkrümmt zeigt sich die russische Literatur, wenn man sie von Europa aus betrachtet. Die andere Seite unserer großen Literatur, die nicht zur vollen Entfaltung kommen konnte, wird dort überhaupt nicht zur Kenntnis genommen.

Hat Sartre an meiner Weigerung, ihm zu begegnen, gemerkt, wie sehr er von uns abgelehnt wird?

Presse überhaupt erscheinen könne? Offensichtlich erlaubte es Djomitschew ohne weiteres.

Und er tat recht daran.

Aber ich, ich tat Unrecht, ich hatte mich verirrt. Ich hatte wieder einmal den Beweis geliefert, daß wir, uns selbst überlassen, auf die auf unserem Hals sich drehende kugelförmige Kapsel angewiesen, uns meistens für einen falschen Weg entscheiden.

Weil ausgerechnet in jenen Tagen die verdienstvolle und kluge *Neue Zürcher Zeitung* berichtet hatte, daß bei mir eine Hausdurchsuchung stattgefunden hatte und meine Manuskripte beschlagnahmt worden waren. Das war genau das, was ich mir in den vergangenen zwei Monaten so sehr gewünscht hatte! Jetzt hätte diese Nachricht sich verbreiten und bestätigen müssen. Aber gerade da kam die *Literaturnaja gaseta,* und ich schien das mit meinem albernen Artikel zu widerlegen und zu bekunden: »Hier – ich lebe, ich schreibe, und mir ist nichts passiert!« Nun rief ich das nicht mehr dem KGB zu, sondern der *Neuen Zürcher Zeitung* und desavouierte ihre verläßlichen Informanten.

Trotz allem bestätigten und ermutigten mich die wenigen Zeilen, die sie gebracht hatte. Zunächst sah ich meinen Fehler nicht ein. Damals war ich der Meinung, daß auch der Artikel in der *Literaturnaja gaseta* meine Lage gefestigt hätte.

Ich gewann mein Arbeitsgleichgewicht zurück und konnte einige früher angefangene Erzählungen zu Ende schreiben: *Wie schade, Sachar Kalitá* und noch eine. Ich nahm mir vor, sie als Bündel, mit der verfänglichen *Rechten Hand* darin, irgendwo unterzubringen. Irgendwo, nur nicht im *Nowyj mir.* Twardowskij hatte ja inzwischen ein halbes Dutzend Manuskripte von mir abgelehnt – mehr, als er gedruckt hatte. Twardowskij hatte sich ja erst vor kurzem über die *Rechte Hand* entsetzt, er war so entsetzt, daß er sie nicht einmal den Redaktionsmitgliedern gezeigt hatte. (Er hatte mir davon erzählt und es sich als Verdienst angerechnet – er glaubte, damit meinen »guten Namen« zu schonen . . . Aber was lag nicht alles schon in der Lubjanka! Bewußt oder unbewußt – er schonte sich selbst, seine Reputation: er hatte sich nicht geirrt, als er *mich entdeckte.)*

Lew Kopelew sagte damals im Scherz, ich sei »wie Hadschi Murat übergelaufen«, indem ich mit meinen vier Erzählungen zu Redaktionen aus dem anderen (dem *Nowyj mir* feindlichen) Lager gegangen war. Und tatsächlich, in den Augen des *Nowyj mir,* besonders in Twardowskijs Augen, hatte ich den schwärzesten Verrat begangen. (Übrigens blieb Twardowskij – weil er über die nicht offiziellen Ereignisse wie üblich schlecht informiert war, das ganze Ausmaß dieses Verrats verborgen: die *Rechte Hand,* die er sogar vor seinen treuen Helfern versteckt hatte, verteilte ich sorglos an die Feinde und hinderte Boten und Sekretärinnen nicht daran, sie abzuschreiben.)

Ich habe dies damals keineswegs als Verrat angesehen und tue das auch heute nicht, weil ich die verbissene Selbstbehauptung des *Nowyj mir* gegenüber dem *Oktjabr* und dem »ganzen konservativen Lager« nur als eine Komponente der Oberflächenspannung betrachtete, die eine Art durchgehender Haut bildet und die bewegten Moleküle aus der Tiefe nicht herausspringen läßt. Ein Chefredakteur, der ein Stück nur deshalb nicht drukken will, weil darin nicht auf den Unterschied zwischen Sozialismus und Kapitalismus hingewiesen wird, der Gedichte in Prosa nur deshalb ablehnt und verwirft, weil sie zuerst in einer Emigrantenzeitschrift gedruckt worden sind, der kein russisches literarisches Leben im Ausland anerkennt (jedenfalls keines, das sich von einer Müllhalde unterscheidet, ebensowenig wie unser Samisdat vom Rauschgifthandel), der sich über eine Erzählung entsetzt, weil der Autor über einen Henker aus der Zeit des Bürgerkrieges moralisch urteilt – wodurch unterscheidet sich ein solcher Chefredakteur von seinen »Erzfeinden« Kotschetow, Alexejew und Sofronow? Hier macht sich die gleichmachende Wirkung der kleinen roten Bücher bemerkbar! Und erst die *Ogonjok*-Redakteure Kruschkow und Iwanow sind von Kondratowitsch und Saks wirklich nicht zu unterscheiden und urteilen bei internen Besprechungen sogar direkter und mutiger (sie sind weniger eingeschüchtert). Man sprach dort viel offener über die bei der Kollektivierung umgekommenen Bauern und empfand viel natürlicher. Sogar der pausenlos mit seiner Karriere beschäftigte M. Alexejew sagte mir in jenem Herbst, allerdings unter vier Augen: »Wir haben viele Jahre auf der Lüge aufgebaut, jetzt wird es Zeit, damit aufzuhören!«*

---

* Sobald Alexejew ins Rampenlicht der Öffentlichkeit tritt, baut er selbst ausschließlich auf Lügen. Den Hungertod seiner eigenen Eltern in der Zeit der

Man wird mir ins Wort fallen, damit ich nicht weiter blasphemische Reden führe, damit ich mit dem Vergleichen aufhöre. Man wird mir entgegenhalten, daß der *Nowyj mir* für das lesende russische Publikum jahrelang das Fenster zum Licht war. Ja, das war er. Ja, er war ein Fenster. Aber es war ein schiefes Fenster in einem verfaulten Verschlag und nicht nur mit dem Gitter der Zensur versehen, sondern noch dazu mit einem freiwillig angelegten ideologischen Maulkorb – in der Art der undurchsichtigen Drahtglasfenster in der Butyrka. (Ich möchte das richtigstellen: bei den Unterhaltungen mit den Redakteuren des *Oktjabr* spürte ich nicht nur Haß gegen den *Nowyj mir,* sondern auch Angst und heimliche Achtung vor seiner Abteilung für Literaturkritik. Was kümmerte sie alle die Meinung dieser sich immer verspätenden Zeitschrift mit der etwas belegten Stimme – angesichts der breiten Front ihrer Spalten und der allgemein üblichen Lobhudelei? Aber nein, sie hatten den *Nowyj mir* ständig im Bewußtsein und fühlten sich von ihm angesprochen. Sie wußten mit unfehlbarer Gewißheit, daß nur das eingebrannte Zeichen des *Nowyj mir* dauern und bleiben wird, während ihre eigenen Stempel vom ersten Regen abgewaschen werden würden. Der *Nowyj mir* war die einzige Instanz der sowjetischen Literatur, deren künstlerische und moralische Beurteilung eines Werkes überzeugend war und den Autor kennzeichnete. Übrigens stand eine solche heilsame Beurteilung durch den *Nowyj mir* auch Jewtuschenko bevor, aber die Verhaftung Sinjawskijs vereitelte das Erscheinen eines bereits gesetzten Artikels mit der vernichtenden Kritik von Jewtuschenkos selbstgefälligem Versepos *Das Wasserkraftwerk von Bratsk.)* Ich wollte eine unwahrscheinliche Möglichkeit ausprobieren – vielleicht würde etwas dabei herauskommen: dem verrufenen »konservativen Flügel« (einen anderen »Flügel« hatte der angeschossene Vogel unserer Presse überhaupt nicht) die *Rechte Hand* und die anderen Erzählungen anbieten. Wie werden sie es schlucken? Und wenn ihre literarischen Differenzen mit dem *Nowyj mir* für sie so ärgerlich sind, daß sie meine Erzählungen über die ihnen selbst vertraute Hürde der Zensur bringen, nur um mich »abzuwerben«? Die Chance war gering,

Kollektivierung hat er in seiner *Autobiographie* als unbedeutende Einzelheit unterschlagen.

aber auch dieses »Maß an Freiheit« durfte nicht ungenützt bleiben, wenn auch nur, damit ich mir später nichts vorzuwerfen haben würde. Die *Rechte Hand* hätte man ruhigen Gewissens auch in einer Polizei-Druckerei drucken lassen können.

Und ferner wollte ich damit ein historisches Zeichen setzen: seit vielen Jahren brüsteten sich diese Leute damit, daß sie RUSSEN seien und betonten dieses *Russische*. Und nun gab ich ihnen die Möglichkeit, dies zum ersten Mal in ihrem Leben zu beweisen. (Innerhalb von drei Tagen fielen sie um und bewiesen, daß sie KOMMUNISTEN waren und nicht Russen.)

Im ersten Augenblick löste der »Frontwechsel des Hadschi Murat« tatsächlich große Aufregung aus. Sie ließen mich keinen Schritt zu Fuß gehen – sie brachten und holten mich immer mit dem Wagen. Im *Ogonjok* wurde ich von der versammelten Redaktion begrüßt. Sofronow kam eigens vom Land angereist, erinnerte mich freudig daran, daß wir beide aus Rostow gebürtig seien und betonte geflissentlich, daß er damals die lobende Rezension über *Iwan Denissowitsch* geschrieben hatte (damals, als sie schockweise geschrieben wurden . . .); Stadnjuk, die noch ungelesenen Manuskripte in der Hand, stieß einen Seufzer aus: »Gott gebe, daß es bei uns geht!« Alexejew begrüßte meinen Schritt: »Jawohl, Sie müssen nach Moskau ziehen und sich der literarischen Öffentlichkeit anschließen!« Der Chefredakteur der *Literaturnaja Rossija*, Posdnjajew, sprach ebenfalls mit der Bereitwilligkeit eines Aufziehmännchens, brachte ebenfalls in Erinnerung, daß er schon einmal die Ehre gehabt hatte, mit mir zu korrespondieren, und eilte den Ereignissen voraus, indem er herausstrich, wie schnell bei ihnen gesetzt und daß zwei Tage vor Erscheinen einer Nummer umbrochen würde.

Diesen aufgeregten Empfang betrachtete ich ebenfalls als ein Zeichen der Zeit: weder die Parteitreue, noch die Angst vor der Gendarmerie waren mehr so absolut wie zur Zeit Bulgakows – ein literarischer Name war bereits eine unabhängige Macht.

Ihre Freude währte jedoch nur bis zur ersten Lektüre. In der *Literaturnaja Rossija* hatte man innerhalb von zwei Stunden gelesen, und Posdnjajew rief mich sofort an:

»Sie verstehen, daß wir uns in dieser kurzen Zeit noch *nicht beraten lassen* konnten.« (Sie legten Wert darauf zu zeigen, daß sie mich inzwischen nicht denunziert hatten!) »Wir wollen offen sprechen: in unseren Ohren klingt noch einiges nach, was wir bei den Parteiversammlungen gehört haben. Wir meinen einstimmig, daß nur *Sachar Kalita* gedruckt werden kann.«

Und er nannte sofort den Erscheinungstag und sogar das Honorar – in ihm steckte ein Sytin, wenn auch in seinen Ohren die »Parteiversammlungen nachklangen«! . . . Ich bat ihn, mir alle vier Erzählungen zurückzugeben. Er versuchte, mich zu überreden.

Der *Ogonjok* wollte so gerne etwas von mir drucken, daß er zunächst nur die *Rechte Hand* ablehnte, und mit allem anderen einverstanden war. Später riefen sie an. »Leider, leider . . .« Dort ging es auch nicht.

Es ist leichter, einen neuen Roman zu schreiben, als eine fertige Erzählung bei Verlegern unterzubringen, die soeben von einer Ideologischen Konferenz zurückgekehrt sind! Nach drei Tagen hatte ich von meinem Plan und diesem ganzen Hin und Her mit den Erzählungen genug – die leichenhafte *Moskwa* wollte ich weder anrufen noch aufsuchen. Ich legte ihnen die Erzählungen durch Vermittlung von Freunden vor. Sie behielten sie einige Tage, ohne etwas von sich hören zu lassen, und ich hatte das Gefühl, daß der Chefredakteur Popowkin mit der *Rechten Hand* zur Lubjanka gegangen war – als Zugabe zu dem beschlagnahmten Material.

Am 2. Dezember, an einem Tag, an dem Twardowskij nicht im Hause war, ging ich zum *Nowyj mir,* um mich mit den anderen Redakteuren auszusprechen, weil Alexandr Trifonowitsch es nicht mehr gestattete, daß sie meine Manuskripte lasen oder mit mir konferierten. Ich erklärte Dementjew und Lakschin, wie Twardowskij mich durch mehrere Absagen dazu getrieben hatte, endlich selbständig zu handeln und mich sogar an *die anderen* zu wenden. (Ich hatte ja nicht einmal das Recht, einen Artikel für die *Literaturnaja gaseta* zu schreiben, ohne *ihn vorher um Rat zu fragen!*) Und Dementjew, mein ständiger Widersacher im *Nowyj mir,* schien sofort alles zu verstehen und zu billigen: meine selbständigen Schritte, meinen Gang zu *den anderen* und den Gedanken, daß es für mich gut wäre, nicht im *Nowyj mir,* sondern irgendwo anders gedruckt zu werden; das würde, meinte er, beweisen, daß es keine

»Cliquenwirtschaft« gebe und man einen weiten Gesichtskreis habe.

Es gab dabei einen springenden Punkt, der mir nicht sofort auffiel; der »liberale« Dementjew hatte etwas besser erkannt als die »Konservativen« Alexejew, Sofronow und Posdnjajew – er hatte erkannt, daß der Zeitpunkt gekommen war, da überhaupt nichts mehr von mir gedruckt werden konnte, weder »Passierbares« noch »Unpassierbares«, schon mein Name war tabu, und es kam dem *Nowyj mir* ganz gelegen, diese Last abzuschütteln. Ich gab ihnen *Sachar Kalita* (wenn er schon für sich erscheinen sollte, dann wenigstens im *Nowyj mir*), Dementjew und Lakschin waren einmütig dafür – aber dann zeigte sich etwas Merkwürdiges: die Erzählung sollte nicht im *Nowyj mir*, sondern irgendwo anders veröffentlicht werden. Lakschin schlug die *Iswestija* vor, Dementjew griff noch höher – die *Prawda*! An diesem bemerkenswerten Abend (weil alles ohne Twardowskij entschieden wurde) legte dieser Widersacher eine seltene Fürsorglichkeit an den Tag: er telephonierte sehr lange, bis er den Feuilletonchef der *Prawda*, den einflußreichen, fanatischen Abalkin aufspürte, um ihm mit süßer Stimme und charmant überbetontem O zu berichten, Solschenizyn habe da eine neue Erzählung, positiv und patriotisch, sehr aktuell und für die Zeitung wie geschaffen, und »wir sind bereit, sie an euch abzutreten«. Und dann schickte er auf der Stelle – nach Arbeitsschluß! – den jüngsten Redakteur der Prosaabteilung auf Schusters Rappen mit der Erzählung zur *Prawda*. (In allen anderen Redaktionen fuhren sogar selbst die Boten einen »Wolga«. Twardowskij hatte sich nie darum bemüht, diese Vergünstigung für seine Mitarbeiter zu erkämpfen – es war ihm zu viel, seinen Untergebenen solche einfachen Bequemlichkeiten zu verschaffen. »Tschechow ist auch immer zu Fuß gegangen«, trösteten sich die Redakteure des *Nowyj mir*. Für Twardowskij allerdings fuhr der lange Schwarze vor.)

Es ging wie auf einer Schaukel! Den ganzen nächsten Tag wanderte meine Erzählung durch die *Prawda* und schaukelte sich von Tisch zu Tisch. Ich wußte, wo ich darin eine antichinesische Mine gelegt hatte und setzte auf sie die meisten Hoffnungen. Denen aber fiel sie überhaupt nicht auf (oder wollten sie diese Mine nicht?), dagegen stolperten sie über das Wort

»Mongolen«. Und Abalkin setzte mir telephonisch auseinander, bei ihnen sei man zu der *Überzeugung gekommen*, daß
die Veröffentlichung *Sachars* ausgerechnet in der *Prawda* inter-
national fehlgedeutet werden würde, »als Kursänderung unserer Asienpolitik. Und zur Mongolei hat die UdSSR besondere
Beziehungen. In einer Zeitschrift kann die Erzählung selbstverständlich gedruckt werden, aber bei uns geht es nicht«.

Ich glaubte, daß sie wirklich so dächten, daß das ihre »Dachschräge« sei. Aber im *Nowyj mir* lachten alle und meinten,
das sei eine Finte, eine bloße Ausrede.

An diesem Tag hatte ich zum ersten Mal den Eindruck, daß
Alexandr Trifonowitschs Position durch seine häufigen Eska-
paden erschüttert wurde: konnte doch die Zeitschrift nicht
immer wieder für zwei, drei Wochen stagnieren und für die
Welt sterben wie ihr Chef! Vorgestern hatten die Redaktionsmitglieder gegen Alexandr Trifonowitsch ihre Meinung über
Nekrassows Erzählungen durchgesetzt, gestern waren sie
eigenmächtig mit meiner Erzählung verfahren, und heute bekam er meinen *Sachar* nicht einmal zu lesen, weil sie nur ein
einziges Exemplar hatten und damit noch etwas unternehmen
wollten.* Twardowskij saß da, verwirrt und wie ein Fremder.

Unsere Begrüßung war sehr kühl. Dementjew hatte ihm bereits
von meinen gestrigen Erklärungen und Beanstandungen gegenüber dem *Nowyj mir* berichtet. Das war für Alexandr Trifonowitsch so unerhört und überraschend gewesen, wie die Beanstandungen eines Kalbes gegenüber der Kuh. Ich hatte nicht
beabsichtigt, mich vor den Redaktionsmitgliedern in einen
Wortwechsel mit Alexandr Trifonowitsch einzulassen, aber
dann kam es doch dazu, und bei dem Lärm, den wir machten,
versammelten sich immer mehr Menschen. Ich hatte auch nicht
beabsichtigt, Twardowskij irgendwelche Vorwürfe zu machen
(Ablehnung mehrerer Manuskripte, die Weigerung, das gerettete Romanmanuskript aufzubewahren, die Weigerung, meine
Stellungnahme zu den Verleumdungen abzudrucken)–ich wollte ihm nur klarmachen, daß von einer bestimmten Grenze an
meine Verpflichtungen aufhörten. Alexandr Trifonowitsch dagegen war von Anfang an darauf eingestellt, alle meine Argu-

---

* Lakschin brachte es immerhin fertig, *Sachar* an die *Iswestija* weiterzugeben.
Das Manuskirpt kam in die Setzerei, aber als es abgesetzt war, mußte der
Nowyj mir die Veröffentlichung doch auf seine Kappe nehmen.

mente zu widerlegen, er fiel mir aufgebracht ins Wort, ich unterbrach ihn – und unsere Unterhaltung nahm einen chaotischen und für beide Teile kränkenden Verlauf. Ihn beleidigte meine Undankbarkeit, und mich diese stupide Bevormundung, die durch keine ideologische Vorzugsstellung gerechtfertigt war.

Den ganzen Herbst hatte er mich mit seinen Vorwürfen verfolgt, und auch jetzt ließ er sie nicht fallen, sondern ging wieder damit auf mich los:

– Wie ich dazu gekommen sei, meine Manuskripte bei einem »Scheißanthroposophen« aufzubewahren, ohne ihn vorher um Rat gefragt zu haben. (Alexandr Trifonowitsch hatte ihn nie gesehen, wußte überhaupt nichts von ihm und hielt ihn einzig und allein wegen seiner Überzeugung für einen »Scheißkerl«. War das seine Wesensverwandtschaft mit Puschkin? Oder mit Kotschetow? . . .)

– Wie ich dazu gekommen sei, zusammen mit dem »heiligen« Iwan Denissowitsch . . . usw. . . . (jede Erinnerung an die Katastrophe vom 11. September, jede Erinnerung daran, was und wo und wie ich es zu meinem Unglück versteckt hatte, war für mich wie ein nicht heilendes, ein würgendes Geschwür – er aber stocherte darin herum.)

– Wie ich dazu gekommen sei, den Roman gegen seinen Willen aus der Redaktion zu holen,

– wie ich dazu gekommen sei, die *Miniaturen* an *Semja i schkola* zu geben,

– und wie ich dazu gekommen sei, (das war für ihn wieder besonders wichtig) die Beschwerde an vier ZK-Sekretäre und nicht nur an Pjotr Nilytsch zu richten?? (Um uns war das eherne Knirschen der Geschichte zu vernehmen, und er kam immer noch von der Schreibtischhierarchie nicht los!),

– und wieder: warum ich mir den Bart habe stehen lassen? Um vielleicht eines Tages? . . .

Aber in dieser bedrückend langweiligen Aufzählung klangen auch neue Vorwürfe an – ein Aufstöhnen:

– Ich habe Sie ENTDECKT!!!

– Als der Roman beschlagnahmt wurde, ist er zuerst zu mir gekommen! Ich habe ihm zugeredet, ihn beruhigt, ich habe ihn bei mir *aufgenommen* und getröstet (das heißt, er hatte mich nicht spät in der Nacht vor die Tür gesetzt)!

Und die gesamte Redaktion hörte zu!

Und schließlich eine frische Spur:

– wie ich dazu gekommen sei, Alexejew »die Hand zu küssen«, wenn ausgerechnet er in der nächsten Nummer des *Nowyj mir* ausgeweidet wird?

Ich hätte ihm antworten und ihm sehr weh tun können. Aber so kränkend dieses Gespräch für mich auch verlief, ich war ihm kein bißchen böse: ich begriff, daß es sich nicht um einen persönlichen Streit handelte, nicht um eine persönliche Meinungsverschiedenheit, sondern daß jene gemeinsame Wegstrecke in der Literatur, die wir als Verbündete nebeneinander gehen konnten, ohne uns beide an den scharfen Kanten der verschiedenen Ideologien zu stoßen und zu verletzen, sehr kurz war. Die Divergenz zwischen uns war die Divergenz zwischen der russischen und der sowjetischen Literatur, und keineswegs eine persönliche.

Und ich ging nur auf das Sachliche ein:

»Und wann soll man Sie eigentlich um Rat fragen? Man ist nur zwei, drei Tage in Moskau, und Sie sind meistens nicht da.«

Und in diesem blutig ernsten, tragischen Gespräch rief Alexandr Trifonowitsch würdevoll aus:

»Ich war zwei Wochen an den Seine-Ufern!«

Er sagte nicht einfach: ich war in Paris.

Aber die Verlogenheit lag nicht nur im Ton! Die eigentliche Verlogenheit bestand darin, daß er an den »Seine-Ufern« über mich gesprochen hatte und es mir jetzt verschweigen wollte. Ein echter Sohn seiner Partei, verschanzte er sich hinter der Taubheit und Stummheit unseres Informationssystems. Aber irgend jemand hatte mir bereits sein Interview mit *le Monde* übersetzt. Selbstverständlich war er auf das Alarmsignal der *Neuen Zürcher Zeitung* hin nach mir gefragt worden. Und wenn das Schicksal eines Künstlers, der schon ordentlich Salzwasser geschluckt hatte und dem das Wasser schon bis zum Mund gestiegen war, für ihn an erster und der Imperialismus als letztes Stadium des Kapitalismus an zweiter Stelle gestanden hätte, dann hätte er mit seinem vornehmen Takt und ohne sich selbst einer Gefahr auszusetzen, eine vage, eine ausweichende Antwort gefunden, eine Pause eingelegt – und die Welt hätte verstanden, daß es schlecht um mich stand und ich in Gefahr schwebte. Aber Twardowskij hatte den Korrespondenten gesagt, daß meine außerordentliche Bescheidenheit (die er sehr schätze!), daß meine mönchische Zurückgezogenheit es ihm, meinem Redakteur und Freund, unmöglich machten, etwas über meine künstlerischen Pläne oder mein persönliches Leben zu verraten. Aber eines könne er den Korrespondenten versichern: daß sie noch viele meiner »herrlichen Seiten« zu lesen bekommen würden.

Das heißt, er hatte ihnen versichert, daß ich in aller Seelenruhe arbeite, schreibe und von nichts anderem gestört werde als von meiner eigenen mönchischen Bescheidenheit. Das heißt, er hatte die Notiz in der *Neuen Zürcher Zeitung* dementiert.

Ich hatte den Mund voll Salzwasser und konnte nicht um Hilfe rufen, er aber packte am gleichen Bootshaken mit an und half, mich unter Wasser zu stoßen.

Weil er mir Böses wollte? Nein!! Die Partei läßt die Dichter so werden . . . (Er wollte mir *Gutes:* er wollte mich als so gefügig darstellen, daß Pjotr Nilytsch sich meiner erbarmen mußte!)

Dennoch wurde das Gespräch so heftig, daß Alexandr Trifonowitsch – durch meine hartnäckige Unnachgiebigkeit und die Weigerung, irgend etwas zuzugeben gereizt, plötzlich aufsprang und wütend ausrief:

»Man kann ihm in die Augen sch . . . – er wird es den Tau Gottes heißen!«

Ich war bemüht, ständig im Bewußtsein zu behalten, daß er ein verirrter, ohnmächtiger Mensch war. Aber nun verlor auch ich die Selbstbeherrschung und antwortete ebenfalls zornig:

»Werden Sie nicht ausfallend! Von den *Aufsehern* habe ich schon Schlimmeres zu hören bekommen!«

Er zuckte die Achseln:

»Nun, wenn das so ist . . .«

Es fehlten nur noch drei Zentimeter, und wir wären persönlich geworden. Aber das wäre völlig sinnlos gewesen und hätte den wichtigen Tatbestand der Spaltung in zwei Literaturen nur verwischt. Und die Anwesenden verhüteten die Explosion, niemand war daran interessiert (außer vielleicht Dementjew).

Alles endete mit einem trockenen Händedruck.

Mir blieb noch eine Stunde bis zur Abfahrt des Zuges, und ich wollte mir doch vorher . . . *den Bart abnehmen lassen!* Ja, ja!

Twardowskij hätte wahrscheinlich einen Freudensprung getan, wenn er das gewußt hätte! Eine Stunde bis zur Abfahrt des Zuges, aber weder nach Rjasan, noch in Richtung »Grenzübergang«, sondern in die tiefste Provinz, in die Abgeschiedenheit, wo ich einige Monate bleiben wollte, ohne ein Lebenszeichen von mir zu geben, wo auf mich der gerettete versteckte *Archipel* wartete. Ich hatte in diesem Herbst nach Kräften gehandelt, mich gezeigt, von mir reden gemacht, nun wurde es Zeit, den Kreis dieses sinnlosen Treibens zu durchbrechen. Ich fuhr in eine Gegend, wo man nichts über mich wußte und ich nicht geschnappt werden konnte. Mit befreiter Seele kehrte ich zu der Arbeit zurück, die der KGB unterbrochen hatte.

Es klappte! Über den Transistor verfolgte ich aus meinem Unterschlupf auch den Prozeß Sinjawskij-Daniel. Im Laufe der letzten fünfzig Jahre hatte es in unserem Land Verhöhnungen gegeben, die hundertmal schlimmer waren und einen millionenmal größeren Radius hatten – aber damals hatte der Westen das alles abgeschüttelt wie die Gans das Wasser, es überhaupt nicht zur Kenntnis genommen, und das, was man zur Kenntnis nahm, wurde *uns* verziehen – wegen Stalingrad. Jetzt aber – und das war ebenfalls ein Zeichen der Zeit – geriet der »progressive Westen« in Bewegung.

Ich habe mir gleich gedacht, daß die Gendarmen sich wegen des entstandenen Lärms für mich etwas anderes würden einfallen lassen. Noch waren sie unschlüssig. Ende Dezember und im Januar wurde bei einigen Versammlungen von der Obrigkeit verkündet, daß ich mein beschlagnahmtes Archiv »konzentriert« hätte, »um es in den Westen zu verschieben«. So wurde mir berichtet. Aber sie ließen diese Version bald fallen: und zwar nicht, weil aus der Wohnung von Teusch kein Weg ins Ausland zu entdecken war (mit ihrer Meisterschaft im Fälschen wäre es ein Kinderspiel gewesen, auch so etwas zu inszenieren), sondern weil ein zweites Gerichtsverfahren dieser Art unmittelbar nach dem ersten einfach NICHT OPPORTUN gewesen wäre.

Damit, daß Pasternak seinen Roman nach Italien schickte, auch wenn er bald darauf ein erzwungenes Reuebekenntnis ablegte, damit, daß Sinjawskij und Daniel jetzt die Strafe für ihre künstlerische und geistige Abspaltung ohne das geringste Anzeichen von Reue auf sich nahmen, erschlossen sie der Literatur neue

Wege und schnitten den Feinden der Literatur den Weg ab. Die Sektierer verloren, die Literatur gewann an Raum.

In Leningrad fragte Granin bei einem Treffen des KGB mit Schriftstellern (verwandte Berufe: die einen wie die anderen – Ingenieure der menschlichen Seelen): »Stimmt es, daß man bei Solschenizyn einen Roman beschlagnahmt hat?« Die Antwort kam mit der gekonnt reizenden Naivität der Tscheka: »Einen Roman? Nein, wir haben bei ihm nichts beschlagnahmt. *Er hat sich ja auch bei uns nicht beschwert.* Es gibt da irgendeinen Roman *Der erste Kreis,* aber wir wissen nicht, von wem.« (Auf dem Titelblatt stand mein Name.)

Sie hatten einfach noch keinen Beschluß gefaßt, was zu tun sei.

Und als dieser Beschluß gefaßt war, stellte er sich als recht wunderlich heraus: sie hatten beschlossen, meine beschlagnahmten Werke als zum Verkauf nicht zugelassene Ausgabe herauszubringen! Vermutlich waren sie davon ausgegangen, daß solche Bücher bei jedem anständigen Menschen nichts als Empörung und Widerwillen hervorrufen würden.

Als ich im März 1966 ins offene Leben zurückkehrte, erfuhr ich zum ersten Mal, daß jemand vom ZK meinen Roman Meschelajtis *zu lesen* gegeben hatte – nicht hinter verschlossenen Türen, nicht gegen Unterschrift, sondern ganz einfach im Auto! Ich traute meinen Ohren nicht: das war doch ein Spiel mit dem Feuer, hatte Gott sie mit Blindheit geschlagen?! Und dieses Feuer würde sich bald mit keinem Asbesthandschuh eindämmen lassen, es würde sich ausbreiten! Und auch beim Lesen würde es nicht für sie arbeiten: meinen Feinden, den steinernen Stirnen, würde es einen Teil ihrer Sturheit nehmen und in die umnebelten Köpfe ein bißchen Licht bringen. Und schon würde sich einer, zwei, drei durch die Lektüre bekehren.

Aber in diesem Frühjahr 1966, Monat um Monat, hörte man immer wieder: der Roman ist gedruckt worden und auch das *Festmahl der Sieger!* Und sie werden gelesen! Wer gibt sie weiter? Offenbar das ZK, die Tscheka hat alles an das ZK weitergeleitet. Und wer bekommt sie zu lesen? Die obersten Parteibosse (aber darunter gibt es nur wenige eifrige Leser, sie sind faul und nicht wißbegierig) und die Spitze der Künstlerverbände. Chrennikow hatte etwas gelesen und ließ bei einer

Sitzung des Komponistenverbandes drohend fallen: »Wissen Sie eigentlich, was für Stücke der schreibt? Früher hätte man ihn für so ein Drama einfach erschossen.« Auch Surkow hatte etwas gelesen und erklärte, ich sei ein Klassenfeind (aber welcher Klasse eigentlich?); Kotschetow hat meinen Roman studiert, vielleicht klaut er etwas daraus; außerdem die Chefredakteure verschiedener Verlage – damit sie sich selbst eine Sperrzone vor meinem Namen und vor jeder meiner neuen Zeilen abstecken konnten.

Nein, das war kein Dummkopf, der sich das ausgedacht hatte: um in diesem Land ohne Öffentlichkeit eine Persönlichkeit zu ersticken, braucht man nicht direkt die Geheimpolizei einzusetzen, sondern die kontrollierte, beschränkte Öffentlichkeit, eine Nomenklatur-Öffentlichkeit sozusagen. Man versprach sich davon dasselbe Resultat ohne den Eklat einer Verhaftung: ersticken, aber nur allmählich.

Und trotzdem hatten sie sich verrechnet, gründlich verrechnet! Ein Raubdruck – meine Bücher ohne mich und gegen mich zu veröffentlichen! Sogar in unserem gesetz- und rechtlosen Staat (wo eine »Auflage für den Dienstgebrauch« nicht als »Veröffentlichung« angesehen wird und strafrechtlich nicht verfolgt werden kann), aber bei der erwachenden öffentlichen Meinung, aber bei dem schwachen Echo der Weltöffentlichkeit, hatten sie ihre Krallen zu weit und zu dreist ausgestreckt. Achtung, sie könnten dabei hängenbleiben! Und irgendwann könnte sich diese Methode gegen sie selbst wenden.

Mit dieser beschränkten Veröffentlichung schienen sie mich auch zu irgendeiner Aktion provozieren zu wollen, aber ich war wieder wie benommen – zu welcher? Ich konnte in diesem Vorgehen keine Gefahr für mich sehen, es gefiel mir sogar. Wollten sie in der »Nomenklatur-Öffentlichkeit« gegen mich Stimmung machen? Aber die haßte mich sowieso. Jedenfalls bedeutete es mit Sicherheit, daß sie mich im Augenblick nicht *holen* wollten.

So verblüffend und unvorhersehbar entwickelt sich die Geschichte: früher waren wir Unglückseligen für nichts und wieder nichts, für ein halbes Wort, für einen Viertelgedanken Rebellion eingesperrt worden. Jetzt aber stand dem KGB ein ganzer Strauß von Rechtswidrigkeiten (nach *ihrem* Kodex, versteht sich) zur Verfügung – und ausgerechnet dieser Umstand verschaffte mir Handlungsfreiheit, ideologische Exterritorialität! Ein halbes Jahr nach der Katastrophe mit meinen Archiven stellte sich heraus, daß ich dieser Katastrophe die volle Meinungs- und Glaubensfreiheit verdankte: nicht nur des Glaubens an Gott – ich, ein Mitglied des atheistisch-marxistischen Schriftstellerverbandes! – sondern an jede beliebige politische Idee. Denn, was auch immer ich jetzt dachte – alles würde nicht so schlimm und nicht so scharf sein wie das, was in dem Lagerdrama stand. Und wenn sie mich deswegen *nicht einsperrten,* würden sie mich auch wegen irgendeiner beliebigen neuen Überzeugung nicht einsperren. Ich konnte mir jetzt in meiner Korrespondenz jede Offenheit, ich konnte mir gegenüber meinen Gesprächspartnern jede Freiheit erlauben – nichts würde so bitter sein wie jenes Drama! Jetzt war jede Tagebucheintragung möglich – und ich brauchte sie nicht mehr zu chiffrieren und zu verstecken! Ich näherte mich einer nie dagewesenen Grenze: es war nicht mehr nötig zu heucheln! Niemals! Vor keinem!

Als ich im Frühjahr 1966 begriffen hatte, daß mir ein längerer Aufschub gewährt worden war, erkannte ich, daß ich nun ein *offizielles,* allen zugängliches Buch schreiben mußte, um zunächst einmal zu beweisen, daß ich lebte und arbeitete, und um im Bewußtsein der Gesellschaft jenen Raum zu füllen, in den die konfiszierten Werke nicht eindringen konnten.

Die *Krebsstation,* die ich vor drei Jahren angefangen hatte, eignete sich sehr gut dafür. Jetzt wollte ich sie fortsetzen.

Der KGB wartete nicht, er schlief nicht, aus taktischen Überlegungen hätte ich mich auch beeilen müssen, aber wie kann man sich mit dem Schreiben beeilen? Und da kam ich auf die Idee, vorläufig nur den ersten Teil zu veröffentlichen. Für die Powest* selbst war das keine Notwendigkeit, aber die Knute der Taktik jagte mich durch eine enge Schlucht.

Wie gern hätte ich ohne Eile gearbeitet! Wie gern hätte ich Tag um Tag zwischen dem Schreiben und einer gemächlichen zweckfreien Sprachgymnastik gewechselt! Wie gern hätte ich

---

* Ursprünglich hatte ich sie nur deshalb als Powest bezeichnet, damit sie nicht mit dem konfiszierten Roman verwechselt wurde. Ich wollte verhindern, daß es hieß: Aha, er hat seinen Roman zurückbekommen! Erst später stellte sich heraus, daß die Bezeichnung Powest auch sachlich gerechtfertigt ist.

den Text ein dutzendmal abgeschrieben und weggelegt, um nach Jahren zu ihm zurückzukehren und bei den ausgelassenen Stellen die möglichen Wort-Kandidaten immer wieder von neuem zu prüfen. Aber mein ganzes Leben war und ist eine Hetze, eine übermäßige Verdichtung – und ich kann nur hoffen, bei dem, was absolut unaufschiebbar ist, wenigstens die Konturen eilig nachzuziehen. Und vielleicht wird dieses eilige Nachziehen in den Konturen auch nicht gelingen ...

Wie viele Schriftsteller mußten sich beeilen – meistens wegen der Verträge mit ihren Verlegern oder wegen heranrückender Termine. Aber ich – so sah es wenigstens aus – konnte mir Zeit lassen und feilen und feilen! Nein. Es gab immer zwingende Gründe, mich zu beeilen – entweder die Notwendigkeit, die Exemplare zu verstecken und zu verteilen oder eine bestimmte, sich gerade bietende Hilfe auszunutzen oder die Hände für eine andere Aufgabe freizubekommen. Und so hatte ich kein einziges Manuskript aus der Hand gegeben, ohne mich dabei zu überstürzen und habe in keinem die endgültigen Worte gefunden.

Während ich den ersten Teil der *Krebsstation* abschloß, wurde mir natürlich klar, daß niemand sie veröffentlichen würde. Ich hatte an den Samisdat gedacht, aber meine Freunde rieten mir, den Roman verschiedenen Redaktionen vorzulegen, der Moskauer Sektion für Prosa, dem Mosfilm – um auf diese Weise die unkontrollierte Verbreitung von Abschriften einzuleiten und zu legalisieren. Aber Voraussetzung für all dies war das freie Verfügungsrecht über das eigene Buch – ich war jedoch verpflichtet, es zuerst dem *Nowyj mir* vorzulegen. Nach allem, was Twardowskij bis dahin abgelehnt hatte, konnte ich nicht erwarten, daß er die *Krebsstation* drucken würde. Aber dieser Zeitverlust von einem Monat war nicht zu vermeiden.

Seit jenem Streit hatten wir uns nicht mehr gesehen. In einem höflichen Brief (als ob nichts gewesen wäre) ließ ich ihn wissen, daß ich ihm in Kürze eine halbe Powest vorlegen würde und ihm sehr verbunden wäre, wenn er mich auf den redaktionellen Beschluß nicht allzulange warten ließe.

Natürlich wurde das Herz Twardowskijs weich. Sicherlich hatte er die Hoffnung auf unsere literarische Wiedervereinigung nie aufgegeben. Unsere Entzweiung erklärte er sich durch meinen schlechten Charakter, mein unbedachtes Handeln, meinen Starrsinn – doch er war bereit, mir alle diese Fehler und noch einige mehr großmütig zu verzeihen.

Aber es ging nicht darum, daß einer von uns verzeihen oder nicht verzeihen wollte. Einer von uns mußte sich frischen Wind durch den Kopf wehen lassen. Bei mir war das in den ersten Jahren der Haft geschehen. Bei Alexandr Trifonowitsch hatte die gleiche Entwicklung nach der Rede Chruschtschows auf dem XX. Parteitag eingesetzt. Aber bald darauf war sie ins Stocken geraten – wie die Entwicklung der ganzen Partei – hatte Schleifen gezogen und war sogar rückläufig geworden. Twardowskij – wie auch Chruschtschow – blieb zeitlebens ein Gefangener der herrschenden Ideologie. Die natürliche Intelligenz der beiden bäumte sich unbewußt dagegen auf, und wenn sie siegte – trat ihr Bestes und Höchstes in Erscheinung. Der Bauer Chruschtschow hatte einen solchen Höhepunkt, als er auf die Weltrevolution um den Preis eines Krieges verzichtete.

Sobald das Manuskript der *Krebsstation* im *Nowyj mir* eintraf, wurde es zum Geheimdokument erklärt. Das hatte Twardowskij angeordnet. Sie fürchteten, das Manuskript könne ausbrechen und *davonlaufen*. Ihre Vorsichtsmaßnahmen waren beinahe komisch: nicht einmal in der eigenen Prosaabteilung durfte das Manuskript gelesen werden! Und ich tat alles, damit die Powest sich in Moskau verbreitete, die Samisdat-Bataillone waren im Anmarsch!

Am 18. Juni, zwei Jahre nach der verheißungsvollen Debatte über den Roman, fand die Debatte über den ersten Teil der *Krebsstation* statt. Die Meinungen gingen auseinander, sogar ziemlich weit. Nur die professionelle Meisterschaft der abschwächenden Aussage verwischte diesen Riß. Man könnte sagen, daß die jüngeren Mitglieder oder die »unteren Dienstgrade« sich energisch für den Druck aussprachen und die »älteren« oder die »höheren Dienstgrade« (Dementjew-Saks-Kondratowitsch) mit der gleichen Entschiedenheit – dagegen. Der sehr offene Winogradow, der erst seit kurzem der Redaktion angehörte, sagte: »Wenn wir das nicht drucken, frage ich mich, wozu wir überhaupt existieren.« Berser: »Krebs, ein Tabu, wird zum legitimen Gegenstand künstlerischer Darstellung.« Marjamow: »Es ist unsere moralische Pflicht, das Buch dem Leser zugänglich zu machen.« Lakschin: »Ich habe in der Literatur schon seit langem eine solche Häufung positiver Helden nicht mehr erlebt. Ich möchte mein Gewissen nicht dadurch belasten, daß wir diese Powest dem Leser vorenthalten.« Saks begann, das Einfachste zu verwischen und zu verschleiern: »Der Autor läßt sich von Haßgefühlen hinreißen . . . Ziemlich plumpe Bezüge zu Tolstoj . . . Zuviel an hochexplosivem Stoff und außerdem das heikle Thema der Sondersiedler WAS STEHT HINTER ALLDEM . . .? Das Buch ist ausgesprochen unfertig.« Kondratowitsch stimmte überzeugt zu: »Ausgesprochen unfertig! . . . Die Unterhaltung über die Blockade Leningrads und andere Anfälle von Gereiztheit.« Dementjew begann träge: »Natürlich, man möchte einen Solschenizyn sehr gern (ausgerechnet er!) veröffentlichen . . . Die künstlerische Gestaltung steht der des Romans nach . . . (Aber den Roman hatte er seinerzeit abgelehnt! Jetzt, da der Roman nicht mehr gefährlich werden, nicht mehr gedruckt werden konnte, ließ er sich zu einem Lob herab) . . . Die objektive Darstellung tritt zugunsten der unverblümt tendenziösen zurück . . .« Und dann immer erregter und zorniger: »Bei Tolstoj, bei Dostojewskij liegt eine innere Konzeption vor, um derentwillen das Buch geschrieben wurde, aber hier gibt es keine, hier reichen die Motive nicht aus! (Jedesmal wiederholte sich dasselbe: er forderte mich heraus, mich vorbehaltlos auszusprechen, um mich desto leichter treffen zu können. Das hätte ihm so passen können!) ›Besinnt euch, Leute, wie ihr lebt‹ – das genügt nicht. Wir haben kein Ganzes vor uns – also darf das Buch in der vorliegenden Form nicht gedruckt werden.« (Als ob die Flut des veröffentlichten Schunds diese unfertige Form überträfe!) Und weiter, immer ärgerlicher: »Man soll Leningrad nicht rechtzeitig geschützt haben? Kann es überhaupt einen besseren Schutz geben? Hat man nicht die Grenze nach Finnland vorverlegt?«

Das nennt sich »der Literatur verpflichtet«! Und da soll man sich dem *Nowyj mir* verbunden fühlen! Ein wunderbares Argument: man hatte sogar die finnische Grenze vorverlegt! Damit war ich geschlagen und der Verleumdung überführt. Es war mir unmöglich, die »innere Konzeption« vorbehaltlos aufzudecken: »Der Angriff auf Finnland war reine Aggression!« Dementjew stand nicht allein, im Verlauf des Gesprächs unterbrach mich auch Twardowskij:

»*Prinzipielle* Korrekturen Ihrerseits stehen hier nicht zur Debatte: Sie sind doch kein Gegner des Sowjetregimes, SONST WÜRDEN WIR UNS MIT IHNEN ÜBERHAUPT NICHT UNTERHALTEN!«

Das war also die vielgepriesene liberale Zeitschrift, die Fackel der Meinungsfreiheit! Sie sind auf das »Sowjetregime« eingeschworen und ignorieren, daß seit 1918 ein *sowjetisches* Regime nicht mehr existiert.

In einem Punkt waren sie alle einig: sie verurteilten Awieta, den feuilletonistischen Stil dieses Kapitels, so wie auch sämtliche Aussagen über die sowjetische Literatur: »Das ist nicht der rechte Platz dafür.« (Aber wo ist der rechte Platz dafür? Irgendwo muß doch einmal jemand auf das unaufhörliche verlogene Schnattern antworten?!) Ich wunderte mich darüber, wie wenig beherzt (gebrochen? geduckt?) sich alle dabei zeigten: Ich hatte Revanche für sie genommen, indem ich über die für den *Nowyj mir* fatale Situation von 1954, als Twardowskij wegen Pomeranzews Artikel »Über die Aufrichtigkeit« abgesetzt wurde, vom Gesichtspunkt des unbeteiligten Historikers aus berichtete – aber sie beharrten einmütig, allen voran Twardowskij: »Nein, das ist nicht nötig. Den ›bläulichen Einband‹ sollte man nicht erwähnen! Es ist nicht nötig, für uns einzutreten!«

Ich dachte, sie hätten damals vor der Presse und dem ZK nur zum Schein Reue gezeigt. Aber nein, offenbar war ihre Reue aufrichtig gewesen: es gehörte sich nicht, über die »Aufrichtigkeit« zu schreiben.

Ferner diskutierte man über das (nach unseren Maßstäben) »wichtige« Problem: Was soll man machen? Die Powest ist nicht abgeschlossen, uns liegt nur der erste Teil vor. Die einen sagten: Gut, dann weisen wir daraufhin. Aber Twardowskij, der seine beamteten Vormunde kannte, schnitt die Diskussion ab: »Wir können nicht darauf hinweisen, daß dies nur der erste Teil ist. Die werden uns sagen: erst soll er mal den zweiten schreiben und vorlegen, dann werden wir entscheiden. Wir müssen sie als *abgeschlossenes* Werk veröffentlichen.«

Aber sie war nicht abgeschlossen, die Handlungsfäden hingen in der Luft! . . . Es war nichts zu machen, so waren die Bedingungen.

Die Meinungen waren also geteilt, entsprechend dem »unteren« und dem »oberen« Rang, und den Schlußstein sollte Twardowskijs Meinung bilden.

Wie verschieden konnte er an verschiedenen Tagen sein, ja, sogar zu verschiedenen Stunden desselben Tages! Er sprach – es sprach ein Künstler und brachte Überlegungen und Vorschläge, die von den Zielen der Redaktion weit entfernt und für einen ZK-Kandidaten völlig undenkbar waren:

»Die Kunst ist keine Waffe des Klassenkampfes. Sobald sie sich selbst als eine Waffe versteht, kann man nicht mehr damit schießen. Wir sind frei in unserem Urteil über dieses Buch, wir stehen gewissermaßen in einem Jenseits und überlegen nicht, ob es *geht* oder ob es *nicht geht* . . . Wir lesen Sie nicht mit dem Auge eines Redakteurs, sondern mit dem eines Lesers . . . Das ist für den Redakteur ein seliger Zustand: man wünscht sich die Zeit, zu Ende zu lesen . . . Die Aktualität dieses Buches besteht darin, daß das erwachte Volksbewußtsein eine moralische Abrechnung verlangt . . . Nicht fertig? Große Werke haben immer etwas Unfertiges an sich: *Auferstehung, Die Dämonen*, wo ist das anders? . . . Wir wollen dieses Buch drucken. Wenn der Autor daran noch *weiter arbeiten wird* – werden wir es bringen und uns nach KRÄFTEN UND SOGAR DARÜBER HINAUS DAFÜR EINSETZEN!«

Auf diese Weise warf er seine Meinung in die Waagschale der »Unteren« (sie hatten ihn durch ihre begeisterten Reden gerührt), gegen seine Stellvertreter (obwohl er ihnen offenbar etwas anderes versprochen hatte).

Aber im gleichen Atemzug, noch während dieser Konferenz, redete er völlig anders: über das »Sowjetregime«, über den Titel, den »wir ändern werden«, ohne auf Gegenstimmen Rücksicht zu nehmen. Oder er schnitt mir mit majestätischen Repliken gönnerhaft das Wort ab, wenn die Rede auf Politik oder künstlerische Meisterschaft kam. Er war absolut überzeugt, daß er die erörterten Fragen besser als alle Anwesenden beurteilen könnte. (Er konnte so überlegen denken – aber auch heute brachte er es nicht fertig, das Brummen zu unterdrücken: »hat sich den Bart stehen lassen, um . . .« Er wußte ja nicht, daß es bereits der *zweite* Bart war . . . Und es war nicht einfach ein Brummen, sondern die Abhängigkeit der persönlichen Meinung von der Meinung *kompetenter Organe.)*

Ich ging in meinen Antworten auf alles ein, aber nur, weil ich Zeit hatte, ihre Reden zu notieren und sie nun alle schriftlich vorliegen hatte. Nur in einem Punkt sprach ich wirklich beteiligt: wie weit müßte ich ihren Wünschen entgegenkommen? Es gibt Millionen Russanows, sie werden sich nie im juristischen Sinne verantworten müssen, um so nötiger ist das Gericht der Literatur und der Gesellschaft. Ohne dies kann ich auf die Literatur auch verzichten und habe keine Lust mehr zu schreiben.

Ich hatte nicht vor, etwas von dem Angsttraum Russanows, von der »Fragebogenwirtschaft«, von den Gepflogenheiten der »neuen Klasse« aufzugeben.

Mir fiel auf, daß alles andere mich während dieser stundenlangen Besprechung kaum berührte – als ginge es überhaupt nicht um mein Buch und als wäre es mir gleichgültig, was sie beschließen würden.

Das lag daran, daß die Samisdat-Bataillone bereits im Anmarsch waren! Und an eine legale Veröffentlichung glaubte ich nicht mehr. Solange Twardowskij in seinem Arbeitszimmer den Schritt der Bataillone noch nicht vernehmen konnte, mußte ich es eben *versuchen*. Zumal da ich voraussah, daß der zweite Teil noch weniger »passierbar« ausfallen würde.

Nein, sie verlangten von mir nicht die Streichung der »Fragebogenwirtschaft«, der Charakteristik der »neuen Klasse«, der »Säuberungskommission«, oder der Zwangsumsiedlung nationaler Minoritäten. Die Blockade Leningrads konnte man ohne weiteres Stalin und Hitler zu gleichen Teilen anlasten. Das Awieta-Kapitel mit einem Seufzer vorläufig weglassen. Die unsinnigste und ärgerlichste Forderung war die nach einer Änderung des Titels. Kein anderer Titel wollte passen.

Trotz allem fügte ich mich, gab eine Woche später im *Nowyj mir* das zurechtgestutzte Manuskript ab und schlug Twardowskij – in Klammern, für den äußersten Fall – einen Ersatztitel vor, eventuell »Die Station am Ende der Allee« – so wurde bei ihnen immer alles frisiert.

Wieder eine Woche später wurde eine weitere Redaktionskonferenz einberufen. War es Zufall oder nicht – es fehlten Lakschin, der es als Sünde wider das Gewissen angesehen hatte, das Manuskript unter Verschluß zu halten, und Marjamow mit seiner moralischen Verpflichtung, das Buch dem Leser zugänglich zu machen. Aber die Widersacher waren alle zur Stelle. Heute bewahrten sie Haltung und zürnten nicht: hatten sie doch Twardowskij das Rückgrat schon hinter den Kulissen gebrochen.

Alexandr Trifonowitsch begann – verlegen, sich selbst widersprechend. Zu Anfang warf er mir vor, ich hätte nur ungenügende »kosmetische« Korrekturen angebracht. (Dafür trat jetzt Dementjew sehr ruhig für mich ein – oh, dieser Fuchs! – und meinte, meine Korrektur treffe Wesentliches und das Buch habe jetzt eine gewisse Geschlossenheit ... Weil ein Kapitel gestrichen worden war!) Weiterhin verlangte Alexandr Trifonowitsch die Streichung des Gesprächs über die Blockade Leningrads auch in der abgemilderten Fassung und des Gesprächs über die Aufrichtigkeit.

Aber dann machte er plötzlich Schluß und sagte unumwunden: »Die äußeren Umstände sind jetzt für eine Veröffentlichung ungünstig. Zumindest in diesem Jahr ist es riskant, ja unmöglich, dieses Buch zu bringen. (Als ob sie im nächsten, dem ›Jubiläumsjahr‹, günstiger sein würden!) Wir möchten ein Manuskript haben, bei dem wir für jede Stelle einstehen und sie vertreten können. (Eine belastende Forderung: der Autor darf sich von der Redaktion nicht unterscheiden! Muß er sich ihr von vornherein anpassen?) Aber Solschenizyn ist leider derselbe geblieben, der er war ...«

Sogar das hinter der Krebsstation stehende Problem der Lager, das sie bei der letzten Besprechung als völlig selbstverständlich hingenommen hatten, fanden sie diesmal »literarisch, genauso wie bei Grossman, der über die Lager vom Hörensagen schrieb«. (Ich – ich sollte über das Lager vom Hörensagen geschrieben haben!) Außerdem »muß die Redaktion verschiedenen anderen Werken, die bereits auf der Warteliste stehen, den Vorrang einräumen«. (Der Roman von Bek über Tewosjan und die *Tagebücher* Simonows – Dementjew und Saks machten der Redaktion große Hoffnungen, daß die *Tagebücher* durchkommen würden. Aber auch die wurden geschlachtet.) Dennoch erklärte Alexandr Trifonowitsch abschließend, in Widerspruch zu allem, was gesagt worden war, daß die Redaktion das Manuskript »im großen und ganzen annehmen« und auf der Stelle einen Vertrag mit 25 % machen würde, der später, wenn ich Geld brauchte, auf 60 % erhöht werden sollte. »Schreiben Sie den zweiten Teil! Dann werden wir weitersehen!«

Den zweiten Teil schrieb ich auch ohne sie. Inzwischen sollte ich Geld bekommen, damit der erste im Safe eingesargt werden konnte. Selbstverständlich durfte ich – nach den Spielregeln des *Nowyj mir* und nach den persönlichen Ansprüchen, die Twardowskij mir gegenüber geltend machte – keine Zeile, kein Wort auch nur einer einzigen Menschenseele verraten. Die *Krebsstation* sollte tot daliegen, bis an einem trüben Tag ein Oberst des Staatssicherheitsdienstes erscheinen und sie mitnehmen würde.

Dieser Redaktionsbeschluß bedeutete für mich eine echte Erleichterung: ich konnte sofort alle Verbesserungen rückgängig machen und die ursprüngliche Fassung wiederherstellen – die bereits abgetippt und von Hand zu Hand weitergegeben wurde. Und außerdem entfiel eine weitere Sorge: wie soll ich auf einen neuerlichen Ausbruch Alexandr Trifonowitschs reagieren, wenn er erfährt, daß das Buch bereits *draußen* ist? Wir hatten keine gegenseitigen Verpflichtungen mehr!

Aber ich verkündete das alles nicht laut und dramatisch, weil ich in der Schule des Lagers gelernt hatte, meine Absichten nicht im voraus anzukündigen, sondern sofort und schweigend zu handeln. Ich sagte nur, daß ich den Vertrag nicht unterschreiben und mein Manuskript zurückziehen wollte.

Man sollte annehmen, daß diese beiden Tatsachen zusammen der Redaktion gewisse Schlüsse nahegelegt hätten – aber sie begriffen überhaupt nichts. Sie begriffen nur, daß ich klein beigab, meine Schuld einsah und mir vornahm, einfach weiterzuarbeiten, wobei ich mich nicht einmal eines Vertrages für würdig erachtete! Ich war in ihren Augen wieder das gute Schaf des *Nowyj mir*!

Aber noch war kein Monat vergangen, als Twardowskij versuchte, mich über Verwandte meiner Frau, die Familie Turkin, schleunigst in die Redaktion zu *bestellen*. Ich war wie immer »unerreichbar«, aber am 3. August tauchte ich zufällig in Moskau auf und hörte: Alexandr Trifonowitsch hat inzwischen erfahren, daß meine *Krebsstation* verbreitet wird und ist über alle Maßen erbost; er wollte nur die Bestätigung, daß selbstverständlich nicht ich die *Krebsstation* nach *draußen* geschleust hatte (wie hätte ich das wagen können?!), um daraufhin eine bestimmte Person aus der Redaktion zu feuern! (Er verdächtigte die fleißige Berser, das treuste Arbeitspferdchen des *Nowyj mir*!)

Der Dichter war gleichzeitig ein die Interessen des Staates wahrender ZK-Mann: ein Buch, das für die Veröffentlichung, ja, sogar für eine bloße Konfrontation mit der Zensur ungeeignet und »riskant«, jedoch unter dem sowjetischen Himmel geschrieben worden war, gehörte bereits dem Staat und durfte unmöglich der Willkür eines borniertes Autors überlassen bleiben und von ihm *einfach so* den Menschen zu lesen gegeben werden!

Und ich dachte genau umgekehrt! Meine Katastrophe lag nun fast ein Jahr zurück, und sogar in meinem begriffsstutzigen Kopf klärte sich meine und *ihre* Lage: ich hatte nichts, nichts, nichts zu verlieren! Der Umstand, daß ich offen, ohne einen Hehl daraus zu machen, ohne es zu leugnen, meine *Krebsstation* links und rechts verteilte, war für mich keineswegs gefährlicher als das Drama, das seit einem Jahr in der Großen Lubjanka schmachtete. »Sie geben sie weiter?« – »Ja! Ich gebe sie weiter!« Ich habe sie geschrieben – und ich gebe sie weiter! Zum Teufel mit euren Verlagen! Mein Buch wird mir aus der Hand gerissen! Es wird ganze Nächte hindurch gelesen und abgeschrieben, es wird ein literarisches Faktum sein, ehe ihr euer Maul aufreißen könnt! Eure Leninpreisträger sollten mal versuchen, *ihre* Manuskripte auf diese Weise zu verbreiten!

Das war es also, so war es gemeint: »Wenn die Not kommt – wende dich auch von ihr nicht ab!« DIE NOT KANN UNS DIE FREIHEIT ERSCHLIESSEN – wenn man die Not richtig deutet!

Djomitschew hatte früher einmal von meiner Stärke gesprochen – damals hatte ich das richtig verstanden. Jetzt hatten sie ein ganzes Jahr stillgehalten und mich meine Stärke in der Realität erleben lassen:

Ich bin selbstverständlich nicht gefahren, um mich bei Twardowskij zu melden, sondern habe ihm folgendes geschrieben:

> »Sollten Sie darüber aufgebracht sein, daß diese Powest nicht nur der Redaktion des *Nowyj mir* bekannt geblieben ist, so müßte ich eigentlich meiner Verwunderung Ausdruck geben ... Das ist das gute Recht eines jeden Autors, und es wäre sonderbar, wenn Sie es mir streitig machen wollten. Außerdem kann ich nicht zulassen, daß die *Krebsstation* das bedauerliche Schicksal des Romans teilt: zuerst das Warten auf unbestimmte Zeit, die Bitte der Redaktion an den Autor,

den Roman keinem zu zeigen – und plötzlich ist der Roman verloren, für mich und für die Leser, und wird nur einem geschlossenen ausgewählten Personenkreis zugänglich gemacht . . .«

So schrieb ich – und merkte nicht, daß das grausam war. Aber für Alexandr Trifonowitsch war das grausam. Man erzählte sich, daß er über diesem Brief geweint habe. Beweinte er den verlorenen kindlichen Glauben? Die verlorene Freundschaft? Die verlorene Powest, die jetzt den Verleger-Gangstern in die Hände fallen würde?

Seit jener Zeit gab es für mich keine Besuche mehr im *Nowyj mir*, keine Telephonanrufe, ich war frei in meinen Handlungen und wandte und drehte mich nach allen Seiten: was konnte ich noch tun? Was konnte ich noch gegen die frechen Krallen der Feinde unternehmen, die sich so fest um mein Archiv, um meinen Roman geschlossen hatten? Eine gerichtliche Verfolgung war ausgeschlossen. Es bot sich lediglich die Möglichkeit eines öffentlichen Protestes.

Früher, als ich den Schriftstellerverband aus der Ferne sah, war er mir wie jenes schändliche »Kaufhaus« im Tempel der Literatur vorgekommen, das nur eine »Geißel aus Stricken« verdient. Aber das lebendige Gras sprießt geräuschlos, umwächst die übereinandergestürzten Stahlträger und kann, wenn man es nicht niedertrampelt, diese Träger sogar überwuchern. Gesunde und reine Halme sprossen aus diesem verfaulenden kranken Körper hervor. Nach den Enthüllungen der Chruschtschow-Ära wuchsen sie besonders schnell. Als ich in den Schriftstellerverband aufgenommen wurde, entdeckte ich dort mit Staunen und Freude viele lebendige, freiheitliche Menschen – die einen waren so geboren, die anderen hatten noch keine Zeit gehabt zu verderben oder waren im Begriff, die Verderbnis zu überwinden. (Ein Beispiel mehr, daß man nichts verallgemeinern soll.)

Jetzt hätte ich mit Leichtigkeit hundert oder zweihundert anständige Menschen unter den Schriftstellern heraussuchen und an sie schreiben können. Aber sie hatten in der Regel keine führenden Positionen im Schriftstellerverband inne. Da ich mich bei der Auswahl nach ihren menschlichen Qualitäten und nicht nach ihrer Funktion gerichtet hätte, hätte das eine Gefährdung für sie, aber kaum eine Förderung meines Vorhabens bedeutet, öffentlich zu protestieren. Es wäre deprimierend fruchtlos gewesen, irgendwelche Proteste an die vielköpfigen und stumpfsinnigen Vorstände des Allunions- und des Russischen Schriftstellerverbandes zu richten. Aber im Dezember 1966 sollte der seit Juni vertagte Schriftstellerkongreß stattfinden, der erste Kongreß seit meiner Aufnahme in den Schriftstellerverband und möglicherweise – der letzte. Das war bestimmt eine gute Gelegenheit! Wenn die Konferenzteilnehmer zusammentraten, war der alte Vorstand schon nicht mehr funktionsfähig, der neue noch nicht gewählt, und ich konnte die würdigen Delegierten nach Belieben ansprechen. Und war es nicht überhaupt die Leninsche Taktik, an eine Konferenz zu appellieren? Er hatte ja gelehrt: den Augenblick bei den Hörnern packen, zwischen dem NICHT MEHR ... und NOCH NICHT ...

Aber bis zu der Dezemberkonferenz war es noch lange, und es drängte mich zu irgendeinem Protest gegen die Art und Weise, wie mit meinen Manuskripten verfahren wurde. Und ich faßte den Entschluß, mich noch einmal, zum letzten Mal, an das ZK zu wenden. Ich war zwar kein Parteimitglied, aber jedem Werktätigen stand es ja frei, eine flehentliche Bitte an diese halbgöttliche Institution zu richten. Man ließ mich sogar wissen, daß man dort oben auf einen Brief von mir warte, auf einen *aufrichtigen* selbstverständlich, das heißt auf einen reuigen, der um eine Gelegenheit betteln würde, das eigene frühere Sein in den Schmutz zu treten und zu beteuern, daß man ein »hundertprozentiger Sowjetmensch« sei.

Zunächst hatte ich die Absicht, den Brief in einem ziemlich ausfallenden Ton abzufassen: *sie selbst* seien ja nicht mehr in der Lage, das zu wiederholen, was sie vor dem XX. Parteitag gesagt hatten, sie schämten sich dessen und hätten dem abgeschworen. E. Henry überredete mich, das nicht zu tun: dieser Brief hätte die angespannten Beziehungen nur noch mehr belastet und nichts erreicht – weder einen Zeitgewinn noch die Möglichkeit einer Koexistenz. Ich änderte den Brief, und der Vorwurf richtete sich nun nicht mehr gegen die Parteispitze, sondern gegen die Literaten. Im übrigen bemühte ich mich um Sachlichkeit und um ein gewisses Selbstbewußtsein im Ausdruck. Wahrscheinlich ist es mir nicht ganz gelungen: unserem Land fehlt noch die Tradition eines solchen Tonfalls, und es ist gar nicht so einfach, sie zu schaffen.

Der Brief an Breschnew wurde Ende Juli 1966 abgeschickt. Eine Antwort oder auch nur ein Zeichen darauf ist nie gekommen. Die interne Lektüre meiner Werke wurde nicht eingestellt, die Hetzkampagne in den Schulungsveranstaltungen der Partei fortgesetzt, höchstens eine Zeitlang gebremst. Dennoch hat mir dieser Brief geholfen, den Lauf der Ereignisse für eine Weile aufzuhalten und in dieser Zeit den *Archipel* abzuschließen. Ich glaube, er hat außerdem dazu beigetragen, daß eine Genehmigung für eine Diskussion über den ersten Teil der *Krebsstation* im Schriftstellerhaus erteilt wurde. (Bis dahin lag das Manuskript zwei Monate beim Sekretär des Moskauer Schriftstellerverbandes, dem Generalleutnant des KGB W. N. Iljin, fest.)

Die Diskussion wurde wie üblich im Programmheft des Schriftstellerhauses angekündigt, und so wurde zum ersten Mal – trotz *Nowyj mir* – der nun inzwischen unabänderlich gewordene Titel gedruckt: *Krebsstation*. Aber als sich daraufhin zu viele Interessenten meldeten, bekam das Führungsgremium des Schriftstellerverbandes es mit der Angst zu tun, änderte das Datum, setzte einen Zeitpunkt mitten am Tage fest, kündigte die Änderung nicht mehr öffentlich an und kontrollierte beim Einlaß streng die Einladungen der Schriftsteller.

Das war am 16. November. In den drei Monaten hatten viele Feinde das Buch gelesen und nicht nur in Zeitschriften meine Philosophie und mein künstlerisches Verfahren verrissen, sondern sogar ganze Lehrbuchkapitel dieser Kritik gewidmet (W. Pankow). Aber – o Wunder! Keiner aus dieser ganzen Bande, ausgenommen S. Kedrina, die »öffentliche Anklägerin« Sinjawskijs und Daniels, und der orthodoxe Assanow (ein Spitzel?) wagte es, HIER ZU ERSCHEINEN. Das war ein doppeldeutiges Zeichen: einmal für die Macht der erwachenden öffentlichen Meinung (wenn sie keine Argumente hatten, konnten sie nicht mehr diskutieren, und vor Denunziationen hatte man keine Angst mehr), zum anderen für die Macht der immer noch selbstbewußten Bürokratie (wozu sollten sie hingehen, sich herumzanken und den Kürzeren ziehen, wenn sie diese Powest auch auf die leise Tour an die Wand drücken konnten und sie nicht durchzulassen brauchten?).

Und so wurde diese Diskussion nicht zu einer Schlacht, wie

man erwartet hatte, sondern zu einem Triumph und der Verkündung einer neuen Literatur – die, noch von keinem definiert, von keinem analysiert, schon von allen sehnsüchtig erwartet wurde. Sie sollte, wie Kawerin in seiner ausgezeichneten, mutigen Rede (sie hätten ja schon seit Jahren mutig auftreten können, worauf hatten sie bloß gewartet?!) sagte, die frühere *Kriecherliteratur* ablösen. Die Kedrina ließ man kaum zu Worte kommen: man verließ scharenweise – dem Beispiel Nekrassows folgend – demonstrativ den Saal.*

Der November dieses Jahres wurde für mich eine sehr bewegte Zeit – das war nicht so geplant, das ergab sich durch ein zufälliges Zusammentreffen verschiedener Umstände. Jeder kennt in seinem Leben solche seltsamen Zeiten, wenn die verschiedensten äußeren Kräfte plötzlich und unerwartet in Bewegung geraten. Und erst im Strudel dieser Bewegung, erst da wurde mir klar, wie ich mich zu verhalten hatte: möglichst dreist auftreten und auf jede Selbstbeschränkung verzichten. Hatte ich früher jedes Auftreten in der Öffentlichkeit abgelehnt – jetzt nahm ich sämtliche Einladungen an. Hatte ich es früher strikt abgelehnt, Interviews zu geben – jetzt konnte jeder eines haben, der es haben wollte.

Weil – weil ich nichts mehr zu verlieren hatte. Die Meinung, die sie von mir hatten, konnte nicht mehr schlechter werden.

Ich war es ja nicht gewesen, der als erster mein Archiv aus seinem ruhigen Versteck hervorgeholt hatte: es waren die Fänge des KGB. Aber selbst dem Staatssicherheitsdienst ist es nicht gegeben, den geheimen Sinn des Geschehens, die geheime Kraft der Ereignisse zu sehen. In ihrem Wirbel wurden nun sowohl der KGB als auch ich zu bloßen Ausführenden.

Mein erstes öffentliches Auftreten ergab sich völlig überraschend: bei einer zufälligen Begegnung wurde ich im Vorübergehen gefragt, ob ich Lust hätte, im Rahmen einer »Briefkasten-Veranstaltung« zu sprechen. Warum nicht? Ich hatte Lust. Alles wurde schnell organisiert, die Instanzen des Sicherheitsdienstes hatten noch keinen Wind bekommen, und bei den Physikern im Kurtschatow-Institut fand eine Lesung vor sechshundert Menschen statt. (Allerdings waren ungefähr hun-

---

* Twardowskij hatte den Redaktionsmitgliedern des *Nowyj mir* ausdrücklich untersagt, an dieser Diskussion teilzunehmen! »Wenn die Kuh weg ist, dann soll der Melkeimer auch dran glauben!«

dert fremde, völlig unbekannte Personen darunter, die »auf Einladung des Parteikomitees« erschienen waren.) Natürlich saßen genügend KGB-Männer dabei, und einige Funktionäre aus dem Bezirks- und Gebietskomitee.

Zu diesem ersten Treffen brachte ich keine Rede mit, ich wollte einfach nur lesen – und ich las dreieinhalb Stunden, aber die Fragen beantwortete ich nicht alle und wenn, dann nur flüchtig. Ich las einige Schwerpunktkapitel aus der *Krebsstation,* einen Akt aus dem *Licht, das in dir scheint* (über die Ziele der Wissenschaft, um das wissenschaftlich orientierte Auditorium zu packen), dann aber wurde ich dreist, ließ alle Rücksichten fallen und überraschte mit einigen Kapiteln aus dem *Kreis,* jenem *Kreis,* der von der Lubjanka beschlagnahmt worden war! Wenn *die* ihn den Apparatschiks zu lesen gaben, so durfte der Autor es sich doch wohl auch erlauben, dem Volk daraus vorzulesen?! (Nicht ich hatte den Knoten des Verbots als erster gelöst, und damit war meinem Lagerfatalismus Genüge getan.)

Ja, die Zeiten sind andere geworden, und auch wir sind andere geworden! Ich wurde nicht zum Schweigen gebracht, nicht unterbrochen, mir wurden nicht die Hände auf dem Rücken gefesselt. Ich wurde nicht einmal zur Rechtfertigung und Belehrung in den KGB vorgeladen. Aber dann zeigte sich: der Minister des KGB Semitschastnyj begann mir zu antworten – öffentlich und in meiner Abwesenheit. Während er mit seinen Spionagenetzen und seiner Subversion in Afrika und Europa eine Schlappe nach der anderen erlitt, richtete er sein Augenmerk auf den ideologischen Kampf, namentlich auf die Schriftsteller als eine Hauptgefahr für das Regime. Er trat häufig bei ideologischen Konferenzen und bei Seminaren für Agitatoren auf. In jenem November äußerte er sich sehr ungehalten über meine Dreistigkeit: ich läse auf dem Podium aus einem beschlagnahmten Roman vor! Das war die ganze Antwort des KGB.

Jeder ihrer Schritte bewies mir, daß mein vorausgehender nicht ausreichend gewesen war.

Jetzt suchte ich nach einer Gelegenheit, Semitschastnyj zu antworten. Als es sich herumgesprochen hatte, daß ich im Kurtschatow-Institut aufgetreten war, erhielt ich viele Einladungen – die einen vage, die anderen definitiv und dringlich und sagte jedes Mal zu, soweit die Termine nicht kollidierten. In allen diesen Instituten schien alles bestens organisiert zu sein, von der Direktion genehmigt, mit Anschlägen, gedruckten und verteilten Einladungskarten – aber dann kam es immer ganz anders! In letzter Stunde, manchmal sogar in letzter Minute, kam ein Anruf des Moskauer Stadtkomitees der Partei: »Wenn das Treffen mit Solschenizyn stattfindet – dann seid ihr euer Parteibuch los!« Und obwohl die einladenden Institute keineswegs hinter dem Mond daheim waren (Nesmejanow-, Karpow-, Semjonow-Forschungsinstitute, die Mechanisch-Mathematische Fakultät der Moskauer Universität, die Baumann-Hochschule, das Zentrale Aerohydrodynamische Institut, die Große Enzyklopädie), fand keines die Kraft, und die leitenden Akademiemitglieder brachten nicht den Mut auf sich durchzusetzen. Im Karpow-Institut wurde das Treffen so spät abgesagt, daß sie mich schon abgeholt und ins Institut gebracht hatten, aber da hing ein Anschlag: »Wegen Erkrankung des Autors muß die Lesung ausfallen.« Der Direktor der Zentralbibliothek für Gesellschaftswissenschaften hatte es mit der Angst zu tun bekommen und von sich aus abgesagt: ihm war telephonisch mitgeteilt worden, daß ein General des KGB in Zivil und inkognito zur Lesung kommen würde und einen Platz reserviert haben wollte.

Ich sah zu spät ein, daß ich im Kurtschatow-Institut allzu zurückhaltend gewesen war und suchte nun nach einer Gelegenheit, Semitschastnyj zu antworten – aber man knallte mir die Türen vor der Nase zu: zu spät, mein Freund! Einen einzigen, nur einen *einzigen* Auftritt hätte ich gebraucht, um ihnen die richtige Antwort zu verpassen, aber es war zu spät! Noch nie in meinem ganzen Leben habe ich die Freiheit der Rede so vermißt! Und plötzlich erhielt ich eine Einladung vom Lasarjew-Institut für Orientalistik, wo meine Lesung schon einmal verboten worden war (später versicherten alle Parteibonzen, sie hätten dieses Verbot nicht ausgesprochen). Die Einladung war sehr dringend: die würden nicht absagen! Ich kam aus Rjasan und ging vom Bahnhof direkt zu diesem Treffen. Und tatsächlich – sie hatten nicht abgesagt! (Es war der 30. November.)

Diesmal kam ich, um zu *sprechen!* Diesmal kam ich mit einer vorbereiteten Ansprache und wartete nur auf eine Gelegenheit, um sie anzubringen. Ich las zwei Kapitel aus der *Krebs-*

station, es kamen ein paar Dutzend Zettel zusammen, und ich benutzte einen davon als Aufhänger – solange man mich nicht vom Podium jagen würde, alles sichtbar zu machen und in die Welt hinauszuschreien, was ich an neun anderen Stellen nicht sagen durfte. Neben mir auf der Bühne hatten einige Herren vom Parteikomitee Platz genommen – vielleicht, um das Mikrophon und mich auszuschalten, wenn es gar zu bunt werden würde? Aber sie brauchten nicht in Aktion zu treten: im Saal saßen Geisteswissenschaftler mit genügendem Spürsinn, und ich konnte mit meinen Ausführungen auf dem Grat bleiben, ohne ihn unbedingt überschreiten zu müssen. Ich hatte das deutliche Gefühl, daß ein hoher KGB-Mann dabei war, vielleicht sogar mit einem tragbaren Magnetophongerät. In den Stuckverzierungen des ehrwürdigen alten Saales stellte ich mir im Halbrelief den Kopf des Chefs der Sicherheitspolizei vor, der im Augenblick nicht widersprechen konnte, während ich es sehr wohl konnte! Mit lauter Stimme sprach ich freudig zum Publikum – und schenkte ihm *reinen Wein* ein. Ein unbedeutender Häftling in der Vergangenheit und vielleicht in der Zukunft, hatte ich jetzt (vielleicht vor einer neuen Einzelzelle und einem neuen Prozeß unter Ausschluß der Öffentlichkeit) – ein Auditorium von einem halben Tausend Menschen und die Freiheit des Wortes!

Ich muß Ihnen erklären, weshalb ich früher jedes Interview, jedes öffentliche Auftreten abgelehnt habe und jetzt ohne zu zögern Interviews gebe und nun auch vor Ihnen stehe. Ich meine auch heute noch, daß ein Schriftsteller schreiben und sich nicht auf dem Podium herumtreiben und vor der Presse keine Erklärungen abgeben soll. Aber ich bin eines Besseren belehrt worden: Nein, ein Schriftsteller muß nicht nur schreiben, er muß sich verteidigen. Und ich habe diese Lektion beherzigt! Ich bin hierhergekommen, um mich vor Ihnen zu verteidigen! Es gibt eine gewisse ORGANISATION, deren Aufgabe mitnichten darin besteht, die künstlerische Tätigkeit zu bevormunden und die schöne Literatur zu gängeln – aber sie tut es. Diese Organisation hat mir meinen Roman und mein Archiv, das nie für den Druck bestimmt war, entwendet. Aber sogar darauf schwieg ich und arbeitete still weiter. Und nun begann eine Verleumdungskampagne gegen mich, wobei man Ausschnitte aus meinem Archiv tendenziös ausschlachtete, Verleumdungen in einer neuen Manier – Verleumdungen von den Rednertribünen geschlossener Schulungsveranstaltungen herab. Was bleibt mir übrig? Mich zu verteidigen! Und jetzt bin ich hierhergekommen! Sehen Sie! Ich lebe noch! Noch sitzt dieser Kopf auf seinen Schultern! (Ich drehte den Kopf nach allen Seiten.) Aber mein Roman ist ohne mein Wissen und gegen meinen Willen gedruckt worden und wird unter Auserwählten, von der Sorte Wsewolod Kotschetows, des Chefredakteurs von *Oktjabr*, verbreitet. Sagen Sie mir, weshalb soll ich selbst mir das verbieten? Warum darf ich, der Autor, Ihnen nicht aus diesem Roman einige Kapitel vorlesen? (Zurufe: »Ja!«)

Man muß ein langes Sklavenleben hinter sich haben: sich von Kindesbeinen an vor der Obrigkeit ducken, bei verlogenen Beifallskundgebungen zusammen mit anderen aufspringen, bei offenkundigen Lügen zustimmend nicken, niemals widersprechen, und das alles immerhin als Bürger-Sklave, und später, als Häftlings-Sklave die Hände nicht vom Rücken nehmen, sich nicht umdrehen, nicht aus der Reihe treten dürfen – um diese Stunde freien Sprechens zu würdigen, vom Podium herab vor fünfhundert Menschen, die ebenfalls von der Freiheit berauscht sind.

Ich glaubte, daß ich zum ersten Mal fühlte, zum ersten Mal sah – ich mache Geschichte. Ich wählte die Kapitel über die Demaskierung der Spitzel (»Die Heimat soll ihre Spitzel kennen!«) und über die Nichtigkeit und Aufgeblasenheit der geheimnisvollen »Sonderbeauftragten«. Fast jeder Absatz wirkte im Saal wie zündendes Pulver! Wie lange haben die Menschen die Wahrheit entbehrt! Mein Gott, wie sehr brauchen sie die Wahrheit! Ein Zettel wird heraufgereicht: »Erläutern Sie den Satz aus dem vorgelesenen Kapitel: ›Stalin hat verhindert, daß das Rote Kreuz sich der sowjetischen Kriegsgefangenen annimmt‹.« Ihnen, Zeitgenossen und Teilnehmern des unglückseligen, alles verschlingenden Krieges, war es nicht vergönnt, darüber die ganze Wahrheit zu erfahren. In keiner Gefängniszelle gab es auch nur einen einzigen Häftling, der begriffsstutzig genug war, um das nicht zu merken. Aber hier saßen fünfhundert Geisteswissenschaftler mit höchstem

Niveau, denen es nicht gegeben war, das zu merken. Sehr gern, Genossen, diese Angelegenheit ist leider viel zu wenig bekannt. Auf Stalins Weisung weigerte sich der Außenminister Molotow, die Haager Konvention über die Kriegsgefangenen für die Sowjetunion zu unterzeichnen und Beiträge an das Internationale Rote Kreuz zu entrichten. Daraufhin waren unsere Kriegsgefangenen die einzigen auf der Welt, die von ihrer Heimat im Stich gelassen wurden, die einzigen, die dazu verurteilt waren, mit der deutschen Wassersuppenration zu verhungern . . .*

Oh, ich glaube, daß ich jetzt anfange, diese meine neue Lage nach der Katastrophe mit dem Archiv zu lieben! Diesen offenen und stolzen Widerstand, dieses anerkannte Recht auf unabhängiges Denken! Es würde mir schwerfallen und kaum möglich sein, in die frühere Stille zurückzukehren. Jetzt erst enthüllt sich langsam der geheime Sinn jenes für mich einst unergründlichen Unheils, jenes Schachzugs der Höchsten Vernunft, mit dem wir, die Kleinen, nicht rechnen können: eine entsetzliche Not mußte über mich kommen, damit mir die Möglichkeit, mich zu verstecken und zu schweigen genommen wird, damit ich aus Verzweiflung anfange zu sprechen und zu handeln.

Denn die Zeit war gekommen . . .

Ich begann diese Aufzeichnungen damit, daß ich mich erinnerte, wie aus einem Normalbürger ein Illegaler wird – Schritt für Schritt, unmerklich, bis zu einem Morgen, an dem man erwacht:

Aha, ich bin ja schon längst . . .

Und ebenso wachte ich eines Morgens, dank der Katastrophe, die mich an den Rand der Verhaftung und des Selbstmords gebracht hatte, und indem ich Stich um Stich, Quant um Quant, Woche um Woche, Monat um Monat, immer wieder dem Sinn des Geschehenen, langsam, allmählich (jeder, dem es gelingt, die Chiffre des Himmels rascher zu entziffern, möge sich glücklich preisen!) nachspürte – wachte ich eines Morgens auf – als freier Mensch in einem freien Land!!!

---

* In seiner nächsten »Antwort« erklärte Semitschastnij, ich hätte verleumderisch behauptet, daß wir die deutschen Kriegsgefangenen verhungern ließen.

Meine Lesung wirkte wie ein Gongschlag, wie eine Kampfansage, aber während man glaubte, ich würde nun nichts anderes mehr tun als öffentlich auftreten, tauchte ich – diesmal
ohne mir vorher den Bart abzuschneiden – in meinem fernen
Versteck unter – ich wollte arbeiten! Arbeiten! – weil die Zeit
drängte, ich aber noch nicht fertig war und meine Pflicht noch
nicht erfüllt hatte.

Ich rechnete damit, daß ich mir durch diesen Tumult drei
Monate Ruhe gesichert hatte, bis zum Frühjahr. Und so war es
auch. Von Dezember bis Februar beendete ich die Arbeit am
Archipel, d. h. ich korrigierte und schrieb siebzig Bogen in
dreiundsiebzig Tagen ab, obwohl ich zwischendurch krank
war, Öfen heizen und selbst kochen mußte. Nicht ich habe es
getan – meine Hand wurde geführt!

Ferner hatte ich für das Neue Jahr 1967 eine kleine Zeitbombe
vorgesehen – mein erstes Interview, das ich dem japanischen
Korrespondenten Komoto gab. Es hatte Mitte November
stattgefunden und sollte zu Neujahr veröffentlicht werden,
aber ein Tag nach dem anderen verstrich, und immer noch
konnte ich in meiner eingeschneiten Bärenhöhle mit dem Transistor kein Echo irgendeines Senders auffangen, weder aus
Japan selbst, noch aus dem Westen. Sogar Radio Liberty erwähnte dieses Interview nicht.

Es hatte im November stattgefunden – improvisiert – und war
nach den üblichen Maßstäben eine glatte Frechheit. Es gab bestimmte Regeln, die auch für ausländische Korrespondenten,
wenn sie auf ihren Moskauer Posten Wert legten, verpflichtend
waren, um so mehr für Sowjetbürger. Die Schriftsteller mußten
vorher die Genehmigung der Auswärtigen Kommission des
Schriftstellerverbandes einholen (in allen Institutionen sind
die »Auswärtigen Abteilungen« Filialen des KGB). Ich hatte
mich früher um diese Regel nicht gekümmert, und jetzt wollte
ich mich erst recht nicht um sie kümmern. Zu meiner neuen
Stellung gehörten Exterritorialität und Straffreiheit.

S. Komoto hatte wie üblich die Bitte um ein Interview an
mich und eine Kopie an die »Auswärtige Kommission« gesandt. Dort hatte man sie kaum zur Kenntnis genommen: man
wußte, daß ich überhaupt keine Interviews gab. Aber ich – ich
hatte mir schon seit einem Jahr, seit der großen Katastrophe,
vorgenommen, in einem Interview alles zu schildern, was mir

widerfahren war. Und jetzt bot sich eine geeignete Gelegenheit: ein japanischer Korrespondent (kein krimineller westlicher und doch zugleich ein ganz und gar westlicher) bat mich um eine schriftliche Antwort auf fünf Fragen, falls ich mich nicht mit ihm treffen wollte. Er gab seine Moskauer Adresse und Telefonnummer an. Schon diese fünf Fragen reichten mir vollständig: eine Frage bezog sich auf die *Krebsstation* (es gab also ausreichend Gerüchte darüber) und eine Frage auf meine schöpferischen Pläne. Ich arbeitete eine schriftliche Antwort aus [Anhang 1]. Immerhin konnte ich mich nicht entschließen, der ganzen Welt zu verkünden, daß mein Roman und das Archiv beschlagnahmt worden waren. Ich zählte einige Titel auf und schrieb, daß ICH KEINEN VERLEGER DAFÜR FINDEN KÖNNE. Wenn ein Autor, der sich vor drei Jahren vor Nachfragen nicht zu retten wußte und in allen Sprachen der Welt verlegt wurde, auf einmal sagt, daß er in seiner Heimat »keinen Verleger finden« könne – gibt es da noch irgendwelche Unklarheiten?

Aber wie konnte ich dem Korrespondenten diese Antwort zukommen lassen? Mit der Post schicken? Dann würde man sie sicher abfangen, und ich würde nicht einmal erfahren, daß er sie nicht bekommen hat. Jemand von den Freunden bitten, den Brief direkt in den Briefkasten an seiner Wohnungstür zu werfen? Aber bestimmt wurden alle Personen in diesem Treppenhaus beobachtet und photographiert. (Ich wußte damals noch nichts von dem Milizposten vor dem Haus, und mir war nicht bekannt, daß das Betreten des Hauses überhaupt verboten war.) Also mußten wir uns treffen, und wenn wir uns schon trafen, konnte ich auch ein mündliches Interview geben. Aber wo konnten wir uns treffen? Er durfte nicht nach Rjasan kommen, und ich durfte in Moskau keine Privatwohnung so gefährden. Und ich entschloß mich für die unverschämteste aller Lösungen: das Schriftstellerhaus! An dem Tag, als dort die Besprechung über die *Krebsstation* stattfand, nahm ich die Gelegenheit wahr, mir die Räumlichkeiten genau anzusehen und den Japaner von der Telefonzelle aus anzurufen. Ich schlug ihm ein Treffen am nächsten Tag im Schriftstellerhaus vor. Eine solche Aufforderung klang vollkommen offiziell, und er nahm wahrscheinlich an, ich hätte alles vorschriftsmäßig geregelt. Er telefonierte mit seiner Dolmetscherin (die selbstverständlich vom KGB kontrolliert wurde), und die bestellte einen Photographen der Presseagentur in das Schriftstellerhaus – das klang ebenfalls so offiziell, daß auch die Presseagentur keinerlei Verdacht schöpfte.

Ich traf eine halbe Stunde vor dem vereinbarten Termin ein. Es war ein Werktag, von den Schriftstellern war keiner zu sehen, von dem gestrigen Gedränge und der strengen Kontrolle keine Spur, Arbeiter trugen durch die weit offenen Flügeltüren Stühle hinaus. Statt eines schwarzen Japaners erschien ein blondes russisches Mädchen und ging auf den Tisch der Direktion zu. Als ich meinen Namen zu hören glaubte, sprach ich sie sofort an und bat die Japaner herein. (Sie waren zu zweit gekommen und hatten draußen im Auto gewartet.) Die Pförtner waren dieselben, sie hatten mich am Vorabend im Mittelpunkt der allgemeinen Aufmerksamkeit gesehen, und als ich heute sagte: »Das ist Besuch für mich«, klang es für sie überzeugend. (Später erfuhr ich, daß Ausländer das Schriftstellerhaus nur mit einer Sondergenehmigung der Direktion betreten dürfen.) Ich führte sie in das Foyer mit seinen Teppichen und weichen Sesseln und äußerte die Hoffnung, daß der bescheidene Rahmen unsere sachliche Unterhaltung nicht beeinträchtigen möge.

Der Photograph der Nachrichtenagentur stürzte atemlos herein, schleppte riesige Lampen heran, und unser zwanzig Minuten dauerndes Interview begann. Die Direktion sah sich zwar einer nicht geplanten Veranstaltung gegenüber, aber ihre Respektabilität, ihre Bedeutung und folglich ihre Legalität unterlagen keinem Zweifel.

Komoto sprach ganz ordentlich russisch und brachte die Dolmetscherin nur der Form halber mit, sie brauchte nichts zu übersetzen. Gegen Ende der Unterhaltung erfuhr ich, wie er zu seinen Russischkenntnissen gekommen war: Komoto erzählte, daß er drei Jahre in unseren sibirischen Lagern verbracht hatte! Nun, da er selbst ein Häftling gewesen war, würde er vielleicht die *Hintergründe* unserer Begegnung richtig durchschauen! Um so besser würde er alles nur Angedeutete verstehen. Unser Abschied war sehr herzlich.

Doch nun war die erste und die zweite Januarwoche verstrichen, aber kein Echo, nicht ein einziger Satz als Antwort auf das Interview drang über den Transistor in meine Abgeschiedenheit! War alles umsonst gewesen? Was war geschehen?

Hatte man Komoto behindert, ihn eingeschüchtert? Fürchtete der Redakteur seiner Zeitung die im großen und ganzen entspannte Atmosphäre in den sowjetisch-japanischen Beziehungen zu stören? (Ihre Sendungen in russischer Sprache befleißigten sich alle eines penetrant kriecherischen Tons.) Nur auf die eine Idee kam ich nicht: daß dieses Interview, zur rechten Zeit und ungekürzt in vier Zeitungen mit einer Gesamtauflage von fünf Millionen Exemplaren erschienen, eine Viertelseite, wenn auch in japanischen Hieroglyphen – im Westen von KEINEM EINZIGEN MENSCHEN zur Kenntnis genommen worden war! Im Zusammenhang mit der »Kulturrevolution« in China hatten sich die Sender der ganzen Welt täglich auf Informationen japanischer Korrespondenten bezogen. Sie hatten also die japanischen Zeitungen studiert – aber das Interview mit mir hatten alle übersehen! Lag das an der Vergänglichkeit des irdischen Ruhms, oder war der Russe, der zwei Wochen lang durch einen schlecht übersetzten Bestseller über die Zustände in den stalinistischen Lagern dem Westen einen gewissen Nervenkitzel geboten hatte, längst uninteressant geworden? Das letztere traf zu, ohne Zweifel. Aber wenn irgendwo in der Welt, sagen wir in Polynesien oder auf Neuguinea, eine Meldung erschienen wäre, daß ein griechischer Linker für seinen Artikel in Griechenland keinen Verleger gefunden hatte, dann hätten alle – Bertrand Russell, Jean-Paul Sartre und sämtliche Labour-Linken – ein ohrenbetäubendes Gezeter erhoben, dem englischen Premier das Mißtrauen ausgesprochen, den amerikanischen Präsidenten verflucht und einen internationalen Kongreß zur Verurteilung der griechischen Henker einberufen. Aber da es um einen russischen Schriftsteller ging, der unter Stalin fast erwürgt und in der Ära der kollektiven Führung mit Erfolg weitergewürgt wurde, der schon sein Ende vor sich sah, blieben die linken Ideologen ungerührt: wurde in einem kommunistischen Land gewürgt – dann war das eine Voraussetzung für den Fortschritt!

Wie gut ließ es sich in diesen Monaten völliger Zurückgezogenheit arbeiten und denken! Wie leicht ließen sich die wahren Maße und Gewichte der Erscheinungen und ihre Beziehungen ordnen! Im Strudel der ununterbrochenen Arbeit merkte ich in jenem Winter, daß ich in meinem neunundvierzigsten Lebensjahr meine Aufgabe zu »n–1« erfüllt haben würde, daß bis dahin alles vorliegen würde, was zu schreiben ich mir vorgenommen hatte. Alles, außer dem Letzten und Wichtigsten, *R-17.* Seit dreißig Jahren, seit der zehnten Klasse, war dieser Roman das eigentliche Ziel meines Lebens, ich trug ihn mit mir herum, wendete ihn hin und her, ließ ihn ruhen und sammelte Material, hatte aber praktisch nicht angefangen, weil immer etwas dazwischenkam. Und nun, im Frühjahr 1967, war es soweit, daß ich die ersehnte Arbeit endlich beginnen konnte, und sogar meine Hände glühten, wenn ich in *jenen* Büchern und *jenen* Notizen blätterte.

Und jetzt, umgeben von einer Stille, die in unserer Zeit fast unwahrscheinlich war, mit dem Blick auf die Tannen, die unbeweglich ihre tiefwinterliche Schneelast trugen, stand ich vor einer der wichtigsten Entscheidungen meines Lebens. Der eine Weg: auf die äußerliche Ruhe vertrauen (sie lassen mich unbehelligt) und die mir zugemessenen Jahre (wer weiß, wie viele noch?) mich möglichst still verhalten und schreiben, mein Hauptwerk schreiben, ein historisches Werk, wie es bis jetzt keinem zu schreiben vergönnt war, wie es später kaum jemand wird schreiben können. Doch für diese Arbeit mußte ich sieben bis zehn Jahre rechnen.

Der zweite Weg: einsehen, daß man auf diese Weise zwar ein Jahr, niemals aber sieben Jahre leben kann. Die trügerische äußerliche Ruhe künftig weiter sprengen. Den Vogel-Strauß-Kopf aus dem Sand heben. Denn der »eiserne Schurik« schläft nicht, er schleicht sich sachte auf krummen Wegen an die Macht heran, und eine seiner ersten Taten wird darin bestehen, mir diesen Kopf abzureißen. Dann müßte ich, kurz vor Beginn der ersehnten Arbeit, die Feder hinlegen und alles riskieren. Riskieren, die Feder, die Hand, die Stimme und den Kopf zu verlieren. Oder aber die Beziehungen zur Regierung so gründlich und so lautstark verderben, daß die eigene Position eben dadurch gefestigt wird. Ist das vielleicht die Richtung, in die mich das Schicksal lenkt? Ich durfte es nicht so weit kommen lassen, daß es seine Warnung wiederholte. Mehrere Jahrzehnte lang haben wir aus persönlichen Rücksichten und wegen wichtiger persönlicher Aufgaben den Mund gehalten und nicht eher geschrien, als bis man uns in den Sack stieß. Schon im Frühjahr 1966 habe ich mit großer Begeisterung den Protest von zwei Priestern, Eschliman und Jakunin, gelesen –

eine mutige, reine und ehrliche Stimme, die sich zum Schutze der Kirche erhob, einer Kirche, die es niemals verstanden hat, es immer noch nicht versteht und es auch nicht verstehen will, selbst für sich einzutreten. Ich las und wurde neidisch, weil nicht ich es war, der sich so verhielt, weil ich es so nicht fertiggebracht hätte. Lautlos und ohne vom Bewußtsein registriert zu werden, hatte das alles in mir gelegen und gearbeitet. Jetzt trat es mit der Klarheit einer unzweifelhaften Entscheidung ans Tageslicht: etwas Ähnliches steht auch mir bevor!

Ich hörte im Radio, daß der Schriftstellerkongreß auf den Mai vertagt worden war. Das war sehr günstig. Da das Interview zu keinem Erfolg geführt hatte, blieb nur noch ein Brief an den Schriftstellerkongreß übrig. Jetzt mußten nur mehr Tatsachen BEIM NAMEN GENANNT, und es mußte lauter geschrien werden. Unendlich schwer ist jeder Beginn, bei dem ein einfaches Wort einen trägen Brocken Materie bewegen soll. Aber wenn die ganze Materie nicht mehr dir, nicht mehr uns gehört, dann gibt es keinen anderen Weg. Es bleibt nur noch zu bedenken, daß auch ein Schrei im Gebirge einen Steinschlag auslösen kann.

Dann werde ich eben mitgerissen, meinetwegen. Vielleicht werde ich nur so, von den Erschütterungen mitgerissen, die Erschütterungen des Jahres 1917 nachvollziehen können?

»Nicht das Schicksal sucht den Kopf, der Kopf kommt dem Schicksal entgegen.«

Mit meinem nächsten Schritt wollte ich meine Lage endgültig stabilisieren; dafür mußte ich den Zweiten Teil der *Krebsstation* abschließen und verbreiten. Als ich mich für den Winter zurückzog, hatte ich ihn fast fertig zurückgelassen. Jetzt, nach der Rückkehr in den Lärm der Welt, mußte ich ihn beenden.

Aber es war für mich eine Ehrenpflicht, Twardowskij auch diesen Zweiten Teil vorzulegen, bevor ich ihn dem Samisdat überließ, obwohl das zweifellos zu nichts führen, hingegen den Verlust von vier Wochen bedeuten würde. Um Zeit zu sparen, bat ich meine Verwandten, Twardowskij eine vorläufige, noch nicht endgültige Zwischenfassung zu überbringen, nebst einem Brief, der scheinbar aus den Wäldern um Rjasan kam:

»Lieber Alexandr Trifonowitsch! Ich halte es für angebracht, Ihnen anheimzustellen, der erste Leser (natürlich war er nicht der erste!) des Zweiten Teils zu werden – falls Sie es möchten . . . Der Text muß noch einmal überarbeitet werden, deshalb möchte ich ihn nicht der gesamten Redaktion vorlegen . . . Bei dieser Gelegenheit möchte ich Ihnen versichern, daß das Nichtzustandekommen unserer Zusammenarbeit am Ersten Teil meine Beziehung zum *Nowyj mir* in keiner Weise getrübt hat. Mit unverminderter Sympathie, wie schon immer, beobachte ich die Position und die Aktivität Ihrer Zeitschrift (das war natürlich übertrieben) . . . Aber die gesamte Lage der Literatur ist augenblicklich so hart, daß ich mir unmöglich die gleiche passive Haltung leisten kann, die ich in den letzten vier Jahren eingenommen habe . . .«

Das heißt, ich bat nicht einmal darum, eine Veröffentlichung auch nur in Betracht zu ziehen. Nach unserem Streit und einem halben Jahr Trennung schlug ich Twardowskij lediglich vor, das Manuskript zu *lesen*.

Zeitlich ist die Rechnung gut aufgegangen: als ich im März 1967 zurückkam und den Zweiten Teil zu Ende schrieb, hatten im *Nowyj mir* nicht nur Alexandr Trifonowitsch, sondern auch die anderen das Manuskript gelesen, und ich erhielt ihre Absage: sie erklärten sich bereit, bei diesem Manuskript auf alle Ansprüche zu verzichten. Im Laufe eines Jahres lehnten fünf sowjetische Zeitschriften es ab, auch nur das harmloseste Kapitel aus dem Ersten Teil *(Das Recht zu heilen)* zu veröffentlichen. Eine Zeitschrift in Taschkent wollte es nicht einmal in einer Sondernummer zugunsten eines Sozialfonds (ohne Honorar) drucken. Der gesamte Erste Teil wurde erst von der *Prostor* (durch feiges Ausweichen) und dann von der *Swesda* abgelehnt. (»In der Gestalt Russanows zeigt sich weniger Meisterschaft als Haß« – eine auf den Seiten sowjetischer Publikationen unzulässige Erscheinung! »Die Retrospektiven lassen den Eindruck entstehen, daß der Persönlichkeitskult alles zunichte gemacht hat, was das sowjetische Volk geleistet hat« – die Hochöfen sind ein genügender Ausgleich für den Tod von Millionen Menschen und die allgemeine Demoralisierung; außerdem wäre »eine deutlichere Abgrenzung der Positionen des Autors von denen Tolstojs wünschenswert« – aber einen Lew Tolstoj hätten sie ja erst recht nicht gedruckt!)

Jede dieser Absagen war ein Hieb, noch einer und noch einer gegen die Halteleinen, die das Luftschiff meiner Powest festhielten. Es fehlte noch der letzte, Twardowskijs Hieb, und dann gab es kein Halten mehr für sie, die so sehr nach Bewegung drängte.

Unsere Begegnung fand am 16. März statt. Ich trat gutgelaunt und voller Lebensfreude bei ihm ein und fand ihn bedrückt und unsicher. Es wäre das Natürlichste von der Welt gewesen, wenn wir uns über den Zweiten Teil meines Romans unterhalten hätten, aber in den anderthalb Stunden, die wir unter vier Augen verbrachten, kamen wir kaum darauf zu sprechen.

Ich hatte meinen Weg insgeheim gewählt und ging meinem Schicksal erhobenen Hauptes entgegen. Und als ich sah, wie bedrückt Alexandr Trifonowitsch war, wollte ich ihm ein wenig Mut machen. In der Zwischenzeit hatte er in der Partei und im Zusammenhang mit der Zeitschrift verschiedene Niederlagen einstecken müssen: auf dem XXIII. Parteitag war er nicht mehr für das ZK vorgeschlagen, und jetzt nicht mehr in den Obersten Sowjet gewählt worden (»das Volk hat ihn abgelehnt« – so erklärte es Djomitschew); der Verlust dieser Positionen machte ihn erst recht hilflos gegenüber der unverschämten Zensur, die hemmungslos die Bogen seiner Zeitschrift zerfleischte; auch im »Theater der Satire« zog sich die Schlinge um *Tjorkin im Jenseits* langsam zu: das Stück wurde immer seltener aufgeführt, und man sprach davon, es endgültig vom Spielplan abzusetzen; und zuletzt hatte das ZK, einer plötzlichen und kaum nachvollziehbaren Eingebung folgend, ohne ihn vorher zu fragen, ohne ihn vorher zu benachrichtigen, seine beiden getreuen Stellvertreter abgesetzt – Dementjew und Saks: so wie früher die Menschen nicht mehr aus dem KGB nach Hause zurückkehrten, so sind diese beiden eines Tages aus dem ZK nicht mehr in die Redaktion zurückgekehrt.[*]

Natürlich war diese Maßnahme eine Art administrativer Ohr-

---

[*] Übrigens besuchte Dementjew noch lange Zeit hindurch die Redaktion und konnte jedesmal die Tränen kaum zurückhalten. Er hatte hier nie wegen des Geldes gearbeitet, er führte einen gesellschaftlichen Auftrag aus und wäre nun sicher bereit gewesen, unsonst mitzuarbeiten.

feige für Twardowskij und die gesamte Redaktion, aber EIGENTLICH bedeutete auch sie einen Hieb gegen die Halteleinen, eine Befreiung für den Aufstieg, denn die beiden waren pflichteifrige Aufpasser, die Twardowskijs Schwung bremsten. Alexandr Trifonowitsch war so daran gewöhnt, sich auf Dementjew zu verlassen, er war so von dem geschäftlichen und diplomatischen Geschick von Saks überzeugt und mit beiden so verbunden, daß er diesmal allen Ernstes daran dachte, sich von seinem Posten zurückzuziehen. Sogar die anderen Redaktionsmitglieder fühlten sich durch die plumpe Form, in der diese Absetzung erfolgt war, brüskiert und erwogen eine kollektive Rücktrittserklärung als Protest. (Somit wäre die Rechnung der Gegner gar nicht so dumm gewesen: ohne den eingebauten Verzögerungssatz würde der *Nowyj mir* seine ganze Ladung auf einmal verschießen und selbst dabei in die Luft gehen.)

Ich faßte Dementjews und Saks' Absetzung anders auf: als Reinigung der Zeitschrift. Aber wie sich herausstellte, war es zwecklos, Twardowskij und seine Mitarbeiter davon überzeugen zu wollen. In den anderen Punkten jedoch versuchte ich Twardowskij dennoch umzustimmen: die Tatsache, daß er in das ZK und den Obersten Sowjet nicht wiedergewählt worden sei, bedeute für ihn keineswegs einen gesellschaftlichen Abstieg, sondern eine BEFREIUNG und bringe seine, Situation und die seiner Zeitschrift Puschkin um einiges näher: Sie sind ein freier Dichter, der eine unabhängige Zeitschrift leitet. (Diesen Vergleich hatte Twardowskij bei weitem nicht verdient. Aber die internen Gespräche verliefen immer in solchem Ton und solchem Klima. Ich konnte diese Form nicht durchbrechen, wenn ich ihnen etwas klarmachen wollte.) Alexandr Trifonowitsch ging sofort darauf ein: er BEDAUERE es KEIN BISSCHEN, im Gegenteil, er freue sich darüber. (Es war schon gut, daß er wenigstens so sprach, wenn er auch offenbar nicht ganz aufrichtig war. Vor einigen Tagen hatte der Arme in volltrunkenem Zustand, in der Stoleschnikow-Gasse einen ihm unbekannten Oberst angehalten un sein tiefgekränktes Herz ausgeschüttet.)

Ich: »Um so besser! Ich freue mich, daß Sie das so auffassen, daß Sie sich innerlich befreit haben.« (Ach, wenn das nur so wäre!)

Er: (ohne daß ich ihn darauf gebracht hätte) ».. . und auch keinen ORDEN bekommen –«

(Einen Monat vorher hatten Scholochow, Fedin, Leonow und Tytschina den Goldenen Stern bekommen, er aber, nach der feststehenden Rangordnung der *erste Dichter* Rußlands, war als Strafe für sein mutiges Verhalten in der Öffentlichkeit einfach übergangen worden.) »Soboljew schluchzt, aber ich bin froh, daß ich ihn nicht bekommen habe. Für mich wäre das eine Schande gewesen.« (Das war unaufrichtig.)

Ich: »Natürlich wäre das eine Schande gewesen, in dieser Gesellschaft!«

Obwohl wir uns gewissermaßen überworfen und uns acht Monate nicht gesehen hatten, obwohl er mich zunächst mit einer gekränkten Miene begrüßte und wir beide fürchteten, von neuem verletzt zu werden oder ungeschickt an Gewesenes zu rühren, kam ein für ihn und für mich interessantes und freies Gespräch zustande: ich nahm mir immer vor, sie soweit zu bringen, daß sie wenigstens den freiwillig angelegten Maulkorb ablegten.

Alexandr Trifonowitsch fing an, mir ausführlich zu erklären, warum er wegen Dementjew und Saks doch nicht zurückgetreten sei: wie sie selbst ihm davon abgeraten hätten; wie man ihm *oben* bedeutet hätte, sein Rücktritt könnte nur als parteifeindliches Verhalten ausgelegt werden. Und ferner erzählte er gutgelaunt, wie weitblickend und effektiv er die Redaktion reorganisiert habe, wie Dorosch, Ajtmatow und Chitrow alle drei auf seinen Vorschlag, in der Redaktion mitzuarbeiten, mit denselben (?) Worten gedankt hätten (»es wäre für mich eine Ehre . . .«). Und dann von der Diskussion über den *Nowyj mir,* die am Tag zuvor im Sekretariat des Schriftstellerverbandes stattgefunden hatte (nach den Beschimpfungen in der *Prawda*): trotz schlimmster Erwartungen sei alles anständig und glimpflich verlaufen.

Nach diesem Rückblick sah er plötzlich nicht Unglück, sondern lauter Glück: die Zeitschrift habe wieder einmal bewiesen, daß sie nicht unterzukriegen sei! Unvorstellbar, was es sonst geben würde?! Die Wogen würden sich über ihr schließen und das Licht erlöschen . . .

Aber an diesem hellrosa Horizont gab es etwas, was Alexandr Trifonowitsch beunruhigte: gestern auf der Vorstandssitzung hatte er von Markow gehört, daß die *Krebsstation* im Westen veröffentlicht worden sei. Bei diesen Worten warf mir der Chef einen drohenden Blick zu. (Er hat sich einen Bart stehen lassen ... Womöglich hat er die *Miniaturen* selbst ins Ausland geschickt? ... Wieder schien alles gegen mich zu sprechen.) Und nun gab mir Alexandr Trifonowitsch (als der Ältere) zu bedenken, daß *sogar* eine (ungenannte) bürgerliche Zeitschrift (er führte sie als eine Autorität an, die auch meinem parteilosen Begriffsvermögen einleuchten müßte) geschrieben hätte, daß Sinjawskijs und Daniels Handlungsweise eines Solschenizyn unwürdig sei.

Darauf ich: »*Ich selbst* habe nicht die Absicht, etwas ins Ausland zu schicken. Aber ich werde meinen Landsleuten meine Bücher nicht vorenthalten, ich habe sie ihnen zu lesen gegeben, ich gebe sie aus der Hand, und ich werde das auch weiterhin tun!«

Alexandr Trifonowitsch seufzte, mußte aber vernünftigerweise zugeben:

»Das ist schließlich das Recht des Autors.«

(Sein Grundrecht!)

Wie es zu diesem Gerücht gekommen sei? Ich versuchte, es ihm zu erklären. Ein Kapitel aus der *Krebsstation*, das von mehreren sowjetischen Zeitschriften abgelehnt worden war, war tatsächlich im Westen erschienen, und zwar im Zentralorgan der slowakischen kommunistischen Partei, in der *Prawda*. Ach ja, gerade vor ein paar Tagen habe ich slowakischen Korrespondenten ein Interview gegeben, soll ich Ihnen davon erzählen? Und noch etwas! Auch im November hatte ich ein Interview, mit einem Japaner, auch davon muß ich Ihnen erzählen ... (»Ich habe schon davon gehört.« Twardowskij nickte mißmutig. »Sie haben da etwas Unerlaubtes an die japanische Botschaft weitergegeben.«) ... Natürlich! Wir hatten uns acht Monate lang nicht gesehen, und am nächsten Tag wollte Twardowskij nach Italien fahren, da mußte er über meine neue Verhaltensweise unterrichtet sein: Ich mache es jetzt ganz anders! Ich möchte Ihnen davon erzählen!

Aber Alexandr Trifonowitsch interessierte sich nicht mehr für unser Gespräch. Er telefonierte mit seinem Sekretär, er rief Surkow an, Baschan, all jene Menschen, von denen er eine halbe Stunde vorher sehr witzig gesagt hatte: »Mit denen zu-

sammen würde ich mich nicht einmal im offenen Feld hinhocken und sch . . .« Aber ausgerechnet mit ihnen zusammen
mußte er morgen fahren, um die Europäische Schriftstellergemeinschaft zu retten. Ich erinnerte mich noch genau, wie
Alexandr Trifonowitsch in seinem Pariser Interview im Herbst
1965 sich beschwichtigend über mein Schicksal geäußert und
damit geholfen hatte, mich zu würgen. Jetzt sprach ich mit
Nachdruck davon, wie sehr ich Vigorelli verabscheute, weil
er den Westen angelogen hatte, indem er erzählte, er habe sich
kürzlich freundschaftlich mit mir unterhalten und dabei erfahren, daß ich mein Archiv und den Roman zurückbekommen hätte. Er half bei dem Versuch, mich zu ersticken. (Das
sollte heißen: hoffentlich werden Sie morgen dort nicht wieder
mithelfen! . . .)
Ich: »Wissen Sie, was ich jetzt tue? Ich stelle meine Manuskripte in der Prosasektion zur Diskussion . . .«
Alexandr Trifonowitsch, kopfschüttelnd: »Das sollten Sie
nicht tun.«
Ich: ». . . und lese öffentlich vor . . .«
Alexandr Trifonowitsch, mit gerunzelten Brauen: »Sehr
schlecht. Völlig überflüssig. Mit Ihren scharfen Äußerungen
setzen Sie den *Nowyj mir* massiven Angriffen aus. Man macht
uns Vorwürfe: So, heißt es, den haben Sie *großgezogen*, den
haben Sie in die Welt gesetzt!«
(Aber, mein Gott, dann müßte nicht nur ich, sondern die ganze
russische Literatur verstummen und freiwillig ins Wasser
springen, nur damit dem *Nowyj mir* nichts vorgeworfen und er
nicht ersäuft würde? . . .)
Ich: »Ich trete auch für Sie ein! Ich mache vom Podium herab
laut und deutlich klar, warum Ihre Nummern manchmal mit
zwei oder drei Monaten Verspätung erscheinen: wegen der
Zensur!«
»Man braucht nichts klarzumachen!« – er verfinsterte sich
immer mehr. »Man hat mir berichtet, daß Sie sich negativ
über mich äußern . . .«
»NEGATIV? Und Sie haben das GEGLAUBT?«
»Ich habe gesagt: soll er doch! Ich werde mich nicht negativ
über ihn äußern.« (Er hatte es geglaubt! Der arme Trifonowitsch
hatte es gleich geglaubt! Aber er wollte vornehmer sein! . . .
Darin bestand ja die Freundschaft.)

Und wann kam bei dieser Unterhaltung die Rede auf die *Krebsstation?* Doch, wir haben auch darüber gesprochen – zwischendurch, zwei, drei Sätze.

Dem zweiten Teil der *Krebsstation* zollte er höchstes Lob; er sei *dreimal* besser (mit welchem Apparat wird das gemessen?) als der erste. Aber . . .

(Ich weiß es ja: *jetzt,* ausgerechnet *jetzt,* unter den augenblicklichen Bedingungen, in dieser Situation . . . Lieber Alexandr Trifonowitsch! Ich weiß es ja! Ich bitte ja gar nicht um eine Veröffentlichung! Schonen Sie Ihre Zeitschrift! Ich habe Ihnen die Powest nur gegeben, um Sie nicht zu kränken! Ich habe sie ja nicht der Redaktion gegeben!)

». . . Aber, wissen Sie: AUCH WENN ES VON MIR ALLEIN ABHÄNGEN WÜRDE – ICH WÜRDE SIE NICHT VERÖFFENTLICHEN.«

»Das ist mir bitter zu hören, Alexandr Trifonowitsch! Warum denn?«

»Sie lehnen die Sowjetmacht ab. Sie wollen ihr nichts verzeihen.«

»Alexandr Trifonowitsch! Der Begriff ›Sowjetmacht‹ wird meistens ungenau gebraucht. Er bedeutet lediglich: die Macht der Deputierten aller Werktätigen, NUR ihre Regierung, die von ihnen FREI gewählt und FREI kontrolliert wird. Für diese Macht stimme ich mit Händen und Füßen! Aber das Sekretariat des Schriftstellerverbandes, mit dem Sie nicht einmal auf offenem Feld zusammen . . . möchten – ist das auch die Sowjetmacht?«

»Ja«, sagte er mit melancholischer Würde. »In einem bestimmten Sinne sind auch sie alle die Sowjetmacht und müssen deshalb toleriert und unterstützt werden! . . . Aber Sie – Sie wollen nichts vergessen! SIE TRAGEN ZUVIEL IN IHREM GEDÄCHTNIS HERUM!«

»Aber ich bitte Sie, Alexandr Trifonowitsch! Das Gedächtnis des Künstlers ist die Grundlage seines Schaffens! Ohne das Gedächtnis wäre ein Buch Lüge und müßte zerfallen!«

»SIE SORGEN SICH NICHT GENUG UM DAS VOLK! (Natürlich, ich bin ja DER OBERSCHICHT GEGENÜBER LIEBLOS.) Man hat den Eindruck, daß Sie gar nicht wünschen, daß das Leben in den Kolchosen besser wird.«

»Aber Alexandr Trifonowitsch! In dem ganzen Buch wird über die Kolchose kein einziges Wort gesagt. (Außerdem – ich habe sie nicht erfunden, warum sollte ich mich um sie kümmern? . . .) Das eigentlich Bedrohliche, das über dieser Powest schwebt, ist das System der Lager. Ja! Ein Land, das eine solche Geschwulst in sich trägt, kann unmöglich gesund sein! Wissen Sie eigentlich, daß diese Geschwulst, die zwischen 1954 und 1955 beinahe völlig zurückgegangen war, sich unter Chruschtschow wieder verschlimmerte, ausgerechnet in den Jahren des XX. und XXII. Parteitags? Und als Nikita Sergejewitsch über unserem *Iwan Denissowitsch* Tränen vergoß, hatte er unmittelbar vorher eine Lagerverordnung bestätigt, die der zu Stalins Zeiten gültigen kaum nachsteht.«

Und ich erzählte ihm einiges.

Er hörte aufmerksam zu. Trotzdem meinte er:

»Und was würden Sie anstelle der Kolchosen vorschlagen? (Stand das nicht schon alles zur Debatte, als wir über *Matrjona* diskutierten? . . .) Man muß doch etwas haben, woran man glauben kann. IHNEN IST ÜBERHAUPT NICHTS HEILIG. Sie müssen der Sowjetmacht in einigem nachgeben. Sie sind doch einfach unvernünftig. Mit einer Peitsche läßt sich ein Beilrücken nicht durchschlagen.«

»Dann eben mit einem anderen Beilrücken, Alexandr Trifonowitsch!«

»Aber es gibt keine öffentliche Meinung in unserem Land!«

»Da irren Sie sich, Alexandr Trifonowitsch! Die gibt es bereits! Und sie wächst!«

»Ich fürchte, daß Ihre *Krebsstation* genauso beschlagnahmt werden wird wie der Roman.«

»Zu spät, Alexandr Trifonowitsch! Die ist bereits über alle Berge! Die holt man nicht mehr ein.«

(Noch war es nicht ganz so weit. Noch mußte ich bei dem Zweiten Teil zwei Monate still ausharren. Und genausoviel Zeit blieb noch bis zum Schriftstellerkongreß.)

»Sie sind verbittert, und das schadet Ihrem Können. (Aber warum war dann der Zweite Teil »dreimal besser« als der Erste, den er bereit gewesen war zu drucken?) Worauf haben Sie es angelegt? Kein Mensch wird Sie drucken.«

(Natürlich, wenn ich mich »würdiger als Sinjawskij und Daniel« verhielte. Eine schöne Falle!)

»Die werden nicht darum herumkommen, Alexandr Trifonowitsch! Wenn ich tot bin, werden sie jedes Wort von mir nehmen, da wird es nichts mehr zu korrigieren geben!«

Das verletzte ihn tief:

»Das ist ja schon Selbstbespiegelung! Es ist einfach, sich vorzustellen, man sei der einzige, der Mut beweist, und alle anderen seien Schlappschwänze und begnügten sich mit einem Kompromiß.«

»Wie kommen Sie zu dieser Verallgemeinerung? Hier kann es keine Vergleiche geben. Ich bin ein Einzelgänger, ich habe nur für mich einzustehen, und Sie sind der Redakteur einer großen Zeitschrift . . .«

Hüten Sie Ihre Zeitschrift! Hüten Sie nur Ihre Zeitschrift . . . Die Literatur wird schon irgendwie ohne Sie auskommen . . .

Das waren nicht die letzten Worte unseres Gesprächs, es artete weder zu einem Streit noch zu einem hitzigen Wortwechsel aus. Wir verabschiedeten uns reserviert (er bereits zerstreut), und jeder von uns bedauerte die Unverbesserlichkeit der Ansichten des anderen. Ein *solches* Ende war eigentlich das beste, ich war erleichtert, daß es *so* gekommen war: unsere Trennung ging nicht auf persönliche, nicht auf menschliche Motive zurück. Ein sowjetischer Redakteur und ein russischer Schriftsteller – wir konnten nicht länger Seite an Seite weitergehen, weil die Wege unserer Literatur sich scharf und unwiderruflich gabelten.

Am nächsten Tag fuhr er nach Italien und gab dort ein großes Interview. (Wiederum darauf vertrauend, daß ich nichts davon erfahren würde?) Es wurde auch nach mir gefragt: stimmt es, daß ein Teil meiner Werke von Hand zu Hand geht, aber nicht veröffentlicht wird? Stimmt es, daß Texte dabei sind, die ich nicht aus der Schublade zu holen wage?

»Ich habe in seinen Schubladen nichts zu suchen«, antwortete der geschätzte Redakteur. (Natürlich nicht – dafür gibt es ja den KGB.) »Aber sonst IST MIT IHM ALLES IN ORDNUNG! Wir haben uns am Tag vor meiner Abreise nach Italien gesehen. (Das sollte unsere Freundschaft und die Vertrauenswürdigkeit seiner Aussagen bestätigen!) Er hat den ersten Teil eines neuen großen Buches abgeschlossen (*wann war das*, Alexandr Trifonowitsch, *wann war das*?), das von den Moskauer Schriftstellern sehr gut aufgenommen worden ist (man hätte ihn nicht aus der Hand geben sollen), jetzt arbeitet er daran weiter.«

(Und der Zweite Teil, Alexandr Trifonowitsch? Den haben Sie wohl vergessen? Und die ist es mit »zuviel im Gedächtnis . . .«? Oder mit »Ihnen ist überhaupt nichts heilig«? Warum haben Sie diesen Katholiken nicht gesagt: »Solschenizyn ist überhaupt nichts heilig?«)

Er wurde selbst in diesen Monaten gewürgt und half, mich abzuwürgen.

Ein Dichter kann nicht ungestraft so viele Jahre in der Partei sein.

***

Ich dachte, ich würde mit einem Drittel des Umfangs auskommen. Es ist mir peinlich, daß alles so breit geraten ist.

Ich habe alles nur deshalb aufgeschrieben, weil in wenigen Tagen mein Brief an den Kongreß [Anhang 2] hinausfliegen wird und ich nicht weiß, was danach kommt, ob ich überhaupt noch am Leben bleibe. »Entweder der Hals zu oder die Schlinge entzwei.«

Und es wäre sehr bitter, wenn das alles später von keinem entwirrt, von keinem erklärt werden könnte.

Nicht ich habe mir diesen Weg ausgedacht und gewählt – es ist für mich gedacht, für mich gewählt worden.

Ich setze mich nur zur Wehr.

Die Jäger wissen, wie gefährlich angeschossenes Wild sein kann.

7. April – 7. Mai 1967

Roschdestwo-na-Istje

ERSTER NACHTRAG

(November 1967)

Die Schlinge reißt

So ein klebriger Teig sind also Memoiren: man bekommt ihn
nicht von den Fingern, solange man auf den Beinen ist. Immer
neue Ereignisse – immer neue Nachträge. Mich selbst für die
langweilige Umständlichkeit verwünschend, vergeude ich nun
meine und meines Lesers Zeit.

Es gibt nichts, womit sich dieser Zustand vergleichen ließe
– BEFREIUNG DURCH AUSSPRECHEN! Man muß sich fast ein
halbes Jahrhundert ducken und immer wieder ducken, schweigen und immer wieder schweigen und sich dann plötzlich zu
voller Größe aufrichten und zu reden anfangen, laut, nicht nur
von einem Hausdach herab und auf einem Platz, sondern vor
der ganzen Welt – um zu erleben, wie das beruhigte und
harmonische All wieder in das eigene Innere einkehrt. Und
schon gibt es keinen Zweifel, keinen Drang, keine Reue mehr
– nur das lautere Licht der Freude! So muß es sein. So hätte
es schon lange sein müssen! Und die Wahrnehmung der Welt
ist so erhellt, daß man friedvoll und gelassen ist, obwohl man
nichts erreicht hat.
Übrigens – wieso eigentlich nichts erreicht? Fast hundert
Schriftsteller hatten mich unterstützt, vierundachtzig in einem
gemeinsamen Brief an den Kongreß und ungefähr fünfzehn in
persönlichen Telegrammen und Briefen. (Ich zähle nur die,
von denen ich Kopien habe.) Ist das nicht erstaunlich? Ich habe
so etwas nicht einmal zu hoffen gewagt! Ein Aufstand der
Schriftsteller! Ausgerechnet bei uns! Nachdem die Dampf-
walze Stalins mehrmals über sie hinweggefahren ist! Die unglückselige geisteswissenschaftliche Intelligenzija! Hat man
dich, die schlimmste Hydra der Konterrevolution nicht gleich
von Anfang an, seit 1918, zerhackt, niedergemäht, ausgetilgt,
ausgehungert, ausgebrannt? Mit Stumpf und Stiel, so schien es
jedenfalls! Mit was für Augen wurde nicht nach dir gesucht,
mit was für Besen wurde da nicht gekehrt! Aber du lebst
immer noch! Du richtest dich wieder auf in deiner schutzlosen, preisgegebenen, verzweifelten Größe! Gerade du bist

es, schon wieder du und nicht deine wohlbestallten Brüder, die Raketenspezialisten, Atomphysiker, Physiker, Chemiker mit ihren sicheren Gehältern, modernen Wohnungen und dem einlullenden Leben! Sie, die Überlebenden, hätten deine Nachfolge antreten und dein aussichtsloses und bitteres Los auf sich nehmen müssen – aber nein! »Wer auf dem Pferd sitzt, kann den, der zu Fuß geht, nicht verstehen.« Sie werden für unseren Feuertod sorgen, und du mußt dich für eine blühende Erde opfern!

Unter den sympathisierenden Briefen waren auch förmliche, auch vorsichtige, abwägende oder innerlich unfreie, kleinlich argumentierende – aber immerhin, sie waren da! Und es gab hundert Unterschriften! Aber die Krone war der mutige, rückhaltlose Brief von Georgij Wladimow, der mit seiner Hymne auf den Samisdat viel weiter ging als ich.

Und wieder reichte die kugelförmige Kapsel auf meinem Hals nicht aus, um die unmittelbaren Folgen vorauszusehen. Ich habe diesen Brief in einer Stimmung geschrieben und verschickt, als stiege ich freiwillig auf das Schafott. Ich zielte nach *ihrer* Ideologie, aber ich trug, als ich antrat, bereitwillig den eigenen Kopf schon unter dem Arm. Ich habe den Brief als Schlußstrich unter meinem in gewisser Weise immer noch heilen, noch nicht zerschlagenen Leben aufgefaßt, als Verzicht auf meinen letzten Anteil an normalem Dasein, ohne den wir alle Waisen sind. Ich war zu einem Opfer bereit, das ich als unvermeidlich, aber keineswegs als leicht oder sinnvoll ansah. Doch es vergingen einige Tage, und W. A. Kawerin sagte mir: »Ihr Brief war ein GLÄNZENDES MANÖVER!« Und da stellte ich mit Verblüffung fest: Tatsächlich! Welche Überraschung! Es ist ja gar kein Opfer, sondern ein *Manöver,* eine Kombination, die mir nach zwei Jahren Verfolgung eine unerschütterliche Sicherheit gebracht hat – wie auf einem Felsen.

Ein seliger Zustand! Endlich habe ich eine angemessene, die mir angeborene Position bezogen! Endlich brauche ich nicht mehr hin und her zu rennen, zu suchen, Bücklinge zu machen, zu lügen – ich bin unabhängig!

Man könnte meinen, daß ich unsere Literatur- und Ideologiebosse durchschaut hätte. Aber sie waren unentschlossener und kleinkarierter als ich gedacht hatte: ich wollte den Brief nicht *zu früh* abschicken, damit sie nicht zu einem Gegenschlag ausholen konnten. Ich verschickte die Briefe in den letzten fünf Tagen*, dabei hätte ich es ruhig sogar einen Monat vorher tun können, denn, stumpfsinnig wie sie sind, wären sie sowieso um eine Antwort verlegen gewesen.

So haben viele anständige Menschen den Brief zu spät oder überhaupt nicht erhalten, da sie bereits unterwegs waren (ein Drittel der Briefe hatte die Zensur ohnehin abgefangen)** – es kamen nicht alle Unterschriften zusammen, und die Flammen schlugen nicht bis zur Saaldecke hoch.

Aber in Moskau verbreitete sich mein Brief wie Feuer. Auch im Westen wurde er zu einem erstaunlich günstigen Zeitpunkt veröffentlicht, am 31. Mai in *le Monde,* unmittelbar nachdem der Kongreß zu Ende gegangen, solange die Erinnerung an dieses schändliche Schauspiel noch nicht verblaßt war. Und dann läutete die Glocke im ganzen Westen, was meine Erwartungen wiederum weit übertraf. (Das war etwas ganz anderes, als das glücklose Interview mit den Japanern. Da begriff ich, daß ein Interview keinen besonderen Wert hat, während der Brief an den Kongreß ein innenpolitisches Ereignis war.) Sogar jener Teil des Briefes, der die Erfahrungen des Westens in Frage stellt, wurde hier und da verstanden, und alles, was uns betraf, erst recht aufgegriffen und unterstrichen. Und ganze zehn Tage hindurch – die ersten anderthalb Wochen im Juni – haben die bedeutendsten Sender der Welt abwechselnd mit den Berichten über die Kampfhandlungen zwischen Arabern und Israelis meinen Brief zitiert, gedeutet, im vollen Wortlaut verlesen und kommentiert (manchmal ziemlich kurzsichtig).

Und die Bosse blieben stumm wie ein Grab. Und das gab mir das Gefühl eines unerwarteten und sogar totalen Sieges!

---

* Ich habe lange an der Liste gearbeitet und mir sehr genau überlegt, wer den Brief erhalten sollte. Ich mußte ihn an alle nationalen Republiken, aber möglichst nicht an die größten Schurken senden (übrigens ging meine Rechnung mit den Republiken in den Randgebieten nicht auf – dort fanden sich weder Hände noch Stimmen), an alle *wirklichen* Schriftsteller und an alle repräsentativen Mitglieder des Verbandes. Schließlich mußte die Liste, um nicht einer Denunziation gleichzukommen, mit eben diesen Bossen und Spitzeln garniert werden.
** Dabei war alles genau kalkuliert, die Briefe wurden in verschiedenen Teilen Moskaus in verschiedene Briefkästen eingeworfen, nie mehr als zwei Briefe auf einmal! Mehrere Menschen halfen mir dabei.

Da wurde mir ausgerichtet, daß Twardowskij mich dringend zu sprechen wünschte. Das war am 8. Juni, auf dem Kiewer Bahnhof, einige Minuten vor Abfahrt des Zuges nach Naro-Fominsk, ich trug in beiden Händen Einkaufstaschen mit Lebensmitteln, darunter sechzig billige Eier, und aus dem Telefonhörer kam die lange nicht mehr gehörte vertraute Stimme, die mir wohlwollend und mit Nachdruck bedeutete, es sei sehr wichtig, und ich müsse alles stehen- und liegenlassen und sofort in die Redaktion kommen. Natürlich wäre es ärgerlich gewesen, den Zug zu verpassen, die Lebensmittel in die Redaktion zu schleppen (wie sollten die, die alles auf dem Tablett präsentiert bekommen, unser irdisches Leben verstehen?), aber als erstes dachte ich etwas anderes: warum hatte er mich gesucht? Wahrscheinlich, um ein Reuebekenntnis zu hören – aber darüber gab es nichts mehr zu sagen. Wenn sie den Sommer hatten verstreichen lassen und unter dem Harsch nach Pilzen suchten, wenn sie sich jetzt entschlossen hatten, mich nach so vielen Jahren wieder zu drucken, dann konnten sie auch noch bis Montag warten, solange, bis die Tage vorüber waren, an denen im BBC (das Programm war schon bekannt) den Bossen zum Ärger mein Brief dreimal verlesen werden sollte. Der Wunsch konnte dadurch nur noch dringender werden!

Und ich antwortete Alexandr Trifonowitsch, daß es völlig unmöglich sei und daß ich am 12. kommen würde. Er war unglücklich darüber, und seine Stimme klang niedergeschlagen. Er soll beleidigt und deprimiert in der Redaktion auf und ab gelaufen sein. Das war so seine Art: wenn er sich etwas in den Kopf gesetzt hatte, duldete er kein Zögern und konnte nicht warten. Alexandr Trifonowitsch fügte sich, wenn die Schranke von der Obrigkeit errichtet wurde, aber er konnte es nicht ertragen, wenn seine Untergebenen sich widersetzten. Und in diesem Fall lag noch etwas Besonderes vor: er hatte sich etwas einfallen lassen, etwas, das mir von Nutzen sein konnte, aber ich stieß seine helfende Hand zurück.

Unsere Bahnen waren eben so verschieden, daß wir uns nie begegnen konnten . . .

Übrigens hatte ich an diesem Tag im Vorübergehen etwas aufgeschnappt (und mich darüber sehr gewundert): Twardowskij sei über meinen Brief an den Kongreß keineswegs erzürnt, er habe ihn sogar begrüßt! Nein, ich kannte diesen Menschen wirklich nicht! Ich habe ihm vier Kapitel in meinen Memoiren gewidmet, aber trotzdem kannte ich ihn nicht! Ich hatte mir vorgestellt, daß er vor Zorn aufbrüllen und mich wegen meines Ungehorsams für alle Zeiten verdammen würde. (Nach einigem Überlegen wurde alles klar: ich hatte mich ja gar nicht vor dem Westen beklagt, nicht im Westen Verständnis gesucht – ich hatte ihnen hier, zu Hause, INTERN, in die Fresse gehauen. Und das war, nach den Begriffen Alexandr Trifonowitschs, durchaus zulässig. Ganz einfach nach den Regeln einer Schlägerei: wir, der *Nowyj mir*, wurden an die Wand gedrückt, wir haben ein Jahr lang einstecken müssen – nun sind wir an der Reihe und wollen ihnen eins in die Fresse geben!)

Am 12. Juni sah ich ihn in der Redaktion zum ersten Mal nach jenem Märzgespräch, das ich für unser letztes gehalten hatte. Kein Gedanke! Alexandr Trifonowitsch gab sich zwar reserviert, als wir uns die Hand drückten, aber in seinen Augen sprühten lustige Funken.

»Ich bin sehr froh, Alexandr Trifonowitsch, daß Sie meine Aktion nicht negativ bewerten.«

Er (wobei er sich vergeblich bemühte, streng auszusehen): »Wer sagt Ihnen denn, daß ich sie nicht negativ bewerte? Ich kann Ihr Verhalten nicht billigen. Aber in jedem Unglück steckt ein Glück. Vielleicht sind Sie ein Glückskind und kommen ungestraft davon. Es sieht nicht hoffnungslos aus.«

Aber dann sprach er beschwörend, und ich sah keine Hoffnung mehr, zu unserer alten Freundschaft zurückzukehren.

»Sie müssen sich immer so verhalten, daß Sie dort, wo SIE ANGEFANGEN HABEN, DAS LICHT NICHT AUSLÖSCHEN, AN DEM EINZIGEN PUNKT, WO ES HELL IST!«

Jetzt war das Argumentieren schwer, es war das Schlimmste, was er mir vorwerfen konnte ... Habe ich wirklich bei Euch angefangen, liebe Freunde? ... Und ist es wirklich nirgendwo sonst hell? ... Und kann ich nach all dem Sturmgeläut auch nur einen Fußbreit zurückweichen? Wie ist es nur möglich, das nicht zu verstehen?

»Wie ist es dazu gekommen«, fragte er mit dem gleichen gespielten Ernst, »daß Ihr Brief im Westen bekanntgeworden ist und einen solchen Lärm verursacht hat?«

»Aber wie wollen Sie im Zeitalter der raschen Nachrichtenverbreitung – eine funktionierende Demokratie vorausgesetzt – verhindern, daß so etwas im Ausland bekannt wird? Kein Mensch macht Bertrand Russell Vorwürfe, daß seine Aufsätze in der UdSSR gedruckt werden!«

Alexandr Trifonowitsch winkte mit beiden Händen ab, mit den großen, weichen, dicken Händen:

»Ich bitte Sie, lassen Sie diesen Quatsch, wenn wir im Sekretariat sind! Sagen Sie mir ehrlich: wollten Sie sich wirklich an den Schriftstellerkongreß wenden, oder haben Sie auf das Echo im Westen spekuliert?«

»Aber ich bitte Sie, Alexandr Trifonowitsch! Natürlich dachte ich nur an den Kongreß.«

»Dann wollen wir zusammen zum Sekretariat fahren, und Sie können das dort bestätigen. Sagen Sie, daß Sie selbst über diesen Lärm im Westen verärgert sind.«

(Mein Gott, über den bin ich doch froh!!)

»Alexandr Trifonowitsch! Ich werde jetzt nicht ein einziges Wort dieses Briefes zurücknehmen oder ändern. Wenn die erwarten, daß ich etwas SCHREIBE, mich entschuldige ...«

»Aber nein!« er winkte wieder mit beiden Händen ab. »Kein Mensch erwartet von Ihnen, daß Sie etwas SCHREIBEN! Sie sollen denen nur bestätigen, was Sie mir gerade gesagt haben, sonst gar nichts! Und sagen Sie denen nur ja nicht, daß Sie gegen die Sowjetmacht kämpfen!« Er lachte schon wieder und schloß mit einem seiner Lieblingswitze.

Aber in Wirklichkeit verhielt es sich so: die Führungsspitze des Verbandes hatte meinen Brief als einen »Schlag unter die Gürtellinie« aufgefaßt (da sie die Regeln festsetzen, müssen sie es ja wissen), und die Barden hatten sich zum »Gegenschlag« gerüstet. Aber ihre Entschlossenheit und ebenso die der *höheren Sphären* ließ sehr bald nach: nicht bloß, weil ich von hundert Schriftstellern unterstützt wurde, sondern vor allem wegen des großen Echos im Ausland. (Damit hatten sie nicht im entferntesten gerechnet!) Twardowskij legte dabei eine für seine Verhältnisse ungewöhnliche Wendigkeit und diplomatische Zähigkeit an den Tag. Er hatte sich bereits mit Schaura ausgesprochen (»Kulturabteilung«, statt Polikarpow): »Was glauben Sie eigentlich, wer der erste russische Schriftsteller ist? Meinen Sie, Michail Alexandrowitsch? Da irren Sie sich aber!« Und er hatte dem Sekretariat klargemacht, daß es so nicht ginge, daß sie sich ins eigene Fleisch schneiden, daß sie mit mir kaputtgehen, wenn sie mich kaputtmachen würden. Und er überredete sie, ein völlig neues Kommuniqué zu entwerfen, mein untadeliges Verhalten während des Krieges zu bezeugen, gewisse Punkte meines Briefes als diskussionswürdig zu bestätigen, aber mich wegen meines sensationellen Vorgehens streng zu rügen. Da niemand im Sekretariat einen besseren Vorschlag machen konnte und dieser einen rettenden Ausweg zu bieten schien, da sie nicht länger schweigen konnten (bei der Aussicht auf Auslandsreisen und Nachfragen) – waren sie bereit, diese Version *oben* vorzulegen. Und in diesem Augenblick hatte ich Twardowskij dadurch, daß ich nicht gekommen war, im Stich gelassen und war am Mißlingen einer seiner besten Operationen schuld! (Übrigens wäre sie sowieso nicht geglückt: die *höheren Sphären* waren bis über die Ohren mit der skandalösen Niederlage der Araber beschäftigt, und in ihren Köpfen hat nicht mehr als ein Problem auf einmal Platz.) Warum das Sekretariat mich nicht einfach *bestellt* hatte? Weil sie nach meinem Brief nicht mehr sicher waren, ob ich bereit wäre zu kommen. Und was hätten sie gemacht, wenn ich nicht gekommen, aber auch keine Weisung von oben ergangen wäre, mich auszuschließen? Wie hätten sie dann aus dieser Sackgasse herausgefunden? . . . Ich bin erst hinterher darauf gekommen: sie wollten mich sehen, nur um sich zu vergewissern, daß ich überhaupt gewillt war, mich mit ihnen zu unterhalten. Sonst hätte ja das ganze Kommuniqué keinen Sinn gehabt.

Und so saß ich mit meinem »geschickten Manöver« auf diesem Riff fest!

Also fuhren wir zu dem berühmten Haus mit der Kolonnade auf der Powarskaja, und Alexandr Trifonowitsch führte mich zu den Sekretären. Das waren die Kanzleibürokraten K. Woronkow (Kinnlade!), G. Markow (feister Fuchs!) und S. Sartakow (grober Klotz, aber manchmal komisch), alle drei mitnichten Schriftsteller, aber von den sechstausend Verbandsmitgliedern ausdrücklich mit der Wahrnehmung der wichtigsten und höchsten Belange des Schriftstellerverbandes betraut. Ich trat bei ihnen ein – eine Latte mit Roboterkopf, keine menschliche Regung, kein menschlicher Ausdruck. Woronkow, ein stämmiger Rausschmeißer, schnellte aus dem Sessel hoch, ganz Ergebenheit, und schmückte seine Kinnlade mit einer Art Lächeln – es sah so aus, als wäre heute sein glücklichster Tag.

Es bereitete ihm offensichtlich Freude, mich durch zwei Türen vorgehen zu lassen. In einem kleinen Saal mit Karyatiden und viel Stuck warf Markow – ein listiges, weiches, etwas weibisches Gesicht – den Telefonhörer auf die Gabel, als er den teuersten und so sehr ersehnten Gast endlich unter den Gewölben des Verbandes begrüßen durfte. Sartakow trat durch eine Tapetentür ein, die ich zunächst nicht bemerkt hatte. Er schien sich über meinen Besuch keineswegs zu freuen und saß die ganze Zeit mürrisch und unbeteiligt da. Man erwartete auch Soboljew, aber der saß auf der Sofijskaja Nabereschnaja fest, es war kein Wagen frei, und er wußte nicht, wie er sonst hierherkommen sollte.

Ich fragte, ob sie nicht ein Glas Leitungswasser hätten – da öffnete sich dieselbe Tapetentür, und ein Mädchen servierte auf der riesigen, glänzenden Tischplatte Obstsäfte und Mineralwasser, später starken Tee mit teurem Sandgebäck, Zigaretten und Sahnetrüffel (das Volk bezahlt's ja . . .). Und es begann eine Salonunterhaltung: dies sei das Haus der Rostows, und werde sorgfältig gepflegt, die Gräfin Olssufjew habe, aus dem Ausland kommend, gebeten, es besichtigen zu dürfen (Woronkow sprach das Wort »Gräfin« mit sichtlichem Behagen aus, ich konnte mir lebhaft vorstellen, wie er vor der Gräfin Männchen gemacht hatte – und wie er sie 1917 an die Wand gestellt hätte); und dann die geknüpften Porträts von Tolstoj (achtzehn Millionen Knoten), Puschkin und Gorkij, die die Wände dieses Saals schmückten. Zwischen mir und dem Fenster in meinem Rücken, das in den windstillen glühendheißen Sommertag hinaus geöffnet war, lagen gute sechs Meter. Aber Woronkow zeigte sich so um meine Gesundheit besorgt, daß er sich vorsichtshalber erkundigte, ob es mir nicht zöge – dies sei ein »tückischer Raum«.

Während man so plauderte, holte ich zwei, drei meiner alten Briefe (an Breschnew und an die *Prawda*) hervor. Die weißen Blätter mit dem maschinengeschriebenen Text lagen ganz unschuldig auf dem braunen Tisch, aber sie versetzten Markow, der mir gegenüber saß, in große Unruhe. Er glaubte wahrscheinlich, ich hätte wieder eine neue Bombe mitgebracht, die ich sofort hochgehen lassen würde, und verging vor Ungeduld:

er mußte sofort lesen! Während der formvollendet geführten Unterhaltung konnte er sich kaum beherrschen, verrenkte sich den Hals und machte Stielaugen.

Dann kam endlich Soboljew – und Markow begann folgendermaßen: auf dem Kongreß habe man nicht auf meinen Brief eingehen können, der Kongreß habe sein »eigenes weitgespanntes Programm« gehabt. Leider sei dieser Brief nicht nur zu einem internen, sondern zu einem Problem von internationaler Bedeutung geworden und berühre die Interessen unseres Staates. MAN MÜSSE ALLES GENAU ERWÄGEN UND EINEN AUSWEG FINDEN. (Im Laufe der Hauptunterhaltung trat ihre Hauptmelodie immer mehr hervor: *wir* brauchen einen Ausweg! Helfen Sie uns, einen Ausweg zu finden!)

Er sprach ganz kurz und sah mich beunruhigt an. In dem gleichen Ton einer Salonunterhaltung, in dem wir über das Haus der Rostows geplaudert hatten, erkundigte ich mich, ob sie sich vielleicht für »die Geschichte dieses Briefes« interessierten. Es stellte sich heraus: ja, sogar sehr. Daraufhin erzählte ich ihnen detailliert die Geschichte aller Verleumdungen und meiner Gegenmaßnahmen, der Antwortbriefe (ich fuchtelte damit in der Luft, und Markow war sichtlich erleichtert). Und dann von dem Überfall, der mich den Roman und das Archiv gekostet hatte . . .

Soboljew: »Was für einen ÜBERFALL?«

Ich (liebenswürdig): »Des KGB.«

Dann meine Beschwerden an das ZK, die alle unbeantwortet geblieben waren. Dann – die »heimliche« Publikation meiner Werke, die alle Merkmale eines Raubdrucks aufwies. Und die Verleumdungen wurden immer massiver. (Pathetisch): An wen sollte ich mich denn wenden? Doch wohl an das höchste Organ unseres Verbandes – an den Kongreß! Ist das denn nicht legitim? (Markow und Woronkow wie aus einem Mund: absolut legitim. Sartakow und Soboljew schwiegen.) Der Kongreß sollte im Juni 1966 stattfinden, ich hatte den Brief vorbereitet (das war gelogen, damals hatte ich noch nicht einmal daran gedacht). Aber der Kongreß wurde, wie den Anwesenden bekannt sei, auf den Dezember vertagt (sie nickten). Was sollte ich tun? Ich beschloß, mich unmittelbar an Leonid Iljitsch Breschnew zu wenden. Schon in diesem Brief kam ich auf die Stellung des Schriftstellers in unserer Gesellschaft zu sprechen und darauf, daß man seinerzeit den Stalinkult noch hätte abbauen können. Und was geschah? Auf diesen Brief erfolgte keine Antwort. (Darauf alle im Chor, ohne sich zu verständigen, wie Schauspieler in einer gut einstudierten Massenszene: »Leonid Iljitsch hat ihn nicht erhalten ... bestimmt nicht erhalten ... Leonid Iljitsch hat ihn selbstverständlich nicht erhalten!«) Nun blieb mir nichts anderes übrig, als bis Dezember zu warten und mich an den Kongreß zu wenden. (Auch das war gelogen, ich saß in meinem Versteck und schrieb den *Archipel* zu Ende.) Aber der Kongreß wurde wieder vertagt – auf den Mai (Nicken). In Ordnung! Nun wartete ich auf den Mai. Wenn er noch einmal vertagt worden wäre, hätte ich noch länger gewartet. (Da bedauerten sie wohl insgeheim, daß sie ihn nicht noch weiter hinausgeschoben hatten!)

Sartakow: »Aber warum denn gleich in vierhundert Exemplaren?!« (Das war die im BBC genannte Zahl.)

Ich: »Wie kommen Sie auf vierhundert? Zweihundertfünfzig. Da die Briefe, die ich in einem oder zwei Exemplaren verschickt habe, in der Schreibtischschublade verschwunden sind, mußte ich Hunderte davon verschicken.«

Die anderen: »Aber das ist ein unübliches Vorgehen!«

Ich: »Ist es üblich, einen Roman zu Lebzeiten des Autors in aller Heimlichkeit zu drucken?«

Soboljew (kläffend): »Aber was ist denn das für eine Logik? Warum muß man auch an die Delegierten schreiben, wenn man schon an das Präsidium geschrieben hat?«

Ich: »Aber es war für mich wichtig, mich der Unterstützung von Schriftstellern zu versichern, die ein gewisses Ansehen genießen. Hundert haben sich mit mir solidarisch erklärt, und damit bin ich völlig zufrieden.«

Markow: »Aber an irgendso ein Blatt wie das *Literarische Georgien*?«

Ich: »Ich bitte Sie, warum sollte das Organ einer Bruderrepublik nicht von meinem Brief erfahren?«

Markow: »Wir bekommen jetzt von allen Seiten Ihren Brief zugeschickt. ABER GLAUBEN SIE JA NICHT, DASS ALLE FÜR SIE SIND, manche sprechen sich entschieden gegen Sie aus.«

Ich: »Aber ich will ja gar nichts anderes als eine offene Diskussion.«

Markow (klagend): »Natürlich, wenn es nur nicht bis zu unseren FEINDEN gedrungen wäre.« (Für sie heißt »Koexistenz« nichts anderes als »Alle anderen sind Feinde«.)

Ich: »Sehr ärgerlich. Aber das liegt an Ihnen und nicht an mir. Warum ist es dahin gekommen? Weil Sie meinen Brief drei Wochen lang unbeantwortet gelassen haben. Warum hat man soviel Zeit verloren? Ich habe natürlich damit gerechnet, daß das Präsidium mich gleich am ersten Tag bestellen und mir die Möglichkeit geben würde, den Brief öffentlich zu verlesen oder an einer allgemeinen Diskussion teilzunehmen.«

Markow (mit Leidensmiene): »Nun, lassen wir das: das sind ja alles bloß Vorwürfe. Aber wie soll es weitergehen? Das ist doch die Hauptsache.«

(Alle, wie ein mehrfaches Echo: was sollen wir tun?)

Markow: »Sie, der Sie jetzt im Brennpunkt der Politik stehen, Sie müssen einen Vorschlag machen!«

Ich (erstaunt): »Was für eine Politik?! Ich bin Künstler!«

Woronkow: »Und wie die das bringen! Zweimal innerhalb einer Sendung! (Das war gelogen, aber ich konnte ja nicht widersprechen: ›Ich höre natürlich keine westlichen Sender!‹) Israel – und Ihr Brief! Israel – und Ihr Brief! Und wie die das vortragen! Wahre Meister der Rezitation!«

Markow (gehässig): »Und trotzdem ist Ihnen in Ihrem Brief eine kleine Ungenauigkeit unterlaufen.«

Eine KLEINE UNGENAUIGKEIT? In dem Brief, mit dem ich ihnen den Garaus mache? In dem ich ihre jahrzehntealte Festung Stein um Stein abtrage?

»Welche denn?«

Markow: »Es steht darin, daß *Nowyj mir* sich geweigert hätte, die *Krebsstation* zu publizieren. Er hat sich nicht geweigert.«

Twardowskij hatte ihnen das gesagt. So war es nach seiner Erinnerung gewesen. So war es seiner ehrlichen und aufrichtigen Überzeugung nach gewesen. Darüber hatten wir uns ja bereits vorher in der Redaktion unterhalten: »Alexandr Issajewitsch, wann hätte ich das abgelehnt?« – »Alexandr Trifonowitsch, Sie nahmen doch den Zweiten Teil, hielten das Manuskript eine Weile in der Hand und sagten: ›Auch wenn es von mir allein abhängen würde . . .!‹« Nein, er kann sich an nichts mehr erinnern! Und das »nicht vergessen können«, und daß mir »nichts heilig« sei – das alles hatte er auch vergessen. »Vielleicht ging es um eine bestimmte Seite? Den Zweiten Teil als Ganzes habe ich nie abgelehnt . . .«

Jetzt sitzt Twardowskij abseits, raucht und beobachtet ernst und aufmerksam, wie wir Theater spielen. Alle sehen ihn an.

Twardowskij: »Was ist denn dabei, wir hatten uns beide ereifert, da haben wir alles mögliche gesagt. Das war doch *einfach nur so, im Gespräch*, die Redaktion hat nie abgelehnt.«

Dieses »einfach nur so, im Gespräch« ist unserer Freundschaft beinahe zum Verhängnis geworden . . .

Twardowskij: »Jetzt ist die Redaktion geschlossen dafür, die *Krebsstation* vollständig zu drucken. Unsere Differenzen mit dem Autor beziehen sich auf anderthalb, zwei Seiten, nicht mehr . . . Es lohnt sich überhaupt nicht, darüber zu reden . . .«

Anderthalb, zwei Seiten? Sie hatten doch, soweit ich mich erinnerte, ganze Kapitel und ganze Gestalten gestrichen . . . Aber das Blatt hat sich gewendet – die Sieger werden nicht gerichtet. Zum ersten Mal in meinem Leben konnte ich dieses Wort auf mich anwenden.

Alexandr Trifonowitsch spürte eine gewisse Verlegenheit und fragte plötzlich (fabelhaft! Woher nahm er diese Geistesgegenwart und dieses Fingerspitzengefühl?) in einem väterlichernsten, feierlichen Ton:

»Aber ich habe Ihnen, Alexandr Issajewitsch, vorhin in der Redaktion eine wichtige Frage noch nicht gestellt. Was glauben Sie, können die *Krebsstation* und der *Erste Kreis* nach Europa gelangen und dort veröffentlicht werden?«

Das war genau das, was ich brauchte! Solche Fragen konnte es überhaupt nicht genug geben!

Ich: »Doch. Die *Krebsstation* hat weite Verbreitung gefunden. Ich würde mich nicht wundern, wenn sie im Ausland erscheinen würde.«

Einer von ihnen (mitfühlend): »Dabei werden sie doch alles verdrehen und entstellen!«

(Jedenfalls nicht ärger als eure Zensur!)

Soboljew (entsetzt durch die Aussicht, selbst in eine derart hilflose Lage zu geraten):

»Und dann soll es dort komisch zugehen: die nehmen Manuskripte an, sogar wenn sie durch Dritte übergeben werden, und dann stellen Sie sich das vor, schreiben sie dem Autor das Honorar gut!«

Einer von ihnen: »Wieso ist die *Krebsstation* eigentlich so schnell unter die Leute gekommen?«

Ich: »Ich zeigte sie verschiedenen Schriftstellern und Redaktionen und dann überhaupt jedem, der sich dafür interessierte. Warum soll man die eigenen Werke den eigenen Landsleuten nicht zu lesen geben?«

Und den anderen fällt keine Antwort ein! Das sind Zeiten! . . .

Twardowskij (als hätte er sich eben daran erinnert): »Ach ja! Gerade erhielt ich ein verzweifeltes Telegramm Vigorellis: Die Europäische Schriftstellergemeinschaft droht auseinanderzufallen. Die Mitglieder verlangen von ihm Aufklärung über den Brief Solschenizyns. Ich habe zunächst ausweichend zurücktelegraphiert.«

Woronkow: »Ein Zwischentelegramm.« (Lacht zynisch.)

Twardowskij: »Aber die Europäische Schriftstellergemeinschaft kann ohne uns nicht existieren.«

Markow: »Sie ist ja eigens *für uns* geschaffen worden.«

(Später erfuhr ich von Alexandr Trifonowitsch, daß er im Juni nach Rom fahren sollte, um im Plenum des Präsidiums über die schwere Situation der Schriftsteller in . . . Griechenland und Spanien zu beraten. Aber dann fiel alles ins Wasser.)

Ich: »Den *Ersten Kreis* gab ich lange Zeit nicht aus der Hand. Aber nachdem ich erfahren hatte, daß er ohne mein Wissen zum Lesen ausgegeben wird, meinte ich, daß dem Autor nicht weniger Rechte zustehen. Und ich gab ihn jedem, der mich darum bat. Auf diese Weise wird auch er verbreitet, aber wesentlich langsamer als die *Krebsstation*.«

Twardowskij (erhebt sich und geht auf und ab): »Deswegen sage ich: die *Krebsstation* muß sofort gedruckt werden! Das wird dem Affentheater im Westen augenblicklich ein Ende machen und einer möglichen Veröffentlichung dort vorbeugen. Man muß in der nächsten Nummer der *Literaturnaja gaseta*, in zwei Tagen, einen Vorabdruck bringen und die Ankündigung der Powest in . . . (eine reizende kleine Verlegenheitspause) . . . nun, in einer Zeitschrift, die der Autor sich selbst aussuchen wird, die ihm am meisten liegt.«

Und keiner widersprach! Sie überlegten nur, ob es mit der nächsten Nummer der *Literaturnaja gaseta*, die schon gesetzt war, noch klappen würde. Sonst vielleicht in der *Literaturnaja Rossija*?

Sie waren an diesem Tag nicht nur verwirrt – sie waren k. o.: nicht erst durch das Gespräch, sondern schon vorher, nach der Bombardierung durch den westlichen Funk. Und das Unangenehmste ihrer Lage bestand darin, daß man ihnen diesmal vorgeschlagen hatte, einen Ausweg nach *eigenem Ermessen* zu suchen (das ZK zog sich aus der Affäre: der Brief war ja nicht an das ZK gerichtet!) – und das war etwas, worauf sie sich nicht *verstanden,* weil sie ihr ganzes Leben lang niemals auch nur ein einziges Problem *selbständig* lösen durften. Und der sonst so zögernde Twardowskij nutzte das stagnierende Grau ihrer Stimmung und ergriff die Initiative.

Markow und Woronkow BEDANKTEN sich um die Wette – wofür eigentlich? Weil ich zu ihnen gekommen war . . . (Darauf wurde auch ich verbindlicher und BEDANKTE mich ebenfalls bei ihnen, weil sie sich endlich mit meinem Brief befaßt hatten.) An diesem Tag erlebte ich zum ersten Mal jenen Zustand, den ich bin dahin nur von außen hatte beobachten können: die Wirkung einer bestandenen Kraftprobe. Oh, wie gut verstehen sie diese Sprache! NUR DIESE SPRACHE! ALLEIN DIESE SPRACHE – von Geburt an!

Wir, Twardowskij und ich, fuhren in dem großen schwarzen Wagen der *Iswestija.* Er war sehr glücklich über den Gang der Dinge und vermutete, daß die Sekretäre sich bereits *orientiert* hatten, sonst wären sie schwerlich so entgegenkommend gewesen. Und wo blieb die Vergeltung, »Schlag gegen Schlag«? . . . Alexandr Trifonowitsch überlegte sich noch unterwegs, welches Kapitel für den Vorabdruck in der *Literaturnaja gaseta* geeignet wäre und schrieb selbst die Überschrift: *Vorabdruck aus dem Roman die Krebsstation.*

Sein aufrichtiges, aber unzuverlässiges Gedächtnis bewahrte keine Spur mehr davon, daß er vor einem Jahr diesen Titel als unzulässig und unmöglich verworfen hatte. Jetzt war es einfach selbstverständlich: die *Krebsstation.*

Das ist der Lauf der Welt.

Aber das war alles viel zu schön, um wahr zu werden. Später geriet natürlich alles ins Stocken: *oben* wurde gebremst, und zwar in erster Linie von Djomitschew. (In einer Wohnung, vermutlich bei Teusch, wo ich sehr amüsiert erzählte, wie ich ihn bei unserem Gespräch zum Besten gehalten hatte, war ein

Mikrophon des KGB installiert. Djomitschew wurde ein Band mit diesem Gespräch vorgelegt. Und obwohl ein Horcher an der Tür niemandem verübeln kann, wenn diese Tür ihm gegen die Nase schlägt, geriet Djomitschew außer sich vor Wut und war von da an für alle Zeiten mein ärgster Feind. In all den langen Jahren wurde die Konfliktsituation durch seine persönliche Rachsucht noch verschärft. Die Kollektive Führung hatte ein einziges Mal den Versuch unternommen, durch seine Person einen Kontakt mit mir herzustellen – aber . . .)

Natürlich gab es weder ein Kommuniqué des Sekretariats noch einen Vorabdruck in der *Literaturnaja gaseta:* sobald der Westen seine Bombardierung durch das Radio eingestellt hatte, meinten die Bosse, daß man auch so, ohne etwas zu unternehmen, weiterleben könne. Alexandr Trifonowitsch hatte irgendwie erfahren, daß am 30. Juni *oben* über mich gesprochen worden war. Aber zu einem Entschluß war man abermals nicht gekommen. Djomitschew hatte lediglich eine neue Idee gehabt: damit das Sekretariat des Schriftstellerverbandes sich ein Urteil bilden könnte, müßten sämtliche zweiundvierzig Sekretäre (Twardowskij: »dreiunddreißig Recken, zweiundvierzig Gecken«) meine beiden Bücher lesen – den *Ersten Kreis* und die *Krebsstation*, aber vor allem und unbedingt das *Festmahl der Sieger* (sie konnten sich immer noch nicht von diesem ihrem Steckenpferd trennen!). Zog man in Betracht, daß manche der Sekretäre nicht nur im Umgang mit der Feder, sondern auch im Lesen ungeübt waren, konnte man sicher sein, daß dank der eingebauten Bremsen das ganze Unternehmen sich über ein halbes Jahr hinziehen würde, bis in die Zeit nach den Jubiläumsfeiern, wenn man wieder härter würde durchgreifen können.

Das alles erfuhr ich von Alexandr Trifonowitsch, als ich Anfang Juli bei ihm in der Redaktion vorbeischaute. Er war bedrückt und verdrossen. Jeden Monat einmal stieß er mit dieser hemmenden, dumpfen Macht zusammen, aber auch nach hundertfünfzig Monaten konnte er sich immer noch nicht damit abfinden. Inzwischen belegte die Zensur die frommsten Werke mit Verbot (die Powesti Gerassimows). Woronkow, den ich erst vor kurzem so entgegenkommend erlebt hatte – sogar er kam nicht mehr jedesmal ans Telefon, und wenn, dann sprach er von oben herab. Jetzt, da ich gekommen war, gab sich Alexandr Trifonowitsch einen Ruck und rief ihn wieder an. Diesmal geruhte Woronkow, mit ihm zu sprechen und ihn wissen zu lassen, daß die Sekretäre zwar lesen würden, aber nicht wüßten, woher sie die *Krebsstation* bekommen sollten (da dieses Manuskript vom KGB nicht beschlagnahmt worden war, war es im ZK nicht vorhanden . . .) Alexandr Trifonowitsch lebte auf: ich werde sie Ihnen schicken! Ein Hoffnungs-schimmer!

Er wollte ihnen jenes einzige saubere, ordentliche, korrigierte Manuskript, das ich der Redaktion kürzlich übergeben hatte, zur Verfügung stellen. Ich war empört: »Ich will es ihnen nicht geben, diesen Hundesöhnen! Sie werden es bestimmt be-schmieren und zerfleddern!« Alexandr Trifonowitsch ging hoch: »Alles steht auf dem Spiel! Und Sie haben Angst vor Flecken!« . . . Er beschwor mich, lediglich die »eine Seite mit den Metastasen« zu streichen, vermutlich waren das die »anderthalb, zwei Seiten«, von denen neulich die Rede gewesen war. Er erinnerte sich dunkel (jemand aus der Redaktion hatte ihn wohl darauf aufmerksam gemacht, wahrscheinlich noch Dementjew) an eine lange Sentenz, etwa: die Lager hätten das ganze Land wie Metastasen durchzogen (als ob dafür eine ganze Seite nötig wäre!?), und es war gar nicht so einfach, Alexandr Trifonowitsch von seinem Irrtum zu überzeugen. Ich versicherte, daß es eine solche Seite nicht gebe, aber er glaubte mir nicht. Ich zeigte ihm den Absatz, in dem etwas Ähnliches gesagt wird, und erklärte mich bereit, ihn in Gottes Namen zu streichen. Nein, es müßte eine ganze Seite sein! Da schob sich der kleine Kondratowitsch durch die Tür und begann die Seiten zu durchschnüffeln: Schulubin sagt es, es muß bei Schulubin stehen! Ich ging die Schulubin-Seiten durch und zeigte sie auch Kondratowitsch wie einem der unseren, ohne daran zu denken, daß er nach meinem Bein schnappen könnte. Aber plötzlich glühten seine Augen – nein, nicht seine Augen, sondern die eingesetzten Ersatzaugen der Zensur, und auch seine Nase ge-hörte nicht ihm, sondern war mit den Riechzellen der Zensur ausgestattet – und mit freudiger Sicherheit biß er zu:

»Hier! Hier!«

»Wo denn?«

»Hier doch:

In allen Elementen ist
Der Mensch Tyrann, Verräter oder Sklave!«

»Und das sollen die Metastasen sein?!«
»Das ist genauso wie Metastasen. Noch schlimmer!«
Ich erzähle das alles nicht Kondratowitschs wegen, sondern weil es mir um die Zeitschrift und Twardowskij zu tun ist. Erschrocken und gequält teilte er Kondratowitschs Befürchtungen:
»Es sieht so aus, als ob das, was da über das Rußland unter Nikolaus gesagt wird, auch auf uns zutrifft?«
»Aber das wird ja gar nicht über das Rußland unter Nikolaus, sondern über England gesagt, das den Dekabristen Turgenjew ausliefern wollte.«
Entweder aus Verlegenheit, weil er dieses Motiv des Puschkin-Gedichts nicht kannte oder weil er sich überhaupt an Puschkin vergreifen wollte, gab Alexandr Trifonowitsch nach:
»Schon gut, streichen Sie nur den Satz von Kostoglotow, in dem er das bestätigt.«
Sie standen wie immer unter Druck und in Spannung: sie mußten nicht nur voraussehen, was über das Buch als Ganzes gesagt werden würde, sondern auch, aus welcher Stelle ein Riemen herausgeschnitten und zur Knute geknüpft werden könnte, um sie mit dieser Knute (den Zitaten) ins Gesicht zu schlagen.
Um Alexandr Trifonowitschs Seelenfrieden willen habe ich auch diesen Satz gestrichen. Seine Laune besserte sich, und er wollte auch mich »trösten«: man habe Jegorytschew*, erzählte er, abgesetzt, mich aber habe man NICHT ABGESETZT; außerdem hätte ich mich im Sekretariat sehr gut verhalten: weder zu dreist noch zu reumütig.
Er legte offenbar nicht den mindesten Wert darauf, daß ich etwas bereute! Meine Idee mit dem Brief fand seinen entschiedenen Beifall. Es sah ganz so aus, als ob er sich zum ersten Mal seit unserer Bekanntschaft davon überzeugt hätte, daß ich selbständig einen Fuß vor den anderen setzen konnte.
Wir kamen auf das *Festmahl der Sieger* zu sprechen – wie man

---

* Sekretär des Moskauer Stadtkomitees der KPdSU, der sich Breschnew widersetzt hatte.

eine Diskussion darüber im Verbandssekretariat verhindern könnte, und daß Simonow, Twardowskijs Beispiel folgend, es abgelehnt hatte, das Stück zu lesen.

»Sie sollten es wenigstens mir geben«, bat er.

»Aber ich sage Ihnen ehrlich, Alexandr Trifonowitsch, daß ich ein einziges Exemplar besaß, und dieses Exemplar haben sie mitgenommen. Ich habe keine einzige Zeile.«

»Schließlich und endlich«, sinnierte er, »gibt es bei Bunin auch die *Verwünschten Tage*. Ihr Stück ist nicht antisowjetischer! Und alles andere von Bunin drucken wir doch . . .«

Ja, Twardowskij änderte sich! Er änderte sich und nicht einmal so langsam! Es war gar nicht so lange her, daß er mich gefragt hatte, wie ich eigentlich dazu käme, irgendwelche Lagerdramen zusammen mit dem »heiligen *Iwan Denissowitsch*« aufzubewahren? Es war gar nicht so lange her, daß er ganze Kapitel der *Krebsstation* verworfen hatte! Und jetzt schrieb er Gedichte, die zu Hoffnungen Anlaß gaben:

Ich selbst erkenne, finde selbst
Den Fehler in der Rechnung.

Er bat lediglich:

Nur rückt, ich bitt euch, nicht so nah,
Daß ich euch schnauben höre!

Und dann sagte er gutmütig:

»Ich erlaube mir ja auch, die Sowjetmacht zu kritisieren, aber nur im engsten Kreise.« (Man muß wissen, wie Twardowskij »die Sowjetmacht« mit einem gutmütigen Lächeln »kritisierte«. Das war nicht scharfe Publizistik, das rührte nicht an die Grundsätze und Absichten der Partei, das bedeutete nur: nicht alles durch die Bank gutzuheißen und, zum Teufel, einen eigenen Standpunkt zu behaupten!) »Aber wenn ich im Ausland bin – dann ist Schluß damit, dort ist das etwas ganz anderes.«

Das war genauso, wie es sich gehörte und ganz im Sinne der genossenen Erziehung.

Dann vergingen weitere anderthalb Monate – und alles blieb totenstill. Eigentlich hatte ich weder mit etwas Bestimmtem gerechnet, noch mir etwas gewünscht – ich stand ja hoch auf einem Felsen! Aber die Sorge, daß ich irgendeine Möglichkeit ungenutzt lassen könnte, brachte mich auf die Idee, Twardowskij vorzuschlagen, den Vertrag über die *Krebsstation* jetzt schon zu unterschreiben: es sähe ja ganz so aus, als ob wir von neuem einig geworden wären. Bei diesem morastigen, labilen Gleichgewicht, bei dem weder *ja* noch *nein* gesagt wurde, wenn alle sich vor einer Entscheidung drückten – genügte da vielleicht nicht ein leichter Stoß? Und wir könnten es ja probieren! Dann soll doch jemand unseren Vertrag annullieren! Und wenn nicht – dann können wir uns mit dem Manuskript weiter vorwagen. Aber man sollte nichts unversucht lassen!

Mit diesem bescheidenen Plan fühlte sich Twardowskij völlig überrumpelt: er war überrascht, daß ich als erster auf den Vertrag zu sprechen kam und glaubte, ich wollte ihn zur Rebellion anstiften, denn etwas anderes wäre es nicht, wenn man sich über den Willen der Obrigkeit hinwegsetzte. Mir scheint, daß in seinem Inneren die Entscheidung sofort gefallen war: er durfte, er konnte, er würde es nicht tun. Aber während harte Menschen eine flüchtige Empfindung sofort eindeutig ausdrükken können, bringen Menschen mit weichem Herzen die Entschlossenheit nicht auf, eindeutig abzusagen. Er sagte im großen ganzen zu, schränkte jedoch ein, manches müsse präzisiert werden; und nach zehn Tagen des Präzisierens, nach zwei völlig überflüssigen Besuchen in der Redaktion, nach seinem Wegbleiben (auf seiner Datscha wurde angeblich eine Gasleitung gelegt) und einem Telefonanruf in seiner Datscha klärte sich alles: »Ich kann sowieso mit Ihnen keinen Vertrag über die *Krebsstation* machen, solange ich keine Genehmigung habe.«

Seit wann braucht die Redaktion eine Genehmigung, um einen Vertrag zu unterschreiben? Twardowskij war wieder mutlos geworden. Aus diesem Auf und Ab, aus diesem Zwiespalt zwischen seiner Biographie und seiner Seele, aus diesem Hell- und Dunkelwerden – daraus bestand sein qualvolles Leben. Er gehörte weder zu denen, die vor allem zurückschrecken, noch zu denen, die mit dem Kopf durch die Wand wollen. Er hatte es am allerschwersten.

Für mich bedeutete seine Absage bereits eine Befreiung: denn inzwischen hatte ich einen neuen Plan – ich wollte einen starken und nicht mehr einen leichten Anstoß geben, und der Vertrag hätte mir nur die Hände gebunden.

Ich hatte gerüchteweise erfahren, daß in Italien bereits die Veröffentlichung der *Krebsstation* vorbereitet würde (später erwiesen sich diese Gerüchte als falsch). Und bei uns wurde immer noch gezögert! Und da dachte ich an einen Warnschuß, an eine Lektion: ich habe es euch ja gesagt, in Zukunft tragt ihr die Verantwortung! Es war für die Literatur an der Zeit, sich aus diesem Würgegriff zu befreien. Solange wir uns der Zensur unterwerfen müssen, solange wir rechtlos sind, solange der Staat das internationale Urheberrechtsabkommen ignoriert – müssen sich da nicht unsere Bosse verantworten, wenn unsere Bücher im Westen erscheinen? Warum die Autoren? . . . [Anhang 3]

Ich hatte mir vorgenommen, ungefähr hundertfünfzig Briefe zu verschicken, genau wie das erste Mal, mit Ausnahme der Nationalen Republiken. Aber dann wurde ich überredet, auf eine aufsehenerregende Aktion zu verzichten und die Gewänder nicht mit einem Knall zu zerreißen, sondern mit diesem Knall erst einmal zu drohen. Ich fand das vernünftig. Und entschloß mich, den zweiten Brief nur an die »zweiundvierzig« Sekretäre und an das Sekretariat zu richten – und ihn sonst niemandem zu überlassen, damit er nicht zum Samisdat und ins Ausland wanderte.

Dann galt es, den bestmöglichen Zeitpunkt zu wählen. Obwohl ich jetzt nicht mehr gehetzt wurde und ganze Seen von Zeit sich vor mir ausbreiteten – war ein Termin noch *vor* den großartigen Jubiläumsfeiern der Revolution doch ratsam. Es sollte drei Monate nach unserer Begegnung auf der Powarskaja sein, auf den Tag genau, und weniger als ein halbes Jahr nach dem Schriftstellerkongreß.

Aber da gab es wieder einen Haken: ich mußte mir bei Twardowskij »Rat« holen, denn wir waren wieder Freunde. Konnte er einen solchen Schritt gutheißen? . . . Konnte ich auf meinen Plan verzichten?

Ich meldete mich für einen bestimmten Tag in der Redaktion an. Alexandr Trifonowitsch versprach zu kommen – aber er kam nicht. Er nahm an, daß ich mich nach dem Vertrag erkundigen wollte, das war ihm unangenehm, und er wich dieser Begegnung aus. Dadurch fügte sich sogar diese an sich sinnlose

Idee mit dem Vertrag sinnvoll in das allgemeine Geschehen ein: ich wollte unbedingt seinen Rat – aber er kam nicht! Und am 12. September gegen Abend waren dreiundvierzig Briefe über die Briefkästen Moskaus verteilt! So war es für Twardowskij und für mich viel besser, daß unsere Begegnung nicht zustande gekommen war.

Wie reagierte er jetzt? War er nicht aufgebracht über diese neue Dreistigkeit?

Die *Sekretäre* waren so aufgebracht, als hätte ich ihnen auf den Schwanz getreten, Michalkow rief brüllend und knurrend im *Nowyj mir* an, und bereits für den 15. wurde eine vorläufige Konferenz des Sekretariats anberaumt: eine vorbereitende Kläfferei, ohne daß jedoch mitstenographiert wurde. Am selben Tag schickten sie mir eine Vorladung für den 22. Und ebenfalls am selben Tag schickte Twardowskij Boten nach mir aus.

Ich fuhr am 18. zu ihm und war mir meiner Sache nicht mehr so ganz sicher: war ich nicht wieder einmal voreilig gewesen? Weshalb stochere ich immerzu in diesem Wespennest? Ich habe jetzt einen sicheren Stand, ich habe jetzt Zeit für die Arbeit gewonnen – nun könnte ich endlich in aller Ruhe arbeiten. Ist denn diese Rauferei wichtiger als die Arbeit?

An diesem Tag habe ich Twardowskij von meinen Zweifeln erzählt, und *er, er* sagte: DAS MUSSTE SEIN! Wenn Sie schon damit angefangen haben, dann müssen Sie es auch bis zum Ende durchstehen!

Wieder überraschte er mich, wieder tauchte ein neuer Mensch vor mir auf. Wo waren seine Schlaffheit, Müdigkeit, das Ausweichen? Er war wieder konzentriert und frisch, mein zweiter Brief war für ihn ein Signal, das ihn zum Kampf aufrief – und er hatte einen Kampfeinsatz bereits hinter sich – das Vorgefecht, sein Schewardino, bei der Sekretariatssitzung am 15. Er erzählte, daß Salynskij und Baschan ihn unterstützt und sich für die Veröffentlichung der *Krebsstation* ausgesprochen hätten, während andere ihre Meinung geändert hätten. »Die Sache sieht durchaus nicht hoffnungslos aus!« tröstete er sich und mich.

Für mich bedeutete schon eine einzige Sitzung einen schweren Eingriff in meinen Arbeitsrhythmus und meinen Seelenhaushalt, ich fand es lästig und bekam Zweifel. Und er – wie viele davon hat er in seinem Dichterleben, auf der langen, langen Durststrecke über sich ergehen lassen müssen? Dreihundert? Vierhundert? Was war eigentlich erstaunlicher? Daß er gegen die Verformungen, die in den Köpfen angerichtet wurden, nicht genügend Widerstand leistete? Oder daß er das alles immerhin überstanden hatte, ohne Schaden an seiner Seele zu nehmen?

Ich beklagte mich, daß er mich nur zum Reden geholt und bei der Arbeit gestört hätte. »Aber es kann durchaus so kommen, daß Sie bald überhaupt KEINE ZEIT MEHR haben werden!« rief er mit zornig funkelnden Augen. Er war sehr besorgt und holte sogar den erfahrenen und beherrschten Lakschin zur Hilfe: er wollte mir gut zureden und mich so stimmen, daß ich *dort* gelassen bliebe, nicht vorlaut würde, intellektuelle Kraftproben vermiede, keine Zornesausbrüche bekäme – denn das könnte mir schlecht bekommen, »die hacken einem ja die Augen aus, es sind ja alles erfahrene Kampfhähne«.

Wie lange waren wir schon miteinander bekannt – Alexandr Trifonowitsch und ich – und wie wenig kannten wir uns!

»Ich will Ihnen ein Geheimnis anvertrauen«, sagte ich. »ICH WERDE DIE SELBSTBEHERRSCHUNG NIE VERLIEREN, das ist einfach unmöglich, das lernt man im Lager. Natürlich kann ich auch außer mir geraten, aber nur nach Plan, wenn wir jetzt zum Beispiel einen Zornesausbruch einplanen sollten, sagen wir nach neunzehn Minuten oder beliebig oft während der Sitzung. Und wenn nicht – dann eben nicht.«

Alles umsonst! . . . Alexandr Trifonowitsch wollte mir nicht glauben. Er wußte ja zur Genüge, wie bei diesen Sitzungen an den Nerven gezerrt, mit Nadeln in den Hintern gestochen, in die Ferse gebissen und wie einer zu Fall gebracht wird. Der Nachteil unserer Position bestand darin, daß *sie* das *Festmahl* gelesen, das *Festmahl* unter sich besprochen hatten, daß sie jetzt nur über das *Festmahl* sprechen, das *Festmahl* angreifen und mit dem *Festmahl* mich entscheidend treffen wollten. Dabei kam es darauf an, sie zu zwingen, das *Festmahl* zu vergessen und von der *Krebsstation* zu sprechen.

Immerhin entwarfen wir gemeinsam einen Schlachtplan, wie ich das *Festmahl* ausschalten könnte, ohne auch nur einem einzigen Redner ins Wort zu fallen.

Zwei Tage hatte ich noch vor mir, in Ruhe, aber im Geiste war ich schon mitten in der Schlacht. Das, was ich zu hören bekommen, was ich gefragt, wie ich attackiert werden könnte – das verdichtete sich in der Luft, griff mich vor der Zeit an und forderte eine Antwort heraus. Ich notierte die möglichen Antworten – und sie fügten sich von selbst zu einer Rede zusammen. Niemals in meinem Leben hatte ich eine Rede schriftlich ausgearbeitet, ich schätzte das genausowenig wie Spickzettel, aber dieses Mal schrieb ich sie auf. Selbstverständlich konnte ich nicht alle Herausforderungen, die mich erwarteten, genau voraussehen, aber bei unseren Versammlungen ist man auch nicht daran gewöhnt, daß die Reden sich tatsächlich aufeinander beziehen, man spricht meistens *aneinander vorbei*, jeder das Seine, und niemand wundert sich darüber.

Eigentlich fielen mir die Vorbereitungen zu dieser ersten Schlacht (zu der ich allerdings dreißig Jahre unterwegs gewesen war!) nicht sonderlich schwer: weil ich mir über meinen eigenen Standpunkt gegenüber allem, was sich unter ihren Scheiteln regen mochte, völlig im klaren war; und weil ich auch die bevorstehende Sitzung des Sekretariats nicht als die eigentliche Instanz betrachtete, die über das Schicksal meiner Powest zu entscheiden hätte: ob sie die *Krebsstation* durchlassen würden oder nicht – sie hatten sowieso verloren. Ebensowenig war ich an den Sitzungsteilnehmern als Auditorium interessiert: jeder Versuch, sie wirklich zu überzeugen, wäre vergeblich gewesen. Ich hatte nur eines im Sinn: dem Feind ins Auge zu sehen, die eigene Unbeugsamkeit zu beweisen und ein Protokoll mitzuschreiben. Schließlich war es ja ihr gutes Recht, mich zu hassen! War ich doch die leibhafte Verneinung nicht nur ihrer Verlogenheit, sondern ihres ganzen unaufrichtigen vergangenen, gegenwärtigen und künftigen Lebens.

Und trotzdem wurde ich von all diesen Kampfvorbereitungen schließlich müde und litt unter der übermäßigen unschöpferischen und für mich völlig überflüssigen Spannung. Am liebsten hätte ich alles vergessen. Aber wie? Mit Hilfe von Medikamenten? Ganz einfach: vor dem Schlafengehen ein bißchen Wodka. Und sofort wurden die Konturen weicher, das Zucken von Frage und Antwort ließ nach, und dann kam der ruhige Schlaf. Und jetzt verstand ich Twardowskij in einem weiteren Punkt: womit sonst hätte er fünfunddreißig Jahre lang diese ärgerliche, brennende, schmähliche und unfruchtbare Spannung bekämpfen sollen – außer mit Wodka? . . . Keiner werfe den ersten Stein . . . (Er liebte es überhaupt nicht, wenn man auf das Trinken zu sprechen kam. Man brauchte nur zu sagen: »Sie müssen sich mehr schonen, Alexandr Trifonowitsch!« und er wechselte sofort mißmutig das Thema. Ich hatte versucht, ihm auch etwas über sein unmäßiges Rauchen zu sagen, und drohte ihm mit einer Krebsstation – aber er winkte nur ab.)

Ich hatte mir folgendes gedacht: ich wollte diese Sitzung möglichst genau protokollieren – das war das einzige, was ich mir davon versprach. Aber das würde mir erlauben, nicht einmal dann aufzuschauen, wenn sie über mir die Arme gen Himmel erheben und rufen würden: »Sagen Sie ehrlich – sind Sie *für* den Sozialismus oder *dagegen?*« – »Sagen Sie ehrlich – sind Sie für das Programm des Schriftstellerverbandes oder dagegen?«; sie würden außerdem stutzig werden: »*Warum* schreibt er alles mit? Das wird doch *irgendwohin* weitergegeben?« Und dann werden sie sich etwas vorsichtiger ausdrükken, denn sie sind nicht gewohnt, daß das Spülwasser ihrer Reden ans Licht der Öffentlichkeit kommt.

Ich nahm einen Stoß Blätter, numerierte sie, zog mit einem Lineal die Seitenränder und betrat am 22. September zur verabredeten Zeit, um 13 Uhr, den mir bereits bekannten kleinen Saal mit den Karyatiden. Sie saßen dort in stickiger, verbrauchter und verrauchter Luft, mitten am hellichten Tag brannte das Licht, überall standen leere Teegläser herum, und die glänzende Tischplatte war mit Zigarettenasche bedeckt – sie hatten schon vor zwei Stunden angefangen, ohne mich. Es hatten sich nicht alle zweiundvierzig eingefunden: Scholochow hätte sich etwas vergeben, wenn er gekommen wäre, Leonow fürchtete um seine weiße Weste, er dachte an seinen Nachruhm. Es fehlte der giftige Tschakowskij (vielleicht auch aus weiser Vorsicht) und der eifernde Gribatschjow. Aber es waren doch über dreißig Sekretäre gekommen, und drei Stenotypistinnen saßen an einem Tischchen. Ich grüßte reserviert nach rechts und nach links und suchte mir einen Platz. Einer war noch frei. Und dieser Platz war ausgerechnet neben Twardowskij.

Ich ließ geduldig die Ansprache Fedins über mich ergehen (den »Lagebericht« des Sekretariats [Anhang 4]), paßte die einzige Pause ab – fünf Sekunden – in denen er schluckte, bevor er weitersprach, um jemandem das Wort zu erteilen und fragte mit beinahe salbungsvoller Stimme:

»Sie gestatten mir doch, Konstantin Alexandrowitsch, ein paar Worte zum Gegenstand unserer Diskussion vorauszuschikken?«

Keine Erklärung! Keine Deklaration! Nur ein paar harmlose Worte! Und auch noch zum Gegenstand der Diskussion! . . . Es war so wichtig, sie auszusprechen! Ich bat so unschuldig darum – und Fedin gestattete es mir sehr zuvorkommend.

Darauf erhob ich mich feierlich, schlug meine Mappe auf, holte ein maschinengeschriebenes Blatt hervor, setzte eine undurchdringliche Miene auf und schmetterte ihnen mit einer Stimme, die sich an die Geschichte richtete, meine erste Erklärung entgegen, die das *Festmahl der Sieger* einer Diskussion entzog – aber nicht aus Reue, sondern mit dem Vorwurf – mit dem an sie gerichteten Vorwurf eines jahrelangen Verrates am Volk!!!

Später habe ich erfahren: sie hatten einen genauen Plan, in welcher Reihenfolge und wie ich angegriffen werden sollte. Sie waren bereits in Kampfordnung angetreten, aber bevor das verabredete Zeichen ertönte – eröffnete ich das Feuer aus einhundertvierundvierzig Geschützen und setzte mich bescheiden wieder hin (nachdem ich eine Kopie meiner Deklaration den Stenotypistinnen hinübergereicht hatte).

Ich saß da, bereit zu protokollieren, aber sie hielten sich aus irgendeinem Grunde immer noch zurück. Ich hatte ihnen ihre stärkste Waffe aus der Hand geschlagen – den Angriff auf das *Festmahl*. Dann kam langsam Bewegung in ihre Reihen, sie richteten sich wieder auf – und schon drängte Kornejtschuk mit einer Frage vorwärts.

»Ich bin kein Schuljunge, um für jede Frage aufzuspringen«, sagte ich förmlich. »Ich werde doch sicher auch eine Rede halten dürfen.«

Aber schon kommt die zweite Frage! Die dritte! Jetzt haben sie sich wieder gefangen: gleich werden sie mich mit ihren Fragen verwirren und fesseln, gleich werden sie mich zum Angeklagten machen! Darauf verstehen sie sich, diese Halunken!

Ich weigere mich zu antworten: ich werde doch sicher auch eine Rede halten dürfen.

Aha, jetzt haben sie angebissen! Alle Stimmen gehen in einem allgemeinen Reden – Murren – Brüllen unter: »Das Sekretariat kann nicht diskutieren, wenn Sie nicht antworten!« – »Sie können sich ja weigern, mit uns zu reden, aber Sie müssen das in aller Form erklären!«

Aber auch unsere Reihen sind in Unordnung geraten, sie überrennen meine Aufstellung – jetzt kann ich nicht mehr leidenschaftslos protokollieren. Aber wie kommt es, daß ihr so einfallslos seid? Wie kommt es, daß ich all eure Fragen schon im voraus wußte? Wie kommt es, daß ich auf eure sämtlichen MÜNDLICHEN Fragen bereits ausführliche SCHRIFTLICHE Antworten habe? Ich muß nur das eine Opfer bringen: meine Rede zerfetzen und euch mit diesen Fetzen traktieren.

Ich stehe auf, hole meine Blätter hervor und lese ihnen mit nicht mehr abgeklärt-historischer, sondern mit immer freierer Stimme, der eines Schauspielers, die fertigen Antworten vor. Und reiche sie den Stenotypistinnen hinüber.

Sie sind verdutzt. In den fünfunddreißig Jahren seit Bestehen ihres widerwärtigen Verbandes ist ihnen so etwas offensichtlich noch nie passiert. Aber sofort drängt die Reserve nach, die zweite Staffel, sofort drängen die höllischen Scharen nach! Und sie stellen mir drei weitere Fragen.

Ah, der Teufel soll euch holen! Wie soll ich da mitschreiben können? Wie gut, daß ich meine Antworten schon alle parat habe. Ich erhebe mich und hole die nächsten Blätter hervor. Und immer freier und breiter, die Ausdehnung der Schlacht selbst bestimmend, jage ich sie – mich immer weniger nach ihren Fragen und immer mehr nach meinem eigenen Plan richtend – jage ich sie über das Schlachtfeld von Borodino, bis zu den letzten Schanzen.

Und über dem Feld breiten sich Stille, Verwirrung, Ratlosigkeit aus. Auf einer Flanke rücken Truppen nach, aber das ist nicht der richtige Feind. Die sympathisieren mit uns: Salynskij und Simonow bitten um das Wort, sie sind zwar nicht ganz für uns, aber für die *Krebsstation*. Der Feind ist verwirrt, es kommen keine Wortmeldungen mehr. Was bedeutet das? Etwa unseren Sieg? Die schweren Dragoner Twardowskijs sprengen über das Feld und suchen es ab! Wir wollen auf der Stelle einen Entschluß fassen! Wir wollen die *Krebsstation* drucken! Und sofort einen Vorabdruck in der *Literaturnaja gaseta* bringen! Wir hatten doch ein Kommuniqué aufgesetzt, wo ist das Kommuniqué, Woronkow?

Aber der beflissene Woronkow hat diesmal keine Eile. Vielmehr – er sucht das Kommuniqué, er sucht es und kann es nicht so schnell finden. (Dabei hatte er, als ich vorhin aus meinem *Brief* zitieren wollte, diesen sofort bei der Hand gehabt und mir herübergereicht: »Bitteschön!« (Aber das war das Blatt, das der Possew gedruckt hatte, ich habe es noch rechtzeitig gemerkt und es nicht genommen.) Aber wo bleibt die Garde, die Reserve? . . . Hier und dort recken sie wieder ihre Köpfe unter den Pferdehufen hervor: »Was heißt da abstimmen? – Wir haben überhaupt noch nichts beschlossen! – Es gibt doch auch GEGENSTIMMEN!«

Da kommt sie angesprengt, die Schwarze Garde – Kornejtschuk (ein wütender Skorpion, der sich aufbäumt!) Koschewnikow! Und auf weißen Pferden – die berittenen Überläufer Surkows! Und immer mehr, immer mehr drängen aus den hinteren Linien nach vorn – neue stoßen dazu – die sturen Oserow, Rjurikow und der wie ein Hockeyspieler aussehende Barusdin.

(Barusdin sitzt neben mir, und ich frage ihn nach dem Namen jedes Redners – wer ist das? Und wer ist dieser da? Er nennt den Namen eines Nachbarn. Nein, der andere, dort? Er nennt den Namen eines anderen. Aber nein, der dazwischen! Ein Gesicht wie ein gepflegter praller Hintern mit angeklebter Brille. Ach so, das ist Genosse Melentjew aus der »Kulturabteilung« des ZK. Der Drahtzieher! Der sitzt da und schreibt vor sich hin. Schreib du nur! Jetzt weißt du, was ein alter Häftling ist!)

Und dann rücken die nationalen Republiken nach (Abdumomunow, Kerbabajew, Jaschen, Scharipow): bei ihnen zu Hause werde Neuland urbar gemacht, Staudämme gebaut – was soll da eine *Krebsstation*? Was soll da dieser Solschenizyn? Warum schildert er Leiden, während wir nur über Erfreuliches schreiben?

Und wie viele es sind! Man kann sie gar nicht alle aufzählen! Nur die Balten sitzen stumm und mit gesenktem Kopf da. Sie sehen jetzt, daß sie eine Chance verpaßt haben. Der eingedrillte Marschtritt, die auswendiggelernten Phrasen wollen nicht aufhören! Der Feind beherrscht das ganze Feld, die ganze Erde, die ganze Luft! Das Schlachtfeld bleibt in seiner Hand. Wir waren zwar tapfer, wir griffen immer wieder an, aber das Schlachtfeld bleibt dennoch in seiner Hand . . .

Borodino. Es muß erst einige Zeit verstreichen, damit die Gegner erkennen, wer an diesem Tag gesiegt hat.

Im Gesicht Fedins sind die Kompromisse, Verrätereien und Niederträchtigkeiten vieler Jahre eingegraben (er hatte mit der Verfolgung Pasternaks begonnen, er hatte zum Gericht über Sinjawskij aufgerufen). Bei Dorian Gray verdichtete sich das alles in einem Bildnis, bei Fedin – in seinem Gesicht. Mit diesem Gesicht eines lasterhaften Wolfes leitet er unsere Sitzung und macht den absurden Vorschlag, ich möge doch den Westen anbellen und die Verunglimpfungen und den Druck des Ostens freudig ertragen. Unter den Spuren des Lasters ist sein Gesicht ausgebleicht, ein Schädel grinst und nickt den Rednern zu: glaubt er etwa allen Ernstes, daß ich nachgeben werde? . . .

Ich habe schon längst meinen Rhythmus gefunden: ich schreibe und schreibe an meinem Protokoll. Mein Gesicht ist demütig und bescheiden – oh, ihr Wölfe! Ihr kennt die Häftlinge noch nicht! Eure unbedachten Reden werdet ihr noch bereuen! In meinem letzten, dem vierten Auftritt, werde ich mir eine Drohung an die Adresse der Kulturabteilung des ZK erlauben (»für das *Festmahl der Sieger* wird sich die Organisation zu verantworten haben, welche . . .«) und auch einen Spaß mit Fedin: »Natürlich bin ich mit diesem Vorschlag einverstanden!« (Alle lächeln! Endlich ist mein Widerstand gebrochen!) Klar, natürlich bin ich *für* Öffentlichkeit! Schluß mit der Heimlichtuerei um Stenogramme und Reden! . . . Veröffentlichen Sie meinen *Brief,* und wir werden weitersehen!

Heulen und Knurren. Rjurikow erhebt sich und legt die Stirn in kummervolle Falten:

»Alexandr Issajewitsch! Sie können sich einfach nicht vorstellen, was für schreckliche Dinge über Sie in der westlichen Presse stehen. Die Haare würden Ihnen zu Berge stehen. Kommen Sie morgen in die *Ausländische Literatur,* wir zeigen Ihnen einige Mappen mit Zeitungsausschnitten.«

Ich schaue auf die Uhr: »Ich möchte Sie erinnern, daß ich nicht in Moskau wohne. Ich muß jetzt zum Zug und kann von Ihrem liebenswürdigen Angebot keinen Gebrauch machen.«

Heulen und Knurren. Fedin, übertölpelt und erbost, schließt die Diskussion, die fünf Stunden gedauert hat. Ich brumme, um der Form zu genügen, zweimal Aufwiedersehen, über die rechte und über die linke Schulter, und gehe.

Das Schlachtfeld bleibt in ihrer Hand. Sie sind nicht zurückgewichen, nicht eine Handbreit.

Aber wer ist der Sieger?

An diesem Tage hatte ich keine Zeit mehr, mich mit Alexandr Trifonowitsch zu treffen. Er schrieb mir einen Brief:

»Sie haben mir wirklich großen Spaß gemacht, und ich habe mich für Sie und für uns gefreut ... offenkundige Überlegenheit der Wahrheit gegenüber verschiedenen Gaunereien und der Politik ... Von außen sieht es so aus, als ob sich nichts geändert hätte ... In Wirklichkeit aber hat die Sache eine für uns günstige Wendung genommen ... Für mich besteht die praktische Konsequenz darin, daß wir bereit sind, einen Vertrag mit Ihnen abzuschließen, und alles Weitere wird sich zeigen.«

Aber über den BBC wunderte ich mich noch mehr als über Twardowskij. Die Sitzung ging am Freitag abend zu Ende. Das Wochenende war vorbei – und schon am Montag mittag berichteten die Engländer, daß ich in das Sekretariat zitiert worden und worum es bei der Sitzung gegangen war – und sogar ziemlich richtig.

Jetzt war ich nicht mehr eine Nadel im Heuhaufen – jetzt konnte ich nicht mehr verlorengehen!

Im Schriftstellerhaus kursierten alle möglichen Gerüchte. Die Schriftsteller, die mich auf dem Kongreß unterstützt hatten, verlangten jetzt eine Stellungnahme des Sekretariats.

Einige Tage später wurde bei der Vorstandssitzung des Schriftstellerverbandes der RSFSR ein Brief Scholochows verlesen, in dem er SCHREIBVERBOT für mich forderte! (Kein Druckverbot, nein, ein Schreibverbot! Wie seinerzeit für Taras Schewtschenko!) Er empfinde es als unzumutbar, neben einem solchen »Sowjetgegner« wie mir Mitglied in ein und demselben Künstlerverband zu sein! Darauf brüllten meine Brüder, die russischen Schriftsteller, bei der Vorstandssitzung los: »Wir auch! Unzumutbar! Eine Resolution!« Soboljew bekam es mit der Angst zu tun (es lagen ja keine entsprechenden Direktiven vor!): »Genossen, wir dürfen uns nicht über die Geschäftsordnung hinwegsetzen und darüber abstimmen! Für wen das UNZUMUTBAR IST – der soll eine persönliche Eingabe einreichen!« Und da kniffen meine russischen Brüder. Keiner hat etwas eingereicht.

Daraufhin sagten einige Moskauer Schriftsteller: aber vielleicht empfinden *wir* es als *unzumutbar* mit denen im selben Verband zu sein?

Kann man denn Granit durchdringen? Gibt es solche Bohrer? Wer hätte vorausgesehen, daß man unter unserem Regime die Wahrheit laut sagen und trotzdem aufrecht auf den Beinen stehen bleiben könnte?

Aber sieht es jetzt nicht so aus, als ob es gelingen könnte?

Die Kandare der Lagererfahrung schneidet schmerzhaft in die Lippen: »Man soll den Tag nicht vor dem Abend, das Leben nicht vor dem Tode loben.«

Rjasan

November 1967

ZWEITER NACHTRAG

(Februar 1971)

Das ist ein seltsames Buch, das hier entsteht. Nicht geplant und nicht zwingend: ich kann weiterschreiben, oder ich kann es lassen. Drei Jahre habe ich es nicht in die Hand genommen, nachdem ich es gut versteckt hatte. Ich wußte nicht, ob ich es fortsetzen, ob es überhaupt noch dazu kommen würde. Einige meiner nächsten Freunde, die es gelesen hatten, meinten: es ist sehr lebendig, du mußt auf jeden Fall weiterschreiben! Und nun, in den Atempausen zwischen den Knoten des Hauptbuches, hole ich es wieder hervor.

Und das erste, was ich sehe: eigentlich dürfte ich nicht einfach fortfahren, sondern müßte vorher das Unausgesprochene aussprechen, das Wunder erklären: ich bewege mich frei über einem Sumpf, ich stehe auf einem morastigen Boden, ich schreite über Abgründe und schwebe durch die Luft – ohne Halt. Von weitem gesehen muß man sich fragen: wie kommt es, daß ich – vom Staate mit Bann belegt, vom KGB umzingelt – nicht zerbreche? Wie kommt es, daß ich im Alleingang das alles durchstehe und darüber hinaus ein riesiges Arbeitspensum bewältige, die Zeit finde, in Archiven und Bibliotheken zu wühlen, Nachforschungen anzustellen, Zitate nachzuprüfen, alte Menschen auszufragen, zu schreiben, abzuschreiben, korrekturzulesen, einzubinden – erscheint doch ein Buch nach dem anderen im Samisdat (wobei jedes zweite in Reserve bleibt) – wie kommt das? Woher kommen diese Kräfte? Was ist das für ein Wunder?

Eine Erklärung zu umgehen ist unmöglich und sie zu geben – noch unmöglicher. Wenn einst, gebe Gott, die Gefahr vorüber sein wird, dann werde ich das Unausgesprochene aussprechen. Aber vorläufig habe ich Angst, auch nur den Plan zu einer solchen Erklärung auf einem Stück Papier als Gedächtnisstütze aufzuzeichnen: und ... wenn es dem KGB in die Finger fällt?

Aber ich merke beim Durchlesen, daß ich in den vergangenen Jahren kräftiger, mutiger geworden bin, daß ich mich mit meinen kleinen Hörnern immer kühner und weiter vorwage und heute Dinge schreibe, die vor drei Jahren den sicheren

Tod bedeutet hätten. Immer deutlicher zeichnet sich mein Weg ab – siegen oder untergehen.

Dieses Buch ist deshalb so merkwürdig, weil jedes andere nach einem architektonischen Plan von mir geschaffen und noch ungeschrieben als Ganzes gesehen wird, wobei es darauf ankommt, daß jedes Teil dem Ganzen dient. Aber *dieses* Buch besteht aus mehreren sich übereinander türmenden Anbauten, und man weiß nicht, wie groß der nächste und in welcher Richtung er sich erstrecken wird. In jedem Augenblick ist dieses Buch abgeschlossen und im selben Maße nicht abgeschlossen, kann liegengelassen oder fortgesetzt werden, solange das Leben weitergeht, das heißt solange, bis das Kalb sich den Kopf an der Eiche einrennt oder bis die Eiche knarrend umfällt.

Eine schwer vorstellbare, für mich jedoch nicht ausgeschlossene Möglichkeit.

Durchbruch!

Ja, die Ähnlichkeit mit der Schlacht von Borodino bestätigt sich: zwei Monate nach der Schlacht vergingen – und auf beiden Seiten fiel kein einziger Schuß, ich wurde weder in einer Zeitung erwähnt, noch bei einer Versammlung beschimpft. Die Feiern zum Fünfzigsten Jahrestag zogen sich dahin, und *sie* legten Wert auf einen möglichst friedlichen und konfliktfreien Ablauf. Und auch ich war zu einem Waffenstillstand bereit und hielt meinen *Bericht* [Anhang 4] der Schlacht in der Reserve, für einen späteren massiven Einsatz. Ich weiß nicht, ob das richtig war oder nicht. Keinerlei Truppenbewegung ließ sich feststellen, das Schlachtfeld und Moskau blieb in den Händen des Feindes, aber mitten in dieser Stille spürte ich: irgendwo zerbröckelte und zerfiel etwas, unsichtbar und unhörbar – war das vielleicht der Ruf unserer mit Blut durchtränkten Erde zur Rückkehr? Ohne Kampf?

Mit diesem Gefühl kam ich nach Moskau, nach dem großen Jubiläum, um etwas zu *unternehmen,* bevor ich für den Winter untertauchen und verstummen würde. Aber ich brauchte Twardowskij, wenn ich etwas unternehmen wollte, und der war, wie sich herausstellte, schon seit längerer Zeit nicht zu sprechen, er hatte einen seiner Anfälle, und der ganze Jubiläumstrubel war für ihn unbemerkt vorbeigegangen. (Der Westen in seiner Naivität versprach sich eine Amnestie, wenigstens für Sinjawskij und Daniel und den nervenschwachen Gerald Brooke, aber es fiel kein Brosamen von der festlichen Tafel ab.) So ging es uns immer, Alexandr Trifonowitsch und mir, so haben wir uns immer verfehlt: wenn er mich brauchte – war ich unerreichbar, wenn ich ihn brauchte – war er unansprechbar.

Ein Tag um den anderen wartete ich in der Redaktion und rief in seiner Datscha an, und schließlich sollte ich am 24. November zu ihm nach Pachra kommen, zusammen mit Lakschin. Wir wurden am frühen Morgen von einer schwarzen *Wolga* (einem Dienstwagen der *Iswestija*) abgeholt. Es schneite, aber noch leicht. Ich hatte mir eine dringende Lektüre mit auf den Weg genommen, doch ich kam nicht zum Lesen, denn mein

Reisegefährte verwickelte mich in ein Gespräch. Man mag es komisch finden, aber ich stand im Sog einer angefangenen Arbeit und wollte das, was ich mir vorgenommen hatte, meinem Plan entsprechend unbedingt zu Ende führen, obwohl dies vielleicht die einzige Möglichkeit war, mich mit Lakschin zu unterhalten. Aus irgendeinem Grund war es noch nie dazu gekommen. Aber was konnte das schon für eine Unterhaltung sein? Vor dem Chauffeur, der mit Sicherheit ein Spitzel war? Wir redeten über Nebensächliches, aber dann erzählte er mir – halblaut, wir saßen beide auf dem Rücksitz – etwas Interessantes: als Alexandr Trifonowitsch 1954 seines Postens enthoben wurde, hätte die Angelegenheit eine völlig andere Wendung nehmen können, wenn Twardowskij nicht gerade einen Anfall gehabt hätte. Man versuchte, ihn zu sich zu bringen, aber am Tag der Sitzung riß er aus, obwohl Marschak ihn bewachte, und betrank sich wieder. Für den *Nowyj mir* nahm die Sitzung des ZK einen sehr günstigen Verlauf: Pospelow war öffentlich blamiert, Chruschtschow hatte geäußert, man habe der Intelligenzija die mit dem Persönlichkeitskult zusammenhängenden Fragen einfach *nicht richtig erklärt,* und die Redaktion als Ganzes wurde verschont, aber wie hätte man einen Chefredakteur, der nicht einmal zu einer ZK-Sitzung erschien, nicht seines Postens entheben sollen?

Twardowskijs Trunksucht brachte ihm manchmal Erleichterung und Entspannung, aber manchmal war sie auch sein Verhängnis.

Vor dem Gartentor erwartete uns eine gefleckte englische Dogge. Wir betraten ungehindert das Haus. Alexandr Trifonowitsch kam langsam die Treppe herunter. In diesem Augenblick wirkte er besonders krank, hilflos und schrecklich (im Laufe des Gesprächs nahm er sich mehr und mehr zusammen und wurde wacher). Die unteren Lider waren stark geschwollen. Die blaßblauen Augen blickten besonders hilflos. Merkwürdig unbeteiligt, ohne sich an einen von uns zu richten, sagte er sehr melancholisch vor sich hin:

»Du siehst, Freund Mak (?), wie weit es mit mir gekommen ist.«

Die Tränen traten ihm in die Augen. Lakschin legte tröstend den Arm um seine Schultern.

Wir saßen in der Halle, die auch heute durch den immer stärker werdenden Schneefall hinter dem riesigen Fenster finster wirkte, vor dem Kamin, in dem einst Reisig zum Gedenken an den entwendeten Roman gebrannt hatte, und Trifonowitsch ging mit großen Schritten nervös auf und ab. Wir schwiegen, damit Alexandr Trifonowitsch sich auf uns einstellen konnte, aber er empfand das offensichtlich als bedrückend und fragte: »Was ist passiert?«

Seine Hände zitterten sehr stark, nicht nur vor Schwäche, sondern auch vor Angst.

»Gar nichts!« rief ich eilig, »es ist absolut nichts passiert. Wissen Sie noch, wie düster alles aussah, als ich *damals* zu Ihnen kam – und jetzt ist alles anders!«

Er beruhigte sich ein wenig, die Hände zitterten nur noch leicht. Nahm sich eine Zigarette, steckte sie jedoch nicht an. Er setzte sich auf das Sofa und fragte, immer noch beunruhigt: »Nun, wie sieht es in der *Welt* aus?«*

Das gab mir einen Stich. Ich erinnerte mich, wie ich als Schuljunge ein schlechtes Gewissen hatte, wenn ich ein paar Tage in der Schule fehlte, so, als ob ich etwas Wichtiges versäumt hätte: *wie sah es dort* ohne mich aus? Als ob die gefährdete Welt da draußen in diesen Tagen einer besonderen Bedrohung ausgesetzt gewesen wäre: *wie sah es* dort ohne mich aus? Und offensichtlich empfand Twardowskij genau dasselbe, wenn er sich für vier Wochen nicht nur von der Zeitschrift, sondern von der ganzen Welt zurückzog.

»Im *Nowyj mir* oder in der übrigen Welt?« fragte ich scherzend.

»In der *ganzen* Welt«*, sagte er leise. Es klang wie eine Bitte. Nach Lakschins Auffassung hatte sich nach den Jubiläumsfeiern weder etwas verschlechtert noch etwas gebessert. Ich hingegen wollte Twardowskij davon überzeugen, daß es günstige Anzeichen gäbe: in England wurde eine Fernsehsendung über den Prozeß Sinjawskij – Daniel ausgestrahlt, und die Öffentlichkeit setzte sich von neuem für die beiden ein, die Sache stand gar nicht schlecht … Aber *diese* Argumentation war für die beiden völlig unverständlich: ein Sinjawskij oder ein Daniel existierte für sie überhaupt nicht.

Um den Besuch nicht übermäßig auszudehnen, kam ich sofort

---

* *Nowyj mir*, russisch: Die neue Welt, *mir*: die Welt.

auf die Hauptsache zu sprechen: ich spüre, daß die Kräfte des Gegners nachlassen; wenn wir das ausnutzen wollen, dann sollten wir einige Kapitel der *Krebsstation* drucken, ohne vorher jemanden um Erlaubnis zu fragen. Wenn wir damit nicht durchkommen, könnten wir uns später, falls die *Krebsstation* eines Tages im Westen erschiene, mit Recht über den Schriftstellerverband beschweren. Sonst – warnte ich: »Passen Sie auf! Eines Tages wird die *Krebsstation* im Westen erscheinen, das ist unvermeidlich, und dann werden wir uns verantworten müssen: man wird uns vorwerfen, daß wir keine Initiative entwickelt und schlecht zusammengearbeitet hätten.«

Alexandr Trifonowitsch: »Das muß man gut überlegen, auf Anhieb läßt sich da gar nichts sagen.«

Diesen *Ton* kenne ich: das ist eine Absage. Ich versuche, ihn zu überzeugen: in beiden Fällen – ob wir durchkommen oder nicht – würde es für uns einen Gewinn bedeuten!

Alexandr Trifonowitsch: »Es wäre doch eine Dreistigkeit, wenn wir nach allem, was vorgefallen ist, einfach so weitermachen. Man muß hingehen und alles *besprechen,* aber das *kann ich nicht mehr machen,* das müssen Sie verstehen.«

(Lakschin hat mir später erklärt: beim letzten Besuch in der »Kulturabteilung« hatte Schaura erneut versucht, Twardowskij zu drängen, er möge *Das Festmahl der Sieger* lesen, aber Alexandr Trifonowitsch hatte sich wieder unerschütterlich anständig gezeigt: einen Raubdruck, der gegen den Willen des Autors verbreitet wurde, wollte er nicht in die Hand nehmen! Er war gegen Schaura ausfällig geworden und durfte sich dort nicht wieder sehen lassen.)

Ich: »Aber wir brauchen gar nicht zu fragen. Wir brauchen es nur einzureichen und zu warten. Warum geht das nicht?«

Lakschin (konzentriert, nachdenklich): »Ich habe Alexandr Issajewitsch unterwegs noch nicht erzählt, daß . . .«

(Und warum hatte er das nicht erzählt? Hatte die Zeit nicht gereicht? *Das war ja der Grund, weshalb er mitgekommen war,* endlich hatte ich es verstanden, und er mußte es in Anwesenheit des Chefs sagen.)

. . . daß es eine Chance gibt. Chitrow war in der Literaturabteilung bei Schaura, sie haben über alles mögliche geredet und sind auch auf Solschenizyn zu sprechen gekommen. Sie wundern sich dort alle: vierundzwanzig Schriftsteller haben ihm gesagt, daß er eine gegen den Westen gerichtete Erklärung abgeben soll, er aber kümmert sich nicht darum. Er braucht sie nur zu schreiben – dann kommt alles in Ordnung. Nicht wahr, sie braucht nicht einmal in der *Prawda* oder *Literaturnaja gaseta* zu erscheinen ... Es kann auch im *Nowyj mir* sein ...

(So ist das also?! Sie weichen zurück! Sie sind harten Widerstand nicht gewohnt!)

Der Vorschlag Lakschins sah folgendermaßen aus: es sollten tatsächlich einige Kapitel der *Krebsstation* gedruckt werden, aber in der gleichen Nummer unter den Leserzuschriften, beispielsweise ... »auch meine Erklärung, daß ich mich über den im Westen entstandenen Rummel wundere ...«

Ein kluger Junge (mit fünfunddreißig!) – er hatte sich neben mir auf dem Rücksitz schaukeln lassen, die Kapitulationserklärung in der Tasche – und hatte mir nichts davon gesagt! Das war wirklich klug, ohne Zweifel, aber nur innerhalb eines einzigen kleinen Quadrats von den insgesamt vierundsechzig der strategischen Ordnung, und es ließ sich nicht übersehen, daß die Reihen des Feindes *ins Wanken geraten waren*!

Aber bevor ich Lakschin etwas erwidern konnte, schaltete sich Trifonowitsch ein (das muß ich ihm hoch anrechnen) und brummte mit finsterer Miene:

»Aber *was* soll er eigentlich *schreiben*? Was gibt es da noch zu sagen, nach seinem *Brief* an den Kongreß und nachdem alles blockiert worden ist? Da ist nichts mehr zu machen.«

Lakschin ließ es dabei bewenden und argumentierte nicht weiter. Twardowskijs Urteil war ihm wichtiger als das Urteil des ZK. Er ließ es dabei bewenden, obwohl er im stillen anderer Meinung war.

Auch ich wollte Alexandr Trifonowitsch nicht länger zusetzen. Wir unterhielten uns über alles mögliche. Wir tranken einen Tee, der so dunkel war wie kaukasischer Rotwein. Alexandr Trifonowitsch stand immer wieder auf, machte ein paar Schritte, setzte sich wieder, er sah immer besser aus und erholte sich sichtlich. Da legte Lakschin einen Stoß Exemplare des soeben erschienenen kleinen Buchs von Twardowskij auf den Tisch, und ich beging die Dummheit, Alexandr Trifonowitsch meinen Füller entgegenzuhalten:

»Für meine Sammlung. Bitte.«

Aber er versuchte nicht einmal den Füller zu nehmen, so zitterten seine Hände! Und er entschuldigte sich:

»Jetzt kann ich nicht ... Ich schreibe Ihnen später etwas hinein ...«

Damit Alexandr Trifonowitschs Interesse an der Veröffentlichung der *Krebsstation* nicht nachließ, hatte ich mir vorgenommen, ihm nichts von *August Vierzehn* zu sagen. Aber er kam mir so bedauernswert vor, daß ich ihn ein bißchen aufheitern wollte: »Wissen Sie, ich schreibe etwas über die Katastrophe von Samsonow, vielleicht werde ich bis zum Sommer fertig.«

Alexandr Trifonowitsch konnte sogar schon wieder ironisch sein:

»Eine KATASTROPHE hat es nie gegeben, und es konnte sie auch nicht geben. Heute *steht fest,* daß das vorrevolutionäre Rußland in seiner Entwicklung durchaus nicht rückständig war. Ich las vor kurzem einen nationalökonomischen Aufsatz, in dem sogar die Lage der Leibeigenen vor 1861 als recht günstig dargestellt wird: die Gutsbesitzer sollen für ihren Unterhalt gesorgt haben, auch wenn die Bauern alt oder nicht mehr arbeitsfähig waren ...«

(Der größte Witz dabei war, daß diese neue offizielle Version wesentlich zutreffender war, als die ihr vorausgehenden »revolutionären« Versionen!)

Wir blieben knapp eine Stunde; der Wagen wartete (alle Fahrer der *Iswestija* waren launisch und trieben die Redakteure des *Nowyj mir* zur Eile an), und wir mußten aufbrechen. Alexandr Trifonowitsch kam auf die Idee spazierenzugehen, zog eine ganz gewöhnliche Windjacke an, setzte eine Schirmmütze auf, nahm einen kräftigen, aber nicht sehr dicken Stock, stützte sich darauf und begleitete uns in dem leichten Schneetreiben bis vor das Gartentor – er wirkte wie ein einfacher Bauer, der vielleicht gerade lesen und schreiben konnte. Er nahm die Mütze ab, und die Schneeflocken fielen auf seinen großen hellen Kopf mit dem spärlichen Haar – den Kopf eines Bauern. Aber das Gesicht war bleich und kränklich. Mein Herz krampfte sich zusammen. Ich küßte ihn zum Abschied als erster – und zum ersten Mal nach einer langen Zeit, in der Spannungen und Zornesausbrüche diesen Ritus unmöglich gemacht hatten. Der Wagen setzte sich in Bewegung, und er stand immer noch im rieselnden Schnee – ein Bauer mit einem Stock.

In der Redaktion milderte ich selbst das Gespräch Kostoglotows mit Soja über die Leningrader Blockade ab, um keinen Anhaltspunkt für einen schwerwiegenden Einwand zu geben.

Dann fuhr ich ab. Aber kaum war ich in Rjasan angekommen – als schon ein Brief von Woronkow [Anhang 5] eintraf, in dem er vorfühlte, wann ich mich denn endlich von der westlichen Propaganda zu distanzieren gedächte? Endlich rührten sie sich! Ohne lange zu überlegen, antwortete ich mit einer Salve von acht Gegenfragen: wann sie sich eigentlich zu bessern gedächten? Auch ich wartete auf eine Antwort!! [Anhang 6]

Und dann fuhr ich erleichtert weiter, in die tiefste Provinz, bis in die Gegend von Solotscha, in das dunkle und kalte Haus Agafjas (einer zweiten Matrjona), wo man es an frostfreien Tagen bis zu 15 ° Wärme brachte und bei Frost, trotz Heizens, bei zwei bis drei Grad über Null aufwachte. Nach meinem auf Monate hinaus festgelegten Plan sollte ich hier den ganzen Winter verbringen. Ich umgab mich mit den Porträts der Generäle Samsonows und wollte es wagen, das wichtigste Buch meines Lebens zu beginnen. Aber ich war wie gelähmt, ich verzagte angesichts meines Plans, ich zweifelte, ob mir dieser Sprung gelingen würde. Die Zeilen gerieten matt und schlaff, die Hand wollte mir nicht folgen. Und da entdeckte ich, daß ich auch im *Archipel* vieles versäumt hatte und daß ich die Geschichte der öffentlichen Prozesse studieren und schreiben mußte. Dies war das Vordringlichste: eine nicht abgeschlossene Arbeit ist in gewissem Sinne auch noch nicht angefangen und gegen keine Verwundung gefeit. Außerdem erreichte mich die alarmierende Nachricht, daß jemand die *Krebsstation* den Engländern angeboten hätte, angeblich IN MEINEM AUFTRAG, was ausgeschlossen war, was ich unter allen Umständen vermeiden wollte! Auf diese Weise wurden meine Arbeitspläne über den Haufen geworfen, und wenige Tage später kam noch etwas hinzu: in Moskau zerrte der inzwischen genesene Twardowskij an dem langen Klingelzug meiner Alarmglocke: Kommen, sofort kommen! Sehr dringend! Aber den Grund, warum er es so eilig hatte, nannte er nicht, und der existierte auch nur in seiner Phantasie. Wie sollte ich da arbeiten, zerreiß sie der Teufel! Widerwillig, zögernd und murrend machte ich mich auf den Weg. Ich kann es nicht ausstehen, wenn äußere Umstände meine Pläne zunichte machen.

Aber Twardowskij wunderte sich sehr, daß ich nicht sofort zur Stelle war: das Sekretariat des Schriftstellerverbandes der UdSSR hatte uns beide zu einem zwanglosen *Gespräch* eingeladen; Woronkow hatte ihn angerufen und sich *sehr besorgt gezeigt:* ob Solschenizyn vom *Nowyj mir* wenigstens einen Vorschuß für die *Krebsstation* bekommen hätte – *jeder Mensch müsse doch etwas zu beißen haben!* (»Etwas zu beißen haben« – das war bei ihnen ein geflügeltes Wort für die Bedürfnisse der Autoren.)

So ist das also, ihr verdammten Schmarotzer! Und ich wundere mich nicht einmal darüber: wenn ich mich unerschütterlich behaupte – dann müssen eben *eure* Reihen ins Wanken kommen! Ich wundere mich über etwas anderes: seit einem halben Jahrhundert ist die ganze Welt nicht in der Lage zu erkennen, daß *die* nur Macht und Härte respektieren und jeden, der sie anlächelt oder Bücklinge vor ihnen macht, einfach zermalmen.

Als ich am 18. Dezember in die Redaktion kam, schwebte Alexandr Trifonowitsch bereits auf weichen Wolkenkissen im siebten Himmel. Ohne genau informiert zu sein, schloß Twardowskij aus kleinen Nebenanzeichen mit großer Sicherheit, daß jemand *ganz oben,* möglicherweise sogar *er* (Breschnew) höchstpersönlich, zwar keinen direkten Befehl zur Veröffentlichung der *Krebsstation* gegeben hätte, nein, gewiß nicht, denn dann wären die Anzeichen anders, aber immerhin eine Bemerkung fallengelassen hätte, dem Sinn nach etwa: ist es denn nötig, dieses Buch zu verbieten? Und diese Bemerkung, die in der Luft hängenblieb, und niemals den Erdboden erreichte, nirgends schwarz auf weiß zu lesen war, diese Bemerkung wurde sofort aufgegriffen und zog Kreise über die Hände, über die Schultern, über die Ohren der Menschen, weiter und weiter, brachte den Apparat Djomitschews und sämtliche Marionetten des Literaturbetriebs zum Verstummen, und die beweglichsten und anpassungsfähigsten unter ihnen, die Woronkows, hatten nichts Eiligeres zu tun, als Männchen zu machen. Es war also nichts Konkretes entschieden, aber der Trend hatte seit dem letzten September eine solche Wendung genommen, daß Twardowskij wie vor einem halben Jahr in dem Wagen der *Iswestija,* der uns zum Schriftstellerverband in die Worowskoj-Straße brachte, nicht nur von einer Veröffentlichung im *Nowyj mir,* sondern auch von einem Vorabdruck (zur Sicherung unserer Position) in der *Literaturnaja gaseta* träumte und wieder dafür ein »Filetstückchen« auswählte. In einer Anwandlung von Großmut entschied er sich zunächst für das vorletzte Kapitel (Kostoglotow in der Stadt und im Zoo), überlegte es sich aber sofort wieder anders:

»Nein, das *jus primae noctis* werde ich nicht an Tschakowskij abtreten.«

Standen wir an der Schwelle zu einem neuen Wunder der Zensur? Das macht die Welt der Bürokratie so seltsam: für kurze Zeit kann sie alle physikalischen Gesetze im eigenen Bereich aufheben, und dann können schwere Gegenstände nach oben fallen und die Elektronen zur Kathode strömen. Aber ich rechnete diesmal nicht mit einem Wunder und habe es mir, wie ich mich heute erinnere, nicht einmal besonders gewünscht: es hätte zu neuerlichem kleinlichem Feilschen um Zeilen und Absätze geführt, während die *Krebsstation* beim Samisdat frei und unverstümmelt verbreitet wurde. Inzwischen gefiel mir die sich abzeichnende Unabhängigkeit wesentlich besser. Aber ich wollte das kurze Glück Twardowskijs nicht stören und widersprach nicht.

Das Chamäleon Woronkow (untersetzt, breite Kinnlade) war wieder aufmerksam und liebenswürdig, zwar nicht ganz so zuvorkommend wie nach meinem Brief an den Kongreß, aber auch nicht so wie der Rausschmeißer Woronkow, der mir das Possew-Blatt zugeschoben hatte! Wir waren zu viert und nahmen unsere Plätze ein wie zum Kartenspiel: Twardowskij und ich und Sartakow und Woronkow einander gegenüber, nur saßen wir zusammen mit Sartakow an einem kleinen Tischchen, und Woronkow saß etwas weiter weg, in einem schweren Sessel hinter dem massigen Schreibtisch, selbst massig, wenn auch ziemlich gelenkig. Ich äußerte mich nur, wenn es unumgänglich war und gab mir keine Mühe, da ich dieses Spiel für irreal hielt; der giftig-pedantische Sartakow sagte ebenfalls wenig, und das Duell, über die ausgesprochenen Worte hinaus, spielte sich zwischen Woronkow und dem ihn angreifenden Twardowskij ab. Woronkow hatte wohl die Absicht, bei diesem Gespräch freundschaftliche Verbundenheit zum Ausdruck zu bringen. Twardowskij, der fünfunddreißig Jahre lang im sowjetischen Literaturbetrieb seine Erfahrungen gesammelt hatte und jetzt Woronkows Winkelzüge genau durchschaute, wollte ihn in die Enge treiben, um ihm wenigstens eine mündliche Zusage für den Druck der *Krebsstation* abzunötigen.

»Das ist doch Sache Ihrer Zeitschrift«, sagte Woronkow verwundert. »Machen Sie es doch so, wie Sie wollen.«

»Sie haben jedenfalls NICHTS DAGEGEN?«

»Aber der Schriftstellerverband hat damit gar nichts zu tun.« Woronkow wunderte sich immer mehr.

(Wird bei uns etwa Druck auf die Verlage ausgeübt?)

»Natürlich nicht. Aber ich bin nicht gewohnt, ohne Fahrschein Straßenbahn zu fahren!« Twardowskij parierte mit diesem Ausspruch, der vom Schriftstellerverband in Umlauf gesetzt worden war, doch keineswegs seiner eigenen Alltagserfahrung entsprach.

Und als Woronkow seinerseits zum Angriff überging, man müsse sich distanzieren (vom Westen und von meinem *Brief* – damit war ich angesprochen), man könne sich bei dieser Geschichte nicht in Schweigen hüllen – da winkte ich nur ab, des müßigen Redens überdrüssig, und Twardowskij erwiderte bestimmt:

»Doch, das kann man sehr wohl! Wir werden uns in Schweigen hüllen, und alles wird klappen.«

»Aber wie kann man denn so etwas einfach umgehen?« staunte Woronkow, der Fürsprecher der Öffentlichkeit.

»*Ganz einfach*«, sagte Twardowskij so bedeutsam und sicher, als wende er sich auch an die Lauscher unter der Decke, »Chruschtschow wurde abgesetzt, man hüllte sich in Schweigen, und alles lief wie am Schnürchen. Dabei war das ein wesentlich wichtigeres Ereignis, als der Brief Solschenizyns.«

Wie war Woronkow überhaupt auf diesen Sessel gekommen? Wie war er dazu gekommen, sechstausend russische Schriftsteller zu führen und zu leiten? War er der erste, der Klassiker unter ihnen? Ich habe gehört, daß damals, als Fadejew eine der Sekretärinnen des Schriftstellerverbandes zu seiner Geliebten machte und sie dadurch für einfache Büroarbeiten nicht mehr in Frage kam, der stets hilfsbereite Kostja Woronkow ihre Nachfolge antrat. Und dann lebte er sich ein, schlug Wurzeln und arbeitete sich hoch. Aber was hatte er eigentlich *geschrieben?* Es kursierte der Witz, sein wichtigstes Werk sei das Adreßbuch des Schriftstellerverbandes. Aber erst vor kurzem hatte Twardowskij aus irgendeinem Grund (vielleicht um das Leben des *Nowyj mir* erträglicher zu machen?) ausgerechnet Woronkow die Dramatisierung seines *Tjorkin* anvertraut. Wer weiß, welcher Sklave diese Arbeit für Woronkow erledigt hatte – aber Woronkow avancierte zum Dramatiker.

Das Gespräch dauerte ungefähr anderthalb Stunden – doch der massige, aalglatte Woronkow entglitt den dicken Pranken Twardowskijs immer wieder: er vertröstete uns wortreich, aber er versprach nichts und erlaubte nichts.

Ich ging mit Alexandr Trifonowitsch durch Nebenstraßen zum Nikitskij Tor und über den Twerskoj Boulevard in die Redaktion zurück. Während dieser halben Stunde in der frostigen Luft und der winterlich spärlichen Sonne, während ich neben ihm ging, seinen Arm hielt, um ihn zu stützen und ihm behilflich zu sein, besonders beim Überqueren der Fahrbahn, weil er den Straßenverkehr nicht gewohnt war, merkte ich, wie es in seinem Innern arbeitete, sich klärte und reifte, wie er seine freudige Stimmung wiederfand, die aber jetzt nicht mehr auf einem Wunschtraum, sondern einem eigenen Entschluß beruhte. Als wir im *Nowyj mir* ankamen, rief er sofort die Redaktion zusammen und sagte mit verhaltener Feierlichkeit zu mir:

»Die *Krebsstation* wird gedruckt. Wie viele Kapitel?«

Wir einigten uns auf acht. Alexandr Trifonowitsch wollte »ohne Fahrschein Straßenbahn fahren«!

Oh, diese Macht der gesichtslosen MEINUNG! Die feste Entschlossenheit Twardowskijs (die übrigens schon in seinem Namen lag – wäre er doch in seinem Leben immer so gewesen!) wuchs, und er hielt es nicht für unter seiner Würde, sich persönlich in die Setzerei der *Iswestija* zu begeben und dort irgendeinem Natschalnik zu bedeuten, daß der Druck der *Krebsstation* keineswegs ein Akt der Eigenmächtigkeit sei, daß eine DIESBEZÜGLICHE MEINUNG vorliege und er sich zu beeilen habe. Und dieser Natschalnik, ein Parteimitglied, war außerstande, einem Vorgesetzten, der ebenfalls Parteimitglied war, solch eine unverschämte Eigenmächtigkeit zuzutrauen und beeilte sich derart, daß schon gegen Abend des nächsten Tages

(*Iwan Denissowitsch* war sogar in wenigen Stunden, über Nacht, gesetzt worden) ein Stoß Fahnen in die Redaktion gebracht wurde und ich korrekturlesen konnte, bevor ich mich in meine Bärenhöhle zurückzog. (Dabei kam es zu einem heftigen Zusammenstoß mit Twardowskij: er *verbot mir* – weiß vor Wut – das Inhaltsverzeichnis dem Text voranzustellen; diese Idee sowie die Schriftart und die Zeileneinteilung – das alles fand er abscheulich: »Kein Mensch macht so etwas!«, aber ich wollte nicht nachgeben, und wenn wir uns verkracht hätten, und wenn der Satz umsonst gewesen wäre! Das war Twardowskij – er war auf mehreren Ebenen gleichzeitig zu Hause.) So kam dieser »Satz« zustande, dessen Vernichtung die westliche Presse noch lange unseren obersten Bösewichtern zum Vorwurf machen sollte – er kam zustande, weil das ZK eine vorübergehende Schwäche und der Verleger eine wachsende Entschlossenheit gezeigt hatten. Für mich bedeutete er eine Sicherung meines Lebensunterhalts für zwei Jahre, für zwei wichtige Jahre. Aber bald wurde man im ZK wach und korrigierte sich (es blieb ungeklärt, wer eigentlich jene unvorsichtigen Worte ausgesprochen hatte, möglicherweise überhaupt niemand, vielleicht hatte sich jemand bloß verhört und später noch alles verdreht; es ist ebenso ungeklärt, wer das Verbot ausgesprochen hat, man sprach wieder von Breschnew) – und alles verdorrte, bevor es zum Tragen kam.

Der Schöpfer hat ihnen nicht die geringste Beweglichkeit – das Zeichen der lebendigen Kreatur – geschenkt.

Für mich bedeutete das eine Erleichterung – es öffnete sich ein neuer, noch unbegangener, aber gerader und intuitiv als richtig erkannter Weg. Die nicht zustande gekommene Veröffentlichung brachte mich nicht aus der Fassung.

Anders Trifonowitsch. Er empfand diesen Mißerfolg als großes Unglück. Er hatte ja fest daran geglaubt! Er war so beschwingt in seiner Entschlossenheit gewesen! Aber sein Schwung verlor sich in zähem Teig. Er brauchte irgendein Ventil in diesen Tagen, es drängte ihn danach, alles mit mir zu besprechen, und er schickte mir ein Telegramm nach dem anderen nach Rjasan, in denen er mich aufforderte, sofort zu kommen (wahrscheinlich, um verschiedene Textstellen abzuschwächen). Aber ich wollte nichts mehr abschwächen, und vor allem wollte ich nicht zwei Stunden bis Rjasan und weitere drei bis Moskau fahren müs-

sen. Aber wie sollte ich dem vergeßlichen ehemaligen Dorf-
bewohner klarmachen, daß vor Neujahr zehn umliegende
hungrige Landkreise nach Moskau fuhren, um Lebensmittel zu
kaufen, daß man für die Fahrkarte Schlange stehen mußte, daß
die Reise sehr anstrengend war und ich keine Lust hatte, mich
abzuquälen. Ich sagte telegraphisch ab. Seine Antwort: Kommen Sie sofort nach Neujahr! Aber ich wollte auch nach Neujahr nicht fahren, wann sollte ich eigentlich arbeiten? Ich empfand es als Plage, daß er mich ständig zu sich bestellte. Aber er
konnte sich nicht damit abfinden: kämpften wir nicht auf derselben Seite? Wie konnte ich so gleichgültig sein? »Wo steckt
er eigentlich? Ich werde einen Hubschrauber schicken!?« Lakschin & Kondratowitsch waren besonders ungehalten: »Wenn
ein Buch in den Satz geht, dann ist der Autor verpflichtet,
wenigstens zwei Wochen lang erreichbar zu sein!«

Es war richtig, daß ich nicht hinfuhr. Die Kulturabteilung
setzte Trifonowitsch erneut unter Druck: ich müsse unbedingt
einen Brief schreiben, in dem ich mich vom Westen distanzierte,
wenn auch in abgeschwächter Form: »Wir sind ihm *entgegen-
gekommen*, wir haben den *Iwan Denissowitsch* gedruckt, und
wie hat er uns dafür gedankt? Mit dem *Festmahl der Sieger*!« . . .

»Es gibt niemanden, mit dem man reden kann«, sagte Trifonowitsch traurig zu meiner Frau und seufzte. »Sie sagen nicht
einmal *Krebsstation*, sondern *Krebsfestung*.« Und dann kam er
wieder ins Träumen: »Ach, wenn man jetzt die *Krebsstation*
drucken könnte – würde sich die ganze Situation der Literatur
ändern! . . . Wie weit könnten wir dann vorrücken! . . .«

Es vergingen zwei weitere Tage, und unser superloyaler Trifonowitsch machte sich daran, einen *Brief zu schreiben*! – das
Zeitalter der Briefe! Er war nicht als *offener Brief* gedacht, sondern lediglich an Fedin gerichtet, dafür aber beinahe einen
Druckbogen lang; Alexandr Trifonowitsch schrieb drei Wochen daran, er schrieb ihn auf der Datscha in seinen besten
Arbeitsstunden und suchte beim Schneeschippen nach Gedanken und Formulierungen.

Währenddessen schloß ich in Solotscha die Arbeit am *Archipel*
endgültig ab und erlaubte mir abends das Vergnügen, westliche
Sender zu hören. Ich war verblüfft, als im Februar mein No-
vemberbrief an Woronkow gesendet wurde – ich war verblüfft,

weil ich diesen Brief nie aus der Hand gegeben hatte (ohne alles andere hätte das auch keinen Sinn gehabt) – wie sollte man denn eigentlich seine Dokumente hüten? ... (Er war natürlich aus Woronkows Büro »abhanden gekommen«, das Datum war abgeschnitten wie bei einer eilig angefertigten Fotokopie, aber ich mußte jahrelang den Vorwurf hören, ich wäre es selbst gewesen ...)

Im März bekam ich heftige Kopfschmerzen und Kreislaufstörungen – die ersten Anzeichen für einen veränderten Blutdruck, die erste Vorwarnung des Alters. Schon um des *Archipels* willen durfte ich mir im April und Mai keine Stunde Ruhe gönnen. Ich konnte nur hoffen, daß in diesen zwei Monaten nichts Unvorhergesehenes passieren und mich stören würde! ... Und daß ich meine Kräfte in dem geliebten Roschdestwo-na-Ustje wiedergewinnen würde – durch die Berührung mit der Erde, durch die Sonne und das Grün.

Zum ersten Mal im Leben ein Stückchen Erde, das einem gehört, hundert Meter eigenen Bach – so entstand eine besonders enge Beziehung zu der umgebenden Natur! Das Häuschen stand fast jedes Jahr unter Wasser, aber es drängte mich dorthin, am liebsten unmittelbar nach dem Hochwasser, wenn die Dielen noch feucht waren und das Wasser aus dem kleinen Graben abends wieder an den Stufen leckte. Wenn die Nächte kalt sind, zieht sich das Wasser in den Fluß zurück und hinterläßt auf den tagsüber überschwemmten Hängen und in dem Graben Glasdächer aus weißschimmerndem Eis. Zerbrechlich hängen sie über einem Hohlraum und stürzen am Morgen in großen Platten ein wie unter unsichtbaren Schritten. Aber in warmen Nächten geht das Wasser im Fluß nicht zurück, es wird nicht weniger und murmelt laut die ganze Nacht. Sogar tagsüber können die Autos auf der Chaussee den Frühlingsfluß nicht übertönen, man kann stundenlang dasitzen, seinem weisen Murmeln lauschen und von Stunde zu Stunde genesen. Ab und zu ein lautes, kräftiges Glucksen oder ein eigentümliches Rauschen (ein Ast, der nach dem Hochwasser in einer Weide hängengeblieben ist und nun hinunterfällt), und wieder das vielstimmige gleichmäßige Murmeln. Die matte Sonne, hinter Wölkchen versteckt, spiegelt sich im strömenden Wasser. Nach und nach trocknen die höhergelegenen Stellen – und dann kannst du die warme Erde mit dem Rechen liebkosen und sie vom toten Gras des letzten Jahres befreien, um für das sprießende grüne Platz zu machen. Von Tag zu Tag geht das Wasser weiter zurück, und bald kann man das Ufer mit einer Mistgabel von angeschwemmtem Unrat und Reisig säubern. Oder einfach dasitzen und sich sonnen, ohne an etwas zu denken – auf einer alten Werkbank oder auf einer Bank aus Eichenbohlen. Auf meinem Grundstück wachsen Erlen, und gleich daneben steht ein Birkenwald, und jedes Frühjahr habe ich die Gelegenheit, die alte Bauernregel zu prüfen: Grünt die Erle vor der Birke – gibt es einen nassen Sommer, grünt die Birke vor der Erle – einen trockenen. (Sie bewahrheitet sich jedes Jahr! Und wenn die Bäume gleichzeitig grünen, dann schlägt das Wetter im Sommer oft um.)

Hier ist gut sein! Vor einem Jahr habe ich hier in einem solchen Frühling den wesentlichen Teil dieser Aufzeichnungen niedergeschrieben. Und in einem Monat, im Mai, wenn es richtig warm und grün geworden ist, werden wir hier die Schlußfassung des *Archipel* abtippen, solange die Sommerfrischler noch nicht da sind, um nur ja nicht aufzufallen.

Der Weg von Rjasan nach Roschdestwo führt über Moskau. In Moskau läßt sich ein Besuch im *Nowyj mir* nicht vermeiden. »Guten Tag, Alexandr Trifonowitsch!« Aber was nutzt heute dies »Guten Tag«, wenn die Glut schon verglüht ist und der Kopf mit anderen Problemen vollgestopft. Der Brief an Fedin war bereits seit drei Wochen abgeschickt, das »Gorkij-Jubiläum« war vorbei, und was tat Fedin? Er KÜSSTE Twardowskij: »Ich danke, ich danke Ihnen, lieber Alexandr Trifonowitsch! Mir ist so schwer ums Herz . . .« »Stimmt es, Konstantin Alexandrowitsch, daß Sie bei Breschnew waren?« »Ja, meine Freunde glaubten, daß wir uns unbedingt sprechen müßten.« »Und haben Sie mit ihm auch über Solschenizyn gesprochen?« – (Seufzend): »Ja.« »Und was haben Sie gesagt?« »Nun, Sie werden verstehen, daß ich nichts Gutes sagen konnte.« – Sich verbessernd: »Aber auch nichts Schlechtes.« (Was dann eigentlich?) Ich höre, wie immer im *Nowyj mir*, eigentlich mehr aus Höflichkeit zu, ohne zu widersprechen. Natürlich war es nicht schlecht, daß Alexandr Trifonowitsch den Brief geschrieben hatte (für meinen Geschmack hätte er um Dreiviertel kürzer sein können), aber noch besser war es, daß er bekannt wurde . . .

Ach ja! Eine frische Wunde: wie kommt es, daß in Moskau ein neues Werk von mir *kursiert,* und er, Alexandr Trifonowitsch, es nicht kennt? Wie kommt das? Irgendwelche Literaten in Pachra waren *unverschämt genug,* es ihm zum Lesen anzubieten, aber: »Ich habe es selbstverständlich abgelehnt!«

Wie soll ich ihm das alles erklären?! So: hätte ich es dir gebracht – du hättest es auf jeden Fall blockiert, du hättest gemeint, man brauche es nicht! Ich aber, ich meine, man braucht es wohl, ich will, daß es in die Welt hinauszieht. Es heißt *Beim Lesen des Iwan Denissowitsch* und war ursprünglich ein Kapitel des *Archipel,* das bei der letzten Überarbeitung weggefallen war, aber nicht einfach verlorengehen sollte – *und da ließ ich es einfach ziehen.*

»Nein, Alexandr Trifonowitsch, *das ist nicht mein Werk,* und deshalb habe ich es Ihnen nicht gezeigt, ich bin nicht der Autor, ich bin nur der Herausgeber, fünfundachtzig Prozent des Textes bestehen aus Leserzuschriften. ICH HABE NIE DAMIT GERECHNET, daß es sich verbreiten und sogar Erfolg haben könnte. Ich GAB es zwei alten Frauen, die selbst früher mal im Lager waren, EINFACH SO, zum Lesen.«

»Wo sind diese alten Frauen?« fragte er drohend. »Wir steigen sofort ins Auto, fahren hin und holen es ab. Wie konnte es Ihnen nur ENTWISCHEN?«

»Und wie konnte Ihr Brief an Fedin ENTWISCHEN? Sie haben ihn doch keinem Außenstehenden gezeigt?«

Er war verblüfft. In diesem Fall war er ganz sicher, daß er den Text niemandem gegeben hatte.

»Sie müssen sich jetzt *ganz ruhig* verhalten!« redete er auf mich ein.

Im Augenblick – ja, das sehe ich ein. Aber ich mache ihn ehrlichkeitshalber darauf aufmerksam, daß ich, falls die *Krebsstation* im Westen erscheinen sollte, eine Stellungnahme an die Schriftsteller schicken würde. (Über die *Art dieser Erklärung* kann ich nicht mit ihm sprechen. Wenn ich es jetzt tue, erhebt er Einspruch und mein »Bericht« ist hin. Das selbstverschuldete Los eines jeden, der die Wahrheit verbietet: er wird die Wahrheit niemals zur rechten Zeit erfahren!)

Und dann reise ich ab – um mich »ganz ruhig zu verhalten«. Es war der 8. April. Und schon am 9. April wurde in Frankfurt am Main jenes hochexplosive Telegramm der *Grani* aufgesetzt ... In diesem Jahr war es mir nicht beschieden, den Vorfrühling auf meinem »Landgut« lange zu genießen. Es war die Karwoche, aber es war kalt. Am Samstag, dem 13., hatte es sogar ziemlich stark geschneit, und der Schnee war liegengeblieben. Und in den Abendnachrichten des BBC hörte ich, daß in der Literaturbeilage der *Times* »umfangreiche Auszüge« aus der *Krebsstation* veröffentlicht worden waren! Es war wie ein Donnerschlag! Ein beglückender Donnerschlag! Es ging los! Ich ging auf meinem Pfad im Frühlingsschnee auf und ab – es ging los! Ich hatte damit gerechnet – und ich war trotzdem überrascht. Wie lange man auch warten mag – solche Ereignisse treten immer früher ein als erwartet.

Aber ausgerechnet die *Krebsstation* hatte ich nicht in den Westen geschickt. Man hatte mich wohl darum gebeten, es hatten sich verschiedene Wege dafür angeboten – aber aus irgendeinem Grund hatte ich immer abgelehnt, ohne mir etwas dabei zu denken. Und wenn sie *von selbst* dorthin gelangt war – dann sollte es wohl so sein, dann war ihre von Gott bestimmte Stunde gekommen. Aber was wird jetzt passieren? Nur ein Jahr nach dem Prozeß Sinjawskij-Daniel eine solche Dreistigkeit?! Aber in mir lebte die Gewißheit eines vorgezeichneten Weges: und wenn – und wenn jetzt gar nichts passiert?

Als ich noch im Aprilschnee auf und ab ging, kam meine Frau. Direkt aus Moskau. Sie war sehr aufgeregt. Aber sie konnte noch nichts davon wissen, denn die Nachricht war gerade erst durchgekommen. Nein, sie brachte eine andere Neuigkeit mit: Twardowskij suchte bereits seit vier Tagen verzweifelt nach mir, er war außer sich und tobte – aber er konnte mich nicht finden. Wo sollte er auch suchen? In Rjasan war ich nicht, meine Moskauer Verwandten »wußten von nichts«. (Mein Roschdestwo sollte gerade für den *Nowyj mir* ein Geheimnis bleiben, nur so konnte ich mich schützen, sonst hätten sie mich schon zehnmal geholt!) Am Montag erst hatten wir uns gesehen, und seit Mittwoch war er bereits »außer sich«? Es soll »so wichtig sein wie noch nie«? Bei ihnen (bei *uns)* ist immer alles »wie noch nie«, immer »ein ganz besonderer Augenblick«, »besonders wichtig«. Immer muß man mit gespitzten Ohren dasitzen. Sie werden warten müssen. Man darf nicht zu oft rufen: »Die Wölfe kommen!«, wenn keine Wölfe zu sehen sind, sonst verliert man das Vertrauen. Ich kann mich nicht bei jeder Umstellung der äußeren Verhältnisse ebenfalls umstellen. Ich werde drei Tage später fahren. Twardowskij wird es überleben. Bin ich unmenschlich ihnen gegenüber? Aber auch sie verhalten sich mir gegenüber keineswegs rücksichtsvoller: wäre ich im Laufe dieser Jahre ihren Aufforderungen jedesmal gefolgt – ich wäre längst kein Schriftsteller mehr.

Sie können ja gar keine Nachricht haben, die *neuer* ist als meine: die *Krebsstation* erscheint im Westen! Und man braucht sich keine Gedanken darüber zu machen, *daß* sie dort erscheint, sondern: wie wird sie dort ankommen? Zum ersten Mal muß ich mich als Schriftsteller wirklich bewähren! Und ferner braucht man sich nicht zu fragen, weshalb der *Nowyj mir* in Aufregung geraten ist, sondern: wäre jetzt nicht der richtige Moment für meinen GEGENSCHLAG? Das Material liegt schon viel zu lange da, die Welt weiß nichts von unserem Borodino – ist es nicht an der Zeit, von unserer Schlacht zu berichten? Ich wollte nichts als Ruhe – aber ich muß handeln! Ich darf nicht warten, bis sie ihre Kräfte zum Angriff gesammelt haben – ich muß sofort selbst angreifen!

Ich gehe nicht auf dem Weg rationeller Überlegungen, sondern durch den Tunnel der Intuition.

Und so reise ich Dienstag, den 16. ab: um meinen »Bericht« auf den Weg zu schicken. Er ist ziemlich dick, etwa hundertfünfzig Schreibmaschinenseiten, die ich im Winter für alle Fälle abgeschrieben hatte (Litwinow und Larissa Bogoras haben ihre Erklärungen den Zeitungskorrespondenten *direkt* übergeben, aber ich bin noch vorsichtig, ein gebranntes Kind scheut das Feuer, und verstecke mich hinter fünfzig Rücken von Schriftstellern!), jetzt brauche ich nur das Begleitschreiben [Anhang 7] hinzuzufügen, den Draht, der die einzelnen Elemente der Zeitbombe verbindet und sie alle auf einmal und zu einem für alle einleuchtenden Zeitpunkt hochgehen läßt:

». . . Ich habe das Sekretariat eindringlichst auf die Gefahr hingewiesen, die dadurch entsteht, daß meine Werke seit langem und in großer Zahl von Hand zu Hand gehen und leicht ins Ausland gelangen können . . . Man hat ein Jahr verstreichen lassen, nun ist das Unvermeidliche eingetreten . . . und die Schuld des Sekretariats ist offenkundig.«

Im letzten Moment packen mich meine Moskauer Freunde am Ärmel und versuchen, mich zurückzuhalten: Noch etwas warten! *Ausgerechnet jetzt, in diesem Moment* . . . die Reaktion der Öffentlichkeit . . . sie brechen den Willen . . . man sollte eine Herausforderung der *höheren Sphären* vermeiden . . . Gerade deshalb mußte man sofort VORRÜCKEN!!!

Deshalb fuhr ich nach Moskau. Und nur im Vorbeigehen wollte ich im *Nowyj mir* guten Tag sagen. Was für eine Aufregung gab es dort?

Eine äußerst gereizte Stimmung! Ein bitterer, dunkler Unwille auf den Gesichtern von Lakschin und Kondratowitsch. Aber kein vernünftiges Wort kommt über ihre Lippen: hierarchische Ordnung und Disziplin geht über alles, ohne Alexandr Trifonowitsch darf nichts gesagt werden! Und Alexandr Trifonowitsch ist auf dem Weg von seiner Datscha hierher irgendwo steckengeblieben: ein Reifen war geplatzt, und der feiste Chauffeur der *Iswestija* hatte nicht einmal einen Schraubenschlüssel dabei, um das Rad abzumontieren. Twardowskij traf mit drei Stunden Verspätung ein – voll innerer Spannung, aber auch völlig niedergeschlagen, und es *lag an mir,* daß er so niedergeschlagen war! Die Redaktionsspitze versammelt sich in seinem Zimmer, mit der strengen und unnachsichtigen Attitüde einer Gerichtskommission. Und dann legen sie mit unverhohlenem Widerwillen das schmierige, abscheuerregende Telegramm der verräterischen, gesinnungslosen *Grani* vor mich auf den Tisch.

Frankfurt/Main, 9. 4.   An *Nowyj mir*

Wir setzen Sie davon in Kenntnis, daß ein weiteres Exemplar der *Krebsstation* vom KGB durch Victor Louis in den Westen geschickt worden ist, um damit eine Veröffentlichung im *Nowyj mir* zu verhindern. Wir haben deshalb beschlossen, dieses Werk umgehend zu publizieren.

Redaktion der Zeitschrift *Grani*

Das kommt so unerwartet, das Telegramm enthält so viele Widersprüche, ja, sogar Rätsel – ich kann es einfach nicht begreifen, es will mir nicht in den Kopf! Aber ich brauche ja überhaupt nichts zu begreifen! – PROVOKATION! – Und ich, als Sowjetbürger, muß . . . Sie alle, wie sie da sitzen, ahnen ja selbst kaum, worum es hier geht, aber ihnen fehlt ja auch die elementare bürgerliche Reife: am Anfang ist die Klärung alles Unklaren. Und was ist für den Sowjetbürger zur Gewohnheit geworden? Eine ABFUHR ERTEILEN! Statt zu analysieren, statt nachzuforschen, statt zu überlegen – eine ABFUHR ERTEILEN! Darin zeigt sich die jahrzehntelange Unterdrückung. Sogar der junge, kritische und gescheite Lakschin ordnet sich, ohne zu reflektieren, in diese Mauer ein: eine ABFUHR ERTEILEN! Meine verwundbare Stelle – der *Nowyj mir*! Meine Achillesferse! Es gibt niemanden, mit dem mir die Unterhaltung schwerfällt – außer mit euch! Es gibt schon lange keine einzige sowjetische Institution mehr, der ich verpflichtet bin, außer euch! Aber durch euch streckt das System seine klebrigen Arme nach mir aus und droht mich zu verschlingen: er ist uns verpflichtet! Verpflichtet! Er ist unser! Unser!

Twardowskij (mit Nachdruck und sogar feierlich):

»Jetzt ist der Augenblick gekommen, in dem Sie dokumentieren müssen, daß Sie Sowjetbürger sind. Daß jener Mann, den WIR ENTDECKT HABEN, *zu uns steht*, daß der *Nowyj mir* sich nicht getäuscht hat. Jetzt müssen Sie an die GESAMTE sowjetische Literatur denken, jetzt müssen Sie an Ihre KAMERADEN denken. Und wenn Ihnen jetzt ein Fehler unterläuft, dann kann es leicht dazu kommen, daß unsere Zeitschrift nicht mehr erscheinen wird . . .«

Die ständige Drohung – NICHT MEHR ERSCHEINEN . . . Und ich – ich bin nicht einfach ich, sondern entweder ein Mühlstein oder ein Luftballon auf den Schultern des *Nowyj mir* . . .

Nach der Schlacht von Borodino hatte ich mir eingebildet, ich sei ein freier Mensch. Nein, nein, weit gefehlt! Ich sinke tief ein, es fällt mir unendlich schwer, durch diesen Sumpf zu waten . . . Ich versuche, mich herauszureden:

»*Grani* kommt zu spät. Die *Times* hat sie schon veröffentlicht . . .«

Die *Times* – das ist ja unwichtig, wichtig ist die *Grani*! Wichtig ist: eine Abfuhr erteilen und die sowjetische Prinzipientreue unter Beweis stellen! . . .

Ich schiebe Alexandr Trifonowitsch meinen *Begleitbrief* zu und gebe die Kopie Lakschin (Kondratowitsch bekommt nichts, er liest über die Schulter von Lakschin mit). Nein, er macht auf Alexandr Trifonowitsch keinen Eindruck. Und auf die anderen (nach einem Blick auf Twardowskij) ebensowenig.

»Die *Times* – die ist doch nicht auf russisch . . .«

Lakschin: »Das ist sehr wichtig, Alexandr Issajewitsch, das ist sehr wichtig für die Geschichte. In den bibliographischen Nachschlagewerken wird die Veröffentlichung in der Original-sprache immer an erster Stelle angeführt. Und wenn es dann heißen wird – *Grani* – dann ist das einfach eine Schande!«

Plötzlich erwachte das Interesse Twardowskijs für meinen Begleitbrief:

»Sie wollen das da verschicken? Jetzt ist nicht der richtige Moment dafür, absolut nicht! WISSEN SIE EIGENTLICH, WIE JETZT DIE STIMMUNG IST? . . . Das könnte Kopf und Kragen kosten . . . Im Strafgesetzbuch soll jetzt ein neuer Paragraph . . .«

Ich: »Mich geht diese Gesetzbuch-Ziehharmonika überhaupt nichts mehr an, ich habe keine Angst davor.«

Alexandr Trifonowitsch: »Und Sie haben schon welche abge-schickt?«

Ich: »Ja.« (Ich hatte noch keinen einzigen Brief abgeschickt und log, um mir den Rückweg abzuschneiden.)

Er kann das nicht billigen. Er kann das keineswegs billigen. Er will dieses voreilig und falsch argumentierende Schriftstück nicht einmal in seiner Schreibtischschublade wissen. Aber das steht jetzt nicht zur Diskussion! Wieder umstellen sie mich einmütig und streng. Und Twardowskij diktiert ohne weitere Umschweife:

»Ich verbiete Ihrer Neoemigranten-Zeitschrift, die sich durch unverhohlen feindselige Haltung gegenüber . . . Und werde gegebenenfalls alle Maßnahmen ergreifen, die . . .«

Welche eigentlich?! Die Regierung schützt unsere Rechte nicht, aber sie fordert, daß wir uns selbst schützen! Das ist haargenau *unser Stil*!

»Andernfalls, Alexandr Issajewitsch, SIND WIR KEINE FREUNDE MEHR!«

Und auf den Gesichtern von Lakschin – Kondratowitsch – Chitrow steht wie in Stein gemeißelt: Ja. Andernfalls sind wir keine Freunde mehr! Wir sind Patrioten und Kommunisten.

Ach, es fällt mir so schwer, mich gegenüber *Freunden* zu be-haupten! . . . Ich bin ja auch an der Publikation der *Krebs-station* in *Grani* nicht interessiert, zumal die Veröffentlichung in anderen europäischen Ländern sowieso vor der Tür steht. *Grani* wird nur alles verderben . . . Was soll man tun? . . . Meinetwegen . . . Ich kann ja ein Telegramm schicken . . . (Bin ich umgefallen? So schnell?) Ich versuchte, einen Telegramm-text zu formulieren! Die Worte wollen sich nicht fügen. Lassen Sie mich überlegen! Man führt mich in Lakschins Zimmer. Ich fühle mich wie verhaftet: solange ich das Telegramm mit dem Veto nicht aufgesetzt habe, lassen sie mich nicht aus der Redaktion.

Aber man soll immer alles vorher genau überlegen. Und sich immer alles genau ansehen. Auf der Rückseite des Telegramms entdecke ich mit Bleistift geschriebene Zeilen. Was ist das? Ein Entwurf:

Sehr geehrter Pjotr Nilowitsch!

Meiner Meinung nach muß Solschenizyn dieser Neoemigran-ten-Zeitschrift (in diesem Neo- sieht man etwas besonders Ver-werfliches!), deren unverhohlen feindselige Haltung gegenüber unserem Land bekannt ist, unbedingt . . . Ich versuche laufend, Solschenizyn, dessen Aufenthaltsort mir im Moment unbe-kannt ist, zu erreichen und umgehend nach Moskau zu bestel-len. Erwarte Ihre Weisungen.

Twardowskij, 11. April

(Twardowskij hatte keine Weisungen erhalten und nach vier-undzwanzig Stunden qualvollen Wartens rief er Djomitschew an. Djomitschew: »Aha. Soll er doch machen, was er will.« . . . Und Sie – das stand dahinter – Sie werden sich dafür zu ver-antworten haben. Darauf fahndete Twardowskij noch verzwei-felter nach mir.)

Aber die Worte des Telegramms wollten sich immer noch nicht fügen. Endlich hatte ich ein paar Sätze zusammen, allerdings ohne ein einziges Schimpfwort, und legte sie ihnen vor. Alexandr Trifonowitsch geriet in Zorn. Das war doch viel zu lasch, das war nicht das richtige! Ich klopfte ihm beschwichti-gend auf den Rücken, aber er ärgerte sich noch mehr:

»Ich bin überhaupt nicht nervös! Aber Sie, Sie sind nervös!« Bitte. Aber ein Telegramm bringe ich nicht zustande. »Der Morgen ist weiser als der Abend.« Lassen Sie mir Zeit zum Überlegen, ich werde es morgen früh abschicken, ich ver-spreche es Ihnen.

Ich kam nur mit Müh und Not weg.

Lidija Kornejewna Tschukowskaja sagte verwundert:

»Ich verstehe überhaupt nichts. Nur Tiger spielen solche Spiele. Man sollte sich da heraushalten.«

Wirklich, was war das für ein Spuk? Wie konnte ich ihnen etwas versprechen? Aber die Geschichte mit dem Telegramm – die mußte geklärt werden. Eine Kette von Rätseln:

1. Wieso ist *dieses* Telegramm überhaupt *zugestellt* worden? Das kann nur ein Versagen des Apparats oder eine Provokation des KGB sein.

2. Wer ist Louis?

3. »Ein weiteres Exemplar?« Wo ist das erste, und wer hatte es überbracht? (Und beide waren doch wohl nicht ohne Honorar geliefert worden? Und das für meine *Krebsstation* kassierte Geld ist bereits für den Ausbau des KGB ausgegeben worden!)

Während die letzten Vorbereitungen für meine Salve der fünfzig »Berichte« getätigt werden, versuche ich, etwas über diesen Louis zu erfahren – und stoße sofort auf eine Frau, die früher in Karaganda mit ihm im gleichen Lager gesessen hat und jetzt sofort einen wunderschönen Strauß zusammenstellt: er heißt überhaupt nicht Louis, sondern Vitalij Levin, wurde vor Abschluß seines Studiums verhaftet (irgendeine Geschichte mit ausländischen Touristen), spionierte für die Lagerverwaltung, was unter den Mithäftlingen allgemein bekannt war, bekam nach der Entlassung nicht nur die Zuzugsgenehmigung nach Moskau, sondern wurde auch Korrespondent einiger ziemlich »rechter« englischer Zeitungen, heiratete die Tochter eines reichen Engländers, reist ungehindert im Ausland herum, verfügt über Devisen und eine märchenhafte Datscha in Bakowka, wo sonst nur Generäle residieren. Er ist Nachbar der Furzewa und hat das Manuskript der Swetlana Allilujewa in den Westen gebracht.

Alles klar. Das Telegramm ist echt (die Zustellung war ein Versehen und kommt einem Wunder gleich), der KGB macht mit meiner *Krebsstation* Geschäfte, *Grani* hat Twardowskij ehrlich gewarnt, dafür muß ich sie, dem sowjetischen Stil entsprechend, mit Dreck bewerfen, und der KGB darf auch weiterhin mit meiner Seele Wucher treiben, denn der KGB ist die Macht, er ist UNSER, das Recht ist auf seiner Seite.

Und sechs Köpfe der *Nowyj mir*-Redaktion machen sich fast eine Woche lang in ihren Arbeitszimmern wichtig, ergehen sich in Tiraden darüber, daß ich, ein ehrloser Schuft, mich vor der Redaktion verstecke und geben ihrem Chefredakteur in allem recht, während dieser im Gespräch mit mir mit dem Fuß aufstampft, aber vor Djomitschew dienert und vor Angst um seinen *Nowyj mir* zittert – doch *keiner von ihnen* kommt auf die Idee, sich das Telegramm genau anzusehen, und *keiner von ihnen* ruft beim Telegrammdienst an: ist dieses Telegramm überhaupt echt? Und keiner interessiert sich dafür, ob es überhaupt einen Louis gibt? In welchem Land? Wer er ist und was er ist?

So sieht das Resultat der sowjetischen Erziehung aus: eine Loyalität, wie sie einer Schafherde Ehre machen würde, eine Kreuzung aus Servilität und Feigheit, und die Bereitwilligkeit, eine Abfuhr zu erteilen, jedoch nur dort, wo es nicht gefährlich werden kann! Einfach lächerlich, daß ich mich am Tag vorher behexen ließ und unsicher wurde.

Gott hat mich davor bewahrt, mit ihnen zusammen ehrlos zu werden. Wie auf einem Pferd trägt es mich aus diesem Hexenkessel heraus: meine »Berichte« beginnen ihren Weg. Und gleich fliegt mein neuer Brief [Anhang 8] hinterher – über Louis! Hätte es Victor Louis nicht gegeben – dann hätte er erfunden werden müssen, so gute Dienste erwies er mir in jenen Tagen! Jetzt trifft die Schuld für die Veröffentlichung der *Krebsstation* den KGB und nicht mich! Ich hinterlasse an zwei aufeinanderfolgenden Tagen für Alexandr Trifonowitsch je einen kurzen Brief in der Redaktion, damit er endlich merkt, was er tut, und reise befreit nach meinem Roschdestwo ab. Der Angriff war gelungen, er fand zum günstigsten Zeitpunkt statt – jetzt kann es auch ohne mich weiter donnern, ich will wieder arbeiten.

Aber vor allem möchte ich ein stilles und warmes Osterfest erleben. Es gibt keine Kirche bei uns in der Nähe, von meinem kleinen Balkon aus sieht man einen enthaupteten Torso im Dorf Roschdestwo, eine Christi-Geburts-Kirche. Irgendwann, zu meinen Lebzeiten oder auch später, soll sie wieder aufgebaut werden. Aber heute kann nur die Nachtsendung des BBC die Abendmesse ersetzen. Und am Karfreitag, einem friedlichen sonnigen Tag, der deshalb so heiß ist, weil die Bäume noch kahl sind, reche ich mit großem Genuß ganze Berge von Reisig, den das Hochwasser mitgeführt hatte, zusammen, und der Friede zieht in mich ein. Wie weise und wie mächtig ist Deine leitende Hand, o Herr!

Plötzlich – rasche kräftige Männerschritte. Das ist A. E., mein großartiger, hilfreicher Freund! Er kommt zu Fuß hierher, um eine neue Schreckensbotschaft zu überbringen: ... *(was eigentlich passiert war – das kommt irgendwann später.)*

Nein, man weiß nie, wann man sich zur Ruhe betten kann. Die Ruhe ist dahin.

Keine Atempause. Dieselbe friedliche Sonne scheint über dem noch kahlen Wald, das Wasser strömt und murmelt genauso wie vorhin – aber der Friede ist aus meiner Seele gewichen, und alles verändert sich. Ein Tag, ja noch eine Stunde zuvor sprengte ich siegesgewiß dahin – und nun stürzt das Pferd mit gebrochenem Bein in den Abgrund und reißt den Reiter mit.

Was soll ich tun? Auch diese Gefahr abwehren. Das errungene Gleichgewicht wahren – auf des Messers Schneide oder sogar auf der Nadel Spitze. Es gab zu viele Briefe in diesen wenigen Tagen, aber diese Tage sind eben so, daß ein weiterer Brief geschrieben werden muß! »Wo Unglück ist, da ist auch Glück!« Indem ich mich gegen die *Unseren* behaupte, bietet sich die günstige Gelegenheit, auch mit den Schakalen des westlichen Verlagsbetriebs abzurechnen, die meinen *Iwan Denissowitsch* bis zur Unkenntlichkeit entstellt und eine politische Agitationsschrift daraus gemacht haben.

Der Mensch hat die Gewohnheit, den Schwachen zu prügeln und seinen Zorn über den Schutzlosen auszugießen. Wie oft haben russische Schriftsteller (und sogar ohne jeden Anlaß) der russischen Kirche und der russischen Geistlichkeit (zum Beispiel auch Ilf und Petrow in den *Zwölf Stühlen)* oder der gesamten »westlichen Welt« genüßlich Fußtritte versetzt, wenn sie sicher waren: es ist mit keiner Gefahr für sie verbunden, sie brauchen sich nie dafür zu verantworten, und ihre Chancen bei der eigenen Regierung steigen. Diese häßliche Neigung machte sich auch bei mir bemerkbar, in meinem Brief (an *le Monde* und *l'Unità* und die *Literaturnaja gaseta)* wollte ich zu scharf mit den westlichen Verlagen ins Gericht gehen – als ob ich überhaupt andere hätte! Meine Freunde hielten mich noch eben rechtzeitig zurück ...

Schon am 25. 4. marschiere ich mit dem getippten Brief [Anhang 9] zur Redaktion der *Literaturnaja gaseta.* Der Gedanke an eine Begegnung mit Tschakowskij erfüllt mich mit Ekel. Glücklicherweise ist er nicht im Haus. Seine beiden Stellvertreter (die keineswegs besser sind als er) sind durch meinen Besuch konsterniert und behandeln mich wachsam zuvorkommend. Als wäre es das Selbstverständlichste von der Welt, als ginge ich dort ein und aus, lege ich meinen Brief vor sie hin. Sie stürzen sich beide darauf, lesen, zucken sichtlich zusammen.

»Und haben Sie den Brief an *le Monde* schon abgeschickt?«

»Nein, ich bin auf dem Wege zur Post.«

»Warten Sie damit! Vielleicht . . . Sie verstehen, das hängt *nicht von uns* ab . . . (Ein Blick zur Decke) – Wenn aber . . .«

»Ich verstehe alles. In Ordnung. Ich werde zwei Tage auf Ihren Anruf warten.«

Auch in der *Literaturnaja Rossija* jage ich dem glatzköpfigen, aalglatten, schamlosen und vorsichtigen Posdnjajew mit meinem Brief den gleichen Schrecken ein – und gehe sofort.

Die Stunden ziehen sich dahin – und in mir wächst auf einmal ein graues Unbehagen: habe ich nicht doch eine Niederträchtigkeit begangen? War ich nicht ausfallend gegen den Westen geworden? Sieht das nicht nach gebrochenem Rückgrat, sieht das nicht so aus, als wollte ich mich bei den *Unseren* lieb Kind machen?

Es ist mir schlimm zu Mute. Das ist die furchtbarste Gefahr: gegen das eigene Gewissen vorzugehen, die eigene Ehre zu beflecken – keine Drohung, keine physische Vernichtung lassen sich damit auch nur vergleichen. Obwohl meine Freunde mir versichern, daß mein Brief nichts enthalte, was unehrenhaft sei, warte ich mit stockendem Herzen auf den Anruf aus der *Literaturnaja gaseta – ich will diesen Anruf nicht!*

Der Anruf kommt nicht. Gott hat ihnen den Verstand genommen, schon vor langer Zeit, damit sie in ihr Verderben rennen (aber noch immer ist es nicht so weit) . . . In der internationalen Politik kommen sie ganz gut zurecht – weil der Westen vor ihnen beinahe auf den Knien liegt und alle *Progressiven* ihnen um die Wette den Hof machen, aber innenpolitisch entscheiden *sie* sich fast immer für die schlechteste von allen möglichen Lösungen. Es kann ja auch nicht anders sein, wenn es keine unbefangenen Diskussionspartner gibt.

Den Brief an *le Monde* schicke ich als Einschreiben mit Rückantwort. (Alles für die Katz' – sie werden ihn doch nicht durchlassen.) Und *l'Unità*? Ich höre, Vittorio Strada sei in Moskau, er reise in den nächsten Tagen zurück. Er ist Kommunist, Literaturkritiker – den wollen wir um eine Gefälligkeit bitten.

Aber Vittorio Strada war nach den Begriffen des Lagers ein »ungeprügelter Freier« und hatte nichts Dümmeres zu tun, als das Stückchen Papier, meinen Brief, in den Koffer zu legen, statt ihn in die Rocktasche zu stecken. Offenbar hatte ihn jemand *verpfiffen* – und so schreckte man nicht davor zurück, sein Gepäck zu kontrollieren. Ja! Wo bleibt da der Stolz der »freien und unabhängigen« Kommunisten? – man hat alles durchsucht und ihm vieles abgenommen, wie dem letzten kapitalistischen Touristen.

Und wie ging es weiter, in Italien? Hat er das alles etwa in seiner *Renascità* beschrieben? Hat er sich etwa bei seinem ZK beschwert? Hat ihr ZK bei unserem ZK protestiert? Nichts dergleichen, sie hüllten sich alle in Schweigen, denn hier endet ihre Unabhängigkeit: sobald sie an der Macht sind, verfahren sie alle auf dieselbe Weise.

Und in Roschdestwo – das zarte Grün, die erste Nachtigall, der Morgennebel über der Istja. Von Sonnenaufgang bis Sonnenuntergang korrigieren und tippen wir den *Archipel*, ich komme kaum mit den Seiten nach, fatalerweise geht die Schreibmaschine jeden Tag von neuem kaputt, und ich muß sie entweder selbst löten oder zur Reparatur bringen. Das ist der unheimlichste Augenblick: bei uns liegen das Originalmanuskript und sämtliche Kopien des *Archipel*. Kommt jetzt der KGB – das Aufstöhnen von Millionen, ihre letzten vor dem Tode geflüsterten Worte – das alles fällt in ihre Hände, das werde ich nicht noch einmal bewältigen, mein Kopf wird dafür nicht mehr ausreichen. Sie haben oft Glück gehabt, viele Jahrzehnte lang, jedesmal teilten sich vor ihnen die Wasser des Siwasch – ist es denn möglich, daß Gott auch diesmal das Unrecht zuläßt? Soll es denn wirklich keine Gerechtigkeit auf der russischen Erde geben?

Aber – ringsumher zwitschern und singen die verschiedenen Vögel, quaken die Frösche, die Blätter an den Bäumen werden größer, der Schatten wird immer dichter – aber kein Mensch weit und breit, die Sommerfrischler in der Nachbarschaft sind noch nicht da, kein Späher zu entdecken – die wissen wahrscheinlich nichts von uns, sie sehen uns nicht und werden diese Gelegenheit verpassen!

Wir haben allerdings gehört, daß Strada beim Zoll gerupft worden sein soll. Ein Reinfall beim Grenzübergang – für einen Sowjetbürger eine entsetzliche Katastrophe – aber ich bin inzwischen so dreist geworden, daß ich mich davon nicht beeindrucken lasse: ich spüre immer deutlicher die Wirkung meiner Stärke und der errungenen Höhe. Außerdem war mein Briefchen harmlos an eine kommunistische Zeitung gerichtet – hol's der Teufel! Weiterarbeiten!! Und auf einmal –

– adressiert an meine Datscha, wohin niemals auch nur ein Brief kam (ich habe allen verboten, hierher zu schreiben oder uns hier zu besuchen) – ein Schreiben der Zollbehörde! ». . . in einer Sie betreffenden Angelegenheit . . . im Zusammenhang mit dem vorliegenden Fall . . .« werde ich in das Zollamt Scheremetjewo, zu einem gewissen Schischin vorgeladen. (Wo ist die russische Nation eigentlich geblieben? Man weiß es ja: sie wurde vom Archipel aufgesogen, sie versickerte in den Inseln des Archipels, und an der Oberfläche hielten sich nur solche Schischins, Tschetschews, Schkaejews . . .)

Nicht der friedliche Himmel blickt auf uns herab – es ist das Auge des KGB, es blinzelt uns zu wie der Kopf in Puschkins *Russlan und Ljudmila*: Gib acht! Vergiß nicht! . . . Sie sehen alles, sie sind im Bild über unser Treiben, und wir sind ihnen ausgeliefert . . .

Wir erstarren vor Entsetzen. Nur ruhig bleiben! Sich zusammennehmen und in den wenigen verbleibenden Stunden alles überlegen. Als freier Bürger, ohne die Schule des Lagers, würde man der Vorladung des Zollamtes sofort Folge leisten. Aber müssen wir sie nicht endlich in die Schranken weisen? Und etwa so schreiben:

». . . Ich vermag die von Ihnen zum Ausdruck gebrachte Notwendigkeit einer persönlichen Vorsprache nicht einzusehen. In der Regel hat das künstlerische Schaffen mit der Zollbehörde nichts zu tun. Sollte diese Notwendigkeit für Sie jedoch zwingend sein, könnte Ihr Bevollmächtigter mich aufsuchen . . .«

Und die Adresse der Familie Turkin in Moskau, ein Termin zehn Tage später, als der von ihnen genannte und drei Stunden

Spielraum, während der ich auf sie warten will.

Der Brief wird abgeschickt. Wir verbringen zwei harte Arbeitswochen ohne eine einzige Atempause. Es passiert nichts – kein Zurückbeißen, keiner kommt. Und endlich ist meine Arbeit abgeschlossen, es bleiben nur noch einige Tage Tipparbeit. Ich fahre nach Moskau. Wir sitzen alle zusammen in der Wohnung meiner Verwandten, sie lachen mich aus: Hast du wirklich geglaubt, die würden kommen? So dumm sind die auch nicht. Vor den Fenstern liegt eine Grünanlage, ich will mit einem Freund ein bißchen Luft schnappen und bitte den Hausherrn: wenn sie kommen, machst du dieses Fenster auf. Aber wir unterhalten uns angeregt, ich vergesse, nach dem Fenster zu schauen, bis plötzlich ein gellender Pfiff ertönt, der im ganzen Viertel nicht zu überhören ist. (Was haben sich die armen Zollbeamten wohl dabei gedacht? – Daß sie in eine Falle gelaufen sind? Mit all ihren Papieren?) Und schon bin ich in der Wohnung:

»Verzeihung – ich habe Sie warten lassen.«

Sie sind äußerst liebenswürdig, die Mäntel haben sie bereits abgelegt, aber sie stehen noch – etwas verstört durch dieses Pfeifen: wird man sie nicht sofort an Händen und Füßen fesseln?

Der Major, um die sechzig, mit einer flachen leeren Aktentasche, ist dem Aussehen nach vielleicht wirklich ein Zollbeamter. Der blutjunge Leutnant ist vom KGB, ohne Zweifel. Wir nehmen Platz, wir unterhalten uns eine gute halbe Stunde, und keinem fällt auf, daß neben mir, frei und unbekümmert das von mir mitgebrachte Exemplar der bei Mondadori erschienenen *Krebsstation* auf dem Sofa liegt – offenkundig geschmuggelt!

Der Junge: »Wollen wir nicht die Tür schließen, wir stören doch sicher.«

(Dort, hinter der Tür sitzen zwei Helfer von mir und hören mit.)

Ich: »Aber ich bitte Sie! Wen sollen wir denn hier stören. Wir sind ganz unter uns.«

Der Ältere: »Zuweilen treten außergewöhnliche Umstände ein, unter denen das Zollamt und die Literatur doch einiges miteinander zu tun haben.«

Er öffnet seine flache Aktentasche und überreicht mir mit

giftiger Liebenswürdigkeit meinen *Bericht!* Es ist mein *Bericht,* aber ich sehe auf den ersten Blick: er ist nicht auf meiner Schreibmaschine geschrieben und überhaupt auf keiner mir bekannten.

Ich: »Der Text ist von mir, aber die Abschrift ist nicht von mir, woher haben Sie das?«

»Wir haben es jemandem an der Grenze abgenommen.«

Ich (sehr bedenklich): »An der Grenze?! – (Ich schüttle den Kopf) – Aber das war doch nur für unser Land bestimmt.«

Er: »Das ist es ja gerade!«

Pause. Beide Seiten sind gleichermaßen besorgt. Ich weiß ja von nichts, weder von Strada, noch von sonst jemandem, ich darf keine falsche Bewegung machen, wenn ich eine Figur auch nur berühre – muß ich den nächsten Zug tun.

Darauf holt der Ältere, diesmal aus der Rocktasche, mit eleganter Geschmeidigkeit einen Briefumschlag hervor, den er mir formvollendet liebenswürdig überreicht: »Und was ist das?«

Vier Augen bohren sich in mich! Aber ich bin ja auch nicht blind: auf dem Briefumschlag meine Schrift, als Absender meine Adresse in Rjasan, was will man mehr – ich habe ja keinen Hehl daraus gemacht. Aber jetzt muß ich unverzüglich nach der Figur greifen und sie beim Namen nennen, sonst werde ich unglaubhaft:

»Wie?! Vittorio Strada?! Sie haben es ihm abgenommen? Mein Gott, was haben Sie gemacht?! Nein, was haben Sie nur gemacht! Was soll das eigentlich?«

Der Ältere (würdevoll): »Wir haben nach unseren Vorschriften gehandelt. Der Briefumschlag war nicht verschlossen. WENN ER VERSCHLOSSEN GEWESEN WÄRE – dann hätten wir ihn auf keinen Fall geöffnet!«

»Sondern?«

»Dann hätten wir dem Reisenden vorgeschlagen, ihn in den Briefkasten zu werfen . . .«

(Und aus diesem Briefkasten führt natürlich ein Schacht zu ihnen in das Hinterzimmer.)

». . . Nun, da er nicht zugeklebt war, sahen wir nach und stellten fest, daß Sie der Absender sind . . . Das muß geklärt werden . . .«

Ich fuchtele mit meinem *Bericht* in der Luft herum:

»Sagen Sie, haben Sie sich dieses Material mal angesehen?«

Der Ältere, nicht mehr ganz so sicher:

»J-ja.«

»Sind Sie dort zu mehreren? Ich lege ganz großen Wert darauf, daß möglichst viele Menschen diesen Brief kennenlernen! Sie müssen in der Literatur auf dem laufenden sein.«

»Na ja, alle haben es nicht gelesen«, – schränkt der Major ein. Sie haben es also doch getan!

»Na also«, – jetzt kann ich deutlicher werden. »Dann verstehen Sie, worum es geht? Hier wird ein schmutziges Spiel gespielt: irgendwelche dunklen Kräfte haben mein Werk ins Ausland verschoben. Und ich versuche diese Prostituierung unserer Literatur aufzuhalten ...«

»Wieso Prostituierung?«

»Was denn sonst? Unser Werk wird verschoben, es wird dort verstümmelt – wie soll man das sonst nennen? Und ich darf mich nicht einmal wehren? Ich schreibe an eine Zeitung, an eine andere, sie versprechen mir alles – aber sie drucken nichts! Darauf protestiere ich bei *le Monde,* ich gebe den Brief bei der Post als Einschreiben mit Rückantwort auf – aber er wird abgefangen ...«

»Woher wissen Sie, daß er abgefangen wurde?!«

»Die Empfangsbestätigung ist nach einem Monat immer noch nicht da – was soll ich da sonst denken? ... Ich habe meine ganze Hoffnung auf *l'Unità* gesetzt – doch die *Unità* hüllt sich aus irgendeinem Grunde ebenfalls in Schweigen. Aber jetzt – jetzt ist mir alles klar! Jetzt verstehe ich! ... Was haben Sie nur gemacht? ... Wem wollen Sie den Rücken stärken? ...«

Mir geht es darum, möglichst schnell vorzugehen und diesen Brief Vittorio Strada mit einer Entschuldigung nachzuschikken, damit die Zeitung ihn noch rechtzeitig bringen kann.

Er gibt noch nicht auf:

»Nein, erlauben Sie, wir haben unsere *Vorschriften* ...«

Ich (ungezwungen, verständnisvoll, schlicht, wie ein Sowjetbürger, ein Parteimitglied, zum anderen):

»Genossen! Nun, es widerstrebt mir, Sie als Beamte anzusprechen, verstehen Sie? Ich möchte nichts Schlechtes von Ihnen denken. Sie haben ja nicht nur Ihre Dienstvorschriften, sondern sind auch BÜRGER unserer Gesellschaft! Sie können doch nicht die Haltung einnehmen: das hier, das geht mich an, aber das, was drumherum ist, davon will ich nichts wissen! Ihre Dienstvorschriften sind in Ordnung, ja. Und die *Dienstvorschriften bei der Post?* Müssen die nicht auch eingehalten werden? Warum kommt ein Brief, der vorschriftsmäßig abgeschickt wird, nicht an? Schön, ich will mich nicht auf unsere Verfassung berufen ... Aber einfach VON DER SACHE HER: Wenn dieser Brief für unser Land, für unsere Literatur NÜTZLICH ist – warum fängt man ihn ab? Das ist doch völlig idiotisch ...«

»Nun, die Arbeit der Post geht uns nichts an ...«

»Aber Sie sind doch BÜRGER! Sie müssen doch weiter denken?! Hier ist ein Brief an die italienische kommunistische Zeitung, der sich gegen die Piraterie der Verleger richtet! Das ist doch für die Kommunistische Partei Italiens von größter Wichtigkeit! Aber auch bei Ihnen ist er nicht durchgekommen. Warum? Nur, weil mein Name bei allen Antipathie weckt?«

Und plötzlich lächelt der ältere Zollbeamte, als wollte er sich für seine Schulterstücke entschuldigen, als legte er sie für einen Augenblick ab (ob er das heute abend mit demselben Gesichtsausdruck seiner Familie erzählen wird?):

»Nicht bei allen. Nicht bei allen.«

Ich will ihn vor dem Jüngeren schonen und überhöre seine Bemerkung:

»Auf diese Weise habe ich drei Wochen verloren!«

»Aber Sie sind ja nicht bei uns erschienen!«

»Aber ich bitte Sie, was ist denn das für eine Vorladung?« – Ich hole sie hervor und halte sie ihnen hin. – ›Haben Sie zu erscheinen ...‹ »Wem gegenüber erlaubt man sich eigentlich einen solchen Ton? Das ist doch eine Polizeivorladung! Eine alte Frau bekam auch einmal so ein Schreiben, sie ist fast gestorben, dabei stellte sich heraus, daß es um die Rehabilitierung ihres verstorbenen Mannes ging und eine gute Nachricht war!«

Dem Major ist es unbehaglich:

»Ja, aber wir konnten doch nicht in einem Brief schreiben, daß ...«

Da kann ich mir das Lachen nicht mehr verbeißen:

»Sie meinen, der Brief wird abgefangen? Und gelesen? Aber wer soll ihn denn außer *Ihnen* lesen?«

Der Zollbeamte unternimmt einen letzten Versuch, das Programm, mit dem er hergeschickt wurde, abzuwickeln und fragt beiläufig (es ist ja ganz unwesentlich):

»Und haben Sie persönlich diesen Brief Vittorio Strada gegeben?«

»Nein, persönlich kam ich damals nicht dazu.« (Ich hatte Vittorio Strada nie im Leben gesehen.)

Noch ungezwungener, noch belangloser:

»Und – wer war es?«

Aber auf diese *belangloseste* aller Fragen war ich von Anfang an vorbereitet. Mit einer fast liebenswürdigen Gehässigkeit fahre ich mit dem Finger über den Kopf ihres Vorladungsformulars:

»Sagen Sie bitte, das stimmt doch, was hier steht? Sie unterstehen dem Außenhandelsministerium?«

»Ja, natürlich«, – noch wissen sie nicht, worauf ich hinaus will. Ich lehne mich auf dem Sofa zurück, so wohl fühle ich mich bei unserer Unterhaltung.

»Aber wenn es das Außenhandelsministerium ist – SIND DAS DANN NICHT ZU VIELE FRAGEN?«

Die beiden reagieren sofort:

»Wir sind keine KOMITETSCHIKS! Das dürfen Sie nicht denken – wir sind keine KOMITETSCHIKS!«

Sieh mal an, wie die sich selbst betiteln! Sie sagen nicht – »Gebisten«.

Nun herrscht restloses Einverständnis.

»Wenn das so ist, dann kann alles andere Sie doch nicht interessieren!«

Unsere Unterhaltung ist zu Ende, alle Fragen sind geklärt, aber ich insistiere:

»Ich bestehe darauf! Ich bestehe darauf und bitte, daß Sie diesen Brief unverzüglich Vittorio Strada schicken! Unsere Vertreter fahren in den nächsten Tagen zu einer Tagung der Europäischen Schriftstellergemeinschaft nach Rom, und es würde ihnen bedeutend leichter fallen, dort Rede und Antwort zu stehen, wenn dieser Brief bis dahin veröffentlicht ist!«

»Wir werden das melden ... Wir werden das melden ... Wir sind nicht befugt, selbst ...«

Und jetzt bin ich völlig ungeniert:

»Der Brief ist ja nicht frankiert. Wenn Sie wollen, kann ich sofort eine Briefmarke draufkleben.«

Sie verabschiedeten sich wohlgelaunt, als hätten sie die gewünschten Erklärungen erhalten und hatten weder ein *Proto-koll* aufgesetzt noch mich einzuschüchtern versucht.

Nur so kann man mit euch reden! Meine Zeugen haben sich köstlich amüsiert.

Einige Tage später ist der *Archipel* beendet, photographiert, der Mikrofilm in einer Kapsel verschlossen – und *ausgerechnet am selben Tag*, am 2. Juni, kommt die Nachricht, daß DER ERSTE KREIS IM WESTEN ERSCHIENEN IST! Zunächst eine kleine Auflage auf russisch, wegen des »Copyrights«, die englische Übersetzung wird voraussichtlich zwei, drei Monate später nachfolgen – und daß sich in einigen Tagen die Gelegenheit bietet, den *Archipel* NACH DRÜBEN ZU SCHICKEN!

Kaum atmen wir erleichtert auf, weil die Arbeit unter Dach und Fach ist – als schon die Glocke schlägt!!! Die Glocke!!!! Am selben Tag und fast zur selben Stunde! Menschliches Planen kann nie so exakt sein! Die Glocke schlägt, sie schlägt immerzu, die Glocke des Schicksals und der Ereignisse – ohrenbetäubend – aber niemand hört sie in dem zartgrünen Juniwald . . .

Das wird ein abenteuerliches, ein sehr riskantes Unternehmen, aber eine andere Möglichkeit ist nicht in Sicht und nicht zu erwarten. Also, muß ich ihn abschicken! . . . Kaum ist das Herz aus einem Wellental der Unruhe aufgetaucht, als es schon ins nächste stürzt. Ohne Atempause.

Aber die gleichzeitige Veröffentlichung meiner beiden Romane im Westen – ist das nicht ein DOPPELSCHUSS?! Wie bei Jack London in der Brandung vor Hawaii, aufrecht, auf einem glatten Brett stehend, ohne mich festzuhalten, nicht festgebunden, auf dem Kamm der »neunten Welle«, die Lungen fast zerrissen durch den Gegenwind, ahne ich, fühle ich: *das* wird gelingen! *das* wird klappen! Das werden die *Unseren schlucken müssen!* Aber die Woche ist düster und bedrückend. Widrige Zufälle erschweren das Abschicken des Manuskripts. Alles kulminiert zum 9. Juni, dem Vorabend des russischen Pfingsten. Und die Umstände fügen es, daß ich von dem Erfolg oder Mißerfolg erst einige Tage später erfahren werde. Ich aber sitze bereits über der nächsten Arbeit: über der letzten Redaktion des *Ersten Kreises* – des *Kreises-96* (mit 96 Kapiteln und unverstümmelt), den noch keiner kennt (im Westen erscheint *Kreis-*

87), aber die Arbeit will mir nicht von der Hand gehen. Wenn du dich schwach und elend fühlst – dann ist es gut, bei Gottes Füßen Zuflucht zu suchen. Im lichten Birkenwald Zweige zu holen und das geliebte Holzhäuschen damit zu schmücken. Wie wird es in einigen Tagen um mich bestellt sein? Gefängnis? Oder glückliches Weiterarbeiten an meinem Roman? Gott allein weiß es. Ich bete. Ich könnte jetzt Atem schöpfen, eine Pause machen, mich erholen – aber die Verpflichtung vor den Toten duldet keinen Aufschub: Sie sind tot, ich lebe – also muß ich meine Pflicht erfüllen, damit die Welt DIES ALLES erfährt. Im Falle einer Katastrophe könnte ich einige Tage, vielleicht sogar Monate gewinnen und noch etwas tun, vielleicht etwas abschließen – aber dafür mußte ich aus dem Haus, in dem man mich wußte, wohin man kommen würde, unbedingt verschwinden. Und am Abend vor Pfingsten fliehe ich von meiner Datscha. (Eiliges Packen, der Kopf arbeitet schlecht, es ist ja nicht die erste Flucht aus dem eigenen Haus, eine bittere Flucht – und wie vielen ist es im Bürgerkrieg ebenso ergangen?!) Ich übernachte an einem geheimen Ort, ohne Telefon.

Und den ganzen Tag – und noch einen Tag – und noch einen Tag – die ganzen Pfingsttage verbringe ich in dieser Ungewißheit. Die Arbeit fällt mir aus der Hand. Ich bekomme keine Luft mehr, mir fehlt die freie Bewegung. Ich kann nicht einmal an das Fenster treten, sonst werde ich, der Fremde, gesehen. Ich – ich bin ja schon ein freiwilliger Häftling, es fehlt nur das Holzschild außen vor dem Fenster, und die Ration ist nicht abgemessen. Aber der Gedanke an die Lubjanka ist schrecklich. Nur wer DAS MITGEMACHT HAT . . . Im Ganzen habe ich ja einen festen Stand, sie sehen mir vieles nach, aber den *Archipel* werden sie nicht so hinnehmen! Wenn sie ihn, von dem noch niemand weiß, an der Grenze erwischen, werden sie uns beide – ihn und mich – mit einem Schlag erledigen.

Und erst am dritten Tag nach Pfingstsonntag erfuhr ich, daß es gelungen war. Freiheit! Leichtigkeit! Ich möchte am liebsten die ganze Welt umarmen! Liege ich etwa in Ketten? Bin ich etwa ein Schriftsteller, der unter Druck steht? Alle Wege stehen mir jetzt offen! Jetzt bin ich freier als all die begünstigten sozialistischen Realisten! Jetzt muß in den nächsten drei Monaten der *Kreis-96* abgeschlossen, anschließend einige kleinere Pflichten erfüllt werden – und dann wird alles von mir

abfallen, was mich jahrelang belastete, was immer weiter-
wuchs, wie ein sich aufwickelndes Knäuel, und mir Freiheit
lassen für das wichtigste Werk meines Lebens: *R-17*.

Und fast wie ein Scherz, wie eine weiche, flaumige Sommer-
wolke, die kein Gewitter in sich birgt, zog der große gegen
mich gerichtete Artikel der *Literaturnaja gaseta* vorbei (26. 6.
68). Ich überflog ihn, um die ernst zu nehmenden Vorwürfe
herauszusuchen – aber ich fand nicht einen einzigen! Wie
wenig fällt ihnen ein, wie dürftig ist ihr Kombinationsvermögen, wie wackelig sind ihre alten Zähne! Es fällt einem
schwer, sich über diesen Artikel auch nur zu ärgern. Außerdem
hatten sie, sich selbst bloßstellend, meinen Aprilbrief, der vor
der Veröffentlichung der *Krebsstation* im Westen warnte, mit
einer Verspätung von neun Wochen abgedruckt. Wie lange hatten sie wohl diesen Artikel im Sekretariat des Schriftstellerverbandes und in der Propagandaabteilung des ZK besprochen
und ausgefeilt – aber keinem von ihnen war mein wunder
Punkt aufgefallen: ich hatte nicht gegen die Veröffentlichung
des *Ersten Kreises* protestiert, ich erwähnte ihn nicht einmal –
warum wohl nicht? »Der wahre Sieger überwindet nicht, er
entwindet sich dem Feind.«

In allernächster Zukunft, noch vor dem Herbst, sollten zwei
Romane von mir in den wichtigsten Weltsprachen erscheinen.
Nach der Hetzjagd auf Pasternak, nach dem Prozeß gegen Sinjawskij und Daniel, hätte ich mich verkriechen und mit geschlossenen Augen angstvoll auf die doppelte Vergeltung für
meinen *Doppelschuß* warten müssen. Aber nein, die Zeiten
hatten sich *geändert* – trotz aufgesteller Gitter, trotz angezoge-
ner Zügel wurden sie immer freier und offener! Und alle Wege
meiner Briefe und Bücher, alle Pläne die sie betrafen, schienen
nicht meinem Kopf zu entspringen, und es sah so aus, als ob
nicht nur ich über ihnen wachte.

Es mußte doch der Tag kommen, an dem die Wasser des Siwasch zum ersten Mal sich nicht vor ihnen teilten!

Ich hätte mir kein größeres Glück ausmalen können, als jenen
Sommer: so unbeschwert fühlte ich mich, und so leicht ging
mir die letzte Arbeit am Roman von der Hand. Ich hätte mir
kein größeres Glück ausmalen können – wenn – wenn nicht die
Tschechoslowakei gewesen wäre.

Da ich die *Unseren* unmöglich für komplette Idioten halten

konnte, glaubte ich, daß sie sich niemals zu einem Einmarsch entschließen würden. Hundert Meter von meiner Datscha entfernt rollten die Panzer, Lastwagen, Spezialfahrzeuge über die Chaussee gen Süden – und ich glaubte, es handle sich bloß um ein Abschreckungsmanöver. Aber sie – sie sind einmarschiert und haben alles niedergeschlagen. Folglich waren sie nach den Begriffen des Zwanzigsten Jahrhunderts IM RECHT.

Diese Tage – der 21. und 22. August – bedeuteten für mich eine Wende. Nein, wir dürfen uns nicht hinter einem Fatum verstecken: die wichtigsten Entscheidungen unseres Lebens treffen wir selbst, trotz allem. Und wieder wählte ich selbst mein eigenes Los.

Das Herz diktierte nur eins: ein kurzes abgewandeltes Zitat von Alexandr Herzen: MAN MUSS SICH SCHÄMEN, EIN SOWJETRUSSE ZU SEIN! Diese wenigen Worte sind das Resumée des Einmarsches in die ČSSR, das Resumée der ganzen fünfzig Jahre.

Der Brief war sofort geschrieben. Die Füße brannten – ich mußte sofort aufbrechen. Und schon warf ich den Motor an (mit der Kurbel). Ich hatte mir folgendes überlegt: verschiedene Koryphäen, unter ihnen Professor Kapiza (Akademiemitglied) und Schostakowitsch, wollten mich kennenlernen, sie luden mich ein, sie hofierten mich, aber für mich war das kaum eine Ehre, sondern eine Last, ich fand dieses ganze Salongetue flach, unfruchtbar und nichts als leeren Zeitvertreib. Aber jetzt – jetzt will ich sie alle der Reihe nach mit dem Auto besuchen – auch Leontowitsch, der mit Sacharow gut befreundet ist (damals kannte ich Sacharow persönlich noch nicht), auch Rostropowitsch (er war letztes Jahr in Rjasan wie ein Sturm über mich hergefahren und hatte mich, nachdem wir uns zweimal gesehen hatten, eingeladen, bei sich zu wohnen), und schließlich auch Twardowskij, und jedem von ihnen diesen aus wenigen Sätzen bestehenden Text, mein Resumée, vorlegen: MAN MUSS SICH SCHÄMEN, EIN SOWJETRUSSE ZU SEIN! Und – damit haben alle Ausflüchte ein Ende! Sie müssen sich ein für allemal entscheiden: wollen Sie unterschreiben oder nicht?

Und dann mit diesen sieben Unterschriften – auf zum Samisdat! Nach zwei Tagen bringt es der BBC! Und trotz aller Panzer werden die *Unseren* ohnmächtig mit den Zähnen knirschen – sie werden in die Klemme geraten und eine Niederlage einstecken müssen!

Aber wärend ich mit aller Kraft meinen launischen »Moskwitsch« ankurbelte, spürte ich geradezu physisch, daß ich gegen diese sieben nicht ankommen werde; daß *sie nicht unterschreiben können*, weil sie anders erzogen sind und anders denken! Schostakowitsch, der gefangene Genius, wird sich wie verwundet hin und her werfen, mit den verkrümmten Flügeln schlagen, aber er wird die Feder nicht in die Hand nehmen. Kapiza, der pragmatische Dialektiker, wird alles solange drehen und wenden, bis es so aussieht, als ob wir mit unserem Brief nicht nur der ČSSR, sondern natürlich auch unserem Vaterland einen schlechten Dienst erwiesen; »wenn es unbedingt sein muß«, könnten wir höchstens nach hundert Korrekturen, einen Monat später, auf vier Seiten ausführen, daß »bei allen Erfolgen unseres sozialistischen Aufbaus . . . gewisse Schattenseiten noch nicht . . . der in sich berechtigte Weg der Kommunistischen Bruderpartei zum Sozialismus . . .«, mit anderen Worten: gegen die Unterdrückung im allgemeinen ist nichts einzuwenden, nur gegenüber den sozialistischen Brüdern sollte man sie vermeiden.

Und die übrigen vier werden ähnlich denken und anfangen, meinen Text zu verbiegen. Aber dann – dann kann ich nicht mehr unterschreiben.

Der Motor heulte auf – aber ich wollte nicht mehr fahren.

Einen solchen Text muß man allein unterschreiben. Dann ist alles ehrlich und in Ordnung.

Aber es ist auch genau der Zeitpunkt, um den Kopf zu verlieren: jetzt, beim Dröhnen der Panzer könnten sie ihn mir ganz unauffällig abreißen. Seit der Veröffentlichung des *Iwan Denissowitsch* ist dies der erste günstige Moment, um mich unbemerkt im allgemeinen Tumult verschwinden zu lassen.

Und ich habe den *Kreis* noch nicht abgeschlossen, und *R-17* (daran darf ich gar nicht denken) noch nicht angefangen . . .

Ja, solche Anfälle von Verzweiflung – ich verstehe sie, und ich kenne sie. In solchen Momenten wäre ich dazu fähig, meinen Protest hinauszuschreien! Aber ich muß bedenken: ist das der Schrei, *auf den es ankommt?* Aufschreien und dann für immer verstummen – heißt das nicht: so Entsetzliches habe ich noch nie in meinem ganzen Leben gesehen? Aber ich – ich habe viel SCHLIMMERES gesehen, daraus besteht ja der *Archipel*. Warum schrie ich das nicht heraus? DIE GANZEN FÜNFZIG JAHRE bestehen daraus – warum schweigen wir? Aufschreien jetzt – heißt das nicht, die Geschichte meines Vaterlandes verleugnen und die Schönfärberei unterstützen? Ich muß meine Kehle schonen, für den Schrei, AUF DEN ES ANKOMMT! Ich werde nicht mehr lange warten müssen. Demnächst soll der *Archipel* ins Englische übersetzt werden.

Eine Rechtfertigung der eigenen Feigheit? Oder eine vernünftige Argumentation?

Und ich schwieg. Seit diesem Moment lag eine zusätzliche Last auf meinen Schultern. Ungarn – damals hatte es mir noch nicht zugestanden zu schreien, damals war ich noch niemand. ČSSR – ich schwieg. Das war um so schändlicher, als ich gegenüber der ČSSR eine persönliche Verantwortung empfand: es ist allgemein bekannt, daß dort alles mit dem Schriftstellerkongreß BEGONNEN HATTE, und der Schriftstellerkongreß mit meinem, von Kohout verlesenen Brief.

Und es gibt nur eins, was diesen Makel tilgen kann: wenn es irgendwann auch in unserem Vaterland durch mich BEGINNT . . .

Ich beeilte mich, den *Kreis-96* endgültig abzuschließen. Und wieder ein Zusammentreffen von Ereignissen, das sich von keiner menschlichen Schädelkapsel planen ließe: im September, als ich den *Kreis-96* abgeschlossen, d. h. gerettet hatte, in denselben Wochen, erschien der untergeschobene gekürzte *Kreis-87* in allen europäischen Sprachen.

Die Beschlagnahme meines Archivs durch den KGB jährte sich zum zweiten Mal. Zwei Romane von mir waren in Europa veröffentlicht und hatten, wie es schien, Erfolg. Der Eiserne Vorhang war durchbrochen! Und ich ging in den herbstlichen Wäldern an der Istja spazieren – unbewacht und ohne Ketten. Der Höllenrachen hatte den richtigen Moment, mir den Kopf abzubeißen, verpaßt. Das angeschossene Wild erholte sich und stand wieder sicher auf seinen Läufen.

Es wäre noch manches Komische zu erzählen, wie der supergepflegte Victor Louis mir in meiner kleinen Datscha einige Besuche abstattete, um sich mit mir über unsere Beziehungen zu unterhalten, und wie ich, verschmiert und abgerissen, unter dem Auto hervorkroch. Wie er mich heimlich mit seinem Teleobjektiv photographierte und die Bilder in den Westen verkaufte, mit eindeutig antisowjetischen Kommentaren versehen, wie er – im Einverständnis mit den sowjetischen Sicherheits-organen – mich bespitzelte, als sei es das Selbstverständlichste von der Welt, und vermutlich Abhörgeräte auf meinem Grundstück verteilte. Wie die Nachbarn in ihrer sowjetischen Wachsamkeit glaubten, daß ich irgendwo im Wald einen Radiosender vergraben hätte: weshalb sonst ginge ich so oft in den Wald? Noch dazu mit Besuchern, offensichtlich Agen-ten ausländischer Geheimdienste? Wie ich mich mit dem Dreh-buch für ein Lustspiel *Der Tagedieb* abquälte (über unsere Wahlen), um den Vertrag zu erfüllen, den mir *Mosfilm* vor anderthalb Jahren generös aufgedrängt hatte, wie dieses Dreh-buch unverzüglich *höheren Orts,* bei Djomitschew, vorgelegt wurde und wie dort das totale Verbot ausgesprochen wurde. Wie Twardowskij mit der Lüsternheit eines Redakteurs um dieses Drehbuch bettelte (und der geheimen Hoffnung: »Viel-leicht kann man es doch drucken?«) und es mir dann gutmütig lächelnd zurückgab: »Nein, man muß Sie *einsperren* – und zwar so bald wie möglich!« Ich bewegte mich auf verbotenen und verdammenswerten literarischen Wegen, aber ich benahm mich mit der dreisten Selbstsicherheit eines anerkannten so-wjetischen Schriftstellers. Und es ging. Man fragte den Sekretär unseres Rjasaner Schriftstellerverbandes E. Safonow im Sekre-tariat des Schriftstellerverbandes der RSFSR, wie ich auf die *Kritik* in der *Literaturnaja gaseta* und in der *Prawda reagiert* hätte – sie hätten ein solches Dokument gern gelesen, von dem sie meinten, sie hätten es übersehen – und wollten nicht glau-ben, daß ich überhaupt nicht reagiert hatte! Das will einfach nicht in einen sowjetischen Kopf, ein halbes Jahrhundert lang war das anders praktiziert worden: wenn man kritisiert wird, hat man Reue zu zeigen und seine Fehler einzugestehen. Und plötzlich reagierte einer *einfach nicht* – ich.

In jenem Dezember wurde ich Fünfzig. Meine Vorgänger hat-ten in den finsteren Dezennien unzählige solcher Festtage er-lebt, an denen sogar die nächsten Freunde vor einem Besuch, ja, sogar vor einem schriftlichen Gruß zurückgeschreckt waren. Aber jetzt – die Zäune um die verseuchte, die verbotene Zone wurden umgerannt! Und zu dem Verfehmten, dem Ver-rufenen, kamen nach Rjasan schon eine Woche im voraus Tele-gramme, später auch Briefe, nur wenige lagen unfrankiert im

Briefkasten, die meisten kamen mit der Post, nur wenige anonym, die überwiegende Mehrzahl war unterschrieben. In den letzten vierundzwanzig Stunden brachten die Telegrammboten bis zu fünfzig, bis zu siebzig Telegramme auf einmal, und sie kamen mehrere Male täglich! Insgesamt erhielt ich über fünfhundert Telegramme, etwa zweihundert Briefe und anderthalbtausend unerschrockene persönliche Unterschriften, die nur selten verschlüsselt waren (zum Beispiel »Schulubin«, »Njerschin«, »Ida Lubjanskaja«, die Kinder »Sims«).

»... Gott gebe, daß Sie so bleiben, wie Sie sind ...«

»... in schweren Augenblicken mögen Sie sich an die Diskussion im Schriftstellerverband erinnern ...«

»... und daß wir lange, lange Zeit Ihre Leser bleiben dürfen, ohne Ihre Verleger sein zu müssen ...«

»... jeder sucht seinen eigenen Weg, und ich vertraue darauf, daß Sie von dem einmal gewählten nicht abweichen ... Ich bin glücklich, daß unsere Generation mit ihren Leiden wenigstens solche Söhne, wie Sie es sind, erkauft hat.«

»Leben Sie noch einmal so lang, diesen Schurken zum Trotz; möge das Schreiben für Sie nicht schwerer sein als für die der Schluckauf.«

»... und bitten Sie, die Feder nicht aus der Hand zu legen. Seien Sie versichert, daß nicht alle nur die Toten lieben.«

»... und auch künftig der Autor von Werken zu sein, die man unterschreiben kann, ohne sich zu schämen.«

»Sie sind mein Gewissen.«

»... alles, was Sie getan haben, ist, die Hoffnung auf einen Weg zu wecken, der uns aus der geistigen Stagnation, in der das ganze Land verharrt, herausführen kann.«

»... weil es beglückend und schmerzlich zugleich ist, Ihr Zeitgenosse zu sein.«

»Danken Sie Gott, daß Sie an diesem Tag auch nicht ein halbes unaufrichtiges oder falsches Wort hören müssen ...«

»... lesen wir Ihre Bücher auf Durchschlagpapier, was sie uns noch teurer macht. Und wenn Rußland für seine Sünden einen hohen Preis zahlen muß, so sind Sie Rußland als Vergeltung für seine schrecklichen Leiden und als Rettung vor der letzten Verzagtheit gesandt ...«

»... und wenn ich überlegen muß, wie ich mich in meinem Betrieb verhalten soll, so orientiere ich mich an Ihrem Verhalten . . . und wenn ich niedergeschlagen bin – dann denke ich an Ihr Leben . . .«

». . . und plötzlich steht man Auge in Auge seinem Gewissen gegenüber und muß mit Bitterkeit feststellen, daß man geschwiegen hat, als nicht geschwiegen werden durfte . . .«

». . . Ich liebe keine Verräter. Sie haben Ihren Geburtstag begangen, und wir werden zehn Tage später den GEBURTSTAG VON GENOSSE STALIN feiern. AN DIESEM TAG WERDEN WIR MIT VOLLEN GLÄSERN ANSTOSSEN!!! DIE GESCHICHTE WIRD ALLE UND ALLES AUF DEN IHM ZUKOMMENDEN PLATZ VERWEISEN. Indem Sie die Anerkennung des Westens errungen haben, haben Sie die VERACHTUNG Ihres eigenen Volkes verdient. Gruß an Ihren Freund Nikita.« (Mit Schreibmaschine geschrieben, ohne Unterschrift, lag in dem Briefkasten an der Tür.)*

»Mit Ihrer Stimme begann die Stummheit selbst zu reden. Ich kenne keinen Schriftsteller, auf den länger gewartet wurde und der nötiger wäre als Sie. Dort, wo das Wort noch nicht zerstört ist, dort ist auch die Zukunft gerettet. Ihre bitteren Bücher verwunden die Seele, aber sie heilen auch. Sie haben der russischen Literatur ihre blitzeschleudernde Macht zurückgegeben.
Lidija Tschukowskaja.«

». . . leben Sie noch weitere fünfzig und behalten Sie die großartige Kraft Ihrer Begabung. Alles vergeht, nur die Wahrheit besteht.
Immer Ihr Twardowskij.«

---

* Durch den Samisdat kamen Gratulationen wie diese:
»Tief beeindruckt durch Ihre Fähigkeit, mit Fünzig immer noch die Wahrheit zu schreiben, bitten wir Sie, von Ihren Erfahrungen auf den Seiten unserer Zeitung zu berichten.
Die Redaktion der Prawda.«

»In dem Jahr, da Ihr Fünfzigster gefeiert wird, nehmen wir nach Qualität und Quantität unserer Verlagsproduktion den ersten Rang in der Welt ein. Hoffen auf weitere Zusammenarbeit.
Samisdat.«

»Teuerster! Verbindlichsten Dank für die eingehende Behandlung diverser Details in meiner herrlichen Biographie. Nicht schlecht, nicht schlecht! Kompliment!
Jossif Dschugaschwili.«

Ich will es offen gestehen: in jener Woche war ich sehr stolz. Die Dankbarkeit holte mich noch zu Lebzeiten ein, und, wie es schien, nicht für Belangloses. Und am 11., zwischen Hunderten von Telegrammen, reiften, formten sich die Zeilen einer Antwort, obwohl ich sie keinem schicken konnte, höchstens dem rettenden Samisdat oder, in Auszügen, der *Literaturnaja gaseta* [Anhang 10]:

». . . Mein einziger Traum: – mich der Hoffnungen des lesenden Rußland würdig zu erweisen.«

Und ich ahnte nicht, daß der Tag, an dem dieses Versprechen mich an Armen und Beinen fesseln würde, nicht mehr weit war.

Gewürgt

Indem ich meine eigene Linie, meine Pläne und Handlungen festzuhalten versuche, merke ich, daß ich die Linie Twardowskijs aus den Augen verloren habe, während sie inzwischen aufs engste mit diesem Buch verknüpft ist, auch wenn ich darüber nur das sagen kann, was sich aus unseren Begegnungen ergibt.

Das Jahr 1968, das mit dem Drei-Wochen-Brief an Fedin begann, war für Twardowskij ein Jahr rascher Entwicklungen, unerwarteter Erweiterung und Vertiefung seiner Ansichten und sogar seiner Grundsätze, die manchmal, wie es den Anschein hatte, so starr waren – er war immerhin achtundfünfzig! Diese Entwicklung verlief weder geradlinig noch gleichmäßig (die Ereignisse um das Telegramm von *Grani*, zum Beispiel) – aber stetig!

Als ich Twardowskij im Sommer 1968 wiedertraf, wunderte ich mich, wie er sich in den vergangenen vier Monaten verändert hatte. Er hatte mich wieder einmal *bestellt* – ins menschenleere Dunkel rufend, weil er, der Ärmste, immer noch nicht wußte, wo ich mich aufhielt (dabei lagen seine Datscha und mein Roschdestwo höchstens eine knappe Autostunde auseinander, und er hätte mich bestimmt häufig besucht!) und ob ich überhaupt erscheinen würde. »Aber wann hört denn endlich sein Untergrundfimmel auf?!« – er stampfte vor Wut mit den Füßen. Und sein Ärger, sogar seine Verzweiflung waren eigentlich verständlich: wie sollte er sich mit mir verständigen und mit mir vereint handeln? Vielleicht hatte er sich mehr als einmal geschworen, mich irgendwie an die Kette zu legen, aber wenn ich kam, entwaffnete ich ihn immer durch meine Bereitwilligkeit und Freundlichkeit – er wurde weich und hatte keine Lust mehr, harte Bedingungen für die Zukunft zu diktieren.

Vielleicht wäre ich diesmal gar nicht gekommen, aber jemand aus der Redaktion hatte mir unter dem Siegel der Verschwiegenheit anvertraut, um welche Neuigkeit es sich handelte: in der Kulturabteilung des ZK hatte man Lakschin und Kon-

dratowitsch wissen lassen, daß es mit »Solschenizyn bald aus«
sei, weil Mondadori sein *Festmahl der Sieger* drucke.

Beljaew: »Sie werden ihn zerfleischen!« – die aufgebrachten
Patrioten. Melentjew: »Naja, sie werden ihn nicht zerfleischen,
DENN WIR HABEN JA GESETZE. Aber sie werden ihn einsperren.«
Twardowskij war zutiefst erschrocken, und vor allem fragte er
sich: hat *er vielleicht selbst* das Schauspiel drucken lassen? Er
wollte immer noch nicht glauben, daß ich *kein einziges
Exemplar* davon besaß und folglich nur *sie* das Stück veröffentlichen könnten. (Und wie hatten sie danach gelechzt, das *Festmahl der Sieger* im Westen gedruckt zu sehen! Es juckte sie
förmlich in den Fingern, das Stück auszuliefern, aber sie konnten sich nicht dazu entschließen und zogen den Schwanz ein,
weil das Stück sie selbst indirekt, aber um so stärker traf und
seine Veröffentlichung ihnen mehr geschadet hätte als mir.)

Ich machte mich sofort auf den Weg zu der Datscha Twardowskijs und kam dort früher an, als er mich erwartet hatte. Er
freute sich sehr über diese Überraschung und empfing mich
mit offenen Armen. Wieder saßen wir in der düsteren Halle,
wo vor drei Jahren auf einem Scheiterhaufen aus Reisig meine
Gelassenheit und Unentschlossenheit verbrannten. Natürlich
tat ich so, als wüßte ich noch nichts, Alexandr Trifonowitsch
berichtete mir ausführlich, und ich bestätigte zum zehnten Mal
zu seiner Erleichterung, daß ich kein einziges Exemplar des
Festmahls besäße, Ehrenwort, und alles eine Provokation der
Kulturabteilung sei. (Darauf Trifonowitsch: »Aber ich möchte
es doch auch lesen!« Ich: »Dann lassen Sie es sich von denen
geben, hol sie der Teufel! Sagen Sie denen, Sie hätten mein Einverständnis.« Nein. Er tat es nicht.) Und dann sagte ich ihm
meine Meinung: seine »Jungen«, Lakschin und Kondratowitsch, die sonst in der Verteidigung der Zeitschrift so geschickt vorgingen, hätten sich nicht einschüchtern lassen dürfen und sich bei Alexandr Trifonowitsch beschweren sollen,
damit er mit dem Fuß stampfe und nach mir verlange, sondern
gleich an Ort und Stelle, in der »Kulturabteilung«, mit streng
gerunzelter Stirn entgegnen müssen: »Erlauben Sie! Das ist
eine Information von allergrößter Wichtigkeit. Um richtig zu
handeln, muß die Redaktion wissen, aus welcher Quelle sie
stammt und wie zuverlässig sie ist.« Ist es eine ausländische
Zeitung, dann müßte man das Datum kennen; und stammt

diese Information aus irgendwelchen dunklen Kanälen, dann müßte man fragen – Brüder, habt ihr nicht selbst den Text verschoben? ... Wäre soviel Geistesgegenwart wirklich unzumutbar gewesen? Aber dafür hätten sie freier atmen müssen. Jedoch beherrschten sie, im Geiste des sowjetischen Pflichteifers erzogen (wie auch bei den Affären mit Louis und mit *Grani*), nur ein einziges, das sowjetische Register: die Vorwürfe von oben einstecken und nach unten weitergeben. Aber Alexandr Trifonowitsch überhörte auch jetzt mein Argument.

Alles übrige war dieses Mal sehr erfreulich. Ich fand ihn bei der Lektüre der *Internationalen Beziehungen* von Schores Medwedjew. Er staunte: »Die beiden Brüder schlagen sich wirklich nicht schlecht!« Und als er auf den Samisdat zu sprechen kam, faßte er sich vor Begeisterung an den Kopf: »Dort ist ja die ganze Literatur vertreten! Nicht nur Belletristik, auch Publizistik und wissenschaftliche Literatur!« Und dabei war es noch gar nicht so lange her, daß ihm alles, was nicht *rechtmäßig*, was ohne Billigung einer Redaktion und ohne den Stempel der von ihm keineswegs geschätzten Glawlit gedruckt wurde, ausgesprochen suspekt gewesen war! Wie oft hatte er meine Bücher, die den Weg des Samisdat wandelten, schlichtweg für gefährliche Konterbande gehalten – und nun diese Wandlung! Und wie sich herausstellte, verfolgte er mit Eifer die Reaktion des Samisdat auf den Verriß, mit dem die *Literaturnaja gaseta* mich bedacht hatte. Und er sagte im Ton größter Zustimmung: »Haben Sie die Tschukowskaja gelesen? Das hat sie gut gemacht! ...« Und mit Rjurikow und Oserow, den mutmaßlichen Autoren dieses Artikels, wollte Alexandr Trifonowitsch nichts zu tun haben und hatte sogar beschlossen, allein nach Lausanne zu fahren, und nicht, wie vorgesehen, mit ihnen zusammen.

Und noch mehr! Wir saßen und unterhielten uns – plötzlich sprang er auf, sehr leicht, trotz seiner Körperfülle – ihm war etwas eingefallen, und er machte kein Geheimnis daraus: »Wir haben schon drei Minuten verpaßt! Kommen Sie, wir wollen uns die Nachrichten im BBC anhören!« *Er?!* BBC?! ... Es warf mich fast um. Mit langen Schritten strebte er seiner »Spidola« genauso lebhaft und unaufhaltsam zu, wie ich es seit Jahren, auf die Minute pünktlich, tat. Und gerade dieser Elan brachte ihn mir so nah wie noch nie, ja, wie noch nie! Könnten wir nur einige Werst Seite an Seite marschieren – zwischen uns könnte eine offene, rückhaltlose Freundschaft entstehen.

»Sie, Sie hören jetzt . . . Nachrichten? Dann haben Sie auch gehört, daß Ihr Brief an Fedin erwähnt wurde?«

Ungeduldig und zugleich ein bißchen unsicher:

»Wurde der genaue Wortlaut nicht gesendet?«

So war das also! Seit seinem Brief hatte auch er angefangen, BBC zu hören. Eine natürliche Entwicklung. Aber die erste Hürde hatte er mit Mut und durch einen freien Willensakt genommen und seinen Brief abgeschickt! Man darf nicht vergessen, daß gerade seit dem Frühjahr 1968 die irritierten Machthaber die aufsässig gewordene Öffentlichkeit auf eine ebenso primitive wie erfolgreiche Art von neuem unter Druck setzten: durch »Gespräche« – fünf gegen einen – mit den »Unterschreibern« im Parteikomitee oder beim Direktor, durch Ausschluß solcher Einzelgänger aus der Partei oder aus ihrem Institut – und die Protestwelle verebbte in erstaunlich kurzer Zeit, die verängstigten Menschen nahmen gehorsam die gewohnte geduckte Haltung wieder ein. Twardowskij dagegen hatte *ausgerechnet damals* aufbegehrt und war auch dort unnachgiebig, wo er flexibel hätte sein können: bei der Zeitschrift blieb alles beim alten, doch opferte er wegen einiger Absätze, die mich betrafen, einen Artikel über Marschak und blockierte dadurch einen ganzen Band seiner eigenen Werkausgabe.

Nach der BBC-Sendung:

»Ein ernst zu nehmender Sender, der nicht einseitig ist.«

Vor kurzem, vor der Abreise nach Rom, hatte Twardowskij Djomitschew gewarnt: »Wenn sie mich dort nach Solschenizyn fragen – ich werde sagen, WAS ICH DENKE.« Darauf Djomitschew, mit unerschütterlichem Zynismus: »Ihnen wird schon das Richtige einfallen!« Aber im Ausland, erzählte Alexandr Trifonowitsch, hätte man ihn wie einen Kranken behandelt, den man nicht an sein Leiden erinnern soll, und alle Fragen nach der Zeitschrift oder nach Solschenizyn vermieden . . .

Bei diesem Zusammensein zeigte ich ihm, wie man Kopien macht, wenn man mit Kugelschreiber schreibt. Er freute sich:

»Man kann der Sekretärin ja *nicht alles* geben.«

Unser Abschied war so herzlich wie noch nie.

Das war am 16. August. Am 21. August besetzten unsere Truppen die ČSSR.

Und ich war damals mit meinem Protestbrief nicht zu Twardowskij gefahren. Nein, *diesen Brief* hätte er bestimmt nicht unterschrieben, er hätte mich vermutlich angebrüllt. Aber er wußte trotzdem, was er zu tun hatte: die Hauptbonzen des Schriftstellerverbandes, denen es darum ging, möglichst viele Schriftsteller in diese schmutzige Sache zu verwickeln, schickten in diesen Tagen Alexandr Trifonowitsch zwei Briefe zum Unterschreiben: der erste forderte die Befreiung irgendeines griechischen Schriftstellers (ein beliebtes Ablenkungsmanöver), der zweite richtete sich an die tschechischen Schriftsteller: ob sie sich nicht schämten, sich vor die Konterrevolution zu stellen? Und Twardowskij antwortete: der erste Brief sei unangebracht, und den zweiten weise er zurück.

Man blättere hundert Seiten zurück – ist das wirklich der Twardowskij von damals?

Und im September fragte ich ihn: »Wenn dieser niederträchtige Brief mit der unpersönlichen Unterschrift: ›Sekretariat des Schriftstellerverbandes‹ veröffentlicht wird – darf ich weitererzählen, daß Sie nicht unterschrieben haben?«

Er (mit gesträubten Federn): »Ich beabsichtige nicht, ein Geheimnis daraus zu machen.« (Vor drei Jahren: ». . . unerwünschte Publizität . . .«)

»Ich freue mich sehr, Alexandr Trifonowitsch, daß Sie diese Haltung einnehmen!«

Er (würdevoll): »Und welche hätte ich sonst einnehmen können?«

Welche? Dieselbe, die . . . dieselbe, die der *Nowyj mir* in diesen Tagen absurderweise einnahm, indem er unterschrieb: Wir bejahen die Okkupation vorbehaltlos! Die widerlich-offiziellen Phrasen in den Spalten der *Literaturnaja gaseta* wiederholten sich im *Oktjabr* und *Nowyj mir*!

In den Augen der Tschechen mußte es so aussehen, als ob die Russen ausnahmslos Henker wären, da auch ihre progressivste Zeitschrift den Einmarsch GUTHIESS . . .

Wir wollen uns erinnern: in vielen Forschungsinstituten Moskaus meldeten sich in jenen Tagen Rebellen zu Wort. Aber im *Nowyj mir* rebellierte niemand. Bei der internen Sitzung der Parteigruppe, die vor der allgemeinen Versammlung stattfand, weigerte sich nur Winogradow, dieses widerliche Papier zu unterschreiben, aber Lakschin-Chitrow-Kondratowitsch, die

Besonnenen, schickten ihn nach Hause und sicherten auf diese Weise eine einstimmige Resolution, die anschließend der versammelten Redaktion vorgelegt wurde. Übrigens gab es auch beim *Sowremennik* einen einstimmigen Beschluß. Wer hätte denn nicht mitgestimmt? Wer wollte sich nicht retten? Habe ich nicht auch geschwiegen? Steht es mir zu, den ersten Stein zu werfen?

Und trotzdem halte ich jenen Tag für den geistigen Todestag des *Nowyj mir*.

Sicher, man stand *unter Druck*: alle zwei Stunden kam ein Anruf, diesmal nicht aus dem Sekretariat des Schriftstellerverbandes, daran war man ja schon gewöhnt, sondern aus dem Bezirkskomitee der Partei (*parteipolitische Bedeutung!*); man warte auf die Resolution. Da ging einem schnell die Luft aus! Twardowskij war nicht da: es hieß offiziell, er sei in Urlaub. Lakschin und Kondratowitsch fuhren zu ihm in die Datscha, um sein Einverständnis einzuholen.

Twardowskij aber schickte sich an, seinen breiten Rücken aufzurichten, er rüstete sich – zum ersten Mal in seinem Leben! Und in einer so wichtigen Frage! – zu einem nicht angekündigten, stummen Widerstand gegen die *Obrigkeit*. Und mit welchen Vorstellungen rasten seine Stellvertreter über die Chaussee? Welche Argumente brachten sie mit? Wären sie doch zu dem neuen Twardowskij mit dem leidenschaftlichen Elan gekommen: »›Wenn man zusammen stirbt, ist sogar der Tod schön.‹ Aber vielleicht werden wir uns in Ehren behaupten und am Leben bleiben!« (Sie hätten überlebt! Ich fühle es, ich sehe es!) Dann wäre auf der Stelle eine berechenbare Entscheidung gefallen: Plus mal Plus gibt Plus. Wenn Twardowskijs Haltung ein »Plus« war, und das Produkt der Multiplikation ein »Minus«, so können wir Lakschins Haltung mit Hilfe der Algebra errechnen. Offenbar hat er bei seiner Ankunft zu Twardowskij gesagt: *Die Zeitschrift muß gerettet werden!*

DIE ZEITSCHRIFT MUSS GERETTET WERDEN! Twardowskij gab sein Einverständnis zu der schmählichen öffentlichen Resolution – und bespie dadurch seine eigene Würde, den einsamen Widerstand des Chefredakteurs. Er hatte überhaupt keinen Halt – ein Bein am Ufer – das andere auf einem kleinen Floß. Innerlich widerstehen – öffentlich klein beigeben! Wird er auf diese Weise die Zeitschrift lange retten können? Wird die nachtragende

Obrigkeit es ihm je verzeihen, daß er *persönlich* zu dem Einmarsch *Nein* gesagt hat und nur nicht geschickt genug war, es auch öffentlich zu bekunden.

Die Zeitschrift muß gerettet werden! Das war ein Appell, dem sich Twardowskij unmöglich verschließen konnte. Seit unter seiner Feder immer seltener ein Gedicht oder ein Poem entstand, hing er mit um so leidenschaftlicherer Liebe an seiner Zeitschrift, die ein wahres Wunder an gutem Geschmack inmitten der anderen Vogelscheuchen war, eine maßvolle menschliche Stimme inmitten von geiferndem Gebell, ein ehrliches offenes Gesicht zwischen zynischen Schießbudenfiguren. Nach und nach wurde die Zeitschrift nicht nur zur Hauptaufgabe, sondern zur LEBENSAUFGABE Twardowskijs, er stellte sich schützend vor sein Kind, er fing mit seinem breiten Rücken, mit seinen massigen Seiten alles auf: Steinwürfe, Fußtritte, Anspucken, er nahm um der Zeitschrift willen jede Erniedrigung in Kauf, er verlor seine Kandidatur für das ZK, das Mandat des Deputierten des Obersten Sowjet, er verzichtete auf verschiedene Repräsentations- und Ehrenämter (worunter er bis zum letzten Atemzug litt), er opferte Freundschaften und verlor Verbindungen, auf die er stolz war, er ragte schließlich – ein immer größeres Rätsel – völlig einsam über den anderen, losgelöst von den erstarrten *höheren Sphären*, ohne sich jedoch der dynamischen jüngeren Generation anschließen zu können. Und nun kommt – ist das nicht diese jüngere Generation? – sein junger, kraftvoller, brillanter, fähiger Stellvertreter und sagt: wir müssen *nachgeben*, »mit Gewalt kann man auch Stroh brechen«.

Stroh! Eben. Nun, vielleicht auch noch Reisig. Aber schon bei Stangenholz gilt das Sprichwort nicht mehr.

Ich habe Lakschin oft gesehen, aber immer nur flüchtig, kurz, in Eile (das lag an mir), und wir hatten auch nie etwas zusammen zu entscheiden, denn alles, was mich betraf, entschied Twardowskij persönlich. Und weil wir beide sehr zurückhaltend waren, ist es nie zu einer ausführlicheren zwanglosen Unterhaltung gekommen. Deshalb fehlen mir sichere Grundlagen für eine Beurteilung seiner Überzeugungen und Bestrebungen. Aber ich kann ihn unmöglich in meinem Bericht übergehen. Ich will versuchen, mich auf meine unmittelbare Erfahrung stützend, zwar kein naturgetreues Porträt, aber wenigstens eine Skizze zu geben.

Ich halte Lakschin für einen hochbegabten Literaturkritiker, auf dem Niveau der besten russischen Kritiker des XIX. Jahrhunderts und habe ihm das oft genug gesagt. Er erlebte sich auch selbst als in dieser Tradition stehend, schätzte sie hoch, und wenn er mit seinem schönen Bariton »Do – bro – lju – bow« sagte, genoß er das sichtlich. Wie viele bei uns, empfand er kaum die ästhetische Unzulänglichkeit einer Kritik, die sich in keinem Moment von einer gesellschaftlichen Richtung trennt, die sich niemals in die höchste intuitive Sphäre aufzuschwingen vermag, der das Urteil eines bedeutenden Künstlers über einen anderen bedeutenden Künstler entstammt (Achmatowa über Puschkin). Das, was den großen Kritiker ausmacht, ist etwas sehr Seltenes: die Kunst zu empfinden wie der Künstler, ohne jedoch selbst Künstler zu sein.

Lakschin steht in der direkten Nachfolge der russischen Kritik des XIX. Jahrhunderts. Das zeigt sich darin, daß seine Artikel meistens nicht eine Analyse der Kunstmittel, sondern die der gesellschaftlichen Komponenten anstreben, das Sujet verdeutlichen und die Personen moralisch akzentuieren (was für den verwilderten Leser in der Sowjetunion sehr wichtig und sehr nützlich ist). Und darin, daß er seine Vorgänger gründlich kennt und sie oft und jedesmal sehr passend zitiert. Und darin, daß er seinen Leser in ein angeregtes Gespräch verwickelt und zu einer gemächlichen, sehr eingängigen Darstellungsart neigt, was die Lektüre seiner Artikel zu einem ausgesprochenen Vergnügen macht (ein wichtiges Qualitätsmerkmal eines jeden literarischen Werkes), obwohl sein Tempo und eine gewisse Behäbigkeit nicht mehr so recht in unsere Zeit gehören.

Außerdem schreibt Lakschin ein ausgezeichnetes Russisch, und das ist in unseren Tagen eine ausgesprochene Seltenheit geworden: viele Zeitschriften – und sogar Buchautoren wissen nicht einmal mehr, was russische Sprache ist, geschweige denn russische Syntax. Zum Beispiel (es ist wirklich zum Lachen, wie weit man in der Sekundärliteratur kommen kann: der Autor liefert eine kritische Analyse seines eigenen Kritikers), zum Beispiel sein Artikel über *Iwan Denissowitsch*. Indem er die Powest nacherzählt und interpretiert, bemüht sich der Kritiker um einen adäquaten sprachlichen Hintergrund: der Kunstgriff eines Autors und nicht eines Kritikers. Und ein weiterer Autoren-Kunstgriff: Lakschin kommt in diesem Artikel auf sich selbst zu sprechen – sei es, um seine Generation zu charakterisieren (»sie fahren am Leben vorbei, die Ampeln stehen immer auf Grün«), sei es, um einen direkten politischen Schuldspruch zu fällen, jedoch in künstlerischer, geschmeidiger und sehr feiner Form: in eben jenen Tagen, als Iwan Denissowitsch bei Schnee und Eis antreten mußte, bewunderte der blutjunge Lakschin »die schönen, unzugänglichen, vom Rauhreif weiß behauchten Zinnen des Kreml« und »paukte Stalins Lehrsätze über die Sprache«. Dies entstammt nicht einem Kalkül, sondern einer aufrichtigen Regung in jenen wenigen wechselvollen Tauwettermonaten unter Chruschtschow, als man in Begeisterung geraten und wirklich glauben konnte, daß »so etwas sich nie wiederholen wird«.

Außerdem muß man den Fleiß des Kritikers würdigen, der sein Material offensichtlich mehrmals, einmal von vorne, einmal von hinten liest; man muß ihm eine brillante Anpassungsfähigkeit bescheinigen, die Gabe, sich vieldeutig auszudrücken, gegen die Zensur, die auf der Gegenseite kämpft, zu polemisieren, ironisch zu werden, während er selbst geknebelt und gefesselt ist, mit einem Wort: diesen Kritiker hat die Natur reich beschenkt. Sogar das häufige und lange Kranksein in seiner Jugend hat sich günstig ausgewirkt – seine Anlagen sind durch vieles Lesen und Nachdenken gefördert worden.

Aber auch die Staatsordnung, jene »Ampeln, die immer auf Grün stehen« und die »unzugänglichen Zinnen des Kreml« haben die Persönlichkeit, das Talent und das Schicksal des Kritikers mitgeprägt. Die Universität hat ihm nicht nur eine systematische Ausbildung in russischer Sprache und Literatur vermittelt, sondern auch eine umfassende Kenntnis des Marxismus-Leninismus, und für ein gutes Diplom mußte er die geliebten Kritiker des XIX. Jahrhunderts zugunsten der Klassiker des . . . ismus-. . . ismus zur Seite legen. (Übrigens war diese Einschränkung nicht besonders hinderlich: die einen wie die anderen widersprechen sich selten und weisen in ihrem leidenschaftlichen Bekenntnis zur Gesellschaft, zum Utilitarismus, vor allem aber in dem halsstarrigen Atheismus stark verwandte Züge auf. Und dort, wo Unterschiede auftreten – dort kann ein flexibler Intellekt eine überleitende Formel entdecken. So gesehen, erscheint die Progressive Theorie durchaus nicht trocken, sondern als Quelle für den nach Geist Dürstenden.) Die zweite Bedingung für eine Universitätskarriere (die »Aspirantur«) bestand darin, daß man Komsomolze sein mußte, und zwar nicht einer unter anderen, man mußte in der Fakultät auffallen. (Dieser Forderung haben sich viele gebeugt, sogar auch der Verfasser dieser Zeilen – lachen Sie nicht! –, wenn auch nicht um einer Aspiranten-Stelle willen; aber so war es eben unter der aufstrebenden sowjetischen Jugend der dreißiger bis fünfziger Jahre.)

Aber was konnte man tun, *nachdem* alle Ausbildungsgänge *abgeschlossen* waren? Literaturkritiker exponieren sich in politischer Hinsicht noch mehr als Autoren. Was konnte man tun, wenn man hervorragend begabt war und TROTZDEM einen Wirkungskreis finden wollte? Die Natur selbst schützt ihre Geschöpfe und gibt ihnen die Fähigkeiten zum Überleben mit auf den Weg. Die Generation, die die Mittelschule zur Zeit von Stalins glorreichem Siebzigsten abgeschlossen hatte, unterschied nicht zwischen Dienstpflicht und Wahrhaftigkeit, beides ging ineinander über – und sie, diese Jugend, konnte dort atmen, wo es keine Luft mehr gab. Wir sehen jedenfalls, daß Lakschin nicht erstickt war: er hielt Seminare an der Universität ab, er wurde ein recht bekannter Kritiker, war sogar zeitweilig Chefkritiker der *Literaturnaja gaseta* und Mitglied der Kommission, die den Nachfolger für Schtscheglow auswählen sollte, den der *Nowyj mir* verloren hatte, er freundete sich mit *Nowyj mir*, mit den Redaktionsmitgliedern an, fiel schließlich Twardowskij auf, und Twardowskij, der an ihm Gefallen fand, beschloß, diesen Jungen zu einem Stern am literarischen Himmel zu machen.

Er nahm sich seiner an, eifersüchtig und ungeduldig, wie immer bei seinen Entdeckungen, und gewann damit eine Feder, die der Zeitschrift zur Zierde gereichte. Genauso sicher hatte auch Lakschin gewählt: er hatte die einzige Chance von den hundert Unmöglichkeiten gefunden, sich in diesen Jahren und in diesem Land zu entfalten – unter den verläßlichen und sicheren Fittichen Twardowskijs. Und sie verstanden sich immer besser – in künstlerischer und gesellschaftspolitischer Hinsicht, und diese beiden Bereiche, die Twardowskij nur unter größten Anstrengungen zur Übereinstimmung brachte, die er gleichsam mit verschiedenen Organen wahrnahm, gehörten für Lakschin harmonisch und ohne jegliche Spannung zusammen, immer stellte sich bei ihm ein Lenin-Zitat ein, das wie eine Brücke zwei unvereinbare Tatsachen miteinander verband. Im April 1964 hatte ich notiert: »Wlad. Jakowl. wird von Twardowskij eher empfangen als die anderen Redaktionsmitglieder«, Twardowskij war jederzeit für ihn zu sprechen. Wie lange Alexandr Trifonowitsch auch mit Dementjew befreundet war, sein künstlerischer Instinkt sagte ihm, daß Dementjews Formeln erstarrt waren, und daß das Schicksal der Zeitschrift mit der nächsten, empfänglicheren Generation verbunden werden müßte. Allerdings, wenn ich mich heute erinnere und die Dinge überblicke, fiel die Meinung des aufmerksam beobachtenden und intelligenten Lakschin *immer* mit der Meinung Twardowskijs zusammen, er nahm auch das Unausgesprochene vorweg und lieferte die nötigen Argumente. (Übrigens waren in dem offenen Gesicht Twardowskijs die Gedanken augenblicklich abzulesen). Ich kann mich nicht erinnern, daß es je einen Keil des Widerspruchs zwischen ihnen gegeben hätte, geschweige denn, daß sie sich über etwas in die Haare geraten wären. So war man auf den Wechsel des Ersten Stellvertreters schon seelisch vorbereitet, bevor er von *oben* diktiert wurde, er verlief dadurch milder und für Twardowskij erträglicher. Es traf sich sehr günstig, daß Lakschin ausgerechnet in dem Jahr (1966) in die KPdSU eintrat, wahrscheinlich ohne in Konflikt mit seiner Weltanschauung zu geraten (obwohl mancher Intellektuelle in jenem Jahr viel darum gegeben hätte, aus dieser Partei verschwinden zu können), und nur die feindselige Haltung des Sekretariats des Schriftstellerverbandes ihm gegenüber verhinderte, daß er offiziell der Erste wurde. Offiziell galt als »Erster« der Hauptverbindungsmann zu der Zensur, der literarisch sterile Kondratowitsch (Alexandr Trifonowitsch hatte das nicht geahnt, als er selbst ihn »aufbaute«), aber in Wirklichkeit war es Lakschin.

Wir können selbst nicht voraussehen, wie wir uns verändern werden, wenn wir einen neuen Posten übernehmen, eine neue Arbeit beginnen. Nicht bloß äußerlich: die Haltung, ein anderes Gesicht, der Schnurrbart, schmal, wie eine Schnur, ein anderer Gang, das »Sie« gegenüber Menschen, mit denen man sich bis dahin geduzt hat. Aber auch die literaturkritische Begabung verändert sich unmerklich, nimmt die Formen einer administrativen Begabung an, eines virtuosen Kalkulierens aller denkbaren Gefahrenmomente (für eine liberale Zeitschrift), d. h. der Begabung eines Seiltänzers, die für die Existenz einer solchen Zeitschrift unerläßlich ist. Der *Chefredakteur*, Dichter und Kindskopf, kann es sich leisten, offenherzig in seinem Zorn, seiner Gunst und seinen großzügigen Versprechungen zu sein – aber der Erste darf keiner Gefühlswallung nachgeben, sondern muß den Chef behutsam korrigieren und die Gefahren abwenden. Früher wurde diese edle Aufgabe von deinem Vorgänger erledigt, und du konntest eine größere Freiheit genießen, aber jetzt schneidet der Reif der »Krone Monomachs« empfindlich in die Haut *deines* Kopfes. Und wenn zwei Manuskripte vorgelegt werden: der feurige *Puschkin und Pugatschow* der verstorbenen Marina Zwetajewa und die etwas zu breit geratenen harmlosen Erinnerungen der lebenden Anastasija Zwetajewa, so sprichst du dein Urteil: »Ja, zwei wirklich begabte Schwestern«, legst das brillante und brisante zur Seite und glättest das ohnehin schon glatte – selbst das ist eine progressive Geste. Ist doch der *Nowyj mir* der einzige Lichtblick im Dunkel unseres Lebens, und es muß alles geschehen, damit er nicht verlischt! Hat man dieser Zeitschrift nicht jedes Opfer zu bringen? Hat man ihr zuliebe nicht alles in Kauf zu nehmen? NUR HIER findet innerhalb unserer Literatur eine Entwicklung statt, ungehindert durch die VERNÜNFTIG INTERPRETIERTE marxistisch-leninistische Ideologie – und der Samisdat und diese verschiedenen neuen Grüppchen, die Petitionen und Demonstrationen sind nichts als Unfug. Diese ungezügelten Rebellen brauchen nicht für eine Auflage von 140000 geradezustehen, so wie du – deine Aufgabe ist unvergleichbar komplizierter. Deshalb ist es das beste, wenn du *selbst* das Grelle, Scharfe heraussiebst oder sinnvoll zurückschneidest, noch bevor es der Zensur in die Hände gerät. Jetzt ist es nicht mehr bloß *unsere*, sondern auch *deine* Zeitschrift, das höchste Ziel jedes russisch schreibenden Kritikers, und du hast das erreicht, als du noch jünger warst, als Puschkin bei seinem Tod, darum mußt du über dein Alter hinaus besonnen sein und diese Zeitschrift um der gemeinsamen Sache der Literatur willen erhalten. Bewahre sie vor allem vor den gewöhnlichen Redakteuren, die ein Manuskript voreilig *durchziehen*, auch wenn es einen antisowjetischen Stich hat, die es »versuchsweise« an die Zensur weiterleiten und die Zeitschrift einer tödlichen Gefahr aussetzen.

Wenn man sich daran erinnert, was ich zuvor über Dementjew gesagt habe, könnte man meinen, nach seiner Abberufung hätte man in der Redaktion freier atmen können! Aber jetzt sagte Dorosch: »Kaum hat man angefangen, sich mit Alexandr Trifonowitsch offen zu unterhalten – schon kommt Lakschin dazu, und im selben Augenblick verändert sich der Luftdruck im Zimmer, und man hat keine Lust mehr, zu reden.«

Eine neue Generation bringt nicht immer eine Neuerung der Lebensformen (dies können wir auch an der Führungsspitze unseres Landes zur Genüge studieren, ganz im Gegenteil: die Aussicht auf einen langen Weg verlangt Stabilität).

Und der Kritiker? Verändert er sich nicht auch? Natürlich, zusammen mit dem Menschen verändert sich auch der Kritiker, aber selbstverständlich bleibt in ihm die Achse der Allein Richtigen Weltanschauung unverrückt. Und was beim jungen Lakschin nur störende Schatten waren (der Glaube des Baptisten sei »naiv und ohnmächtig« im Vergleich mit dem gesunden Menschenverstand eines Bauern, jedoch bleibe es auch Schuchow »versagt«, die Situation auf dem Land in einem übergeordneten Zusammenhang zu sehen), tritt jetzt als schwarze Streifen hervor.

Er spricht zum Beispiel über die Rolle der Gewalt: es ist für ihn ganz selbstverständlich, daß gerade die Gewalt und nicht das innere Streben nach Vollkommenheit den Menschen zu den Gipfeln der historischen Entwicklung führt. Natürlich fällt es den edlen Menschen, die handeln müssen, nicht leicht, von der Gewalt Gebrauch zu machen. Solche weichen, seelenvollen Männer, wie Urizkij einer war, deklamieren zwischen zwei Hinrichtungen vor sich hin: »Über allen Gipfeln ist Ruh . . . Warte nur, balde ruhest du auch . . .« Der Kritiker akzeptiert ohne Widerspruch den ganzen mythologischen Schwindel unserer neuesten Geschichtsschreibung. So stellt er zwei Jahrhunderte nebeneinander: Wenn auch Alexander II. die Bauernbefreiung und einige andere kurzatmige Reformen (die größten der russischen Geschichte!) durchgeführt hat, war er dennoch ein »Liberaler wider Willen« – durch die Unterdrückung des Aufstands in Polen (natürlich aus »freiem Willen«), durch die Verurteilung Tschernyschewskijs und mehrerer hundert (!) Re volutionäre hat er sich als Henker erwiesen und seine Bombe mehr als verdient. Nikita Chruschtschow dagegen mit seinem glorreichen XX. Parteitag, der die Bauern nicht befreit, der keine einzige konsequente Reform durchgeführt, der den Aufstand in Ungarn und die Unruhen in Nowotscherkassk (natürlich wider Willen!) unterdrückt hat, der Tausende von Menschen in Lager schickte, die denen zu Stalins Zeiten in nichts nachstanden, der zu einer neuen Hetzkampagne gegen den Glauben aufrief – dieser Nikita Chruschtschow hat die große progressive Bewegung unserer Gegenwart inspiriert, an der auch der *Nowyj mir* unter schonungslosem Einsatz aller Kräfte beteiligt ist.

Dem Menschen fällt es nicht auf, daß seine seelische Entwicklung sich als Veränderung seines Äußeren niederschlägt. Es fällt ihm ebensowenig auf, daß seine Feder sich verändert. Man hat sich lange für einen Artikel vorbereitet, lange zu einem einzigartigen Roman den Zugang gesucht – und endlich ist es soweit, endlich hat man den Überblick gewonnen, man setzt sich hin und will schreiben – aber die Feder kann sich von den Schnörkeln der Vorbehalte nicht lösen. Das Interesse an Bulgakow geht natürlich zum Teil auf »Sensationslust« zurück. »Gesetzt, daß man überhaupt von seinen schwachen Seiten sprechen will . . .« (»Gesetzt« – das macht den Satz jovial - altväterlich). Was stellt nun dieser Bulgakow dar? »Die Subjektivität seiner sozialen Kriterien und seine Emotionen engen seinen künstlerischen Horizont empfindlich ein«, »die Darstellung der sozialen Wirklichkeit ist DIE SCHWÄCHSTE SEITE SEINER BEGABUNG.« (Von mir hervorgehoben. In der Tat: wer hat das Moskau der ersten sowjetischen Jahre verwaschener und blasser gezeichnet als Bulgakow? . . .) Auch vom Künstlerischen her ist in dem Roman »nicht alles gleichmäßig behandelt und nicht bis zur Vollendung ausgefeilt«. Ebenso verhält es sich mit der philosophischen Tendenz: *»eine christliche Legende«*, ein »als ob« als reales Geschehen in der Zeit. Man weiß, daß auch bei Lermontow das »Gottesgericht« keineswegs »Ausdruck einer religiösen Haltung« ist. Nun, es ist durchaus möglich, daß der eine oder andere abergläubische Leser »sich bekreuzigen« würde (auch das ist eine hübsche Geste, die in dem Leser wohlwollendes Vertrauen weckt . . .). Unsere Linie jedoch »steht im Einklang mit der alten marxistischen Tradition« . . . »Der Kommunismus ist nicht nur weit entfernt davon, auf die Moral zu verzichten, er hält sie vielmehr für eine Voraussetzung des Endsiegs« . . .

Wird dieser Artikel diesem Roman gerecht, der dreißig Jahre unter tragischen Umständen verborgen gehalten, der beinahe zertreten wurde, in dem die Phantasie Pirouetten dreht und das Lachen flackert? Wieder affektierte, antiquierte Zurückhaltung, wieder der Umweg einer Inhaltsangabe und die unzähligen manierierten Epigraphe (sie haben sich im Laufe der Jahre angesammelt – und müssen doch irgendwie verwendet werden!), aber Einfälle, die dahergaloppieren wie Wolands wilde Jagd – die gibt es nicht! Und eine mögliche Entschlüsselung dieses rätselhaften Romans ebensowenig! Diese verwerfliche Faszination durch den bösen Geist – nicht zum ersten Mal (schon in der *Diaboliade* bis zum Exzeß), diese Anklänge an Gogol – woher kommen sie? Wohin führen sie? Diese merkwürdige Umstülpung der Evangelien, die in der Erniedrigung Christi gipfelt, wie mit den Augen Satans gesehen – was bedeutet das alles, wie kann man das erfassen?

Aber was soll's, was kann man machen? meint Lakschin. Schon für *diesen* Artikel mit seinen vielen Zugeständnissen haben sie mir fast den Kopf abgerissen. Freilich, freilich . . . Aber ich erlaube mir, auf eine weitere Gefahr hinzuweisen: es ist alles nicht so schlimm, wenn man so geduckt dasitzt und *schreibt* -- aber wie, wenn man auf einmal nicht mehr weiter, nicht mehr höher *denken* kann? Im November 1968 sagte ich Laschkin meine Meinung über diesen Artikel, worauf er mir antwortete:

»Ich will mich keineswegs damit entschuldigen, daß ich aus Rücksicht auf die Zensur vieles verschwiegen habe. Ich verstehe mich darauf, alles, was ich zu sagen habe, auch im Angesicht der Zensur auszusprechen.«

Dann ist das also – *alles*?

Und warum sollte man jetzt, nachdem dieser Artikel am 19. August zum Satz freigegeben worden war, und in der Nacht zum 21. das entsetzliche Drama in der ČSSR begonnen hatte, als das Bezirkskomitee am 23. anrief – das Signal-Exemplar der Zeitschrift war immer noch nicht im Haus und die ganze Auflage konnte ohne weiteres vernichtet werden – und eine zu nichts verpflichtende Unterschrift verlangte, eine bloße Formalität, eine Resolution anläßlich einer Besetzung, die schon stattgefunden hat, und erfolgreich verlaufen ist – warum sollte man jetzt diese Unterschrift verweigern? Und mit welchen Vorstellungen sollte man zu Twardowskijs Datscha fahren?

Vielleicht hat Lakschin andere Überlegungen angestellt – aber so hat er gehandelt.

Und in Twardowskij, der vor noch nicht langer Zeit *genau dieselben* Vorstellungen hatte, vollzog sich eine Bewegung, Umformung, Ausweitung.

Seit jenen Monaten des Jahres 1968, in denen ich den *Archipel* abschloß und Twardowskij offensichtlich nachzudenken, zu suchen begann – hatte es mich gedrängt, ihm das neue Manuskript zu zeigen. Er hätte es nötig gehabt – wie ein stützendes Stahlgerüst, es hätte ihm lange Umwege durch die Geschichte unserer jüngsten Gegenwart erspart. Aber es gab auch Gründe, die dagegen sprachen:

– unwesentliche: der *Archipel* mußte aus seinem sicheren Versteck geholt werden, und ich mußte die fünf Tage, die Twardowskij zum Lesen brauchen würde, mit ihm zusammenbleiben, um das Buch nicht aus den Augen zu lassen;

– wesentliche: sobald er wieder betrunken ist, wird er sich nicht beherrschen können, wird von seinen Eindrücken sprechen – und es ist dahin, es ist dahin, mein am meisten gehütetes, mein größtes Geheimnis. (Mit dieser menschlichen Schwäche rechnend, der Unfähigkeit, ein Geheimnis zu bewahren – hatte ich es nicht einmal gewagt, Anna Achmatowa meine geheimgehaltenen Manuskripte zum Lesen zu geben, auch nicht den *Kreis*. Solch einer Dichterin, meiner Zeitgenossin! Wer hätte sie sonst lesen sollen, wenn nicht sie?! Aber ich habe es nicht riskiert.* Und sie ist gestorben, ohne etwas von mir gelesen zu haben.)

Und trotz allem wollte ich ihm den *Archipel* bringen. Wir hatten uns für den November verabredet, aber als ich kam, war er wieder einmal nicht ansprechbar. Er war zwar bald auf den

---

* Diese Vorsicht war überflüssig. Ich hatte mich geirrt. Lidija Tschukowskaja hat mir später erklärt: »Anna Andrejewna hat immer mit Bespitzelung gerechnet und sie sogar dort vermutet, wo es keine gab. Sie merkte sofort, wenn sie beobachtet wurde. Sie war von der Existenz von Abhörgeräten überzeugt, als noch niemand daran glaubte. Sie hat das *Requiem* vierunddreißig Jahre lang *unaufgeschrieben* mit sich getragen! Sie bewahrte ihre Manuskripte *nicht* bei sich zu Hause auf! Ihre politische Vorsicht war beinahe schon eine Manie.«

Beinen und erschien in der Redaktion, mußte jedoch bei irgendeiner Jubiläumsfeier Kognak trinken, und alles begann von vorne. Und dann kam er nicht in die Redaktion, weil er sich in seiner Datscha ein Bibliothekszimmer einrichten ließ. Darauf verstaute ich meinen *Archipel* wieder in seinem Versteck.

Einige Tage später, am 29. November, verließ Alexandr Trifonowitsch die Sitzung der Parteigruppe in der Redaktion, um mich zu begrüßen. Er war in einer sehr wohlwollenden, warmherzigen und vergnügten Stimmung und umarmte und küßte mich.

»Macht das nichts, daß Sie aus der Sitzung rausgegangen sind?«

»Aber ich führe doch nicht den Vorsitz. Die haben gesehen, daß ich gekommen bin und eine Weile dabeisaß. Das reicht.«

Natürlich witzelte er wieder über meinen Bart. Im gleichen Atemzug mit Selbstironie:

»Wenn Sie mal reich und berühmt sind – fangen Sie ja nicht an, sich ein Bibliothekszimmer einzurichten!... Aber was soll man mit all den geschenkten Büchern machen? Es ist eine wahre Überschwemmung, von allen Seiten schicken sie Bücher, jeder hofft auf eine Besprechung im *Nowyj mir*. Und ich antworte allen: ›Wissen Sie, wie *Iwan Denissowitsch* in die Redaktion gekommen ist? Durch das Klappfenster der Registratur. Und der Verfasser hatte aus Zerstreutheit nicht einmal seine Anschrift angegeben, und ich mußte ihn von der Kripo suchen lassen‹.«

Eine neue Legende, nicht ganz untendenziös.

In jenen Tagen fanden die Wahlen in die Akademie der Wissenschaften statt. Unter den Kandidaten der Sektion »Russische Sprache« war auch Twardowskij, aber seine Wahl wurde durch Druck von oben verhindert. Er war sehr niedergeschlagen. Dennoch:

»Für den Ehrgeiz genügt es ja schon, daß man in der Zeitung unter den Kandidaten genannt wird.«

Er erfuhr von mir, daß die Sektion »Physik und Mathematik« Leonow ebenfalls nicht wieder gewählt hatte. Er war zufrieden. Aber dann kam er mit seiner neuesten Sorge: vorgestern habe der BBC eine »provokative Sendung« gebracht, die das »Ganze entstellt« habe. Was für eine Sendung das gewesen sei? Ja, sie hätten Auszüge aus seinem Brief an Fedin gesendet – »den genauen Wortlaut! Wie konnte das nur durchsickern?«

Der Brief lag ja zehn Monate zurück!

»*Wie?* Das ist ja die Frage! Sogar mir haben Sie den Brief hier in Ihrem Zimmer zu lesen gegeben, und ich durfte nicht raus, solange ich las!«

Alexandr Trifonowitsch (voll gutmütigen Stolzes über seinen Einfall): »Aber Sie konnten doch nicht die ganzen siebzehn Seiten auf einmal abschreiben!«

(Natürlich nicht, ich hatte damals nur vier abgeschrieben, die Quintessenz.)

Er, immer noch hoffend: »Aber vielleicht haben sie nicht alle siebzehn in der Hand?«

Ich: »Der Samisdat hat den Brief vollständig gebracht! In Rjasan haben wir ihn nicht einmal aus Literatenkreisen bekommen, sondern von Ärzten.«

»Und es ist der genaue Wortlaut?«

»Der genaue Wortlaut.«

Alexandr Trifonowitsch wundert sich über die unerforschlichen Wege des Samisdat, aber eher mit Genugtuung als mit Angst. Im ganzen ist er ja mit dem BBC einverstanden, ebenfalls mit der Tatsache, daß dort die *Krebsstation* gesendet wird: »Das ist gut, die sollen ruhig weitersenden.« Mit einem Seufzer, aber ohne auch nur einen Schatten von Neid:

»Sie sind in Europa inzwischen berühmter als ich.«

Ich lenkte ab: »Wenn man heute in der Armee bei jemandem das blaue Heft des *Nowyj mir* entdeckt, das von »draußen« eingeschleust worden ist, dann schleift man den Besitzer zum Politruk, als handle es sich um verbotene Literatur. Und das ist wirklicher Ruhm.«

Er sagte unvermittelt:

»Aber der Einbauschrank ist wirklich sehr schön geworden, obwohl es das billigste Holz ist, Esche. Wenn Sie mich das nächste Mal besuchen, müssen Sie sich etwas mehr Zeit nehmen . . .«

Wann hatte ich mir zum letzten Mal Zeit genommen? Und wann wird es wieder dazu kommen? . . .

Er bot mir wieder Geld an:

»Tausend? Zweitausend? Dreitausend? . . . Früher sagte man: mein Geldbeutel ist Ihr Geldbeutel, und jetzt: mein Sparkassenbuch ist Ihr Sparkassenbuch!«

Ich lehnte dankend ab. Ich hätte gern für die *Krebsstation*
60 % gehabt statt 25 %. Ich brauchte jedes Jahr ein offizielles
Einkommen, um nachweisen zu können, wovon ich meinen
Lebensunterhalt bestritt.

Er wurde verlegen. Das war für ihn schwieriger. Das mußte
über den Dienstweg gehen, über die Buchhaltung der *Iswestija*, und vorher durch die Hände seines jungen Mannes, des
reservierten und vorsichtigen Chitrow.

»Gleich kommt Chitrow, der wird sich schon etwas einfallen
lassen.«

(Das war das letzte Honorar, daß Alexandr Trifonowitsch für
mich erwirkte – »Wenn schon bezahlen, dann gleich für sieben
Male« –, trotz aller Einwände von Lakschin und Kondratowitsch, das könne der Zeitschrift schaden.)

Und als er hörte, daß ich mein Drehbuch bei Mosfilm abge-
liefert hatte, bettelte er mit liebenswerter, etwas trunkener Be-
harrlichkeit, wie um das verbotene Gläschen; er wollte das
Drehbuch haben, auf der Stelle!

Ich erhob mich und wollte meine Aktentasche holen. Alexandr
Trifonowitsch fuhr sofort auf – er war eifersüchtig:

»Sie halten es mit der *ersten* Etage mehr als mit der *zweiten*!«

(In der zweiten Etage war die Redaktionsleitung untergebracht
und in der ersten das Fußvolk, die Prosa-Abteilung. Ich ließ
meine Aktentasche immer dort stehen, zum ständigen Ärger
Alexandr Trifonowitschs.)

Ich sortierte die häretischen (gesondert numerierten) Seiten
aus und brachte den Rest Alexandr Trifonowitsch. (Armer
Trifonowitsch! Er spielte mit mir mit offenen Karten – ich
konnte mir das nie erlauben.) Eine Stunde später, nach der
Parteiversammlung, war die gesamte Redaktion um meinen
Tagedieb versammelt, und Alexandr Trifonowitsch meldete
seine Ansprüche an:

»Uns steht das Recht der ersten Nacht zu! Sie müssen Mosfilm
darauf aufmerksam machen, daß wir das Recht der Erstver-
öffentlichung haben!«

Ja, solange sie das Manuskript noch nicht genau gelesen hatten!

Ich habe in meinem Tagebuch damals eine interessante Einzelheit festgehalten: obwohl die *Prawda* in jenen Tagen einen

ausfälligen Artikel gegen mich gebracht hatte, kamen Trifono-
witsch und ich in unserem Gespräch ÜBERHAUPT NICHT DARAUF
ZU SPRECHEN! Sogar für ihn hatte eine Kritik in der *Prawda*
NICHTS MEHR ZU BEDEUTEN! . . . Das waren Zeiten! . . .
Wir hatten wieder einen Termin vereinbart, an dem Alexandr
Trifonowitsch den *Archipel* lesen sollte: die vier Maifeiertage
1969. (Der »Tag des Sieges« fiel auf einen Freitag, und die
Feiertage schlossen sich an.) Ich wollte ihn in meine »Jagd-
hütte« holen (so nannte er liebevoll – ohne es je gesehen zu
haben – mein Sommerhäuschen an der Istja). Aber kurz vorher
hatte Alexandr Trifonowitsch wieder einen seiner »Anfälle« –
allerdings nicht so arg, daß man ihn nicht hätte auf die Beine
bringen können. Als ich hörte, daß Lakschin zu ihm nach
Pachra fahren wollte, stürzte ich in die Wohnung Lakschins,
gab ihm einen aufmunternden Brief an Twardowskij mit und
beschwor ihn: Reden Sie ihm zu, tun Sie alles, damit er kommt,
das ist wichtig für seine eigene Haltung und für die Absiche-
rung der Zeitschrift.
(Wie immer auf meine eigenen Ziele konzentriert, hatte ich
mir damals nicht die Mühe gemacht, genau zu überlegen: vorsichtig wie er war, mußte Lakschin meinen Einfluß auf Twardowskij als verderblich ansehen. Aus alter Gewohnheit, noch
aus den Zeiten des *Iwan Denissowitsch,* sah ich in Lakschin
einen natürlichen Verbündeten. Aber das war er schon lange
nicht mehr.) Lakschin nickte mit dem Kopf – höflich, liebenswürdig, aber augenscheinlich geistesabwesend. Und ich begriff: nein, er wird Twardowskij nicht zureden. Um so weniger, als zu befürchten stand, daß Twardowskij bei mir hängenbleiben würde, auch noch an dem Montag, an dem ein *wichtiger* Anruf Woronkows in der Redaktion erwartet wurde,
und der Chef nach den Regeln einer weitblickenden Diplomatie an seinem Schreibtisch zu sein hatte. (Inzwischen hatte eine
lautlose Belagerung begonnen: Twardowskij wurde unter vier
Augen in die Zange genommen und zum freiwilligen Rücktritt
genötigt.)
Aber in den weitverzweigten Labyrinthen der Diplomatie sieht
man den Himmel nicht. Um zu widerstehen, um sich nicht zu
ergeben, hätte Twardowskij jene feuerfeste Standhaftigkeit gebraucht, die nur auf dem *Archipel* gewonnen werden kann.
Nein, Alexandr Trifonowitsch kam nicht. Ich hatte das Buch

umsonst hervorgeholt. Ich versteckte es wieder – für ihn endgültig.

So ging es mit uns beiden: wir schlugen uns Seite an Seite – aber er kam nicht dazu, das Buch zu lesen.

Auf langen, verschlungenen Umwegen befreite sich Twardowskij aus dem Netz seiner Beamten-, Preisträger- und Deputierten-Jahrzehnte. Natürlicherweise versuchte er, diesen Weg auf dem bewährten Ackerpferdchen seiner Poesie zu bewältigen. In den bedrückenden Monaten nach dem Einmarsch in die ČSSR schrieb er zuerst einzelne Gedichte: *Auf dem Heuboden*, in der Folge weiteten sie sich zu dem Poem *Das Recht auf Erinnerung* aus. Er hatte gerade die letzten Zeilen geschrieben, als ich ihn im Frühjahr 1969 vergeblich aufforderte, den *Archipel* zu lesen. Der Ärmste glaubte, er hätte etwas entscheidend Neues zu sagen, er könnte den Nebelschleier des Nicht-zu-Ende-Gedachten zerreißen, und nicht nur sein eigenes Denken befreien, sondern auch das Denken von Millionen dürstenden Lesern (die ihn längst überholt hatten!). Und voller Liebe und Hoffnung korrigierte er die Fahnen seines von der Zensur bereits abgelehnten Poems und nahm sich vor, es im Sommer 1969 *oben* noch einmal *vorzulegen*. (Das Los eines Chefredakteurs: er hatte nicht das Recht, sein eigenes Lieblingspoem in der eigenen Zeitschrift zu veröffentlichen!) Im Juli schenkte er mir einen Abzug und bat mich *dringend*, ihm meine Meinung zu sagen. Ich las es – und ließ die Arme sinken, ich konnte kein Wort hervorbringen: was sollte ich ihm schreiben? Was konnte ich ihm sagen? Na ja, schon wieder Stalin (als ob er, dieses Lamm, die Hauptsache wäre!), und »ein Sohn kann nicht für seinen Vater büßen«, und »gebrandmarkt als Sohn eines Volksfeindes«,

> Und immer mehr wollte das Land
> So schien es, Söhne mit dem Schandmal haben.

Und schließlich (nach dreißig Jahren!) *sein eigener* Vater und die Sohnestreue (deutlicher, deutlicher, mehr!!) – aber nein, der Schwung reicht nicht aus, und er tritt sofort den Rückzug an: der Vater des Verfassers, der in einem Güterwagen mit den Kulaken in die Verbannung fuhr,

> . . . War unter den Feinden der Sowjets
> Der einzige, der diese Macht rühmte,
> . . . Und blieb im Kreis der anderen, deren Los
> Er teilte, unnahbar stolz . . .

Das lief auf eine Rehabilitierung der eigenen Familie hinaus, aber was war mit den anderen fünfzehn Millionen? Sollten sie von der Tundra und Taiga spurlos verschluckt werden? Jetzt wollte sich Twardowskij mit Stalin nicht mehr aussöhnen, jedoch:

> . . . . Und immer stand er dicht daneben . . .
> Er, der den Beifall nie gemocht . . .
> Des Bild die Zeiten lebend überdauert . . .
> *Den* auch der *Vater* als seinen Lehrer
> In stiller Demut hat genannt . . .

Was kann ich zu diesem Poem sagen, Alexandr Trifonowitsch? Für das Jahr 1969 ist das – wenig, zaghaft, schwach!

Überhaupt herrschte bei Twardowskij und in der von ihm geleiteten Redaktion eine übertriebene Vorstellung davon, wie weit man dort den Pulsschlag des fortschrittlichen Denkens bestimmte, im öffentlichen Leben des Landes bahnbrechend und führend war. (Was wußte man dort über die Nationalisten in der Ukraine und im Baltikum? Von den Problemen der Kirche? Über die Sekten?) In der Redaktion verbrachten sie Stunden damit, sich das gegenseitig einzureden; sie hielten sich für den dynamischen geistigen Mittelpunkt, glaubten sich im Besitz der eigentlichen Wahrheit und meinten, die Autoren müßten erzogen werden, von den Autoren sei ein klärender Impuls nicht zu erwarten.

Im Winter 1968/69, wieder in dem dunklen Bauernhaus in Solotscha, zögerte ich einige Monate, die Arbeit an *R-17* aufzunehmen, der Sprung kam mir zu gewagt vor, die Kälte erlaubte nicht, meine Papiere um mich auszubreiten und mich bequem anzuziehen, und so verbrachte ich viele Stunden im Wald und las im Gehen den *Nowyj mir*, einen ganzen Stoß hintereinander, über zwanzig Hefte, die aus Zeitmangel bis dahin ungelesen geblieben waren, und bildete mir ein umfassendes Urteil über die Zeitschrift. Freilich: eine vernünftigere und angenehmere Lektüre gab es in der UdSSR nicht. Eine erfrischende Lektüre. Eine leichte intellektuelle Gymnastik. Immer edel, ehrlich und gewissenhaft (wenn man Hunderte von leeren oder widerwärtigen Seiten engstirniger, offiziell-revolutionärer, offiziell-internationalistischer und offiziell-patriotischer Publizistik übersah).

Aber das alles nur im Vergleich mit der übrigen Presse. Vergleicht man diese Zeitschrift mit einer Samisdatausgabe – welche Hand wird nicht zuerst nach dem Samisdat greifen? Das lebendige Leben konzentriert sich dort immer stärker, seitdem es bei uns (seit den sechziger Jahren) die Möglichkeit einer freien, unzensierten Vervielfältigung gibt, aber die Redaktion des *Nowyj mir* wollte das tragischerweise nicht sehen, und wenn sie sich in Twardowskijs Zimmer versammelte, arbeitete sie strategische Pläne für die Entwicklung des geistigen Lebens unseres Landes aus. Der unglücklichste aller Versuche in dieser Richtung war wahrscheinlich ein Artikel Dementjews (Nm, Jg. 1969, Nr. 4, erschienen im Juni!), der zwar längst nicht mehr zur Redaktion gehörte, aber immer noch eine ideologisch mitfühlende Seele war, immer noch Freund und heimlicher Wohltäter.

Es gibt für mich zwei Möglichkeiten: entweder die Geschichte dieses unglückseligen Artikels überhaupt nicht erwähnen oder sie analysieren. Sie weicht scheinbar von der Achse dieses Buches ab, läßt sich aber aus einem bestimmten Grund nicht übergehen.

Im Jahre 1968 waren in der *Molodaja gwardija* zwei Artikel des mittelmäßigen und ziemlich obskuren Publizisten Tschalmajew (hinter ihm versteckte sich wahrscheinlich jemand Gescheiteres) erschienen, die zum Anlaß für eine langanhaltende Polemik in unseren Zeitungen und Zeitschriften wurden. Chaotisch im Aufbau, inkonsequent und oberflächlich in der Auswahl des Materials (alles hineingepackt, was einem in die Hände kommt!), ungeschliffen und ausgesprochen pathetisch, mit einer wahren Sintflut von Zitaten und der lächerlichen Prätention, die »Konturen eines geistigen Prozesses«, »eine Orientierung innerhalb der Weltkultur« und »eine totale Perspektive des künstlerischen Denkens« zu vermitteln – hatten diese Artikel nicht ohne Grund den Zorn aller Lager erregt: dem Mund, in dem das dogmatische Gebiß klapperte, entrang sich zwar keine harmonische Rede, sondern das Lallen eines Stummen, der das Sprechen nicht gewöhnt war, aber es war das Lallen der wiedererwachten Sehnsucht nach einer dunkel geahnten nationalen Idee. Natürlich war diese Idee in der üblichen Weise verzerrt und abstoßend aufgebläht: durch eine übertriebene Verherrlichung des russischen Charakters (NUR ZU UNSEREM VOLKSCHARAKTER gehören Wahrheitsliebe, Gerechtigkeit, Gewissenhaftigkeit! Nur wir kennen die »heilige Quelle« und den »lichtspendenden Ideenstrom«), durch die Verleumdung des Westens (der »jämmerlich ist« und »vor Haß erstickt« – wir aber, wir sind ja so voller Liebe!) dem man sogar den »Frühparlamentarismus« ankreidet und das mit Hilfe Dostojewskijs (dessen Sozialismuskritik jetzt auf den »bürgerlichen Westen« übertragen wurde). Natürlich war diese Idee mit einem kommunistisch-patriotischen Flickengewand verkleidet, der Autor leierte bei jeder Gelegenheit den kommunistischen Treueschwur herunter, betete kniefällig die Ideologie an und schlug sich dabei die Stirne wund, pries die blutige Revolution als ein »herrliches, festliches Spiel« – und verfing sich damit in einem vernichtenden Widerspruch, weil die kommunistische Idee die nationale aufhebt (wie das Beispiel unseres Landes zeigt), weil es unmöglich ist, zugleich Kommunist *und* Russe, Kommunist *und* Franzose zu sein – man muß sich entscheiden. Aber eines war erstaunlich: in diesem Lallen erklang das Lob jener »Heiligen und Gerechten, die aus der Erwartung des Wunders, der liebenden Güte heraus geboren wurden«, und einige von ihnen wurden sogar mit Namen genannt, wenn auch nicht immer richtig: Sergius von Radonesch, der Patriarch Hermogen, Joann von Kronstadt und Serafim von Sarow; erwähnt wurden der Bilderzyklus »Vergangenes Rußland« von Korin (dem natürlich »jedes religiöse Gefühl fehlte«), die »Sehnsucht des Volkes nach moralischer Kraft«, Dostojewskij, von dem einige religiöse Bekenntnisse mit Sympathie zitiert wurden und sogar – versteckt – *De profundis;* einmal wurde Christus genannt, der mit »seinen Gewändern die Lichtung gestreift« hätte, und sogar (die beste Stelle!) eine Mahnung ausgesprochen, man möge nicht Schuld auf sich laden und Gewalt mit Gewalt beantworten, nicht grausam sein und gegen *die allgemeine Entfremdung der Herzen* ankämpfen – das war ganz und gar nicht Lenins Stil! Und ebenfalls nicht

im Stil Lenins war die Abkehr von Gorkij (!) und die Verteidigung des *spirituellen Wortes* gegen eine Profanierung; dann
kam die Andeutung über die Größenverhältnisse der russischen
Geschichte, in der verschiedene »Formationen« sich einfach
verlören und viele nebeneinander Platz fänden (der Sozialismus wurde feigerweise nicht mit aufgezählt); ganz zaghaft
wurde die Ausrottung der russischen Nation angedeutet, aber
wie es hieß, nicht durch die Tscheka oder die Spezialeinheiten,
sondern durch die »bürgerliche Entwicklung« (vielleicht waren
die russischen Kaufleute daran schuld . . .); ferner gab es einen
Hinweis auf die *geistige* Verarmung der Landbevölkerung unserer Tage: wenn die Menschen aus den umliegenden Dörfern
zu einer Filmvorführung zusammenströmen wie früher zum
Abendgottesdienst; am Rande wurde mit den »Aluminium-
palästen« und mit Basarow abgerechnet . . . Aber es ist am besten, wenn ich die einzelnen Punkte dieses und der folgenden
Artikel aus der *Molodaja gwardija*, die für die sowjetische
Presse so unerwartet kamen, zusammenstelle und unter die
Lupe nehme:

1) die »Anachoreten«, die »geistigen Streiter«, die Raskolniki
wurden den revolutionären Demokraten (so, wie sie sich bei
uns aufgeführt hatten, von Tschernyschewskij bis Kerenskij)
vorgezogen. (Ehrlich gesagt, dem stimme ich zu.)

2) In den Diskussionen des *Sowremennik* würden die kulturellen Werte der dreißiger Jahre des XIX. Jahrhunderts zerredet
und setzten publizistischen Grünspan an. (Und was war das
Bleibende? Natürlich wurde viel zerredet.)

3) Die »Wandermaler« hätten die Sehnsucht des Volkes nach
vollkommener Schönheit nicht zum Ausdruck bringen können,
ebensowenig seine sittliche Kraft, aber bei Nesterow und Wru-
bel scheine diese Sehnsucht wieder durch. (Dagegen läßt sich
nichts sagen.)

4) Die russische Kultur des ersten Jahrzehnts des XX. Jahrhunderts bedeute einen neuen Schritt in der ästhetischen Entwicklung der Menschheit überhaupt – und es sei eine Schande,
daß Gorkij (!) sich mit Verachtung von diesem Jahrzehnt ab-
wandte. (Auch daran ist kein Zweifel.)

5) Das Volk wolle nicht nur satt werden, sondern auch un-
sterblich sein. (Wenn es nicht so wäre, dann wären wir nichts
wert.)

6) Die Erde – das sei etwas Ewiges und Unentbehrliches, eine Loslösung von der Erde – das sei kein Leben mehr. (Ja, ich fühle das, ich bin davon überzeugt. Dostojewskij hat gesagt: ». . . Geboren werden und heranwachsen muß die Nation auf der Erde, auf der Scholle, auf der das Getreide und die Bäume wachsen . . . In der Erde, in der Scholle steckt etwas Sakramentales . . . Wenn Sie die Menschheit zum Besseren erziehen wollen . . . so geben Sie ihnen allen Land . . .«)*

7) Das Dorf – das sei die Feste heimatlicher Traditionen. (Zuspät. Leider ist das Dorf jetzt nicht mehr diese Feste, denn das Dorf ist ermordet worden. Einst war das so. Aber das St. Petersburg der Zaren? Aber das Moskau der Fünfjahrespläne?)

8) Auch der Kaufmannsstand repräsentiere den russischen nationalen Geist in einer sehr ausgeprägten Form. (Jawohl, nicht weniger als das Bauerntum. Er stellt die stärkste Ballung von Energie dar.)

9) Die Volkssprache sei der Nährboden der Poesie. (Das ist auch meine Überzeugung.)

10) Wir hätten einen neuen Bildungsspießer. (Stimmt! Das ist eine fürchterliche neue Klasse, eine breite, schlecht gebildete Schicht, INTELLIGENZLER , die sich für die Intelligenz halten, für die echte schöpferische Elite, die keineswegs zahlreich und durch und durch individualistisch ist. Zu diesen Intelligenzlern gehören die Apparatschiks der Partei.)

11) Die Jugend in unserem Land sei eingekreist: durch eine kastrierte Sprache, die das Denken und Fühlen aushöhle, durch den eitlen Rummel des Fernsehens und durch die Kinosucht. (Und den Sport. Und die Politerziehung.)

Kurz, der Autor eines solchen Artikels wäre in den zwanziger und dreißiger Jahren sofort bei der GPU gelandet und bald an die Wand gestellt worden. Bis ungefähr 1933 wurde jede Regung eines nationalrussischen (damals hieß es »weißrussischen«) Gefühls oder einer bäuerlichen (nur pejorativ gebraucht) Gesinnung mit Tod, Verfolgung, Verbannung bestraft. (Wir brauchen uns nur an die einer Denunziation gleichkommenden Artikel O. Beskins gegen Kljujew und Klytschkow zu erinnern.) Nach und nach wurde dieses Gefühl wieder gesellschaftsfähig – allerdings rot bemalt, mit rotem Fahnentuch

---

* *Tagebuch eines Schriftstellers*, 1876. Juli-August, Kap. 4, IV.

drapiert und mit dem unerläßlichen Stempel eines glühenden Atheismus versehen. Und trotzdem überkam die Nachkommen der Bauern, der Kaufleute und vielleicht auch der Popen, die überlebt hatten und nun erwachsen waren, verdorben, zum Lügen zu erzogen, das um den Preis der eigenen Seele erkaufte rote Büchlein in der Tasche – von Zeit zu Zeit das unausrottbare wahrhaft nationale Gefühl, wie die Sehnsucht nach dem verlorenen Paradies. Und dieses Gefühl hatte einem von ihnen diese Artikel in die Feder diktiert, durch die Redaktion und die Zensur geschleust und erscheinen lassen.

Und es war nur konsequent, daß die offizielle sowjetische Presse (mit *Kommunist* an der Spitze) in jenen Monaten mit der *Molodaja gwardija* hart ins Gericht ging.

»Die Ablehnung war einstimmig«, schrieb Dementjew, »und eine weitere Diskussion überflüssig«. Aber die »Kompatrioten« der *Molodaja gwardija* traten auch nach dem Verriß der Artikel Tschalmajews für den widernatürlichen Bund (Kreuzung von Straßenköter und Schwein) zwischen dem »Russischen« und dem »Kommunistischen« ein, der genausoviel wert ist, wie der »Dialog« zwischen den Kommunisten und den Christen – nämlich bis zu dem Tag, an dem die Kommunisten an die Macht kamen . . .

Aber wahrscheinlich hätte man das alles nie erfahren oder vergessen, und meine Skizzen würden einige Seiten weniger zählen, wenn die Redaktion des *Nowyj mir* nicht auf die unglückliche Idee verfallen wäre, sich dem allgemeinen »Auf ihn mit Gebrüll!« anzuschließen und den Artikel obendrein noch dem vertrockneten Dementjew anzuvertrauen.

Überblickt man die Dezennien der sowjetischen Literatur, die schmutzig-orthodoxe Flut der *Na postu, Litfront, RAPP, Literaturnaja Enziklopedija* (1929–33) und später die Ergüsse der Funktionäre des Schriftstellerverbandes, dann muß man zugeben, daß Tschalmajews Artikel durchaus nicht so schlecht sind. Was war es denn, was den *Nowyj mir* daran so ärgerte und aufbrachte?

Der emotionale Anstoß: eine Kompensation für alles, was sie von Anfang an hatten einstecken müssen; einer von den vielen Hunden, die nach dem *Nowyj mir* schnappten, hatte sich diesmal selbst etwas zuschulden kommen lassen, sich von dem Rudel entfernt – und schon bissen ihn die eigenen Brüder.

Hat man diese Situation erfaßt, dann weiß man: jetzt ist auch für uns der richtige Moment, um zuzuschlagen! Womit? Mit dem Marxismus, natürlich mit der Fortschrittlichen Lehre. Dementjew fühlte sich dabei wie ein Fisch im Wasser. Und doch hätte sich wenigstens ein Mensch in der Redaktion – Twardowskij – auf das Sprichwort besinnen und es beherzigen müssen: RUF NICHT DEN WOLF GEGEN HUNDE ZU HILFE! Sogar wenn du dich vor bösen angriffslustigen Hunden retten willst – auch dann darfst du nicht den Wolf des Marxismus zu Hilfe rufen, sondern mußt sie mit einem ehrlichen Stock traktieren – nur nicht den Wolf rufen! Denn der Wolf wird zum Schluß deine eigene Leber fressen.

Aber das war es ja gerade: für den *Nowyj mir* war der Marxismus kein von der Zensur aufgebürdeter Ballast, sondern die Allein-Richtige-Lehre und mußte nur in seiner »ursprünglichen Reinheit« aufgefaßt werden. Und auch der für diesen Beitrag unentbehrliche *Atheismus* entsprach der ehrlichen Überzeugung der gesamten Redaktion, und Twardowskij machte da leider keine Ausnahme. Deshalb waren die Argumentation und der Ton dieses schändlichen Artikels keineswegs zufällig und bedeuteten für die Zeitschrift keinen Mißgriff – und dies so kurz vor ihrem Ende.

In den Ausgangsüberlegungen, die im Konferenzzimmer angestellt und noch nicht schriftlich festgelegt wurden, gingen die Redaktionsmitglieder des *Nowyj mir* von einer völlig richtigen Beobachtung aus: »diese Bande« kläfft den Westen wie besessen an – nicht bloß den kapitalistischen Westen (mit dem haben die Marxisten und Dementjew kein Mitleid) – sondern den Westen als Synonym für jede freie Bewegung in unserem Land, als Synonym für die *Intelligenzija* und sogar für den *Nowyj mir*. In den Artikeln der *Molodaja gwardija* werden die »Grundfesten des Volkes«, die kleinen Kirchen, die Dörfer und die Erde auf verdächtige Weise hervorgehoben. Und in unserem Land ist die Stimmung so gespannt, daß man nur das Wort »Volk« mit Wohlwollen auszusprechen braucht, damit es sofort als »Nieder mit der Intelligenzija!« verstanden wird (die leider zu 80% aus *Intelligenzlern* besteht – über die Zusammensetzung des *Volkes* ist überhaupt nichts bekannt . . .), daß man nur das Wort »Dorf« mit Wohlwollen auszusprechen braucht, damit sich die Stadt bedroht fühlt, das Wort »Erde«, damit der »Asphalt« einen Vorwurf heraushört. Also, in den Kampf, Alexandr Grigorjewitsch! In den Kampf gegen diese heimtückischen unausgesprochenen Drohungen, unter dem Schutz des Internationalismus und unter Ausnutzung sämtlicher Finten des dialektischen Marxismus!

Und nun angelte der Kritiker des *Nowyj mir* mit professoraler Gelehrsamkeit in den Artikeln der *Molodaja gwardija* nach Ignoranz und Lächerlichkeit (aber man hat doch dieses Volk um fünfundzwanzig Stockwerke an Köpfen kürzer gemacht – wie konnte man sich da über das Lallen eines Liliputaners wundern?) und drang wie ein Rammbock in eine sichere, minenfreie, ungefährliche Bresche, wo man seit den zwanziger Jahren ungestraft zuschlagen durfte und sich auch heute vor der regierenden Macht verdient machen konnte.

Der Kritiker denkt an die Aufgabe, mit der er betraut wurde – zuzuschlagen und zu vernichten, ohne sich weiter darum zu kümmern, ob sich nicht irgendwo etwas Lebendiges regt – und folgt nicht dem Gesetz der Wahrheit, sondern dem der Taktik. Schon die Erwähnung irgendwelcher »Anachoreten und Patriarchen« aus grauer Vorzeit macht ihn schaudern, geschweige denn ein Lob auf das erste Jahrzehnt unseres Jahrhunderts, das von den Genossen Lenin und Gorkij ein für allemal mit aller Schärfe verurteilt worden ist; er gerät in Feuer und fällt zweimal die »Wechi« an (»Enzyklopädie des Renegatentums«, »schändlicher Sammelband«), aus purer Gewohnheit, ohne die geringste Notwendigkeit, versetzt Leontjew, Axakow, sogar Kljutschewskij, den »Potschwenniki« und den »Slawophilen« einen Tritt und stellt all dem . . . was? UNSERE WISSENSCHAFT entgegen. (Macht euch nicht lächerlich mit eurer Wissenschaft! Das ZK bestimmt doch, wieviel zwei mal zwei ist . . .) Im übrigen lehrt uns die Partei, allerdings erst seit 1943, unser Erbe nicht mehr abzulehnen – und Dementjew macht von unserem Erbe reichlich Gebrauch, indem er »sowohl Tschernyschewskij als auch Dostojewskij« mit Beschlag belegt (dabei rief der erste zur Gewalt und der zweite zur Buße auf, und man müßte sich schon zwischen den beiden entscheiden) und sogar »Rubljows Dreifaltigkeit« (das ist seit 1943 auch erlaubt).

Aber den stärksten Schauder verursacht dem *Nowyj mir*-Kritiker alles, was mit der *Kirche* zusammenhängt: die verwerfliche »Eloquenz der Kirche« (die höchste Poesie!), irgendwelche »gütigen Kirchen« und »traurigen Kapellen« bei den Dichtern der *Molodaja gwardija.* Was man von diesen Gedichten auch halten mag, der Schmerz, der daraus spricht, ist echt, das Mitgefühl aufrichtig: eine Kirche versinkt im Wasser –

> Ich will dich halten, will dich retten,
> Doch wenn die Welle zischend naht,
> Eng an die Wand geschmiegt, geh ich mit dir
> zugrunde . . .

Dazu Dementjew kalt und verlogen: »Ein keineswegs erfreuliches Ereignis«, aber man »braucht sich dabei nicht exaltiert zu gebärden«, vielmehr erfordert »das Thema Kirche eine überlegtere und nüchterne Lösung«. (Aber was wurde bei uns eigentlich mit *mehr Überlegung* ausgerottet als die Kirche? Zu Chruschtschows Zeiten? Mit Bulldozern!) Die *Molodaja gwardija* mag sein wie sie will, aber sie hat immerhin die Religion indirekt in Schutz genommen. Und der liberale, aufrichtig atheistische *Nowyj mir* macht in der Zeit nach Stalin bei der Offensive gegen die Kirche begeistert mit.)
Auch belehrt uns Dementjew über das Wesen des *Patriotismus:* der besteht nicht in der Liebe zum Altertum und zu den Klöstern, sondern wird durch »Produktionssteigerung« und »Brigadesystem« geweckt. Was soll, fragt er, die Anhänglichkeit an die *enge* Heimat (die Gegend, der Ort, wo du geboren worden bist), wo doch Dobroljubow und die KPdSU erklärt haben, man müsse nur die weite Heimat lieben (die Grenzen der Liebe müssen haargenau mit den Staatsgrenzen zusammenfallen, wodurch auch der Wehrdienst einfacher wird)? Und warum soll sich die bilderreiche russische Sprache gerade auf dem Lande erhalten haben (wenn Dementjew doch sein ganzes Leben sozialistisches Kauderwelsch geschrieben hat – und es ist nichts passiert)? Pfui, diese Möchtegernbauern entblöden sich nicht zu prophezeien, daß

> ». . . wir zu unseren eigenen Quellen
> Wiederkehren, bettelnd wiederkehren . . .«

Nein, wir werden nicht wiederkehren! Dementjew weiß das

ganz genau. Und wenn Sie es nicht lassen können, das Dorf zu besingen, dann besingen Sie doch das *neue Dorf*, das Dorf »nach den gewaltigen Veränderungen«, zeigen Sie »den geistigen Sinn und die Poesie der Landarbeit in der Kolchose und die sozialistische Verwandlung des Dorfes«. (Geh doch hin, du roter Professor und arbeite dort mal mit, wo man zu einem Morloch gemacht wird!)

Und da Europa aus taktischen Gründen verteidigt werden muß – warum regt sich die *Molodaja gwardija* so über das jaulende Tonbandgerät in einem Hof der Stadt auf? Über den Jazz, dem man in einem Vorort von Woronjesch, wo man Kolzow nicht mehr liest, erlegen ist? Wieso ist Popmusik weniger wert als das russische Volkslied? Der sowjetische Wohlstand »führt zur Bereicherung der Kultur«. (Das können wir an den Dominofans, an den Kartenspielern, an den Säufern studieren – auf Schritt und Tritt!) Haben wir nicht gelernt, wie man die Wahrheit verdreht? Die *Molodaja gwardija* behauptet, daß Jessenin ermordet wurde? Zu Tode gehetzt? ABER ALLE HABEN JESSENIN GELIEBT! – behauptet Dementjew, ohne rot zu werden. (Er natürlich nicht, als er junger Aktivist des Komsomol war, auch nicht die Parteikomitees, nicht die Bezirkskomitees, nicht die Zeitungen, nicht die Kritiker, auch nicht Bucharin, aber . . . alle haben ihn geliebt!)

Die Hauptsache: »Die große Revolution ist vollbracht!«, »die sozialistische Ordnung ist Wirklichkeit geworden«, »das moralische Potential des russischen Volkes ist in den Bolschewiki verkörpert!«, »ein fester Blick in die Zukunft!«, »der Wind unseres Zeitalters schwellt unsere Segel« . . .

Und so weiter, bis zum Erbrechen, die Hand wird müde, Beispiele herauszuschreiben. Und die obligaten Gorkij- und Majakowskij-Zitate, alle schon tausendmal gelesen . . . Und die Gefahr? Natürlich, aber von besonderer Art: »das Eindringen idealistischer«, (und sofort als verunsichernden Kontrast) »vulgär-materialistischer . . .«, »revisionistischer« und (aus Gründen des Gleichgewichts) »dogmatischer . . . Entstellungen des Marxismus-Leninismus!« Das ist die Gefahr! Nicht der nationale Geist, nicht unser Wesen, nicht unsere Seele oder unsere Moral sind in Gefahr, nein – nach der Meinung unserer führenden Zeitschrift ist der Marxismus-Leninismus gefährdet! Und dieses Gebräu, kalt, abgestanden, ärmlich und herzlos, setzt uns nicht die *Prawda* vor, sondern der *Nowyj mir*, der *einzige Lichtblick* – und dazu noch als sein Programm. Ist denn das möglich?

So gibt es in unserem Land, in unseren Tagen, kein einziges Problem, was unvernebelt, klar und sauber erörtert werden könnte. (Und Tausende, die verbogen und entstellt werden.) Die Ideen, die von den beiden streitenden Zeitschriften verfochten wurden, waren nicht bloß verschwommen, sondern auch durch die kommunistische Terminologie zugedeckt und trieften vor Geifer, aber schon eröffneten die behenden Leichenfresser des *Ogonjok* das Feuer gegen den *Nowyj mir* – eine Salve aus zwei Millionen Geschützen: sie veröffentlichten einen »Brief der elf Schriftsteller«, von denen niemand je zuvor gehört hatte. Und schon ging es nicht mehr darum, das »Land der Väter« zu schützen oder um das »spirituelle Wort« – die letzten Spuren einer Diskussion gingen im politischen Gekeife, in gemeinsten, an Denunziation grenzenden Beschuldigungen unter: provokatorische Taktik des Brückenbaus! Tschechoslowakische Diversanten! Kosmopolitische Integration! Kapitulantentum! Sinjawskij war nicht umsonst Autor des *Nowyj mir*! Wie man in den Wald ruft . . . Dementjew hatte ja geschrieben, nur der Marxismus-Leninismus sei gefährdet . . . Man soll nicht den Wolf gegen Hunde zu Hilfe rufen!

Und da, nachdem an verschiedenen Fäden gezogen worden war, erschien ausgerechnet in der Zeitung *Sozialistische Industrie* der Brief eines Drehers an Twardowskij: »Wir wollen im Gleichschritt marschieren« (Stahlwerker und Literaten), »wir wollen eine Antwort im Sinne der Partei, und eine andere Antwort wird die Arbeiterklasse (und der Dreher Sacharow in ihrem Namen) nicht gelten lassen.«

Und nun ging die *Diskussion* »auf sowjetisch« los! Ein typisches, beleidigend stümperhaftes Surrogat, Produkt einer nie in Frage gestellten, verantwortungslosen Presse. Man brauchte die Geduld eines Elefanten, um das erniedrigende Los des Chefredakteurs einer offiziellen Zeitschrift zu ertragen und sich gelassen anzuhören, wie ein ignoranter Dummkopf über Literatur urteilt – und wieviele Jahre seines Lebens hat Twardowskij dafür geopfert! Diesmal hatte er einen hübschen Einfall: er bat die *Sozialistische Industrie*, ihm wenigstens eine *Photokopie* dieser Fälschung und die *Personalien* dieses geheimnisvollen Sacharow zu schicken. Es stellte sich dabei heraus, daß es einen Sacharow tatsächlich gab, es war *jener* Dreher, der Deputierter des Obersten Sowjet und Mitglied des ZK war und nun auch noch prophetisch warnte: »Wer an die Arbeiterklasse nicht glaubt, dem wird die Arbeiterklasse ihr Vertrauen entziehen.« Das Blatt brachte auch die Photokopie – o Wunder! Aber wie sah diese Photokopie aus! Die dreiste (und begründete) Selbstsicherheit der sowjetischen Zeitungsleute: *unser* Leser wird diese Nummer mit der von vor zehn Tagen nicht vergleichen! Und sie machten sich nicht einmal die Mühe, die abgedruckte Briefseite mit dem Zeitungsartikel in Übereinstimmung zu bringen!

(Photokopie)	*(Zeitungsartikel)*
Geehrte Genossen der Zeitung *Sozialistische Industrie!* Schon lange hatte ich vor, in der Presse . . .	Geehrter ALEXANDR TRIFONOWITSCH! Schon lange hatte ich vor, IHNEN zu schreiben

aber ich habe es immer aufgeschoben:

(nichts)	In unserem Werk gibt es viel Arbeit, und auch die Öffentlichkeitsarbeit nimmt viel Zeit in Anspruch . . . *(Der Tonfall eines echten Arbeiters!)*

Aber ich hatte ein Gespräch

vor kurzem mit meinem Freund, der fragte mich . . . *(ein Freund – aus dem ZK? oder aus dem Obersten Sowjet?)*	vor kurzem IN DER GIESSEREI, da fragte mich ein Freund, EINER UNSERER ARBEITER . . . *(und weiter unten noch einmal):* . . . EINER UNSERER ARBEITER

Sie brachten nur die erste Seite, den Rest konnte man sich denken.

Und niemand kann so etwas dementieren! Das ist unsere unbestechliche Presse, die von dem Geldsack unabhängig ist.
(Ich träume schon lange davon – ein Photograph müßte einen Bildband zusammenstellen: DIE DIKTATUR DES PROLETARIATS. Keine Erläuterungen, kein Text, nichts als GESICHTER – zweihundert, dreihundert eingebildete, feiste, verschlafene und bösartige Fratzen – in ihre Autos steigend, auf Tribünen erscheinend, hinter Schreibtischen thronend – und kein Kommentar, bloß: DIE DIKTATUR DES PROLETARIATS!)
Was hat Twardowskij auszustehen? Und was hat die Redaktion des *Nowyj mir* auszustehen? Wenn ich irgendwo in diesem Buch zu hart mit ihnen umspringe – dann bitte ich, mich zu korrigieren: um ihrer Qual, um ihrer Fesseln, um ihrer Hilflosigkeit willen.
Und ich hatte von diesen Gefechten nicht das geringste gewußt. Ich hatte in meiner Datscha über der Istja Dementjews Artikel mit großer Verspätung gelesen und war fassungslos, ich brüllte und wütete gegen den *Nowyj mir.* Ich notierte sogar auf einem Zettel Stichworte für eine Analyse. Am 2. September kam ich in die Redaktion. Sie alle kannten nichts anderes als ihre Diskussion (immerhin war ein öffentlicher Zweikampf besser als der Druck, der im Frühjahr hinter geschlossenen Türen auf Twardowskij ausgeübt worden war) und ihre kurze Antwort an den *Ogonjok.* Trotz der Zensurbremse, und obwohl der *Nowyj mir* vier Wochen vor Erscheinen Redaktionsschluß hatte, war es ihnen gelungen, diese Antwort in die nächste Nummer einzuschmuggeln. Twardowskijs Triumph äußerte sich bescheiden: »Ist das nicht eine würdige Antwort?« (Nichts Besonderes. Mäßiger Witz. Glücklicherweise ohne Dementjews umwerfende Argumentation.)
»Doch. Aber im großen und ganzen, Alexandr Trifonowitsch, hat mich Dementjews Artikel sehr geschmerzt. Sie greifen von der *falschen Seite* an. Dieser vertrocknete Dogmatismus Dementjews . . .«
Twardowskij, plötzlich hellwach:
»Aber die eine Hälfte dieses Artikels habe ich doch selbst geschrieben. (Das glaube ich nicht. Twardowskij hat einen völlig unsowjetischen Zug: etwas, das verrissen wird, läßt er nie im Stich, sondern liebt es um so mehr.) *Die anderen* – das sind doch richtige Banditen.«

»Das will ich nicht leugnen. Aber Sie greifen sie trotzdem von der falschen Seite an . . . Erinnern Sie sich, wie Sie in Rjasan den Roman gelesen und gesagt haben: ›Wenn man schon auf den Scheiterhaufen muß – dann muß die Sache es wert sein‹.«

»Ich weiß«, – er wurde immer erregter und rauchte immer mehr – »Sie sind ja für die Kirchen! Und für das Alte! . . . (Es wäre für einen Bauerndichter kein Schaden, wenn er auch . . .) Deshalb werden Sie von denen nicht angegriffen.«

»Aber es geht gar nicht darum, mich anzugreifen, mich darf man ja nicht einmal *erwähnen*.«

»*Ihnen* verzeihe ich das. Aber wir – wir müssen den Leninismus verteidigen. In unserer Lage bedeutet das schon sehr viel. Der *reine* Marxismus-Leninismus ist eine sehr gefährliche Lehre (?!), man läßt ihn nicht hochkommen. Gut, schreiben Sie uns einen Artikel über die Punkte, mit denen Sie nicht einverstanden sind.«

Einen Artikel hatte ich nicht, aber die vorstehenden Seiten hatte ich bereits stichwortartig auf einem Blatt skizziert. Einen Artikel – anstatt über die Katastrophe Samsonows – wollte ich unter keinen Umständen schreiben, und was konnte man darüber SAGEN? Nachdem ein halbes Jahrhundert jedes klärende Wort unterdrückt, jeder denkende Kopf abgeschlagen worden war, war die allgemeine Verwirrung so groß, daß auch die Nächsten sich kaum verständigen konnten. War es möglich, mit ihnen, meinen *Freunden*, offen *darüber* zu reden? Ich werde im *Nowyj mir* immer so herzlich empfangen, daß ich oft nicht den Mut aufbringe, unangenehme Themen zu berühren.

»Alexandr Trifonowitsch, haben Sie den Sammelband *Wechi* gelesen?«

Ich mußte die Frage *dreimal* wiederholen – der Name war zwar kurz, aber völlig unbekannt . . .

»Nein.«

»Und Alexandr Grigorjewitsch? Hat der ihn irgendwann gelesen? Ich glaube, daß er ihn nicht gelesen hat. Und warum versetzt er ihm dann einen Fußtritt, zweimal, ohne jede Notwendigkeit?«

Alexandr Trifonowitsch zog die Brauen zusammen, er schien sich dunkel zu erinnern:

»Lenin hat etwas darüber geschrieben . . .«

»Aber was hat nicht Lenin alles geschrieben ... Im Eifer des *Gefechts*« – ich mußte das hinzufügen, sonst wäre es zu scharf gewesen, eine Ketzerei ...

Twardowskij ist parteipolitisch nicht mehr so unerschütterlich sicher wie früher. Jetzt sucht er – das sieht man an den kleinen Falten, die sein Gesicht überziehen.

»Und wo kann man ihn bekommen? Ist er verboten?«

»Er ist nicht verboten, aber in den Bibliotheken wird er *zurückgehalten*. Ihre jungen Leute können ihn sicher besorgen.«

Wir gingen gerade in das andere Zimmer, zu diesen *jungen Leuten* – Chitrow und Lakschin.

Twardowskij, gutmütig-polternd, aber auch ganz leicht pikiert:

»Sehen Sie, hier ist der Zwölfte, der einfach nicht dazu gekommen ist, den *Brief der Elf* zu unterschreiben!«

Als das Lachen sich gelegt hatte, sagte ich:

»Das geht nicht, Alexandr Trifonowitsch! Wer nicht hundertprozentig für uns ist, der ist gegen uns! ... Wladimir Jakowlewitsch – Sie müssen den Sammelband *Wechi* für Alexandr Trifonowitsch auftreiben. Und haben Sie selbst ihn gelesen?«

»Nein.«

»Dann müssen Sie es tun!«

Lakschin – ziemlich reserviert, ziemlich kühl:

»Das muß ich nicht. Jedenfalls nicht im Augenblick.«

(Interessant: was hält er in seinem Herzen wohl von Dementjews Artikel? Unvorstellbar, daß diese dumpfen Beschwörungen nicht gegen seinen Geschmack sind. Aber wenn der Chef daran Gefallen findet – dann kann man nicht widersprechen.)

»Und warum bekommt er dann von Ihnen einen Fußtritt?«

Ebenso deutlich betont, in seinem schönen Bariton:

»Von mir bekommt er keinen Fußtritt.«

Natürlich, er war es ja nicht gewesen, sondern Dementjew!

Ich: »Große Bücher *müssen gelesen werden,* unter allen Umständen.«

Und plötzlich Alexandr Trifonowitsch, in dem kleinen Zimmer noch größer wirkend, reglos, die Arme weit ausgebreitet, mit einem bezaubernden, offenen Lächeln:

»Erlösen Sie mich vom Marxismus-Leninismus – dann können wir weitersehen. Aber vorläufig ist er der Boden unter den Füßen.«

Das war – das war so, wie wenn die wunderbare Stimme seiner Seele sich durchgerungen hätte! Das war ein Vektor der
zurückgelegten Entwicklung! Welch einen Weg hatte er in diesen anderthalb Jahren hinter sich gebracht!

Wäre das Land frei – man könnte tatsächlich eine neue Zeitschrift gründen und von einer *anderen Seite* öffentlich mit
ihnen diskutieren, man könnte Twardowskij selbst davon überzeugen, daß er – keineswegs ein Dementjew ist. Aber in *unserem* Land regiert eine graue Pranke: sie drückt mich und die
anderen zu Boden.

Genauso, wie sie seit fünfzig Jahren alles Wachsende niedergedrückt, immer wieder niedergedrückt hat.

Nach dem stürmischen Frühjahr 1968 war eine beinahe un-
heimliche Stille eingetreten, man ließ mich viel zu lange in
Ruhe und griff mich nicht mehr an.

Ich erhielt in Frankreich den Preis für das »beste fremdsprachige Buch des Jahres« (zweimal: für die *Krebsstation* und für
den *Kreis*) – *von unserer Seite*: keine Reaktion. Ich wurde in
den USA in die »Academy of Arts and Letters« gewählt – *von
unserer Seite*: kein Ton. Dann wurde ich auch noch in eine
zweite amerikanische Akademie, »Arts and Sciences« (in Bo-
ston), gewählt und nahm die Wahl dankend an – *auf unserer
Seite* rührte sich nichts. Ohne mich zu übereilen und ungehindert kam *R-17* in Bewegung, das Arbeitstempo wuchs, ich
durfte sogar mit offizieller Genehmigung im Historischen
Museum arbeiten, zwei Schritte vom Kreml entfernt, und nur
ab und zu tauchten Tschekisten auf, um mit eigenen Augen
zu sehen, was ich da trieb. Ich konnte auch einige Reisen
im Lande machen – alles ungehindert. Die Ruhe dauerte so
lange, daß es schon atembeklemmend wurde. Allerdings erfuhr ich durch meine Informanten (ich hatte nicht weniger
sympathisierende Informanten als die Gegenseite – bezahlte),
man habe meinen Ausschluß aus dem Schriftstellerverband
vorbereitet, aber dann sei ein rätselhaftes Telegramm eingetroffen: »Sitzung auf Ende Oktober vertagen«, und alles sei
ins Stocken geraten. Bis dahin war noch viel Zeit! Die Ver-
bandssektion in Rjasan wußte selbst so wenig Bescheid, daß
man mir dort eine Woche vor meinem Ausschluß einen Arbeits-
nachweis ausstellte. Der Stichtag war der vierte Donnerstag im

Oktober, an dem der Name des Nobelpreisträgers für Literatur verkündet wurde – und ich war es nicht! Das war das einzige, wovor sie Angst hatten. Jetzt hatten sie freie Hand. In Moskau zog Soboljew an den Fäden, unser Safonow machte sich auf den Weg dorthin, und alles kam in Gang.

Und nun fügte es sich so, daß ich – das ganze Jahr 1969 war ich überhaupt nicht in Rjasan aufgetaucht – ausgerechnet in diesem Augenblick nach Hause kam, um während des regnerisch-schlammigen Monats mit Hilfe der Stadtbücherei an der brisantesten Person meines Romans zu arbeiten. Und ausgerechnet draußen vor meinem Fenster wurde das Bild dieser Person (für alle Ewigkeit) angebracht. Und die Arbeit ging mir gut von der Hand! Sehr gut: in der Nacht zum vierten November wachte ich auf, die Gedanken kamen von selbst, und ich mußte sie aufschreiben, denn am Morgen fängt man sie nicht wieder ein. Am Morgen stürzte ich an die Arbeit, mit Genuß, und spürte: es gelingt!! Endlich! Dreiunddreißig Jahre alt ist dieses Vorhaben, ein Drittel Jahrhundert – und jetzt erst . . .

Aber meine Person versteht sich zu wehren (sie war immer auf dem Posten). Um elf Uhr klingelt es, die Sekretärin des Schriftstellerverbandes, sehr eilig, sieht mir kaum in die Augen und drückt mir hastig einen maschinengeschriebenen Zettel in die Hand: heute, um 15 Uhr, findet eine Konferenz über die *ideologische Erziehung* der Schriftsteller statt. Sie geht, ich könnte noch dreieinhalb Stunden arbeiten, aber – warum eigentlich so plötzlich? Und dazu noch »ideologische Erziehung« . . . Nein, schießt es mir durch den Kopf, nein, das hat etwas mit mir zu tun. Ich versuche weiterzuarbeiten, aber die Lust ist hin, nein, in mir regt sich etwas, es regt sich immer stärker, ich spüre Gefahr. Ich hole eine alte Mappe hervor, darauf steht geschrieben: »Ich und der Sowjetische Schriftstellerverband«, dort hebe ich alle Papiere auf, die unseren Kampf und die gegenseitigen Anschuldigungen betreffen, außerdem die Informationen meiner Leser: von wem, wann und was vom Rednerpult über mich gesagt wurde. Alles in wildem Durcheinander, nun, denke ich, ich muß mich vorbereiten. Und zwar schnell: Ich arbeite mit Schere und Klebstoff, ich stelle für alle Fälle eine Übersicht zusammen, vorletztes Jahr, vor der Schlacht im Sekretariat, hatte ich damit angefangen, aber sie damals gar nicht gebraucht, nun klebe ich einiges dazu und schreibe es ab. Ich hatte mir vorgenommen, sie gerade über die *ideologische Erziehung* aufzuklären (ein wenig nach Diderot): »Was bedeutet es, wenn der Mensch sich zum Schriftsteller erklärt? Das bedeutet: er erkühnt sich, für die ideologische Erziehung der anderen verantwortlich zu sein und dies mittels seiner Bücher zu bewerkstelligen. Und was bedeutet dann die ideologische Erziehung der Schriftsteller? Eine doppelte Vermessenheit! Ihr braucht keine *Punkte* auf die Tagesordnung zu setzen und *Versammlungen* einzuberufen, sondern nur ein *Buch* zu schreiben – wir werden sofort in Tränen ausbrechen, und die Erleuchtung wird über uns kommen: Ach, so muß man also schreiben, und wir, wir Idioten tappten im Dunkeln!« Ich hatte mir das vorgenommen, aber in der Eile kam ich nicht dazu, sie haben mir zu wenig Zeit gelassen.

Ich kam fünf bis sieben Minuten vor der festgesetzten Zeit in den Schriftstellerverband, um einen Platz an dem runden Tisch zu belegen und alle meine bunten Stifte auszubreiten – ich wollte nicht auf den Knien schreiben müssen, falls es überhaupt nötig sein sollte. (Ich hatte schon seit langem mit dem Ausschluß gerechnet und wollte eigentlich ein Diktaphon zur Sitzung mitbringen – hätte ich es bloß getan! – heute ging es jedoch nur um »ideologische Erziehung« und nicht um einen Ausschluß!) Aber ich brauchte mich mit meinen Stiften nicht so zu beeilen. Sonst finden sich die Rjasaner Schriftsteller schon eine gute Stunde vor Beginn der Versammlung ein (was sollen sie auch zu Hause tun?), aber heute ist das Zimmer noch leer (Safonow, der Sekretär unserer Sektion, ist plötzlich erkrankt, er hat eine Blinddarmoperation dieser Peinlichkeit vorgezogen), und nur Wassilij Matuschkin, der vorübergehend die Aufgaben Safonows wahrnimmt, sitzt auf der Fensterbank – angenehmes Äußeres, runder Kopf, gutmütiges russisches Gesicht, schon im Pensionärsalter – er war es, der mich damals, während der Hochkonjunktur unter Chruschtchow aufgesucht und mich zum Schriftstellerverband geschleppt und sämtliche Formulare mit mir ausgefüllt hatte, der mir versichert hatte, *Iwan Denissowitsch* sei für ihn ein Erlebnis und eine sprachliche Lektion von großer Bedeutung gewesen. Ich drückte ihm die Hand.

»Guten Tag, Wassilij Semjonowitsch! Fällt es aus?«

Er antwortet gesetzt, ohne sich von der Fensterbank zu erheben:

»Warum soll es ausfallen? Nein.«

»Aber wann kommen sie denn?«

»Sie werden schon kommen.«

Er wirkt bedrückt und blickt immer zur Seite. Wir sind nur zu zweit, kein Mensch weit und breit, es wäre für ihn ein leichtes gewesen, mir etwas zuzuflüstern, anzudeuten – aber nein, er schweigt, dieser Hundesohn. Ich beginne eine sehr höfliche Unterhaltung: »Sie haben, wie man hört, ein neues Stück geschrieben, es wird im Gebietstheater gespielt . . .« Zum Schreiben werde ich vermutlich nicht kommen, aber auf alle Fälle setze ich mich an den Tisch.

Aber niemand kommt! Bis zum letzten Moment! Und plötzlich kommen sie alle auf einmal, es sind sogar mehr als erwartet, sie treten sehr schnell ein – und mir fällt nicht auf, daß sie schon alle ohne Mäntel und Mützen sind, obwohl es üblich ist, hier abzulegen. Wie sie zusammengetrommelt, wie sie bearbeitet wurden – darüber in der *Chronik der laufenden Ereignisse* Nr. 12, ich brauche das nicht zu wiederholen. Sie kommen im Gänsemarsch und müssen nicht unbedingt an meinem Platz vorbeigehen, aber alle Schriftsteller machen diesen Umweg, um mir die Hand zu drücken: Rodin (er ist sehr krank, sieht totenblaß aus, über achtunddreißig Grad Fieber, ich frage ihn mitleidig, warum sind Sie überhaupt gekommen?), Baranow, dieser Fuchs (erst vor kurzem: »Soll ich in Rostow Grüße von Ihnen bestellen? Man beneidet mich dort, weil ich Sie zuweilen treffe.«), Lewtschenko, eine offene Seele, ein schlichtes Gemüt, wenn auch ein wenig farblos, und Schenja Markin, ein junger, für Rjasan viel zu linker und viel zu progressiver Dichter. Und das ist Taurin, der Abgeordnete des Russischen Schriftstellerverbandes, er stellt sich mir mit allen Zeichen der Hochachtung vor und drückt mir mit Ergebenheit die Hand. Nein, um einen Ausschluß kann es sich nicht handeln. Und dann kommt noch so ein freudestrahlendes, vollgefressenes Ekel direkt auf mich zu, schüttelt mir mit offenkundigem Vergnügen die Hand – für den muß heute ein besonderer Feiertag sein!

Ich drücke ihm ebenfalls die Hand. Aber ich habe keine Ahnung, wer das ist. Die anderen grüßen mich nicht. Alle nehmen

Platz – aha, es sind zwölf, wir haben aber nur sechs Verbands-
mitglieder, also gehören die anderen sechs nicht dazu.
Ich bin bereit, mitzuschreiben, aber ich glaube, daß das nicht
nötig sein wird. Einer schreibt schon, auf den Knien, ist das
nicht ein KGB-Mann in Zivil? Taurin berichtet, langweilig und
träge: Anatolij Kusnezow ist geflohen, wie bedauerlich, welche Schande, der Schriftstellerverband der Russischen SFSR
hat bereits eine Resolution gefaßt, in der Sektion Tula hat man
den Fall schon durchgearbeitet, alle sind tief empört (völlig
ausdruckslos), man hat beschlossen, den Fall in allen Sektio-
nen durchzuarbeiten. Nun, natürlich, müssen Schriftsteller, die
ins Ausland reisen, besser kontrolliert werden, und ferner müssen Erziehungsmaßnahmen . . . (Wie es scheint, bin ich längst
aus der sklavischen Untergröße herausgewachsen, mein Herz
krampft sich nicht mehr zusammen vor Angst, ich könnte angesprochen werden: »Und jetzt wird uns Genosse Solschenizyn
seine Meinung sagen!« – Ich stehe aufrecht, und man kann
mich nicht mehr gegen meinen Willen zum Reden bringen.
Aber trotzdem ist man in einer dummen Lage: gleich werden
sie vorschlagen, im Fall Kusnezow eine strenge Verurteilung
auszusprechen und darüber abzustimmen. Was ist richtig? Soll
ich es gutheißen?)
. . . In der Moskauer Sektion hatte die Diskussion ein hohes, ein
sehr hohes Niveau. Dort wurden einige konkrete Vorwürfe
gegen Lidija Tschukowskaja, Lew Kopelew und Bulat Okudschawa erhoben . . .
(Jetzt ist es unvermeidlich – für sie muß ich eintreten. Aber
dennoch – flüchtig – der sklavische Gedanke: vielleicht einfach
schweigen? Wir sind doch hier nicht in Moskau, wir sind in
Rjasan, wen geht das hier etwas an . . . Und wenn es nicht nahe
Freunde, wenn es einfach liberale Schriftsteller gewesen wären
– dann hätte ich den Kopf eingezogen und das Unwetter vor-
beiziehen lassen.
Aber für *sie* – da wußte ich mit Sicherheit: ich werde dagegen
stimmen! Das war ein Grund, auch die »Resolution als Ganzes« abzulehnen!)
Ganz weich tastet sich Taurin heran, ein wenig traurig und
irgendwie beiläufig:
»Na ja, und dann . . . dann ist da auch einiges über Ihr Mitglied,
über den Genossen Solschenizyn, gesprochen worden.«

Aus. Der Bericht ist zu Ende. »Einiges.« Offensichtlich nichts von Bedeutung.

Wer bekommt das Wort? Matuschkin. Der alte Mann klettert von der Fensterbank, er ist unschlüssig. Er erhält zehn Minuten Redezeit. Ich (in der Voraussicht, daß auch ich mehr brauchen werde): »Laßt ihn doch länger reden, warum denn nicht?« Alle anderen (in der Voraussicht, daß auch ich mehr brauchen werde): »Nein, zehn, zehn!«

Langsam, weit ausholend, setzt Matuschkin zum Angriff an. (Der Text ist bekannt.) Ich schreibe hastig mit und wundere mich: wie konnten sie sich dazu entschließen? Ich war fast überzeugt, daß sie es nicht so weit treiben würden und bin im Bewußtsein meiner Unangreifbarkeit regelrecht unverschämt geworden. Nein, jetzt sehe ich deutlich: das kann nur ihnen selbst zum Schaden gereichen, das wird auf ihr Haupt kommen, warum machen sie das nur? Die Bosheit hat ihnen den Verstand genommen.

Einer nach dem anderen, ohne die kleinste Zwischenpause, treten die Schriftsteller-Brüder auf: der umgängliche Baranow, der schlichte Lewtschenko, die reine Seele Rodin und der erregte, zottige Markin. Markin ist offenkundig unsicher, das merkt man sogar seiner Rede an: »Ich mache dieses Hin und Her nicht mit – jetzt schließen wir Alexandr Issajewitsch aus, dann werden wir ihn wieder aufnehmen, wieder ausschließen – wieder aufnehmen…«, aber er stimmt *für* den Ausschluß. (Man hätte ihm nur ganz leicht den Rücken zu stärken brauchen, vielleicht hätte ich vorher mit ihm sprechen sollen – aber da kam noch einiges andere zusammen: er hatte sich seit zwei Jahren um ein Zimmer bemüht – und nun hatte man ihm versprochen, ihm am nächsten Tag eine Einweisung auszustellen. Auch Lewtschenko sucht seit Jahren nach einer Wohnung. Und Rodin möchte seit Jahren nach Rjasan ziehen – er hatte bis jetzt keine Aussicht. Und die Erfahrung lehrt: so etwas wiegt mehr.)

Ich: »Erlauben Sie eine Frage.«

Sie weigern sich: »Nein, das geht nicht.«

Ich: »Es ist ja keine Stenotypistin da. Es gibt ja kein Protokoll.«

Egal, Sie brauchen kein Protokoll!

Besonders wortreich ist der Dickwanst, siegesbewußt wie

Napoleon; ich frage ihn:

»Erlauben Sie, wer sind Sie, daß Sie hier auf der Schriftsteller-versammlung . . .«

Er ist so verblüfft, daß er zu lachen anfängt:

»Wie? Wer ich bin? Ha-ha! Das wissen Sie nicht? Ich komme vom Gebietskomitee!«

»Ja – und? Dann kommen Sie eben vom Gebietskomitee? Wer sind Sie?«

»Ich bin Sekretär des Gebietskomitees.«

»Was für ein Sekretär?« – Ich gebe mich immer noch nicht zufrieden.

Das verdirbt ihm die Freude an der gewonnenen Schlacht: was ist das für ein Sieg, wenn der Gegner nicht einmal weiß, wer man ist.

»Propagandaabteilung.«

»Erlauben Sie, wie heißen Sie?«

»Wie, Sie kennen meinen Namen nicht?« – Er ist offensichtlich beleidigt, sogar tief getroffen: – »Koschewnikow!!!«

Wirklich – es ist komisch, ich hätte ja auch gelacht, aber die Zeit war zu knapp. Nach sowjetischen Maßstäben war das ungeheuerlich: er war so etwas wie der treusorgende Vater für alle, die in Rjasan mit Ideologie zu tun hatten, er war aus Rjasan nicht wegzudenken, und ich, der ich seit sieben Jahren zu den Rjasaner Schriftstellern gehöre, frage ihn WER ER IST . . . Da hat man allen Grund, beleidigt zu sein . . .

»Ja«, sagt er in belehrendem Ton, »wir haben uns noch nie gesehen.«

»Doch, wir haben uns schon mal gesehen«, erwidere ich, »ich habe einfach ein schlechtes visuelles Gedächtnis. (Welche Streiche hat mir das schon gespielt!) Wir haben uns gesehen, als ich aus dem Kreml zurückkam und über die Begegnung mit Chruschtschow berichtete. Sie waren auch da und wollten zuhören.«

Als ich über Nacht bekannt geworden war, hatte er in der Schule angerufen und mich zu sich bestellt, aber ich antwortete: »Ich bin müde, ich kann nicht kommen.« Als ich unter Chruschtschow berühmt wurde, kam er ganz brav an und setzte sich in eine Ecke. Später gab es unzählige Schulungs-stunden für die Schriftsteller – aber ich fehlte immer. (Es ist ganz richtig, daß sie mich rausschmeißen: was bin ich eigentlich für ein sowjetischer Schriftsteller? Bin ich ein Handlanger der Partei?) Und vor einem Jahr hatte er bei mir zu Hause angerufen: »Was sagen Sie zu der schlechten Besprechung in der *Sowjetskaja Rossija*?« – »Ich habe diese Zeitung nicht gelesen.« Er wunderte sich: »Also hören Sie zu, ich will es Ihnen gleich am Telephon vorlesen.« – »Ach nein, so kann ich das nicht.« – »Dann kommen Sie her, wir wollen uns unterhalten.« »Ein vertrauliches Gespräch in Ihrem Zimmer, unter vier Augen! Ich werde auf keinen Fall kommen! Rufen Sie alle Schriftsteller zusammen, dann können wir uns öffentlich unterhalten.« – »Nein, wir wollen doch keine Kundgebung organisieren.«

Nun, jetzt war es so weit, jetzt war sein Festtag, deshalb strahlte er auch so.

Sie werden mich ausstoßen, das ist beschlossene Sache, aber wie soll ich das alles mitschreiben? Und jetzt wird auch mir das Wort erteilt, aber meine Rede ist eigentlich noch nicht fertig, ich habe sie so gut es ging zusammengestellt, aber noch kein einziges Mal durchgelesen. Kaum habe ich einen Anlauf genommen, als sie schon schreien:

»Zehn Minuten sind rum! Schluß!«

»Was heißt hier zehn Minuten? Es geht ums Leben! Geben Sie mir so viel, wie ich brauche!«

Matuschkin, salbungsvoll-greisenhaft: »Er soll noch drei Minuten haben.«

Ich rang ihnen ganze zehn Minuten zusätzlich ab. Eine Maschinengewehrsalve – mit solcher Geschwindigkeit kamen meine Worte: nur das, was ich hier *aussprach*, nur das konnte am nächsten Tag in die Welt hinausgehen, aber das, was hinter der Backe blieb, wie treffsicher es auch gewesen sein mochte – das konnte nicht durchkommen und konnte niemanden zerschmettern. Und es ging, in den zwanzig Minuten habe ich viel gesagt. Ich sah – Markin war einfach selig und hörte hingebungsvoll zu, wie ich sie attackierte, auch Rodin gefiel es, trotz Krankheit, trotz Fieber: es tat ihnen gut, daß wenigstens einer sich zur Wehr setzte.

Aber sie stimmten alle mit – gehorsam.

Und ich, mit dem größten Behagen, ich stimmte gegen die Resolution *als Ganzes*. (Ich war darin nur ein unwesentlicher Punkt unter anderen.)

Man trennte sich gut gelaunt, stand noch eine Weile im Gang herum und unterhielt sich. Ich sammelte meine Stifte ein und wollte gehen. Taurin hielt mich zurück, verbindlich und voller Mitgefühl:

»Ich rate Ihnen sehr, fahren Sie sofort zum Sekretariat, ausgerechnet für morgen ist das Plenum einberufen, ES IST IN IHREM INTERESSE!«

Ich: »Nirgendwo in den Statuten steht, daß ein Ausschlußverfahren innerhalb von vierundzwanzig Stunden abgeschlossen sein muß. Man soll doch nichts überstürzen.«

(Insgeheim: ich müßte nur Zeit haben, diese Geschichte publik zu machen, meinen Bericht herauszugeben, und dann möchte ich gerne sehen, wie ihr konferieren wollt. Ich war überzeugt, daß man MICH IN ABWESENHEIT nicht ausschließen konnte – aber man konnte es, wie man sieht, bei uns kann man alles!)

»Hören Sie«, – Taurin hält mich am Ärmel fest – »kein Mensch wünscht Ihren Ausschluß! Sie müssen nur ein kurzes Schreiben aufsetzen, das ist das einzige, was man von Ihnen erwartet, dieses kurze Schreiben, in dem Sie Ihrer Empörung darüber Ausdruck geben, daß man im Westen . . .«

Vielleicht hatten sie es wirklich darauf angelegt? Als Geschenk zum Jahrestag der Oktoberrevolution? . . . Denn sonst hätte dieser Ausschluß nicht den *geringsten Sinn* gehabt und wäre ein reiner Racheakt gewesen. Solange sie mich nicht ausstießen, sah es für sie günstiger aus: da ragt ein sechstausend Einheiten starker Block, der mich zermalmen könnte, mich jedoch aus Mitleid nicht zermalmt. Aber wenn es soweit ist, wenn ich ausgestoßen bin und trotzdem heil bleibe – was dann?

Markin kam mir noch im Flur nachgelaufen und bat mich laut um Vergebung (das war bester Dostojewskij: in der Zukunft sollte er noch einige Male bereuen, sich anklagen, auf die Knie fallen und mich wieder verleugnen, er hatte es wirklich nicht leicht, denn im tiefsten Herzen hielt er zu mir, doch das Fleisch war schwach), aber ich lief schnell, so schnell wie möglich zum Fernsprechamt. In Rjasan saß ich in der Falle, in Rjasan war es nicht schwer, mir die Luft endgültig abzudrehen, ich mußte die Nachricht unbedingt nach Moskau weitergeben – das war die einzige Rettung. Wir hatten in Rjasan nur einen Telephonautomaten für Ferngespräche, und wenn der nicht kaputt war . . . nein . . . und auch keine Schlange davor . . . Ich wählte. Niemand. Ich wählte die zweite Nummer. Niemand nahm ab. Wo konnte ich noch anrufen? Im *Nowyj mir*! – noch war es nicht fünf, noch waren sie da. Also rief ich dort an. (So kam es später zu der Sklaven-Version: Das war's, deshalb hat man im *Nowyj mir* radikal aufgeräumt!)

Dann kehrte ich beruhigt nach Hause zurück und setzte mich an die Niederschrift meines *Berichtes*. Am nächsten Morgen wachte ich um sechs auf, schaltete, ohne mir etwas Besonderes zu denken, wie immer die »Stimme Amerikas« ein – es traf mich wie ein Schlag:

»Nach privaten Informationen aus Moskau wurde Alexandr Solschenizyn gestern in seiner Heimatstadt Rjasan aus der Schriftstellerorganisation ausgeschlossen.«

Ich machte einen Luftsprung! Ja – das Zeitalter der Information! Aber daß es so schnell gehen würde – nein, damit hatte ich nicht gerechnet!!

Viermal kam es in den Kurznachrichten und viermal mit Kommentar. Gut! Ich ging hinaus in die Grünanlage, um meine Morgengymnastik zu machen, solange noch niemand auf der Straße war, und da sehe ich einen Lastwagen mit überdachter Ladefläche, der mir schon einmal aufgefallen ist, tief eingeschneit, und in der dunklen Führerkabine sitzen zwei Männer. Ich ging dicht an dem Wagen vorbei und sah ihn mir genau an: sie hatten ja kein Radio und wußten nicht, daß es für sie schon zu spät war.

Aber ich war doch unruhig: *Sperren* sie mich ein? Kaum hat man sich von Moskau entfernt, und schon gleicht das Land einem tiefen Brunnen, und es ist ein leichtes, die einzige Öffnung dichtzumachen.

Unter größten Vorsichtsmaßnahmen schickte ich ein Exemplar meines *Berichtes* ab, um ihn in Sicherheit zu bringen. [Anhang 11]

Es wurde Tag, ich zog die Vorhänge auf – und von der Plakatwand gegenüber sah mich meine noch verborgen gehaltene Figur wach und munter unter der Schirmmütze hervor an. Aber ich hatte keine rechte Lust mehr, über sie zu schreiben, das war mein größter Kummer – bei *solchen* Seiten war ich unterbrochen worden! (Seitdem sind anderthalb Jahre verstrichen, aber ich komme immer noch nicht dazu. Diese Figur hat es wirklich verstanden, sich zur Wehr zu setzen.)

Im Rjasaner Gebietskomitee herrschte größte Aufregung: »Im BBC ist schon durchgekommen, daß Solschenizyn ausgeschlossen worden ist! Ganz klar, die unterhalten hier in Rjasan einen Agenten, der unser ideologisches Leben ausspioniert und alles sofort nach London funkt!« Und sie kamen auf die glorreiche Idee, den wohnungslosen Lewtschenko ans Telephon zu setzen und auf alle Anrufe aus Moskau antworten zu lassen, er sei hier fremd, er wisse von nichts, hier sei niemand ausgeschlossen worden. Die westlichen Korrespondenten riefen tatsächlich an, fielen darauf rein, glaubten es – und dann kamen in den westlichen Sendern die Dementis. Und am gleichen Tag, dem 5. November, wurde mein Ausschluß vom Sekretariat des Verbandes der RSFSR bestätigt – die sind doch ohne mich damit zu Rande gekommen!

Ich selbst wußte zwei Tage lang überhaupt nichts und wollte außer dem *Bericht* nichts anderes mehr schreiben und verbreiten. Aber kaum erfuhr ich von dem Ausschluß, als mich der Zorn packte und so böse Sätze sich in mir formten, wie ich sie dem Verband sowjetischer Schriftsteller noch nie an den Kopf geworfen hatte. Das alles kam *wie von selbst*, ohne mein Zutun, ich hatte es nicht geplant, und es war auch kein Manöver von mir. (Ich hatte nur eine Absicht: die bedrohten Lidija Tschukowskaja und Lew Kopelew in Schutz zu nehmen. Ihr Problem fügte sich nahtlos in den Text ein – und ich glaube, diese Absicht ist gelungen; die höllischen Scharen hielten ein.)

Ich hatte meinen *Bericht* nach Moskau vorausgeschickt und versuchte, in Rjasan weiter an meiner »literarischen Figur« zu arbeiten, aber die Ruhe und die Lust waren hin, die Zeilen meines harten und drohenden Briefes marschierten mir wie Soldaten durch den Kopf und zwängten sich aus meiner Brust in den Kampf. Als die Novemberfeiertage zu Ende, als die Züge wieder leerer waren, fuhr ich nach Moskau. Damals wußte ich noch nicht, daß es für immer sein würde. Daß es mir nicht beschieden sein würde, weiter in Rjasan zu *leben*, daß das Tor nach Rjasan durch den Ausschluß für mich immer zugenagelt bleiben würde. (Und als ich notgedrungen noch einmal zurückkam und an meinen Tisch trat, musterte mich von draußen, von der Plakatwand herab, immer noch meine Figur mit der Schirmmütze – sie hatte ein Jahr und noch ein Jahr bei Wind und Wetter vor meinem verlassenen Fenster gestanden – es gibt einen Ruhm, der nicht mehr beneidenswert ist. Ich fuhr wieder weg, er blieb weiter auf seinem Platz.)

Und in Moskau konnte Trifonowitsch mich kaum erwarten! (Wir waren uns auch darum besonders nahegekommen, weil Trifonowitsch im Oktober zwölf Probekapitel über die Samsonowkatastrophe gelesen und, nicht nur zufrieden, sondern äußerst zufrieden, sie sehr gelobt und sich schon ausgemalt hatte, daß ich den Roman abschließen würde, einen *passierbaren*, einen patriotischen Roman, gegen den niemand etwas einwenden konnte, daß wir ihn im *Nowyj mir* veröffentlichen und herrlich und in Freuden leben würden!

Ich hatte ihm ja noch nicht verraten, welche Dornen dieser *August* haben würde. Er konnte nicht glauben, daß der von ihm entdeckte, von ihm geliebte Autor für alle Zeiten *unpassierbar* sein sollte . . .) Am Tag zuvor hatte Twardowskij gedrängt: er müsse unbedingt mit mir sprechen, IN ERSTER LINIE ÜBER SICH SELBST UND NICHT ÜBER MICH.. (Wieder dasselbe Thema, wieder dieselbe Erregung wie nach dem Lesen des *Kreises*!)

Am 11. November kam ich in den *Nowyj mir*, direkt vom Bahnhof. Die ganze Redaktion hatte sich im Zimmer von Alexandr Trifonowitsch versammelt, mein *Bericht* lag auf dem Tisch, sie hatten ihn soeben gelesen und diskutiert. Alle erhoben sich, wie auf ein Kommando und ließen uns allein (das gehörte sich so, es gehörte zu den hierarchischen Gepflogenheiten, daß sie niemals warteten, bis Alexandr Trifonowitsch sagte: »Wir haben jetzt etwas allein zu besprechen.«) Alexandr Trifonowitsch ließ Tee und Gebäck bringen – das war im *Nowyj mir* die höchste Form der Gastfreundschaft.

Da ich das staatsbürgerliche Bewußtsein Trifonowitschs in diesem Fall nicht richtig einschätzte, begann ich mit der Erklärung, weshalb ich nicht rechtzeitig zu der Sitzung des Sekretariats erschienen war, daß man mir nicht einmal eine Einladung geschickt, sondern mich nur indirekt und außerdem viel zu spät mündlich benachrichtigt hatte. Aber es stellte sich heraus, daß ich Alexandr Trifonowitsch gar nicht zu überzeugen brauchte, auch er hatte es für unwürdig angesehen, dabei zu sein und war einfach nicht hingegangen. (Diese Gerüchteküche! In Moskau wurde erzählt: er sei *dabeigewesen* und habe mich wütend verteidigt!)

Er hatte etwas anderes auf dem Herzen, etwas, das ihn beunruhigte (und nicht zum ersten Mal!) – es war die Frage nach meinen westlichen Honoraren. Ob es zutreffe, daß ich für die Publikationen im Westen Geld einnehme?

Das schlimmste sowjetische Anathema: wer nicht die *richtige* Einstellung hat, der hat sich zweifellos an die Feinde verkauft; wenn du in der Sowjetunion kein Geld bekommst – stirb als Patriot, aber nimm nichts vom Westen an!

Ich: »Nicht nur für die Romane, die Norweger haben für *Denissowitsch* bezahlt, aber sogar das habe ich noch nicht angerührt. Dieses Geschmeiß im Schriftstellerverband kann sich einfach nicht vorstellen, daß ein Mensch auch bescheiden leben kann.«

Alexandr Trifonowitsch strahlt. Er ist mit dem *Bericht* zufrieden. Trotzdem: wie konnte es passieren, daß »Leser-Verehrer« ihm diesen *Bericht* schon gestern gebracht haben?

»Aber ich habe ihn selbst in Umlauf gesetzt.«

Er, ein wenig erschrocken: Wie kann man so etwas machen? Sie werden doch außer sich geraten (d. h. die *höheren Sphären*). Und in meiner Aktentasche wartet der fertige Brief an das Sekretariat sehnsüchtig auf seine Stunde. Aber so ist das: Alexandr Trifonowitsch ist in diesem Augenblick ganz Offenheit, ganz Wohlwollen, wir stimmen in allem überein! Aber ich wage es nicht, ihm diesen Brief zu zeigen, die schlechten Erinnerungen an seine Verbote und seine Verzögerungstaktik lassen das nicht zu. Aber trotzdem muß ich ihn vorbereiten:

»Alexandr Trifonowitsch! Sie lieben mich, Sie wollen nur mein Bestes, aber in Ihren Ratschlägen gehen Sie von den Vorstellungen einer anderen Epoche aus. Zum Beispiel, wäre ich seinerzeit zu Ihnen gekommen und hätte Sie gefragt, ob ich meinen *Brief* an den Schriftstellerkongreß abschicken soll oder nicht, ob ich die *Krebsstation* und den *Kreis* aus der Hand geben soll – Sie hätten mich zurückzuhalten versucht. (Das war sehr gelinde ausgedrückt . . . Er hätte bestimmt die Glasplatte seines Schreibtisches auf meinem Kopf zerschmettert). Aber ich hatte Recht!«

Über das Gewesene kann ich sprechen. Aber das Neue – ich wage es nicht zu erwähnen. Ich sage ganz einfach:

»Begreifen Sie doch! Das muß sein! Es ist eine alte Lagererfahrung: je härter man sich gegenüber Denunzianten verhält, desto geringer ist die Gefahr. Man braucht den Schein der Harmonie nicht aufrechtzuerhalten. Schweige ich jetzt – werden die mich ein paar Monate später wegen »versäumter Meldepflicht«, wegen »Parasitentums«, wegen einer Kleinigkeit einfach schlucken. Aber schlage ich Krach – wird ihre Stellung geschwächt.

Er: »Aber worauf hoffen Sie denn eigentlich? All diese Leser-Verehrer tun doch nur so, als ob sie gegebenenfalls für Sie eintreten würden. Sie seufzen heuchlerisch, wenn man von Ihrem Ausschluß spricht und wechseln rasch das Thema. Ich glaube Ihnen, daß es keine Phrase ist, wenn Sie sagen, Sie sind bereit zu sterben. Aber das ist doch sinnlos, Sie werden nichts ausrichten.«

Wenn ich mich recht erinnere, standen wir nicht zum ersten Mal an den beiden Enden eines Waagebalkens. Aber heute – ohne Groll, mit melancholischem Wohlwollen. Noch mehr: so herzlich wie heute war die Stimmung zwischen uns noch nie gewesen. Nein, ich muß mich verbessern: sie war zuweilen herzlich, aber eine solche *Gleichheit* herrschte noch nie. Zum ersten Mal in den acht Jahren unserer Bekanntschaft ein Gespräch unter Gleichen, unter wirklichen Freunden.

Ich: »Und wenn – dann ist mein Opfer eben zunächst sinnlos. Dafür wird es in Zukunft mit Sicherheit Früchte tragen. Übrigens glaube ich, daß es auch jetzt nicht unbeachtet bleiben würde.«

(Ja, so dachte ich. Ich war durch das Echo der hundert Schriftsteller auf meinen Brief an den Kongreß verwöhnt. Mit dem mir eigenen, alles andere übertönenden Optimismus, mit der Bereitschaft, einen Erfolg auch dort zu sehen, wo kein Erfolg ist, erwartete ich immer noch eine allgemeine Bewegung unter den Schriftstellern, einen Kampf, vielleicht ihren Austritt aus dem Schriftstellerverband. Aber dieser Erfolg blieb aus. Es wurde kein besonderer Druck ausgeübt, es fanden keine Verhaftungen statt, es gab keine Gewitter am politischen Horizont – aber die zermürbten Menschen hatten jeden Willen zum Widerstand verloren. Siebzehn Mitglieder des Schriftstellerverbandes hatten Proteste von verschiedener Lautstärke und von verschiedenem Härtegrad geschrieben, acht hatten Woronkow aufgesucht, um ihn einzuschüchtern, daraufhin mußten sie einzeln beim ZK antreten und wurden gemaßregelt.)

Alexandr Trifonowitsch: »Jetzt ist das Wasser zurückgegangen – jetzt kommen das Treibgut und die Algen zum Vorschein, das ist ein häßlicher Anblick.«

Ich: *»Aber dort, wo Wasser war – dort wird wieder Wasser sein.«*

Und – das Gespräch über ihn selbst, über Trifonowitsch? Endlich beginnt dieses Gespräch. Für mich war der Abschied vom Schriftstellerverband nichts als eine bloße Formalität, sogar eine Erleichterung, aber Twardowskij mußte sich auf eine weit ernstere Tragödie vorbereiten, denn nun ging es um seine Seele – es stand ihm bevor, von seinem liebsten Kind, dem *Nowyj mir*, scheiden zu müssen. Und meinen Ausschluß betrachtete er als den letzten Anstoß. Der vorletzte: der Anruf eines Instrukteurs des ZK, der sich zu einer »Besprechung« über die Redaktionsmitglieder ansagte. (Wieso eigentlich? Niemand hatte ihn je eingeladen; er hatte offenbar die Absicht, Lakschin, Chitrow und Kondratowitsch herauszudrücken.)

So wie nachdenkliche, gläubige Menschen das ganze Leben hindurch, sogar in ihren schönsten Stunden, des unausweichlichen Todes eingedenk sind, so hatte auch Alexandr Trifonowitsch unzählige Male mit mir über seinen Rücktritt gesprochen – auch damals, als mir nur noch der Leninpreis fehlte, auch damals, als wir alle scheinbar auf dem Kamm der Chruschtschow-Welle dahingetragen wurden. Jedesmal, und heute besonders energisch (ich zog meinen Stuhl hinter seinen großen Chef-Schreibtisch und rückte nahe an seinen Sessel), redete ich ihm zu: »*Nowyj mir* – das ist der Träger einer Kulturtradition, *Nowyj mir* – das ist der einzige anständige Zeitgenosse, in jedem Heft stehen zwei, drei gute Artikel, nun, meinetwegen auch nur einer – aber das allein schon wiegt alles andere auf, zum Beispiel die ›Zukunft der Literatur‹ von Lichatschow.« Alexandr Trifonowitschs Laune schlug sofort um, er lebte wieder auf, und wir unterhielten uns angeregt über den Artikel von Lichatschow. Aber was mußte man nicht alles ablehnen? Er hatte zum Beispiel die Erinnerungen eines Teilnehmers am Sibirischen Bauernaufstand von 1921 im Schreibtisch liegen. (»Kann ich es lesen?« – »Natürlich.« – In diesem Punkt sind wir ein Herz und eine Seele – wie damals, als mit *Denissowitsch* alles anfing.)

»Aber«, fing Alexandr Trifonowitsch von neuem an, »ich kann mich nicht dazu hergeben, Rekemtschuk zu redigieren. Ich habe durchgehalten, solang es ging, aber jetzt komme ich ins Wanken, ich bin gebrochen und aus der Bahn geworfen.«

Ich: »Solange Sie hier noch durchhalten können, sind Sie noch nicht aus der Bahn geworfen! Warum wollen Sie es denen da oben denn so leichtmachen, indem Sie freiwillig zurücktreten? Sollen die sich doch selber die Finger schmutzig machen!«

Wir haben zusammen beschlossen: wenn man Lakschin-Kondratowitsch-Chitrow in Frieden läßt, bleibt er, aber wenn sie abgesetzt werden – dann tritt er zurück.

Ich verabschiedete mich nach diesem rückhaltlos freundschaftlichen Gespräch – und trug das Messer im Stiefel, das ich auf keinen Fall zeigen durfte, weil sonst alles schiefgehen würde. Zuversichtlich:

»Alexandr Trifonowitsch, wenn ich je zu irgendwelchen entscheidenden Schritten gezwungen sein sollte – nehmen Sie es sich nicht zu Herzen. Sagen Sie einfach, daß Sie nie die Hand für mich ins Feuer legen wollten, und daß ich ja schließlich nicht Ihr Sohn bin!«

Und dann ging ich bei Lakschin vorbei, würde er den Stoß abfangen können?

»Wladimir Jakowlewitsch, ich bitte Sie: reden Sie Alexandr Trifonowitsch nach Kräften zu, wenn . . .«

Lakschin sieht mich durch seine jugendliche Brille ruhig an. Er nickt. Nein, er wird nichts tun. Er hat seine eigenen Probleme, die für ihn wichtiger sind als alles andere. Soll er in seiner Lage dem wutschäumenden Alexandr Trifonowitsch in den Arm fallen? Meine Richtung ist nicht seine Richtung, und ich bin für ihn kein Verbündeter.

Am nächsten Tag, mit einer Woche Verspätung – der Schlag! Das Sekretariat veröffentlichte seinen Beschluß.

Und ohne Zögern – der Gegenschlag! Ich brauchte nur das Datum einzusetzen. Und hinaus!!! [Anhang 12]

Boris Moschajew, der sich in diesen Tagen, wie auch während der ganzen für *Nowyj mir* kritischen Zeit hervorragend bewährt hat, und, innerlich unbezähmbar und frei wie ein Flußpirat, in geschicktem Lavieren geübt war, packte mich am Revers und wollte mich zurückhalten: diesen Brief kann man unmöglich abschicken! Warum sofort die Taue durchhacken? Wäre es nicht günstiger, den Beschluß des Sekretariats der

RSFSR vor dem Unionssekretariat offiziell anzufechten? Und die Angelegenheit erst einmal dort untersuchen zu lassen?

»Nein, Borja, jetzt kann mich keine Lok mehr zurückhalten!«

Er lachte:

»Du bist wie ein übermütiger polnischer Edelmann: du suchst nur einen Anlaß, um zu streiten!«

Aber meiner Überzeugung nach ist das ein typisch russisches Verhalten: Ausholen und Dreinschlagen! Nur in solchen Augenblicken fühlt man sich als würdiger Sohn dieses Landes. Bin ich etwa besonders mutig? Bin ich nicht ein großer Feigling? Ich habe den *Archipel* – und ich schweige; ich weiß sehr viel über die Lager von heute – und ich schweige; ich habe beim Einmarsch in die ČSSR geschwiegen, das allein ist schon Grund genug, mich selbst zur Offenheit zu nötigen. Lidija Kornejewna hat einmal über politische Proteste sehr richtig gesagt:

»Ich kann ohne *diese Dinge* nichts von dem schreiben, was mir wichtig ist. Solange ich diesen Pfeil nicht herausgezogen habe – gibt es für mich nichts anderes!«

Mir geht es genauso. Mitten in der allgemeinen eingeschüchterten Stille will ich die Tür mit einem Knall hinter mir zuschlagen! Wer wäre ich sonst? (Diejenigen, die sich später rechtfertigen wollen, haben ein anderes Gerücht verbreitet: er *selbst* hat es uns durch sein brüskierendes Verhalten unmöglich gemacht, für ihn einzutreten. Wir wollten uns gerade einschalten – da knallte er die Tür zu und verdarb alles.) Alles dumme Ausreden – wer wirklich helfen wollte, der hatte genug Zeit.

Ich schickte den Brief ab – und wurde sofort ruhig. Obwohl mir an diesem Tag zwei Aufpasser durch Moskau auf Schritt und Tritt folgten, glaubte ich, daß sie mich auf dem Weg zu dem Asyl, das Rostropowitsch mir außerhalb der Stadt angeboten hatte (mitten in dem *Sperrgebiet*, zwischen den Datschas sämtlicher Regierungsmitglieder!), aus den Augen verloren hatten. Dort hatte ich das Gefühl (obwohl auch da irgendwelche *Gasableser* und *Elektriker* auftauchten), daß ich vor allen verborgen, für alle unerreichbar war, ich zeigte mich überhaupt nicht, ich telephonierte nicht einmal. Mein Brief mochte irgendwo einen Sturm auslösen, hier war es heilsam ruhig und der Radioempfang ausgezeichnet – ich brauchte nur die Reflexe meines Briefes aufzufangen und das Geschehene zu überdenken. Und mich wieder an die Arbeit zu setzen.

Ich glaube nicht, daß mir in meinem ganzen Leben jemand ein größeres Geschenk gemacht hat als Rostropowitsch mit seiner Einladung. Er hatte mich schon letztes Jahr, 1968, eingeladen, doch damals fürchtete ich, ihm zur Last zu fallen. Aber in diesem Jahr zog ich um, und man hätte sich keinen besseren Ort und keinen richtigeren Zeitpunkt für diesen Umzug ausdenken können. Was hätte ich jetzt in meiner Falle in Rjasan gemacht? Wo hätte ich im Lärm und Gedränge Moskaus eine Bleibe gefunden? Wie lange hätte meine Charakterfestigkeit widerstanden? Aber hier, in der unvergleichlichen Ruhe des *Sperrgebiets* (hier gab es weder dröhnende Lautsprecher noch Traktoren), unter reinen Bäumen und unter reinen Sternen, war es leichter, unbeugsam und ruhig zu sein.

Nicht zum ersten Mal begehrt Rostropowitsch Einlaß in diese Skizzen. Aber – leider vergeblich: sie können ihn nicht mehr aufnehmen, sie sind ohnehin über das Maß angeschwollen, und Rostropowitsch läßt sich nicht wie eine Randfigur behandeln, er ist so voller Leben und so farbig, daß es für zehn reichen würde.

In jenem Herbst schirmte er mich ab, so daß ich nicht merkte, wie die Erde unter mir schwankte und das Gewitter heraufzog. Es gab schon eine Order an die Miliz, mich auszuweisen – ich aber ahnte nichts und ging seelenruhig in den Alleen spazieren.

Zuweilen ist kurzsichtige Sorglosigkeit eine Rettung für das Herz. Zuweilen muß man Gott bitten, uns vor Ahnungen zu bewahren.

Übrigens hatte ich für den Fall, daß die Miliz kommen sollte, eine wirksame Schutzmaßnahme getroffen, eine Rakete vorbereitet, und es tut mir beinahe leid, daß ich sie nicht abschießen konnte!

Ich hoffte immer noch, daß Alexandr Trifonowitsch auch meinen letzten Brief – weil ich mich keineswegs beim »Westen beklagte« und weil er selbst mit dem Sekretariat ja »nicht auf demselben Feld sch . . .« wollte – verständnisvoll aufnehmen würde. Damit hätte sich ein echter Weg zum gegenseitigen Verstehen vor uns aufgetan!

Aber ich habe zuviel von Twardowskij erwartet! Bei der Umstellung und Entwicklung, die er durchgemacht hatte, in der

Bereitschaft, Neues aufzunehmen und zu erkennen, hatte er ohnehin den höchsten Punkt in dem Auf und Ab seiner Weltanschauungsschaukel erreicht, und mein Brief, diese grobe Verunglimpfung des heiligen Klassenkampfes, und die darin enthaltene Diagnose einer »schweren Erkrankung« der fortschrittlichsten Gesellschaft der Welt, riß ihn mit einem ungeheuren Gewicht der Realität hinab und zurück.

Er tobte in der Redaktion. Er zertrümmerte ein paar Stühle. Er brüllte: »Verräter!! Er hat mich umgebracht!!« (d. h. den *Nowyj mir . . .*) Und natürlich: »Holt ihn her!«, aber natürlich war ich unerreichbar und »keiner wußte«, wo ich steckte. Schließlich verfiel er auf die Idee, bei Veronika Turkina anzurufen und warf auch ihr im Eifer des Gefechts einen Haufen Beleidigungen an den Kopf; sie hörte sich alles ruhig an und erlaubte sich schließlich zu bemerken:

»Aber Alexandr Trifonowitsch, alles, was Alexandr Issajewitsch schreibt, ist doch die reinste Wahrheit.«

»Nein!« brüllte er in den Hörer. »Das ist ein sowjetfeindliches Geschmier! Das ist alles Lüge! Und ich werde das AN DIE GEEIGNETE STELLE MELDEN!«

Das war nicht er, der diese unglücklichen Worte brüllte, das war unser niederträchtiger Charakter der dreißiger Jahre, das war die durch Unterdrückung angelernte sowjetische Sprache, jener untertänige Sohn, der »für seinen Vater nicht verantwortlich ist«. Ich hatte einen *offenen* Brief verbreitet, und er, dieser Ärmste, wollte es *an die geeignete Stelle melden*!

Zum Unglück hatte Veronika in der Redaktion irgend etwas zu tun, der undurchsichtig-dienststeifrige Saz sah sie und rannte mit der Vermutung zu Twardowskij, sie sei gekommen, um »Solschenizyns Brief in der Redaktion zu verteilen« – sie waren außerstande zu begreifen, daß die »erste Etage« der Redaktion die Samisdatveröffentlichungen immer vor der »zweiten« kennenlernte. Daraufhin ließ Twardowskij seinen Zorn an Veronika aus: »Wer hat sie überhaupt reingelassen? Wer läßt sie überhaupt Rezensionen schreiben?« (Sie hatte sich damit ein bißchen dazuverdient.) »Aus! Keine Zeile mehr!«

Und dann führte er Gespräche mit dem Schriftstellerverband und mit Djomitschew (der ihn einschüchterte, wahrscheinlich in der Hoffnung, über Alexandr Trifonowitsch mich zu beeinflussen und einer weiteren Verbreitung vorzubeugen). Twardowskij verleugnete mich: gestern noch bereit, sich aus dem *Nowyj mir* zurückzuziehen, hoffte er heute wieder und spreizte die Flügel wie eine Glucke, die ihre Küken vor dem Geier retten will. Ein Anruf erreichte mich über verschiedene Umwege auf Rostropowitschs Datscha: Alexandr Trifonowitsch befinde sich in einem sehr schlechten Zustand! Er wolle mich sehen! Er sei bereit, bis in die Nacht hinein auf mich zu warten!

Aber konnte ich ihm denn helfen? Wenn ich gekommen wäre und wir hätten uns noch einmal überworfen – wem von uns wäre damit geholfen gewesen? Der Brief war sowieso schon draußen. Und ich hätte ihn unter keinen Umständen widerrufen. Ich bin doch nicht von der »Ersten Hilfe«! Ich mußte mich vor dem KGB verstecken. Ich wollte nicht durch ganz Moskau flitzen und die Aufpasser hierher locken.

Und ich fuhr nicht zu ihm.

Einige Tage später, als sein Zorn sich etwas gelegt hatte, schickte ich ihm einen besänftigenden Brief:

»Eine andere Epoche ist angebrochen – anders, als jene, in die unglücklicherweise der größte Teil Ihres literarischen Schaffens fiel, und sie verlangt ein *anderes* Verhalten. Mein Verhalten geht auf die Katorga, auf das Lager zurück. Ich glaube, ohne Ziererei behaupten zu können, daß ich der russischen Literatur mich nicht näher verbunden fühle und nicht stärker verpflichtet bin, als der russischen Katorga, *dort* bin ich erzogen worden – für immer. Und wenn ich mich in meinem Leben zu einem wichtigen Schritt entschließe, höre ich zuallererst auf die Stimmen meiner Kameraden im Lager, von denen schon manche tot sind, sei es durch Krankheit, sei es durch eine Kugel, und erkenne untrüglich, wie sie an meiner Stelle gehandelt hätten. Mit meinem Brief wollte ich zeigen, 1. daß es mir mit meinen Worten: ›Ich bin bereit zu sterben‹ ernst ist, daß ich auf jeden Angriff mit einem Gegenangriff, vielleicht sogar mit einem stärkeren, antworten werde. Also sollten sie, wenn sie klug genug dazu sind, sich überlegen, ob es sich lohnt, mich weiter zu verfolgen. In dieser Lage kann ich mich auch unabhängig von meiner Stellung im ›Literaturbetrieb‹ meiner Haut wehren; 2. ich wollte den unwiederholbaren, flüchtigen

Moment ausnützen, in dem ich von den Verpflichtungen der Statuten *bereits entbunden,* aber *noch* das Recht habe, mich an sie zu wenden; und das Sekretariat ist der geeignete Adressat für solche Briefe; 3. mein ganzes Leben besteht für mich darin, daß ich mich allmählich von den Knien erhebe, daß ich nach einer Zeit erzwungenen Stummseins allmählich lerne, meine Stimme frei zu gebrauchen. Und so bedeuteten für mich der Brief an den Kongreß und dieser letzte Brief Augenblicke HÖCHSTER BEFRIEDIGUNG, DER BEFREIUNG DER SEELE . . .«

Inzwischen hatte sich Twardowskij von selbst beruhigt.
Die Schaukel, die so hoch geflogen war, schwang wieder zurück. Er soll seufzend gesagt haben: »Ja, er hat das Recht, so zu schreiben: er hat ja im Lager gesessen, als wir in der Redaktion saßen.« Und er las den *Iwan Denissowitsch* wieder. (Er schrieb bereits seit einem Jahr an seinen Memoiren und erwähnte auch mich darin. Und ich schrieb über ihn. Ein richtiges Versteckspiel.)
Drei Monate lang sahen wir uns nicht – auch das ein kindisches Spiel. Ein Teil meiner Geburtstags- und später der Neujahrspost kam in die Redaktion. Er hatte verboten, sie mir nachzusenden, und als ich Lidija Tschukowskaja bat, sie abzuholen, gab er die Briefe nicht heraus: »Er braucht mich ja nicht zu sehen, aber er muß seine Briefe *persönlich* abholen.« Warum eigentlich – »persönlich«? Weil er sich unbedingt versöhnen wollte. Ach, er hatte es wirklich nicht leicht! . . . (Ich schickte meine Neujahrsgrüße an ihn und an die Redaktion über einen Umweg: ich schrieb sie in Moskau und ließ sie in Rjasan einwerfen. Das sollte so aussehen, als ob ich in Rjasan wäre und deshalb nicht erschien.)
Spiel bleibt Spiel – neue Aufregungen brachen über mich herein: völlig überraschend trat etwas ein, das unter Umständen zu einer größeren Gefahr werden konnte als alles andere: auf einem unerklärlichen Weg erhielt die *Zeit* einen Ausschnitt aus den *Ostpreußischen Nächten*, druckte ihn am 5. Dezember und versprach, in Kürze das ganze Poem zu bringen! Das war mir völlig unbegreiflich. Es gelang mir noch, im letzten Moment einzugreifen, weil ich inzwischen im Westen einen Rechtsanwalt hatte. (Aber auch wegen dieses Rechtsanwalts hätte ich

mit Twardowskij sprechen müssen: wozu brauchte ich ihn? Warum hatte ich ihn, Trifonowitsch, nicht vorher gefragt? Und noch dazu einen bürgerlichen? *So etwas tut man doch nicht!)* Und dann kam mir zu Ohren, daß dieses Poem auch in Moskau gelesen würde. Ich forschte sofort nach: es stellte sich heraus, daß einige wohlmeinende Kollegen aus dem Schriftstellerverband, die es für gefährlich gehalten hatten, für mich einzutreten, nach meinem Ausschluß *für mich* nichts mehr für gefährlich gehalten und beschlossen hatten, die *Ostpreußischen Nächte* zu verbreiten!

Ich glaubte damals, ich hätte dieses Poem sowohl im Samisdat als auch in der *Zeit* rechtzeitig abgefangen, und der KGB hätte nicht einmal daran gerochen. Was für ein Schock war es, viel später, für mich zu erfahren, daß der KGB in dem Moment von dem Gedicht Besitz ergriff, als Moskauer Schriftsteller begonnen hatten, es zu lesen, und daß jener sofort tätig geworden war. (Anmerkung aus dem Jahr 1974.)

In diese Sorgen und in die Arbeit an *R-17* vertieft, hatte ich überhaupt nicht registriert, daß sich über Twardowskij und dem *Nowyj mir* ein Unwetter zusammenzog. Alexandr Trifonowitschs Gespür war richtig: der WÜRGEGRIFF war keine Episode, es handelte sich um einen wohlberechneten Plan.

Im *Possew*-Verlag, einem Verwandten der *Grani*, erschien (obwohl es nicht durch den Samisdat verbreitet wurde) Twardowskijs unglückseliges, fragmentarisches, weder von den Lesern noch von der Regierung akzeptierte späte Poem *Das Recht auf Erinnerung*, das den Autor selbst teils mit Stolz, teils mit Bitterkeit erfüllte. Alexandr Trifonowitsch war erschüttert, fassungslos, niedergeschlagen – das hatte er sich nicht gewünscht! Er hatte es nicht gewußt! Er hatte es nicht hingeschickt! Er hatte es nicht einmal aus der Hand gegeben!

Im Januar 1970 wurde er mehrmals nach *oben* bestellt, man erwartete Erklärungen von ihm, er sollte seiner Empörung und seinem Abscheu Ausdruck geben, wie es sich für einen ehrlichen sowjetischen Schriftsteller gehört – er hätte solche Erklärungen auch nicht verweigert, aber die Obrigkeit wollte sich diesmal nicht mehr damit zufriedengeben, sie wollte so etwas nicht einmal mehr drucken – sie hatten die Absicht, die verhaßte Zeitschrift zu zerschlagen.

Wie viele Monate, wie viele Jahre war ihnen im Vorgeschmack dieses Opfers das Wasser im Mund zusammengelaufen? Wie viele Monate und Wochen hatten diese Holzköpfe und Schmarotzer von der Agitprop Pläne geschmiedet, manövriert, attackiert und eingekreist! Aber ihr verdorrtes Gehirn konnte nicht mehr wahrnehmen, daß ihre Epoche bis auf den Grund zusammenbrach, daß sämtliche fünfzig Stockwerke einstürzten – sie aber hatten nichts anderes zu tun, als diesen einzigen Treppenabsatz zu stürmen. Der freie Samisdat verbreitete sich im ganzen Land, die russischen Romane zogen in den Westen aus, wurden dort gedruckt und kehrten über die Ätherwellen in ihre Heimat zurück, aber diese Schimmelpilze glaubten: noch ein einziger, noch dieser eine gegnerische Treppenabsatz – und dann ist, wie zu Stalins Zeiten, die uns genehme Einstimmigkeit wieder hergestellt und die letzte Stimme, die uns verlachen könnte, für immer zum Schweigen gebracht.

Twardowskij, dessen Position jetzt durch seine Schuld – sein Poem war eine WAFFE IN DEN HÄNDEN DES FEINDES geworden – geschwächt war, wurde, wie im Frühjahr letzten Jahres, wieder ständig mit dem Vorschlag konfrontiert, sein Redaktionskollegium umzubesetzen – einen, zwei, drei, vier Posten! Um den Druck zu verstärken, ließ man bei einer der unzähligen Schriftstellerversammlungen einen gewissen Owtscharenko auftreten, einen hinterhältigen, schnell zubeißenden Wolf (nur der Klang seines Namens erinnerte an den Schäfer), der Twardowskij einen *Kulaken-Dichter* nannte. Und Woronkow BESTELLTE diesen Dichter JEDEN TAG zu einem Gespräch, wie wenn das eine Dienstpflicht besonderer Art wäre – und Twardowskij, niedergeschlagen, gedemütigt und schuldbewußt erschien jedesmal, wenn er gerufen wurde. Und schließlich wurde ihm vorgeschlagen, AUSGERECHNET DIESEN OWTSCHARENKO in die Redaktion aufzunehmen! (Eine Umstülpung im Stil der dreißiger Jahre!)

Jetzt, kurz vor dem Ende, machte es sich schmerzhaft bemerkbar, daß diese liberale Zeitschrift* ebenso bürokratisch aufge-

---

* Lakschin, der sich immer nach den traditionellen Maßstäben der Intelligenzija richtete, berichtigte gekränkt: »Unsere Zeitschrift ist nicht *liberal*, sondern

baut war wie das System, das sich ihrer endlich entledigen wollte: Twardowskij hielt es für unumgänglich, auch innerhalb der eigenen Redaktion die ihm unterstellten Kader (das Redaktionskollegium) von der übrigen Masse abzusondern. Aber im *Nowyj mir* war diese »Masse« durchaus ungewöhnlich: das waren keine gleichgültigen Angestellten, die um des Geldes willen arbeiteten, hier lebte jeder gewöhnliche Redakteur, jeder Korrektor und jede Stenotypistin mit der Zeitschrift und ihrer Richtung. Aber der Chef und seine nächsten Mitarbeiter hatten sie in den glücklichen Zeiten nie an den Erfolgen teilnehmen lassen, und ebensowenig kam er jetzt, in der Not, auf die Idee, den Ernst der Lage wenigstens nicht zu verheimlichen, geschweige denn sie alle zusammenzurufen: »Freunde! Wir haben zwölf Jahre zusammengearbeitet. Ich will hier nicht abstimmen lassen, aber es liegt mir viel daran, Ihre Meinung zu erfahren: wenn einige Mitglieder der Redaktion abberufen werden sollten – werden wir anderen bleiben oder gehen? Werden wir das schaffen? Können wir es darauf ankommen lassen? Soll ich mein Rücktrittsgesuch einreichen oder abwarten, bis ich abgesetzt werde?« Aber nein, Twardowskij ging schweigend, mit zerstreutem Gruß an allen vorbei in sein Zimmer, versammelte dort das Redaktionskollegium, besprach hinter verschlossenen Türen Neuigkeiten und Pläne, und jeder mußte versprechen, nichts davon weiterzuerzählen! Und den anderen Redaktionsmitgliedern, größtenteils Frauen, deren persönliches Schicksal von den Ereignissen nicht weniger betroffen und deren Anteilnahme nicht geringer war, blieb nichts anderes übrig, als sich im Vorzimmer zu versammeln, durch die Tür nach den Stimmen zu horchen, ab und zu Satzfetzen aufzuschnappen und zu kombinieren. Twardowskij hatte manch einem der Schriftsteller aus der Datscha-Kolonie mehr anvertraut – und dieser wurde dann in der Redaktion ausgefragt. In Moskau verbreitete sich das Gerücht, daß der *Nowyj mir* zerschlagen werden sollte – immer mehr Autoren strömten in die Redaktion, in den Zimmern und Gängen herrschte ein wahres Ge-

demokratisch«, d. h. wesentlich mehr *links*. Paradoxerweise vertrat der *Nowyj mir* die Linie des *Oktober*, aber nicht so, wie die Zeitschrift *Oktjbar* des Banditen Kotschetow, sondern entsprechend der russischen vorrevolutionären Terminologie: sie bejahten *dieses* Regime, erwarteten aber, daß es die eigene Verfassung achtete.

dränge, die »ganze Literatur« war hier vertreten (wenn es überhaupt eine sowjetische Literatur *gegeben hat,* dann hat es sie nur hier gegeben), die Schriftsteller – angeführt von Moschajew – setzten ein gemeinsames Schreiben auf, wiederum an Breschnew, aber auch diesem Brief, wie tausend anderen auch, war es nicht beschieden, beantwortet zu werden. Und das Redaktionskollegium distanzierte sich von diesen Bemühungen der Autoren! Als ehrliche Diener konnten sie sich nicht an einem offenen Aufruhr beteiligen oder sich gar unter Umgehung des Dienstweges beschweren.

An einem dieser Tage, es war der 10. Februar, als die Absetzung von Lakschin, Kondratowitsch und Winogradow bereits beschlossene Sache war, kam ich in dieses Tohuwabohu hinein. Auf allen Sesseln lagen Berge von Mänteln, in allen Korridoren standen Schriftsteller in Gruppen herum und unterhielten sich. Alexandr Trifonowitsch war in seinem Zimmer (als Kossolapow hier später ein Lenin-Relief an die Wand hängte, wurde deutlich, was eigentlich vorher in dem Zimmer *gefehlt* hatte) – er saß da, nüchtern, traurig und untätig – abgesehen davon, daß er viel rauchte und eine Zigarette an der anderen ansteckte, eine starke und schwere Sorte. Es war unsere erste Begegnung nach dem letzten Novembergewitter. Wir gaben uns die Hand und küßten uns. Ich kam, weil ich ihn überzeugen wollte, daß er, solange vier Redaktionsmitglieder (ihn mitgerechnet) ihre Stellung behalten würden, den Kampf innerhalb der Redaktion fortsetzen könnte, daß die bereits vorbereiteten Hefte noch für zwei bis drei Monate ausreichen würden, danach könnte er, wenn er für ein aus seiner Sicht unannehmbares Heft zeichnen sollte, immer noch zurücktreten.

Alexandr Trifonowitsch antwortete:

»Ich bin diese Erniedrigungen leid, wie kann ich mit denen noch an einem Tisch sitzen und mich ernsthaft unterhalten ... Sie haben Menschen hierhergeschickt, die ich noch nie im Leben gesehen habe, von denen ich nicht einmal weiß, ob sie blond oder dunkel sind.«

(Noch schlimmer: es waren überhaupt keine Schriftsteller! In die Redaktion einer Literaturzeitschrift wurden Menschen berufen, die mit Literatur nichts zu tun hatten. Trifonowitsch hatte Recht, ich an seiner Stelle wäre bestimmt viel früher gegangen. Jetzt argumentierte ich im Geiste jenes geduldigen

335

Ausharrens, das sein Leben in all den Jahren bestimmt hatte.)
»Alexandr Trifonowitsch, wollen Sie wirklich *selbst* zurücktreten? Die christliche Religion verbietet den Selbstmord, und
die Ideologie der Partei verbietet den Rücktritt!«
»Sie wissen nicht, wie das in der Partei ist: wenn mir gesagt
wird, *daß ich zurücktreten soll*, dann trete ich zurück.«
Ich konnte eindringlicher und sicherer sprechen, als ich ihm
riet, sein im Westen veröffentlichtes Poem nicht zu verleugnen, diese Veröffentlichung nicht zu verdammen. Ich
wußte noch nicht: er hatte es bereits verleugnet! Im Gegenteil: Alexandr Trifonowitsch hoffte, – wie auf ein Zeichen von
Gnade und Vergebung – daß der Abdruck seines Widerrufs
in Zeitungen *nicht abgelehnt* würde ...
(Armer Alexandr Trifonowitsch, ich wollte nicht nachtragend
sein und ihn daran erinnern, ich »selbst hätte wahrscheinlich«
die *Miniaturen* an *Grani* gegeben: »Sonst hätten sie doch nicht
gedruckt werden können?« ...)
Er wollte mir weder diesen Brief, in dem er widerruft, noch
den anderen, an Breschnew zeigen. (Er hatte geschrieben: »Ich
bin doch nicht Solschenizyn, sondern Twardowskij, und ich
werde anders handeln.« Schade, denn auf diesem Wege war
nichts mehr zu retten ...) »Es ist keine Kopie da.« (Irgendwie
schämte er sich vor mir dieser Briefe wegen.)
Trotzdem, etwas verlegen und gespannt:
»Haben Sie mein Poem gelesen?«
»Natürlich, Sie haben es mir ja geschenkt, ich habe es gelesen.«
(Aber ich kann nichts sagen, ich will nichts sagen, schon gar
nicht an diesem Tag ...)
Er spürte das: »Sie kennen die letzte Fassung nicht, sie ist
besser ...«
(Ich fürchte, daß es schon die letzte gewesen war ...)
Und wieder machte er sich Sorgen, ob ich nicht vom Westen
das Geld annehmen und mich damit beflecken würde. Und
wieder bot er mir Geld an.
Ich wollte ihn aufmuntern:
»Nun, ja, Sie haben so viel geleistet, jetzt müssen Sie sich
erholen. Bald komme ich mit Rostropowitsch, wir holen Sie in
sein Schloß, dort können Sie dann *mein Buch* lesen.«
(Unter dieser Decke konnte man ja nicht laut sagen: den *Archipel*.)

Jetzt strahlte er, das freute ihn.

Und dann sagte er etwas sehr Merkwürdiges:

»Sie haben ja einen konkreten *Grund,* warum Sie heute in die Redaktion gekommen sind: Sie müssen Ihre Neujahrspost abholen.«

Das war weder ein Vorwurf noch eine Stichelei, das war ein Schatten des Jahres 1937.

»Aber wo denken Sie hin, Alexandr Trifonowitsch! Was für ein GRUND? Wem gegenüber?«

»Na ja«, sagte Alexandr Trifonowitsch mit gesenktem Kopf, »wenn man Sie später fragen wird, warum Sie ausgerechnet heute . . .«

»*Mich*?! Ich bin in meinem Vaterland keinem mehr Rede und Antwort schuldig!«

Wußte er wirklich nicht, daß in allen Korridoren des ersten Stocks sich die Autoren drängten? . . .

Und dann kam etwas Rührendes.

»Alexandr Trifonowitsch, wissen Sie, das ist ein mystisches Zusammentreffen: gestern war der Jahrestag meiner Verhaftung und noch dazu der fünfundzwanzigste. Heute ist der Todestag Puschkins, ein und ein Drittel Jahrhundert. (Und der Jahrestag des Prozesses Sinjawskij-Daniel. Aber das konnte ich ihm nicht sagen.) Und ausgerechnet in diesen Tagen hat man auch Sie hier zerschlagen . . .«

Darauf sagte er sehr bewegt:

»Und wissen Sie, was auch mystisch ist? Ich konnte heute nacht nicht schlafen. Zuerst habe ich mir einen Kaffee gemacht, dann nahm ich ein Schlafmittel und schlief sehr unruhig, und plötzlich höre ich, etwas gedämpft, aber ganz deutlich, die Stimme von Sofija Chananowna (seine Sekretärin): ›Alexandr Trifonowitsch! Alexandr Issajewitsch ist da.‹ Und genauso ist es gekommen.«

Das rührt mich sehr. Er ist also heute mit dieser Hoffnung hierher gefahren. Wie oft hat er schon gezeigt, daß er unter unseren Zwistigkeiten mehr leidet als ich . . .

An diesem Tag warteten alle gespannt darauf, was die *Literaturnaja gaseta* am nächsten Tag bringen würde, und die Berichte der Informanten widersprachen sich: einmal hieß es, der Widerruf von Alexandr Trifonowitsch *kommt,* einmal – er *kommt nicht*; einmal hieß es, sie werden den Brief so manipulieren, daß die Leser glauben müßten, Twardowskij sei mit der Reorganisation der Redaktion einverstanden, und dann wieder: nein, das machen sie nicht.

Die *Literaturnaja gaseta* hätte ihren Charakter verleugnet, wenn sie nicht gemogelt hätte. Natürlich brachte sie am nächsten Tag sowohl den endgültigen Beschluß über die Umbesetzung der vier Posten in der Redaktion, als auch Alexandr Trifonowitschs Brief, dessen Veröffentlichung er so sehnlich erwartet hatte und der ihm so wenig Ehre einbrachte:

»... mein Poem ... auf mir völlig unbekanntem Wege und selbstverständlich gegen meinen Willen ... das Emigranten-Blättchen *Possew* ... die Dreistigkeit, mit der vorgegangen wurde... grenzenlose Verlogenheit... provozierender Titel... die Behauptung, es sei ›in der Sowjetunion verboten‹.«

Ja, ist es etwa nicht verboten? Und fragen Sie, Alexandr Trifonowitsch, Ihre Freunde denn nicht: »Haben Sie mein Poem gelesen?« Und kann dieser Brief ihm zu einer Veröffentlichung in der UdSSR verhelfen?

Und – wofür haben Sie diesen Preis gezahlt, Alexandr Trifonowitsch? Für die Zerschlagung Ihrer Redaktion vielleicht? ...

Sie haben ihn gebrochen ...

Das Maß der Erniedrigung war voll, die Widerstandskraft am Ende, und am 11. Februar unterzeichnete Twardowskij endlich das, was ihm schon seit so vielen Jahren abgerungen werden sollte: »*Ich bitte, mich ... zu entbinden ...*«

Damals wußten wir noch nicht: am selben Tag, am 11. Februar, wurde er zu der »Konferenz der Präsidiumsmitglieder der Europäischen Schriftstellergemeinschaft« eingeladen, d. h. der Repräsentanten der Sowjetunion in der von Vigorelli geführten gefügigen Organisation, die aber um meinetwillen jetzt auch aufmuckte. Und Twardowskij unterschrieb – *wofür bezahlte er* diesmal? – Er unterschrieb den ihm diktierten Antrag, in dem er darum ersuchte, ihn von den Pflichten des Vizepräsidenten der Schriftstellergemeinschaft zu entbinden, d. h. er gab bereitwillig eine weitere Stellung auf, er gab sich selbst auf und mich, wenn auch ohne uns viel zu schaden. Und schon am nächsten Tag umarmte er mich mit größter Herzlichkeit, ohne dieses Ereignis auch nur zu erwähnen, ja er begriff es nicht einmal. Wenn die Partei diktiert, muß unterschrieben werden.

Am 12. war ich noch einmal in der Redaktion. Es herrschte eine völlig andere Stimmung – die Redaktion brauchte den Schicksalsspruch nicht mehr zu erwarten, die Autoren hatten ihren Versuch des Widerstandes aufgegeben, die Schreibtische wurden ausgeräumt, immer mehr Autoren strömten herbei, um ihre Manuskripte abzuholen (manche haben sie später wiedergebracht). Andere Manuskripte wurden zerrissen und füllten ganze Körbe und Säcke, die Fußböden waren mit Papierfetzen bedeckt. Das alles erinnerte an Massenverhaftung, an Verschickung oder Evakuierung. Hier und da hatten sie sich eine Flasche Wodka geholt, und die Autoren tranken mit den Redaktionsmitgliedern wie nach einer Beerdigung, nur Alexandr Trifonowitschs Zimmer blieb wie immer für die Schriftsteller verschlossen. Einige von ihnen drangen mit Wodka und Wurst bei Lakschin ein und baten ihn, Trifonowitsch zu holen, aber der ließ sich durch Lakschin entschuldigen. Sogar für einen abgesetzten Chefredakteur gehörte es sich nicht, als ob er kein Parteimitglied wäre, unter seinen unzufriedenen Autoren zu erscheinen.

Ich fand Alexandr Trifonowitsch wieder allein in seinem Zimmer – diesmal stand er vor dem geöffneten Schrank und ordnete Mappen und Papiere. Er sagte, daß er eine ausgesprochene Erleichterung empfinde, nachdem er die Rücktrittserklärung eingereicht habe. Ich mußte ihm recht geben: unter diesen Umständen hätte er nicht weiter bleiben können. Aber . . . aber wie war das in seinem gestrigen Brief gemeint . . . diese Formulierung (wäre es doch nur diese eine gewesen!) . . . »DAS POEM SEI GLEICHSAM VERBOTEN?«

Alexandr Trifonowitsch begann lebhaft, mir alles auseinanderzusetzen, er war zutiefst erstaunt, daß ich nicht selbst darauf gekommen war (er war so erstaunt, weil er ein schlechtes Gewissen hatte) . . .

»Ach, das haben Sie einfach nicht verstanden! Das ist eine *sehr, sehr feine* Formulierung. Wegen *dieser* Formulierung wollten sie den Brief erst überhaupt NICHT DRUCKEN! Auf diese Weise habe ich der ganzen Sowjetunion zu verstehen gegeben, daß dieses Poem existiert, und daß es nicht durchgelassen wird.«

Ich gab es auf, ich wollte mit ihm nicht streiten.

Bald kamen wir auf seinen bevorstehenden sechzigsten Geburtstag zu sprechen. Er hatte ausgerechnet, daß er den *Nowyj mir* insgesamt sechzehn Jahre geleitet hatte, in zwei Perioden, während sich keine andere russische Zeitschrift länger als zehn Jahre gehalten hatte.

»Sie können ja noch bis siebzig weiterschreiben, Alexandr Trifonowitsch, sehr gut sogar!« sagte ich tröstend.

»Sicher, Mauriac ist ja schon fünfundachtzig, und wie der noch schreiben kann!« Er blickte zur Seite: »Der Bunin, der hat sein Leben lang niemanden gelobt, außer Twardowskij, aber er pries Mauriac.«

Und dann kam ein wunder Punkt zur Sprache:

»Alexandr Trifonowitsch! Den Großen, Lakschin und Kondratowitsch, denen geht es ja nicht an den Kragen, die haben ja schon ihre Posten und kriegen ihr Geld, aber was machen die Kleinen?«

»Winogradow? Der wird noch besser zu Streich kommen.«

»Nein, das Personal.«

Er hatte es gar nicht richtig gehört. Und nicht verstanden! Wie damals, als es um die *Wechi* ging, er hatte es einfach nicht verstanden, er kannte diesen Begriff nicht. »Personal«: noch zwanzig Menschen, die . . .

»Sie meinen die Autoren? Die werden im *Nowyj mir* nicht mehr veröffentlichen.«

Allerdings ging Alexandr Trifonowitsch am nächsten Tag, am 13. Februar, durch alle Zimmer der drei Stockwerke: er wollte sich auch dort VERABSCHIEDEN, wo er noch nie einen Blick hineingeworfen hatte. Er konnte die Tränen kaum zurückhalten, er war erschüttert, bewegt, er fand für jeden ein gutes Wort, umarmte sie . . . aber warum hatte er früher diese zwei Dutzend Leute, die zu ihm gehörten, auch nicht ein einziges Mal zusammengerufen? Und warum hatten sie jetzt NICHT GEKÄMPFT, sondern so ergreifend, so traurig und tragisch kapituliert?*

Und dann trank das Redaktionskollegium in Lakschins geräumigem Zimmer einen Wodka, saß eine Weile beisammen und fuhr davon. Das Fußvolk jedoch hatte noch keine Lust, an die-

---

* Mir wurde diese Szene geschildert, als ich mich gerade anschickte, Samsonows Abschied von seiner Armee zu beschreiben – und die Ähnlichkeit der Szene, aber auch die frappierende Ähnlichkeit der beiden Charaktere ging mir schlagartig auf! Derselbe psychologische und nationale Typus, dieselbe innere Größe

sem letzten Tag auseinanderzugehen. Sie legten zusammen, jeder einen Rubel, einige kleinere Autoren kamen dazu, sie holten noch mehr Wein und Sakuska und kamen auf die Idee: jetzt wollen wir bei Twardowskij feiern! Inzwischen war es schon dunkel, sie machten Licht, verteilten Teller und Gläser und machten es sich dort bequem, wo sie nur selten und niemals zu mehreren Einlaß gefunden hatten: »Die haben uns im Stich gelassen.« Aber an Twardowskijs Tisch setzte sich niemand, man stellte nur ein Schnapsglas hin, für ihn: »Wir wollen ihm seine Ungerechtigkeiten nicht nachtragen!«

Am nächsten Tag erwartete man den neuen Chef, aber nein! Das war wieder typisch für die sowjetischen Verhältnisse! Twardowskijs Schreiben war in den Rachen des Apparats geraten und aus unerfindlichen Gründen irgendwo hängengeblieben. Sie hatten die Schlinge so schnell und so kräftig zugezogen – aber plötzlich erschlafften die Hände, und alles wurde still. Die Sekretäre des Schriftstellerverbandes hätten nichts anderes zu tun gehabt als aus ihren fünf Zimmern herauszukommen, zusammenzutreten und den Beschluß zu fassen – aber offensichtlich fehlte noch der bestätigende Anruf von oben, und die Maschine blieb stehen, alle saßen mit angehaltenem Atem in ihren Zimmern – Twardowskij in Erwartung des Urteils in dem seinen, am Puschkin-Platz. Und so verstrich ein Tag nach dem andern, die zweite Woche war fast vorbei, Twardowskij erschien jeden Tag, nüchtern, unruhig, er wartete darauf, daß jemand ihn anrufen, kommen, ihn verabschieden würde, aber niemand rief an, niemand kam ... Endlich rief er selbst an, um das Ende zu beschleunigen, aber wenn der Böse sich versteckt, dann ist er nicht zu finden! Woronkow versteckte sich, er ließ sich am Telephon verleugnen, und das ist ein Verfahren, das die sowjetischen Bürokraten hoch entwikkelt haben. Es ist leichter, durch die Luft zu fliegen und – mit dem Kopf durch das Dach – vor ihnen zu landen, als am Telephon über diese Sekretäre zu erfahren: gibt es sie überhaupt? Wann sind sie zu sprechen? Wann soll man wieder anrufen?

und Reinheit einerseits und dieselbe Hilflosigkeit in praktischen Dingen und mangelndes Verständnis für die eigene Zeit andererseits. Ferner das ausgesprochen Aristokratische, bei Samsonow natürlich, bei Twardowskij in sich widersprüchlich. Von da an fand ich den Zugang zu Samsonow über Twardowskij, und umgekehrt. Ich konnte jedem von ihnen besser gerecht werden.

Und eines schönen Abends, als Twardowskij bereits gegangen und nur seine Sekretärin zufällig noch da war, rief Woronkow an – der Zeitpunkt war genau berechnet – und tönte dramatisch-affektiert: »Er ist schon weg? Das ist aber schade . . . Er ist mir bestimmt böse, aber es liegt ja nicht an mir. Ich habe alles an das ZK weitergegeben, und ich – was kann ich schon machen? Ohne das ZK kann ich nicht einmal den kleinen Finger rühren.« In der Redaktion schloß man daraus, daß Woronkows Sessel wackelte, daß er möglicherweise sogar *stürzen* würde, daß er sich *verfahren* hatte.

Der endgültige Beschluß stand noch aus, der endgültige Beschluß hätte auch anders ausfallen können und, obwohl solche Minuten unter dem Beil des Henkers nicht unbedingt die geeigneteste Zeit dazu sind, hätten dennoch alle zusammen überlegen können: sollte Twardowskij nicht abgesetzt werden, könnte die Zeitschrift vielleicht doch weiterexistieren? Noch ist Twardowskij da, dann ist auch die Zeitschrift noch da, also könnte man bleiben und kämpfen? Da aber die Nachricht von Lakschins, Kondratowitschs und Winogradows Abberufung bereits durch die Presse gegangen war, war nach sowjetischen Vorstellungen etwas Endgültiges, etwas Unwiderrufliches geschehen, weil dem jämmerlichsten, bräunlich-gelben sowjetischen Blatt unter keinen Umständen jemals ein Irrtum unterlaufen kann. Twardowskijs ehemalige Stellvertreter gingen bereits ihren neuen Obliegenheiten nach, erschienen aber dennoch täglich im *Nowyj mir*, und in dieser neuen Lage wurde deutlich, daß Alexandr Trifonowitschs Favoriten, seinen Stellvertretern, überhaupt nichts daran lag, daß Twardowskj ohne sie auskäme: ein *Nowyj mir* ohne sie selbst war für sie ein Ding der Unmöglichkeit.

Man kann auf verschiedene Weise zugrunde gehen. Der *Nowyj mir* ist meiner Meinung nach sehr unschön zugrunde gegangen. mit gekrümmtem Rücken. Ohne den geringsten Versuch, offen zu kämpfen, was sie ja schon einmal erfolgreich getan hatten. Gar nicht davon zu reden, daß sie zu Lebzeiten der Zeitschrift nicht einmal gewagt hatten, dem Samisdat einen von der Zensur gestrichenen Artikel oder ein paar Absätze zu geben, so wie es E. S. Bulgakowa mit *Meister und Margarita* gemacht hat. Man wird jetzt sagen: dann wäre die Zeitschrift ja geliefert gewesen, aber das war sie sowieso, ihr Ende war abzusehen, sie röchelte schon – aber dann wäre sie wenigstens nicht auf den Knien gestorben! Und in diesen Februartagen – kein einziger offener Brief an den Samisdat (war es riskant für die Parteibücher und die künftigen Posten der abberufenen Redaktionsmitglieder?), Zaghaftigkeit auch bei den befohlenen Bittgängen, zwei erniedrigende Briefe Twardowskijs an die *Literaturnaja gaseta*. Noch mehr: Twardowskij und Lakschin brachten es über sich, an der nichtssagenden Schriftstellerkonferenz der RSFSR teilzunehmen, die bald darauf stattfand. Twardowskij kam und nahm seinen Platz im Präsidium ein, er lächelte bei Gruppenaufnahmen mit Gesinnungslumpen, als hätte er die Absicht, vor der ganzen Welt zu beweisen, daß er keineswegs verfolgt würde und gekränkt wäre. (Wenn man schon hingeht – dann muß man auch REDEN!) Und Lakschin dokumentierte auf diese Weise staatsbürgerliche Loyalität, lief aber in den Wandelgängen den Autoren des *Nowyj mir* nach und versuchte, sie zu überreden, ihre Manuskripte zurückzuverlangen.

Diese Bemühungen der ehemaligen Redaktion kann man keineswegs nobel nennen. Opfer kann man von anderen nicht verlangen, man kann höchstens zu Opfern *aufrufen*, aber nicht bevor man selbst gezeigt hat, wie man es macht. Die ausscheidenden Mitglieder der Redaktion haben keinen Widerstand geleistet, haben nicht gekämpft, sie haben willig kapituliert, alle außer Twardowskij, – sie haben kein Opfer gebracht und nur ihre lukrative Stellung gewechselt, verlangten aber hinterher von allen anderen Opfer: hinter uns – verbrannte Erde! Wir sind gestürzt – dann dürft ihr auch nicht bleiben! Damit die Welt so schnell und so stark wie möglich zusammenschreckt, sollen alle Autoren, nachdem unser Licht verloschen ist, unverzüglich und bedingungslos sich vom *Nowyj mir* lossagen und ihre Manuskripte zurückverlangen; jeder, der anders handelt, ist ein Verräter (wo sollten sie denn sonst veröffentlichen?), und der gesamte Apparat – Redakteure und Sekretäre, sollten sie auf den Gedanken verfallen, *ohne uns* etwas Positives zu tun, sind sie ebenfalls Verräter! Und jene Mitglieder des Redaktionskollegiums, die noch nicht abberufen worden sind – die müssen umgehend kündigen und den *Nowyj mir* unter allen Umständen verlassen! (Aus dem Schriftstellerverband austreten, für die Gesellschaft sterben?) Der sechzigjährige, schwerkranke Dorosch gab diesem Ansinnen nach, stellte einen Antrag und durfte nicht gehen – war er ein Verräter?

Aber wenn die Existenz des *Nowyj mir* aus einer Kette von Kompromissen mit der Zensur und der Parteilinie bestanden hatte, warum sollte man dann den Autoren und dem Apparat verbieten, diese Kette fortzusetzen, solange es eben ging? Als ob der nicht mehr unbefleckte *Nowyj mir* abstoßender sein könnte als die anderen, schon längst mit Flecken übersäten Zeitschriften. Sie hatten es nicht verstanden, diese Katastrophe zu vermeiden, sie hatten es nicht verstanden, das Schiff unbeschädigt durchzubringen – dann sollten sie wenigstens jedem die Freiheit lassen, sich an die Trümmer zu klammern, so gut es eben ging. Nein! Jetzt duldeten sie keine Kompromisse mehr.

Das alles kam daher, weil sie selbst, wie es häufig vorkommt, ihr eigenes Leben im Laufe vieler Jahre in einem gänzlich anderen Licht zu sehen gewohnt waren. Keineswegs als ein ewiges kompromißbereites Ducken (unter einem *solchen* Regime kann es keiner Zeitschrift anders gehen!). Sie selbst sahen sich ganz anders – hoch und gerade aufgerichtet – das zeigte sich deutlich, als sie sich schließlich doch für den Samisdat entschlossen und zwei anonyme und ausgesprochen PARTEI-ORTHODOX gehaltene Panegyriken auf die zerschlagene Zeitschrift verfaßten. (Warum so halbherzig? Ohne sich vorzuwagen, anonym? Wahrscheinlich wollten die Verfasser ihre Zugehörigkeit zu der alten Redaktion nicht eingestehen, – sie waren ohnehin verdächtig gut informiert: was in der Schublade der alten Redaktion geblieben war und woraus die tägliche Arbeit der neuen bestand. Es war keineswegs schwierig, ihre Gesichter zu erraten, ja sogar zu erkennen.)

Man stolperte schon über die Unterschriften: »Ein Literat«, »Ein Leser«, – ganz in der üblen Manier der sowjetischen Presse. Der »Leser« schickte ein ausführliches, weit ausholendes Epigraph voraus, ganz wie es früher im *Nowyj mir* Sitte war. – Und von wem stammte das Epigraph? Von MARX! Und das im Jahre 1970, und das für den Samisdat! Und ein Stückchen weiter kam auch noch ein Lenin-Zitat – ach, die Mentalität des im Umgang mit der Zensur geübten Literaten bleibt nicht verborgen! . . . In jenem Februar, in dem der *Nowyj mir* zerschlagen wurde, verurteilte ein verabscheuungswürdiges

Gericht Grigorenko, den ersten ehrenhaften sowjetischen General, zum Irrenhaus; ein Dutzend »Chroniken« hatten auf blassem, zerlesenem Durchschlagpapier bereits Hunderte von Helden genannt, die ihre leibliche Freiheit für die geistige geopfert, die Arbeitslosigkeit, Gefängnis, Verbannung, Irrenhaus in Kauf genommen hatten – und in jenem Februar erklärten die anonymen Verfasser die Zerschlagung des *Nowyj mir* für das »bedeutendste innenpolitische Ereignis«, welches »weittragende politische Folgen haben wird« (sie hätten mutiger sein müssen, damit es Folgen hätte haben können) und erteilten sich, eingebildet wie sie waren, die besten Zensuren: »Aus unserem Mund, dem EHRLICHSTEN von allen« (ehrlicher etwa als jene, die hinter Gefängnismauern verstummen mußten?), »die Unbesiegbarkeit der Wahrheit, wie sie vom *Nowyj mir* vertreten wurde« (auch in den Memoiren von Marschall Konjew und der Männer der Komintern?), »der *wichtigste* Gesundungsfaktor der sowjetischen Gesellschaft«, »die Stimme des Volksgewissens« (die die Besetzung gutgeheißen hatte). »ER ALLEIN hielt der reinigenden Bewegung des XX. Parteitages die Treue« (*reinigend*? Wieso? Weil die gesamten Übel des Regimes auf Stalins Haupt gehäuft wurden?). Diese, dem XX. Parteitag gehaltene Treue wird von den Verfassern in *aller Naivität* als der »Geist der fundamentalen Probleme« aufgefaßt, die »unser gesamtes historisches Schicksal bestimmen«. Wir müßten nur den »positivistischen Fanatismus« verschiedener »stalinistischer Extremisten« überwinden, selbstverständlich auch den »negativen Fanatismus . . . primitiv-nihilistischer Nörgelei und Verbitterung«; das ist doch alles reif für die *Prawda*, warum wollen die Verfasser eigentlich anonym bleiben? Diese Loyalität verblüfft nur, weil sie im Samisdat anonym bleiben will! Auf den Seiten des *Nowyj mir* waren sie wenigstens durch die Zensur entschuldigt . . . Kurz, worin besteht das größte Unglück nach der Zerschlagung des *Nowyj mir*? »Unsere Feinde werden es jetzt leichter haben, gegen die geistige Ausstrahlung der kommunistischen Bewegung in der ganzen Welt zu kämpfen.« Und das Wichtigste – selbstverständlich der *Sozialismus*! Nur er bietet »eine progressive historische Alternative zu der Welt des Kapitals« (könnte direkt aus von der Zensur gutgeheißenen Seiten übernommen worden sein), der »nicht auszurottende Wille unseres Volkes, für den Sozialismus zu kämpfen«.

(Ha-ha! Da müßt ihr aber lange suchen und rennen, bis ihr den irgendwo findet – bei uns jedenfalls nicht!) Und wen trifft die Schuld an den Fehlschlägen des Sozialismus? Wen schon? Natürlich Rußland, wie immer: »Die Fehlentwicklungen des Sozialismus wurzeln in dem viele Jahrhunderte alten Erbe des russischen Feudalismus« – wie könnte man auch nur auf den Gedanken kommen, Genossen, daß der Sozialismus AN SICH etwas Unvollkommenes ist, und daß er *überhaupt* nicht im Guten verwirklicht werden kann?!

Eine dürftigere Grabrede hätte man dem *Nowyj mir* nicht halten und die eigene unzulängliche Auffassung einer wirklich bedeutenden Aufgabe nicht besser zum Ausdruck bringen können.

Übrigens hat der Samisdat kein Brett vor dem Kopf: die beiden Panegyriken wurden nicht angenommen und nicht verbreitet, sie sind einfach untergegangen; ich habe aus Kreisen der Redaktion von ihnen erfahren und war über sie nicht weniger betrübt als über den Artikel Dementjews.

Ich verhehlte den abgesetzten Redaktionsmitgliedern nicht, daß ich ihre Haltung während der Krise und des Zusammenbruchs des *Nowyj mir* verurteilte. Das wurde Twardowskij zugetragen, aber ohne die oben angeführten Gründe.

Und wieder – wie oft schon! – versank die leckgeschlagene Freundschaft mit Twardowskij in einem dunklen Abgrund. Wir verstummten beide unter demselben Stiefelabsatz – aber jeder für sich allein.

Meine Einsamkeit war allerdings keine Einsamkeit, sondern eine sehr rege Arbeit am *August*. Und ich fühlte mich nicht schwächer außerhalb des Schriftstellerverbandes und ohne die Zeitschrift, im Gegenteil – ich fühlte mich unabhängiger, stärker und brauchte mich weder zu rechtfertigen noch mich von irgendwelchen nebensächlichen Überlegungen leiten zu lassen. »Der Starke ist am mächtigsten allein.« Ohne schwache Verbündete hat der Einsame die Hände frei.

Trifonowitschs Einsamkeit war voller Bitternis, weil er sich von allen verraten glaubte: jahrelang hätte er sich für alle geopfert, und jetzt wäre keiner bereit, etwas für ihn zu opfern, die Redaktionsmitarbeiter wären beim *Nowyj mir* geblieben, und nur wenige Autoren hätten sich zurückgezogen. Und diese ewige Plackerei mit seiner »Schattenredaktion«, diese ständigen Diskussionen über die Vorgänge in der realen Redaktion, müssen ihm ungeheuer zugesetzt und die durch die Unterdrückung ausgelöste, nicht erkannte Krankheit beschleunigt haben.

Und dann, als wir beide für den, der Freiheit beraubten Schores Medwedjew eintraten, kamen wir uns wieder näher, wenn auch ohne uns zu treffen.

Ich schrieb wie gewöhnlich für den Samisdat, und Trifonowitsch fuhr in das Psychiatrische Krankenhaus nach Kaluga (vorbei an den Toren meines Roschdestwo, das er nie gefunden und gesehen hat) und versetzte durch sein Erscheinen sämtliche Henker-Ärzte in hellste Aufregung.

Und dann kam sein sechzigster Geburtstag und bot die Möglichkeit, wieder ins Gespräch zu kommen. Ich telegraphierte: »Unser aller lieber Trifonowitsch! Lange Tage, großartige Funde, glückliches Schaffen reifer Jahre! In ewigen Diskussionen und Meinungsverschiedenheiten Sie unverändert zärtlich liebender, dankbarer Solschenizyn.«

Ich hörte, daß er sich über mein Telegramm sehr gefreut und sich damit in sein Zimmer zurückgezogen hätte: er hätte es ja unbeantwortet lassen können, ein Jubilar hat es nicht leicht, aber er schrieb zurück:

»Haben Sie Dank, lieber Alexandr Issajewitsch, für die guten Worte zu meinem Sechzigsten. Ohne Ihre Ansichten teilen zu können, schätze und liebe ich Sie als Künstler unverändert. Ihr Twardowskij.«

Dem Rhythmus unserer Beziehungen entsprechend, hätten wir uns in einigen Monaten gewiß wieder getroffen. Ich schrieb ihm einen Brief, in dem ich *um die Erlaubnis bat*, ihm meinen inzwischen abgeschlossenen Roman im Oktober zeigen zu dürfen. Ich wußte, daß ich ihm damit Freude machen würde.

Aber ich bekam keine Antwort. Und dann hörte ich: er hat *Krebs* (und man verheimlichte es ihm). Krebs – das Los aller, die sich von brennenden, galligen, gekränkten, depressiven Stimmungen unterkriegen lassen. Eingeschränkt kann der Mensch leben, aber wenn man ihn kränkt, geht er zugrunde. Auf diese Weise sind bei uns viele zugrunde gegangen: zuerst eine öffentliche Demütigung – und plötzlich ist der Mensch tot. Es gibt eine Theorie unter den Onkologen: jeder von uns trägt das ganze Leben lang seine Krebszellen mit sich herum, aber

sie beginnen erst, sich zu vermehren wenn ... wenn, sagen
wir, der GEIST ins Wanken gerät. Nur seiner hervorragenden
Konstitution verdankte es Twardowskij, daß er – trotz schwer-
ster Kunstfehler der Kreml-Ärzte, wenn auch bettlägerig, noch
mehrere Monate lebte.
Es gibt viele Möglichkeiten, einen Dichter zu ermorden.
Twardowskij wurde ermordet, indem man ihm den *Nowyj mir*
wegnahm.

Schukowka, Februar 1971

DRITTER NACHTRAG

(Dezember 1973)

Nobeliana

»Nobeliana«, das ist keine Erfindung von mir, sondern die Telegrammanschrift der Nobel-Stiftung (Nobelianum), und außerdem die gängige Bezeichnung für ausgedehnte Feierlichkeiten aller Art und aufwendige Orchestrierungen. In meinem Fall konnte man weder von großen Feierlichkeiten, noch von einem Martyrium reden, aber die Orchestrierung nahm volle zwei Jahre in Anspruch. Was bedeutet die Verleihung des Nobelpreises an einen Schriftsteller in den nicht gefesselten Ländern? Einen nationalen Triumph. Und für den Schriftsteller selbst? Einen Gipfelpunkt des Lebens. Camus hat geäußert, er fühle sich seiner unwürdig, Steinbeck – er hätte vor Stolz am liebsten wie ein Löwe gebrüllt. (Hemingway allerdings mochte sich von einer solchen Kleinigkeit nicht beeindrucken lassen und antwortete, es sei ihm wichtiger, an seinem neuen Buch weiterzuschreiben, – was ja auch richtig ist, wenn auch nicht ganz ohne Koketterie ausgedrückt.)
Aber was bedeutet der Nobelpreis für den Schriftsteller aus einem kommunistischen Land? Es bedeutet, mit der Kirche ums Dorf fahren, an die falsche Türe klopfen, eine unzumutbare Last auferlegt bekommen oder an den Pranger gestellt werden. Das liegt daran, daß in unserm Land niemand anders als das Regime selbst unmittelbar nach seinen ersten blutrünstigen Tagen die ganze Literatur in die politische Rinne geleitet hat, eine grobgezimmerte, ungehobelte Rinne, wie der aus rohen Baumstämmen gebaute Weißmeerkanal. Das Regime war es, das den Schriftstellern eingeredet hat, die Literatur sei ein Bereich der Politik, das Regime war es (angefangen mit Trotzkij und Bucharin), das mit rauher politischer Stimme sämtliche literarischen Urteile gefällt und jede Möglichkeit einer Revision ausgeschlossen hat, und deshalb war die Verleihung des Nobelpreises für einen unserer zeitgenössischen Schriftsteller jedesmal in erster Linie ein politisches Ereignis.
In den zwanziger, dreißiger, vierziger Jahren war es von Stockholm aus schlechterdings unmöglich, in unserem Hexensabbat auszumachen, wer ein wirklicher Schriftsteller war. Der erste Russe, der diesen Preis erhielt, war der Emigrant Bunin,

der, ohne durch die Zensur oder die Gewalt behindert zu sein, seine Bücher im Ausland genauso veröffentlichte, wie sie unter seiner Feder entstanden waren. Es versteht sich von selbst, daß ein *solcher* Preis und die Institution, die einen *solchen* Preis vergibt, in der Sowjetunion nur Verachtung und Schmähungen ernten konnte. Es war ein für allemal klar, daß dieser Preis absolut unbedeutend und nicht einmal eine Zeitungsnotiz wert sei. Aber die Verleihung des Stalinpreises wird in Balken verkündet. Und wir alle hatten den Nobelpreis fast vergessen, als die Schwedische Akademie fünfundzwanzig Jahre später Pasternak entdeckte und sich entschloß, ihm diesen Preis zu verleihen. Es ist bekannt, welchen Zorn dies in der Kommunistischen Partei (Chruschtschow), in den Reihen des Komsomol (Semitschastnij) und in dem *gesamten* sowjetischen Volk erregte. Die Wellen dieses Erdbebens erschütterten die Fundamente der Schwedischen Akademie derart, daß ihr nach Ansicht des *fortschrittlichen Teils der Menschheit* nichts anderes übrigblieb, als sich so schnell wie möglich zu rehabilitieren. Und nach einer Anstandspause von sieben Jahren erhielt der dritte unserer Landsleute diesen Preis, Autor eines vielgerühmten Buches (eines einzigen Buches nur), das bereits vor rund dreißig Jahren, noch vor der Verleihung des Preises an Bunin, veröffentlicht und gebührend gewürdigt worden war. Sowohl die Eile, als auch die Verspätung, sowohl die ganze Art und Weise, wie der Fehler ausgebügelt wurde, als auch die Genugtuung unserer offiziellen Stellen – das alles drückte auch dem dritten Preis einen ausgesprochenen politischen Stempel auf.

Obwohl bei uns gegen die Schwedische Akademie fortwährend der Vorwurf erhoben wurde, sie richte sich nach *politischen* Kriterien, waren es doch *unsere eigenen* schrillen Stimmen, die kein anderes Urteil gelten lassen wollten. Das wiederholte sich auch bei der vierten Preisverleihung und wird – falls Rußland sich nicht besinnt – auch bei der fünften kaum anders sein.

Da auch unsere Wissenschaftler nicht allzuoft in den Genuß dieser exotischen Auszeichnung kamen, wurde sie bei uns fast niemals erwähnt, und bis zu dem Wirbel um Pasternak war kaum jemand sich ihrer Existenz bewußt. Ich habe vom Nobelpreis zum ersten Mal im Lager gehört, ich weiß nicht mehr, von wem, und erkannte sofort, ganz im Geiste unseres Landes, seinen politischen Aspekt: das ist es, was ich für meinen

Durchbruch in der Zukunft brauche.

Für meinen großen Durchbruch – aber ich war damals nicht einmal in der Lage, auch nur einen kleinen zu realisieren. Natürlich hat man keine Lust, nur POSTUMES zu schaffen, man möchte sich noch bei Lebzeiten *gedruckt* sehen, dann kann man ruhig sterben! Aber im Lager war das ein ferner, unwirklicher Traum: *wo* könnte es zu meinen Lebzeiten geschehen? Nur im Ausland. Aber auch nach der Entlassung, als lebenslänglich Verbannter, konnte man weder selbst hinfahren, noch seine Bücher hinschicken.

Übrigens war es mir in der Verbannung gelungen, alles im Lager Geschriebene in einen Bucheinband (Dramen von Bernard Shaw, englisch) einzuziehen. Und ich dachte mir: wenn sich jemand finden würde, der nach Moskau führe, der dort einen ausländischen Touristen auf der Straße ansprechen und ihm dieses Buch in die Hand drücken würde, wenn der Tourist mit größter Selbstverständlichkeit dieses Buch annehmen, unbehindert außer Landes bringen, den Einband aufschlitzen, den Inhalt an einen Verlag weiterleiten und der Verlag mit Freuden den unbekannten Stepan Chlynow (mein Pseudonym) veröffentlichen würde, dann . . . dann wäre die Welt natürlich nicht unbeeindruckt geblieben! Die Welt hätte sich entsetzt, die Welt wäre in Zorn entbrannt, die *Unseren* hätten es mit der Angst zu tun bekommen und den Archipel aufgelöst.

Aber es war niemand da, den ich darum hätte bitten können, der nach Moskau gefahren wäre, in jenen Jahren war ich mutterseelenallein, und niemand kam aus Moskau, um uns in unserem Kok-Terek zu besuchen.

Und als ich 1956 persönlich nach Moskau kam und mich umtat, wem von den westlichen Touristen ich diesen Band zustecken könnte, da sah ich: jedem Touristen folgte ein Dolmetscher aus dem KGB, und (was den alten Häftling am meisten in Erstaunen setzte) diese Touristen waren so satt, so geschniegelt, sie waren so beeindruckt von dieser anregenden Reise in das sowjetische Land – warum hätten sie sich auf unangenehme Abenteuer einlassen sollen?

Und ich fuhr nach Torfoprodukt und später nach Rjasan, um weiterzuarbeiten. Weiterarbeiten: das bedeutete mehr Geschriebenes, größere Sprengkraft. Aber auch wachsende Sorge: eine immer größere Quantität war in Gefahr, vernichtet zu werden, ohne je das Licht der Welt erblickt zu haben. Ein Fehlgriff, und alles ist dahin: zehn, zwanzig Jahre lang ein solches Geheimnis bewahrt – und plötzlich löst sich alles auf, alles liegt offen da, das eigene Leben ist zerstört und mit ihm alle fremden, mir anvertrauten Geheimnisse, und fremde Leben auch.

Im Jahre 1958, als ich Lehrer in Rjasan war, beneidete ich Pasternak glühend: ihm wurde das von mir so heißersehnte Los zuteil! *Ihm* war beschieden, das alles zu erfüllen! Er wird sofort hinfahren, er wird sofort eine Rede halten und dann alles andere, was er geschrieben hat, das Versteckte, was er hier nicht zu veröffentlichen gewagt hat, auf der Stelle publizieren! Natürlich war es klar, daß diese Reise ihn mehr als drei Tage kosten würde. Natürlich war es klar, daß man ihn nicht wieder hereinlassen würde, aber inzwischen wird er die ganze Welt, wird er *uns* verändert haben – er wird schließlich doch zurückkehren, als Triumphator!

Nach meinen Lagererfahrungen hatte ich nicht im entferntesten damit gerechnet, daß Pasternak sich für eine andere Handlungsweise entschließen und ein anderes Ziel verfolgen könnte, ich setzte bei ihm meine Ziele voraus, ich maß ihn mit meinem Maß, und ich krümmte mich vor Scham für ihn – wie für mich selbst: wie konnte er von dem Zeitungsgekmeife erschrecken, wie konnte er sich durch die Ausweisungsandrohung einschüchtern lassen, wie konnte er nur die Regierung demütig anflehen und etwas von eigenen »Fehlern und Verirrungen« stammeln, von »eigenem Schuldgefühl«, das in dem Roman zur Sprache käme, wie konnte er bloß die eigenen Gedanken, den eigenen Geist verleugnen, nur um nicht des Landes verwiesen zu werden?? Auch die »herrliche Gegenwart«, der ». . . . Stolz auf die Zeit, in der ich lebe . . .« und selbstverständlich der »lichte Glaube an eine gemeinsame Zukunft« – und alles nicht in einer Provinz-Universität von einem Professor vorgetragen, sondern von unserem Nobelpreisträger der ganzen Welt verkündet!? Nein, uns ist nicht zu helfen! . . . Wenn man zum Kampf herausgefordert wird, noch dazu unter so ausgezeichneten Bedingungen – gehe und diene Rußland! Hart und vorwurfsvoll fällte ich mein Urteil und ließ keine Entschuldigung gelten. Ich konnte es schon als junger Mensch nicht entschuldigen und nicht begreifen, wenn Neigung der Pflicht vorgezogen wurde, und als mitleidloser Häftling konnte ich das um so weniger. (Niemand hätte mich damals davon überzeugen können, daß Pasternak schon alles veröffentlicht und ausgesprochen hatte, und daß seine Rede in Stockholm unter Umständen weniger unheimlich gewesen wäre als seine Rechtfertigungsversuche in der Zeitung.)

Um so deutlicher wußte ich, plante ich, um so entschlossener rang ich es der Zukunft ab: *Ich* brauche diesen Preis! Als Stützpunkt, als Stellung im Gefecht! Und je früher ich ihn bekommen werde, desto fester werde ich mich behaupten, desto besser werde ich angreifen können! Und dann werde ich in allem genau umgekehrt handeln wie Pasternak: ich werde den Preis entschlossen *annehmen*, ich werde entschlossen hinfahren, ich werde eine entschlossene Rede halten, und dann werden sie mir den Rückweg abschneiden. Aber: ich werde *alles* veröffentlichen! Ich werde *alles* aussprechen! Alles, was sich in den Boxen der Ljubjanka, auf den Märschen im Steppenlager aufgespeichert hatte, im Namen aller Erdrosselten, Erschossenen, Verhungerten und Erfrorenen! Nur bis zur Nobelpreis-Rede kommen – dann das Feuer eröffnen! Der Preis dafür – das Los des Verbannten – ist nicht zu hoch (aber ich zweifelte ja nicht an meiner Rückkehr nach einigen Jahren).

Doch hatte *Iwan Denissowitsch*, der in der ganzen Welt als politische Sensation der Chruschtschow-Ära, keineswegs aber als etwas Höheres begrüßt wurde (in Moskau von R. Parker, einem Speichellecker und Pfuscher, ins Englische übersetzt, diese Übersetzung ist bis auf den heutigen Tag unverändert geblieben), mich dem Nobelpreis nicht nähergebracht. Ich hatte es mir vorgenommen, und der Vorsatz verschmolz mit einer Vorahnung, irgendwie glaubte ich unerschütterlich daran und rechnete damit wie mit einer unausweichlichen Tatsache. Obwohl Pasternak durch seine Ablehnung und durch seinen baldigen Tod es dem nächsten russischen Preisträger besonders schwer machte: wie konnte man diesen Preis einem Russen verleihen, wenn er für ihn den sicheren Tod bedeutet? . . .

Und die Jahre gingen dahin, und ein Werk entstand nach dem anderen, aber an eine Veröffentlichung war immer noch nicht zu denken, es hätte den Kopf kosten können, und doch wurde es mir immer schwerer, diese Werke wie ein Geheimnis zu hüten und immer schmerzlicher, ihnen nicht zur vollen Wirkung verhelfen zu können – und welcher Ausweg blieb einem

Schriftsteller im Untergrund? ...

Seitdem mich das Lager geschmiedet hat, seitdem ich und meine Lagerfreunde uns Gedanken darüber machten, war ich überzeugt: wenn wir mit unserem Lagerwissen gegen die Verwesung in unserem Land kämpfen wollen, so liegt die günstigste Stellung – *drüben*. Dort hätte ich alle Waffen sofort zur Verfügung, dort müßte kein einziges Wort verheimlicht, deformiert, verbogen werden. Diese Ansicht hatte in mir tiefe Wurzeln geschlagen. 1968, als Alja (Natalja Swetlowa) sich über meinen Standpunkt wunderte und mir leidenschaftlich auseinandersetzte, daß es sich in Wirklichkeit genau umgekehrt verhalte, daß meine *drüben* gesprochenen Worte an der eisernen Rinde, die unser Land überzieht, abprallen und nur solange ich hier sei, von der porösen Masse aufgesogen, ergänzt, erraten und vervollständigt würden – da wunderte ich mich nicht weniger als sie und glaubte, sie redete so, weil sie nie im Lager gewesen war.

Sie war für mich kein zufälliger Gesprächspartner, und auch kein einmaliger. Um das Jahr 1969 hatte ich beschlossen, ihr mein ganzes Archiv zu übergeben, alles von mir Geschriebene, sowohl die endgültigen als auch die Zwischenfassungen, Entwürfe, Skizzen, Ausgesondertes, Studienmaterial, alles, was ich nicht verbrennen wollte, aber nicht aufbewahren, mitschleppen, im Bewußtsein behalten, verstecken konnte, weil der Kopf, die Kräfte, die Zeit und der Raum nicht mehr ausreichten.

Ich hatte damals gerade das fünfte Jahrzehnt überschritten, das war mit einer Umstellung meiner Arbeit zusammengefallen: ich schrieb nicht mehr über die Lager, auch alles andere war abgeschlossen, jetzt stand eine neue umfangreiche Aufgabe vor mir – ein Roman über das Jahr Siebzehn (ich glaubte zunächst – etwa für zehn Jahre). In einem solchen Moment schien es angebracht, alles Vorhandene zu ordnen, ein Testament aufzusetzen und dafür zu sorgen, daß dies alles auch ohne mich bewahrt und ausgewertet werden konnte, unabhängig von mir, von einer nachkommenden festen, treuen Hand, von einem Kopf, der Verwandtes denkt. Ich war glücklich, ich war erleichtert, als ich all das gefunden hatte, und das ganze Jahr 1969 verbrachten wir mit der Übergabe des Vorhandenen. Auch fanden wir damals zusammen eine Gelegenheit, Dr. Heeb eine Vollmacht auszustellen und mit der Vertretung meiner Interessen im Westen zu betrauen, im Ausland einen Stützpunkt zu schaffen als unsere Filiale und Fortsetzung, für den Fall, daß uns beiden etwas zustoßen sollte, und auch einen verläßlichen »Verbindungskanal« nach beiden Seiten zu sichern. Unhörbar, unsichtbar verwandelte sich meine literarische Arbeit in die Kunst der Fortifikation.

Bei all diesen Überlegungen hatte die Frage, wo und unter welchen Umständen ich mich in einem, in zwei Jahren befinden würde, eine nicht bloß theoretische Bedeutung, sondern bestimmte unsere Entscheidungen bei jedem Schritt. Außerdem hatte ich noch andere aktuelle Pläne: schon seit 1965 trug ich mich mit der Idee einer Zeitschrift – entweder in der Zukunft, in einem freien Land, oder jetzt, im Samisdat. Im Sommer 1969 saßen Alja und ich am Krasnyj Rutschej an dem Pinegaufer und arbeiteten ein kompliziertes System für eine solche Zeitschrift aus, die im Samisdat erscheinen könnte (Vertrieb – dahinter die Außenredaktion – noch tiefer die »Schattenredaktion«, die bereit ist, die Arbeit der Außenredaktion fortzusetzen, wenn diese auffliegen sollte, und die neue »Schattenredaktion« zu bestimmen), während ich entweder *hier* oder *drüben* mich aufhalten, aber in jedem Fall für die Zeitschrift verantwortlich zeichnen (und auch von *drüben* aktiv mitarbeiten) würde. Bei all diesen Problemen konnten wir uns bis zum Schluß über die prinzipielle Frage nicht einigen: Alja meinte, daß man in der Heimat leben und sterben müsse, ganz egal wie die Dinge sich entwickeln, während ich, dem Gesetz des Lagers folgend, sagte: »Laß doch die Dummen sterben, ich will bei Lebzeiten gedruckt werden.« (Die Vorstellung, daß man in Rußland leben und *alles* veröffentlichen könnte, schien damals viel zu gewagt, einfach unmöglich.)

Es war eine Ironie des Schicksals, daß ausgerechnet in diesen Tagen A. Kusnezow sich in den Westen abgesetzt hatte, wir verfolgten es an der Pinega am Transistor. In den *höheren Sphären* war man erschrocken; er triumphierte wahrscheinlich und meinte, er würde augenblicklich die Geschichte umkrempeln: von wegen! Nichts als Rechenfehler eines Flüchtlings und Verkennung der Maßstäbe. Und die Hauptsache: hier, in der UdSSR, hatte er alle Gebildeten fast ausnahmslos verärgert, nicht bloß, weil er dem KGB nachgegeben, nicht bloß weil er das Spitzelspiel mitgemacht hatte, sondern weil er geflohen war: ein bequemer Weg! Einem Namenlosen, der dem Druck ausgesetzt war, würde man das verzeihen, aber einem Schriftsteller? Was bist du denn, sagte man, für ein Schriftsteller? Wir sind wirklich irrationale Gemüter, Jahrzehnte waten wir durch Jauche und murren, daß es uns nicht paßt. Aber wir unternehmen nichts, um ans Ufer zu gelangen. Und kaum hat jemand Boden unter die Füße bekommen und will sich davonmachen, als wir auch schon hinterher schreien: »Er ist ein Verräter! Er gehört nicht zu uns!«

Und was dachte die Regierung? Ich war überzeugt: sie denkt genau dasselbe wie ich. Solange ich *hier* bin, im Käfig – ist es für sie nur halb so schlimm, sie können jeden Moment zuschlagen. Während ich *drüben* für sie sehr unangenehm werden könnte, ich hätte Zeit (solange ich nicht ein Messer im Rücken hatte, solange ich nicht vergiftet, erschossen, aus einem fahrenden Zug gestoßen worden wäre), all das, was sie seit einem halben Jahrhundert verheimlichen, ans Tageslicht zu ziehen! Und nach einer solchen Sturzflut würden sie nicht mehr bleiben oder höchstens noch dem Ende entgegenhinken können (so stellte ich es mir vor).

Unter Stalin dachte man tatsächlich so: alle Widerspenstigen sind zu fesseln, aber offentlichtlich waren irgendwelche anderen Ideen in ihre engstirnige Verschlafenheit eingedrungen: sie hatten Sinjawskij und Daniel eingesperrt – und das hatte zu einem für sie überraschenden internationalen Skandal geführt; sie wiesen Tarsis aus, und alles wurde mit einem Schlag wieder ruhig, der Ärger hörte auf (daß ich nicht mit Tarsis in einem Atemzug zu nennen war, darauf konnten sie nie kommen). Und eines Tages entschlüpfte Djomitschew bei einer der vertraulichen Unterhaltungen, die er mit diesem oder jenem Schriftsteller zu führen pflegte:

»Wir brauchen Solschenizyn nur *auszuweisen*, zu seinen Gönnern, er soll sich mal das kapitalistische Paradies ansehen – *dann wird er von selbst auf dem Bauch zurückkriechen.«*

Das wurde mir hinterbracht, aber ich maß dem keinerlei Bedeutung bei: die gewöhnliche Masche der Agitprop. Doch. Zehn Tage nach der Ohrfeige, die ich dem Sekretariat des Schriftstellerverbandes versetzt hatte, am 25. November 1969, schaltete ich abends die »Stimme Amerikas« ein und vernahm: »Der

Schriftsteller Solschenizyn wird aus der Sowjetunion ausgewiesen.« (Es war eine Notiz aus der *Literaturnaja gaseta* vom nächsten Tag, sie hatten sie nicht ganz richtig wiedergegeben.)

Das war während meiner ersten Monate auf der Datscha Rostropowitschs, ich hatte mich dort gerade eingelebt. Ich stand auf, es kribbelte mir unter den Haaren. Möglicherweise würden sie in einer Stunde schon da sein, um mich zu holen. Manuskripte, Entwürfe, Bücher – es gab so viel, woran ich denken mußte, viel zu viel! Selbst wenn man sich das ganze Leben darauf vorbereitet, kommt so etwas immer in einem ungünstigen Augenblick. Ich ging auf die Waldwege hinaus, es war ein für diese Jahreszeit warmer, windiger, feuchter, dunkler Abend. Ich ging über die Wege und atmete tief ein, ich konnte in mir keine Zweifel, keinen Widerstand entdecken: alles ging den vorgezeichneten Weg.

Eine meiner Lieblingsgestalten ist der Königssohn Gwidon bei Puschkin. Man wollte ihn in den sicheren Tod schicken und steckte das neugeborene Kind mit seiner Mutter in ein Faß, das Faß wurde geteert und ins Meer geworfen, aber – das Faß ging nicht unter, und das Kind, einen Arschin groß, wuchs von Stunde zu Stunde, reckte sich, stemmte sich, drückte den Faßboden heraus und trat ins Freie.

Allerdings an einem fremden Ufer. Er trat heraus und konnte, wohlgemerkt, auch *seine Mutter befreien.*

Dieses Bild braucht nicht in allen Einzelheiten zuzutreffen, und die Ehre, die Mutter befreien zu können, wäre für mich vielleicht viel zu groß, aber ich spüre schon seit einigen Jahren, wie Faßboden und Deckel unter meinen Fußsohlen und über meinem Scheitel krachen, wie die Dauben herausspringen, und bin mir nur nicht ganz sicher, wann der Faßboden zum ersten Mal geknirscht hat! Ist es überhaupt wahr? War es vielleicht damals, als der Ausschluß aus dem Schriftstellerverband zu einer totalen Niederlage meiner, unserer Verfolger führte? Oder als einunddreißig Schriftsteller im Westen wie eine geschlossene *Mauer* die Solidarität der Weltliteratur dokumentierten und in einem Brief an die *Times* erklärten, daß sie mich nie im Stich lassen würden? Oder steht es erst bevor? Und auch in diesem Moment, während ich dies niederschreibe – steht es erst bevor?

Dieses Krachen vernahm auch jene Instanz, die es gewagt

hatte, die ČSSR zu unterdrücken, die es aber nicht gewagt hatte, mich zu unterdrücken, Splitter und Spreißel flogen bis zu ihnen hinauf – sie wiesen mich nicht aus, nein (eine Stunde später brachte man mir ein Exemplar der *Literaturnaja gaseta*, das man in der Redaktion beiseite geschafft hatte) – sie *schlugen* mir lediglich *vor*, auszureisen, sie erklärten sich damit *einverstanden*.

Aber jetzt war die Lage ganz anders. Der namenlose Häftling aus Ekibastus hätte diesen *Vorschlag* angenommen, ohne auch nur eine Minute zu zögern. Aber heute – mir so etwas *vorschlagen*? Und als Antwort setzte ich in Moskau ein »Bonmot« in Umlauf, einen mündlichen Samisdat:

»Meine Wohltäter ERLAUBEN mir, das Haus zu verlassen, in dem ich geboren bin. Und ich ERLAUBE ihnen, nach China zu gehen.«

Darauf kam eine entsprechende Andeutung in einer zweiten und dritten Zeitung. Im Westen gab es ein ausgezeichnetes Echo. Und die Norweger, Menschen mit einer unbeugsamen Gesinnung, die einzigen in Europa, die nicht einen Augenblick lang die ČSSR vergessen oder uns verziehen hatten, boten mir sogar ein Asyl an, eine Ehrenresidenz in Norwegen, die einem Schriftsteller oder Künstler zur Verfügung gestellt wird. »Solschenizyn soll seinen Schreibtisch in Norwegen aufstellen!« Ich habe einige Tage lang unter dem Eindruck dieser Einladung gelebt: eine zweite Heimat rief mich und erwartete mich mit offenen Armen. Der Norden. Der Winter – wie in Rußland. Bäuerliches Gerät, Holzgeschirr – wie in Rußland.

Pause. Die *höheren Sphären* verhielten sich ganz still. Und ich schwieg ebenfalls.

Der brennende Vorsatz eines Häftlings läßt sich nicht so leicht aufgeben, die unveröffentlichten Werke klagten laut, sie wollten leben. Aber schon stand vor mir, wie ein düsterer Schatten, ein anderer, uralter Gedanke aus dem Lager: sind wir denn wirklich solche Hasen oder Frösche, daß wir vor allem davonrennen und davonspringen? Warum räumen wir so bereitwillig unser *Land*? Seit 1917 tun wir ja nichts anderes, alle tun das – es scheint das Leichtere zu sein. Viele haben diesen Fehler begangen: sie haben die eigenen Kräfte unterschätzt und die der *anderen* überschätzt. Jedoch gab es auch Menschen, Achmatowa, Paltschinskij, die nicht gegangen waren, die sich 1923 geweigert hatten, den Ausreiseantrag zu unterschreiben.

Sind wir denn so schwach, daß wir den Kampf *hier* nicht bestehen können?

Unserer Regierung leuchtete das immer mehr ein: die Ausweisung ins Ausland als eine Möglichkeit, sich unbequemer Zeitgenossen zu entledigen – ein Gedanke, der auf Lenin und Dserschinskij zurückging, der Plan einer neuen, einer »dritten« Emigration, etwas, was uns damals, Ende 1969 und Anfang 1970 völlig unvorstellbar war. In geschlossenen Seminaren wurde lautstark verkündet: »Soll er doch sehen, daß er ins Ausland kommt, dieser Solschenizyn!« Louis, der immer als erster auf dem laufenden war, schlug auf Botschaftsempfängen westlichen Repräsentanten vor: »Wollen Sie Solschenizyn nicht zu einem Vortrag einladen?« – »Ja, glauben Sie denn, daß man ihn herausläßt?« fragte man erstaunt zurück. – »Aber natü-ü-ürlich!«

Offiziell hörte man jedoch nichts mehr. Meine Herbstkrise schien wieder vorüber oder sich in die Länge zu ziehen. Man ließ mich in Rostropowitschs Datscha, wo ich völlig widerrechtlich, ohne polizeilich gemeldet zu sein, wohnte – im Regierungsviertel, wo es ein Leichtes ist, jeden Unerwünschten zu entfernen – ohne mich zu kontrollieren, ohne mich zu belästigen. Und nach und nach stellte sich bei mir das innere und äußere Gleichgewicht wieder ein, ich arbeitete mit Erfolg an meinem *August* und hätte mich in jenem Jahr 1970 nicht mehr gerührt und keinen Laut mehr von mir gegeben. Wenn nicht die unglückliche Geschichte mit Schores Medwedjew passiert wäre! Diese Monate, in denen ich die erste Fassung bereits abgeschlossen und die zweite gerade in Angriff genommen hatte, würden für das Gelingen oder Mißlingen der gesamten *Konzeption* meines *R-17* entscheidend sein, und von dem Gelingen hing so viel ab! Ein systematischer, umfassender Bericht über die Revolution war so dringend nötig. Es würde nicht mehr lange dauern, und sie, die Revolution, würde von Eigenen und Fremden so gründlich mißbraucht worden sein, daß die Wahrheit nicht mehr zu entdecken sein würde. Meine Freunde wollten mich zur Vernunft bringen, indem sie mit kaum widerlegbaren Argumenten auf die Verantwortung eines Schriftstellers hinwiesen.

Aber mit Vernunft ist dagegen nicht anzukommen: plötzlich

brennt es einem unter den Füßen, und es stellt sich heraus, es ist eine Pfanne und nicht die Erde; wie soll man da nicht tanzen? Ich muß mich schämen, historische Romane zu schreiben, wenn vor meinen Augen Menschen gewürgt werden. Ich wäre ein schöner Autor des *Archipel,* wenn ich angesichts seiner Fortsetzungen im Heute diplomatisch schweigen würde. Die Einweisung Medwedjews in eine Irrenanstalt war für unsere Intelligenzija sogar etwas Gefährliches und Prinzipielleres als die Ereignisse in der ČSSR, es war eine Schlinge, die uns um den Hals gelegt wurde. Und ich beschloß zu schreiben. Die ersten Fassungen fingen ausgesprochen drohend an:

WARNUNG

(*an sie alle,* an die Henker! Am Anfang bin ich immer besonders scharf und mäßige mich erst allmählich.) Während meiner Lagerzeit habe ich die Feinde der Menschheit genau kennengelernt und durchschaut: am meisten achten sie die FAUST, sonst nichts. Je kräftiger der Faustschlag, den man ihnen versetzt, desto geringer das Risiko. (Die Menschen im Westen wollen das immer noch nicht einsehen, sie hoffen immer noch, durch Nachgiebigkeit etwas zu erreichen.) Kaum öffnete ich morgens die Augen – schon zog es mich nicht zu dem Roman, sondern zu der Warnung: noch einmal überarbeiten – dieser Wunsch war stärker als ich, ich war ganz davon erfüllt. Erst ungefähr die fünfte Fassung geriet etwas gemäßigter:

WIE WIR LEBEN [Anhang 13]

Im November 1969 hatte man mir vorgeworfen, daß ich meine Antwort an den Schriftstellerverband überstürzt und es meinen Schriftsteller-Brüdern und der Öffentlichkeit schwer gemacht hätte, für mich einzutreten, daß ich sie durch meine Schroffheit zurückgestoßen hätte. Und jetzt, um Medwedjew mit meiner Schroffheit nicht zu gefährden, legte ich mir Zügel an, hielt mich zurück, wartete ab, bis die Akademiemitglieder sich äußerten – und ließ meinen Brief erst an Pfingstmontag, Mitte Juni, hinausgehen. In Schores Medwedjews Angelegenheit war er vielleicht schon überflüssig, die Obrigkeit hatte es ohnehin mit der Angst zu tun bekommen. Aber dafür habe ich einiges über die Irrenhäuser ganz deutlich gesagt und habe einigen einen Schrecken eingejagt, und wenn auch nicht Lunz selbst, so wird doch dem einen oder anderen künftig der Atem stocken.

Diesen Brief konnten sie mir nicht verzeihen, und wenn die Informationen stimmten, hatte man gerade in diesen Junitagen beschlossen, mich abzuschieben. *Führende* sozialistische Realisten (ich glaube zwölf an der Zahl, wie die Apostel) forderten die Regierung auf, den Schurken Solschenizyn aus den Grenzen unseres heiligen Vaterlandes zu vertreiben. Das war nichts Neues, aber jetzt nahm die Sache ihren Gang. Markow und Woronkow, das tüchtige Gespann, gaben diesen Aufruf an die *Literaturnaja gaseta* weiter und fügten, wie ich hörte, den bereits vorliegenden Ausbürgerungsbeschluß des Präsidiums des Obersten Sowjet bei.

Und schon wieder versagte die Maschinerie, irgendein Hebel funktionierte nicht. Ich denke, die Verbindung mit dem Skandal um Medwedjew war offenkundig und zu naheliegend, und es wäre ungeschickt gewesen, jemanden *deshalb* aus dem Land zu jagen. Sie verschoben es um zwei, drei Monate – ich würde mir ja unweigerlich etwas zuschulden kommen lassen . . .

Aber in diesem Augenblick brachte Mauriac, Gott hab ihn selig, seine Kampagne in Gang, die mir zum Nobelpreis verhelfen sollte. Und er verdarb *den Unseren* das Spiel von neuem: wenn sie mich ausgewiesen hätten – hätte das wie eine Antwort an Mauriac ausgesehen und einen dummen Eindruck gemacht. Und sollte ich den Preis wirklich bekommen, würde es noch peinlicher sein, mich deswegen auszuweisen. Und so verfolgten sie im Stillen den Plan: erst den Preis abwürgen – und dann mich ausweisen.

(Und gerade in diesem Herbst schloß ich *August Vierzehn* entgültig ab.)

Einen Preis abwürgen – darauf verstehen wir uns. Es wurde eine Kommission aus renommierten Schriftstellern gebildet (angeführt von Konstantin Simonow, dem vielgesichtigen Simonow, dem verfolgten edlen Liberalen und dem allerseits bekannten hochangesehenen Konservativen). Diese Kommission sollte nach Stockholm reisen und dort der schwedischen Öffentlichkeit auf Sozialistisch ins Gewissen reden, daß sie den dunklen Mächten der Reaktion diene (niemand im Westen kann solchen Argumenten standhalten). Um Reisekosten zu sparen, sollten sich die Kommissionsmitglieder jedoch erst am 10. Oktober auf den Weg machen, um genau zum richtigen Termin dort zu sein. Aber die Schwedische Akademie hatte die Wahl um zwei Wochen vorverlegt und die Preisträger am zweiten statt am vierten Donnerstag nominiert. Heulen und Zähneknirschen bei den *Unseren*! . . .

Für mich war das Jahr Siebzig das letzte Jahr, in dem der Nobelpreis mir noch etwas nutzen konnte. Später hätte ich auch ohne ihn angegriffen.

Der Preis kam wie ein Blitz aus heiterem Himmel! Er kam genauso wie in der Hemingway-Anekdote: er lenkte mich von meinem Roman ab, ich hätte noch knapp zwei Wochen gebraucht, um den *August* abzuschließen! . . . Später kostete mich das eine größere Anstrengung.

Er kam! Und ich hatte Glück gehabt, eigentlich war er *zu früh* gekommen: Ich wurde mit diesem Preis ausgezeichnet, obwohl die Welt fast noch nichts von dem zu Gesicht bekommen hatte, was ich geschrieben habe, ausgenommen den *Iwan Denissowitsch*, die *Krebsstation* und den »erleichterten« *Kreis*. Alles andere hielt ich in Reserve. Jetzt, von dieser Höhe aus, konnte ich die Bücher eines nach dem anderen wie vollgewichtige Bälle hinunterrollen lassen und die Kraft der Gravitation ausnutzen: drei Bände *Archipel, Kreis 96*, die *Dekabristen ohne Dezember, Die Wahrheit kennen die Panzer*, das Lagerpoem...

Er kam und wog alle Fehler von 1962 auf, die Fehler der Zaghaftigkeit, der Verschleierung. Als wären sie nie geschehen. Er kam – und drang als Telephongeklingel in die Datscha Rostropowitschs. Noch nie war ich dort angerufen worden – und plötzlich mehrere Anrufe innerhalb weniger Minuten. Und jedesmal kam mir eine primitive, vielleicht sogar beschränkte Frau, die damals im Haupthaus wohnte, nachgelaufen – sie redete mich nur mit »Nachbar« an – packte mich am Arm und wollte mir den Hörer aus der Hand reißen:

»Was, Sie reden mit einem *Korrespondenten*? Geben Sie her, ich muß ihm sagen, daß ich keine Wohnung bekomme!«

Sie dachte, es könnte nur ein Korrespondent der *Prawda* sein – andere gab es für sie nicht.

Es war der Norweger Per Egil Hegge, der ausgezeichnet russisch sprach, was unter den westlichen Korrespondenten in

Moskau eine Seltenheit ist. Er hatte die Telephonnummer von irgend jemandem erfahren und fragte, ob ich den Preis annehmen, ob ich nach Stockholm reisen würde.

Ich überlegte, dann holte ich Papier und Bleistift, er hat bestimmt gedacht, ich sei verwirrt. Ich hatte einen ganz bestimmten Plan: eine Woche lang überhaupt *nicht reagieren*, abwarten, womit die *Unseren* anfangen und was sie zu sagen haben. Aber dieser Anruf stellte meinen Plan in Frage: Schweigen, ausweichen – das wäre der erste Schritt auf dem Weg zum Verhängnis gewesen. Und so mußte ich auf die ursprüngliche Absicht zurückgreifen (ALLES ANDERS ALS PASTERNAK, alles mit umgekehrten Vorzeichen) und mit aller Bestimmtheit antworten: Ja, ich nehme ihn an. Ja. Ich werde UNBEDINGT hinfahren – SOWEIT ES VON MEINER ENTSCHEIDUNG ABHÄNGT! (Bei uns sind die Handschellen schnell angelegt!) Und hinzufügen: MEIN GESUNDHEITSZUSTAND IST HERVORRAGEND, nichts steht dieser Reise entgegen! (Weil bei uns üblicherweise alle Mißliebigen ihre Reisen aus *gesundheitlichen* Gründen absagen.)

In diesem Augenblick zweifelte ich nicht im geringsten daran, daß ich hinfahren würde.

Und dann schickte ich ein Telegramm an die Schwedische Akademie: ». . . sehe in Verleihung des Nobelpreises Huldigung an russische (natürlich nicht sowjetische!) Literatur und UNSERE SCHWERE GESCHICHTE . . .«

Und dann folgte eine Überraschung auf die andere. Wie gründlich auch die Verbindungsfäden zum Westen abgeschnitten waren, einiges sickerte dennoch durch. Und so kam mir auf Umwegen der Vorwurf zu Ohren: warum ich unsere SCHWERE GESCHICHTE erwähnt hätte, jetzt könne man leicht behaupten, daß mir der Preis aus rein politischen Motiven zuerkannt worden sei. (Aber ohne diese »SCHWERE GESCHICHTE« hätte ich den Preis überhaupt nicht gebraucht. Wäre unsere Geschichte weniger schwer gewesen, würden wir auch ohne euch fertig werden!) Dann auf zwei verschiedenen Umwegen dasselbe: vielleicht wolle ich bei meiner Reise nach Stockholm allem *Trubel* aus dem Wege gehen? Die Akademie und das Stiftungskomitee befürchteten nämlich feindselige Demonstrationen maoistischer Studentengruppen, und ob ich nicht lieber auf die Unterbringung im Grand Hotel, wo die Preisträger zu wohnen pflegen, verzichten und mit einem abgelegenen Geheimquartier vorliebnehmen wolle?

Das war es also! Ich bin aus dem Lager auf den Nobelpreis zugeschritten, um mich in Stockholm in einer abgelegenen Wohnung zu verstecken und vor geschniegelten Rotznasen im Auto unter Polizeischutz Reißaus zu nehmen!

Ich hüllte mich in Schweigen – da kam dasselbe mit der regulären Post: ein Telegramm der Nobelstiftung: »Wir werden uns bemühen, für Ihren Aufenthalt ein möglichst ruhiges und zurückgezogenes Quartier zu suchen«, ein Brief der Akademie, in dem sie der Meinung Ausdruck gibt, daß

». . . Sie Ihren Aufenthalt in Stockholm gewiß möglichst ungestört verbringen möchten« und daß alles Denkbare unternommen werde, um ». . . Ihnen ein sicheres Quartier zu garantieren. Wir erlauben uns, Sie darauf hinzuweisen, daß der Preisträger keineswegs verpflichtet ist, mit Presse und Rundfunk Kontakt aufzunehmen« usw.

»Möglichst ungestört«? Aber das will ich überhaupt nicht! »Kein Kontakt mit Presse und Rundfunk«? Aber wozu, zum Teufel, soll ich dann überhaupt hinfahren?

Damit war der Mut der Schweden an eine Grenze gelangt! Diese Grenze war der Entschluß, mir den Preis zu verleihen. (Schon dafür gebührt ihnen Dank – so groß wie ein siebenstöckiges Haus!) Aber weiter gingen sie nicht – sie schreckten vor Skandal und Politik zurück.

Ja, sie handelten, wie es sich gehört, wie es der Anstand verlangt, aber mein unbelehrbarer, vom Lager geprägter Kopf hatte damit nicht gerechnet. Als man so dahinmarschierte, in Kolonne, zu fünft, die Hände auf dem Rücken, vor sich hinstolpernd, da dachte man: sie warten ja bloß darauf, *die da drüben*, etwas von uns zu erfahren. Aber sie warteten keineswegs darauf, sie verliehen einen Literaturpreis und verzichteten verständlicherweise auf *Politik*. Aber für uns ist das keine Politik, es ist das Leben selbst.

So verlief die Entwicklung auf der einen Ebene. Und auf der anderen: einige Tage nach der Bekanntgabe der Preisträger kam mir die Idee: jetzt ist der Moment gekommen, um zum ersten Mal von gleich zu gleich mit der Regierung zu verhandeln. Damit würde ich mir nichts vergeben: ich hatte eine Machtposition errungen, konnte von dort aus verhandeln und würde mir nichts vergeben, wenn ich ihnen vorschlüge, nachzugeben und einen ehrenhaften Ausweg zu suchen.

Ich brauchte nicht lange zu überlegen, an *wen* ich mich richten sollte: Suslow! Und das aus einem konkreten Grund. Als Twardowskij mich im Dezember 1962 bei der Begegnung im Kreml Chruschtschow vorstellte, war sonst niemand aus dem Politbüro in der Nähe, und auch später kam niemand zu uns. Aber als Twardowskij mich in der nächsten Pause durch das Foyer führte und mich nach seinem Gutdünken Schriftstellern, Filmschaffenden und Künstlern vorstellte – da trat im Kinosaal ein hochgewachsener, schlanker Mann auf uns zu, mit einem klugen länglichen Gesicht, streckte mir entschlossen die Hand entgegen, schüttelte mir energisch die Hand und sagte dabei etwas über sein großes Vergnügen bei der Lektüre des *Iwan Denissowitsch*, er schüttelte meine Hand so lange, als sollte ich in Zukunft keinen besseren Freund haben als ihn. Alle anderen hatten sich vorgestellt, dieser aber nannte seinen Namen nicht. Ich erkundigte mich: »Mit wem habe ich die Ehre . . .« Er nannte seinen Namen immer noch nicht, und Twardowskij flüsterte vorwurfsvoll: »Michail Andrejewitsch . . .« Ich zuckte mit den Achseln: »Was für ein Michail Andrejewitsch?« Twardowskij, doppelt vorwurfsvoll: »Aber das ist doch Suslow!!« Wir sind ja verpflichtet, auf unserer Netzhaut und in unserem Herzen ständig zwei Dutzend Porträts mit uns herumzutragen! Mein visuelles Gedächtnis läßt mich oft im Stich, und ich hatte ihn nicht erkannt, aber Suslow schien es mir nicht übelzunehmen. Rätselhaft war nur: aus welchem Grund hatte er mich so herzlich begrüßt? In diesem Moment war von Chruschtschow nichts zu sehen und zu hören, niemand aus dem Politbüro konnte es bemerken – demnach war es keine Kriecherei. Weshalb hatte er das getan? Waren es seine wahren Gefühle, war er ein im Politbüro konservierter Liberaler? Der Chefideologe der Partei! . . . War so etwas möglich?*

Dieses Rätsel beschäftigte mich einige Jahre. Schließlich dachte

---

* Übrigens war es gerade Suslow, der vier Monate davor, im Juli 1962, W. Grossman wegen seines beschlagnahmten Romans zu sich bestellt hatte: er enthalte zu viel Politisches, seine Kenntnisse über die Zustände in den Lagern seien nicht ausreichend, die Darstellung beruhe auf Informationen aus zweiter Hand. Er fühlte sich fest im Sessel, denn er war überzeugt: es kann ja niemand mehr geben, der diese Zustände *nicht* nur aus zweiter Hand schildern könnte, die hat man alle liquidiert. Und nun plötzlich diese Freude – *Iwan Denissowitsch!*

ich, dieser mystische Vorfall wird sich noch aufklären, unsere Wege werden sich noch einmal kreuzen. Aber sie kreuzten sich nicht und jetzt, im Oktober 1970, erinnerte ich mich wieder an ihn – ich wollte mich an ihn wenden. [Anhang 14]

Wenn es *von hieraus* gelungen wäre, meinen Vorschlag durchzusetzen (Amnestie für die »überführten« Leser, baldiges Erscheinen und freier Verkauf der *Krebsstation*, Aufhebung des Verbots meiner früheren Werke und schließlich die Veröffentlichung des *August*), hätte das nicht nur meine eigene Lage entscheidend verändert, sondern auch die des Literaturbetriebs im allgemeinen und mit der Zeit nicht nur diese allein. Und obwohl in meinem Herzen der Drang nach Größerem lebte, nach Entscheidenderem, mußte ich einsehen, daß die Geschichte von den Meistern fließender Übergänge verändert wird, denen das Gewebe der Ereignisse nicht unter den Händen zerreißt. Und wenn es möglich gewesen wäre, unsere Situation durch einen fließenden Übergang zu verändern, so hätte man sich damit zufrieden geben und alles dafür tun müssen; das wäre dann wesentlich wichtiger gewesen als eine Reise in den Westen, um dies alles dort *zu erklären*. Aber ich bekam keine Antwort. Auch in diesem Fall, wie in allen anderen, ließen sie – sei es aus Überheblichkeit, sei es, weil sie unbelehrbar waren – alle Gelegenheiten für eine günstige Lösung ungenutzt vorübergehen.

Und währenddessen schickten mir die Schweden ihre Festprogramme: am soundsovielten dieses und dieses Bankett, einmal im Smoking mit weißer Fliege, ein anderes Mal im Frack, die Ansprache, die während des Banketts zu halten sei (wenn alle vergnügt essen und trinken – soll ich da über unsere Tragödie sprechen?), *nicht länger als drei Minuten*, es seien nur einige kurze Dankesworte gewünscht. In dem Band *les Prix Nobel* zeigte sich meinen Augen eine hilflose Schar sich durchweg gleichender Laureaten mit verlegenem Lächeln und überdimensionalen Urkunden.

Mein Vorsatz schien, wie schon so oft, Schiffbruch zu erleiden, meine unerschütterliche Absicht ihr Ziel nicht zu erreichen. Mit mir war ein unwahrscheinliches Wunder geschehen, aber ich sah keine Möglichkeit, es in meinem Sinne auszunutzen. Die Dankbarkeit jenen gegenüber, die mir diesen Preis zugesprochen hatten, sollte sich, wie sich heráusstellte, keineswegs in einer donnernden Rede äußern, sondern in Schweigen, Anstand, formellem Lächeln und in einer Lämmerlöckchen-Frisur. Natürlich, es durfte ein *Vortrag* ausgearbeitet und gehalten werden, aber wenn auch in diesem Vortrag jegliche Schärfe tunlichst zu vermeiden war – *wozu* dann überhaupt hinfahren?

In jenen Wintermonaten erwarteten wir unseren Erstgeborenen, und dieser Preis bedeutete für uns die Trennung. Ich wollte trotzdem fahren, wie wir verabredet hatten, ohne Hoffnung, den Sohn auch nur ein einziges Mal zu sehen.

Ich wollte fahren, um meine Brust, die eines Schriftstellers, zu erleichtern und vor der kommenden Arbeit durchzuatmen. Ich wollte in den Westen fahren – um zu überzeugen? zu erschüttern? in Bewegung zu bringen?

Und in der Heimat? Wer wird das alles lesen und wann? Wer wird verstehen, und wann wird man verstehen, daß es zum Besten meiner *Bücher* geschah?

Mit fünfzig Jahren hatte ich geschworen: »Mein einziger Traum – mich der Hoffnungen des lesenden Rußland würdig zu erweisen.« Aber sobald sich die Gelegenheit bot, das Land zu verlassen – nahm ich Reißaus? . . .

Wirklich: sollte man nicht hier bleiben und bis zum letzten Atemzug kämpfen? Komme, was da wolle?

Und dann diese weiße Fliege und die Lämmerlöckchen-Frisur. Wie zur Strafe für die Leichtfertigkeit, mit der ich über meine Vorgänger geurteilt hatte, verharrte ich stumm und unentschlossen auf dem Grat der Entscheidung.

Ich spielte mit dem Gedanken, meinen Vortrag auf Band zu sprechen und das Band *hinzuschicken*, damit er in Stockholm gehört werden könnte. Und *hierzubleiben*. Das hätte gewirkt! Das hätte am besten gewirkt! Aber in diesen angespannten anderthalb Monaten (in denen sich auch vieles Familiäre ereignete) war ich nicht in der Lage, diesen Vortrag auszuarbeiten.

Und währenddessen saß vielleicht irgendwo in Saratow oder Irkutsk unser künftiger Preisträger und krümmte sich vor Scham für diesen Solschenizyn: warum gibt der keinen Ton von sich, warum dauert es so lange, bis die Kuh kalbt? Warum fährt er nicht und *knallt denen nicht eine Rede hin*?

Aber die *Unseren* lauerten bloß darauf, daß ich fahren würde.

Das würde sich ausgezeichnet in die Regeln ihres Schlag-Dame-Spiels fügen: ich beherrschte scheinbar das ganze Brett, ich hätte mit einem Zug mehrere Steine gewonnen – aber in Wirklichkeit hätte ich gerade damit verloren! Ich weiß es mit Sicherheit: der Beschluß, mir die sowjetische Staatsbürgerschaft abzuerkennen, lag bereits vor. Es fehlte nur noch ein einziger Schritt – mein Schritt über die Grenze. Es gibt bei uns gewisse Fristen, innerhalb derer Anträge gestellt und Fragebogen ausgefüllt werden müssen, nach deren Verstreichen nichts mehr zu machen ist; kein Mensch kennt sich darin aus, aber die Stelle, welche die Visa ausstellt, das KGB und das ZK, sind der Meinung, daß diese Fristen allgemein bekannt sind und wunderten sich, daß ich diese Fristen verstreichen ließ. In jenen Wochen war auch die Hetzkampagne in der Presse abgeflaut und eingeschlafen. Nur manchmal, in der einen oder anderen Instruktionsstunde, verloren sie die Nerven, und der Sekretär des Moskauer Gebietskomitees und die kläffenden »Internationalisten« (schon längst konnte keine »internationale« Instruktionsstunde auf mich verzichten) wunderten sich:

»Herr Solschenizyn hat bis jetzt aus irgendeinem Grund sein Ausreisevisum noch nicht beantragt!«

Auch Twardowskij, wurde mir erzählt, zerbrach sich im Kreml-Krankenhaus den Kopf darüber, wie ich den Preis in Empfang nehmen könnte, *ohne* hinzufahren. Er lag dort mit gelähmter rechter Hand und starken Sprachstörungen, aber er konnte hören, lesen, er verfolgte die Geschichte meiner Nobelpreis-Verleihung, und sobald sich sein Artikulationsvermögen gebessert hatte, sagte er, rief er den Schwestern und den Pflegerinnen zu:

»Bravo! Bravo! Sieg!«

Und auf meinem Tisch lag bereits der Absage-Brief, und jeden Morgen verbesserte ich etwas daran, hier einen Buchstaben, dort ein Komma. Ich wollte den günstigsten Zeitpunkt abwarten, vielleicht sagen wir, zwei Wochen vor dem Festakt. Trotz der äußerlich steinernen Unverrückbarkeit unseres Staates lag die *eigentliche* Initiative bei mir: von meinem ersten bis zu meinem letzten Schritt verhielt ich mich so, als wären *sie* überhaupt nicht vorhanden. Ich ignorierte *sie*! Ich hatte mich entschlossen zu *fahren*, ich hatte es bekanntgegeben – und sie bedrängten mich nicht und unternahmen nichts, um meinen

Entschluß umzustoßen; und nun hatte ich mich entschlossen NICHT ZU FAHREN; das wollte ich bekanntgeben, und dadurch unsere schandbaren Polizeigeheimnisse ans Licht bringen – und sie waren bereit, es zu schlucken und wollten mich auch jetzt nicht umstimmen.

Aber wie sollte dieser Brief befördert werden? Die Post würde ihn abfangen. Ich mußte ihn selbst zur Schwedischen Botschaft bringen und mich mit der Botschaft verständigen: Urkunde und Medaille sollten mir in Moskau übergeben werden. Ich hatte eine Idee: etwa fünfzig repräsentative Moskauer Intellektuelle einladen und meine Rede *herunterdonnern*! Von *hier* aus sprechen – das würde eine noch größere Wirkung haben. Eine viel größere!

Aber wie kommt man in die Botschaft? Ein Glück: vor der Schwedischen Botschaft steht kein Miliz-Posten. Ein kleines gemütliches Einfamilienhaus in der Borissoglebskij-Straße. Ein wohlgenährter Kater, der einen ganzen Sessel beansprucht. Eine Gruppe Schweden empfängt mich (ich war angemeldet) und geleitet mich von Tür zu Tür. G. Jarring, schwedischer Botschafter und engagierter Vermittler zwischen Arabern und Israelis, ist gerade nach Moskau zurückgekehrt; in erster Linie ist er aber (ich bin darauf vorbereitet) ein Bewerber um die Stelle des scheidenden U Thant und daher an dem Wohlwollen der sowjetischen Regierung sehr interessiert. Jarring ist seit sieben Jahren Botschafter in Moskau, er war schon hier, als Scholochow den Nobelpreis erhielt, ist mit Scholochow eng befreundet und hält viel von ihm.

Ein zurückhaltender, hochgewachsener, ziemlich dunkelhaariger Mann (sieht er überhaupt wie ein Schwede aus?), der sehr energisch wirkte und mir höchst vorsichtig begegnete. Ich machte es mir in einem Botschaftssessel bequem, fuchtelte mit dem Brief herum, gab ihn jedoch nicht aus der Hand:

»Hier habe ich einen Brief an die Schwedische Akademie, etwas wegen meiner Reise [Anhang 15]. Ich fürchte, mit der Post könnte es zu lange dauern. Sie sollten aber schon jetzt wissen, wie ich disponiert habe. Könnten Sie diesen Brief für mich befördern?«

Er spricht russisch, aber er läßt mich durch den Übersetzer, den Kulturattaché Lundström, fragen:

»Und *was* haben Sie beschlossen?«

»Ich fahre nicht.«

Eine leise Regung von Zufriedenheit. So ist es für ihn einfacher.

»Der Brief wird morgen früh in Stockholm sein.«

Also, das geht mit der diplomatischen Post. In Ordnung. Meine Autobiographie liegt bei. Und die Urkunde und die Medaille? Könnte man einen Empfang in Ihrer Botschaft arrangieren?

»Das ist unmöglich. So etwas hat es noch nie gegeben.«

»Aber es hat auch noch nie einen Fall wie den meinen gegeben. Wir wollen nicht vorgreifen, Herr Jarring. Lassen wir die Akademie überlegen.«

Darauf Jarring mit großer Bestimmtheit: entweder durch die Post oder hier in seinem Arbeitszimmer, so wie jetzt, ohne Zeugen.

Ohne den Vortrag? *Dann* brauche ich überhaupt nichts. Dann soll meinetwegen alles in der Akademie liegenbleiben.

Ich wollte ihn diesen Brief nicht in meiner Gegenwart lesen lassen, händigte ihm alles aus und ging. Aber ich hatte sein Versprechen.

Ich wollte drei Tage warten, damit die Akademie, nachdem sie meinen Brief erhalten hatte, Stellung dazu nehmen konnte. Nach drei Tagen sollte er in den Samisdat hinausgehen. Die Akademie telegrafierte mir jedoch, daß mein Brief erst beim Bankett verlesen werden sollte. Das war für mich zu spät, ich mußte *sofort* bekanntgeben, daß ich nicht fahren würde. Aber die Schweden blieben von der Sprengkraft des russischen Samisdat verschont: der Brief sickerte bei ihnen selbst durch, vielleicht beim Übersetzen ins Schwedische, und sie schickten mir ein zweites Telegramm, in dem sie sich entschuldigten, bedauerten, daß dieser Brief ihnen entwischt war und anfragten, ob ich nicht etwas anderes für das Bankett schicken wolle?

Eigentlich wollte ich nichts mehr sagen: ich hatte ja etwas gesagt, ziemlich gemäßigt, das Wichtigste aber für den Vortrag aufgehoben. Aber dieses Telegramm war ein neuer Anstoß!

Ich hatte es zwar nicht vorgehabt, konnte aber jetzt einen, aus dem Vortrag ausgeklammerten Absatz, verwenden.

»Majestät, meine Damen und Herren,

... ich kann jenen bemerkenswerten Zufall nicht außer acht lassen, daß der Tag der Übergabe der Nobelpreise mit dem Tag der Menschenrechte zusammenfällt ...«

Meine Herren, das ist der Zorn eines Skythen: wozu diese Lämmerlöckchen unter den Jupiter-Lampen? Wozu unbedingt eine weiße Fliege, warum ist die Lager-Joppe verpönt? Was ist das für eine Sitte: die Bilanz – die Bilanz eines ganzen Lebens, den Vortrag des Preisträgers beim Essen anzuhören? Wie üppig sind diese Tische beladen, mit welchen Delikatessen, und wie selbstverständlich werden diese an sich nicht selbstverständlichen Dinge herumgereicht, vorgelegt, achtlos gekaut und mit einem Schluck Wein hinuntergespült ... Sehen Sie denn nicht die Flammenschrift an der Wand – Mene, Mene, Tekel, U – pharsin ...

».. . lassen Sie uns an dieser festlichen Tafel nicht vergessen, daß heute politische Häftlinge in den Hungerstreik getreten sind, um ihre geschmälerten oder gänzlich mit Füßen getretenen Rechte zu verteidigen.«

Es war nicht gesagt, um *welche* Häftlinge es sich handelte, und es war nicht gesagt, wo, aber es war deutlich, daß es bei *uns* war. Es war auch nicht von mir erfunden, und es war kein Zufall: ich wußte, daß am 10. Dezember unsere Häftlinge im Zentralgefängnis von Wladimir, andere in Potma und andere in verschiedenen IRRENANSTALTEN in Hungerstreik treten würden. Das hätte sich später sowieso herumgesprochen, aber ich sagte es im richtigen Augenblick.

(Unter den Gratulationen, die ich nach der Preisvergabe erhielt, befand sich auch ein Kollektivbrief aus den Lagern von Potma, dort war so etwas noch möglich, aber sogar in Wladimir haben sie es irgendwie fertiggebracht, trotz dicker Mauern neunzehn Unterschriften zu sammeln und mir dieses teuerste aller Glückwunschschreiben zukommen zu lassen:

»Wir bestreiten mit Entschiedenheit das Recht der Schwedischen Akademie auf die erste angemessene Würdigung der Verdienste des Schriftstellers und Bürgers ... Eifersüchtig wachen wir ... über dem Freund, dem Zellennachbarn, dem Kameraden in der Etappe.«)

Hinschicken – ohne Zögern! Ich spüre eine beflügelte Leichtigkeit, warum sollte ich mir diese Verwegenheit nicht erlauben? Aber wie hinschicken? Natürlich wieder über die Botschaft.

»Der Krug geht so lange zum Brunnen, bis er . . .«

Das letzte Mal hatte ich mich, aus Angst, gehindert zu werden, nicht telefonisch angemeldet, aber heute hatte ich die Telefonnummer: Herr Lundström? . . . Ich habe da zwei Telegramme von der Schwedischen Akademie erhalten, ich möchte Sie um Ihren *Rat bitten*.

(Ich konnte ihm doch schlecht sagen, daß ich ihm etwas heimlich zustecken wollte.)

Der arme Lundström, seine Hände zitterten sichtbar, er wollte es vermeiden, einen Laureaten durch plumpe Ablehnung zu brüskieren, und Jarring war nicht im Hause. Aber der Botschafter hatte, wie ich später erfuhr, nach jenem unverschämten Brief, den er nicht rechtzeitig gelesen hatte, strikt verboten, von mir etwas Geschriebenes anzunehmen: »Ich habe genug damit zu tun, zwischen Israel und den Arabern zu vermitteln, um auch noch zwischen Solschenizyn und der Akademie zu vermitteln.« Seit vierzehn Jahren schon saß Lundström in Moskau, er führte offensichtlich ein ruhiges Leben und hatte viele Fäden geknüpft – und jetzt sollte er unter dem brutalen Druck eines ehemaligen Häftlings seine Karriere riskieren, da er sich nicht in der Lage sah, ihn abzuweisen. Er fuhr sich über die Stirn, rauchte nervös, und seine ganze Haltung, Tonfall und Worte waren eine einzige Entschuldigung:

»Herr Solschenizyn, wenn Sie mir gestatten, etwas dazu zu sagen . . . Natürlich bin ich gezwungen, als Diplomat zu sprechen . . . Sie verstehen doch, Ihre Ansprache [Anhang 16] enthält gewisse politische Aussagen . . .«

»Politische?? – Ich bin erstaunt. Welche? Wo?«

»Hier, hier.« – Er deutet auf den letzten Satz.

»Aber das richtet sich doch nicht gegen ein bestimmtes Land oder eine Gruppe von Ländern, der Internationale Tag der Menschenrechte ist keineswegs eine politische Einrichtung, sondern eine ausschließlich ethische.«

»Schon, aber sehen Sie, ein solcher Satz . . . entspricht nicht der Tradition des Zeremoniells.«

»Aber wenn ich dabei wäre, könnte ich ihn doch vortragen?«

»Ja, wenn Sie persönlich anwesend wären, selbstverständlich, aber da Sie nicht anwesend sind, könnten die Veranstalter gewisse Bedenken anmelden ... Sie werden wahrscheinlich erst den König konsultieren.«

»Dann sollen sie ihn konsultieren!«

»Schicken Sie doch den Brief mit der Post.«

»Dafür ist es zu spät, er könnte für das Bankett zu spät kommen!«

»Dann telegraphieren Sie!«

»Das geht auch nicht: das würde sich HERUMSPRECHEN! Sie bitten mich doch, die Ansprache vorher nicht bekanntzugeben.«

Es war eine anstrengende Viertelstunde für ihn. Er ließ mich unter ständigen Entschuldigungen ein Gesuch an die Botschaft aufsetzen (wegen Beförderung eines Briefes). Er machte mich darauf aufmerksam, daß er für nichts garantieren könne. Er machte mich darauf aufmerksam, daß dies endgültig das letzte Mal sei, und daß er die Rede unter keinen Umständen mehr annehmen würde ...

Ich blieb erbarmungslos, händigte ihm meine kleine Ansprache aus und ging. Und was geschah: er opferte ein Wochenende, fuhr auf eigene Kosten, privat, nach Finnland und gab den Brief dort auf.

Ein Europäer: er versprach nichts, aber er tat mehr als er versprach.

Ich verspürte übrigens keinerlei Gewissensbisse. Diejenigen, die im Gefängnis von Wladimir in den Hungerstreik getreten waren, waren der Ausgaben des Diplomaten würdig.

Etwas anderes traf mich schmerzlich: dieser Passus wurde gestrichen und beim Bankett nicht verlesen, entweder aus Rücksicht auf das Zeremoniell oder (wie man sagt) aus Rücksicht auf mich (sie haben ja alle Mitleid mit mir, der Schwede Lundkvist, Mitglied der Schwedischen Akademie, Kommunist und Lenin-Preisträger, hatte das ausgesprochen: »Solschenizyn wird der Nobelpreis schaden, Schriftsteller wie er sind es gewohnt, in Armut zu leben und brauchen das auch.«)

An diesem besonderen – meinem Nobelpreisabend – Haben wir mit einigen unserer nächsten Freunde gefeiert: in dem als »Taverne« ausgebauten Speicher bei Rostropowitsch saßen wir um einen ungestrichenen uralten Tisch vor ebenso seltsamen Pokalen, beim Licht einiger Kerzenleuchter, und hörten uns von Zeit zu Zeit Nachrichten verschiedener Sender über die Zeremonie der Nobelpreisverleihung an. Und dann kam die Direktübertragung der Ansprachen während des Banketts. Der Sender wurde gestört, aber ich hatte den Eindruck, daß mein letzter Satz fehlte. Wir warteten, bis die Ansprache in den letzten Nachrichten wiederholt wurde – tatsächlich, der Satz fehlte!

Ach was, die kennen den russischen Samisdat noch nicht – morgen früh regnet es Blätter mit meiner Ansprache beim Bankett!

Und wieder hieß es in den Instruktionsstunden: »Man hat ihm ja die Möglichkeit gegeben zu gehen – aber er ist nicht gegangen! Er ist geblieben, um uns hier zu stören! Er tut alles, um der Sowjetunion zu schaden! Aber auch diesmal blieb eine Kampagne in der Presse aus (wie immer, wenn man die Faust zeigt). Lediglich in die *Prawda* verirrte sich ein Artikel, in dem zu lesen stand, daß ich ein »innerer Emigrant« (nachdem ich auf die Emigration verzichtet hatte!), »dem Volke und dessen Leben feindlich« sei, daß ich »in eine Schlammgrube geraten« und meine Romane »Pamphlete« seien. Dieser Artikel trug dieselbe Unterschrift wie der Artikel, der gegen die ČSSR gerichtet war und den Einmarsch eingeleitet hatte, folglich mußte ich mit einem einsetzenden Angriff und Pfeifkonzert rechnen. Aber es kam nicht dazu. Und auch die Presse der Generalität, die den Ideen der Partei noch treuer ist als die Partei selbst, instruierte die Politruks der Armee dahingehend, daß »der Nobelpreis das Kainsmal für den Verrat am eigenen Volke ist«.*

Und in den Instruktionsstunden, wie auf Befehl geheimer Drahtzieher: »Übrigens heißt er gar nicht Solschenizyn, sondern Solschenizer . . .« Und irgendein amerikanischer Schlagersänger, der sich abgesetzt hatte, wollte mich in der *Literaturnaja gaseta* belehren, was russischer Patriotismus ist . . .

Wie alles andere fiel die Hetzkampagne in sich zusammen wie ein abgestandener, vergorener Sauerteig, der nicht mehr gehen will. (Mit meinem Brief an Suslow war es nicht anders.) Bewegung – aber keine Richtung. Erstarrung.

Meine Hoffnung, irgendeinen friedlichen Ausweg zu finden,

---

* *Kommunist Wooruschonnychsil* (»Kommunist der Streitkräfte« 1971, Nr. 2) hatte sich zerschlagen, aber auch die durch den Nobelpreis ausgelöste Krise, die mich um ein Haar entwurzelt, in die Fremde getragen oder unter Erdschollen begraben hätte, ebbte nach diesen schwachen Konvulsionen ab.

Und alles blieb an seinem Platz, als wäre nichts geschehen.

Wie oft schon glaubte ich, am Rand des Abgrunds zu stehen, aber es stellte sich jedesmal heraus, daß es nur ein kleines, schmales Tal war. Der höchste Grat oder der tiefste Abgrund liegen noch immer vor mir, noch immer vor mir.

※※※

Obwohl ich auch das folgende Jahr, das Jahr 1971, durchaus nicht tatenlos zubrachte, erlebte ich es doch als eine Phase vorübergehender Zurückhaltung, in der meine Entschlußkraft und meine Bereitschaft zu handeln gedämpft waren.

Ich mußte so fühlen, weil plötzlich jene Seite meines Lebens in den Vordergrund trat, mich unter Druck setzte und restlos beanspruchte, die ich im Sog meiner unaufhaltsamen Bewegung immer vernachlässigt, versäumt, mißachtet und mißverstanden hatte, und die nun jetzt meine Kräfte weit stärker beanspruchte, als es bei jedem anderen an meiner Stelle der Fall gewesen wäre, beinahe stärker als die Schlaglöcher auf meinem eigentlichen Weg. In den letzten fünf Jahren hatte ich einen tiefen, einen abgrundtiefen Unfrieden in der Familie zu ertragen gehabt und die Lösung immer weiter hinausgeschoben. Jedesmal um der Beendigung einer Arbeit oder eines Arbeitsabschnittes willen mit meiner Zeit geizend, jedesmal nachgebend, besänftigend, beschwörend, nur um ein Vierteljahr, einen Monat, zwei Wochen ruhigen Arbeitens zu gewinnen und nicht von der Hauptarbeit abgelenkt zu werden. Nach dem Gesetz der Häufung kritischer Situationen kulminierte das lang Hinausgeschobene gerade in den Monaten vor dem Nobelpreis und zog sich noch ein, zwei und mehr Jahre hin. (Der Staat ließ sich die Gelegenheit nicht entgehen, sich in der lang dauernden Scheidungssache wie in einer Beute festzukrallen, und so entstand eine unerträgliche Situation: wenn mir damals etwas zugestoßen wäre, hätte mir die Schwester meiner Arbeit, die Mutter meiner Kinder weder folgen, noch mich im Gefängnis besuchen dürfen, sie hätte weder mir, noch meinen

Büchern helfen können – alles wäre den Feinden in die Hände gefallen.)

Vielleicht aber auch deshalb, weil es eine Feder mit unendlicher Spannung nicht gibt, und weil jeder Druck irgendwann nachlassen muß.

Wie sehr hatte ich auf dieses große Ereignis gewartet – auf den Nobelpreis, wie auf die Besetzung eines Gipfels für den Angriff – aber es sah so aus, als könnte ich nichts damit anfangen, als hätte sich alles in Luft aufgelöst, als wäre alles verweht – nicht einmal eine Rede hatte ich hingeschickt.

Meine Nobelpreisrede hatte ich im voraus als Sturmgeläut, als eine Reinigung aufgefaßt, sie war es, die dem Preis überhaupt einen Sinn gab, ich setzte mich ja auch hin, ich schrieb sie sogar nieder, aber das, was zustande kam, war schwer zu bezwingen. *Ich wollte* ausschließlich über das gesellschaftliche und staatliche Leben im Osten und auch im Westen sprechen, aus einer Perspektive, die meinem, in den Lagern geschulten Denkvermögen entsprach. Nachdem ich jedoch die Reden meiner Vorgänger gelesen hatte, mußte ich einsehen, daß so etwas die gesamte Tradition über den Haufen werfen würde: keiner von den Schriftstellern der freien Welt wäre auf den Gedanken gekommen, darüber zu sprechen; dafür haben sie ja ihre Podien, Gelegenheiten und Anlässe: die westlichen Schriftsteller sprachen in ihren Vorträgen über das Wesen der Kunst, der Schönheit und der Literatur. Camus hatte das mit dem höchsten Glanz französischer Eloquenz getan, wahrscheinlich wäre es auch meine Pflicht gewesen, über ein ähnliches Thema zu sprechen. Aber über das Wesen der Literatur oder über ihre Möglichkeiten zu reden – das ist für mich etwas *Sekundäres,* Langweiliges und Lästiges: was ich vermag, das will ich lieber zeigen, und was ich nicht vermag – darüber will ich erst gar nicht reden. Und – was würden die ehemaligen Häftlinge sagen, wenn sie eine *solche* Rede von mir lesen müßten, *wozu* wäre mir dann Stimme und Rednerpult gegeben worden? War ich umgefallen? Hatte mich der Ruhm verdorben? Hatte ich unsere Toten verraten?

Ich gab mir die denkbar größte Mühe, das Thema »Gesellschaft« und das Thema »Kunst« zu *verbinden* – aber es gelang nicht, die zwei mehrfach in sich verbogenen Achsen ließen sich nicht vereinen und fielen auseinander. Und auch die nächsten

Freunde, denen ich die Rede versuchsweise gegeben hatte, bestätigten: nein, *das geht nicht.* Und ich schrieb den Schweden einen Brief, in dem ich unumwunden erklärte: aus dem und dem Grund möchte ich auf meinen Vortrag verzichten.

Sie waren ganz damit einverstanden: »Das, was für einen Wissenschaftler als selbstverständlich erscheint, braucht für einen Schriftsteller durchaus nicht selbstverständlich zu sein – besonders in Ihrem Fall . . . Sie brauchen nicht die mindesten Bedenken zu haben, daß Sie eine Tradition durchbrechen könnten.«

Und damit war das Problem der Rede erledigt. Allerdings gab es ein weiteres Mißverständis: der Direktor der Nobelstiftung mußte meine Absage öffentlich bekanntgeben. Offensichtlich bemüht, mich vor Schaden zu bewahren, wollte er den wahren Grund meiner Absage vor der Öffentlichkeit nicht nennen, sondern legte sich etwas für den Westen durchaus Annehmbares zurecht, ohne zu beachten (die verhängnisvolle Spaltung des westlichen und des östlichen Bewußtseins!), daß im Osten ausgerechnet dieser Grund mir besonders schaden würde: ich hätte die Rede nicht geschickt, weil ich nicht gewußt hätte, auf welchem Wege ich sie befördern sollte: auf legalem Wege wäre sie von der Zensur abgefangen worden, und wenn ich den illegalen benutzt hätte, hätte ich in den Augen der Regierung meines Landes ein Verbrechen begangen. Es mußte so aussehen, als wäre ich nach der Verleihung des Nobelpreises zu einem gehorsamen Sklaven geworden! . . . Das traf mich tief, ich sah mich gezwungen, ein Dementi zu schikken, aber das Dementi blieb irgendwo unterwegs hängen. Wir sind ja rechtlos und ohne Stimme, aus unserem tiefen Loch heraus können wir versuchen, Zeichen zu geben, die kann man nach Belieben verdrehen. (Anderthalb Jahre später, nachdem die Rede bekanntgeworden war, tauchte in der *New York Times* die umgekehrte Version auf: ich hätte ursprünglich einen derart matten Text aufgesetzt und mich so ausschließlich auf die Literatur bezogen, daß meine Freunde mir ins Gewissen geredet hätten: das muß schärfer werden!)

Aber es war etwas Wahres an dieser Ungereimtheit: meine stählerne Entschlossenheit, mit der ich mich in all den Jahren seit meiner Verhaftung durchgekämpft hatte, ohne die kein Ziel zu erreichen war – sie ließ nach.

Ich hatte mich für Bukowskij, der in jenem Frühjahr verhaftet worden war, nicht eingesetzt. Und für Grigorenko setzte ich mich auch nicht ein. Für niemanden. Ich maß die Fristen und Taten nach eigenem Maß und auf weite Distanz.

Meine größte Sünde war der *Archipel*. Ende 1969 hatte ich seine Veröffentlichung auf Weihnachten 1971 verschoben. Dann kam dieses Weihnachten, dann ging es vorbei – und ich schob sie wiederum hinaus. Warum hatten wir uns eigentlich so sehr beeilt, mit so viel Angst und mit solchem Risiko? Ich hatte inzwischen sogar den Nobelpreis – warum schiebe ich es wieder hinaus? Welche Erklärungen ich auch vorbringen mochte, für jene, die in die Massengräbern gestapelt worden waren wie vereiste Baumstämme – von jedem Pferdewagen vier Stück – für sie waren alle meine Gründe keine Gründe. War 1971 die Zeit immer noch nicht gekommen, um über Dinge zu sprechen, die 1918, 1939 und 1945 geschehen waren? War die Zeit immer noch nicht gekommen, in der ihr Tod wenigstens durch einen Bericht gesühnt werden konnte? . . .

Wäre ich gefahren – dann säße ich heute über den Korrekturen des *Archipel*. Und hätte ihn schon im Frühjahr 1971 veröffentlicht. Und jetzt sieht es so aus, als klügele ich Rechtfertigungen aus, warum es noch einmal aufgeschoben und der unabweisbare Kelch noch einmal vorüber gehen sollte . . .

Nein, eine Rechtfertigung ist das nicht! Nur aus Strenge gegen mich selbst soll es so heißen. Eine Rechtfertigung ist es nicht, weil es ja nicht nur um mich, sondern auch um 227 Häftlinge geht, die für mein Buch ausgesagt haben und seine Veröffentlichung teuer würden bezahlen müssen. *Ihretwegen* wäre es besser, wenn das Buch nicht so bald erscheinen würde. Aber für jene, die unter der Erde liegen – nein, so bald wie möglich!

Eine Rechtfertigung ist es nicht, weil der Archipel lediglich der Sprößling der Revolution ist. Und wenn er verheimlicht wird, so wird noch mehr verheimlicht, noch mehr vertuscht und entstellt, wenn es sich um die Revolution handelt. Und wenn es sich *darum* handelt, dann ist noch größere Eile geboten, dann ist die Aufgabe noch dringlicher. Und es hat sich so gefügt, daß mir auch das auferlegt ist. Und wie soll ich, ein einziger Mensch, mit alldem fertig werden?

Was bestimmt die Erscheinungsfolge der Werke eines Autors in einer friedlichen Literatur und in einem friedlichen Land?

Seine eigene Reife. Und ihre Vollkommenheit. Und die chrono-
logische Folge, in der sie entstanden sind. Und ihr Thema.
Aber bei uns ist das keineswegs eine Aufgabe für einen Schriftsteller, sondern für einen Strategen. Die Bücher gleichen Di-
visionen oder Armeekorps: einmal müssen sie sich eingraben,
unbemerkt, ohne einen Schuß abzugeben, ein andermal bei
Dunkelheit lautlos über Brücken marschieren; oder nach einer,
bis auf den letzten Spatenstich gut getarnten Vorbereitung
unversehens und aus unvorhersehbarer Richtung zu einer raschen und einigen Attacke ansetzen. Und der Verfasser, wie ein
Feldherr, schiebt die einen vor und hält die anderen zurück,
in Reserve.
Und wenn sie es mir nach dem *Archipel* unmöglich machen
werden, *R-17* zu schreiben, so muß ich eben den größten Teil
noch *vor* dem *Archipel* fertig haben.
Aber es ist ohnehin ein hoffnungsloses Unternehmen: zwanzig
Knoten – rechnet man ein Jahr pro Knoten, dann kommt man
auf zwanzig Jahre. Aber für den *August* habe ich sogar zwei
Jahre gebraucht – das wären also vierzig Jahre? Oder sogar
fünfzig?
Nach und nach zeichnete sich folgende Lösung ab: das Krite-
rium für das Erscheinen der Bücher ist das Auftauchen der
Person Lenins. Solange ihm in einem Knoten nicht mehr als ein
Kapitel eingeräumt und er nicht unmittelbar mit der Handlung
verknüpft ist – solange können diese Kapitel einfach ausge-
lassen, einfach unterschlagen werden, und die Knoten können
erscheinen. Das geht mit den ersten drei, im Vierten Knoten
ist Lenin bereits in Petrograd und greift direkt in das Geschehen ein, das Verhältnis des Autors zu ihm wird offenbar –
dieser Knoten steht dem *Archipel* in nichts nach. Also: zuerst
die drei Knoten schreiben und veröffentlichen – und dann alles
andere nachschicken, zum letzten Sturm.
Meinen Berechnungen nach sollte das im Frühjahr 1975 sein.
Der Mensch denkt, . . .
Die endgültige Lösung, die endgültige Frist brachte mir Unbe-
schwertheit und Licht. Zunächst – alles andere beiseite schieben
und arbeiten, arbeiten. Später – der unvermeidliche Nahkampf
mit dem Rücken an der Wand. Und die Freude: unvermeidlich? Um so einfacher für mich!
Einstweilen – den abgeschlossenen *August* veröffentlichen. Ein

ganz neuer Schritt: offen, in einem westlichen Verlag, unter meinem eigenen Namen, ohne komplizierte Erwägungen, etwa daß jemand mein Manuskript entwendet und ohne mein Wissen verbreitet hätte, ich aber nichts dagegen tun könnte, weil meine Hände gebunden wären. Immerhin richtete ich mich damit um einige Grade auf, immerhin bedeutete das eine Bewegung in der *entscheidenden* Richtung. Und dort wird auch unumwunden über Gott gesprochen, den die Atheisten mit ausgespuckten Schalen von Sonnenblumenkernen zugedeckt haben. Und auch für künftige Veröffentlichungen wird es nicht unwichtig sein, wie der *August* im Westen aufgenommen wird.

Ohne das ausgeklammerte Lenin-Kapitel enthielt der *August* nichts, was für unsere Führung eine Handhabe hätte bieten können, den Roman nicht in der Heimat erscheinen zu lassen. Aber sie haßten und fürchteten mich und mißtrauten mir viel zu sehr (nicht unbegründet), als daß sie sich hätten entschließen können, mir durch eine Publikation den Rücken zu stärken. Ich sah das ein und sparte mir die Mühe, das Manuskript bei einem sowjetischen Verlag einzureichen. (Außerdem wäre das nach meinem Brief an Suslow ein Zurückweichen gewesen: sie sollten zuerst die *Krebsstation* veröffentlichen.)

Der *Nowyj mir* existierte nicht mehr, und ich war von persönlichen Verpflichtungen frei. Im März schickte ich das Manuskript nach Paris, man versprach, es in drei Monaten zu setzen. Da brachte mich Rostropowitsch, ganz im Stil seiner glänzenden Schachspielkunst, auf die Idee, das Manuskript trotzdem bei einem sowjetischen Verlag einzureichen, um sie mit ihrer Ablehnung festzunageln. »Aber ich gönne ihnen nicht ein einziges Exemplar! Ich habe nur noch eins, und das ist für den Samisdat zurückgelegt!« – »Du brauchst ihnen kein Exemplar zu schicken. Es genügt, wenn du ihnen schreibst, daß ein Roman fertig ist. Sollen sie ihn doch anfordern!« Das gefiel mir. Ich habe nicht einen, sondern sieben Briefe getippt, in verschiedenen Fassungen, an sieben Verlage: Ich setzte Sie davon in Kenntnis, daß ich soeben einen Roman abgeschlossen habe . . . Thema und Seitenzahl. Immerhin war das ein gewagtes Spiel: sollte wirklich eine Nachfrage kommen, hätte ich ein Manuskript schicken – und den Satz in Paris stoppen müssen. Sie werden ihn ja doch nicht veröffentlichen und mir mit Sicherheit ein Jahr Zeit stehlen. Aber man war bei uns inzwischen so vernagelt, daß man nicht einmal diese Chance nutzte: kein einziger Verlag hat auch nur einen Finger gerührt, kein einziger hat geantwortet. Das Manuskript hatten sie sich übrigens auf andere Weise verschafft und es in die Bundesrepublik, an Langen-Müller, gegeben, damit ein Raubdruck vorbereitet werden konnte, noch bevor die Originalausgabe in Paris erscheinen würde. Wie sie an den Text gekommen sind? Ich hatte ihn nicht in den Samisdat gegeben. Ich denke, daß in der Wohnung, wo wir die erste Korrektur des maschinengeschriebenen Textes laut gelesen haben, ein Tonbandgerät installiert war, denn Abhörgeräte gibt es ja überall.

Vielleicht hat jemand von meinen ersten Lesern (im Winter 1970/1971 hatten etwa dreißig Menschen das Manuskript gelesen) *nicht dicht gehalten.* Ich stand ja vor einer neuen Aufgabe (historischer Roman) und hatte sie gebeten, einen bestimmten Fragebogen auszufüllen, der mir die Orientierung erleichtern sollte. Es ist auch nicht ganz auszuschließen, daß man jenes Exemplar, das von Februar bis Mai bei Twardowskij lag und von verschiedenen, mir unbekannten Menschen auch außerhalb seines Zimmers gelesen wurde, photokopiert hat.

Twardowskij – wie hatte er einst auf dieses Buch gewartet, für seine Zeitschrift. Jetzt sollte er es vor seinem Tod noch lesen.

Im Februar 1971, genau ein Jahr nach der Zerschlagung des *Nowyj mir* wurde er aus dem Kreml-Krankenhaus entlassen, ein Opfer falscher Behandlung, mit Bestrahlungsschäden. Rostropowitsch und ich fuhren zu ihm, um ihn zu besuchen.

Wir erwarteten, ihn im Bett anzutreffen, aber er saß – vielleicht uns zu Ehren – in einem Sessel; er trug einen grünviolett gestreiften Krankenkittel und eine Spezialunterhose und war in ein Plaid eingehüllt. Ich bückte mich zu ihm hinab, um ihn zu küssen, aber er wollte unbedingt aufstehen, seine Tochter und der Schwiegersohn stützten ihn auf beiden Seiten, seine rechte Seite war gelähmt und die rechte Hand stark geschwollen.

»Ge-al-tert«, brachte er mühsam, aber deutlich hervor. Die Andeutung eines Lächelns um seine Lippen drückte Bedauern, ja, Kummer aus.

Die Kürze seiner Äußerung (dabei erwies sie sich im Laufe der Unterhaltung beinahe als die ausführlichste und gehaltvollste! . . .), das Fehlen von Mimik und Betonung machte sie mir rätselhaft: wollte er sich entschuldigen, daß er gealtert war? Oder wunderte er sich über mich?

Er wurde wieder in seinen Sessel gesetzt, und wir nahmen ihm gegenüber Platz. Wieder in derselben Halle, ein paar Meter vor dem Kamin, genau auf derselben Stelle, wo er mich durch seine Sympathie für BBC und Samisdat überrascht hatte. Jetzt saß er da, das Gesicht dem die ganze Wand einnehmenden Fenster zugewandt, beinahe völlig gelähmt, beinahe völlig ohne Sprache, und seine blauen Augen, deren Blick noch unvermindert bewußt, wenn auch irgendwie zerstreut, nicht mehr konzentriert und unstet war, sagten, ob sie nun interessiert oder abwesend dreinschauten, viel mehr als seine Worte.

Es stellte sich sehr bald heraus, daß er nicht mehr in zusammenhängenden Sätzen sprechen konnte. Er fängt an – man ist gespannt: jetzt sagt er etwas, aber aus seinem Mund kommen wahllos Interjektionen, Hilfswörter, aber keine inhaltsbezogenen Hauptwörter:

»Und wie denn . . . eben . . . genau . . . so?«

Aber mit der linken Hand rauchte er. Unverbesserlich.

Alexandr Trifonowitschs Frau brachte den fünften, den letzten Band seiner Werke. Ich sagte ihm, daß ich es nicht vergessen hätte: es war jener Band, der zurückgehalten wurde, weil Alexandr Trifonowitsch die mir gewidmeten Absätze nicht opfern wollte. (Aber ich fragte nicht, ob sie jetzt nicht doch geopfert worden waren.) Alexandr Trifonowitsch nickte mit dem Kopf, er hatte mich verstanden und bestätigte es. Dann holte ich die zwei maschinengeschriebenen gebundenen Bände des *August* und zeigte und erklärte Trifonowitsch, unwillkürlich langsamer und vereinfachend, wie einem kleinen Jungen, daß dies nur ein Teil eines großen Ganzen, was das für eine Karte und wozu sie nötig sei. Er nickte mit der gleichen Aufmerksamkeit, mit einem vielleicht sogar stärkeren Interesse, aber auch irgendwie abwesend. Dann sagte er:

»Wieviel?«

Das zweite Wort stellte sich nicht ein, aber die Frage des Redakteurs war ohnehin klar: wieviel Druckbogen? (Wie viele Nummern des *Nowyj mir* hätte das gegeben? . . .)

Ganz langsam las ich ihm auch meinen Brief an Suslow vor, erklärte ihm meine Schachzüge und die Schwierigkeiten mit den *Nobeliana*, mit Jarring und mit dem Geld – er nahm das alles mit großer Aufmerksamkeit und Anteilnahme auf und zeigte mit jeder Kopfbewegung und der reduzierten Mimik sein keineswegs reduziertes Interesse. Als ich darauf zu sprechen kam, wie er mich mit Suslow bekanntgemacht hatte, nickte er heftiger und auch ironisch. Er schien sogar mehrmals zu lachen, aber nur mit den Augen und durch das Nicken, nicht mit dem Mund und nicht laut. Beim Anblick der Karte war er erstaunt, ihm entrang sich ein unartikulierter Ton, wie einem Stummen, ebenfalls als ich erzählte, wie ich heimlich aus dem Literaturfond ausgestoßen worden war. Man hatte den Eindruck, daß er alles verstand, aber gleich darauf glaubte man wieder – nein nicht alles, nicht immer, nur wenn er sich besonders konzentriert.

Ich hatte Gelegenheit, mich mit Menschen zu unterhalten, die an einer partiellen Sprachlähmung litten – ihre Qualen teilen sich auch dem Gesprächspartner mit, man verkrampft sich unwillkürlich. Bei Alexandr Trifonowitsch war das anders. Merkte er, daß er sich nicht verständlich machen konnte und half man ihm nicht mit dem richtigen Wort, so ärgerte er sich nicht, sondern in seinen Augen leuchtete warme, bejahende Ergebenheit in jene höchste Gewalt auf, die auch über uns, seinen Gesprächspartnern waltete, ohne uns daran zu hindern, uns verständlich zu machen und zu verstehen. Die Kraft der aktiven Reaktion war bei Alexandr Trifonowitsch gehemmt, aber das warme Licht in seinen Augen strömte unvermindert, und das von der Krankheit gezeichnete leidende Gesicht behielt seinen ursprünglichen kindlichen Ausdruck.

Wenn ich merkte, daß Trifonowitsch etwas besonders Dringendes sagen wollte, und es ihm nicht gelang, dann ergriff ich helfend seine linke Hand, die warm, frei und lebendig war – er drückte als Antwort die meine, und dann *verstanden wir beide,*

... daß alles zwischen uns vergessen und vergeben war. Als wäre nie etwas Ungutes gewesen – weder Kränkungen noch eitle Sorgen ...

Ich machte seiner Familie den Vorschlag: könnte er nicht mit der linken Hand schreiben? Jeder Mensch kann das, ohne es besonders üben zu müssen, und ich hatte während der Zeit in der Schule immer mit der linken Hand geschrieben, wenn die rechte schmerzte. Sie brachten ein Stück Pappe und befestigten das Papier darauf, damit es nicht verrutschte. Ich schrieb mit großen Buchstaben: *Alexandr Trifonowitsch.* Und sagte: »Schreiben Sie dazu: *Twardowskij.*« Wir legten ihm die Pappe auf den Schoß, er nahm den Kugelschreiber und hielt ihn sogar richtig, aber die kratzenden, schwachen Striche fügten sich nur mühsam zu Buchstaben. Und obwohl auf dem Blatt soviel Platz war, rutschten sie auf meine Worte drauf und legten sich darüber. Aber die Hauptsache – sie ergaben kein ganzes Wort, die Kohärenz war gestört:

> T r s i . . .

Kann er sich denn über meinen Roman äußern? Was wird er jetzt von dieser Lektüre haben? Ich schlug vor, er könnte Lesezeichen in zwei verschiedenen Farben verwenden – für die guten und für die schlechten Stellen. (Aber auch dazu ist es nicht mehr gekommen . . .)
Und was noch alles wird er nicht mehr sehen, nicht mehr erfahren! Das Allerinteressanteste im Rußland des Zwanzigsten Jahrhunderts. Er hatte es geahnt:

> Der Tod – der ist immer vorrätig,
> Das Leben – ist immer zu knapp.

Aber von seiner Krankheit ahnt er immer noch nichts. Die Brust tut ihm weh, er hustet, aber er glaubt, das käme vom Rauchen. Und der Kopf? »Ich habe dieselbe Krankheit wie Lenin«, sagte er einmal seinen Angehörigen.
Dann sollten wir Tee trinken, Alexandr Trifonowitsch bekam eine Hose angezogen und wurde zum Tisch geführt. Das gelähmte Bein machte besondere Schwierigkeiten auf dem Teppich, es blieb hängen und mußte von den Umstehenden mit den Händen nachgeschoben werden; sie setzten den Vater auf den Stuhl und mußten dann den Stuhl mit dem schweren Mann an den Tisch heranrücken.
Rostropowitsch unterhielt uns beim Tee, taktvoll und mit gemessener Heiterkeit. Alexandr Trifonowitsch hörte immer zerstreuter zu und reagierte überhaupt nicht mehr. Er war völlig in sich versunken. Oder – mit einem Bein bereits *dort.*

Und dann geleiteten wir ihn wieder zu dem Sessel vor dem Fenster, damit er den Hof überblicken konnte, wo er vor drei Jahren beim Schneeschippen den Brief an Fedin formuliert hatte, und auch den heute nicht mehr von ihm freigeschaufelten Weg zum Gartentor, über den Rostropowitsch und ich gleich fortgehen würden.

Ach, Alexandr Trifonowitsch! Wissen Sie noch, wie Sie über *Matrjonas Hof* gesprochen haben? Es wäre schrecklich, sich vorzustellen, was aus Ihnen geworden wäre, wenn nicht die Oktoberrevolution gekommen wäre!

Das wäre aus Ihnen geworden: ein Volksdichter, bedeutender als Kolzow oder Nikitin. Sie hätten so frei geschrieben, wie Sie geatmet hätten, ohne vierhundert widerwärtige Konferenzen absitzen zu müssen, und hätten es nicht nötig gehabt, beim Wodka Vergessen zu suchen, Sie wären nicht an Krebs erkrankt, der letzten Folge ungerechter Verfolgung.

... Aber als ich ihn drei Monate später, Ende Mai, noch einmal besuchte, – ging es Trifonowitsch zu meinem größten Erstaunen wesentlich besser. Er saß wieder in der Halle, in demselben Sessel, wieder mit dem Blick auf den Weg, über den man in die Welt hinaus und aus der Welt hereinkam, während er selbst sich nicht einmal bis zum Gartentor schleppen konnte. Aber sein linkes Bein und seine linke Hand (die eine Zigarette an der anderen ansteckte) waren völlig frei, auch seine Mimik war wesentlich freier, fast wie früher, und vor allem sprach er leichter, so daß er mir völlig klar über das Buch sagen konnte (er hatte es gelesen! er hatte es verstanden!): »Hervorragend.« Er unterstrich das mit einer Kopfbewegung, mit dem Blick, mit einem unartikulierten Ton.

Die Halle war von heiterem Spätnachmittagslicht erfüllt, die Vögel im Garten zwitscherten, Trifonowitsch sah wieder fast wie früher aus, er verstand alles, was ich ihm erzählte, und man konnte glauben, er würde wieder gesund ... Aber mit der linken Hand schrieb er nicht, und einen zusammenhängenden Satz brachte er nicht mehr zustande.

Leider mußte ich ihm auch dieses letzte Mal etwas verschweigen, wie schon so oft, ich konnte ihm nicht erzählen, daß das Buch in zwei Wochen in Paris herauskommen würde ...

Noch weniger konnte ich ihm anvertrauen – vor seinen Angehörigen – was mich in diesem Frühling besonders beschäftigte.

(In den Pausen zwischen den Knoten, in den Pausen zwischen meinem eigentlichen Vorhaben, sprudelten die Einfälle, fanden mehrere Gespräche über eine Samisdat-Zeitschrift für *Gesellschaftliche Fragen und Literatur* statt, deren Autoren mit vollem Namen unterschreiben sollten. Und in der »Redaktionsmappe« lagen schon einige Beiträge.)

In diesem Frühling gab es für mich nur ein wirkliches Ereignis: die Veröffentlichung des *August,* unter meinem Namen. (Ursprünglich hatte ich vorgehabt, gleichzeitig meinen Brief an Suslow bekanntzugeben und darzulegen, daß ich mich zuerst an *sie* gewandt hätte, und *sie* den friedlichen Weg abgelehnt hätten. Aber später überlegte ich es mir anders: das Erscheinen des Buches war an sich schon der größte Knall. Wenn sie mich angreifen sollten, könnte ich den Brief immer noch veröffentlichen. Aber sie griffen mich nicht an.)

In Wirklichkeit ging, wie so oft, wenn es auf einem Kriegsschauplatz ruhig wird, der Kampf unterirdisch weiter, es wurden Stollen gegraben und Minen gelegt. Das war mühsam, brachte viele Sorgen und Spannungen: wird es klappen oder nicht? Erfolg oder Katastrophe? Aber von außen war nichts zu sehen: Lethargie, Schläfrigkeit, zurückgezogenes Leben am Rande der Stadt. Wir fertigten Mikrofilme der im Westen noch fehlenden Werke an, es gab noch mehrere Lücken, und über einen gewissen Kanal, von dem irgendwann später die Rede sein soll, kam alles wohlbehalten im Westen an, in dem für den Feind unerreichbaren *Safe.* Das war der größte Sieg, der alles Spätere bestimmte. (Der *Archipel* mußte noch einmal kopiert und verschickt werden. Jene riskante Aktion an Pfingsten erwies sich auf die Dauer als wenig zufriedenstellend, ich hatte nicht mehr allein darüber zu verfügen und sah mich genötigt, meinen Rechtsanwalt mit einem eigenen Exemplar zu versehen. Aber auch darüber später mehr.) Erst von diesem Moment an – Juni 1971 – war ich tatsächlich für alles gerüstet, zu Kampf oder Untergang.

Nein, eigentlich noch nicht. Mein Haupttestament (das ich unmöglich einem Notariat in der Sowjetunion vorlegen konnte) hatte ich 1971 an Dr. Heeb gesandt, aber die Unterschrift war nicht beglaubigt. Erst 1972 machte Heinrich Böll bei seinem Besuch in Moskau durch eigenhändige Unterschrift jedes Blatt rechtskräftig – und erst nachdem ich *dieses* Testament im Westen wußte, konnte ich sicher sein, daß das künftige Schicksal meiner Bücher in den Händen meiner treuesten Freunde lag.

Das Testament begann mit einem *Programm*, das für eine Veröffentlichung bestimmt war:

... Das vorliegende Testament tritt in einem der im folgenden angeführten Fälle in Kraft:
– im Falle meines Ablebens;
– oder meines spurlosen Verschwindens von der Bühne des russischen Lebens (für länger als zwei Wochen);
– oder meiner Verhaftung, Einweisung in eine Psychiatrische Anstalt oder ein Lager oder Verschickung innerhalb der Grenzen der UdSSR.
In jedem dieser Fälle wird mein Rechtsanwalt, Dr. Heeb, mein Testament gleichzeitig in einigen der größten Zeitungen der Welt veröffentlichen. Mit dieser Veröffentlichung tritt mein Testament in Kraft. In diesem Fall wird durch meinen mündlichen oder schriftlichen Einspruch aus einem Gefängnis oder aus einem anderen Haftort kein einziger Punkt und kein einziges Wort des vorliegenden Testamentes verändert oder AUFGEHOBEN. Einige nicht für die Öffentlichkeit bestimmte Einzelheiten und die Namen von Personen, die als Empfänger, Organisatoren und Vollstrecker genannt sind, werden von meinem Rechtsanwalt erst nach dem lang ersehnten Tage bekanntgegeben, an dem in meiner Heimat elementare politische Freiheiten verwirklicht sein werden und die Veröffentlichung die genannten Personen nicht gefährdet und ihnen die Möglichkeit gewährt, ohne bestraft zu werden, auf legalem Wege dieses Testament zu vollstrecken ...

Weiter die einzelnen Posten einer Gemeinnützigen Stiftung. (Ich nannte nicht Zahlen, sondern die Ziele, die ich mir in der Hoffnung gesetzt hatte, daß diese andere hilfsbereite Menschen interessieren könnten, und so die fehlenden Summen zusammenkommen würden.)

Diese Veröffentlichung war schon an sich ein massiver SCHLAG. Aber so etwas dauert lange, sehr lange: die Korps gefechtsbereit machen, alles bis auf die letzte Patrone bedenken und sie in die Ausgangsstellung führen.

Aber der Feind legte seine eigenen Minenstollen an, von denen wir natürlich nichts wußten. In Westdeutschland und in England wurden im Jahre 1971 Raubdrucke des *August* vorbereitet, mit dem Ziel, die Rechte meines Anwalts zu unterminieren, um die Veröffentlichung meiner Werke von *dieser* Seite aus im Westen unmöglich zu machen. Und in der UdSSR stellte man, vom Text des *August* ausgehend, Nachforschungen über meine *soziale Herkunft* an. Fast alle meine Verwandten waren bereits unter der Erde, aber dann kam man einer Tante auf die Spur, und drei KGB-Männer wurden auf sie angesetzt, um irgendwelche »belastende« Tatsachen über mich in Erfahrung zu bringen.

In diesem Sommer mußte ich auf mein Roschdestwo verzichten, zum ersten Mal seit vielen Jahren wollte mir das Schreiben nicht von der Hand gehen, ich war nervös, und mitten im Sommer entschloß ich mich, in den Süden zu fahren – obwohl ich die Hitze eigentlich nicht vertrage – an die Stätten meiner Kindheit, ich wollte Material sammeln, und hatte die Absicht, bei eben dieser Tante, die ich nun seit acht Jahren nicht mehr besucht hatte, anzufangen.

Die Minengänge liefen – was im Kriege durchaus passieren kann – genau aufeinander zu. Wäre ich bis zu meiner Tante gekommen, hätten die drei KGB-Männer mich dort noch angetroffen. Aber ich bekam unterwegs einen Sonnenbrand und mußte in Tichorezkaja, kurz vor dem Ziel, umkehren. Meine »Verehrer« aus dem KGB hatten bei dem Besuch bei meiner Tante vollen Erfolg, erhielten von ihr Notizen und Berichte [Siehe S. 635] und konnten triumphieren! Nach den Maßstäben der zwanziger und dreißiger Jahre waren es vernichtende Tatsachen. Meine Mutter und ich hatten das ganze Leben weiter nichts getan, als sie zu verbergen, wenn wir uns zitternd in baufälligen Hütten verkrochen. Ein anderer von ihnen angelegter Minengang endete mit einem Fiasko: vorzeitig zurückgekehrt (noch während des Minenkrieges), bat ich einen Freund (Gorlow), nach Roschdestwo zu fahren, um dort ein Ersatzteil für mein Auto zu holen. Er hätte an einem anderen Tag fahren können, brach aber zufällig sofort auf, nachdem ich aus dem Süden zurückgekehrt war, es war der 11. August, und traf genau in dem Augenblick ein, als neun KGB-Männer sich in meiner Datscha zu schaffen machten! Wäre ich nicht umgekehrt – hätten sie ihre Operation erfolgreich durchgeführt. Wer war nun der Verlierer und wer der Gewinner? In Roschdestwo wohnte in diesem Sommer meine frühere Frau, sie stand unter der Obhut eines ihrer Bekannten (der mit *ihnen* zusammenarbeitete), und der KGB hatte die Garantie, daß sie in Moskau war und an diesem Tag nicht mehr zurückkommen wollte. Und ich war im Süden. Sie fühlten sich so sicher, daß sie draußen nicht einmal einen Posten stehen hatten – und Gorlow überraschte sie mitten bei der Arbeit, vielleicht auch erst am Anfang: hatten sie vor, irgendeine komplizierte Apparatur einzubauen? Hatten sie noch keine Zeit gehabt, das Haus sorgfältig zu durchsuchen, oder hatten sie das immer noch nicht richtig gelernt? Ich frage das, weil ich sehr viel später, 1972, als ich wieder in Roschdestwo wohnte, dort einen Stoß Kohlepapier entdeckte, den ich schon IM VORJAHR zum Verbrennen dorthin gebracht und später vergessen hatte. Diese Kohlepapier wurde beim Abschreiben des Drehbuches *Die Wahrheit kennen die Panzer* und ebenfalls beim Abschreiben von *Eiche und Kalb* benutzt. Obwohl jedes Blatt zweimal gebraucht worden war, konnte vieles mühelos gelesen werden, und sie wären längst im Besitz eines nahezu kompletten Textes, wenn die KGB-Männer nicht geschlafen hätten! (Später hörte ich: auch am nächsten Morgen, um vier Uhr in der Frühe, im Nebel und unter Hundegebell waren wieder etwa zehn Männer gekommen, um irgend etwas zu Ende zu führen oder irgendwelche Spuren zu beseitigen. Die erschrockenen Nachbarn spähten hinter den Vorhängen hervor, aber niemand traute sich vor die Tür.) Sie mußten alles stehen- und liegenlassen, als Gorlow kam und die Flucht ergreifen, aber sie schleiften ihn hinter sich her wie einen Gefangenen, mit dem Gesicht am Boden, und hätten ihn ohne Zweifel umgebracht, wenn er trotz höchster Aufregung sich nicht geistesgegenwärtig für einen Ausländer ausgegeben hätte, und ein Ausländer darf ohne höheren Befehl nicht umgebracht werden. Später kamen auch die Nachbarn dazu, dann folgte das Protokoll bei der Miliz – und auf diese Weise kam er davon. Natürlich hätte er schweigen können, wie von ihm verlangt worden war, und ich hätte nichts erfahren, aber seine Anständigkeit und der Geist der neuen Zeit erlaubten ihm nicht, diese Geschichte vor mir zu verheimlichen. Allerdings hatte er nicht mit meinem nächsten Schritt gerechnet [Anhang 17], der Atem stockte ihm, aber es war seine einzige Rettung. Ich lag mit meinen Umschlägen danieder, hilflos, aber ich ärgerte mich mehr, als ein Gesunder sich ärgern kann und vergaß wieder einmal alle Grenzen – in dem Brief an Kossygin [Anhang 18] hatte ich ursprünglich die Absetzung Andropows verlangt, aber meine Freunde lachten mich aus und hielten mich davon ab.

So detonierte einer von ihren Minengängen – und ich glaube, die Erschütterung war nicht unerheblich, Andropow selbst versengte sich dabei das Gesicht. Es kam ein Anruf (!), und der Minister persönlich (!) ließ einem völlig unbedeutenden Häftling ausrichten: das war nicht der KGB, bewahre, es war die Miliz . . . (Man muß unsere Spielregeln kennen, um zu verstehen, wie absurd diese Behauptung ist.) Eine Art Entschuldigung . . .

Die anderen Stollen detonierten im Herbst: zwei Raubdrucke von *August Vierzehn* und später der Artikel im *Stern*, diese beiden Detonationen waren meiner Meinung nach wesentlich schwächer: dank der Weisheit eines englischen Richters vor allem, der einen Präzedenzfall geschaffen hatte, verloren sie ihre über ein Jahr sich hinziehenden Prozesse, und die Rechte meines Anwalts waren unangefochtener als je zuvor. Und der Artikel im *Stern*, der von der *Literaturnaja gaseta* abgedruckt wurde, beschwor in der UdSSR keineswegs jene bedrückende Atmosphäre von Verfolgung wie einst in der ruhmreichen Jugend der Sowjets, sondern rief allgemeine Heiterkeit hervor: das war also eine fleißige, gesunde Familie? (Damit hatten sie selbst den »zionistischen Hintergrund« meiner Tätigkeit zerstört.)

Das sind Zeiten! Wir sind bloß ein kleines Häuflein, eine Handvoll, sie verfügen über die größte Geheimpolizei der Weltgeschichte, langjährige Erfahrung, ungezählte unbezahlte Arbeitskräfte, eine hochentwickelte Miniertechnik, jede Menge Dynamit, aber es gelingt ihnen nicht, den Minenkrieg zu gewinnen.

Ich darf das behaupten, weil das nicht das einzige Beispiel ist, es gab noch viele ähnliche. Wenn man ausführlich berichten will und sich alles vergegenwärtigt, so stellt sich heraus, daß in all den Jahren der größte Teil unserer Sorgen und Mühen nicht in einem Handeln im großen Maßstab aufging, das zu irgendeinem fruchtbaren Resultat geführt hätte, sondern in Aufregungen, im Suchen, in einem ewigen Hin und Her, Vorbeugen und Warnen – und all das unter Bedingungen, in denen *sie* Spitzel und das Nachrichtensystem, Telefon und Post, zur Verfügung hatten, während wir weder telefonieren, noch schreiben, zuweilen uns nicht einmal treffen konnten, und dennoch die Situation retten mußten. Die Gefahr kulminierte mindestens zwanzigmal. Das ist nicht übertrieben, irgendwann werde ich ausführlicher davon erzählen.

Hier will ich nur zwei, drei Beispiele anführen. Das erste spielte sich in einer Provinzstadt ab, wohin ich den *Ersten Kreis*, – alle sechsundneunzig Kapitel – zum Aufbewahren geschickt hatte. Es gab weder eine heiße Spur, noch einen Verdacht, es war ein Umstand, den man unmöglich voraussehen konnte, aber in das Zimmer, wo der *Kreis 96* aufbewahrt wurde, kamen KGB-Männer. Es ist klar, daß sie jetzt das Haus durchsuchen werden, und daß es keine Rettung mehr gibt. Aber sie führen keine Hausdurchsuchung durch, sondern verlangen lediglich das Geständnis, daß der Hausherr ein Exemplar von *Beim Lesen des Iwan Denissowitsch* besitzt. Er gibt es zu und händigt es ihnen aus. Aber den *Kreis 96* vernichtet er immer noch nicht, er hat ja die Weisung, ihn aufzubewahren, es folgt eine lange Korrespondenz, aber nur bei zuverlässiger Gelegenheit, wir erfahren von dem Besuch des KGB, ein zweiter ist nicht ausgeschlossen, dann hätten sie den *Kreis 96* in der Hand – so schnell wie möglich verbrennen! Der Antwortbrief braucht ewig lange – endlich ist das Exemplar verbrannt.

Ein anderes Mal war es wie ein Donnerschlag: *Eiche und Kalb*, dieses Buch, das sie jetzt in den Händen halten, dieses Buch *geht in Moskau um*! Wir sind wie vor den Kopf geschlagen! Denn hier sind alle Karten aufgedeckt, hier ist alles beim Namen genannt, was kann noch gefährlicher sein? Wir versteckten es, behüteten es – wie ist es nur entwischt? Wann? Mit wessen Hilfe? Unter welchen Umständen? Wir beginnen eine Untersuchung, wir überprüfen unsere Exemplare, fahren aufs Land, um uns an Ort und Stelle zu vergewissern, daß nichts vom Fleck gerückt und daher nichts photokopiert worden ist. Verdächtigungen, Mißtrauen, allgemeine Aufregung und Alarm.

Gleichzeitig Nachforschungen am anderen Ende: wer hatte

gehört, daß es irgendwo gelesen wurde, wem wurde erzählt, daß irgend jemand es gelesen hatte, und wer endlich hatte es selber gelesen? Wie sah das Exemplar aus, in wessen Wohnung wurde es gelesen, Adresse, Telefonnummer. (Es läßt sich natürlich nicht vermeiden, daß in der Aufregung der eine oder andere Name am Telefon genannt wird, das ist inzwischen bestimmt in der Ljubljanka registriert worden und man hat auf der Stelle zur Verfolgung angesetzt!) Schleunigst in jede Wohnung! *Gestehen Sie* aufrichtig, es ist besser, mir gegenüber, als wenn Sie warten, bis der KGB im Haus ist: sie gestehen, nennen Namen. Und legen ein maschinengeschriebenes Exemplar vor mich auf den Tisch. Es ist nicht unser Exemplar! (Unsere waren vollzählig an ihrem Platz! Wenn es nicht unser Exemplar ist, dann ist es eine neue Abschrift! Dann muß es vier bis fünf weitere geben. Es ist nicht unser Exemplar, aber auch keine Photokopie unseres Exemplars. Aber eine sehr exakte Abschrift, sogar meine allerletzten Korrekturen sind von Hand nachgetragen. Das bedeutet, daß es mir unmittelbar unter der Hand gestohlen wurde, daß jemand von den mir am nächsten stehenden Menschen diese Kopie angefertigt hat. Wer könnte es gewesen sein? Wir müssen den Mann anrufen, der diese Abschrift hierhergebracht hat. Er ist nicht zu Hause. Wir bleiben und warten, um jedes unnötige Hin und Her zu vermeiden. Nach einigen Stunden kommt jener Mann und nennt verlegen die eigentliche Quelle. Es ist jemand von den Vertrauenswürdigsten! Sie hat das Manuskript nur zum Lesen bekommen und hat es heimlich abgetippt (für die Geschichte? Um es zu retten? Einfach eine Manie?). Und sie gab es zum Lesen weiter – nur an ihn (er steht ihr nah), er brachte es *diesen*, aus Dankbarkeit für irgendeine Gefälligkeit. Und diese riefen hocherfreut die nächste Freundin dazu. Und die mußte das sofort per Telefon ihrer Freundin anvertrauen. Und bei diesem vierten Kettenglied haben wir eingegriffen! Ich konfiszierte das Exemplar! Moskau ist groß, aber die Wege darin sind kurz, wir rufen auch die Hauptschuldige an, wir treffen uns mit ihr, sie beichtet, schluchzt, in Zukunft bleibt sie völlig ausgeschaltet, ich konfisziere die Beute. In diesen Stunden mehren sich die Anzeichen: die KGB-Männer sind in Bewegung, überall tauchen ihre Dienstwagen mit den vier Burschen im dunklen Fond auf. Jetzt könnt ihr euch die Lippen lecken,

Genossen, ihr kommt eine halbe Stunde zu spät! (Sie werden es nicht mehr erfahren: was war das für eine Panik? Was hatten wir gesucht? Was ist ihnen durch die Finger gegangen?)
Und im Dezember 1969 ist eine ganz ähnliche Geschichte mit den *Ostpreußischen Nächten* passiert: Wieder ein Gerücht, die *Ostpreußischen Nächte kursieren* in Moskau, es ist zwar kaum denkbar, aber sie *kursieren* in Moskau! Und wieder muß ich von Wohnung zu Wohnung laufen, immer der Spur nach, und wieder stoße ich auf eine Kopie: wieder eine fremde Kopie, *exakt* nach der unseren angefertigt! Gestohlen! Jemand Vertrautes! Wer? Und schon finden sich Spuren: mein Freund hatte ein Exemplar einige Tage bei sich gehabt und es jemandem *zu lesen* gegeben. Und die haben es *abgeschrieben* und vier Jahre geheimgehalten! Aber da ich nun aus dem Schriftstellerverband ausgestoßen war, warum sollte man die *Ostpreußischen Nächte* nicht in den Samisdat geben? (Es dauerte eine Weile, bis ich erfahre: der KGB hatte das Poem im Samisdat erwischt und gleichzeitig bot unser geliebter *Stern* das Manuskript der *Zeit* an, unter lebhaften Versicherungen, er handele in meinem Auftrag und ich wünsche dringend, die *Ostpreußischen Nächte* sobald als möglich im Westen gedruckt zu sehen. Auf diese Weise gaben sie Grund für eine strafrechtliche Verfolgung. Warum eigentlich so kompliziert? In der *Zeit* bliesen wir das Feuer vom anderen Ende aus. Und aus irgendeinem Grunde flackerte es nicht wieder auf.) So gut es ging, hatte ich es auch in Moskau ausgetreten. Die Verbreitung des Manuskripts wurde gestoppt.
Aus solch *ruhigen* Wochen setzen sich unsere *ruhigen* Jahre zusammen, die Jahre ohne auffällige Ereignisse, wenn die Hauptkräfte sich nicht bewegen und »keine besonderen Vorkommnisse zu melden« sind.
Wie viele Jahre kann man so durchhalten? Heute sind es siebenundzwanzig Jahre seit den ersten Gedichten in der Scharaschka, den ersten Verstecken und den ersten Verbrennungen.

⁂

Und über diesem geheimen Kleinkrieg die hohe Wolkenbank der Geschichte – auffällige Ereignisse ziehen vorbei und rufen ihrerseits zum Handeln auf, fordern einen Aufschrei. Manches hält man zurück, anderes läßt sich nicht zurückhalten.

Im Dezember 1971 trugen wir Trifonowitsch zu Grabe. Die umliegenden Straßen waren in weitem Umkreis abgesperrt, mit Miliz war nicht gespart worden, am Friedhof waren sogar Soldaten aufgestellt (bei der Beerdigung eines Dichters!), Autos und Omnibusse wurden abscheulicherweise über ein Megaphon dirigiert. Auch im Vestibül des Zentralen Schriftstellerhauses standen Ordner, aber immerhin wagten sie es nicht, mich anzuhalten (was sie später bedauern sollten). Vor der geschmacklosen purpurroten Seide, mit der der ganze Sarg ausgeschlagen und auf der der Kopf des Entschlafenen (in den ersten Stunden nach seinem Tode kehrte der kindlich-freundliche, friedfertige Ausdruck zurück, sein bester Ausdruck) gebettet war, vor den grimmigen und automatisierten Physiognomien des Literatursekretariats, vor den verlogenen Reden konnte ich ihn nur mit zwei Kreuzeszeichen beschützen – nach den beiden Feiern, der ersten im Schriftstellerhaus, der zweiten auf dem Friedhof – das war alles, aber ich glaube, daß es gegen das Böse genügt. Nur dem Willen der Witwe (sie handelte, ohne Rücksicht auf sich selbst, nur aus der Gewißheit, den Willen des Verstorbenen zu erfüllen) war es zu verdanken, daß ich an den Sarg treten durfte, und, um der Familie nicht zu schaden, konnte ich mich nicht entschließen, noch am selben Abend ein Gedenkwort in den Samisdat zu geben und hielt es bis zum Neunten Tag zurück, jeden Tag von neuem lesend, wiederlesend, wiederholend, und lebte mich in diese Abschiedsstimmung ein, in der die Ereignisse mit ganz anderem Maß gemessen und von einer ganz anderen Warte aus gesehen werden als im Alltag [Anhang 19].

Ich hatte mich ausgesprochen. Es wäre natürlich gewesen, nun zu schweigen, die Zunge selbst versagte ihren Dienst, aber kaum eine Woche später, in der Heiligen Nacht, höre ich in einem westlichen Sender die Christmette und den Sendbrief des Patriarchen Pimen – und schon brennt es mir auf der Haut: ich muß ihm schreiben! Ich kann es unmöglich lassen! Und schon – neue Sorgen, eine neue Last, eine neue Ballung von Problemen.

(Mit diesem Brief, nein, schon nach dem *August*, setzte ein Spaltungsprozeß unter meiner Leserschaft ein, ich verlor Anhänger, die wenigsten blieben, die meisten gingen. Sie waren alle mit Hurra auf meiner Seite gewesen, solange ich mich

scheinbar nur gegen die Ausschreitungen der Stalinära wandte
– in diesem Punkt war die gesamte Gesellschaft mit mir einig.
In meinen ersten Werken tarnte ich mich vor der Zensur –
aber damit auch vor dem Publikum. Mit den nächsten Schritten mußte ich unvermeidlich die Maske ablegen: es war an der
Zeit, deutlicher zu sprechen und tiefer anzusetzen. Und das
führte unvermeidlich zu Verlusten unter dem lesenden Publikum, zum Verlust von Zeitgenossen – im Vertrauen auf die
Nachkommen. Aber es ist sehr schmerzlich, wenn man sogar
im Kreise seiner allernächsten Freunde Verluste zu verzeich-
nen hat.)

✳✳✳

Aber wozu wird das alles hier erzählt? Wo bleiben die angekündigten Nobeliana?
Die Nobeliana gingen ihren Weg. Per Hegge – sehr aufgebracht
gegen Jarring – hatte sich vorgenommen, diesen wegen seiner
Gemeinheit bei der Geschichte mit dem Nobelpreis unbedingt
zu entlarven. Aber Hegge wurde aus der UdSSR ausgewiesen,
und ich hatte seine Drohungen völlig vergessen. Er hat aber
sein Vorhaben wahrgemacht, und das zu einem denkbar günstigen Zeitpunkt: Im September, einen Monat vor der nächsten Nobelpreisvergabe und zu Beginn jener Sitzungsperiode
der UNO, in der der neue Generalsekretär gewählt werden
sollte, ein Posten, auf den Jarring so reflektierte, veröffentlichte er seine Memoiren, in denen er ausführlich darstellte,
wie Jarring gegen mich der sowjetischen Regierung in die Hand
gearbeitet hatte.* Damit entfesselte er in Schweden einen Skandal, und der Premierminister Palme, ein flatterhafter Sozialist
mit sehr beweglicher Intelligenz, der ebenfalls größte Sympathien für das Land des siegreichen Proletariats hegte, mußte
sich sogar rechtfertigen – im Schwedischen Fernsehen und in einem Brief an die *New York Times*. Erstens: er, Palme, habe von
Jarrings Entscheidungen überhaupt nichts gewußt. Dann, etwas
kühner: was man eigentlich hätte tun sollen? Eine Botschaft

---

* Ich kenne dieses Buch nicht, aber nach Zitaten zu urteilen, hatte sich Hegge
auch auf vage Gerüchte gestützt: zum Beispiel soll es Sacharow gewesen sein,
der mich von einer Reise nach Stockholm zurückgehalten hat. Darüber habe
ich mit Sacharow nie gesprochen.

sei nicht der geeignete Ort für eine politische Demonstration. (Er weiß genau, daß hier keine reine Literatur zu erwarten war!) Und wieder rüttelte man an den Fundamenten der Schwedischen Akademie, sie konnte immer noch nicht mit mir ins reine kommen, ob es wohl je einen Laureaten gegeben hat, der so viel Umstände gemacht hat? Karl Gierow, Sekretär der Akademie, äußerte: »Am Montag will ich Solschenizyn einen Brief schreiben und ihn fragen, ob er vielleicht die Insignien in der Botschaft in Empfang nehmen möchte.« Eine komische Geschichte: das hatte er am Samstag gesagt, und am Samstag kam das auch in den Nachrichten. Ich saß gerade über einem Brief, weil ich am Sonntag eine Gelegenheit hatte, ihn in den Westen zu schicken. Daraufhin schrieb ich sofort auch die *Antwort* an Gierow und sandte sie am Sonntag ab. Aber Gierow hat den Brief – wie sich später herausstellte – weder am Montag, noch in den folgenden drei Wochen abgeschickt . . . Und inzwischen meine *Antwort* erhalten . . . Meine Antwort lautete: ist denn der Nobelpreis ein unrechtes Gut, das nur ohne Zeugen und hinter verschlossenen Türen von Hand zu Hand geht? . . . Und als ich das Kommuniqué der Akademie in der Hand hielt (die Briefe brauchten auf dem legalen Weg drei Wochen hin und drei Wochen zurück), hatte ich auch dieses Kommuniqué schon im Radio gehört und unverzüglich darauf geantwortet.

Nach langer Krankheit hatte ich eine Weile gebraucht, um mich wieder in *Oktober Sechzehn* einzuarbeiten – es stellte sich heraus, daß es ein doppelter, wenn nicht ein dreifacher Knoten war; weil ich *August Fünfzehn*, der zweifellos nötig war, »ausgespart«, weil ich im *Ersten Knoten* die ganze politische und geistige Geschichte Rußlands seit dem Beginn des Jahrhunderts übergangen hatte, ballte sich jetzt alles zusammen, drückte und barst auseinander. Ich hätte jetzt ununterbrochen arbeiten müssen, aber nein, schon wieder drängten sich die Nobeliana vor, als wäre es für mich leichter, mich mit Diplom und Medaille gegen den KGB zu behaupten. Unter diesen Umständen mußte ich den *Knoten* noch einmal liegenlassen, die Rede überarbeiten und wiederbeleben und wenn sie fertig war, sie möglicherweise sogar halten. Und diese Rede würde Dinge enthalten, die mein unsicheres Dasein vollends zerbrechen könnten, meine ruhige unschätzbare Zuflucht bei Rostropowitsch:

Ach, wie ungern ließ ich den *Zweiten Knoten* liegen, wie gern hätte ich an meinem Vorsatz festgehalten, bis 1975 zurückgezogen zu arbeiten.

Der Mensch denkt, aber . . .

Dieses Mal war es mir irgendwie gelungen, den Vortrag von einem Übermaß an Publizistischem und Politik zu befreien, ihn ausdrücklich um das Thema Kunst zu konzentrieren und dem, noch von keinem definierten und für keinen deutlich gewordenen Stil einer Nobelpreisrede für Literatur näherzukommen.

Unterdessen korrespondierte ich mit dem Sekretär der Schwedischen Akademie, Karl Ragnar Gierow [Anhang 20]. Das schwedische Außenministerium lehnte es erneut ab, die Botschaft für das Verleihungszeremoniell zur Verfügung zu stellen, und ich schlug statt dessen die Wohnung meiner Frau vor, in der ich selbst allerdings noch kein Wohnrecht hatte [Anhang 21]. Offenbar gab es noch keinen Präzedenzfall, aber Gierow erklärte sich damit einverstanden. In diesen Monaten lernte ich seinen Takt und sein tiefes Empfinden sehr schätzen, und er erwies sich mehr und mehr nicht als Inhaber eines Ehrenamtes, sondern als ein herzlicher, entschlossener und mutiger Mann (auch in Schweden mußte er viel Mut aufbringen). Nun wollten wir den endgültigen Termin festlegen. Gierow war im Februar und März verhindert, diese Verzögerung kam mir sehr zustatten: meine Rede schien mir eine Explosion zu werden, und bis zu dieser Explosion mußte ich noch manche Angelegenheit in Ordnung bringen (wie oft man sie auch ordnen mag, sie bleiben doch immer ungeordnet): wenigstens einige Kapitel des *Zweiten Knotens* mußten bis zu einer gewissen Lesbarkeit gebracht, das reichhaltige Material, das ich für *R-17* gesammelt hatte, vor einer möglichen Katastrophe sortiert werden; ich wollte noch einmal nach Petersburg, um alle jene Örtlichkeiten aufzusuchen, Gegenden, die mir vielleicht in Zukunft für immer unerreichbar sein würden. (Es ist eine Novelle für sich, wie ich in . . . eingedrungen bin, ein andermal.)

Der Brief an den Patriarchen, etwas völlig Ungewohntes, hatte mich sehr viel Kraft gekostet, ich mußte Menschen um Rat fragen, die mit der Materie vertraut waren und darauf achten, daß er zunächst geheim blieb. Dann kam der Angriff der *Lite-*

raturnaja gaseta gegen meine Abstammung und zwang mir eine Verteidigung auf. Mit den Gepflogenheiten westlicher Korrespondenten noch nicht vertraut, gab ich meine Antwort dem Korrespondenten der Hamburger *Welt*, aber der überließ sie einem Dritten, es wurde gepfuscht, eine wirkliche Antwort kam nicht zustande, und alles endete mit kleinlicher Verärgerung. Aber eine Antwort (nicht bloß darauf) – inzwischen hatte sich vieles angesammelt, was ich schweigend ertragen hatte – schien mir unumgänglich. Und da kam mir ein ganz natürlicher Gedanke: mehrere herangereifte Äußerungen zeitlich zusammenzufassen, so daß sie massiert als »Kaskade« herauskommen und nicht einzeln erscheinen. »Wenn schon bezahlen, dann gleich für sieben Male.« In kritischen Momenten entstehen solche Kumulationen ganz von selbst, so war es auch im April 1968 beim Erscheinen der *Krebsstation*, aber sie können auch nach Plan herbeigeführt werden, indem man die einzigartige Eigenart der sowjetischen *höheren Sphären* ausnutzt: Stumpfsinn, schwerfälliges Kombinationsvermögen, Unfähigkeit, sich gleichzeitig auf zwei Anliegen zu konzentrieren. Das Datum für die Nobelpreiszeremonie, den 9. April, am ersten Tag des russischen Osterfestes, hatte Gierow bekanntgegeben, als er sein Visum beantragte, ich glaube, es war am 24. März. Am 17. schickte ich meinen Brief an den Patriarchen ab, wobei ich damit rechnete, daß er erst Ende März der Öffentlichkeit bekanntwerden würde. Einige Tage später wollte ich ein Interview geben, das erste seit neun Jahren, ein Auftritt, mit dem sie nicht rechneten. Das Interview sollte ausführlich werden. Und ehe sie dieses Interview verdaut haben würden, wollte ich die Nobelpreiszeremonie veranstalten und meine Rede halten, die ich für das gefährlichste Unternehmen hielt. Und wenn das alles vorbei war, konnte ich wieder mich ganz still verhalten und die Strafe erwarten.

Aber es kam ganz anders: der Brief an den Patriarchen, der nur für den engen kirchlichen Samisdat bestimmt und auf das langsame Kursieren in jenen Kreisen, die er wirklich ansprach, berechnet war, wurde sofort von der westlichen Presse aufgegriffen. Wie ich später erfuhr, hatte er den KGB in eine besinnungslose Wut versetzt, viel schlimmer, als bei manchen meiner Schritte vorher oder nachher. (Das ist kein Wunder: der Atheismus ist das Herz des gesamten kommunistischen Systems. Und trotzdem war es paradox: auch in Kreisen der Intelligenzija wurde dieser Schritt allgemein verurteilt und sogar verabscheut: wie engstirnig, wie blind und beschränkt muß ich sein, wenn ich mich einem solchen Problem wie dem der Kirche zuwende; oder ein anderes Argument: was vermag eigentlich die Geistlichkeit? Sie ist machtlos – das heißt, in derselben Lage wie die Intelligenzija, eine Selbstrechtfertigung per Analogie – soll er doch an die Regierung schreiben. Aber die sowjetische Führung sollte später angesprochen werden. Trotz aller Angriffe habe ich diesen Schritt niemals bereut: wenn nicht unsere geistlichen Väter uns mit dem Beispiel einer geistigen Überwindung der Lüge vorangehen – von wem kann man es dann erwarten? Leider hat unsere kirchliche Hierarchie es uns überlassen, uns selbst zu befreien.) Eine spätere Rekonstruktion ergab die Bestätigung, daß um den 20. März herum der schon lange aufgeschobene Regierungsbeschluß in die Tat umgesetzt werden sollte: mich öffentlich zu brandmarken und auszuweisen. Und nun verstärkte sich die Verfolgungskampagne in der Presse und weitete sich aus. In ihrer gewohnten Beschränktheit entschlossen sie sich für das für sie am wenigsten günstige Gefechtsfeld: sie verbissen sich in *August Vierzehn*, der nicht durch Raubdrucke abgefangen und nun zu meinem schlimmsten antipatriotischen und sogar antisowjetischen Buch erklärt wurde. Zu diesem Zweck wurde die kommunistische Presse im Westen mobilisiert (denn wer in der UdSSR hätte den *August* lesen können?) und dann alles mögliche leere Geschwätz meistenteils in der *Literaturnaja gaseta*, später auch in anderen wichtigen Blättern abgedruckt, manche Artikel griffen mich unter Berufung auf das Strafgesetzbuch an, und die gefügige sowjetische »Öffentlichkeit«, von den Schriftstellern bis zu den Stahlwerkern, sandte zornige »Echos auf die Reaktionen« ein. Diesmal stand ihr Entschluß so fest, daß sie bereits eine praktische Lösung gefunden hatten, meiner habhaft zu werden: durch eine polizeiliche *Festnahme*, das heißt eine kurzfristige Verhaftung (diese Lösung, die bis zu uns durchgesickert war, sollte eine andere ersetzen, einen Autounfall, die »Variante von Yves Farge«); ihr Entschluß stand so fest, daß Tschakowskij bei einer Redaktionskonferenz vor dreißig Menschen vielsagend verkündete: »Wir werden ihn ausweisen!« Offenbar hatten sie diese Operation für Mitte

April vorgesehen, und die Pressekampagne sollte bis dahin ihren Höhepunkt erreicht haben.

Aber mein Plan entwickelte sich stürmischer. Ohne sich telefonisch angemeldet zu haben, erschienen bei mir amerikanische Korrespondenten. Sie kamen von den beiden größten Zeitungen der USA, anderthalb Monate vor dem Besuch des amerikanischen Präsidenten in der UdSSR. In meinem Interview ging ich mit keinem Wort auf allgemeine Fragen ein, ich erwähnte weder die Häftlinge, noch die das Land überflutende Ungerechtigkeit – darüber schwieg ich nun seit beinahe zwei Jahren, während der »Phase« meiner »Zurückhaltung«, als ich alles andere für *R-17* opferte – auch jetzt wollte ich die unvermeidliche Kollision noch hinausschieben, um meine Rede nicht zu gefährden. Dieses Interview stellte im großen und ganzen eine breit angelegte persönliche Verteidigung dar, einen Besen, mit dem ich sorgfältig den Kehricht ausfegte, der mir jahrelang gegen den Kopf geworfen worden war, aber der Anblick dieses Kehrichts hinter der Aureole »des fortschrittlichsten Regimes« machte schon einen für meine Zwecke völlig ausreichenden Eindruck auf den Westen.

Die plötzliche Veröffentlichung des Interviews und Aufdeckung aller möglichen Schändlichkeiten [Anhang 22] hatten meine Gegner betäubt, genauso wie ich es mir vorgestellt hatte. Das Interview erschien am 4. April, und nach weniger als vierundzwanzig Stunden reagierte die Regierung, trotz ihrer gewohnten Schwerfälligkeit, mit einem unüberlegten, reflektorischen, elementaren Gegenschlag: zu ihrer eigenen Schande und Schmach verweigerte sie dem Sekretär der Schwedischen Akademie, der mir die Nobelpreisinsignien überreichen wollte, die Einreise. Daß ich eine Rede halten wollte – das stand in keinem Brief, darüber wurde auch unter den Zimmerdecken nicht gesprochen, die Regierung konnte es höchstens ahnen; gesprochen wurde nur davon, daß in einer privaten Wohnung in Moskau in Anwesenheit von Freunden, Schriftstellern und Künstlern der Autor Diplom und Medaille überreicht bekommen sollte. Und die Regierung einer Weltmacht schreckte *davor* zurück! Wäre der linke Westen weniger bereit, uns ständig zu rechtfertigen, hätte diese Selbstzüchtigung das sowjetische Kulturaustausch-Theater für lange Zeit entlarvt. Aber nach dem Gesetz des intellektuellen Linksdralls wird den *Roten* alles verziehen und den *Roten* nichts nachgetragen. Es war wie bei Orwell: dieselben Persönlichkeiten des Westens, die sich über jedes Todesurteil, wo immer auf der Erde es auch sei, aufregten, die applaudierten, wenn Stalin mehrere hunderttausend Menschen umbringen ließ; sie beklagten die Hungersnot in Indien, aber die alles niedermähende Hungersnot in der Ukraine blieb unbemerkt.

Nach unserem bewährten Verhandlungsgeschick schwächte die sowjetische Botschaft in Stockholm die Ablehnung ab, indem sie es trotz allem nicht für »ausgeschlossen hielt, daß das Visum für Gierow zu einem anderen günstigeren Zeitpunkt erteilt werden könnte«, um den Ärger zu beschwichtigen, eine Illusion zu schaffen und einen nahtlosen Übergang zum Stand Null zu bewerkstelligen. Das schwedische Außenministerium ging auf das Spiel ein, *wir aber* hier durchschauten es nur allzu gut! Und ich deckte es in einer besonderen Erklärung auf [Anhang 23]. Nachdem Gierows Kommen unmöglich gemacht worden war, verlor die Zeremonie ihren ganzen Sinn. Aber wir konnten auch erleichtert aufatmen, sowohl diejenigen, die sich mit der Organisation zu befassen hatten, als auch jene, die sich bereit erklärt hatten, zu erscheinen.

Die Vorbereitungen für diese Zeremonie waren, abgesehen von den vordergründigen Schwierigkeiten, in einer gewöhnlichen Wohnung sechzig Gäste, teils Berühmtheiten, teils westliche Korrespondenten, anständig aufnehmen zu können, auch in jeder anderen Beziehung kompliziert und ungewohnt. Das erste Problem bestand darin, eine richtige Gästeliste zusammenzustellen, keinen Verdächtigen (aufgrund seines Verhaltens in der Öffentlichkeit) einzuladen, aber auch keinen Würdigen (aufgrund seiner künstlerischen oder wissenschaftlichen Bedeutung) zu übersehen, der mutig genug war, um wirklich zu kommen. Darum mußten die Einladungskarten bis zu dem Tag, an dem Gierow den Termin für die Feierstunde bekanntgeben würde, geheimgehalten und anschließend persönlich überreicht oder zugestellt werden; außer der formellen Einladung mußte ein motiviertes persönliches Schreiben beiliegen, das den Betreffenden dazu bewegen konnte, zu einer öffentlichen Veranstaltung zu kommen, selbst wenn sie unvermeidliche Repressionen nach sich ziehen würde. Die Zahl der Schriftsteller, Regisseure und Schauspieler, die zugesagt hatten, versetzte mich in Erstaunen: wieviel Furchtlosigkeit hatte sich noch in den Menschen erhalten, wie groß war noch der Wille, sich aufzurichten und die Scham darüber, ein ewiger Sklave zu sein! Sie alle hätten mit ernsthaften Schwierigkeiten rechnen müssen, aber die Regierung ersparte den Eingeladenen und sich selbst überflüssige Aufregungen. Natürlich gab es auch Absagen – typische, schmerzliche: es waren Menschen mit weltbekannten Namen, die nichts zu befürchten hatten.

Zu den Vorbereitungen dieser Zeremonie gehörte auch, den richtigen Tag zu wählen, einen Sonntag, damit niemand unter einem dienstlichen Vorwand zurückgehalten werden konnte, die richtige Stunde, mitten am Tage, damit der KGB, die Miliz und die freiwilligen Ordner keine Möglichkeit hatten, unter dem Schutz der Dunkelheit den Weg abzusperren: am Tage konnten solche Aktionen photographiert werden. Es mußten Unerschrockene gefunden werden, die die Tür öffneten und sie vor widerrechtlich eindringenden KGB-Männern bewachten. Es mußten Störaktionen vorausgesehen werden, wie Stromausfall, ununterbrochenes Telefongeklingel, Steinwürfe gegen das Fenster – der KGB bediente sich in den letzten Jahren immer häufiger Banditen-Methoden.

Die Regierung hat uns all dieser Sorgen enthoben.

Es war eher als Witz gemeint, daß ich der Kulturministerin Furzewa und zwei Zeitungskorrespondenten Einladungen geschickt hatte, die Zeitungskorrespondenten gehörten zu den beiden Blättern, die mich noch nie angegriffen hatten: *Selskaja schisn* und *Trud*. Die *Selskaja schisn* schickte zu der geplatzten Zeremonie den einzigen KGB-Mann unter den Eingeladenen, der sich vergewissern sollte, ob nicht trotzdem jemand gekommen wäre. Und die *Trud*, das Organ Scheljepins, der als Orthodoxer bekannt ist, beeilte sich, ihren fauligen Neutralismus so schnell wie möglich zu revidieren und griff mich gleich in den nächsten Tagen an.

Aber das waren bereits die Rückzugsgefechte einer verlorenen Kampagne: kopflos geworden durch die Blamage mit der Nobelpreiszeremonie, stellte die Regierung die öffentliche Verfolgung ein und sah sich gezwungen, aufgrund des für sie ungünstigen Zusammentreffens verschiedener Umstände mich auch diesmal in meiner Heimat und auf freiem Fuß zu lassen.

Und damit wäre das anderthalb Jahre dauernde Kapitel »Nobeliana« abgeschlossen gewesen, wenn nicht das Wichtigste ungelöst geblieben wäre – die inzwischen abgeschlossene Rede mußte, damit sie in das Jahrbuch der Nobelstiftung aufgenommen werden konnte, so schnell wie möglich nach Schweden gebracht werden. Das war sehr schwierig, aber es gelang uns dennoch (natürlich wiederum ganz heimlich und unter erheblichem Risiko). Anfang Juni sollte sie erscheinen, ich rechnete immer noch mit einer Explosion und fuhr für die Zwischenzeit in die Gegend von Tambow, um noch einmal tief einzuatmen, vielleicht zum letzten Mal.

Aber die Rede erschien weder im Juni noch im Juli dieses quälend heißen Sommers – sollte sie wirklich völlig unbemerkt geblieben sein? Erst im August erfuhr ich, daß die meisten schwedischen Betriebe im Sommer Ferien machen, unter anderem auch die Druckereien. Das Jahrbuch erschien erst Ende August.

Es gab ein ziemlich lebhaftes Echo in der Presse, über eine Woche lang. Aber ich wurde von zwei Dingen überrascht, die mir das Unzulängliche meiner Prognose vor Augen stellten: die Unseren verzogen über dieser Rede keine Miene, und auch im Westen ließ sich keine Veränderung in der Haltung oder im Bewußtsein der Gesellschaft erkennen.

Ich glaube, ich habe *sehr viel* gesagt, ich habe sogar vielleicht alles gesagt, was wichtig war – und sie haben es einfach geschluckt? Die Rede war zwar eindeutig, aber dennoch sehr allgemein gehalten und nannte keinen einzigen Namen. Und sowohl hier als auch dort zog man es vor, sie nicht zu *verstehen*.

Die Nobeliana waren abgeschlossen, aber die Explosion, die wichtigste Schlacht, wurde immer weiter und weiter hinausgeschoben.

Begegnungsgefecht

Unter einem *Begegnungsgefecht*, im Gegensatz zu einem Angriffs- und Verteidigungsgefecht, versteht man in der Taktik einen Kampf, bei dem sich die Gegner beim Angreifen oder im Vormarsch befinden und, ohne voneinander zu wissen, überraschend aufeinanderstoßen. Ein solches, nicht geplantes Treffen wird im allgemeinen für besonders schwierig gehalten: es verlangt von den Befehlshabern schnelles Handeln, Einfallsreichtum, Entschlossenheit und ausreichende Reserven.

Ein solches Gefecht fand in der Arena der sowjetischen Gesellschaft Ende August – Anfang September 1973 statt, und das Zusammentreffen war so überraschend, daß nicht nur die Gegner voneinander nichts wußten, sondern sogar den einzelnen Formationen der einen Seite (Sacharow und mir), die nebeneinander kämpften, nichts über die Bewegungen und Pläne des Nachbarn bekannt war.

Obwohl die im vorangehenden Kapitel nur gestreiften Jahre 1971 und 1972 für mich durchaus nicht ganz einfach waren, empfand ich sie doch nicht als allzu erschütternd, vielleicht hatte ich mich daran gewöhnt. Ich lebte ständig in dem Bewußtsein, mich mit angehaltenem Atem versteckt zu halten, abzuwarten, Zeit für *R-17* zu gewinnen und könnte deshalb die Gegenwart nicht mehr in Naheinstellung wahrnehmen. Und jedesmal, wenn ich auf ein Eingreifen verzichtete, sah ich mich außerstande, irgend jemandem, schon gar nicht den Mitgliedern der »demokratischen Bewegung« (die alle Neuigkeiten prompt weitergaben) zu erklären, weshalb ich mich eigentlich in Schweigen hüllte, weshalb ich mich zurückhielt, obwohl es so schien, als ob »mir nichts passieren« könnte. Das Schicksal legte eine kleine Schlafpause ein, und mein Leben bei Rostropowitsch unter so glücklichen Bedingungen, wie ich sie noch nie erlebt hatte (Stille, Landluft und städtischer Komfort), entmagnetisierte den Willen ebenfalls. Wenn schon der Brief an den Minister des KGB, wenn schon der Brief an den Patriarchen, wenn schon die Nobelpreisrede keine Explosion hervorgerufen hatten, wollte ich mich nun besonders still verhalten und schreiben, zumal der *Zweite Knoten* sich als besonders schwierig erwies und der Übergang zum Dritten keine Erleichterung verhieß. Und so schob ich jene Lösung, die wie ein Damoklesschwert über mir schwebte, immer weiter hinaus. Sogar als ich mich Ende 1972 endgültig entschlossen hatte, den *Archipel* im Mai 1975 erscheinen zu lassen, hielt ich das für ein Opfer, ein bewußtes *Beschleunigen* der Ereignisse.

Allmählich wurde mein Leben bei Rostropowitsch unterhöhlt. Nach jener zufälligen Begegnung, bei der er mir mit großherziger Spontaneität sofort seine Gastfreundschaft angeboten hatte, noch völlig außerstande, sich die Repressalien vorzustellen, denen er unbarmherzig und über lange Zeit hinweg ausgesetzt sein sollte, nachdem er sich in einem offenen Brief nach der Nobelpreisverleihung für mich eingesetzt und sich fast ein ganzes Jahr mit großem Scharfsinn gegen unzählige Attacken des Staates gewehrt hatte – wurde nun Rostropowitsch merklich müde, seine Kräfte ließen bei der anhaltenden Blockade nach, er konnte nicht mehr im Bolschoi Theater dirigieren, seine besten, die Moskauer Konzerte wurden verboten, die gewohnten Auslandsreisen, mit denen er früher die Hälfte seiner Zeit verbracht hatte, abgesagt. Und man stand vor der Frage: ist es überhaupt zu verantworten, daß der eine Künstler verkümmert, damit der andere wächst? (Leider hat die Regierung, auch nachdem ich seine Datscha verlassen hatte, ihm seine vier Winter während Gastfreundschaft nicht mehr verziehen.) Mein Leben wurde auch durch polizeiliche Maßnahmen unterhöhlt. Nicht nur das Kultusministerium war bestrebt, einen solchen Makel zu beseitigen. Nein, die gesamten *höheren Sphären* waren aufgebracht, ich war für sie eine Art Splitter, weil ich in ihrem verbotenen, begehrten, privilegierten *Sperrgebiet*, in Barwicha, wohnte. Nach den sowjetischen Gesetzen wäre es eine Kleinigkeit gewesen, mich von hier zu entfernen: dafür genügten im Regierungsviertel vierundzwanzig Stunden. Aber die Kombination dieser beiden Namen – meines und Rostropowitschs – hielt sie davon ab. Sie hatten es ja versucht. Eines Tages, das war noch vor dem Nobelpreis, erschien ein Hauptmann in Miliz. Ich sagte: »Ich bin hier zu Besuch.« Er ging.

Im März 1971 hatte ich einen »Lawinentag«, einen Tag, wie das Jahr nicht viele hat, wenn die Gedanken zu verschiedenen Problemen und in unvermuteten Richtungen dich unaufhaltsam überfluten, dich davontragen, du brauchst sie nur aufzuzeichnen, wenn auch nur skizzenhaft, auf dem ersten besten Schmierblatt, gefeilt wird später, jetzt heißt es nur festhalten. Ich lief in einem restlos seligen Zustand Ski und machte dabei Notizen in einem kleinen Heft, und als ich zurückkam, rief mich die Großmutter Anitschkowa in den oberen Stock der großen Datscha:

»Alexandr Issajewitsch, kommen Sie, die Miliz ist da. Sie wollen Sie hier raushaben!«

Wie lange hatte ich darauf gewartet, ich wartete ja schon gar nicht mehr, obwohl ich für diesen Fall ein Schreiben vorbereitet hatte, in einem blauen Briefumschlag lag es in dem kleinen Panzerschrank. Ist es möglich, daß sie sich unmittelbar vor ihrem XXIV. Parteitag (vierundzwanzig – soviel wie ein ganzer Tag Stunden hat – mögen sie ihre fünfundzwanzigste nie erleben!) erdreisten oder begreifen sie einfach nicht, welchen Skandal es geben wird?

Sie sind zu dritt, ein Hauptmann und zwei höhere Ränge. Im Laufe des Gesprächs stellt sich heraus, daß ihr Anführer – ein gewisser Anossow, Chef der Paßabteilung des Moskauer Gebiets, eine wichtige Person – ein kluger, humorvoller Mann ist, es gibt also auch bei ihnen Menschen, zuweilen. Und ich, immer noch glücklich und beflügelt, unterhalte mich frei und ungezwungen mit ihnen, siegesgewiß und in bester Form, wie damals mit den Zollbeamten.

Ich muß in meinen Flügel hinüber, um die Papiere zu holen, es wird drei Minuten dauern, bis ich sie ihnen vorgelegt oder dramatisch vorgetragen habe, stehend, womit ich sie zwingen werde, sich aus den Sesseln zu erheben. Nein. Nein, heute wollen sie mich noch nicht von hier vertreiben: sie setzen noch kein *Protokoll* auf, und erst nach dem zweiten kommt man vor Gericht. Sie drängen lediglich darauf, daß ich mir in den nächsten Tagen eine Zuzugsgenehmigung beschaffen oder abreisen soll. Nach Rjasan, in die Falle.

Selbstverständlich. Was würde jeder Sowjetbürger ohne starke Protektion in einer solchen Lage tun? Sich ergeben, sich fügen. Einen Ausweg gibt es nicht. Aber Gott sei Dank habe ich schon den ersten Schritt aus eurer Reihe getan.

Zunächst äußere ich Besorgnis um ihr persönliches Schicksal:

»Bitte Genossen, Sie können ruhig ein Protokoll aufsetzen – aber seien Sie vorsichtig! Ich bitte Sie eindringlich – machen

Sie *persönlich* nur ja keinen Fehler, das könnte Ihnen sehr schaden, vergewissern Sie sich ERST GANZ OBEN, ob man sich dort tatsächlich dazu entschlossen hat, mich hier rauszuschmeißen. Denn nachher werden Sie es ausbaden müssen.«

Ein stupider Major: »Wenn ich nach dem Gesetz handele und in meinem Revier – dann brauche ich niemanden zu fragen.«

»Ach, Genosse Major, Sie haben noch nicht genügend Diensterfahrung! . . . Hinterher wird man das Willkür nennen. Mein Fall ist besonders *delikat*.«

Der Chef der Paßabteilung: »Aber ich wende doch keine Gewalt an.«

»Das wäre ja noch schöner, wenn Sie Gewalt anwenden würden! Aber auch wenn Sie noch so behutsam vorgehen, kann es zu einem riesigen Skandal kommen.«

Ich gebe mich so selbstsicher, als könnte ich augenblicklich vom Nebenzimmer aus Breschnew anrufen. Der erfahrene Höfling wittert sofort: Vorsicht, Minengefahr, diese Sicherheit wird nicht unbegründet sein. Er zögert.

Aber was liegt mir daran, einige Tage zu gewinnen? Ich muß *denen da oben* zu verstehen geben, daß ich das ernst nehme und wozu ich entschlossen bin. Rostropowitschs Datscha bedeutet für mich Leben und Arbeit, sie sollen wissen, daß hier *in aller Heimlichkeit* nichts zu machen ist.

Ich gebe dem Gespräch eine Wendung und erkläre mit metallischer Stimme und finsterem Zuchthäuslerblick:

»Ich soll freiwillig nach Rjasan gehen? Weder zu Fuß noch gefahren! Gerichtsurteil? Werde ich nicht anerkennen! Nur in Ketten!«

So ist es richtig – jetzt ist mir leichter zumute, ganz leicht. Mich könnt ihr nicht in einer Pfütze ertränken, dafür braucht ihr ein ganzes Meer! Ich fühle mich jung, kräftig, kampfbereit.

Sie verabschieden sich höflich und verwirrt, damit hatten sie nicht gerechnet.

»Das gibt einen riesigen Skandal«, sage ich munter zum Abschied.

Weil ich nämlich das nächste Mal, wenn sie hier ein Protokoll aufsetzen wollen, mich erst wie ein sowjetisches Marienkäferchen verhalten werde, dann im Protokoll jedes Komma und jeden Strich prüfen, dann eine Zweitausfertigung für den eigenen Gebrauch fordern werde, und wenn es ans Unterschreiben geht, werde ich plötzlich mein *eigenes* Schreiben hervorholen, unterzeichnen und gegen das Protokoll austauschen:

AN DIE MILIZ, DIE MICH ZWANGSWEISE AUS DEM LANDHAUS VON MSTISLAW ROSTROPOWITSCH BEI MOSKAU NACH RJASAN, WO ICH BEI DER MILIZ »GEMELDET« BIN, UMSIEDELN WILL –

Meine Antwort

In unserm Land wurde die Leibeigenschaft im Jahre 1861 abgeschafft. Es heißt, daß die Oktoberrevolution ihre letzten Spuren getilgt hätte, folglich bin ich ein Bürger dieses Landes, kein Leibeigener, kein Sklave und . . .

Im Umgang mit ihnen muß man sich immer auf dieselbe Weise anstrengen: alles eine Oktave höher. Alles verallgemeinern, soweit es nur geht, nicht das eigene Recht, nicht das eigene schmale Grundstück verteidigen, sondern sofort das ganze System rammen!
Und immer noch ist es nicht soweit!? Wie lange noch?
Der Wind vom Kampffeld weht mir ins Gesicht – und mir wird sofort heiter zumute, ich bedaure beinahe, daß sie gegangen sind und das bereitliegende wunderbare Schreiben immer noch unbenutzt bleibt!
Nach einem halben Jahr kamen sie wieder, derselbe Anossow mit einem Einäugigen in Zivil, ich hatte gleich meinen blauen Briefumschlag mitgebracht und legte ihn auf den Tisch, zwischen sie und mich, aber Anossow war die Liebenswürdigkeit in Person und wollte mich nur erinnern: ob ich mich nicht hatte anmelden wollen? . . . Es ist *unangenehm* . . . das geht schon zwei Jahre. (Ausgerechnet hier, wo man nicht einmal zwei Tage bleiben darf, wo sogar die Aufenthaltsgenehmigung für Moskau nichts gilt!) – Na gut, wenn er diesen Ton anschlägt: »Sehen Sie, sobald meine Familienangelegenheiten geregelt sind« . . . – »Ja, ja, die müssen geregelt werden, unbedingt!« Er möchte mir Hoffnungen machen und mich zur Eile antreiben. »Aber auch wenn wir standesamtlich geheiratet haben, werde ich doch immer noch keine Zuzugsgenehmigung für Moskau bekommen, nicht wahr?« – »Was denken Sie, das ist doch Gesetz, dann müssen Sie eine Zuzugsgenehmigung bekommen.«

Aber für alle Fälle ziehen sie auch noch das andere Register: »Natürlich können wir auch jederzeit Rostropowitsch belangen, er ist ja der Hausbesitzer. Vielleicht wird seine Datscha konfisziert.«

»Nehmen Sie sich in acht«, sage ich, »diese Pfanne glüht sowieso schon, warum soll man noch Öl draufgießen? . . .«

Und mein blauer Briefumschlag liegt immer noch zwischen uns, unschuldig, noch immer verschlossen, noch nicht im Einsatz. Ich: »Wenn man Sie unter Druck setzt, brauchen Sie sich nicht mehr persönlich hierher zu bemühen, überlassen Sie das einfach der Bezirksmiliz, die wollten doch so gerne ein Protokoll aufsetzen. Allerdings werde ich das an die Öffentlichkeit bringen . . .«

Der Einäugige: »Was heißt da Öffentlichkeit? Gesetz ist Gesetz.«

Ich (mit metallischer Stimme): »Öffentlichkeit? Ganz einfach: ich werde selbst nach einem Protokoll hier nicht ausziehen und vor Gericht nicht erscheinen, Sie können mich nach dem Strafgesetzbuch verurteilen und verschicken.«

»Aber, was denken Sie!« beschwichtigen sie mich, »so weit wird es nicht kommen.«

Und wieder blieb mein Schreiben liegen, und ich wohnte weitere anderthalb Jahre widerrechtlich bei Rostropowitsch.

Und nachdem die Scheidung rechtskräftig geworden war und ich meine in Moskau wohnende Frau standesamtlich geheiratet hatte, stellte ich auch einen Antrag auf Zuzugsgenehmigung für Moskau. Da erklärte mir der neuernannte Leiter des Einwohnermeldeamtes der Stadt Moskau, der aus der Gebietsverwaltung dorthin versetzte Anossow (»das ist ja Gesetz, Sie müssen eine Zuzugsgenehmigung bekommen«), *im Namen des Ministers*, daß »Zuzugsgenehmigungen überhaupt nicht Sache der Miliz« seien, darüber entscheide ein Rat bei der Stadtverwaltung von Moskau, Ehrenpensionäre (Stalinisten): sie beurteilen das politische Gesicht des Bewerbers und befinden, ob er würdig ist, in Moskau zu wohnen. Und ich müßte meinen Antrag *dort* einreichen.

Mit der gleichen Liebenswürdigkeit (mein blauer Briefumschlag lag bereit und wartete nur auf das noch einzutragende Datum) bat ich ihn um einen schriftlichen Bescheid. Daraufhin er – noch liebenswürdiger, wie ein guter alter Bekannter.

»Aber Alexandr Issajewitsch, ausgerechnet *Sie* brauchen noch ein Papier?«

Ich hatte damit gerechnet, daß sie schweigen und Versteck spielen würden, aber daß sie es unumwunden ablehnen würden – nein, damit hatte ich nicht gerechnet. Eine Unverschämtheit. Sie drängten mich unverhohlen hinaus: sieh zu, daß du von der russischen Erde verschwindest!

(Aber vielleicht kann man ihre Lage auch verstehen: war das nicht eine Folge jenes Gerüchtes, das mir schon so viel Ärger bereitet hatte und das von den selbsternannten »besten Freunden«, deren es gar nicht so wenige gab und die eifrig bemüht waren, mein Leben und meine Absichten zu interpretieren, verbreitet wurde: »Er wartet nur darauf, mit seiner Familie zusammenleben zu können, und dann wird er gehen und nicht eine Minute länger bleiben!« Und nun war die Scheidung ausgesprochen, und sie warteten auf meine offizielle Auswanderung – warum nur reiste ich immer noch nicht aus?)

Seit dem Juni 1973 waren sie auf einen neuen Trick verfallen, um mich zu vertreiben: anonyme Briefe von Pseudo-Gangstern. Diese Briefe kamen mit der Post und verrieten sich durch die schlampige Machart (einmal war der Poststempel überklebt, einmal klebten sie, um die Nerven zu kitzeln, ein geheimnisvolles gewelltes Haar mit ein) und durch die beschleunigte Zustellung (während die ganze übrige Post zurückgehalten wurde). Sie waren mit vielfarbigen Buchstaben geschrieben im Stile von Benja Krik, aber wesentlich geschmackloser. Zuerst: wir sind keine Gangster, Sie übergeben uns hunderttausend Dollar und »wir garantieren Ihnen die Ruhe und Sicherheit Ihrer Familie«, zum Zeichen meines Einverständnisses sollte ich auf den Stufen des Hauptpostamtes erscheinen. Das nächste Mal keinerlei Forderungen, nur unumwundene Drohungen: »Eine dritte Warnung erfolgt nicht, wir sind keine Chinesen. Wir entziehen Ihnen unser Vertrauen und können für nichts mehr garantieren« – wir sollten erschrecken und uns vor diesen »Gangstern« durch eine Flucht ins Ausland retten.

Nach diesem zweiten Brief wandte auch ich eine neue Methode an: einen offenen Brief zum »internen Gebrauch« an den KGB, eine allgemein gehaltene Warnung [Anhang 24]. Der Brief kam an, ich erhielt eine Empfangsbestätigung: Expeditient des KGB, Name (gut leserlich). Und dann überlegten sie drei Wochen lang. Schließlich rief mich derselbe Oberst an, der mich schon 1971 im Auftrag Andropows angerufen hatte. Es war wieder dieselbe Platte: »Ihr Antrag (??) ist an die Miliz weitergeleitet worden.« Ein *solches Schreiben* wollen sie weitergeleitet haben? . . . Sie wollten mich darauf stoßen, das war ein Wink mit dem Zaunpfahl, genauso wie die anonymen Briefe: Wenden Sie sich an die Miliz und lassen Sie sich von der beschützen. (Und dann hätte ich den KGB als Bewacher auf dem Hals gehabt.) Länger als einen Monat kam kein Brief mehr. Erst Ende Juli kam noch ein dritter: »Aha, du Hund, Du bist also nicht gekommen? Jetzt bist Du selber an allem schuld. Wir werden es Dir beibringen.« Sie stellten gar keine Forderungen, sie wollten mir nur einen Schrecken einjagen: mach, daß du fortkommst, du Satan!

Das war ein schwerer Sommer. Viele Verluste. Wichtige Aufgaben mußten liegengelassen, sogar für immer versäumt werden. Wochenlang ließ ich meine kleinen Buben und meine Frau, die eine schwere Schwangerschaft durchzustehen hatte, allein in der unsicheren Datscha zurück und fuhr zum Schreiben nach Roschdestwo, da die Tiefflieger das Arbeiten in Firsanowka unmöglich machten. Echte oder angebliche Banditen, ein wirklicher oder inszenierter Überfall – meine Frau und ich waren zu allen Prüfungen bereit, wir rechneten mit dem Schlimmsten.

Wenn ich zurückblicke, war es bei mir fast das ganze Leben seit der Verhaftung nicht anders gewesen: ausgerechnet in *dieser* Woche, in *diesem* Monat, in *dieser* Jahreszeit oder in *diesem* Jahr ist es aus irgendeinem Grunde schwer oder gefährlich zu schreiben, oder die Zeit reicht nicht aus, und die Arbeit müßte eigentlich aufgeschoben werden. Hätte ich mich diesen vernünftigen Gründen gebeugt, einmal, zweimal, zehnmal, dann hätte ich nichts von dem geschrieben, was mir trotz allem gelungen ist. Aber ich schrieb – beim Mauern, in überfüllten Baracken, ohne Bleistift in der Etappe, sterbenskrank an Krebs, als Verbannter in einem winzigen Bauernhaus, zwischen zwei Schulstunden, ich schrieb, ohne mich von Gefahr, von Hindernissen, vom Ruhebedürfnis aufhalten zu lassen, und deshalb habe ich mit fünfundfünfzig Jahren nur noch für zwanzig Jahre unausgeführte Pläne – alles andere ist getan. Ich kenne mein starkes Beharrungsvermögen: wenn ich in die

Arbeit vertieft bin, gelingt es nur schwer, mich durch irgendeine Sensation aus der Ruhe zu bringen oder abzulenken. Aber selbst wenn man tief in den Fluß der Arbeit eingetaucht ist, ist man nicht vollkommen von der Gegenwart abgeschirmt: sie dringt täglich durch das Radio ein (durch das westliche natürlich, daran wird das Besondere unserer Lage deutlich), und auch durch irgendwelche dunklen Regungen, die man nicht erklären und nicht benennen, sondern nur empfinden kann. Solche Strömungen umwehen die Seele, verflechten sich mit der Arbeit, ohne sie zu stören (sie sind nicht von anderer Art als sie, im Gegensatz zu den alltäglichen Hindernissen), sie weben an der Atmosphäre des Lebens – einmal ruhig, einmal alarmierend, einmal siegesgewiß. Und zuweilen verdichten sich diese Regungen und nehmen die Konsistenz eines Entschlusses, einer Ahnung an: aus irgendeinem Grund (zuweilen ist dieser Grund erkennbar, zuweilen nicht) ist die Zeit gekommen, *zu handeln!*

Ich kann das nicht kausal erklären, Wunsch und Ahnung lassen sich nicht immer klar unterscheiden, aber ein solches Gefühl stellte sich bei mir nicht nur einmal ein – und war immer richtig.

So ging es auch in diesem Sommer. Unabhängig von den Mißerfolgen und den Drohungen, die uns eingekreist hatten, blieb ich bei meinem Problem: wie könnte man den Westen, der nicht in der Lage ist, mit seinen eigenen Angelegenheiten fertigzuwerden, aufrütteln: gegen die Schwächeren protestieren sie unversöhnlich, aber gegen die steinernen Tyrannen geben sie das Spiel auf und weichen zurück *(Friede und Gewalt)*. Und so entstand plötzlich der nie geplante *Offene Brief an die sowjetische Führung*. Im Sog dieses Briefes, unter einer Lawine von Argumenten und Formulierungen, mußte ich Anfang August meine eigentliche Arbeit für zwei Tage unterbrechen, damit der Strom sich ergießen, festgehalten und in Abschnitte geordnet werden konnte.

Diese Artikel entstanden leicht und schnell, weil es eine Ernte war – Auswertung aufgespeicherter laufender Eintragungen und flüchtiger Notizen, ein selbstverständliches Sichaufrichten. Mit diesen Strömungen drängen in uns zuweilen auch reale Ereignisse ein, ohne daß wir in der Lage sind, sie sofort zu interpretieren. Im öffentlichen Leben machte sich ein dumpfer, tiefer Nadir* bemerkbar: neue Verhaftungen, neue Drohungen und Ausreisen, die einer Exkommunikation gleichkamen. Eines Tages kam Sinjawskij, um sich zu verabschieden (und mich kennenzulernen), es wurde mir schwer ums Herz, daß immer weniger Menschen übrigblieben, die unser russisches Schicksal, wie es auch ausfallen mochte, teilen wollten. Die Rechnung der Regierung, mit Hilfe der dritten Emigration *Dampf abzulassen*, schien aufzugehen (was wäre geworden, wenn ich mit von der Partie gewesen wäre, selbst mit den Insignien des Nobelpreises in den Händen . . .): im Lande blieben immer weniger Stimmen, die zu einem Protest fähig waren. Zu Beginn des Sommers wurde Maximow aus dem Schriftstellerverband ausgeschlossen, und im Juli schrieb er mir einen berechtigt bitteren Brief: wo bleibt denn die *Solidarität aller Schriftsteller der Welt,* die ich in meiner Nobelpreisrede so gepriesen habe, warum ich mich nicht für ihn, Maximow, einsetze?

Es war immer derselbe Grund, warum ich nicht für ihn und nicht für andere eingetreten war: weil ich mir gestattet hatte, mich mit der Geschichte der Revolution zu beschäftigen und mir deshalb alle anderen Pflichten erlassen mußte. Das gilt bis auf den heutigen Tag: ich schäme mich nicht für solche Zeiten des Verstummens: der Künstler hat keine andere Wahl, wenn er sich nicht im versickernden und verschwindenden Heute verflüchtigen will.

Aber dann kommen Tage, in denen man plötzlich den bodenlosen Nadir deutlich spürt, und alle verdrängten Pflichten schieben sich wie Felswände zusammen. Ich brauchte nur noch ganz wenig Zeit für den *Zweiten Knoten,* höchstens vier Monate, bis Ende 1973. Aber sie wurden mir nicht gegönnt. (Ich hatte nur Zeit, in höchster Eile einen Mikrofilm herzustellen, damit der Roman, soweit er fertig war, bei einer Katastrophe nicht mit untergehen würde.) Um so mehr trat der *Dritte Knoten* in den Hintergrund, der mich mit den flackernden Flammen der Revolution gelockt hatte.

Alle meine künstlichen Fristen waren gebrochen, es war nichts mehr klar, außer einem: ich muß vorstoßen!

---

* astron. Ein Punkt an der Himmelskugel, Gegenpunkt des Zenits unter den Füßen des Beobachters.

Und am besten mit der bewährten »Taktik« nacheinander fünf, sechs Stöße. Anfangen mit der Verteidigung, mit Selbstschutz, dann versuchen, festen Boden zu gewinnen und – anzugreifen.

Wenn man den Blick nach rückwärts in die Vergangenheit richtet, scheint unverständlich, warum man sich so gefürchtet hat? War das nicht übertrieben? Und wie oft hatte sich das schon wiederholt? Warum diese Panik? Es ist doch immer glimpflich abgelaufen.

Bis jetzt war es immer glimpflich abgelaufen – aber es hätte ja auch anders enden können (und irgendwann einmal wird es nicht mehr glimpflich ablaufen). Meine Schlagkraft ist jedesmal größer, die dadurch hervorgerufene Erschütterung stärker, die Gefahr nimmt zu, und *angesichts dieser Gefahr* hat man allen Grund, sich auf das Ende des eigenen, zwar zerbrechlichen, aber immerhin irgendwie funktionierenden Daseins einzustellen.

Welche materiellen Schätze besitze ich außer meinen Manuskripten? Die 0,12 Hektar meines »Landgutes« Roschdestwo, wo ich die Hälfte dieses, wie ich glaubte, letzten Sommers so tief in die Arbeit versunken war. Nur die Hälfte, denn ich wohnte dort abwechselnd mit meiner ersten Frau. Sie bestand darauf, es ganz zu behalten, und vermutlich war es vernünftig, in Erwartung kommender Angriffe das Grundstück auf sie zu übertragen. Mitte August, bevor ich zum Gefecht aufbrach, suchte ich noch einmal alle Stellen und jedes Fleckchen auf, um mich für immer von Roschdestwo zu verabschieden. Ich will es nicht verschweigen: ich habe geweint. Dieses Stückchen Erde in der Schleife der Istja, der vertraute Wald und die langgezogene Lichtung in der Nähe, sind für mich die realste Verkörperung Rußlands. Niemals habe ich irgendwo anders so gut schreiben können, und möglicherweise wird es nie wieder so werden. Wenn ich noch so gequält, zerrissen, zerstreut und abgelenkt hierher kam – von diesem Gras, dem Wasser, von diesen Birken und Weiden, von dieser Bank aus Eichenbohlen und dem Tisch direkt über dem Fluß, strömte mir etwas zu, und nach zwei Stunden konnte ich wieder schreiben. Das war ein Wunder. Das wird sich nicht wiederholen.

Die letzte Woche, die letzten Nächte vor dem Angriff konnte ich überhaupt nicht mehr schlafen. Die Flugzeuge heulten ununterbrochen über den Dächern von Firsanowka, wie schwarze

Kampfflugzeuge auf dem Rückflug nach einem Angriff. Wir befürchteten, daß wir auf dem Grundstück unvorsichtig irgendeine laute Bemerkung gemacht, daß die überall verstreuten Abhörgeräte sie aufgefangen hatten, und der Feind bereits von meinen Vorbereitungen *wußte*. Aber der Erfolg hing ja gerade von dem Überraschungseffekt ab, vor Beginn des Angriffs mußten wir besonders unbekümmert, ja träge wirken, kein unnötiger Aufwand, keine unnötigen Besuche und Begegnungen, und die mit Sicherheit abgehörten Gespräche mußten sorglos und gelassen klingen.

Nur eines beunruhigte mich: daß meine Zeit nicht reichen könnte, das ganze Vorhaben auszuführen. Ich hatte das Gefühl, ein bereits vorhandenes, in der Welt auf mich wartendes Volumen ausfüllen zu müssen, eine gleichsam für mich bereitgestellte Hohlform, die ich erst jetzt sah, und die ich, gleich einer flüssigen Materie, baldigst, so schnell wie möglich, auszufüllen hatte, bis zum Rand, ohne Hohlraum, ohne Blasen, bevor das Flüssige kalt und hart wird.

Wie oft ist das schon so gewesen: vor dem nächsten *Schritt*, dem nächsten Durchbruch, der nächsten Attacke, Kaskade, konzentriere ich mich *nur* auf diese Sache, *nur* auf diese kurzen letzten Fristen – und das übrige Leben und die Zeit *nach* diesen Fristen sind völlig vergessen, existieren nicht mehr, es gilt, nur *diese* Frist durchzustehen, zu überleben, und alles, was danach kommt, ist gleichgültig!

Als ersten Vorstoß plante ich den Brief an den Minister des Inneren über die LEIBEIGENSCHAFT, [Anhang 25]. (Durchaus nicht im übertragenen Sinne, es verhielt sich ja tatsächlich so. Aber indem ich das Recht von Millionen Menschen auf Freiheit in ihrem eigenen Land dem Recht einiger Hunderttausender auf Emigration gegenüberstellte, schockierte ich die *Gesellschaft*.)

Dieser Brief trug das Datum vom 21. August (fünf Jahre nach der Besetzung der ČSSR), aber wegen seiner Bedeutung hielt ich ihn bis zum 23. zurück, um ungehindert den zweiten Vorstoß – das Interview – durchführen zu können. Das Interview ist eine schlechte Form für einen Schriftsteller, man verliert seine Feder, den Satzbau, die Sprache, man liefert sich Korrespondenten aus, denen alles, was einen selbst bewegt, völlig fremd ist. Vor anderthalb Jahren ist schon einmal ein Interview von mir verhackstückt worden – aber nun sah ich mich wieder gezwungen, auf diese unvorteilhafte Form zurückzugreifen, weil ich mich gegen verschiedene Kleinigkeiten verteidigen mußte. (Auch *dieses* Interview sollte in *le Monde* schlampig wiedergegeben, verhackstückt, ja sogar im französischen Außenministerium versteckt werden, und ich mußte den vollen Wortlaut nach mehrmonatiger Verspätung in einer russischen Emigrantenzeitschrift veröffentlichen lassen, damit das Interview in seinem vollen Umfang und Inhalt wiederhergestellt war.)

Aber mit diesem Interview gelang es mir dennoch, festen Boden unter die Füße zu bekommen, ich stemmte zuerst das Knie auf – dann stand ich auf beiden Beinen und ging von der erniedrigenden Verteidigung zu einem scharfen Angriff über [Anhang 26].

Unmittelbar nach dem Interview trat ich an den sonnigen Tag auf die Gorkij-Straße hinaus (die so entstellt ist, daß man keine Lust mehr hat, sie die Twerskaja zu nennen), ging rasch zur Post, um den Brief an den Minister per Einschreiben aufzugeben, und sprach gutgelaunt vor mich hin: »Wollen wir wiegen, wie schwer wir wiegen!« Diese zwei kombinierten Schläge wogen, glaubte ich, gar nicht so leicht.

Außerdem hatte ich am Tag zuvor durch den Rundfunk erfahren, daß auch eine andere Formation (aus der Entfernung sah das wie eine koordinierte Aktion aus, und die Regierung war überzeugt, daß dem eine listige Überlegung zugrunde lag), am selben Tag, dem 21. August, sich unabhängig von mir in Bewegung gesetzt hatte: Sacharow hatte eine Pressekonferenz abgehalten und sich mit atemberaubender Offenheit über internationale Probleme geäußert: »Die UdSSR ist ein einziges großes Konzentrationslager, eine große Sperrzone.« (Was für ein mutiger Mann! Er sprach, noch vor mir, unseren, im Lager gedachten Gedanken laut aus! Der *Archipel* war zu lange liegengeblieben.) »Mit welcher Leichtfertigkeit hat der Westen auf die Fernsehausstrahlungen in das Territorium der Sowjetunion verzichtet!« – »Moskau betreibt eine eindeutig betrügerische Politik.«

Nur wußte ich nicht, daß in Leningrad in eben diesen Stunden des 23. August die unglückliche Elisaweta Denissowna Woronjanskaja in ihrer dunklen nicht nur Dostojewskij –, sondern auch Kommunal-Wohnung in der Romenskaja-Straße sich die Schlinge um den Hals legte, weil sie es nicht ertragen konnte, daß sie dem KGB verraten hatte, wo der *Archipel* in der Erde vergraben lag. Der Feind setzte seinen Vormarsch fort. (Ich hatte davon keine Ahnung, ich befand mich in der allerbesten Laune und erlaubte mir folgenden Scherz: am 31. August schickte ich einen witzig-bösen kurzen Brief an den KGB, adressiert an jenen Expedienten, der die Empfangsbestätigung so leserlich unterschrieben hatte [Anhang 27]. Diesmal blieb die Empfangsbestätigung aus: General Abramow war nicht gewillt, die Möglichkeiten einer offenen Kraftprobe zu nutzen. Vielleicht aber blätterte er schon im *Archipel*, der am 30. August bei Luga ausgegraben worden war?)

Unter der einsetzenden Hetzkampagne in der Presse reiste Sacharow, der mit keiner günstigen Entwicklung rechnete, zur Erholung nach Armenien ab, so daß er einen Teil der weiteren Ereignisse aus der Ferne beobachten mußte, zumal er nicht mehr mit der Eisenbahn zurückreisen konnte (Stoßverkehr vor Schulbeginn im September).

Die Gegenseite wußte von unseren Plänen noch weniger. Sie selbst planten, zu Herbstbeginn die Opposition endgültig zu zerschlagen. Zu diesem Zweck (so glaubten sie in ihrer Einfalt) mußte der Schauprozeß Jakir-Krassin über die Bühne gehen. Die Angeklagten mußten gestehen; daß die gesamte »demokratische Bewegung« eine mit westlichem Geld finanzierte Seifenblase sei – und *daraufhin* würden sich die sowjetische Intelligenzija und die westliche öffentliche Meinung endgültig von diesen Lumpen abwenden und die letzten Dissidenten verschwinden. Natürlich trug dieses idiotische Vorhaben die Ursache seines Scheiterns in sich selbst: in den siebziger Jahren konnte die in den Dreißigern übliche Methode nicht mehr erfolgreich angewandt werden. Und trotzdem hätten sie die Stimmung der Öffentlichkeit in der Sowjetunion noch weiter gedämpft, noch tiefer gedrückt, wenn sie sich mit diesem Prozeß nicht in ein Begegnungsgefecht verwickelt hätten: vierzehn Monate lang hatten sie diesen einfallslosen Prozeß vertagt und verschoben, in der Annahme, dies würde bedrohlich und einschüchternd wirken – und platzten mit seiner Eröffnung genau in den 27. August hinein!

Natürlich ahnte keiner von uns dieses Datum. Jedoch hatte ich mich in der Voraussicht, daß dieser Prozeß doch eines Tages beginnen würde, entschlossen, ihren Vorstoß beizeiten abzufangen, ihnen noch vor dessen Eröffnung einen Schlag zu versetzen – und sagte in dem Interview, daß dieser Prozeß eine trostlose (im Westen wurde das mit *bedauerlich* übersetzt, was einen ganz anderen Sinn ergibt) Wiederholung der stupiden Farcen von Stalin und Wyschinskij werden würde, selbst dann, wenn westliche Korrespondenten zugelassen werden sollten. Und ich bestimmte, daß dieses Interview am 28. August, an Mariä Himmelfahrt, veröffentlicht werden sollte.

Und sie eröffneten ihren Prozeß am 27., auf noch billigere Weise als vorausgesehen – nämlich unter *Ausschluß* ausländischer Korrespondenten, aber sie kamen nicht dazu, ihre fünftägige Schau zu genießen, denn am nächsten Tag verbreitete die *Associated Press* meine verächtliche Äußerung in der ganzen Welt. (Zweites Zusammentreffen. Daraufhin brachten sie es allerdings fertig, auch mich in diesen Prozeß zu verwickeln: ich sollte die inspirierende und treibende Kraft der *Chronik* gewesen sein!)

Ein Begegnungsgefecht! Hier saßen sie in unserer Falle, dort wir in der ihren. Am 29., 30. und 31. hörte ich über alle Sender, wie mein Interview aufgenommen worden war, ich triumphierte und schrieb – es trieb mich immer weiter – den *Offenen Brief an die sowjetische Führung* zu Ende. Unterdessen hatten sie den *Archipel* ausgegraben, und ich erfuhr davon – »*böse Kunde bleibt nicht mit den Hühnern auf der Stange sitzen*« – am 1. September – aber noch nichts Genaues. Am 3. jedoch gab es keine Zweifel mehr.

Was eigentlich in Leningrad geschehen war und *wie* es sich abgespielt hatte, das erfuhren wir damals nicht und wissen es heute noch immer nicht: jeder, der nur irgendwie in diese Geschichte verwickelt war, wurde vom KGB observiert, und wenn ich hingefahren wäre, solange die Spuren noch heiß waren, hätte ich allen nur geschadet. Die Elisaweta Woronjanskaja war schon über sechzig, sie hatte eine schwache Gesundheit, ein krankes Bein – und das Große Haus in Leningrad drückte sie mit seinem ganzen Gewicht zu Boden. Es begann mit einer genauen Hausdurchsuchung, anschließend fünfmal vierundzwanzig Stunden Verhör, dann tagelange ununterbrochene Beschattung. Während dieser ganzen Zeit konnte uns niemand eine Nachricht zukommen lassen, was ihr zugestoßen war. Das erfuhr man durch ihre Wohnungsnachbarin, die allerdings selbst nicht besonders zuverlässig schien. Nach ihren Erzählungen hatte die hängende Leiche Blutflecken oder sogar Messerstiche aufgewiesen, was allerdings der Version *Selbstmord durch Erhängen* widersprechen würde. Es gibt gewichtige Gründe, einen Mord zu vermuten, da zu befürchten gewesen wäre, daß sie mich benachrichtigen wollte oder irgend etwas in dieser Richtung unternommen hatte. Der Totenschein gibt *Tod durch Ersticken* an, aber die Verwandten durften die Leiche nicht sehen. Die Verhöre lagen zwei Wochen zurück, und in der Zwischenzeit hatten ganz andere Gefühle in der unglücklichen Frau die Oberhand gewonnen, als jene Angst vor den *rauhen Brüdern*, vor deren *Zähnen* und *Krallen* sie sich viel mehr gefürchtet hatte als wir alle, auch wenn sie manchmal nur im Spaß davon sprach. Sie soll durch die Wohnung geirrt sein und zu der Nachbarin gesagt haben: »Ich bin ein Judas, ich habe so viele unschuldige Menschen verraten!« Warum der Verdacht auf Elisaweta Woronjanskaja gefallen war und durch wen – das werden wir eines Tages restlos aufklären, ebenso die näheren Umstände ihres Todes. Mit mir hatte sie bereits seit einigen Jahren nicht mehr direkt zusammengearbeitet und mich fast niemals getroffen. Aber das Schlimmste war, daß alles, was geschehen war, nicht hätte geschehen müssen: ich hatte ihr nichts zum *Aufbewahren* gegeben, aber aus Leidenschaft für dieses Buch, in der Angst, daß die anderen Exemplare verlorengehen könnten, hatte sie mich hintergangen und bildhaft geschildert, wie sie meiner dritten, dringenden Aufforderung folgend, den Archipel *verbrannt hätte*. In Wirklichkeit aber hatte sie ihn nicht verbrannt. Und nur dieser Lüge hatte der KGB es zu verdanken, daß das Buch in seine Klauen geriet.

Aber sie griffen keineswegs sofort danach. In der Gewißheit, daß das Buch jetzt in ihrer Gewalt war, hatten sie es nicht sonderlich eilig. Offensichtlich fürchteten sie sich (mit Recht) am meisten davor, daß *ich es erfahren könnte*. Dies zu verhindern war für sie sogar noch wichtiger als die Beute selbst. Die Dinge, die sie aufbewahren wollte, versteckte Elisaweta Woronjanskaja in der Datscha ihres Bekannten, Leonid Samutin, eines ehemaligen Häftlings. Jetzt, bei den Verhören, hatte sie das gestanden. (Nach meinen Erfahrungen wurde Vergrabenes noch nie einfach durch Nachgraben entdeckt, sondern erst beim Verhör oder durch freiwillige Anzeige. Die Erde bewahrt die Geheimnisse sicherer als Menschen.) Sie hatte es gestanden, aber sie holten das Buch nicht. Als mir jedoch die Nachricht von ihrem Tod nach der Beerdigung telefonisch nach Moskau übermittelt wurde – da glaubte der KGB, nicht mehr länger zögern zu dürfen, weil ich in wenigen Stunden kommen und den *Archipel* holen könnte. Also holten sie ihn. Auch davon erfuhr ich zufällig, über einen jener völlig phantastisch scheinenden Abkürzungswege, die in unseren Städten mit ihrer millionenstarken Bevölkerung so verblüffen – der KGB hatte gehofft, seine Beute in aller Heimlichkeit zerfleischen und zernagen zu können, bevor ich etwas davon erfuhr, aber ich konnte, beinahe ohne mich von der Stelle zu rühren, schon am Abend des 5. September der Weltpresse meine Stellungnahme übergeben [Anhang 28]. Dort sind die Daten nicht ganz exakt wiedergegeben, man hatte mir erzählt, daß Elisaweta Denissowna am 28. aus dem KGB zurückgekommen sei und am 29. ihrem Leben ein Ende bereitet habe. Aber unter den Bedingungen eines Begegnungsgefechtes können die Vorstöße nicht geplant, nicht kontrolliert, sondern müssen im Vorrücken durchgeführt werden.

So hat das Schicksal vor den Einband dieses Leidensbuches, das Millionen von Toten einschließt auch noch diese Leiche gehängt. Die Katastrophe schien abgrundtief und irreparabel: mein gewagtestes und offenstes Werk, für mich immer »der Kopf unterm Henkersbeil«, selbst wenn es in der ganzen Welt bekannt werden und ich dadurch geschützt sein würde – dieses Buch war *ihnen* in die Hände gefallen, noch bevor etwas für seine Veröffentlichung geschehen war, jetzt war es soweit, daß das Buch in aller Stille abgewürgt werden konnte und ich mit. Die jetzige Katastrophe war wesentlich schwerer als die von 1965, als sie den *Kreis*, das *Festmahl* und die *Republik der Arbeit* holten. Aber meine Stimmung, mein Empfinden waren jetzt ganz anders: ich hatte nicht, wie damals, das Gefühl, das Leben sei zu Ende, alles sei aus, ich empfand das Geschehen nicht einmal als Niederlage. Warum? Erstens hatte ich im Westen den *Safe*, und nichts würde zugrunde gehen, alles würde veröffentlicht werden, auch wenn ich in diesem Augenblick fiele. Und zweitens: ringsumher funkeln und klirren die Schwerter, es wird gekämpft, es sieht für uns günstig aus, wir bringen die Reihen des Feindes zum Wanken, wir kämpfen vor den Augen des ganzen Planeten, und seine Sympathien sind mit uns – und selbst wenn unser wichtigstes Regiment eingekreist worden ist – das ist kein Unglück! Das ist nur vorübergehend! Wir werden es wieder befreien! Die Stimmung ist heiter und kampfbereit, und ich erinnere mich: genau in der Nacht vom 4. auf den 5. September 1944 wagten wir uns bei Narew, in der Nähe von Dlugosedlo zu weit vor, und unser kleiner Trupp wurde von den Hauptkräften abgeschnitten, von beiden Seiten rückte der Gegner auf den Verbindungssteg zu, wir waren nur eine Handvoll Menschen, aber es ging bei uns keineswegs trübselig zu: die gesamte Entwicklung verlief zu unseren Gunsten, die Frontflügel dehnten sich weit aus, und schon morgens sollten wir nicht nur befreit sein, sondern auf Flößen über den Fluß setzen und einen Brückenkopf bilden. Nicht eine Stunde, nicht einmal eine Minute Trübsal hatte ich diesmal auszustehen. Sie tat mir leid, die arme Frau, die so unüberlegt gehandelt hatte, die in der Absicht, dieses Buch besser als ich aufzubewahren, sich selbst, das Buch und viele andere ins Verderben gestürzt hatte. Ich jedoch spürte, in solchen Stürzen inzwischen genügend erfahren, auf der Kopfhaut, unter den Scheitelhaaren: ein Fingerzeig Gottes! Du bist es! Ich danke für die Lehre! Hätte ich je im Eifer dieses Gefechts im September und Oktober, trotz unseres lauten Sieges von mir aus einen solchen Entschluß gefaßt? Hätte ich je begriffen, daß *nun die Zeit gekommen war, den Archipel hinauszulassen*? Nein, ganz bestimmt nicht, ich hätte es immer noch auf das Frühjahr 1975 verschoben und hätte, auf Pulverfässern sitzend, die scheinbare Ruhe genossen. Und dann der mahnende Fingerzeig: warum schläfst du, säumiger Diener? Die Zeit ist längst gekommen, die Zeit ist schon vorrüber – SCHLAG ES AUF!!! Ich bin verschont geblieben bei allen Katastrophen, die sich bis jetzt ereignet haben: ein Jahr zuvor, mit *dem Kreis 96*, vor anderthalb Jahren, mit *Eiche und Kalb*, als ich mich im dunkeln umhertastete, ohne Atem schöpfen zu können, in starrer Unbeweglichkeit, unfähig, rasch zu handeln. Aber jetzt, zu Pferd, in vollem Galopp, zu einem Zeitpunkt, den ich bestimmt habe (es war eine Vorahnung: zum Vormarsch ansetzen, wenn alles ringsum friedlich scheint und keine Not dazu zwingt!), und andere sprengen an meiner Seite, man braucht nur ein wenig auszuschwenken und – zuzuschlagen!!! Diese Katastrophe ereignete sich in einem Moment, als ganze historische Massive in Bewegung gerieten, als Europa zum ersten Mal Bedenken bekam, und die *Unseren* mit gebundenen Händen auf das Handelsabkommen mit den USA und auf die Europäische Sicherheitskonferenz warteten – vor mir lagen mehrere Monate, die eine Aktion meinerseits einfach *herausforderten*! Das, was noch vor vier Wochen »den Kopf unter dem Henkersbeil« bedeutet hatte, war nun ein Aufruf zum Kampf, der uns den Sieg verhieß! Gott steh uns bei, daß wir bestehen mögen!

Ein Ergebnis, das dem von 1965 genau entgegengesetzt war: als damals mein Archiv ausgehoben worden war – wer war da der Leidtragende? Ich oder sie? Damals träumte ich, halb erstickt, kurz vor der Verhaftung, ohne den richtigen Weg zu sehen: ach, wer könnte das Entwenden meines Archivs bekanntmachen? Zwei Monate später wurde tatsächlich etwas bekannt, aber für den Westen blieb es hinter Nebelschwaden verborgen. Und jetzt, jetzt tat ich es selbst. Zwei Tage später, und die ganze Welt horchte auf: was ist das *dort* für ein Leben, wenn man sich wegen eines Buches erhängen muß?

Und was ist das für eine verfluchte Gier der Polizei: aufbewahrten Manuskripten nachzuspüren und sie zu stehlen? Der *Erste Kreis* hätte bei mir noch lange still gelegen, aber nein, sie haben ihn aufgespürt, an sich gerissen, triumphiert, daraufhin ließ ich ihn *kursieren*, und drei Jahre später war er gedruckt. Der *Archipel* hätte bei mir noch lange stillgelegen, aber nein, sie haben ihn aufgespürt, an sich gerissen, triumphiert – und nun *lasse* ich ihn *hinaus*! Und drei Monate später könnt ihr ihn lesen! Mit ihren eigenen Händen haben sie den Gegenschlag zum zweiten Mal ausgelöst!

Wenn man zurückblickt, so ist es in all den Jahren ähnlich gegangen, wie oft sie auch auf mich eingeschlagen haben – sie zerschlugen nur meine Ketten und befreiten mich! Und das beweist, daß *sie* es sind, die zum Untergang *verurteilt* sind.

Ich hatte es am 3. abends erfahren und gab am 5. abends nicht nur Nachricht über den Raub des *Archipels*, sondern auch den Befehl: SOFORT VERÖFFENTLICHEN!

Und schickte am gleichen Tag auch den *Offenen Brief an die sowjetische Führung* ab. Auch das war ein denkbar günstiger Augenblick: *sie* hatten zum ersten Mal unsere Macht zu spüren bekommen. (In solchen Augenblicken schlage ich gern über die Stränge, ich habe das schon erwähnt. Im *Brief an die Führung* wollte ich vom ersten Satz an mit Donnerstimme reden, aber meine Frau hielt mich davon zurück: das ist sinnlos und schließt die Chance aus, daß sie zuhören, es wirkt sofort wie Propaganda, laß sie doch erst ruhig überlegen! Ich habe sie überlegen lassen. Der *Brief* verfing sich wie ein Angelhaken im Wassermoos, er ist hängengeblieben, aber eines Tages werden wir auch ihn wieder herausziehen.)

Sturm in den Zeitungen, die meisten Schläge gelten Sacharow, aber auch ich bekomme manches ab, unser beider Namen werden im Osten wie im Westen in einem Atemzug genannt, und alles was er sagt (ich hätte so etwas nicht gesagt: »Das Land trägt eine Maske ... ein hinterlistiger Partner mit totalitärem Regime ... Sie verlangen Wirtschaftshilfe für die Bereiche, in denen sie nicht fertig werden [in der Computerforschung liegen sie noch weit zurück] und nutzen die so gesparten Energien für die Rüstung«), wird offensichtlich auch mir angelastet. Ich bekomme manchen Schlag ab, der seiner Schulter galt, mit anderen Worten, das ist ein Rennen im Windschatten des Anführers: er muß den größten Widerstand der Umwelt überwinden, und ich kann einstweilen meine Kräfte schonen. Und ich mache mir kein Gewissen daraus: mein Kampf steht mir noch bevor, und meine Kräfte werden noch gebraucht. (Übrigens bringt der westliche Rundfunk zehnmal täglich: Solschenizyn wird verfolgt, Solschenizyn wird bedrängt – aber vorläufig merke ich nichts von diesen *Verfolgungen*, toi, toi, toi, sind *das* etwa Bedrängnisse, wenn man an das Leben im Lager zurückdenkt? Und das Zetern der Zeitungen nehme ich schon gar nicht zur Kenntnis, ich lese es nicht, die Nerven eines Häftlings reagieren auf so etwas überhaupt nicht. Alle anderen Arten von Verfolgungen haben noch nie nachgelassen. Und ich war schon daran gewöhnt.)

Ich glaube, das war das erste Mal in fünfundfünfzig Jahren, daß Menschen, die von der sowjetischen Presse angegriffen wurden, es wagten zurückzubeißen. Das Verhalten und die Entschlossenheit unseres Grüppchen von »Dissidenten« (Turtschin und Schafarewitsch schlossen sich mit ihren Protesten an) waren in diesem Herbst deshalb so erfolgreich, weil das die natürliche Reaktion eines steifen, des Duckens müde gewordenen Rückens war. Und weil wir uns im tiefsten Nadir aufgerichtet hatten, als es uns einfach unmöglich wurde, weiter zu schweigen und zu dulden, als unsere Lage so schwer wurde, daß das bloße *Durchhalten* keine Rettung mehr bedeutete, und wir auf einen Sieg angewiesen waren.

Mitten in dieser spannungsreichen Woche gab ich *Frieden und Gewalt* für die Veröffentlichung frei, ich arbeitete diesen Artikel, in dem ich mich gegen die im Westen verbreiteten Illusionen wandte, als konkrete Erläuterung meiner Nobelpreisrede aus. Er hatte in seiner Zielsetzung keine unmittelbare Beziehung zu der Institution des Friedensnobelpreises, auch wenn er ihn erwähnte. Aber als ich am 31. August, in der entscheidenden Phase des Gefechts, erfuhr, daß das Komitee für den Friedensnobelpreis siebenundvierzig Kandidaten ausgewählt hatte, darunter Nixon und Tito (von Le Duc Tho wußte ich noch nichts!) entschloß ich mich, mit meinem Artikel die Nominierung dieser Kandidaten zu verhindern, und Sacharow für diesen Preis vorzuschlagen. Am 4. September war der Artikel abgeschlossen, am 5. abgeschickt, am 6., einige Tage bevor er veröffentlicht werden sollte, gab ich ihn Sacharow zu lesen. Es war das einzige Mal, daß wir uns während des Begegnungsgefechts trafen und verständigten. In jenen Tagen zeichnete sich unser Sieg bereits ab. Und trotzdem konnten wir nicht ahnen, daß er schon so nahe war, daß einen Tag später die Hetzjagd abgeblasen und vier Tage später die Störung westlicher Sender eingestellt werden sollte!

Weder er noch ich konnten zu Beginn des Gefechts damit rechnen, daß der Westen uns stärker unterstützen würde, als er es bis jetzt, in all diesen Jahren, getan hatte: genügend, um uns vor Gefängnis und Vernichtung zu schützen, doch nicht genügend, um die Entwicklung bei uns oder im Ausland zu beeinflussen. Aber jetzt steigerte sich die Glut der westlichen Teilnahme – für den menschlichen Verstand genausowenig vorauszusehen wie alle historischen Verschiebungen – bis zu einer überraschend hohen Temperatur. (Die in der Folge angeführten Fakten und Zitate habe ich nach russischen Sendungen westlicher Sender zu der Zeit notiert, als sie noch gestört wurden, ich konnte nicht alles verstehen und auch nicht jeden Tag hören, und eine Zeitung habe ich damals überhaupt nicht zu Gesicht bekommen. Bei den Daten könnte ich mich um ein oder zwei Tage irren: manchmal bei dem Tag, an dem ich etwas hörte, oder bei dem Tag, an dem sich etwas ereignete.)

In der Woche vom 24. August bis Ende August waren die »Dissidenten« in der UdSSR das *wichtigste Thema* der gesamten europäischen Presse (auch der Prozeß Jakir-Krassin platzte ausgerechnet in diese Woche). Aber wider Erwarten stiegen die Temperaturen die ganze folgende Woche (erste Septemberwoche) an: als Antwort auf die Hetzkampagne in der sowjetischen Presse gerieten sie *drüben* immer mehr in Feuer.

»Wir sind gezwungen, für die Entspannungspolitik einen viel zu hohen Preis in Kauf zu nehmen – die Festigung der Tyrannei.« »Die sowjetische Regierung möchte die westlichen Intellektuellen wieder einmal zum besten halten. Und vielleicht deshalb haben sich Sacharow und Solschenizyn entschlossen, den Westen vor dieser Gefahr zu warnen.« (BBC) – »Solschenizyn und Sacharow haben die sowjetischen und westlichen Führungskreise unter düsteren Vorzeichen herausgefordert, und, sollten sie zum Schweigen gebracht werden, wird das lediglich beweisen, daß sie die Wahrheit gesprochen haben.« Der frühere Botschafter Großbritanniens in der UdSSR, V. Heiter: »Die Ziele einer Entspannungspolitik können nicht in Zusammenarbeit mit einer Diktatur verfolgt werden.«

Für die Unterstützung sowjetischer Dissidenten traten ein: am 3. 9. der österreichische Kanzler, am 6. 9. der schwedische Außenminister (aus dem Kabinett von Olaf Palme, der sich bis jetzt gegenüber der UdSSR sehr zuvorkommend verhalten hatte! Es war »die schärfste Äußerung Schwedens gegenüber der UdSSR seit der Besetzung der ČSSR«) und in der Bundesrepublik nicht nur die CDU, sondern auch der Parteivorstand der SPD (nur der Friedensstifter Brandt schwieg); vom 7. 9. an meldete sich Günter Grass zu Wort, bislang eine der Säulen der Ostpolitik der Regierung Brandt. Jetzt löste er einen Skandal aus und bezeichnete die Ostpolitik (im *Stern*) als politischen Wahnsinn: eine wirtschaftliche Entspannung darf nicht auf Kosten der Kultur gehen; und er gab ein herausforderndes Interview im Deutschen Fernsehen.

Am 8. September lag genug Material vor, um unsere Führung zu der Einsicht zu bringen, daß sie mit der Hetzkampagne verspielt hatte und diese schleunigst eingestellt werden mußte. Am 8. September wurde in der *Prawda* ein *Fazit gezogen*, und auf dieses Signal hin trat Ruhe ein. Nach jahrzehntelanger Gewohnheit hatte die Staraja Ploschtschad fest damit gerechnet, daß nun alles übrige ebenfalls zu Ende gehen würde: die Verfolger brauchen nur abzulassen, damit die Eingeschüchterten, die Verfolgten, dankbar aufatmen, und der Westen sich zufriedengibt. Aber diesmal hatten sie sich verrechnet! Die Sache ging erst richtig los!

Am selben Tag, dem 8. September, sprach Sacharow auf einer neuen Pressekonferenz über unsere verbrecherische Psychiatrie, über die Anwendung von Haloperidol, und wies die in der Presse erhobenen Beschuldigungen zurück: »Die sowjetischen Zeitungen nutzen den Abscheu unseres Volkes vor einem Krieg in schamloser Weise aus.« *(Daily Telegraph:* »Ein Fehdehandschuh, dem KGB vor die Füße geworfen!« Noch vorgestern meinte das Blatt: »Der Ring zieht sich immer enger um sie zusammen«, und jetzt: »Die ganze Kampagne war darauf angelegt, sie zum Schweigen zu bringen, aber beide sind entschlossen, bis zum Schluß durchzuhalten.«) Und am 9. gab Sacharow dem Niederländischen Rundfunk ein Interview: die Vertreter des Roten Kreuzes müßten unsere Psychiatrischen Anstalten besuchen. Am 9. September sagte der Präsident der amerikanischen Akademie der Wissenschaften: »Zorn und Beschämung erfüllten uns, als wir erfuhren, daß vierzig Mitglieder der Akademie an dieser Hetzkampagne beteiligt sind. Das wissenschaftliche Ethos ist verletzt, die genialen Leistungen des russischen Volkes auf diesem Gebiet sind befleckt worden. Sollte Sacharow in seiner Freiheit beeinträchtigt werden, dürften die amerikanischen Wissenschaftler ihren, die Zusammenarbeit mit der UdSSR betreffenden Verpflichtungen gegenüber der Regierung, *schwerlich* nachkommen.« (Der empfindlichste Schlag für die *Unseren* und eine schwere Kränkung: Nixon hat unterschrieben, aber die Wissenschaftler weigern sich – und es ist nichts zu machen!) Die Jungsozialisten der SPD (sie steht extrem links) schlossen sich den Verteidigern an. »Die Handelsbeziehungen dürfen auf keinen Fall auf Kosten solcher Männer wie Sacharow und Solschenizyn ausgebaut werden.« Und die Junge Union der CDU. Und der Außenminister Norwegens, und die Bayerische Akademie der Wissenschaften: »Wird ein Nobelpreisträger nach Sibirien verschickt? Das wäre Faschismus. Eine Analogie zum Fall von Carl von Ossietzky.« *Observer*: »Ein Probierstein für die Gesellschaftsordnung, die die UdSSR uns anbietet . . .« Am 10. erklang die Stimme des Vorsitzenden des Finanzausschusses des Repräsentantenhauses der USA, Wilbur Mills, der krank auf seiner Farm lag: er sei gegen den Ausbau der Wirtschaftsbeziehungen mit der UdSSR, solange Menschen wie Solschenizyn und Sacharow verfolgt würden. Mit anderen Worten: das Jackson-Amendment sollte weiter gefaßt werden: vom Recht auf Emigration zu den allgemeinen Menschenrechten in der UdSSR! Und in seinem Finanzausschuß traten die Verhandlungen gerade in die entscheidende Phase!

Überhaupt war die Wucht der Empörung im Westen unerwartet für alle – für den Westen selbst, der sich schon lange nicht mehr so unnachgiebig gegenüber einem kommunistischen Land gezeigt hatte, und erst recht für unsere Führung, die angesichts dieser Reaktion einfach den Kopf verlor. In den Kommentaren fand man die Bilanz: in diesem Moment »sieht sich die sowjetische Regierung fast in derselben Lage wie im August 1968«. Und auf der Suche nach einem Ausweg aus dieser Lage ließ die Regierung am 13. September die Störung westlicher Sender einstellen, die bei dem Waffengerassel der Besetzung Prags eingeführt worden war!!! Das war ein nahezu bestürzender, völlig unerwarteter (wie alle Siege, die den *Unseren* abgerungen werden) und wirklich historischer Sieg – denn vorher hatte sich nur der XX. Parteitag gegen die Störsender ausgesprochen.

Und welchen Auftrieb bedeutete das für unsere *Gesellschaft*, die erst vor kurzem so daniedergelegen hatte, daß sie sich sogar den Samisdat nehmen ließ!

Am 10. veröffentlichte *Aftenposten Friede und Gewalt.* (Eigentlich war der Artikel für *le Monde* bestimmt gewesen, aber die hatte einen Rückzieher gemacht: solch offene Worte aus der Sowjetunion bedeuteten für ihre untadelhaft linke Haltung eine offene Kränkung. Um so natürlicher ging der Artikel an die norwegische Zeitung.) Zunächst wurde er lediglich als Vorschlag aufgefaßt, Sacharow den Friedensnobelpreis zu verleihen, der gleich am selben Tag vor Korrespondenten (sie rannten ihm die Tür ein, täglich, auch per Telefon, und keiner

wurde abgewiesen) äußerte, daß er bereit wäre, den Preis anzunehmen, weil »die Möglichkeit meiner Kandidatur für den
Nobelpreis sich positiv auf die Lage der Verfolgten in unserem
Lande auswirken würde. Das wäre die beste Antwort« auf die
Hetzkampagne. Und nun entstand ein neuer Wirbel um die
Kandidatur Sacharows. Obwohl der Ausschuß für den Friedensnobelpreis (ventilierte man dort nicht schon die schändliche Idee, den Preis zwischen Okkupanten und Kapitulanten
zu teilen?) mir am selben Tag das Recht absprach, zu diesem
Zeitpunkt einen Kandidaten vorzuschlagen, wurde von vielen
anderen derselbe Vorschlag gemacht – es war eine wahre
Sturzflut: am 11. 9. Mitglieder des britischen Parlaments, am
12. 9. die gesamte liberale Fraktion des dänischen Parlaments,
dann folgte eine Gruppe Münchner Physiker und noch andere:
wenn nicht 1973, dann 1974 – Sacharow muß den Preis bekommen! (Mein Artikel wurde erst am 12. 9. vollständig aus
dem Norwegischen übersetzt, und erst da wurde allen klar,
daß er sich nicht nur auf die Nominierung Sacharows beschränkte. Er rief die widersprüchlichsten Kommentare hervor,
und es stellte sich heraus, daß er durchaus nicht nach dem
Geschmack jener westlichen Kreise war, die uns am meisten
unterstützten.)
Aber die Unterstützung des Westens, einmal in Gang gekommen, lief wie ein Schwungrad immer weiter. Einmal wurde ein
Telegramm an Sacharow von hundert britischen Psychiatern
veröffentlicht, dann telegrafierten dreihundert französische
Ärzte (»eine internationale Kommission zur Kontrolle der Vorgänge in den Psychiatrischen Anstalten der UdSSR entsenden« . . .). Um uns zu schützen, traten auf: der Premierminister
Dänemarks, der Regierende Bürgermeister von West-Berlin,
die italienischen Sozialdemokraten (»kann man einem Land
vertrauen, das im eigenen Innern keine Meinungsfreiheit duldet?«), die Union of Concerned Scientish (USA), das Komitee
für intellektuelle Freiheit, das italienische Abgeordnetenhaus,
die Beratende Versammlung des Europarats, norwegische
Schriftsteller, Wissenschaftler und Schauspieler, schweizerische
Schriftsteller und Maler, hundertachtundachtzig freischaffende
kanadische Intellektuelle; es wurden die Unterschriften von
neunundachtzig Nobelpreisträgern aus aller Welt gesammelt
(diese Aktion lief nur langsam an und wurde später wegen der

Kriegshandlungen im Nahen Osten abgebrochen); in Paris tagten Schriftsteller, Philosophen, Redakteure, Journalisten und Vertreter der Kirche und machten der französischen Gesellschaft Vorwürfe wegen ihrer übertriebenen Toleranz gegenüber der Unfreiheit in der Sowjetunion. Der Senat der USA veröffentlichte eine (die Regierung zu nichts verpflichtende) Deklaration zum Schutz der Freiheit in der UdSSR, im Repräsentantenhaus wurde der Vorschlag unterbreitet, Sacharow und Solschenizyn die »Ehrenbürgerschaft der USA« zu verleihen. Am 12. 9. hieß es in der *Deutschen Welle*: »Die Menschen im Westen können sich sicherer fühlen, wenn solche Menschen wie Sacharow und Solschenizyn sich in ihrem Land frei bewegen und frei äußern können.« Und am 19. 9. im BBC: »Der Westen selbst würde von der Tyrannei infiziert, wenn wir der Verfolgung der Dissidenten in der UdSSR nicht die gebührende Aufmerksamkeit schenken würden.« Und als Bilanz unseres vierwöchentlichen Gefechts am 22. 9.: »Alle Anzeichen sprechen dafür, daß es der Sowjetregierung nicht gelungen ist, die Dissidenten einzuschüchtern.« Die *Christian Science Monitor*: »Die Affäre Sacharow-Solschenizyn hat sich zu einem internationalen Ereignis ersten Ranges entwickelt. Sie hat sehr rasch auch das amerikanische politische Leben beeinflußt.«

In dieser Woche wurde Grigorenko in ein normales Krankenhaus überwiesen. In denselben Tagen bestand auch Jewgenij Barabanow seine Feuertaufe. Er war am 15. 9. zu mir gekommen (ich wußte bereits, daß er vom KGB bedrängt und gewürgt wurde) und hatte bei mir vor einem Korrespondenten seine ebenfalls im wahren Sinne des Wortes historische Erklärung abgegeben: hier richtete sich ein namenloser Sklave auf, den bis dahin keiner kannte, von Punkt Null bis zur internationalen Berühmtheit, er richtete sich dort auf, wo wir uns seit einem halben Jahrhundert geduckt hatten: wenn man ein Manuskript ins Ausland schickt, handelt man nicht verbrecherisch, sondern ehrenhaft, denn das Manuskript wird damit vor dem Tod gerettet.

Und, o Wunder! Schon war Barabanow in den KGB bestellt, zum letzten Verhör, von dem er nicht mehr nach Hause zurückkehren würde (sieben Jahre Haft waren ihm sicher!) – als die höllischen Heerscharen überraschend von ihm abließen, als wären ihnen die Hände verdorrt: das Material der unheildrohenden gerichtlichen Untersuchung, plötzlich ans Tageslicht gebracht, erwies sich als Ehrenurkunde. Barabanow verlor nur seinen Arbeitsplatz.

Wenn alle unsere Sklaven sich ebenso aufrichten würden, und sei es nur im Geiste, ohne jedes äußere Tun – das allein würde genügen, um in einem einzigen Atemzug frei zu werden. Aber – wir wagen es nicht.

Die Reaktion des Westens auf die Erklärung Barabanows hat, wie vieles in diesem Moment, alle unsere Erwartungen übertroffen. Den katholischen Geistlichen Italiens wurde empfohlen, in ihren Predigten sein Verhalten zu erwähnen, und in Frankreich traten die Mitglieder der Académie Française für ihn ein.

Nachdem die westliche Welt die Vernichtung ganzer Völker und Vorgänge um Millionen von Menschen gleichgültig schweigend hingenommen hatte, war ihr jetziges Verhalten, das Echo auf einen so unbedeutenden Fall wie die Verfolgung einer kleinen Dissidentengruppe, für uns verblüffend, und wir trauten unseren Ohren nicht, wenn wir einen Sender nach dem anderen davon sprechen hörten, jeden Morgen und jeden Abend. Kaum war das Interview und der Artikel, in dem ich den Westen wegen seiner Schwäche und Gleichgültigkeit bittere Vorwürfe machte, erschienen, als beide schon überholt waren; der Westen geriet in Erregung, die Erregung schlug hohe Wellen, und man hätte leicht der Illusion verfallen können, daß der freie Geist des großen alten Kontinents wieder auferstanden wäre. In Wirklichkeit handelte es sich um ein zufälliges Zusammentreffen irgendwelcher zeitbedingter Umstände, die wir von hier aus nicht erkennen konnten (einer davon war wahrscheinlich die tiefe Verärgerung über die Schwierigkeiten, die den Auswanderern aus der UdSSR in den Weg gelegt wurden). Dieses Aufflammen, das an die besten Zeiten Europas erinnerte, wäre auch nur einen Monat später, als dasselbe Europa sich feige und untereinander zerstritten dem arabischen Öldiktat beugte, nicht mehr möglich gewesen.

Aber im September schlugen die Flammen hoch! Und blendeten unsere Eulen. Der einfallslose, langweilige Prozeß gegen Jakir erwies sich als Blindgänger, der niemanden traf, niemanden einschüchterte und dem KGB zur Schande gereichte. Jetzt war ihre Position ungünstiger als vor dem Prozeß. In großer Eile wurde eine Erklärung sowjetischer Psychiater zusammengezimmert, Einweisungen in Sonderanstalten fänden bei uns nicht statt (das war am 3. 10.) – aber blitzschnell, schon am 4. 10., erschien in der westlichen Presse die Antwort von Sacharow und Schafarewitsch. Sieben Monate lang hatten sie krampfhaft überlegt, welche Stelle das Erscheinen sowjetischer Manuskripte im Ausland unterbinden könnte und verkündeten am 21. September die Einrichtung der WAAP, und am 21. abends hieß es schon – ich hätte sie *herausgefordert*: um ihre rechtlichen Handhaben zu testen, hätte ich dem Samisdat einige Kapitel aus dem *Kreis 96* zur Verfügung gestellt. (Ein drittes glückliches Zusammentreffen zu unseren Gunsten! Mein nächster planmäßiger Vorstoß [Anhang 29]). Es sah so aus, als könnten wir schneller reagieren als ihre Panzer, als stünde uns eine Technik zur Verfügung, die wir in Wirklichkeit gar nicht hatten. Es entstand der Eindruck, als wären wir zehnmal zahlreicher als wir in Wirklichkeit waren.

Und im Westen stellten sich die Ereignisse mit den unvermeidlichen, durch die große Entfernung bedingten Verschiebungen etwa so dar: Ende August, vor Beginn des Gefechts *(Daily Telegraph)*: »In der UdSSR ist alles erstickt worden, es blieb nur die Stimme Sacharows, aber auch er wird bald verstummen.« Und Ende September *(Deutsche Allgemeine)*: »Von Magdeburg bis Moskau hat der KGB seine frühere Macht eingebüßt, er wird nicht mehr gefürchtet und nur wenig beachtet.«

Am schärfsten äußerten sich während dieser Zeit die linken und liberalen Kreise, Freunde der UdSSR und tonangebend in der öffentlichen Meinung des Westens, die seit Jahrzehnten den im großen ganzen linksgerichteten Trend bestimmten. Die Intellektuellen Amerikas gingen in Opposition gegen die sowjetisch-amerikanische Verständigungspolitik. In einer aussichtslosen Lage befanden sich die Kommunisten in allen westlichen Ländern, sie mußten heucheln und lavieren, denn es war unmöglich, der Redefreiheit in der »Gesellschaft der Zukunft« die Unterstützung gänzlich zu versagen, aber gleichzeitig mußten sie sich doch negativ und abfällig über uns äußern. Und vor den gleichen Schwierigkeiten sahen sich die Regierungen Nixon und Brandt, denen durch unser Beharrungsvermögen das Spiel verdorben wurde. Kissinger verhielt sich ausweichend.

Der Finanzminister und der Gesundheitsminister der USA statteten während dieser Zeit der UdSSR einen Besuch ab; der eine versprach Kredite, während der andere, bei der Rückkehr in die Heimat, behauptete: die amerikanisch-sowjetische Zusammenarbeit (mit unseren Psychiatern!) auf dem Gebiet des Gesundheitswesens sei von größerer Bedeutung als die Verfolgung von Dissidenten. Bundeskanzler Brandt rang sich auf Drängen seiner Partei eine »geistige Verwandtschaft« mit den sowjetischen Dissidenten ab (das war am 9. 9.), aber schon drei Tage später erklärte er sich bereit, die »Beziehungen mit der UdSSR auszubauen, selbst wenn ein Stalin an ihrer Spitze stünde« – alles um die Ostpolitik zu retten. (»Beziehungen« mit dem Mörder von Millionen »ausbauen« – warum denn nicht gleich mit Hitler, seinem kleineren Bruder? Mit seiner unnötig extremen Äußerung hat Brandt uns alle beleidigt, die Lebenden und auch die umgekommenen Lagerhäftlinge.) Gegen Ende September nahm er dies unter Einschränkungen zurück, und dabei ließ er es bewenden.

Mit wesentlich größerem Einsatz wurde die östliche Tyrannei in diesen Wochen des Kampfes um die Freiheit des Geistes von den westlichen Businessmen verteidigt; im Klartext: die Diktatur des Proletariats wurde am zuverlässigsten von den Kapitalisten gestützt. Sie redeten dem amerikanischen Kongreß ein, daß nur der *Handel* die Menschenrechte in der UdSSR garantieren könne! . . . Nur einer unter ihnen, ein Mann von seltenem Scharfblick, Samuel Pisar, der sich jahrelang für eine Intensivierung der Handelsbeziehungen mit der UdSSR eingesetzt hatte, veröffentlichte am 3. 10. einen offenen Brief an Sacharow: »Die Freiheit des einzelnen Menschen wiegt mehr als der gesamte Welthandel.« Der Vatikan, gelähmt durch den gleichen *Verständigungswillen* mit dem Osten, hüllte sich einen ganzen Monat in Schweigen, obwohl einfache Geistliche den Papst deswegen kritisierten. Bis zum Schluß sprach der Papst nicht ein einziges Wort, nur sein Pressereferent erklärte notgedrungen im Oktober, als das Feuer bereits verglüht war: »Die Menschenrechte in der UdSSR – das ist keineswegs nur ein innenpolitisches Problem.«

Für mich persönlich machte der Schwung der internationalen Unterstützung, der so unerwartet, überwältigend und siegreich war, schon Mitte September eine weitere Teilnahme am Gefecht und die geplante »Kaskade« überflüssig: das Gefecht nahm seinen eigenen Lauf. Und ich mußte Arbeitszeit, Kräfte, Reserven sparen – für das nächste Gefecht, das nicht mehr lange auf sich warten lassen, das grausamer und unvermeidlich sein würde, jetzt, da der *Archipel* in ihren Händen war.

Am 21. September, genau einen Monat nach seinem Beginn, hielt ich den Feldzug für gewonnen und – für mich persönlich – für abgeschlossen (nachdem an diesem Tag Kapitel des *Kreises* in den Samisdat gekommen waren). *Für mich* – leider war ich wegen mangelnder Koordinierung unseres Vorgehens nicht in der Lage, Sacharow dies wissen zu lassen.

Und sein Rückzug aus dem Gefecht zog sich noch über einen Monat hin, und zwar unter ärgerlichen und empfindlichen Verlusten. Andrej Dmitrijewitsch zögerte, weil er sich außerstande sah, aufdringliche, ehrgeizige oder einfach müßige Korrespondenten abzuweisen, von denen mancher sich nicht einmal die Mühe machte, nach Moskau zu reisen, sondern irgendwo in Europa zum Telefonhörer griff, um über die Leitung ein Stückchen von Sacharows Seele zu ergattern. Über der Eindeutigkeit seines Verhaltens lag der Schatten widersprüchlicher Vorstellungen seines persönlichen Lebens: sollte er bis zum Schluß in diesem Land ausharren, oder konnte er sich erlauben, es zu verlassen? (Immer wieder kam er auf den Plan zurück, sich zu einer Vortragsreise in die USA einladen zu lassen.) Und dann – sein uneingeschränktes Vertrauen gegenüber allen möglichen Besserwissern. So wurde er auch in die unglückselige Episode um Pablo Neruda (21. 9.) verwickelt, die beweisen sollte, daß wir objektiv sind, daß wir überall für die Freiheit eintreten und uns jedenfalls auch um Neruda sorgen (der übrigens gar nicht gefährdet war). Aber dieser Brief war nicht in jenem dreisten Ton abgefaßt worden, wie er *bei uns* üblich ist, sondern spielte in höflichen Wendungen auf die hohen Ziele an, die sich die chilenische Regierung gestellt haben mochte, und bot dadurch unseren und den westlichen Kommunisten eine ungeschützte Flanke. Sacharow wurde wütend attackiert, und die bereits gewonnenen Stellungen waren wieder gefährdet.

Auch das Interview, das Sacharow einem wirklichen oder angeblichen Korrespondenten einer libanesischen Zeitung gegeben hatte, bot sowohl der kommunistischen als auch der ara-

bischen Welt eine günstige Möglichkeit, ihn ungestraft anzugreifen, zu einer Zeit, als der Krieg zwischen den Arabern und
den Israelis unserem Gefecht ein natürliches Ende bereitet
oder es zumindest unterbrochen hatte. Dieses Interview zog
einen Überfall angeblich arabischer Terroristen nach sich –
wieder war Sacharow stark bedroht, er brauchte Hilfe, so un-
heilverkündend war die Taktik des KGB [Anhang 30].
Als ich mich aus dem Gefecht zurückzog, spielte ich gewohnheitsmäßig die möglichen Pläne des Gegners durch: was wird
ihr nächster Schritt sein, was können sie gegen mich unternehmen? Die größte Gefahr für sie lag nicht in dem, was bereits
geschehen war, sondern in dem, was noch geschehen konnte
und geschehen mußte: in der lawinenartigen Veröffentlichung
von allem, was ich geschrieben hatte. *Sie* hatten mich immer
unterschätzt; bis zuletzt konnten sie sich – solange sie den
Archipel nicht in Händen hatten – in ihren schwärzesten Ver-
mutungen nicht vorstellen: na schön, was kann er eigentlich
noch Gefährliches und Schädliches geschrieben haben? Sagen
wir, noch ein *Festmahl der Sieger*? Und noch eins? Aber jetzt,
da sie den *Archipel* in ihren Klauen haben und ihn von Tisch
zu Tisch (vermutlich wird er auch vor den eigenen Leuten
geheimgehalten und in feuerfesten Schränken aufbewahrt) gehen lassen, von den Experten bis zu den höchsten Chefs, sogar
bis zu Andropow persönlich, jetzt müssen sie zu Eis erstarren,
weil sie begreifen, daß eine solche Veröffentlichung für ihr
Regime beinahe vernichtend ist (Regime? Das soll der Teufel
holen – für ihre *Sessel*!). Sie müssen sich doch etwas einfallen
lassen – nicht, um sich eines Tages an mir zu rächen, sondern
um das Buch noch vor seiner Veröffentlichung *abzufangen*.
Vielleicht halten sie es überhaupt nicht für möglich, daß ich so
kühn sein könnte? Und wenn sie es doch für möglich halten?
Meiner Meinung nach gab es für sie folgende Möglichkeiten:

1. Geiselnahme meiner Kinder durch »Gangster«. (Sie wissen
   nicht, daß auch in diesem Punkt ein übermenschlicher Entschluß gefaßt worden ist: unsere Kinder sind uns nicht teurer als das Gedächtnis der zu Tode gemarterten Millionen,
   und dieses Buch werden wir um nichts in der Welt zurückhalten.)
2. Abfangen der Manuskripte dort, im Westen, wo sie zum

Druck vorbereitet werden. Durch Überfall einer Bande. (Aber woher wollen sie wissen, daß sie sämtliche Exemplare erwischen und damit jede Veröffentlichung ausgeschlossen ist?)

3. Juristisch gegen die Veröffentlichung vorgehen, offen Einspruch erheben, mit dem Argument, sie sei widerrechtlich (in Erwägung dieser Möglichkeit hatte mein Rechtsanwalt, Dr. Heeb, bereits eine *Vollmachtsbestätigung* entworfen, speziell für den *Archipel*, den neuen Bedingungen des Urheberrechtsabkommens angepaßt.)

4. . . . .
(Aber dafür braucht man Zeit, und außerdem würde das die Veröffentlichung nicht aufhalten, im Gegenteil: das würde sie beschleunigen, dann gibt es nichts mehr zu verlieren.)

5. Eine persönliche Diffamierung (strafrechtlicher, moralischer Art) – um meine Aussagen zu diskreditieren.

6. Terror in Richtung Punkt 1 oder 4?

7. Verhandlungen?

Aber die letzte Möglichkeit hielt ich für sehr fraglich, ihre Überheblichkeit hat es ihnen noch nie erlaubt, anders zu verhandeln als auf Regierungsebene. Schon einmal ist Djomitschew hochgegangen: Verhandeln? Mit Solschenizyn? Das wird er nicht erleben! (Ich für meinen Teil glaube, daß ich es erleben werde. Allerdings vielleicht zu einem Zeitpunkt, an dem es für die Sache, für sie und für mich zu spät sein könnte.) Als ich meine Notiz mit dem Punkt »Verhandlungen?« abschloß, glaubte ich nicht an die Möglichkeit von Verhandlungen, konnte sie mir überhaupt nicht vorstellen und nicht einmal wünschen: worüber gab es jetzt noch zu verhandeln, außer dem, was in dem *Brief an die Führung* zu lesen stand? Es gab nichts mehr, worum ich noch feilschen konnte: weder fordernd noch nachgiebig.

Und auf welchem Wege hätten sie mich auch ansprechen sollen? Alle Verdächtigen, Unentschlossenen, Kolporteure und Lakaien waren längst ausgeschaltet. Wir hatten keine gemeinsamen Bekannten mehr.

Ich setzte diese Liste am 23. September auf, und am 24. rief mich meine frühere Frau Natalja Reschetowskaja aufgeregt an und bat mich um ein Gespräch. Ihrer Stimme war anzumerken, wie wichtig ihr Anliegen war. Trotzdem merkte ich immer noch nichts. Erst vor zwei Tagen hatten wir uns getroffen, und sie hatte all das wiederholt, was im Feuilleton der *Komsomolskaja prawda* zu stehen pflegt: ich sei hysterisch, ich klage laut über eingebildete Gefahren, und ich verleumde den KGB. Aber leider hatte sie meine Briefe, in denen wichtige Fragen berührt wurden, bereits schon einmal vor Gericht auf den Tisch gelegt (was einer Denunziation gleichkam) und überhaupt alle meine Briefe an den KGB weitergegeben. Und in der *New York Times* war bereits der Artikel erschienen, den sie im Verein mit ihnen (unter dem Firmenschild der APN) verfaßt hatte. Und dennoch, es gibt ja auch Wandlungen, und man möchte doch so gerne an das Bessere glauben, es ist mir unmöglich, sie restlos mit *ihnen* zu identifizieren.

Auf dem Kasaner-Bahnhof, mit dem hochmütigen Blick der schon seit Jahren stählernen, bösen Augen:

»Das war der Anruf von Innokentij Wolodin. Dies wird ein ernstes Gespräch, ein solches Gespräch haben wir noch nie geführt. Aber *reg dich nicht auf*, es ist zu deinem *Besten*.«

Da verstand ich. Und erstarrte. Und setzte im gleichen Augenblick die Maske müder Trägheit auf. Und behielt diese Maske bis zum Ende unseres Gesprächs.

Ich habe in der Verbannung einige Jahre meines Lebens zerstört, Jahre der rasenden Sehnsucht nach einer Frau – in der Angst um meine Bücher, aus Angst, daß eine Komsomolzin mich verraten könnte. Nach vier Jahren Krieg und acht Jahren Gefängnis habe ich die ersten drei Jahre meiner Freiheit zerstört, mit Füßen getreten und mit Händen gewürgt, mich nach einer Frau sehnend, der ich alle meine Manuskripte, alle Namen und meinen eigenen Kopf anvertrauen könnte. Nach der Verbanung fiel ich um und kehrte zu meiner früheren Frau zurück.

Und nun kam diese Frau, siebzehn Jahre später, als Vermittlerin des KGB, sie machte keinen Hehl daraus, und trat hier auf dem Bahnsteig mit festem Schritt aus der persönlichen Sphäre in die öffentliche, in dieses Buch. (Ich schreibe dies eine Stunde nach unserem Gespräch nieder, und meine Haut ist noch wie versengt.)

»Wärest du einverstanden, dich *mit einem gewissen Jemand* zu treffen und zu unterhalten?«

»Wozu?«

»Unter anderem, um über die Möglichkeiten der Veröffentlichung der *Krebsstation* zu sprechen.«

(*Krebsstation?* »Die Stiefmutter sucht ihren Stiefsohn, wenn der Eisgang vorbei ist.«)

»Das finde ich seltsam. Dazu braucht man sich doch nicht zu treffen. Es ist ganz selbstverständlich, daß russische Bücher von russischen Verlagen gedruckt werden.«

(Also doch – *Verhandlungen*! *Sie* wollen verhandeln? Dann haben wir ihnen ordentlich eingeheizt! Wesentlich stärker, als wir selbst ahnten.)

»Aber du wirst doch hingehen und einen Vertrag mit einem Verlag abschließen? Bei dir weiß man nie, woran man ist, sie haben Angst. Man muß doch die Bedingungen besprechen.«

(Sie wollen Zeit gewinnen! Sie haben am *Archipel* geschnuppert und wollen nun mein Tempo bremsen und mich einlullen. Aber auch ich brauche noch drei Monate Zeit. Auch für mich wäre es günstig – sie einzulullen.)

»Von Bedingungen kann gar keine Rede sein: der Text in seinem vollständigen Wortlaut.«

»Aber wärest du bereit, dich nach der Verlagsbesprechung mit *jemandem* zu treffen?«

»Dieser Jemand wird, in Zivil, sowieso am Tisch des Chefredakteurs sitzen, neben ihm.«

Solche in Zivil fotografieren uns schon von den parallelen Bahnsteigen aus, vielleicht hören sie auch mit, ich spüre sie ganz deutlich mit meinem ganzen Rücken, diese Empfindung ist für einen erfahrenen Menschen unverwechselbar. Das merkt man auch *ihr* an, sie gibt sich unnatürlich bewußt.

»Nun, vielleicht . . . jemand *Höheres*?«

»Nur aus dem Politbüro, sonst niemand. Und nur über das Schicksal aller, nicht über mein persönliches.«

»Aber das ZK hat dir doch Schwierigkeiten gemacht und nicht der KGB. Sie waren es ja, die den Raubdruck des *Festmahls* herausgebracht haben, und *das war natürlich ein Fehler*. (Welch sicheres politisches Urteil über das ZK aus dem Mund einer gewöhnlichen Bürgerin.) . . . Aber *die*, weißt du, *die sind ganz anders*, sie kann man für die vergangenen Greuel nicht mehr verantwortlich machen.«

»Dann muß man sich von der Vergangenheit distanzieren, ein

Urteil fällen, davon berichten – und dann ist man nicht mehr dafür verantwortlich. *Wer war es denn eigentlich*, der sechzig Millionen Menschen umgebracht hat?«

»Sechzig?« Aber sie fragt nicht, obwohl sie nichts weiß, und sagt rasch und sicher:

»Aber *die waren es nicht!* Ich kenne jetzt einen viel größeren Kreis von Menschen. Und was für kluge Köpfe sind dabei! Du kennst solche Menschen überhaupt nicht, du hast so viele Dummköpfe um dich ... Und was hast du eigentlich gegen Andropow? Der kann ja überhaupt nichts dafür (!). Das sind die anderen.« – Sie sieht mich prüfend an, wie einen Verirrten, einen Verlorenen, wie einen dummen Jungen: »Und überhaupt, irgend jemand macht dir was vor, hetzt dich auf und erpreßt dich! Und der erfindet diese angeblichen Gefahren.«

»Die ›Gangster-Briefe‹ etwa auch?«

Sie (energisch): »Der KGB hat damit nichts zu tun!«

»Und woher weißt du das?«

Ich bin träge, ich halte ein Versehen für durchaus möglich. Sie aber, sie ist erfüllt von einer aggressiven Sicherheit, wenn es um sie und ihre neuen Freunde geht:

»Zeig mir doch einen solchen Brief! Sie tun dir überhaupt nichts, *kein Mensch will etwas von dir!*«

»Sie haben mich aus dem Haus von Rostropowitsch gedrängt und geben mir keine Zuzugsgenehmigung!«

»Aber was hast du bloß immer mit dieser Zuzugsgenehmigung! Sie können dir doch unmöglich alles auf einmal geben! Alles mit der Zeit.«

»Jetzt haben sie zum zweiten Mal mein Archiv geholt ...«

»Aber das ist doch ihre Aufgabe, sie müssen suchen!«

»Kunstwerke?«

Das sollte ein bißchen verwundert klingen, als wollte ich nicht streiten, als wäre ich diesen ewigen Kampf mit dem KGB wirklich leid, als wäre ich froh mich nun auszuruhen ... Ich gebe meine Rolle nicht für den Bruchteil einer Sekunde auf.

»Du erklärst, daß deine *wichtigsten* Werke noch kommen, daß sie im Falle deines Todes erscheinen werden, und *zwingst* sie, danach zu suchen. Du hast doch in dem Brief an den Kongreß von *Die Wahrheit kennen die Panzer* gesprochen, und jetzt wird das auch gesucht ...«

(Aber woher weißt du eigentlich, daß sie suchen und *was* sie suchen? Und welchen Titel hast du ihnen selbst genannt? Vielleicht auch dieses *Kalb*?)

»... Sie sind dazu gezwungen, zu suchen, auch bei ...« (Sie nennt den Namen.)

(Aha, dann hast du ihnen diesen Namen schon angegeben?) ... Und ich sage zum erstenmal mit vollem Einsatz:

»Aber wer hätte außer dir den Namen dieser Frau nennen können, und wenn jemand ...«

»Du wolltest ja die Scheidung – du hättest die Konsequenzen voraussehen müssen.«

(Ich hatte sie vorausgesehen. Du weißt schon seit langem, seit sehr langem, nicht mehr alles und kennst nicht mehr alle. Aber die von früher? ...)

»Aber keine Gemeinheit.«

»Mach dir keine Sorgen, ich weiß, was ich tue.«

(Ja, ja! Der *Archipel* muß so schnell wie möglich erscheinen, damit sie nicht im Dunkeln jemand packen und schlucken. *Sie* sind auf das Dunkel angewiesen – aber ich werde Licht in das Dunkel bringen!)

»... Gib doch eine Erklärung ab, daß du alles nur bei dir aufbewahrst und daß du in den nächsten zwanzig Jahren nichts mehr veröffentlichen wirst.«

(Sie ringt förmlich darum! Sie will es mir für *sie* abringen, *sie* brauchen das! Aber wie wenig hast du mich in unserem gemeinsamen Leben kennengelernt, wenn du glaubst, daß man mit mir noch verhandeln kann, nachdem schon ein ganzer Monat verstrichen ist? Daß der Entschluß nach spätestens einer Stunde feststand und einen Tag später in die Tat umgesetzt war?)

Ich will eine andere Ecke ausfegen:

»Aber wenn auch nur einem von diesen zweihundertzwanzig oder so jemandem wie Barabanow ein Haar gekrümmt wird, werde ich sofort für jeden Betroffenen eintreten.«

Und sie fegt wieder zurück, sie weiß genau Bescheid:

»Wer von den Lagern *erzählt* hat – dem wird nichts passieren, aber wer *mitgeholfen* hat ...«

(Hast du schon von jenem Frühjahr 1968, als wir in Roschdestwo getippt haben, hast du das alles schon beim vertraulichen Gespräch mit diesen klugen, sehr klugen Menschen erzählt? Ja? ...)

»Ich werde *jeden einzelnen* sofort und mit vollem Einsatz meiner Kräfte verteidigen!«

(Irgendwann einmal standen wir uns so offen gegenüber . . . Aber schon lange habe ich gemerkt, daß du eine Schauspielerin bist, nein, ich bin darauf hereingefallen, weil ich es nicht rechtzeitig gemerkt habe. Aber heute, auf diesem festen Grat, auf der Hauptstraße meines Lebens, da wirst du mich nicht übertölpeln, samt all deinen Regisseuren.)

»Überhaupt *ist es für* ALLE *besser*, wenn·du dich *ruhig verhälst.* test.«

»Aber ich, von mir aus, tue ihnen ja nichts, *sie* zwingen mich dazu . . .«

»Du bist besessen, du hast kein Mitleid mit deinen eigenen Kindern.«

Und noch einmal die Kinder:

»Nun, wenn einem der Kinder etwas zustoßen sollte – ist es dann auch der KGB gewesen?«

(Das ist deren Gedanke, man wird *sie* nicht verdächtigen, wenn es um ein Kind geht.)

»Natürlich, jetzt ist der Sieg auf eurer Seite! Aber wenn die *Krebsstation* sofort gedruckt wird – wirst du dann in der Öffentlichkeit ausposaunen, daß du gesiegt hast?«

»Niemals. Ich wundere mich über diese Frage. Ich würde höchstens sagen: eine vernünftige Maßnahme, man denkt an das russische Leserpublikum . . . *Mir selbst* liegt jetzt an dieser Veröffentlichung fast überhaupt nichts.«

(Wirklich: liegt mir etwas daran oder nicht? Wie sollte man es sich nicht wünschen, wie sollte man nicht zuerst danach trachten, in seiner Heimat veröffentlicht zu werden? Aber es ist grotesk: der Zeitpunkt ist bereits so weit überschritten, daß die Veröffentlichung das Opfer beinahe nicht mehr lohnt. Eine symbolische Auflage, die das Märchen von unserer Freiheit illustrieren soll? Die Moskauer Intellektuellen, die ohnehin ein Samisdat-Exemplar in ihrem Bücherregal stehen haben, sollen sich noch eines kaufen? Oder soll die gesamte Auflage, nachdem sie in den Auslagen gezeigt worden ist, in den Reißwolf kommen? Eine komplizierte Sache! Ich will es ja selbst eigentlich nicht mehr. Moskau hat es schon gelesen, und Rußland braucht die ganze Wahrheit und nicht die alte *Krebsstation.* Soll ich Einspruch erheben? Ich darf es nicht, ich werde es nicht tun. Aber es ist auch nicht mehr nötig . . .)

»Es lag an dir, daß die *Krebsstation* im Dezember 1967 nicht gedruckt wurde!«

»Wie bitte??«

»Ja, weißt du nicht mehr? Du hast dich krankgestellt und wolltest nicht hinfahren und hast mich hingeschickt. Twardowskij wollte dich damals bitten, einen durchaus *zumutbaren* Brief an die Zeitung zu schreiben.«

(Natürlich, einen *durchaus zumutbaren* Widerruf: warum sie sich im Westen so aufregten? . . . Auch im Sekretariat wurde damals von nichts anderem gesprochen . . . Und so wird meine ganze Geschichte verdreht: Nicht das Regime hat mich in die Enge getrieben und alle anderen vor mir ebenfalls, ich bin es selbst gewesen . . . wir sind es selbst gewesen . . .)

»Wenn das Buch gedruckt ist, wirst du ja auch Geld bekommen . . . Aber du wirst gewisse Garantien geben. Du wirst doch über diesen Vorschlag nicht mit Korrespondenten sprechen? Und über unser Gespräch? Das muß völlig unter uns bleiben.«

Ich übertreffe ihre und ihrer Freunde kühnsten Erwartungen:

»Das Gespräch wird nicht über diesen Bahnsteig hinausdringen.«

(Der lange, schmale Bahnsteig zwischen den beiden Gleisen in Richtung Rjasan, wo wir zwölf Jahre lang ankamen, von wo wir abfuhren, beladen mit Lebensmitteln, Neuigkeiten, Hoffnungen . . . Der lange Bahnsteig an einem sonnigen Septembermorgen, auf dem wir auf- und abgehen, während wir gefilmt werden und unser Gespräch auf Band aufgenommen wird. Und in den Grenzen dieses Bahnsteigs beschreibe ich jetzt auch das stattgefundene Gespräch.)

Und dann erfahre ich, wie sehr sie sich für mich eingesetzt hat:

»Ich glaube, daß ich durch meine Äußerungen bei verschiedenen Gesprächen und in den einzelnen Kapiteln meiner Erinnerungen, die ich an *verschiedene Persönlichkeiten* geschickt habe, deinen Charakter etwas *erklären* konnte, daß ich dich beschützt und dein Schicksal erleichtert habe . . .«

Sie wollte erklären! Sie, die mich nie verstanden hat, der alles, was ich tat, unbegreiflich und alles, was ich zu tun beabsichtigte, unerwartet blieb (wie auch in diesem Fall), sie wollte meinen Charakter – der Geheimpolizei erklären! Und, im Verein mit ihr, der ganzen Welt . . .

Ist es eigentlich immer so, daß die gekränkte Eitelkeit nach Genugtuung verlangt, und immer mehr, je größer die Zahl der Zeugen sind? Wahrscheinlich ist es immer so, wenn die Eitelkeit gekränkt ist. Dennoch . . . Sich mit der Geheimpolizei verbünden? . . . Das tut nicht jede.

(Haben wir nicht einmal zusammen aus einem Notizbuch ins andere übertragen? Und hast du mir damals nicht auch das Sprichwort diktiert: »Es ist kein echtes Schaf, das dem Wolf folgt?«)

»Sei vorsichtig, verlaß dich nicht zu sehr auf die schwarzen Flügel. Es ist so angenehm: wenn man plötzlich hinaufgetragen wird und schwebt . . .«

»Du brauchst dir keine Sorgen zu machen, ich weiß schon, was ich tue.«

Was sie auf diesem Weg und für *diese* Dienstherren auch getan haben mochte (heute hatte sie bei ihrer Unterhaltung nicht viel Glück gehabt und konnte mich nicht zu einem privaten Treffen mit KGB-Männern bewegen, jetzt müssen wir auf die Einladung eines Verlages »warten« – natürlich sind sie jetzt sicher, daß ich nicht mehr angreifen, den *Archipel* nicht veröffentlichen und friedfertig sein werde) – was auch immer sie in Zukunft tun würde, ich werde mich nie davon distanzieren, und ihr nie vorwerfen können: »*Du, du* hast das getan!« Wenn sie es ist, dann bin ich es auch . . . Und mit welchem Gift die Zukunft auch durchtränkt sein mag – sie ist aus der Vergangenheit herausgewachsen, und die Schuld liegt bei mir: ich habe im Gefängnis auf den ersten Blick den Menschen durchschaut, der in die Kammer trat, aber nicht ein einziges Mal die Frau an meiner Seite. Ich habe es glimmen lassen, bis die Flammen schließlich hochschlugen.

Das ist der Preis für die Fehler, die wir in der mißachteten zweitrangigen Sphäre begehen, in dem – wie es in den Vorladungen des Bezirkskomitees heißt – »sogenannten persönlichen« Bereich . . .

Leider kam es mit der benachbarten verbündeten Kolonne weder zu gemeinsamen Beratungen, noch zu einem gemeinsamen Vorgehen.

Ich erlaube mir an dieser Seite einiges über Sacharow zu sagen, so viel, wie notwendig ist, um sein Verhalten zu begreifen, das schon in der Gegenwart großes Gewicht hat und, wie man vermuten kann, auch für die Zukunft Rußlands Gewicht haben wird.

Als Lenin das geniale Schema des totalitären Staates entwickkelte und begründete, als Stalin es weiterentwickelte und festigte, sahen sie alles voraus und taten alles, damit dieses System ewig bleibt und sich nur auf den Wink seines Beherrschers hin verändert, damit keine freie Stimme sich je erheben und niemals eine Gegenströmung entstehen kann. Sie sahen alles voraus, außer einem – dem WUNDER, der irrationalen Erscheinung, deren Ursachen man nicht voraussehen, nicht voraussagen und nicht ausschalten kann.

Ein solches Wunder im sowjetischen Staat war das Erscheinen von Andrej Dmitrijewitsch Sacharow – mitten in der korrupten, prinzipienlosen, technischen Intelligenz, ja, noch in einem der wichtigsten, geheimsten, mit materiellem Segen überhäuften Nester, unmittelbar neben der Wasserstoffbombe. (Wäre er irgendwo abseits aufgetaucht, hätte man ihn sehr bald zum Verstummen gebracht.)

Der Schöpfer der schrecklichsten Waffe des zwanzigsten Jahrhunderts, dreifacher Held der Sozialistischen Arbeit, was sonst nur den Generalsekretären der Kommunistischen Partei zugestanden wird, mit denen er nun am gleichen Tisch saß, aufgenommen in jenen engen Kreis, innerhalb dessen es kein *Nein* gibt (worum es sich auch handeln mag) – dieser Mann spürte, genau wie Fürst Nechludow bei Tolstoj eines schönen Morgens, wahrscheinlich aber schon von Geburt an, daß der ganze üppige Wohlstand, in dem er ertrinkt, nichts als Staub ist, daß die Seele die Wahrheit sucht und daß es schwer ist, die Sache, der er dient, zu rechtfertigen. Bis zu einer gewissen Grenze kann man sich einreden, sie sei zum Schutz und zur Rettung unseres Volkes, aber von dieser bestimmten Grenze an wird nur allzu deutlich, daß sie dem Angriff, und im Verlauf der Experimente, daß sie der Zerstörung des Erdkreises dient.

Jahrzehntelang waren bei uns die Schöpfer der schrecklichsten Waffen gehorsam gewesen und hatten sich nicht nur Stalin oder Berija gefügt, sondern jedem Oberst an der Spitze eines Forschungsinstitutes oder einer Scharaschka (je nachdem, wohin man den Erfinder zu versetzen geruhte), waren unendlich dankbar gewesen für das goldene Sternchen, für eine Datscha bei Moskau oder ein Glas saure Sahne zum Frühstück, und wenn sie sich je zu einem Widerspruch aufrafften, dann nur, um die beste technische Lösung für die Wünsche des Vorgesetzten zu sichern. (Ich habe keine Beweise dafür, daß P. Kapizas »Aufstand« sich gegen mehr richtete als die Unzulänglichkeiten der Organisation unter Berija.) Und plötzlich erkühnte sich Andrej Sacharow, unmittelbar unter dem weitausholenden Arm des querköpfigen Nikita, der bereits am Absolutismus Geschmack bekommen hatte, die Einstellung der Kernwaffenversuche zu fordern, und zwar nicht nur irgendwelcher alltäglicher, auf dem Übungsgelände, von denen gar nicht erst gesprochen wird, sondern von Versuchen mit vielen Megatonnen, die die ganze Welt erschütterten und umwölkten. Und schon damals war er in Ungnade gefallen, hatte sich den allerhöchsten Unwillen zugezogen und nahm eine Sonderstellung in der wissenschaftlichen Welt ein – aber noch wußte Rußland das nicht und sah es nicht. Sacharow wurde ein fleißiger Leser des Samisdat, einer der ersten, die für die Verhafteten baten (Galanskow-Ginsburg), aber auch das wurde damals noch nicht wahrgenommen. Erst sein Memorandum im Sommer 1968 wurde wahrgenommen.

Darin erkennen wir schon den bestimmenden Charakterzug dieses Menschen: ein ungetrübtes Zutrauen, das der eigenen Reinheit entspringt. Er verteilte sein Memorandum unter seinen Stenotypistinnen (er hatte niemanden sonst, er kannte keine anderen Wege), in dem Glauben (! er arbeitete in unseren Institutionen, aber er arbeitete nicht, er schwebte bloß!), in dem Glauben, daß diese Stenotypistinnen, zum Schweigen verpflichtet, nicht fähig sein würden, den Sinn des Abgeschriebenen zu begreifen und aus den Teilen das Ganze zu rekonstruieren. Aber sie waren durchaus dazu fähig, jede die ihr zugeteilten Seiten in die Sonderabteilung zu bringen, die so Sacharows Memorandum bereits gelesen hatte, bevor er die Exemplare auf seinem eigenen Schreibtisch ordnete und für seinen eigenen Samisdat vorbereitete. Sacharow war am wenigsten dazu prädestiniert (und gerade deshalb allen anderen voran dazu bereit!), sich in den Zweikampf mit dem herzlosen, scharfäugigen, unfehlbar zupackenden Totalitarismus einzulassen! Im letzten Augenblick versuchte der Minister für Atomindustrie, Sacharow zu überreden und zurückzuhalten, er machte ihn auf die Folgen aufmerksam – vergebens. Wie ein Kind, das das Schild »Seuchengefahr« nicht lesen kann, genauso schutzlos verließ Sacharow die satte, vollgefressene, glückliche Kaste und ging zu den Erniedrigten und Beleidigten. Und – wer hätte das noch fertiggebracht außer einem Kind? – ließ beim Abschied auf der verlassenen Schwelle alles »überflüssige« Geld zurück, das ihm der Staat »zu viel« gezahlt habe – hundertfünfzigtausend nach der neuen Chruschtschow-Währung, anderthalb Millionen in Stalin-Rubel.

Als Sacharow noch nicht mit der liberalen Samisdat-Welt bekannt war, kam ihm ein junger, unerschrockener Historiker zu Hilfe (der zu dem grandiosen Schluß gekommen war, daß ein allgemein gültiges Gesetz durch einen einzigen mißratenen Charakter pervertiert worden sei) – und wie hätte er sich nicht über einen Verbündeten freuen oder sich dessen Einfluß verschließen sollen! Man lese in Sacharows erstem Memorandum nach – welche Verbeugungen, welche Ehrerbietung von unten nach oben gegenüber Roj Medwedjew! Angehängter Ballast beschwert den Ballon. Ich nehme an, daß die Verzögerung, mit der Sacharow aufgestiegen ist, im wesentlichen auf Roj Medwedjews Einfluß zurückzuführen ist, dessen engstirniges Denken in den gemeinsam verfaßten Dokumenten deutlich wird, und der später, als Sacharow sich von den marxistischen Unzulänglichkeiten befreit hatte, mit einem Schuß von der Erde in die Luft, in den Rücken des Aeronauten, sein Ende nahm.

Zum ersten Mal begegnete ich Sacharow Ende August 1968 unmittelbar nach unserem Einmarsch in die ČSSR und ziemlich bald nach dem Erscheinen seines Memorandums. Er hatte damals immer noch den Status einer supergeheimen und superbewachten Persönlichkeit: er durfte von keiner Telefonzelle aus anrufen, sondern mußte seinen Dienstapparat oder das Haustelefon benutzen; er durfte nicht überall erscheinen und nicht jeden Beliebigen besuchen, nur gewisse bestimmte und überprüfte Familien, von denen man wußte, daß er dort verkehrte; manchmal begleitete ihn seine Leibwächter, manchmal auch nicht, und er wußte es nie im voraus. Deshalb war es für mich außerordentlich schwierig, eine Begegnung mit ihm in die Wege zu leiten. Glücklicherweise gab es eine Familie, bei der ich schon einmal einen Besuch gemacht hatte, und mit der er befreundet war. Dort haben wir uns getroffen.

Auf den ersten Blick und bei den ersten gesprochenen Worten machte er einen einfach bezaubernden Eindruck: großgewachsen, völlig offen, weiches, strahlendes Lächeln, leuchtender Blick, warme, kehlige Stimme und ein gutturales »R«, an das man sich jedoch sehr bald gewöhnte. Trotz der drückenden Hitze war er gepflegt-konservativ gekleidet, mit Krawatte und gestärktem Kragen und knöpfte sein Jackett erst im Eifer der Unterhaltung auf – in allem der Erbe einer alteingesessenen Moskauer Familie der Intelligenzija. Wir saßen an diesem Abend vier Stunden zusammen, zu einer Zeit, die für mich eigentlich ungewohnt spät war, ich konnte nicht mehr richtig denken und drückte mich auch nicht gerade klar aus. Dazu kam, daß wir ständig gestört wurden und nicht die ganze Zeit unter vier Augen sprechen konnten. Dann auch das merkwürdige Gefühl am Anfang: ich brauchte nur zu greifen – vor mir ein blauer Rockärmel und die Hand, die der Welt die Wasserstoffbombe gegeben hatte!

Ich war wahrscheinlich nicht höflich genug und mit meiner Kritik viel zu aufdringlich, aber das kam mir erst nachträglich zum Bewußtsein: ich habe nicht gedankt, nicht gratuliert, sondern sein Memorandum nur kritisiert, bestritten, in Frage gestellt, und das alles ohne ein System, weil ich leider erst zu spät merkte, wie sehr ich das gebraucht hätte. Und gerade während meines zweistündigen unzulänglichen Kritisierens hat er mich besiegt! Er hat mir *nichts übelgenommen*, obwohl er manchen Grund dazu gehabt hätte, er widersprach ohne alle Rechthaberei, erklärte, lächelte ein schwaches, verlegenes Lächeln, aber er war überhaupt nicht beleidigt, nicht die Spur – das Zeichen einer großen und reichen Seele. So erwiderte er zum Beispiel auf die Frage, warum er sich vorwiegend mit *fremden* und nicht mit den *eigenen,* den sowjetischen Problemen beschäftige, es schmerze ihn, auf die Fehler in seinem eigenen Land hinzuweisen! Er beugte sich nicht einer Kette von Schlüssen, sondern einem keuschen Gefühl, er ließ sich von der Sohnesliebe leiten! Damals konnte ich das noch nicht würdigen, in mir spannte die Feder meiner Lagervergangenheit, und ich hörte nicht auf, ihn auf die Mängel in der Argumentation und in der Zuordnung der Tatsachen hinzuweisen.

Und dann überlegten wir, ob wir uns nicht irgendwie zu dem Problem ČSSR äußern sollten, aber wir konnten niemanden finden, der daran interessiert war: alles, was Rang und Namen hatte, lehnte ab.

Es sah so aus, als ob unsere Begegnung vom Regime unbemerkt geblieben war, in meiner üblichen Vorsicht hatte ich noch lange verheimlicht, daß wir uns inzwischen kannten, und mir nach außen nichts davon anmerken lassen: dieser Bund mußte dem Regime außerordentlich gefährlich erscheinen. Aber ein Jahr später, als ich nach Schukowka, zu Rostropowitsch, gezogen war, fand ich mich plötzlich nur hundert Meter von Sacharows Datscha entfernt, es war ein wirklich merkwürdiger Zufall. »Und was ist Nachbarschaft? Gemeinsame Gespräche.« Und jetzt trafen wir uns von Zeit zu Zeit. Ende 1969 ließ ich ihn meinen Artikel über sein Memorandum lesen – dieselbe Kritik, aber jetzt systematisiert und für den Samisdat bestimmt. Später gab ich ihn dann doch nicht heraus, aber Sacharow (damals fast der einzige Leser dieses Artikels) las ihn, wie er selbst zugab, mit Bitterkeit, sogar zweimal, aber in seiner Beziehung zu mir lag nicht die geringste Spur von Antipathie.

Auch er lebte in einer Phase der Zurückgezogenheit, seine Frau lag lange krank und starb. Man sah ihn überhaupt nicht mehr, und dann tauchte er wieder auf, zuweilen sonntags, mit seinem geliebten Sohn, der damals ungefähr zwölf war. Zuweilen sprachen wir über ein mögliches gemeinsames Vorgehen, aber alles blieb im Ungefähren.

Auch für das Lager der Erniedrigten und Beleidigten war Sacharow viel zu rein: er ahnte gar nicht, daß es auch hier nicht nur den edlen Drang gibt, nicht nur das Suchen nach Wahrheit, sondern auch die selbstsüchtige Berechnung, sich einen Namen zu machen, nicht auf dem üblichen ausgetretenen Dienstweg, im Strom der Zugmaschinen und Trecker, sondern durch die Berührung mit dem Wunder, als Ballast dieses seltsamen, riesigen, auffallenden Ballons, der ohne Motor und ohne Benzin in der Höhe schwebt.

Einer von denen, die mit Hilfe dieses Ballons aufstiegen, war W. Tschalidse. Am Anfang gab er eine furchtbar langweilige juristische Samisdat-Zeitschrift heraus, dann erfand er ein Komitee zum Schutz der Menschenrechte, unter der obligaten Teilnahme Sacharows, aber auch mit ausgeklügelten Statuten, die ihn in die Lage versetzten, jeden anderen Willen innerhalb dieses Komitees auszuschalten. Im Oktober 1970 besuchte mich Sacharow, um meine Meinung über das Projekt dieses Komitees zu hören, aber er hatte nur die Gründungserklärungen bei sich, von einem Statut war noch nicht die Rede, und die Struktur des Ganzen war nicht feststellbar. In der Tat: ein seltsames Komitee: es wollte den Menschenfressern (auf Nachfrage) über die Rechte derer, die sie zu verspeisen gedachten, Auskunft geben. Immerhin setzte dieses Komitee eine Autonomie gegenüber der Partei voraus, und das war angesichts unserer Rechtlosigkeit immerhin etwas. Ich fand keinen Anlaß zur Kritik. Am 10. Dezember, am Tag der Nobelpreis-Verleihung, kam Sacharow aus der Stadt mit einem Taxi zu mir heraus, um mich in größter Eile, innerhalb von fünf Minuten, zu fragen, ob ich diesem Komitee nicht als korrespondierendes Mitglied beitreten wollte? Das hätte mich keinerlei konkrete Tätigkeit, Teilnahme an Sitzungen oder Ähnliches gekostet. Na ja ... Es schien nicht unbedingt das Richtige für mich zu sein, aber andererseits – wie konnte man ablehnen und seine Unterstützung versagen? Ich willigte »prinzipiell« ein, das heißt, irgendwann einmal ... Ich konnte diese Eile nicht begreifen. Sacharow wußte auch nicht, warum es so eilig war, er war lediglich ein gutgläubiger Bote. Es stellte sich bald heraus, warum Tschalidse ihn diese dreißig Kilometer zu mir herausgehetzt hatte: gleich nach Sacharows Rückkehr wurde eine fünf Minuten dauernde Sitzung einberufen, das Komitee nahm mich (und Galitsch) in Abwesenheit als Mitglieder auf, was Tschalidse westliche Korrespondenten unverzüglich wissen ließ, und in der Presse erschien, das Nobelpreis-Zeremoniell überlagernd, die höchst wichtige Nachricht, daß der Nobelpreisträger am selben Tag und zu derselben Stunde, statt in Stockholm zu sein, einen entscheidenden Schritt seines Lebens getan habe und dem Komitee beigetreten sei, womit (auch das wurde einem Korrespondenten eingeschärft) ein »wichtiger neuer Abschnitt im Leben des Schriftstellers beginne«. Reiner Blödsinn.

Dieses Komitee, dessen Tätigkeit durch spitzfindige Debatten, Untersuchungen und Einschränkungen von Tschalidse aufgebauscht wurde, kostete Sacharow viel Zeit und Kraft, in Angelegenheiten, wo man hätte handeln müssen. (Wenn die Rede auf die politischen Häftlinge kam, dann mußte »eine Definition des politischen Häftlings« gefunden werden, als könnte es in der UdSSR auch nur den geringsten Zweifel darüber geben; oder auf die Irrenanstalten für die Dissidenten – dann mußte der ganze Komplex der Rechte geisteskranker Personen untersucht werden, einschließlich »der Ausschaltung einer Kontrolle des sexuellen Lebens geisteskranker Personen«. Durch sein kaltes und intellektuelles Vorgehen bremste Tschalidse viele Ansätze dieses Komitees, das in unserer gesellschaftlichen Entwicklung eine wesentlich größere Rolle hätte spielen können. Irgendwann, des Schutzes der Menschenrechte müde, zog der Gründer des Komitees es vor, sich über den Ozean abzusetzen. Der letzte naive Kopf muß zugeben, daß man niemals ein Ausreisevisum für einen Vortragszyklus über die *Menschenrechte in der UdSSR* erhält – ohne detaillierte Absprachen mit dem KGB – und als Mitglied eines solchen Kommitees!) Nachdem Igor Schafarewitsch dem Komitee beigetreten war, verschob sich das Schwergewicht allmählich auf praktische Probleme, und das Komitee veröffentlichte verschiedene Aufrufe: an den Weltkongreß der Psychiater, anläßlich der Glaubensverfolgung usw. Sacharows häufiges Eintreten für einzelne Verfolgte, sein demonstratives Erscheinen vor dem Gerichtsgebäude, in das er meistens nicht eingelassen wurde, seine Versuche, Freisprüche, Amnestie, Strafmilderungen, Entlassungen gegen Bürgschaft zu erwirken, weckten manchmal den Anschein, als geschähen sie im Namen des Komitees, gingen in Wirklichkeit jedoch auf seine eigene Initiative und sein stetiges Verlangen, den Verfolgten zu helfen, zurück.

Diese Form des Eintretens, nicht für die »Menschheit« oder »ein Volk«, sondern für jeden einzelnen Unterdrückten, war von unserer Gesellschaft richtig verstanden worden (so weit man davon über den Rundfunk auch in der entferntesten Provinz erfuhr, und von jedem, der davon erfahren hatte), als die uns eigene heilsame Wahrheitssuche und Menschenliebe. Aber diese Form war (bei dem kleinlichen, boshaften Widerstand und der Taubheit des Regimes) außerordentlich mühselig und die Gesundheit, und die Kräfte, die sie Sacharow kostete, standen in gar keinem Verhältnis zu den erreichten Resultaten (kaum mehr als Null). Und diese Form begann – da die von ihm unterzeichneten Bittschriften ins Unzählige gingen – zu zersplittern, zu verblassen und ihren Stellenwert in der Weltpresse zu verlieren, zumal sie (zuweilen abgerungen und erbettelt) bei Anlässen mißbraucht wurde, die zu unbedeutend waren. Und als Sacharow im Frühjahr 1972 sein entschiedenstes Dokument zu einem allgemeinen Problem veröffentlichte (das Nachwort zur Denkschrift an das ZK, in dem er weit über sein erstes Memorandum hinausging, in dem viele Wahrheiten über die Zustände in unserem Land ausgesprochen wurden, die dem Regime unangenehm sein müßten, und in dem weitblickend die Institution eines »internationalen Expertenrates« zur Debatte gestellt wurde), erregte dieses Dokument, wesentlich weniger Aufsehen, als es seiner wahren Bedeutung nach verdient hätte, vermutlich, weil die Unterschrift des Verfassers durch ihre Häufigkeit entwertet worden war.

Obwohl Sacharow und ich uns 1972 in Schukowka weiterhin trafen, kam es nicht zu gemeinsamen Projekten oder einem gemeinsamen Auftreten. Das lag zum größten Teil daran, daß wir nun überhaupt keine Möglichkeit mehr hatten, unter vier Augen zu sprechen, und ich befürchtete, alle Einzelheiten würden sich sofort in dem wirren Knäuel der »demokratischen Bewegung« verbreiten. Zum Teil auch daran, daß der Versuch, Sacharow zur Mitarbeit an dem schon damals geplanten Sammelband *Stimmen aus dem Untergrund* zu gewinnen, mißlungen war. (Ich kann mich nicht erinnern, auch nur ein einziges Mal in jenen Jahren etwas unternommen zu haben, das nicht solange ein Geheimnis bleiben mußte, bis die Aktion gestartet war, die ihre Schlagkraft eben nur der Plötzlichkeit und Geheimhaltung verdankte. Sogar eine einfache Fahrt für einen Tag in die Stadt habe ich weder unter Zimmerdecken, noch am Telefon erwähnt, und wenn, dann nur andeutungsweise oder verschlüsselt, um dem KGB nicht die Gelegenheit zu bieten, in meine Höhle einzudringen, und die Manuskripte zu durchwühlen, wie es in Roschdestwo geschehen war.) Und schließlich daran, daß Sacharow sich für mein Vorhaben nicht begeistern konnte. So waren wir zu getrenntem Handeln verurteilt und tauschten bei gelegentlichen Begegnungen nur Neuigkeiten und Beurteilungen des Geschehenen aus. Und nach und nach ließ er sich immer seltener blicken.

Im Winter 1973 traten zwischen Andrej Dmitrijewitsch und der »demokratischen Bewegung« gewisse Spannungen zutage:

die *Bewegung*, die zur Hälfte übrigens bereits im Ausland war, richtete sogar einen vorwurfsvollen *offenen Brief* an Sacharow. Von offizieller Seite wurde wie üblich noch Öl ins Feuer gegossen und das Gerücht in Umlauf gesetzt, daß Sacharow die Schuld an dem Tod von Petrowskij, dem Rektor der Moskauer Staatsuniversität, trage. Wie das zuweilen bei den größten Ereignissen und Lebensläufen geschieht, trübte und verstimmte das Zusammentreffen teils kleinlicher, teils sogar ekelhafter und feindlicher äußerer Umstände ein ganzes großes Dasein und den Umriß einer bedeutenden Gestalt. Zu der Summe kleinlicher Mißlichkeiten gesellte sich auch noch die allgemeine Hoffnungslosigkeit, mit der Sacharow jetzt die Zukunft unseres Landes sah: es würde uns nie etwas gelingen und unsere ganze Tätigkeit sei nur als Ausdruck eines moralischen Bedürfnisses von Bedeutung. (Sachlich konnte ich ihn nicht widerlegen, ich war einfach mein Leben lang, wider alle Vernunft, nie so ohne jede Hoffnung gewesen, ganz im Gegenteil, ich hegte einen naiven Glauben an einen Sieg.) Im Frühjahr 1973 besuchten die Sacharows mich zum letztenmal in Schukowka, sie waren in einer düsteren Stimmung und erzählten von ihren Plänen: die Kinder seiner Frau hatten ein Stipendium für eine der amerikanischen Universitäten erhalten, Andrej Dmitrijewitsch erwartete die Einladung zu einer Gastprofessur an einer anderen – sie wollten versuchen, auszureisen.

Da war sie wieder, diese schicksalhafte Wahl, die keinem von uns erspart geblieben ist, und vor die sich jetzt auch Andrej Dmitrijewitsch gestellt sah. Aber sie lag nicht als freie Wegkreuzung vor ihm, sondern drückte ihn wie eine Astgabel zu Boden.

Er hatte jetzt beim Sitzen eine andere Haltung: er saß heute nicht mehr so aufrecht und gerade auf seinem Stuhl wie damals, als wir uns kennenlernten, als er mit gutmütigem und fröhlichem Lächeln die unbekannte Sphäre gesellschaftlicher Zusammenhänge betreten hatte, jetzt lehnte er sich an, und sein stark gelichteter Kopf sackte tief zwischen die plötzlich höher wirkenden Schultern.

Nachdem ich bei Rostropowitsch ausgezogen war, nahm meine beinahe nachbarschaftliche Beziehung zu Sacharow ein natürliches Ende – wir sahen uns bis zu dem Begegnungsgefecht im August und September nicht wieder und zogen auch getrennt in den Kampf. In den Interviews vom August, die er während der Kampfhandlungen gab, tauchte das destruktive Motiv der Auswanderung immer wieder auf. Wir hören, daß er sich »freuen würde, nach Princeton zu reisen.« Am 4. 9. kommt die westliche Presse zu dem Schluß, daß »Solschenizyn und Sacharow bei ihrer festen Absicht, unter allen Umständen in der Heimat zu bleiben, verharren werden«. Und am 5. 9. erklärt Tschalidse in New York, er habe telefonisch mit Sacharow gesprochen, dieser *prüfe die Einladung* der Universität Princeton. Am 12. 9. äußerte Sacharow über das Deutsche Fernsehen die »Befürchtung, daß er nicht zurückkehren« könne. Und am 15. 9. zum *Spiegel*: »Ich bin prinzipiell bereit, den Ruf nach Princeton anzunehmen.« (Dazu die westliche Presse: »Sacharow ist bereit, aus der UdSSR auszureisen. Das ist eine neue HERAUSFORDERUNG (??) an die sowjetische Regierung!«)

Das Motiv der Auswanderung ist in einem Land, wo die Öffentlichkeit den Kampf von jeher verloren hat, einfach nicht wegzudenken. Man kann das niemandem vorwerfen. Ich, der ich im vorletzten Kapitel meine eigenen Zweifel beschrieben habe, am allerwenigsten. Nur: es gibt Privatpersonen – und deren Entscheidungen sind Privatsache. Es gibt aber auch Personen, die eine exponierte und entscheidende Stellung in der Öffentlichkeit einnehmen – und die Entscheidungen solcher Personen können nur in »Ruhepausen« privater Natur sein, auf die sie in Zeiten gesteigerter Aufmerksamkeit der Öffentlichkeit kein Recht haben. Und gegen dieses Gesetz hatte Andrej Dmitrijewitsch verstoßen, er wechselte oft die Gangart, indem er es einmal erfüllte, einmal mißachtete, und es war bitter, daß er nicht aus Überzeugung gegen dieses Gesetz verstieß (sich vor der Verantwortung drücken, das russische Schicksal nicht auf sich nehmen – solche Regungen waren ihm völlig unbekannt!) –, sondern aus Rücksicht auf die Wünsche seiner Nächsten und nur, um ihre Pläne nicht zu durchkreuzen. Sacharows monatelangen Bemühungen um das Problem der Auswanderung aus der UdSSR waren in hohem Maße von den Wünschen und Plänen seiner Nächsten bestimmt. Und derselben Schwäche, die von Beobachtern kaum bemerkt wurde, obwohl sie den Ausgang des Gefechts negativ beeinflußte und uns um den wirklichen Erfolg brachte, unterlag Andrej Dmitrijewitsch Mitte September, ein bis zwei Tage nach der Einstellung der Störsendungen, als wir schon fast nach dem Gesetz der Schwerkraft vorwärtsrollten. Eine Gruppe von etwa neunzig Juden richtete eine Petition an den amerikanischen Kongreß mit einer – wie üblich – nur sie selbst betreffenden Bitte: der Kongreß möge in die Bedingungen des Handelsvertrages mit der UdSSR nicht einwilligen, solange das Problem der jüdischen Auswanderung nicht gelöst sei. Diese neunzig Menschen, die im Land fremd waren und keinen anderen Wunsch kannten, als herauszukommen, brauchten an die gesamte Entwicklung nicht zu denken. Aber um ihrer Petition das nötige Gewicht zu geben, kamen sie zu Sacharow und baten ihn, denselben Text gesondert zu unterschreiben, es war ja inzwischen Tradition geworden, daß man Sacharow um so etwas bat, und niemals vergeblich. Und tatsächlich: aus Tradition und Interesse für dieses Problem, unterschrieb Sacharow, zwei oder drei Tage nach dem Korrekturvorschlag von Wilbur Mills, ohne daran zu denken, daß er dadurch die Front aufbrach, bereits besetzte Positionen aufgab, Mills Korrekturvorschlag auf das Jackson-Amendment reduzierte und die allgemeinen Menschenrechte gegen das bloße Recht auf Auswanderung eintauschte. Der Brief der neunzig Juden ging sofort unter, ohne irgend etwas zu bewirken, aber Sacharows Brief veröffentlichte die *Washington Post* am 18. September in Großbuchstaben. Und der Kongreß stimmte dem Jackson-Amendment zu ... Wenn *wir selbst* um nichts anderes als um das Recht auf Auswanderung bitten, warum sollte dann der amerikanische Senat sich um mehr bemühen?

Diese plötzliche Wende im Verlauf des Gefechts, dieses Wanken der benachbarten Kolonne war für alle, die nicht mit dem Rhythmus und Wesen der Ereignisse vertraut waren, unbemerkt vorübergegangen. Ich aber war wie versengt. Und ich schrieb am 16. 9., aus dem Land, in dem ich mich aufhielt, Andrej Dmitrijewitsch einen Brief – der zweite und letzte Kontakt unserer Kolonnen in diesem Begegnungsgefecht.

Im November saß Sacharow tagelang im Warteraum des Gefängnisses, während seine Frau verhört wurde, und am 29. 11. hörten wir im Radio: »Sacharow hat einen Ausreiseantrag nach Princeton gestellt.« Und *Daily Mail* gab der allgemeinen Meinung Ausdruck: »Der Widerstand einer kleinen Personengruppe gegen das totalitäre System grenzte an ein Wunder.

Wir müssen mit Trauer feststellen, daß das wirkliche Wunder ausgeblieben ist. Die Tyrannei hat von neuem gesiegt.«

Gehört es denn zum Wesen des Wunders – daß es sich nicht restlos erfüllt? . . .

Seit die Störsender ihre Tätigkeit eingestellt hatten, saßen in Moskau sogar die Schulkinder vor den Empfängern und verfolgten das Auf und Ab unseres Gefechts. In einer Schule fiel ein Achtklässler der Geschichtslehrerin ins Wort: »Wenn Sie mit uns so über Sacharow sprechen (im Zeitungsstil), dann können wir bei Ihnen nichts Ordentliches lernen . . .« Und sofort fingen sie an zu pfeifen, zu miauen, störten während der ganzen Stunde, sprachen sich mit den beiden Parallelklassen ab, und auch dort konnte der Unterricht nicht mehr weitergeführt werden. Und jetzt mußten sie alle erfahren, daß Sacharow sie verlassen wollte? Ich erhielt Briefe aus der Provinz und Telefonanrufe: »Bestellen Sie Sacharow, er soll auf keinen Fall fahren . . .«

Am 1. Dezember besuchten uns die Sacharows, wie immer zu zweit. Seine Frau war krank, erschöpft durch die Verhöre und die allgemeine Nervosität: »Ich werde spätestens in zwei Wochen eingesperrt, mein Sohn ist Kandidat für Potma, mein Schwiegersohn wird in einem Monat wegen Parasitismus ausgewiesen, und meine Tochter ist arbeitslos.« – »Aber wollen wir es uns trotzdem nicht noch einmal überlegen?« wandte Sacharow vorsichtig ein. »Nein, *du* mußt es dir überlegen.«

Und wir erwarteten in einem Monat das Erscheinen des *Archipel* und damit auch ein Schicksal, das wir im voraus entschlossen annahmen. *Hier*. Und wir versuchten, auch sie darin zu bestärken.

Andrej Dmitrijewitsch wurde rot bis zum Scheitel, das Problem war schlechterdings unlösbar, er sackte noch tiefer in dem harten Sessel zusammen, und sein Kopf verschwand zwischen den Schultern. Man hatte den Eindruck, daß ihm noch nie im Leben etwas so schwer gefallen war, die Austreibung aus der höchsten Kaste hatte er spielend überstanden. Wie sich herausstellte, hatte er den Antrag auf Ausreise noch nicht gestellt, aber in seinem Forschungsinstitut um eine *Beurteilung gebeten*, den geltenden sowjetischen Vorschriften entsprechend. Er! Im September noch Arbeiter europäischer Regierungen und Sieger über die mächtigste unter ihnen, bat die Besiegten und Erbitterten jetzt durch das niedrigste Fensterchen um eine *Beurteilung*! . . .

»Aber ich würde ja sofort zurückkommen, ich möchte nur *sie* (die Kinder seiner Frau) wegbringen . . . Ich denke gar nicht daran, auszureisen . . .« – »Aber man wird Sie nicht mehr reinlassen, Andrej Dmitrijewitsch!« – »Aber wie wollen die mich denn nicht mehr reinlassen, wenn ich direkt an der Grenze stehe? . . .« (Er konnte ehrlich nicht begreifen – *wie*!)

Dieser Plan hatte schon böse Auswirkungen gehabt, aber in seinem tiefsten Herzen dachte er nicht daran zu fahren. Nicht deshalb, weil man ihn nicht herausgelassen hätte – ich glaube, daß er selbst im letzten Augenblick davor zurückgeschreckt wäre und auf das Visum verzichtet hätte. Denn wir beide waren inzwischen nicht mehr eigentlich Personen, sondern so etwas wie geographische Begriffe, und die Verbindung mit unserem Boden war so fest, daß wir unseren Standort nicht mehr verändern konnten – und wenn, dann höchstens sechs Fuß unter die Erde.

In dem hinter uns liegenden Gefecht, hatte ich es darauf angelegt, eine leicht zu verteidigende und für einen Angriff geeignete Stellung zu besetzen – für die nächste, die Entscheidungsschlacht, die mit klirrenden Schwertern, unter blitzenden Helmen geschlagen werden wird. Und ich beobachte schon die Vorgefechte und kann die Aufstellung der Kräfte und den Gesamtplan der Operation jetzt schon in etwa abschätzen.

Und *sie*, die Gegner, haben auch sie etwas aus diesem Begegnungsgefecht gelernt? So wie es jetzt aussieht – nein. Der Hochmut der Weltbesieger, trübt ihren Blick und läßt sie ihre Bewegungen nicht richtig berechnen. Jetzt drohen sie damit, den Unfrieden aus dem Haus auf die Straße zu tragen und die Kinder nicht mehr in der Kammer, sondern auf dem Pflaster zu züchtigen, sie wollen im Ausland Prozesse gegen den *Archipel* führen. Etwas Törichteres läßt sich nicht vorstellen, nur ihre Überheblichkeit verleitet sie dazu. Aber wenn man sich das so überlegt: was bleibt ihnen eigentlich übrig?

Wieder erreichen mich anonyme Briefe: »Du wirst Dich schon beruhigen – im Grab! Du wirst es nicht mehr lange machen!« Und in einem Kurs für höhere Beamte hieß es vor einigen Tagen, im Dezember: »Wir werden Solschenizyn *nicht mehr lange herumlaufen lassen.*«

Ich höre, wie die Zähne des Drachen am Fels nagen. Ach, wie er nach meinem Blute dürstet! Aber – habt ihr euch überlegt, ihr Mörder, wie euch mein Tod aufstoßen würde? Dann seid ihr nicht zu beneiden.

Es gibt eine gewisse Ähnlichkeit zwischen der Situation und Stimmung, in der ich den Hauptteil dieses Buches im Frühjahr 1967 abschloß, und wie ich es heute abschließe – möglicherweise endgültig, es ist des Guten genug, man kommt mit der Feder dem Leben nicht nach. Schon damals, wie auch jetzt, entwirrte ich die Fäden meines Gedächtnisses, um mich auf den Stoß, auf die Attacke besser vorzubereiten. Damals kam mir alles viel schlimmer vor, und das war es ja auch: meine Position war schwächer, meine Sicherheit geringer. Und heute sind viele Stöße und Gegenstöße zu erwarten – aber ich kann mich wesentlich besser behaupten als damals, und zum *ersten Mal* trete ich in meiner vollen Größe und mit voller Lautstärke in den Kampf.

Meine Biographie für das Jahrbuch der Nobelpreisstiftung habe ich ja mit dieser Andeutung abgeschlossen: sogar die Ereignisse unserer eigenen Vergangenheit können wir unmittelbar, solange ihre Spur noch frisch ist, fast niemals richtig bewerten und durchschauen. Um so überraschender und unvorhersehbarer ist für uns der Lauf der Dinge in der Zukunft.

Für *mein* Leben ist dies ein großer Augenblick, die Schlacht, für die ich vielleicht leben mußte. (Und wie, wenn diese Gefechte eines Tages alle vorbei sind? Und wenn ich mich dann für Jahre irgendwo ganz weit weg zurückziehen und zwischen Feld und Himmel, in den Wäldern, unter Pferden – ohne Hast einen Roman schreiben würde . . .)

Und – für *sie*? Ist jetzt nicht die Zeit gekommen, da Rußland endlich *aufwacht*? Ist dies nicht der Augenblick, den die Erscheinung in der Höhle meint, wenn »Der Grosse Birnams Wald zum Dunsinan emporsteigt«?

Sicher mache ich wieder verschiedene Fehler in meinen Plänen und meinen Berechnungen. Vieles ist mir auch aus der Nähe noch verborgen, in vielem wird mich die Hand des Höchsten korrigieren. Aber das legt sich nicht als Schatten auf mein Herz. Das ist es ja, was mich froh macht, und was mich bestätigt –

daß das alles nicht von mir geplant und gemacht wird, daß ich bloß ein Schwert bin, bestimmt, die Scharen des Bösen zu schlagen, gut geschärft und besprochen, um sie zu treffen und zu vertreiben.

Herr, laß mich nicht im Kampfe zerbrechen und Deiner Hand nicht entfallen!

Peredelkino
Dezember 73

VIERTER NACHTRAG

(Juni 1974)

Es ist soweit

Der dritte Nachtrag war bereits geschrieben, er mußte nur noch abgetippt, photokopiert, in den Westen geschickt und die restlichen Kopien versteckt werden, als ich am 18. Dezember in Peredelkino, in Tschukowskijs Datscha, wo ich seit dem Herbst eine neue einsame Zuflucht für den Winter gefunden hatte, plötzlich, beim mittäglichen Kauen, in den Mittagsnachrichten des BBC hörte, daß in Paris der erste Band des *Archipel* in russischer Sprache erschienen war. Unerwartet – es handelte sich um Tage, ich hatte darum gebeten und damit gerechnet, daß er am 7. Januar, zum russischen Weihnachtsfest, erscheinen würde, aber durch die Art unserer Kommunikation traf meine Bitte dort zu spät ein, und unsere selbstlosen Verleger kamen meinen Erwartungen zuvor, ohne auf Sonntag oder Feierabend Rücksicht zu nehmen, mit Kräften, so gering, daß man sich eines Tages gebührend wundern wird. Nur um zehn Tage, aber das Schicksal der Untergrundliteratur wird gerade *durch Tage* entschieden: wenn die Sonnentage nicht reichen, die Ernte einzubringen, ist der Ertrag vieler Monate dahin.

Ich hörte es, und ich fuhr nicht auf, und die Gabel beförderte weiter Kohl in den Mund. Wie viele Schritte hatte ich in diesen Jahren nicht unternommen, und jeder schien tollkühn zu sein, aber immer war die Reaktion der Regierung ausgeblieben. Man mußte sich wundern über die Schwäche, über die Starrheit dieser Mauern, vielmehr dieses Riesenknüppels, der unverdienterweise »Eiche« genannt wird, nur um des Sprichworts willen. Wie oft bin ich schon ungestraft davongekommen – warum sollte ich nicht noch einmal davonkommen? . . .

Eine Stunde später verbrannte ich mir die Hand am Gaskessel, ich mußte mit der Verbrennung nach Moskau fahren und dachte: Ist das ein Symbol? Aber ich und alle, die mir nahestehen, wir alle empfanden diesen Tag als ein Fest und haben auch den Abend in festlicher Stimmung verbracht. Welche Erleichterung: ich hatte mich verborgen gehalten, mich mit meiner Last versteckt, ich hatte sie immer weiter getragen – und nun war ich angekommen. Ich nahm sie von meinen Schultern und legte sie auf den ihr gebührenden Platz, diesen Block, den man kaum heben konnte, unsere Stein gewordenen Tränen. Wir hatten nicht gewagt, ihn zuhause zu behalten – und jetzt kann jeder, der Lust hat, hingehen und lesen!

Ich hatte viele Jahre gedacht: die Veröffentlichung des *Archipel* kostet das Leben; sie können es sich ja gar nicht leisten, mir den Kopf nicht abzureißen: dann wären sie nicht mehr sie selbst, dann könnte ihr Reich nicht länger bestehen. Und, um den Kopf zu retten, hätte ich vor der Veröffentlichung in den Westen gehen müssen. Wollte ich *hier* bleiben, so war es natürlich und menschlich, sie immer weiter hinauszuzögern: es wäre gut, vorher den *Ersten Knoten* zu schreiben und dann auch den *Zweiten*, am besten die ersten vier, bis Lenin in Petrograd eintrifft und der historische Kriegsroman sich explosiv in einen Revolutionsroman verwandelt, dann könnte man unter den brennenden Balken begraben werden. Und in der Zwischenzeit, in den Pausen, die früheren Bücher zu redigieren und auch *Eiche und Kalb* zu Ende zu bringen. (Es konnte nur deshalb zu Ende gebracht werden, weil ich den ersten, den zweiten und dritten Nachtrag rechzeitig niedergeschrieben hatte; hätte ich damals den Zeitpunkt verpaßt, wäre es für immer um dieses Buch geschehen gewesen, nun, da das spannungsgeladene Leben im Untergrund zu Ende ist, da ich in dieses völlig andersartige Leben geraten bin, in dem vor dem Fenster meines Häuschens in den Bergen die Sonnenschale der Schweizer Alpen liegt, die Manuskripte nicht mehr gehütet werden müssen und unter den Zimmerdecken offen gesprochen werden kann. Ein völlig anderes Leben.) Und so verschob ich die Veröffentlichung des *Archipel* immer weiter, vom Januar 1970, dem ersten selbstgesetzten Termin, auf den Mai 1975, als dem allerletzten Termin – bis er plötzlich Weihnachten 1973 da war.

Und wie deutlich beweist das jedem, der zu sehen versteht: wie schwach sind *sie* geworden! Sie bastelten an dem Beitritt zum Urheberrechtsabkommen, diesem dürftigen Zaun um einen wütenden Stier, sie hofften, den *Archipel* durch dieses Abkommen aufhalten zu können. Noch am 23. Dezember hatte der Chef der WAAP, Pankin, gedroht: ».. . das Geschäft wird nicht als rechtskräftig angesehen, genausowenig wie alle anderen eingegangenen Verpflichtungen« – aber wer wird sich schon vor einer Katzenkralle fürchten, wenn die Säbel zischend nieder-

464

sausen? Die Erklärung der WAAP unmittelbar vor dem Erscheinen des *Archipel* hätte ja auch bedeuten können, daß es den *Unseren* leichter fallen würde, einige ausländische Verlage abzuwürgen – als mich *hier*. Aber auch das wäre ein Rechenfehler gewesen: der *Archipel* war kein *Geschäft*. Sie hätten gegen jeden meiner Romane Einspruch erheben können, auch gegen *Oktober Sechzehn*, und ihre Einwände hätten den Juristen vielleicht Anlaß zum Nachdenken gegeben – berechtigt? nicht berechtigt? Aber eine juristische Haarschlinge um den *Archipel* hätte ihre völlige Hilflosigkeit allzu deutlich gezeigt. Die amerikanischen Verleger beeilten sich zu erklären, sogar zu *bitten*: sie wünschten nichts so sehr, als daß die Sowjetunion sich auf eine Kraftprobe einließe und einen Prozeß anstrebe. (Inzwischen ist ein halbes Jahr vergangen, und Pankin, wie ein Kater, der an die Milch im Topf nicht herankommt und sich mit der Zunge die Schnauze leckt, äußerte vor kurzem: im Westen hätte man sich gewünscht, daß wir gegen den *Archipel* gerichtlich vorgegangen wären, aber wir haben sie enttäuscht.)

Es ist unglaublich: schon im August hatten sie dieses Buch in den Händen und wußten Bescheid. Sie sahen eine glühende, bereits geschmolzene Masse, aber sie glaubten immer noch, die Temperatur würde nicht ausreichen, das Metall nicht fließen. Sie hatten kein Abstichloch, keine Gußform, kein Schmelzbecken vorbereitet, um es abzufangen – nichts. Ich hatte sie auf dem Kasaner Bahnhof eingelullt und das vielgeliebte Ministerium getäuscht. Sie haben den Oktober und den November verschlafen. (Und erst im Dezember rührten sie sich wieder: sie schickten mir in Briefen Totenschädel und gekreuzte Knochen, Todesanzeigen aus der *Russkaja mysl* – wer darf sie eigentlich in der Sowjetunion abonnieren? – Drohungen, sie würden bis Ende des Jahres mit mir abrechnen – und nun hatte ich sie bis Ende des Jahres überrundet!) Dieses Beispiel ist bezeichnend für die Sorglosigkeit einer aufgeblähten Bürokratie. Lohnt es sich denn, den größten Abwehrdienst der Welt aufzubauen, um dieses, einem Todesurteil gleichkommende Buch nicht nur zu verschlafen, sondern es auch noch mit eigenen Händen an die Oberfläche zu befördern? Lohnt es sich denn, den größten Propagandaapparat der Welt aufzubauen, um gegen ein beinahe vernichtendes Buch kein einziges Argument auf Lager zu haben?

In der ersten Woche herrschte völlige Erstarrung. Vom 4. Januar an regnete es verkrampfte Erklärungen der TASS, die jedoch nur für das Ausland bestimmt waren, nicht ins Russische übersetzt und nicht im Inland gedruckt wurden: »Das Netz der Geheimpolizei, das das ganze Land überziehen soll . . . angebliche Zwangseinweisungen in Psychiatrische Anstalten . . . ein Anlaß, die Eiterbeulen des Kapitalismus der sowjetischen Wirklichkeit zuzuschreiben . . . eine Schmähschrift im Tausch gegen Devisen . . .« In dieser kläglichen Argumentation zeigte sich ihre Verwirrung und Angst. *War das alles?* Ein halbes Jahrhundert lang Mord an Millionen – und das war die ganze Rechtfertigung? Aber der französische Kommunist Laroche überrundete alle, als er bei seinem Auftritt im Moskauer Fernsehen am 7. Januar erklärte: »bei Solschenizyn findet die Rekordernte des letzten Jahres kein Echo« (im *Archipel*!) . . .»und die wirtschaftlichen Errungenschaften der UdSSR keine Würdigung« (über Gräbern)! Übereilte, kümmerliche und schwache Schläge folgten rasch aufeinander.

Zu Neujahr stellte ich wieder eine Prognose: »Was werden sie tun?« Hier ist sie:

1. Mord	Vorläufig ausgeschlossen
2. Verhaftung und Verurteilung	Wenig wahrscheinlich
3. Verschickung ohne Haftbefehl	Möglich
4. Ausweisung	Möglich
5. Prozeß mit einem Verlag	Das Wünschenswerteste für mich und das Ungeschickteste für sie
6. eine Zeitungskampagne, um die Glaubwürdigkeit des Buches zu untergraben	Sehr wahrscheinlich
7. Diskreditierung des Autors (mit Hilfe meiner früheren Frau)	Sehr wahrscheinlich
8. Verhandlungen	Nicht Null. Aber zu früh.

466

9. Zugeständnisse, sich her-   Nicht Null
ausreden: bis 1965: »Wir
sind es nicht gewesen.«
(Deshalb der Untertitel:
1918–56)

In den beiden letzten Punkten hatte ich sie überschätzt, so
intelligent waren sie nicht. Seit September hatten sie meinen
Offenen Brief an die sowjetische Führung in Händen, sie hätten
kombinieren, sie hätten nachdenken können. (Hat ihn überhaupt jemals jemand gelesen? . . .) Ich hatte folgende Vorstellung: der *Archipel* als der vernichtende Frontalangriff, gleichzeitig die verunsichernde und ablenkende Perspektive des
Briefes, der sie in Richtung von Punkt neun locken sollte. Im
Dezember schickte ich meinem Rechtsanwalt und den Verlegern einen Zeitplan: der Brief sollte automatisch fünfundzwanzig Tage nach dem Erscheinen des ersten Bandes des
Archipel gedruckt werden. Das heißt, ich wollte der Führung
fünfundzwanzig Tage Zeit zum Überlegen lassen und dann,
wenn nichts geschehen sollte, ihre Zerrissenheit, ihre Verlegenheit an die Öffentlichkeit bringen, damit diese sich nicht nur
innerhalb der geschlossenen Räume des Politbüros zeigt, und
damit sie wissen, daß sie sich vor aller Augen entscheiden
müssen.
Und ich glaubte auch: es könnte eine Wende geben. Ich hielt
es für ausgeschlossen, daß überhaupt niemand aus der Führung über diesen Brief nachdenklich würde. (Zumindest für
ihre Nachfolger könnte dieser Brief zu einem möglichen Ausweg aus ihrer Sackgasse werden.)
Nachdem aber der *Archipel* früher erschienen war, mußte auch
der Erscheinungstag des *Offenen Briefes an die sowjetische
Führung* vom 31. Januar auf den 22. vorverlegt werden. Aber
weil die TASS so wütend und so beleidigend losgeschimpft hat,
könnte der versöhnliche Ton dieses Briefes vor diesem purpurroten Hintergrund als *Zugeständnis meinerseits* aufgefaßt, das
Datum des 5. September übersehen und alles so dargestellt
werden, als hätte man mich eingeschüchtert. Meine Absicht,
mit dem *Archipel* unseren Staat direkt und unmittelbar zu treffen und den Staatsklotz in Bewegung zu setzen, erwies sich als
ungenügend durchdacht. Gewiß, dem *Archipel* war es vorbe-

halten, die Geschichte zu beeinflussen, davon war ich fest überzeugt, aber noch nicht so bald, nicht so offen und nicht von Moskau aus. Und am 10. Januar beeilte ich mich, durch eine zufällig sich bietende Gelegenheit, den Druck des Briefes zu stoppen. Der Telefonanruf kam im letzten Moment, der Brief ist ja nicht gerade kurz und war schon in der Setzerei.

Es war auch noch eine andere Kombination denkbar, eine logischere, die mir früher einmal vorgeschwebt hatte: den *Offenen Brief an die sowjetische Führung* mit dem schon seit vier Jahren wartenden *Lebt nicht mit der Lüge* zu vereinigen, zwei Aspekte eines Anliegens: die Abkehr des Volkes und der Regierung von demselben Übel.

Außerdem – wozu brauchte ich jetzt noch, da ich mich entschlossen hatte, ein so folgenreiches Buch zu veröffentlichen und anschließend alle anderen, die sich angesammelt hatten – wozu brauchte ich da noch taktische Überlegungen und »Kaskaden«? Es müßte doch genügen, wenn die Bücher einfach weiterfließen. (Heute träume ich immer noch von einem solchen Leben. Aber es ist gar nicht so leicht, sich aus einer langen Schlacht zurückzuziehen, seit vier Monaten bin ich jetzt in Europa und werde noch manchen Monat damit verbringen müssen, zu Ende zu erklären, zu Ende zu sprechen und die Stöße abzuwehren, die mir immer noch nachgeschickt werden: aber in meinem Inneren habe ich den Wunsch: mich in aller Stille zurückzuziehen und zu schreiben – und die Bücher weiterfließen zu lassen. Man pflegt das soziale Verhalten der Menschen durch die gesellschaftlichen Verhältnisse zu erklären, aber unsere sozialen Entscheidungen werden ebensosehr von den Gesetzen des Alterns und inneren Wandlungen bestimmt.)

Nachdem ich den Druck des *Briefes* gestoppt hatte, meinte ich: sollen sie doch pfeifen und hetzen, ich habe getan, was zunächst zu tun war. Werden sie kommen? Werden sie mich *holen*? Bitte, ich bin bereit, ins Gefängnis zu gehen. Passive Verteidigung. Übrigens glaubten meine Frau und ich nicht an eine radikale Abrechnung. Wir waren schon so oft davongekommen, daß wir fälschlicherweise annahmen, wir würden wieder unbestraft bleiben. Dieses Mal war meine Frau ganz besonders sicher: sie würden bloß ein wütendes Geschrei in der Presse erheben, sonst nichts, sie würden es schon schlucken. Ich glaubte das zwar nicht, aber ich verhielt mich so: ich schloß mich nicht im Dunkel unserer Moskauer Wohnung ein, wo die Gardinen zum Schutz vor Blicken und Kameras Tag und Nacht zugezogen blieben, ohne frische Luft und ohne Möglichkeit, sich Bewegung zu verschaffen, sondern fuhr friedlich nach Peredelkino, ging gemächlich unter den Kiefern spazieren und schloß mit einer für mich ungewöhnlichen Bedächtigkeit (Ach, diese Tage sollten mir noch schmerzlich fehlen!) die Aufsätze für den Sammelband *Stimmen aus dem Untergrund* ab. Im nachhinein kann ich mir kaum vorstellen, daß unser Leben im Januar so regelmäßig, geordnet und alltäglich verlief. (Während der Hetzkampagne in der Presse meinten Freunde, die uns besuchten: »Nur bei euch ist es ruhig.«) Alja tippte die letzten Kapitel von *Eiche und Kalb* ab, wir fertigten Mikrofilme an und trafen Vorbereitungen, um sie abzuschikken. Draußen, außerhalb der Stadt, konnte ich nach Herzenslust Radio hören: mein *Archipel* kam über den Äther zu mir zurück, er lebte jetzt sein eigenes Leben und war von seinem eigenen Schmerz erfüllt, als wäre er nie durch meine Hände gegangen, als gehörte er überhaupt nicht zu dem von Menschenhand Geschaffenen – und ergriff mich selbst bis zu Tränen. Das Echo auf die russische Ausgabe übertraf in der ganzen Welt an Dichte und Intensität alle Erwartungen. Natürlich vermischte es sich überall mit Eigenem und Naheliegendem: die entsetzliche Nachricht von einem barbarischen *Archipel* – und die Aufhebung des Sonntagsfahrverbots in der Bundesrepublik; das unvorstellbare Leben auf dem Archipel – und die Drei-Tage-Woche in Großbritannien. Die Ölkrise fuhr wie ein Windstoß über den Westen und seinen Wohlstand – und die ersten geringfügigen Einschränkungen trafen ihn schwer. Zur Ehre des Westens aber sei gesagt, daß ihm seine eigenen, durch die Benzinknappheit verursachten Leiden nicht wichtiger waren als die Leiden jener ausgerotteten Eingeborenen.

Erst jetzt, nein, erst heute begreife ich, wie wunderbar diese Aufgabe von Gott ihrer Erfüllung zugeführt wurde. Als *Iwan Denissowitsch* im Jahre 1962 auf dem Weg des Samisdat bis Kiew, bis Odessa gewandert, und, wie durch ein Wunder, *nicht ein einziges* Exemplar ins Ausland geraten war, was Twardowskij so sehr befürchtet, während ich es mir im Gegenteil gewünscht hatte, damit *Iwan Denissowitsch* in einer nicht verstümmelten Fassung herauskommen konnte, da war mir noch nicht klar, daß ich *nur so,* nur auf *diese Art* als Haken aus dem Erbe Chruschtschows für immer in die Kremlmauer eingeschlagen werden konnte. Dadurch, daß das Leningrader Exemplar des *Archipel* meiner Anweisung entgegen nicht verbrannt worden, dem KGB in die Hände gefallen und das Buch unter dem Wutgebrüll der Gegner vorzeitig veröffentlicht worden war, war für den *Archipel* der Weg vorgezeichnet, der ihm den Rang eines unwiderleglichen Zeugnisses verlieh. Jetzt, im Westen, habe ich erfahren, daß seit den zwanziger Jahren – angefangen mit Solowki – an die VIERZIG Bücher über den Archipel veröffentlicht, übersetzt und besprochen worden sind, die alle verschollen und stumm untergegangen sind, ohne jemanden zu wecken, ohne jemanden zu überzeugen. Das ist die charakteristische Haltung des Satten und Selbstzufriedenen. ALLES WAR GESAGT – aber alles war in den Wind geredet.

Im Fall des sowjetischen Archipels spielte auch noch ein besonderer Umstand mit: entsprechend dem sozialistischen Wind, der im Westen weht, wurden einem sozialistischen Land auch Greuel verziehen, die die von Hitler begangenen bei weitem übertrafen: alles Hekatomben auf einem strahlenden Altar. Wäre ich im Westen gewesen, und hätte ich den *Archipel* von dort aus veröffentlicht – sein Erscheinen hätte nicht die halbe Schlagkraft gehabt.

Und jetzt war ihr Verständnis verblüffend:

»Ein feuriges Fragezeichen über einem halben Jahrhundert Sowjetregime, über dem gesamten sowjetischen Experiment seit 1918.« *(Vorwärts)*

»Solschenizyn erzählt der ganzen Welt die Wahrheit über die Feigheit der Kommunistischen Partei.« *(The Guardian)*

»Vielleicht werden wir irgendwann einmal die Veröffentlichung des *Archipel* als ein Zeichen dafür betrachten, daß der Zerfall des Kommunistischen Systems begonnen hat.« *(Frankfurter Allgemeine Zeitung)*

»Solschenizyn ruft zur Buße auf. Dieses Buch könnte zum wichtigsten Buch einer nationalen Renaissance werden, wenn die Männer im Kreml es zu lesen verstehen.« *(Deutsche Welle)*

Die Vereinigung amerikanischer Verleger erklärte sich bereit, das gesamte historische Material zu veröffentlichen, das die sowjetische Regierung dem *Archipel* entgegenzustellen wünschte. Aber dieses Material existierte nicht. In den ganzen fünfzig Jahren hatten die Henker sich noch nicht nach entlastendem Material umgesehen. Und auch im letzten halben Jahr, als das Buch bereits im KGB lag, hatten sie sich diese Mühe nicht gemacht. Sie brachten in der *New York Times* einen matten Artikel von Bondarjow und in der *Iswestija* einen Artikel über General Wlassow, der so lang war, daß ich beim Aufschlagen der Zeitung dachte: aha, jetzt werden sie »richtigstellen«, *wer* in Wirklichkeit Prag von den Deutschen befreit hat, sie haben alle Unterlagen, und die fehlenden können sie ja fälschen – mir wird es nicht mehr gelingen, meine Zellennachbarn zusammenzurufen! Weit gefehlt! Ihre Dreistigkeit reichte nicht einmal aus, das Wichtigste zu widerlegen: die einzige Kampfhandlung der Wlassow-Divisionen war die Schlacht gegen die Deutschen – um Prag!

Die sowjetische Presse, deren Intelligenz in einem halben Jahrhundert nicht zugenommen, sondern, verglichen mit den cleveren Zwanzigern der Komintern, beträchtlich abgenommen hatte, kannte nur das eine und verstand sich nur auf eines: Frontalangriff und grobe Hetze. So war auch der Auftakt, den die *Prawda* am 14. Januar gab: »Der Weg des Verrats«. Dem Artikel kam die Bedeutung einer *Direktive* zu, am nächsten Tag wurde er von allen größeren und auch lokalen Blättern übernommen, in einer Gesamtauflage von etwa fünfzig Millionen. Und am nächsten Tag brachte die *Literaturnaja gaseta* das auf mich gemünzte Schlagwort: »Literarischer Wlassowjez«. Und nach ein paar Tagen prasselte das nur so aus allen Druckereien, aus allen Schaufenstern. Und der größte Trick: Gefängnisse, Lager – das wurde überhaupt nicht als Thema des Buches erwähnt, das Buch mußte verurteilt werden, weil es die Ehre unserer Gefallenen beleidigte und vor allem – so raffiniert-undurchsichtig formuliert, daß es jederzeit zurückgenommen werden konnte – hat der Schurke drei Autos! Und dieser saftige Happen, dem Volk vorgeworfen, weckt die meisten Aggressionen: »Dieser Satan! *Was hat ihm überhaupt noch gefehlt?!*«

Am Tag nach dem *Prawda*-Artikel setzte eine Telefonanruf-Attacke auf unsere Wohnung ein, die volle drei Wochen dauerte. Eine neue Waffe des XX. Jahrhunderts: mit dem unpersönlichen Schrillen der Telefonklingel können sie in das abgeschlossene Haus eindringen und den aus dem Schlaf Gerissenen wie mit einem Stachel ins Herz treffen, ohne daß sie sich von ihrem Dienst-Schreibtisch oder aus einem Sessel, den Cocktail in der Hand, erheben müssen.

Es begann mit einem Gebrüll: »Hol mal den Solschenizyn!« – »Wer sind Sie?« – »Hol ihn, ich bin sein Freund!« Meine Frau legte auf. Das Telefon klingelte wieder. Sie nahm ab und schwieg (weder »Ja« noch »Bitte«) – dieselbe heisere Kriminellenstimme: »Wir haben auch in allen möglichen Lagern gesessen, aber wir haben unsere Heimat niemals verkauft, verstehst du?? Wir werden ihn, diesen Hund, nicht mehr lange rumlaufen lassen, der hat ausgelebt!!« (Im Dezember hatte ein Redner im ZK dasselbe gesagt, nur ohne »Hund«.) Die Telefonattacke war eine mißliche Situation, auf die wir nicht vorbereitet waren, verlangte Nerven, schnelles Denken, geschickte Antworten und eine feste Stimme. (Bei uns werden Sie damit nichts erreichen, sparen Sie sich die Mühe!) Alja stellte sich sehr rasch darauf ein und reagierte ausgezeichnet. Sie hörte sich das Schimpfen lange still an und fragte schließlich leise: »Sagen Sie, wird das Gehalt beim KGB zweimal im Monat ausbezahlt oder nur einmal, wie in der Armee?« – Daraufhin trat auf der anderen Seite meist eine verlegene Pause ein. Oder sie ließ den Anrufer aussprechen, feuerte ihn geradezu durch Zwischenrufe an, und dann: »»Sind Sie fertig? Nun, dann richten Sie Jurij Wladimirowitsch (d. h. dem Minister des KGB) aus, daß er mit so stumpfsinnigen Leuten nicht sehr weit kommen wird.« Sie riefen ununterbrochen an, so daß unsere Freunde mit ihren Anrufen nicht durchkamen; man mußte jedesmal abheben, weil ja auch ein Freund am Apparat sein konnte?! Trotzdem gelang es uns, eine Nachricht von diesem Sturm weiterzugeben (und schon am gleichen Abend brachten verschiedene westliche Sender, Gott schütze sie, die Meldung über die Telefonattacke). Männer- und Frauenstimmen, Schimpfen, Drohungen, Obszönitäten ununterbrochen bis ein Uhr nachts, dann eine Pause und wieder ab sechs Uhr morgens. Eine Zeitlang riefen sie auch in Peredelkino an, bei Tschukowskijs, beleidigten Lidija Kornejewna und verlangten nach mir (»seiner Frau ist was passiert«). Zum Glück hatten wir die Möglichkeit, Telefongespräche mitzuschneiden, und, während der KGB mithörte, instruierte ich Alja telefonisch, wie die Anlage zu bedienen ist, und sie demonstrierte, ebenfalls telefonisch, das Verfahren: so, sehen Sie, stellen wir eine Auswahl der besten auf einer Kassette zusammen . . . Die Zivilisation gebiert Waffen, aber sie gebiert auch Gegenwaffen . . . Das wirkte, sie wurden vorsichtiger, drückten sich gemäßigter aus und spielten von nun an Gesinnungsgenossen. (»Wir haben Angst, daß er verhaftet wird!«)

Am ersten Abend hatten sie sogar vorgehabt, etwas mehr, als eine bloße Telefonattacke zu inszenieren –, vermutlich einen Ausbruch des *Volkszorns*: in unserem Hof erschienen irgendwelche bestellten Typen und einige Dutzend Milizionäre *zum Schutz*, aber sie kamen nicht dazu, weder uns die Fenster einzuwerfen, noch uns zu *beschützen*, die Aktion wurde offensichtlich abgeblasen. Eines Tages werden wir mehr darüber wissen.

Die Anrufe dauerten noch zwei Wochen, wenn sie auch nicht mehr so häufig waren wie am ersten Tag, dafür aber abwechslungsreicher:

». . . Lebt der Wlassowjez eigentlich noch? . . .«

«. . . Ich habe alle seine Bücher gelesen, ich habe ihn angebetet, aber jetzt weiß ich, daß mein Idol ein Lump ist.«

Oder ein Verzweiflungsausbruch (nach meiner neuen Presseerklärung):

»Aber was macht er eigentlich, dieser Satan?!! Wieso gibt er sich immer noch nicht zufrieden?!

Die Themen variierten nicht, sondern wurden offenbar von einem Tag auf den anderen auf Kommando umgestellt: ein, zwei Tage Morddrohungen, dann – ausschließlich »enttäuschte Leser«, dann nur »ehemalige Lagerkameraden«, dann »wohlmeinende Freunde«, mit ihren Ratschlägen: nicht auf die Straße zu gehen, auf die Kinder aufzupassen, keine Lebensmittel in den Geschäften zu kaufen – die könnten für unseren Gebrauch vergiftet sein. Aber erstaunlicherweise war unter diesen Hunderten von Anrufen nicht ein einziger, der wirklich gekonnt, wirklich meisterhaft war, das Falsche verriet sich beim ersten Wort und Ton, ungeachtet des Inhalts. Und alle ließen sich durch Spott verunsichern. Schließlich beschränkten sie sich aus Rücksicht auf die eigene Freizeit nur noch auf die Dienststunden.

Das war ein Versuch, den Widerstandsgeist der Familie zu

brechen und dadurch auch den meinen. Aber der KGB hatte bei meiner zweiten Frau kein Glück. Alja hat in diesem Sturm nicht nur standgehalten, sondern auch keine einzige ihrer Pflichten vernachlässigt. Die Arbeit lief, das Leben der Familie ging weiter, und die Jungen werden noch nicht so bald begreifen, daß ihre erste Kindheit unter nicht ganz normalen Bedingungen verlaufen war.

Parallel zu der Attacke über das Telefon (und selbstverständlich über die Presse) griffen sie uns auch über die Post an. Die feindseligen Briefe, die mit der Post kamen, trugen eine exakte Anschrift, hatten aber keinen Absender. Unter diesen anonymen Briefen, die gesondert abgefertigt und nicht zurückgehalten wurden, erreichten uns auch einige freundschaftliche (ein Fehler der Zensur: die *Deutsche Welle* hatte meine Anschrift ohne die Wohnungsnummer angegeben und diese Briefe liefen durch eine andere Kontrolle und wurden nicht beschlagnahmt) von den »Arbeitern aus dem Ural« oder den »Kindern gestorbener Häftlinge«.

Die sowjetische Zeitungskampagne – lärmend, wütend und stumpfsinnig – war so dumm, daß sie in der internationalen Arena in wenigen Tagen ausgespielt hatte. Die *New York Times* warnte: »Diese Kampagne wird der UdSSR mehr schaden, als die Veröffentlichung des Buches.« Und die *Washington Post*: »Sollte Solschenizyn auch nur ein Haar gekrümmt werden, würde das den Abbruch der Kultur- und Handelsbeziehungen zur Folge haben.« Abbruch oder nicht – natürlich war das eine Übertreibung, denn die *Entspannung* durfte nicht aufs Spiel gesetzt werden – aber immerhin mußte beim Lesen dieser Zeitungen an der Staraja Ploschtschad die Frage auftauchen: Ist dieser Solschenizyn, der Teufel soll ihn holen, es wert, daß seinetwegen die ganzen internationalen Beziehungen durcheinander geraten? Die westliche Presse ertönte als mächtiger Chor zu meinem Schutz, und dadurch waren Mord und Gefängnis ausgeschlossen.

Aber dann – wozu dieses Geschäft? Wohin trieb der Zufall die grauen Segel unserer Zeitungen? (Schon diese Pressekampagne, die durch die ganze Welt schallte, sah ich als ein Zeichen des Sieges an: *sie* mußten auf den unfehlbaren, lautlosen Würgegriff von früher verzichten: den Hals durchbeißen und in den Sack!) Sie hatten einen Anfang gemacht, unüberlegt, aus Wut, ohne das Ende vorauszusehen, sie hatten einen Anfang gemacht und Millionen nichtsahnender Köpfe im eigenen Land aufgeweckt, und jetzt begann der Kampf um sie, um meine eigenen Landsleute. Und auch gegenüber dem Westen geriet ich allmählich in eine zwielichtige Lage: weshalb verteidigte ich mich nicht, weshalb sagte ich kein einziges Wort? Vielleicht ist an den Verleumdungen etwas Wahres?

Das kommt davon, wenn man sich geschworen hat, den Angriff schweigend und wie im Halbschlaf über sich ergehen zu lassen! Das ist nicht meine Art.

Ich reagierte mit zwei Gegenschlägen – mit der Erklärung vom 18. Januar [Anhang 31] und dem kurzen Interview für die *Times* am 19. Januar [Anhang 32]. In meiner Erklärung ging ich auf die besonders hinterhältigen und kränkenden Beschuldigungen der sowjetischen Presse ein, alles auf zwei Seiten komprimiert. In dem Interview baute ich meine Stellung aus: es enthielt eine Antwort an die Brüder Medwedjew, die ich ihnen seit November schuldig war, einen Appell an mich selbst, an Sacharow und an alle, die inmitten des Geschreis und unter der Verfolgung das rechte Maß verloren hatten: wie groß auch die Hilfe des Westens sein mag, wir sind dankbar, müssen uns aber bemühen, auf eigenen Füßen zu stehen; ferner wollte ich – solange ich noch nicht geknebelt und der weitere Weg von *Lebt nicht mit der Lüge* noch nicht mit Gewißheit vorauszusehen war, meinen wichtigsten Ratschlag an die Jugend aussprechen, und schließlich auch einfach erleichtert aufatmen, so, wie es mir ums Herz war: »Ich habe meine Pflicht den Toten gegenüber erfüllt . . .«

Unsere Knochen haben das ihre gelitten, haben lange genug nach Sühne verlangt: nun ist es ausgesprochen – und gehört worden . . .

Das kam durch das Radio, im Fernsehen – viele Zeitungen brachten das ausgerechnet am 21. Januar – ein halbes Jahrhundert nach dem Tod Lenins, der an diesem Tag überhaupt nicht erwähnt wurde. Durch ein unvermutetes Anspringen oder schnelles Zubeißen war er aus manchem Kampf seines Lebens als Sieger hervorgegangen! Aber jetzt, ein halbes Jahrhundert später, hat er verloren, wenn auch noch nicht von allen eingestanden, noch nicht gänzlich sichtbar.

BBC: »Die zwei Wochen dauernde Kampagne gegen Solschenizyn konnte ihn weder einschüchtern, noch zum Verstummen bringen.« – *Die Welt*: »Für sein Verschwinden hätte ein entsprechender Preis gezahlt werden müssen, wie für Budapest oder Prag.«

Und so haben wir die Woche nach dem von der *Prawda* gegebenen Signal zum Generalangriff überstanden! Wir haben sie überstanden, und sogar die TASS mußte reagieren. Aber wie reagierten sie auf meinen Appell an die Jugend – nicht zu lügen, sondern sich mutig zu behaupten? Ganz einfach: »Solschenizyn kippt den Dreckkübel über die sowjetische Jugend aus, indem er behauptet, sie hätte keinen Mut.« Das war bereits am 22. Januar, an dem Tag, als in Washington vor dem Gebäude des Nationalen Presseklubs eine Demonstration amerikanischer Intellektueller verschiedener Richtungen stattfand, die mir sehr viel Mut machte: man verlas Auszüge aus dem *Archipel* und rief: »Hände weg von Solschenizyn! Die ganze Welt wacht über ihm!« Als der *Archipel* am 22. auch auf Deutsch erschien, war die erste Auflage innerhalb weniger Stunden vergriffen. Wir überstanden diese Woche, aber diese Woche war die letzte von beinahe vier Wochen seit Erscheinen des Buches. Es war der schwierigste Monat, als der Brückenkopf noch schwach war, als die Welt *noch nicht gelesen* – aber schon viel verstanden hatte! Jetzt wurde der Brückenkopf verstärkt, jetzt begann man überall im Westen zu lesen, und der Schwung war so groß, daß die Folgen unabsehbar schienen. Am 23. notierte ich: »Und was geschieht, wenn der Feind wankt und zum Rückzug ansetzt (die Vergangenheit anerkennt?). Ich würde mich darüber nicht wundern.« (Noch vorher, unmittelbar auf die russische folgend, hätte auch die amerikanische Ausgabe erscheinen sollen, von mir aus war schon alles vorbereitet, aber zwei, drei trockene Egoisten westlicher Prägung machten Häcksel daraus – die gesamte Sendung von Pfingsten 1968! Die amerikanische Ausgabe verspätete sich um ein halbes Jahr und hat mir auf dem Steg über dem Abgrund nicht geholfen, allein deshalb, glaube ich, konnten sie mit mir abrechnen. Und was hätte nicht alles passieren können, vielleicht sogar ein Zurückweichen unserer gesamten Führung, wenn Amerika an Neujahr 1974 das Buch tatsächlich gelesen, und dem Kreml nichts Besseres eingefallen wäre, als daß es die Hitleranhänger besinge . . .)

Damals sah ich die Dinge so: wenn auch die ersten vier Wochen für meine persönliche Lage entscheidend waren, so dehnte sich das Gefecht jedoch von da an in die Breite und in die Tiefe aus: jetzt ging es darum, ob die Propagandamaschinerie Rußland noch einmal schlucken oder ob ihr der Bissen im Hals steckenbleiben würde? Ob die Zeitungslüge wieder einmal ungestört wuchern, oder ob sie schließlich auf Widerstand stoßen würde? Ich glaubte an eine günstige Wendung und erkannte um so deutlicher den Sinn meiner eigenen Lage: meine nächsten Erklärungen mußte ich nicht an den Westen richten, sondern an die Empfänger in unserem Land.

Ende Januar nahmen die Beschimpfungen in der Presse weiter zu, vermehrten sich die Unterschriften, jetzt auch bekannte Namen, sie erschienen in ganzen Trauben, und für die Menge wurde auf der Gorkij-Straße ein Plakat aufgestellt: mein Buch mit einem gelben Totenschädel und schwarzen Knochen – aber Jüngere traten unerschrocken, einer nach dem anderen, voll aufgerichtet, wie zum Tod, wie im Kugelregen, zum Schutze dieses Buches vor – Borja Michajlow, Dima Borissow, Schenja Barabanow, und jeder hatte zufälligerweise zwei kleine Kinder und eine Frau ohne Beruf. Lidija Kornejewna sprach aus, wer wen *verraten* hatte [Anhang 33]. Die Zeitungskampagne war wie ein Donner, der durch Rütteln von Eisenblech erzeugt wird, aber der hellhörige Westen hat auf die Entfernung richtig erkannt: meine Erklärungen trugen einen »eindeutig offensiven Charakter«, während das Regime sich in einer offenbar defensiven Bewegung befand, trotz vieler hilfloser Bemühungen.

»Die Enten mit den Flöten, die Schaben mit den Trommeln« – jeder tat an seinem Platz das Seine. Solange die Presse keifte, präparierte der KGB Witkewitsch für sein Interview für den Westen. Eine erstaunliche Wendung: der KGB erhob den Vorwurf gegen mich, daß ich mich ihm gegenüber nicht genügend standhaft gezeigt, daß ich ihm nicht gleich bei der ersten Bekanntschaft genauso in die Fresse geschlagen hätte wie heute. Und obwohl ich auf eine persönliche Diffamierung gefaßt war, erwartete ich, daß sie meine erste Frau ins Spiel bringen würden, nicht aber einen Jugendfreund. Was sollte ich nicht alles gewesen sein – Besatzungspolizist, Gestapo-Mann – und jetzt Spitzel des KGB. Am liebsten hätte ich auf jede Entgegnung verzichtet, ich war zu oft dazu gezwungen worden. Aber wer A sagt, muß auch B sagen. Nun, wenn schon eine Antwort, dann mit voller Lautstärke [Anhang 34].

Und wieder schalteten sich der Rundfunk und die Presse in der ganzen Welt ein. »Gegen bewaffneten Widerstand können Panzer eingesetzt werden, aber – gegen ein Buch?« *(Kölnische Rundschau)* »Erschießungen, Sibirien, Irrenhaus würden lediglich beweisen, daß Solschenizyn recht hat.« *(Monitor)* »Die Propaganda hat sich als Bumerang erwiesen...« Und nicht zum erstenmal unterstützte mich die weit hörbare Stimme von Günter Grass.

Und ich hatte das Gefühl, eine Phase des Kampfes sei gewonnen. Nach meiner neuen Salve schienen ihre Angriffe zu erlahmen oder zu versanden (war es im September nicht ebenso gewesen?). Bedeutete das für mich nicht eine weitere, eine immer weitere Festigung meiner Stellung? Am 7. Februar notierte ich: »Prognose für den Februar: außer Diffamierung ist kaum noch etwas zu erwarten, am ehesten eine Atempause.« Ich schrieb das gedankenlos hin, obwohl mir bewußt war, daß Ende Januar – Anfang Februar für mich immer verhängnisvoll waren, daß in diesen Tagen sich die Gefahren häuften, sich verdichteten, Einkreisung, Verhaftung, Etappe, Operation und vieles Geringfügigere mehr. Wenn diese Tage überstanden waren – dann wich auch die Bedrohung. Es war mein uneingestandener *Wunsch* – eine Atempause: Schweigen, sich in die eigene Höhle zurückziehen – wie schon oft nach einem Zusammenstoß und dort in aller Stille überwintern. Obwohl es nach dem Stand der Dinge eigentlich schade war, jetzt eine Gefechtspause einzulegen.

Es gehört zum Menschen, daß er – vom gewohnten Alltag in Anspruch genommen – die gewitterträchtigen, katastrophalen Phasen seines Lebens nicht anders als die durchschnittlichen, normalen erlebt und erst nachträglich, aus der Ferne erkennt: Oh – damals bröckelte mir ja der Boden unter den Füßen weg, das war ja das Wetterleuchten!

Mir war keine Veränderung aufgefallen. Aber meine Frau ahnte Anfang Februar eine unheilvolle Wende: die Telefonattacke wurde eingestellt, und auch die Pressekampagne erlahmte irgendwie – das war ja das einzige, womit die Regierung bis jetzt ihre Unentschlossenheit verdeckt hatte. (Breschnew war aus Kuba zurückgekehrt, aber ich maß dem keine Bedeutung zu. Dabei hatte man nur auf ihn gewartet, um über mein Schicksal zu entscheiden.)

Unter den unzähligen Stimmen, die in diesem Monat zu hören waren, gab es auch prophetische, die unbeachtet blieben, wie immer in solchen Fällen, da sie vage sind, solange eine Möglichkeit nicht Entscheidung geworden ist. Heute, beim Durchblättern des Rundfunkbulletins jenes Monats konstatiere ich mit Erstaunen: am 18. Januar sagte der Moskauer Korrespondent des BBC: »Es gibt Anzeichen dafür, daß man sich für eine *Ausweisung* entschieden hat.« Und am 20. Januar G. Swirskij, ein Emigrant: »Solschenizyn wird mit physischer Gewalt gezwungen werden, in ein Flugzeug zu steigen.« Wie abgelesen! Ich hatte ja mit der Möglichkeit einer Ausweisung gerechnet, aber nicht in *dieser Form*, mit Gewalt, im Flugzeug, ich alleine, ohne Familie – diese Möglichkeit war mir nicht in den Sinn gekommen. (Noch mehr! Jetzt, während ich dieses Buch für die Veröffentlichung vorbereite und es noch einmal durchlese, lehne ich mich überrascht zurück: schon *im März 1972 wurden wir gewarnt,* daß es so kommen würde – Ausweisung nach vorläufiger Festnahme. Wir hatten das völlig unbeachtet gelassen und nie mehr daran gedacht! . . .) Und ich hielt es für am wenigsten wahrscheinlich, daß Bundeskanzler Brandts Worte (vom 1. Februar) vor den Jungsozialisten (durchaus nicht zu ihrer Zufriedenheit, sie hätten es lieber gesehen, wenn der Erdboden mich verschluckt hätte) für mich Wirklichkeit werden würden: Solschenizyn könnte in Westdeutschland ungehindert leben und arbeiten.

Ausweisung – damit mußte man rechnen, es hätte schon früher mehrmals soweit sein können, aber eine Ausweisung stand für uns nie als unmittelbare Drohung da. Und wenn, so stellten wir es uns ungefähr so vor: unsere Wohnung wird umzingelt, wenn wir alle zu Hause sind, die Telefonleitung durchschnitten, und wir bekommen den Befehl, zu packen, entweder in großer Eile, oder mit einiger Gemächlichkeit. Wenn wir genau überlegt hätten, dann wäre uns aufgefallen, daß diese Form für das Regime ungünstig wäre. Aber wir hatten gar keine Zeit, genau zu überlegen: so sehr standen wir unter dem Druck laufender Verpflichtungen. Schon seit drei Jahren hatten wir einen Zettel liegen: »Für den Fall eines Erdbebens«, samt verschiedenen Varianten (wir sind zusammen, wir werden getrennt überrascht, irgendwo unterwegs), aber wir sind bis zum Schluß nicht dazu gekommen, alle Varianten durchzudenken. Und wenn man sich unsere Jahre, Woche um Woche, vergegenwärtigt, so war jede einzelne Woche so ausgefüllt, als wäre sie die wichtigste von allen: ich schreibe etwas, ich muß es eilig abschließen, ich korrigiere eine ältere Fassung, wir tippen etwas ab, wir machen Mikrofilme, wir verteilen die Manuskripte (und wie oft muß eine Entscheidung getroffen werden: wie ist es mit *diesem* Manuskript, soll man es lieber zu Hause behalten? Oder nicht? Wollen wir es so versuchen oder anders?), wir schicken etwas ins Ausland, wir schreiben einen Begleitbrief. Alle diese Sorgen und dazu noch das Handgemenge mit den Feinden hielten uns davon ab, uns mit dem »Erdbeben« zu befassen und ein Programm zu entwickeln.

Am 8. Februar erschien der *Archipel* in Schweden, wir bekamen immer mehr Hilfe, in Norwegen überreichte der Außenminister nach einigen Interventionen im Storting dem sowjetischen Botschafter ein besorgtes Schreiben der norwegischen Öffentlichkeit. Auch die sozial-demokratische Partei Dänemarks trat zu meinem Schutz auf. Ich arbeitete ruhig in Peredelkino – plötzlich ein Anruf von Alja zu einer ungewohnten Zeit: man hatte eine Vorladung der Generalstaatsanwaltschaft [Anhang 35] überbracht, ich sollte mich unverzüglich, noch vor Dienstschluß, dort melden. (Von Peredelkino aus war das nicht zu machen, auch wenn man sich noch so beeilte, warum hatten sie das nicht bedacht? Warum so formuliert?) Unter dem Vorwand, daß in der Vorladung kein Grund angegeben, nicht gesagt war, in welcher Eigenschaft ich erscheinen sollte, und das Aktenzeichen fehlte (sie mußte ja um jeden Preis etwas finden, was sie beanstanden konnte und hatte fieberhaft danach gesucht), verweigerte meine Frau die Annahme der Vorladung.

Das Telefon stand bei Tschukowskijs seit vielen Jahren immer auf demselben Platz im Eßzimmer – auf einem geschnitzten ovalen Tischchen gegenüber dem Fenster, so daß es dort an trüben Tagen und erst recht gegen Nachmittag dämmrig war. Und ich erinnerte mich sofort, als ich, den Hörer in der Hand, von der Generalstaatsanwaltschaft hörte, wie ich im September 1965 aus demselben Hörer, in dem gleichen Dämmerlicht, von

L. Kopelew gehört hatte: »Dein Fall ist an die Generalstaatsanwaltschaft weitergeleitet worden.« Damals bezog sich mein Fall auf das geraubte Archiv, es ging um *Das Festmahl der Sieger* und den *Kreis*, und die Übergabe an die Generalstaatsanwaltschaft bedeutete einen Prozeß. (Es bleibt ein Rätsel, warum sie sich damals nicht für einen Prozeß entschieden haben. Sie hätten Erfolg gehabt.) Damals war mein *Kreis* im Safe der Generalstaatsanwaltschaft einfach eingeschlafen. Aber es war wie ein Fingerzeig: acht Jahre später sollte dieselbe, damals eingeschlafene Viper mich an derselben Stelle stechen. So ist es eben. Nun führe ich schon seit sieben Jahren große Reden gegen sie, und es ist begreiflich, daß endlich auch sie ein *Kommando* geben müssen.

Am Telefon sprachen meine Frau und ich immer verschlüsselt, wir verstellten uns, alles ging über die Ljubjanka und auch jetzt war es nicht anders – wir taten so, als wäre die Vorladung zur Staatsanwaltschaft nicht mehr als ein kleiner Pickel (sie hatte auch nicht sofort angerufen). Aber wir wußten beide, daß die Sache ernst war. Die Sache sah sehr ernst aus, allerdings war auch Sacharow im Sommer dahin vorgeladen worden, und man hatte ihm lediglich ins Gewissen geredet, er möge doch die seiner unwürdige Aktivität einstellen. Natürlich ließ sich (abgesehen von diesem Beispiel) das Verhalten des Regimes ihm und mir gegenüber nie vergleichen. Wenn man innerhalb des Nomenklatur-Denkens bleibt: er war dreimal mit dem Goldenen Stern ausgezeichnet worden, er hatte dem Staat unersetzliche Dienste geleistet, so etwas ließ sich sogar bei ihnen nicht ohne weiteres ausradieren. Und ich war – seit sie überhaupt von meiner Existenz wußten – nur wie eine Ammoniak-Flasche unter der Nase, etwas anderes haben sie von mir nie erlebt. Mich vorzuladen, um mir ins Gewissen zu reden – nein, das war ausgeschlossen, aber *wozu dann*? Und weshalb am Ende des Arbeitstages, des letzten vor dem Wochenende? An diesem Punkt hätte man ansetzen müssen. Aber nein, die Analogie brachte mich auf eine falsche Fährte. (Hatten sie auch das einkalkuliert, wollten sie mich bewußt ablenken? . . .) Eines war mir klar: daß ich niemals mit meinen eigenen Beinen hingehen würde. Und es schien mir auch, daß ich noch einen gewissen Spielraum vor mir hätte.

Es waren noch keine zwei Stunden vergangen – plötzlich Män-

nerschritte vor der Haustür und ein heftiges, unheilverkünden-
des Klopfen gegen die Scheiben – es klopfte *genauso*, wie der
KGB klopft – ein herrisches, *endgültiges* Klopfen. Lidija Kornejewna wußte überhaupt nicht Bescheid; um sie nicht bei der
Arbeit zu stören, hatte ich ihr noch nichts von der Staatsanwaltschaft gesagt, und jetzt war es zu spät, ihr noch irgend
etwas zu erklären. Wir waren nicht vorbereitet und ließen sie
herein! In einem fremden Haus konnte ich ja auch schlecht
vorschlagen, ihnen einfach nicht aufzumachen.
Sie waren zu dritt. Sie kamen unter dem blödsinnigen Vorwand, die Datscha sollte renoviert werden (davon war überhaupt nicht die Rede). Schon zweimal waren sie mit diesem
Vorwand gekommen (damals hatten sie sich mich und mein
Zimmer angesehen), und nun wollten sie »das Heft mit den
Kostenvoranschlägen«, das sie vor zwei Monaten in diesem
Haus liegengelassen hatten, abholen. Sie ließen mich nicht aus
den Augen und gingen mit der halbblinden Lidija Kornejewna
durch die Zimmer. Plötzlich ein Telefonanruf – und ein wild-
fremder Handwerker in einem fremden Haus nahm den Hörer
ab, horchte, brummte etwas und im gleichen Augenblick, ohne
weiter nach dem vergessenen Heft zu suchen, gingen sie alle.
Lidija Kornejewna folgte ihnen und sah gerade noch ein Auto
vor dem Gartentor und in dem Auto noch zwei oder drei Männer.
Es scheint, daß damit alles klar war: sie waren gekommen, um
mich abzuholen. Und doch hinderte mich der Umstand, daß
bereits so viele Episoden glimpflich ausgegangen waren, und
vor allem das Beharrende der Arbeit, das mich schon seit vielen Jahren vor dem Absacken, Hängenbleiben, Einsinken ret-
tete, dieses Beharrende hinderte mich jetzt daran, alles liegen-
und stehenzulassen, überlegt zu packen und am nächsten Morgen nach Moskau zurückzufahren. Der Freitag ging zu Ende,
noch zweimal vierundzwanzig Stunden – Samstag und Sonntag – hätten wir für das Notwendigste zur Verfügung gehabt,
um alles zu regeln, alles zu überlegen und schließlich zu begreifen, daß das »Erdbeben« jetzt unmittelbar bevorstand!
Nein, ich blieb noch drei Nächte und zwei Tage in Peredelkino, arbeitete lustlos und ohne etwas abschließen zu können
in einem merkwürdigen, bereits schwebenden, schwerelosen
Zustand, obwohl ich noch immer auf der Erde war, und ließ

sogar am Montag morgen, als ich nicht allzu früh nach Moskau aufbrach, alle meine Sachen einfach stehen und liegen, alles auf dem Schreibtisch und die Bücher.

Am 11. morgens, auf der Fahrt nach Moskau, wußte ich bereits, was ich der Staatsanwaltschaft antworten würde. Aber da ich nicht sehr früh zu Hause ankam, und der Bote der Staatsanwaltschaft (natürlich ein Offizier, aber mit einem verlegenen Lächeln) gleich zu Beginn der Dienstzeit mit einer neuen Vorladung erschienen war, so daß ich gar keine Zeit hatte, mit meiner Frau alles zu besprechen, mußte ich in Anwesenheit dieses Boten auf der Schreibmaschine meine Antwort [Anhang 36] tippen und sie – statt zu unterschreiben – an die Vorladung kleben. Das dauerte eine Weile, und der Offizier, den ich im Flur Platz zu nehmen bat, wurde nervös (glaubte er vielleicht, wir wollten ihn in eine Falle locken?), sprang aus irgendeinem Grund jedesmal, wenn ich vorbeiging, auf und stand stramm. Als ich ihm die Antwort aushändigte, bedankte er sich und hatte es so eilig zu gehen, daß er sich nicht einmal die Zeit nahm, das Blatt in den Umschlag zu schieben, und ich ihm sagen mußte: »Stecken Sie es doch in den Umschlag, es regnet.« Er schob es ungeschickt hinein.

»Wenn die Schlägerei losgeht, dann heißt es, sich mit den Fäusten beeilen!« Noch während der Offizier da war, begannen wir, Korrespondenten anzurufen und sie zu uns einzuladen. Zunächst hatte ich vor, sie lediglich über meine Antwort zu informieren, aber mein Gefühl drängte mich vorwärts, ich wollte stärker ausholen – gab es denn noch ein Tabu, nach *solchen* Worten? Wenn schon reden, dann bis auf den letzten Rest. Und wir holten eilig den dritten Band des *Archipel* hervor und tippten den Absatz aus dem siebten Teil ab, der sich bereits auf die Breschnew-Ära bezieht: Es GIBT KEIN GESETZ. Es kamen Korrespondenten von der *New York Times*, vom BBC, ich habe für sie auf Band gesprochen, diese beiden Antworten innerhalb weniger Stunden rechtfertigten die ganze Situation.

Aber wir dachten überhaupt nicht daran zu packen oder Abschied zu nehmen. Ein Kampf – aber das war ja nicht das erste Mal, heute nicht schlimmer als früher.

Ich kann es bis auf den heutigen Tag nicht begreifen: warum haben sie mich in Peredelkino, in der Datscha, nicht verhaftet? Warum haben sie den Samstag und Sonntag verstreichen lassen? Und nach meiner unverschämten Antwort am Morgen des 11. – warum sind sie da nicht sofort gekommen, wenn schon alles beschlossene Sache war? Wäre ich am Freitagabend zur Staatsanwaltschaft gegangen (und es hätte durchaus in meinem Charakter gelegen, sofort hinzugehen, denn sie ist ganz in der Nähe, auf der Puschkinskaja, zwei Minuten zu Fuß, und sie ist etwas anderes als der verdammte KGB), dann wäre die Maus gefangen gewesen, dann wäre die Falle zugeschnappt – sie hätten mich sofort dabehalten, ohne einen Laut, ohne das mindeste Aufsehen zu erregen. Warum haben sie mich weder am Montag noch am Dienstag verhaftet, warum haben sie mir Zeit gelassen, es in der ganzen Welt auszuposaunen? Vielleicht waren sie unsicher geworden – durch die Lautstärke meiner Gegenwehr. Wäre ich auf der Staatsanwaltschaft erschienen, dann hätte ich damit zugegeben, daß ich ihre Macht noch anerkenne, dann hätten sie noch Hoffnung haben können, mich unter Druck zu setzen und mit mir zu feilschen.

Gegen Abend ging ich mit meiner Frau spazieren, wir wollten uns auf dem Strastnoj-Boulevard ein bißchen unterhalten: es war für uns der bevorzugte Platz für längere Gespräche, und es wäre erstaunlich, wenn wir dort noch nie belauscht worden sein sollten (wir achteten allerdings darauf, beim Sprechen die Richtung zu wechseln). Es war ein von uns auch sonst sehr geliebter Platz – vor allen Dingen das sich verbreiternde Ende des Strastnoj-Boulevards, fast wie ein Stückchen Park – geliebt auch wegen der Nähe zum *Nowyj mir,* wie viele *Nowyj mir*-Begegnungen hatten hier stattgefunden! Diesmal wurden wir offen, unverhohlen beschattet. Aber wann war das anders gewesen? Das unterschied den Tag nicht von den anderen.

Wir vergegenwärtigten uns noch einmal, daß wir im großen und ganzen so gerüstet waren wie noch nie, daß die wichtigsten Bücher gerettet und für den KGB unerreichbar waren, daß wir uns auf eine Verhaftung vorbereiten und einiges für den täglichen Gebrauch einpacken müßten. Aber das Gehirn war ermüdet und gebremst: für eine konkrete Beurteilung unserer Lage unter den Bedingungen des »Erdbebens« – war es so weit, war es wirklich ein Erdbeben? – reichte die Präzision nicht mehr aus, wir waren bei irgendwie schlaff. Ich wiederholte noch einmal, daß ich zwei Jahre im Gefängnis durchhalten wollte, um das Erscheinen aller Bücher zu erleben, aber darüber, was dann kommen würde, nichts versprechen könnte. Daß ich mich im Lager weigern würde, auch nur einen einzigen Tag zu arbeiten, daß ich aber im Karzer vielleicht schreiben könnte. Was schreiben? Die Geschichte Rußlands in kurzen Erzählungen für Kinder, in einer klaren Sprache und ohne die übliche Schönfärberei. (Das habe ich mir in den Kopf gesetzt, seit meine Söhne geboren sind, aber – werde ich je dazu kommen?) Wir überlegten, wie ich ihr, wenn sie mich besuchen würde, gefährlichere Texte zustecken könnte. Wie ich mich während der Untersuchung und beim Prozeß verhalten würde (es war längst beschlossene Sache: ich erkenne sie nicht an und ich verweigere jede Aussage).

Es war ein Tag ohne Sonne, ein halbwinterlicher Tag (die Erde schneebedeckt, die Bäume und die Bänke schwarz), es dunkelte bereits, in der APN leuchteten die feindlichen Lichter auf, und auf beiden Seiten des Boulevards bewegten sich die Lichter der Autos. Der Tag ging zu Ende, sie hatten mich nicht geholt.

Ein ruhiger Arbeitsabend. Wir machten den letzten Mikrofilm vom *Stillen Don*. Wir hörten im Radio, wie meine Antwort von heute früh bereits durch die Welt donnerte. Suchten das Nötigste für das Gefängnis zusammen, aber uns fehlte ein kleiner Sack – wir hatten zu gut gelebt: wir hatten kein Säckchen fürs Gefängnis zur Hand! Auch während der Nacht, die ich wie gewöhnlich schlaflos verbrachte, konnte ich gut arbeiten und korrigierte den *Brief an die Führung*: meine Urteile und Vorschläge blieben unverändert, aber der ursprüngliche Ton, der auf eine Verständigung abzielte, mußte verschwinden, jetzt würde es wie ein Zugeständnis klingen.

Und mein Herz war so ruhig, es regte sich keine böse Ahnung, keine Niedergeschlagenheit. Ich beeilte mich nicht, etwas zu prüfen, zu verbrennen, besser zu verstecken – ich brauchte ja alles für die Arbeit, morgen, in einer Woche, wozu also?

Am nächsten Morgen arbeiteten wir wieder, jeder an seinem Tisch. Bei meiner Frau hatte sich viel Brisantes angesammelt, und alles lag offen auf dem Tisch. Zehn Uhr, die auf der gestrigen Vorladung angegebene Zeit. Elf, zwölf. Sie kommen nicht. Wir arbeiten schweigend. Die Arbeit geht so gut von der Hand! Und die letzte Last fällt von uns ab: SIE BEFINDEN SICH AUF DEM

RÜCKZUG! Wir leben weiter! Auf meine Antwort: DIE VERANT-
WORTLICHEN FÜR DAS GENOZID MÜSSEN VOR GERICHT GESTELLT
WERDEN! – war nichts erfolgt–Friede und Ruhe–sie haben es
eingesteckt und sind zurückgewichen. Sie werden noch mehr
einstecken müssen. Kein *Patriot* rief an, niemand versuchte, in
die Wohnung einzudringen, keine verdächtige Gestalt erschien
vor der Eingangstür. Blieben sie vielleicht deshalb weg, weil
ausländische Korrespondenten vor unserem Haus Posten standen?
Ich habe nicht einmal meinen großen, vollbeladenen Schreibtisch kontrolliert und den Mikrofilm übersehen, der schon
längst hätte verbrannt werden müssen. Noch schlimmer: auf
dem Tisch lagen Briefe aus dem Ausland, von Vertrauens-
personen, von Verlegern, auch sie sollten dringend bearbeitet
und verbrannt werden – aber auch dafür reichte die Zeit nicht.
Ja, jetzt erinnere ich mich, wie das kam: für den Vierzehnten
abends war eine Begegnung mit jemandem aus dem Westen
vorgesehen – und nun beeilte ich mich, all das und nur das
vorzubereiten, was an diesem Abend übergeben werden sollte.
Jetzt kann ich ein schier unglaubliches Geheimnis lüften, eine
Möglichkeit, mit der auch der KGB nicht gerechnet, die er für
ausgeschlossen gehalten hatte: meine gesamten Sendungen *in
den Westen* habe ich nicht über Mittelspersonen, nicht über
eine Kette von Menschen, sondern persönlich in die Wege geleitet! Der KGB hat alle Besucher registriert, die zu mir kamen
und von mir gingen, ebenso alle weiteren Kontaktpersonen,
aber da sie die Dinge nach ihrem eigenen Maß maßen, konnten
sich Generalmajore oder Majore in ihrer Überheblichkeit nicht
vorstellen, daß ein Nobelpreisträger persönlich, wie ein Lauf-
bursche durch die Stadt rennt, zu den ausgefallensten Zeiten,
mit einer ausgewechselten Mütze (die gewöhnliche im Ruck-
sack), sich in unbeleuchteten Ecken versteckt und dort seine
Sachen weitergibt. SIE HABEN MICH NICHT EIN EINZIGES MAL ER-
WISCHT UND NICHT EIN EINZIGES MAL ÜBERFÜHRT! Und was wäre
das für ein Triumph, was für eine reiche Ernte für sie gewesen! ... Natürlich hat sich dafür mein Leben außerhalb der
Stadt als sehr günstig erwiesen – erst in Roschdestwo, später in
Schukowka und dann in Peredelkino, meistens ging ich von
dort aus zu einem Treffen. Aus Roschdestwo mußte man bis
zur Bahnstation fünf Werst über kahles Feld wandern, aber

ich konnte mich wie zu einem Spaziergang anziehen, ganz gemächlich bis zum Wald gehen, dann einen Haken schlagen und das Tempo beschleunigen. Von Schukowka aus brauchte ich nicht mit der Vorortbahn zu fahren (am Bahnhof standen Spitzel) – sondern stieg in der anderen Richtung ein und machte dann mit dem Omnibus einen Umweg über Odinzowo. Und von Peredelkino aus – nicht, wie üblich, auf die Straße, sondern hinter dem Haus durch den Hof, der im Winter überhaupt nicht benutzt wurde, auf die andere Straße und über einsame, tief verschneite Pfade mitten in der Nacht zu einer anderen Bahnstation, Mitschurinez. Und vorher ein beruhigendes Telefongespräch mit meiner Frau – ich ginge zu Bett. Und das Licht die Nacht über brennen lassen. Und wenn ich zu einem Treffen in Moskau fuhr, so fuhr ich entweder zuerst mit der Stadtbahn aus der Stadt, irrte eine Weile durch die Dunkelheit und kehrte nach Moskau zurück, oder . . . nein, die Rezepte für die Stadt möchte ich vorläufig für mich behalten, sie könnten anderen noch von Nutzen sein . . . Und dann der schnelle Gang. Ich hielt mich mit meinen fünfundfünfzig noch nicht zu alt für eine solche Leistung, ich fühlte mich sogar verjüngt und gestärkt. Die aufgeschwemmten KGB-Männer hatten mir so etwas gar nicht zugetraut, und wenn sie dies jetzt lesen, werden sie überrascht sein.

Um drei Uhr nachmittags, wir hatten noch nicht gegessen, ging ich mit Stepan, meinem fünf Monate alten Söhnchen, hinunter auf den Hof an die frische Luft – ich trug seinen Wagen unter dem Arm. Unter den Blicken aus allen Fenstern, unter den Blicken der Passanten und Hausbewohner, ging ich, wie üblich, mit meinen Papieren auf und ab, las und überlegte. Es war ein ruhiger Tag. Erst jetzt kamen jene Briefe aus dem Ausland an die Reihe, die ich lesen und bis morgen beantwortet haben mußte, und so, vor aller Augen, völlig offen, ging ich am schlafenden Stjopka auf und ab und las meine konspirative Post . . . Aber es war mir nicht beschieden, sie zu Ende zu lesen: Igor Rostislawowitsch Schafarewitsch war gekommen und suchte mich in dem Hof.

Ist jetzt nicht die Zeit da, auch über diesen Mann zu schreiben, in aller Offenheit? Wenn dieses Buch gedruckt sein wird, wird auch er sich inzwischen exponiert und sein Kreuz auf sich genommen haben, es sei denn, Gott bewahrt ihn davor. In diesem Buch habe ich viel über Twardowskij geschrieben, wie er mir den Weg gebahnt hat, wie ich dann aus eigener Kraft weitergegangen bin – *neben ihm,* aber man könnte nicht sagen, mit ihm *gemeinsam.* Und über Sacharow: es sah von weitem so aus, als handelten *wir gemeinsam.* Aber wir haben nie auch nur ein einziges Vorhaben gemeinsam geplant und nie auch nur eine einzige Deklaration gemeinsam unterschrieben, so seltsam das klingen mag; und ich hatte ihm das Erscheinen des *Archipel* nicht angekündigt. Aber mit Igor Schafarewitsch ging ich tatsächlich *gemeinsam* vor, Schulter an Schulter, wir arbeiteten damals schon seit drei Jahren an *Stimmen aus dem Untergrund.* Uns verbanden keine gemeinsamen Erinnerungen (die gab es nicht), nicht einmal der gegenwärtige Kampf gegen den Drachen – nein, das war eine weit tiefere Beziehung: uns verbanden die gleichen Vorstellungen von der russischen *Zukunft.* (Über diese Zukunft wird man sich in unserem Land sehr bald uneins sein.)

Wir hatten uns Anfang 1968 kennengelernt. Da ich Zeit schätze, hingegen Zeitvertreib an festlichen Tischen ganz und gar nicht, mußte ich sehr viele Bekanntschaften ablehnen; von Akademiemitgliedern war ich besonders enttäuscht, blieb auch in seinem Fall sehr mißtrauisch und suchte Schafarewitsch nur für eine halbe Stunde auf. Das Massive, das Gründliche an diesem Mann, das sich nicht nur in seiner Erscheinung, sondern in der gesamten Lebensweise manifestierte, fielen mir sofort auf und machte ihn mir sympathisch. Aber bei unserem ersten Gespräch war nichts Vernünftiges herausgekommen, zum Teil war das ein komischer Zufall: auf seinem Tisch lagen Farbaufnahmen von der Adria (er hatte dort beruflich zu tun gehabt), und er zeigte sie mir. Das war für ihn durchaus nicht typisch, man könnte sich kaum etwas vorstellen, was ihm weniger gelegen hätte. Aber ich dachte damals: man verwöhnt ihn mit Dienstreisen ins Ausland (in Wirklichkeit war es umgekehrt!), solche Menschen sind verloren und können nicht handeln. Ich sagte zu ihm: »So viele Akademiemitglieder ich auch kennengelernt habe, sie alle lieben ein interessantes und sogar mutiges Gespräch, aber wenn es zum Handeln und Kämpfen kommt, ist niemand da.« Und ich ging. Auf den ersten Blick hatte sich nichts gezeigt, was uns hätte zusammenbringen können. Das kam erst später. Bereits nach der dritten Begegnung zeichnete sich unsere gemeinsame Arbeit ab. Jenes Jahr was das turbulenteste der »Demokratischen Bewegung«, und es erinnerte schon damals gefährlich an die Jahre von 1900 und 1910: nur Negation, nur der Ruf nach Freiheit, aber davon, was weiter werden sollte, davon hatte niemand eine verantwortliche Vorstellung, verantwortlich gegenüber unserem unglücklichen Land – damit alles nicht bloß auf die Wiederholung eines marktschreierischen Experiments hinausläuft oder auf eine neue Autopsie, gleichgültig, ob das Land es überlebt oder nicht.

Wir alle sind aus warmem Fleisch, niemand ist aus Eisen, und keinem einzigen fallen die ersten (besonders die ersten) Versuche leicht, angesichts einer Gefahr standzuhalten oder später zum Opfer bereit zu sein. Wir haben in Rußland rund zweitausend Menschen von Weltruf, und mancher hatte einen viel tönenderen Namen als Schafarewitsch (die Mathematiker sind auf der Erde nicht gerade dichtgesät), aber ihrem staatsbürgerlichen Bewußtsein nach sind sie alle Nullen, weil sie feige sind, und höchstens zehn von ihnen fingen bei Null an und wuchsen empor wie ein Baum. Einer von ihnen war Schafarewitsch. Es wurde mir zuteil, wenn auch nicht ständig und nicht in allen Details, dieses lautlose Wachsen des staatsbürgerlichen Bewußtseins in ihm zu beobachten. Er richtete sich aus der üblichen geduckten Haltung auf und trat auch Sacharows »Komitee der Menschenrechte« bei: nicht, weil er von dessen Effektivität überzeugt war, sondern weil er sich schämte, daß niemand sonst beitreten wollte, und weil er es sich nie verzeihen würde, wenn er nicht mitgehofen hätte.

Die Hinwendung zum staatsbürgerlichen Engagement verlangt von einem Menschen, der nicht von den Geisteswissenschaften her kommt, nicht bloß größeren Mut, sondern auch eine Veränderung des gesamten Bewußtseins (in reifem Alter), des Blickpunkts, und bedeutet eine neue Fachrichtung, eine gedankliche Auseinandersetzung auf einem Gebiet, das von den anderen vernachlässigt wurde (wobei der eigentliche Beruf entweder fallengelassen wird, was schon vorgekommen ist, oder *nicht fallengelassen* wird, wie im Fall des über doppelte Reserven verfügenden Schafarewitsch, der bis auf den heutigen Tag ein lebendiger, aktiver Mathematiker von Weltrang geblieben ist). Wenn ein solches Interesse oberflächlich bleibt, entsteht nichts als Dilettantismus, aber im Fall des Gelingens werden wir Zeugen einer starken, frischen Leistung von ursprünglicher Intelligenz: Solche Menschen sind nicht mit Vorurteilen vollgestopft, die zu Parolen gemacht werden, sie sind in der Lage, Gewichtiges vom Spreu zu trennen. (Diese seine zweite Fachrichtung eröffnete sich Igor Rostislawowitsch durch einen privaten Anlaß: er setzte bei der Musik an, und zwar – das wiederum das Naheliegendste war – bei dem genialen, tragischen Schostakowitsch, der sich in so kläglicher Weise treiben ließ, aber für Schafarewitsch seit je große Anziehungskraft besaß. Er versuchte sich klarzumachen, wie Schostakowitsch unsere Seelen vorfindet und was er ihnen verspricht, eine solche Untersuchung schien naheliegend, aber niemand unter den sowjetischen Musikwissenschaftlern nahm sie in Angriff. Es bestand selbstverständlich keine Möglichkeit, diesen Artikel erscheinen zu lassen – bis auf den heutigen Tag. Die Untersuchung über Schostakowitsch führte Igor Rostislawowitsch zu einer sich von selbst ergebenden Erweiterung: zu einer allgemeinen Charakterisierung der geistigen Situation der Welt als einer Krise der Areligiosität, als einer Schwelle zu einer neuen geistigen Ära.)

So habe ich drei bedeutende Namen genannt, die in diesen *literarischen Skizzen* Eingang gefunden haben, Persönlichkeiten, die unsere staatsbürgerliche Geschichte gemacht haben oder machen. Es ist bemerkenswert, daß von ihnen nur Twardowskij Geisteswissenschaftler war. Sacharow ist Physiker, Schafarewitsch Mathematiker, und diese beiden haben sich nur deshalb einer ihnen scheinbar fremden Aufgabe zugewandt, weil niemand sonst im ganzen russischen Lande das tun wollte. (Auch in meinem Fall muß ich anmerken, daß ich von meiner Ausbildung her kein Literat bin, sondern Mathematiker, daß ich alle meine Heimsuchungen nur dank der Mathematik überstanden habe und ohne sie nicht heil durchgekommen wäre. So sind eben die Bedingungen in der Sowjetunion.)

Außerdem ist Schafarewitsch mit einer sinnenhaften, inneren, alle seine Adern durchdringenden Verbindung mit der russischen Erde und der russischen Geschichte geboren. Seine Liebe zu Rußland ist sogar eifersüchtig, vielleicht als Sühne für die früheren Sünden unserer Generation? Und er suchte unermüdlich nach einem Weg, auf dem er sich mit Kopf und Händen für seine Liebe einsetzen könnte. Unter den heutigen sowjetischen Intellektuellen habe ich fast niemanden getroffen, der sich mit ihm vergleichen ließe in der Bereitschaft, lieber in der Heimat zu sterben und lieber für die Heimat zu sterben als sich in den Westen zu retten, an Kraft und Stetigkeit der Überzeugung: »Hinter dem Meer ist es lustig, aber es ist fremd, und bei uns ist Kummer, aber unser eigener.«

Während wir zwei Jahre hindurch unseren Sammelband *Stimmen aus dem Untergrund* immer wieder diskutierten, ebenfalls das Material, das sich um ihn sammelte, waren wir – Schafarewitsch und ich – gezwungen, entsprechend den Gegebenheiten in der Sowjetunion, alles irgendwo im Freien zu besprechen. Deshalb machten wir lange gemeinsame Spaziergänge – in der Gegend von Schukowka, über die unvergleichlichen Hügel in der Nähe von Roschdestwo (an der Grenze der Gebiete Moskau und Kaluga), und einmal (auf dem Höhepunkt des Begegnungsgefechts, am 31. August 1973, kurz bevor ich von dem Raub des *Archipel* erfuhr) in der Nähe des Dorfes Serednikowo mit seinen verstreuten Häusern, dem traurigen Brachland (heruntergewirtschaftet während der Kollektivierung, niedergebrannt im Krieg, hat es sich nicht wieder erholt), mit seiner wunderschönen kleinen Kirche aus den Zeiten Alexejs und dem Friedhof. Wir überquerten ein kleines, klares Flüßchen in dem sanft gewundenen Tal zwischen Ligatschowo und Serednikowo, und blieben auf der winzigen, altersgrauen Holzbrücke stehen, über die die Kirchgängerinnen tagaus, tagein auf die Anhöhe hinübergehen und zur Kirche hinaufsteigen, schauten in das strömende klare Wasser zwischen den Gräsern und Sträuchern, und ich sagte:

»Und wie wird man daran zurückdenken . . . wenn . . . wenn man nicht mehr in Rußland ist . . .!«

Schafarewitsch, immer beherrscht, immer vermeidend, seinen Gefühlen Ausdruck zu verleihen, aus Angst, es könnte übertrieben wirken, antwortete, und mit seiner Antwort kam sein ganzes Inneres zum Vorschein, wie bei einem Fisch, dessen Eingeweide zusammen mit dem Angelhaken herausgezogen werden: »Aber es ist ja UNMÖGLICH, nicht in Rußland zu leben!« Und dies »Unmöglich« sprach er so aus – als wäre es *dort* weder Luft noch Wasser.

Mit der Frische eines unvoreingenommenen, klaren Geistes

packte Schafarewitsch auch das Problem des Sozialismus an, mit einer Freiheit und Ironie, die in der westlichen, heute von *links* hypnotisierten Welt unerreichbar ist. In den Sammelband konnte nur ein nicht allzu umfangreicher Artikel aufgenommen werden, Schafarewitsch begann inzwischen an einem Buch, einem ausführlichen historischen Überblick von Babylon über Platon, über den Inkastaat bis zu Saint-Simon und Marx zu arbeiten, denn er hatte nur wenig Hoffnung, daß er später, nach der Veröffentlichung der *Stimmen* weiter Zugang zu den Quellen haben würde.

Die letzte Fassung dieses Buches lag schon einige Wochen bei mir, ich sollte sie lesen, aber ich war nie dazu gekommen, und schließlich merkte ich, daß ich einen sehr blassen Durchschlag bekommen hatte und bat ihn um einen kräftigeren. Am 12. Februar, etwa gegen vier Uhr nachmittags, brachte Igor mir ein anderes Exemplar, ließ seine Aktentasche in der Wohnung stehen und kam zu mir in den Hof hinunter. Und hier, mitten am hellichten Tag, scharf beobachtet und vermutlich belauscht (vielleicht auch nicht? Wie viele solcher hochwichtigen Unterhaltungen hatten an Abenden in unserem Hof stattgefunden – und hätten die Tagediebe vom KGB uns auch nur einmal belauscht, hätten sie gewiß etwas unternommen, um den Band abzufangen und zu stoppen?), besprachen wir den Stand unseres Sammelbandes, wobei wir die Richtung, in der wir redeten (wegen der Laser), häufig wechselten. Wir wurden dabei nicht gestört und brauchten nur noch die Exemplare auszutauschen. Dafür mußte ich in die Wohnung hinaufgehen. Ich überließ für einen Moment den Kleinen der Obhut des Ältesten und stieg mit Igor in die Wohnung hinauf. Igor verstaute in seiner großen, bereits prall gefüllten Aktentasche außer seinem *Sozialismus* auch noch meine beiden kürzlich abgeschlossenen Artikel für den Sammelband, als die Wohnungsklingel ging. Meine Frau legte die Kette vor, öffnete, kam zurück und sagte: »Wieder die Staatsanwaltschaft, jetzt sind es zwei. Es ist wieder dieselbe Vorladung, da muß noch etwas geklärt werden.« Es war bereits gegen fünf, die Dienstzeit war zu Ende. Irgendwas geklärt werden? Der Tag war so beruhigend verlaufen, unsere Aufregung hatte sich bereits gelegt. Irgend etwas geklärt werden? Na, dann wollen wir zusammen an die Tür gehen und aufmachen. Ich warf die Briefe aus dem Ausland, die ich immer noch nicht gelesen hatte, achtlos auf den Schreibtisch und ging zur Wohnungstür, durch den kleinen Korridor, der von meinem Arbeitszimmer in den Flur mit dem Kinderwagen führte. Und keine Stimme in meinem Inneren warnte mich, die Spannung hatte nachgelassen! Um die Tür zu öffnen, mußte sie vorher geschlossen und die Vorlegekette abgenommen werden, meine Frau wollte die Tür schließen – aber das ging nicht. Aha, der alte Trick: sie schieben den Fuß in die Tür, damit man sie nicht zumachen kann. »Der alte Trick!« schimpfe ich laut – aber wo blieb die alte Reaktionsfähigkeit des Häftlings? – Wie konnte man angesichts dieses *Fußes* – wie konnte man nur die Lage falsch einschätzen und öffnen? Man läßt sich gehen, man verlernt. Und dabei hatten Alja und ich alles mögliche abgesprochen und geplant: sollten sie zu einer Hausdurchsuchung kommen – wie wollen wir uns verhalten? Wir müssen ihr zahlenmäßiges Übergewicht vermeiden, wir dürfen nicht mehr Männer hereinlassen als Erwachsene in der Wohnung sind (sie können bei einer Hausdurchsuchung jede Fälschung einschmuggeln, und man kann es nicht kontrollieren), wir müssen uns bemühen, solange die Telefonleitung noch nicht durchschnitten ist, möglichst viele Freunde anzurufen und sie in Kenntnis setzen. Aber heute waren es ja nur zwei, und die kamen ja nur, um etwas zu *klären* . . . Und so berauben wir uns selbst der Möglichkeit, die Sache in die Länge zu ziehen, zu überlegen – das heißt, wir unterwerfen uns *ihren* Spielregeln, genauso, wie ich es selbst im *Archipel* beschrieben habe – und nun unterwerfe ich mich von neuem. Wie lang müssen wir, Menschenskinder, geprügelt und verdroschen werden, bis wir endlich zur Vernunft kommen? Aber in den vergangenen Tagen hatten wir doch die Boten hereingelassen – nichts! Wenn ich geistesgegenwärtig gewesen wäre und nicht geöffnet hätte – bestimmt hätten sie die Tür aufgebrochen. Aber dann hätten sie vorher noch mehrmals klingeln und klopfen müssen. Und Brechstangen holen. Im Treppenhaus ist immer Bewegung, also hätten sie entweder die Tür vor aller Augen aufbrechen oder das Treppenhaus sperren müssen, was auch auffällig gewesen wäre. Wir hätten uns vielleicht nur zehn Minuten länger halten, aber wir hätten uns in der Situation zurechtfinden, das eine oder andere verbrennen, uns absprechen, einander Instruktionen geben können . . . Das war ein ziemlich schwacher Anfang: einfach aufmachen. (Ach, es war ja alles ganz anders, wie sich später, schon in meiner Abwesenheit, herausstellte: während meine Frau mich holte, hatten die KGB-Männer das Sicherheitsschloß beschädigt, arretiert, und die Tür LIESS SICH NICHT MEHR ABSCHLIESSEN! Wenn wir beabsichtigten, sie nicht hereinzulassen, hätten wir die Tür gar nicht erst aufmachen dürfen! Aber woher sollten wir das wissen? Wir hatten ja auch keinen Spion in der Tür ... Und dabei hatten wir geglaubt, einer Belagerung standhalten zu können.)

Der erste, der zweite traten noch auf die übliche Weise ein, aber sofort drängten andere aus der dunklen Ecke des Treppenhauses nach und schoben die Vorderen weiter – und ehe wir uns besinnen konnten (was hat dir eigentlich deine achtjährige Schulung genutzt, du Trottel?), waren sie drin, in dichter Reihe, zwischen Kinderwagen, Garderobe, Telefontischchen, und drängten uns, meine Frau und mich, drängten uns immer weiter zurück, einige in Zivil, andere in Milizuniform, nicht ein einziger klein oder schmächtig – acht Mann hoch!

Ich brüllte etwas Sinnloses, immer wieder: »Aha, da seid ihr ja! ... So macht ihr das also?! ...« Wahrscheinlich klang es hilflos und wütend. Und ein Korpulenter, Schwarzhaariger, in einem prächtigen Pelz, mimte die Respektsperson; er schlug eine Mappe auf, in der üblicherweise Auszeichnungsurkunden des sozialistischen Wettbewerbs aufbewahrt werden, heute aber ein großes, weißes, nicht gefaltetes und mit Siegeln versehenes Papier lag: »Oberjustizrat Swerjew! ZWANGSVORFÜHRUNG!« Und drückte mir den Füller in die Hand, zum Unterschreiben. Selbstverständlich lehnte ich ab.

Jetzt ist sie da, diese versengende Plötzlichkeit, die wie eine Flamme an dir hochschlägt, und dir für einen Augenblick den Verstand und das Gedächtnis nimmt – wozu bist du denn überhaupt trainiert worden, du Dummkopf!? Wo bleibt denn deine vielgerühmte Häftlings- und Wolfsart? ZWANGSVORFÜHRUNG? Dem Versengten scheint jetzt alles ganz einfach: klar, ich bin doch der Vorladung nicht nachgekommen, und nun holen sie mich mit der Miliz. Die Zeit ist unanfechtbar, das Verfahren ist unanfechtbar. ZWANGSVORFÜHRUNG? Ich muß nachgeben (spreche ich laut vor mich hin), schon zwischen ihnen eingezwängt, schon zum Ausgang abgedrängt. Soll ich mich mit diesen acht in ein Handgemenge einlassen? Nein. Zwangsvorführung? Eine klare Sache, das kann man akzeptieren, ich gehe kurz hin und bin sofort wieder da, die Staatsanwaltschaft ist gleich in der Nähe. Nein, so klar ist das nicht: ich gehe wie ins Gefängnis, ich gehe, wie wir es uns vorgestellt haben. (»Aber machen Sie doch kein Theater«, schreien sie, »er kommt doch gleich zurück!«) Ich will das Gefängnissäckchen aus meinem Arbeitszimmer holen, ich will hinein – zwei drängen nach, treten meiner Frau auf die Füße, ich verlange, daß sie zurückbleiben – nein! (Im Hintergrund, finster wie eine Gewitterwolke, Schafarewitsch, ein regloses Monument, in der Hand die pralle Aktentasche mit Algebra und Sozialismus.) Schon sind wir in meinem Arbeitszimmer, ich will das Säckchen holen, die folgen mir auf dem Fuß, ein stämmiger Hauptmann im Milizmantel trampelt ungeniert durch mein Zimmer, den innersten Ort, den nur die Nächsten betreten durften, aber – ich bin wie versengt! – Es fällt mir nicht auf, ich weiß es nicht mehr, ich sehe es nicht, daß auf dem Tisch die konspirative Post herumliegt, offen verstreut, er braucht nur die Hand auszustrecken. Ich müßte ihn aus dem Arbeitszimmer rausschmeißen. (Er weicht nicht einen Augenblick, er folgt mir auf den Fersen, als wäre ich verhaftet, er hat ja auch eine Aufgabe – ich darf nicht aus dem Fenster springen, mir die Kehle durchschneiden, mit dem Kopf gegen die Wand rennen, mich aufhängen, er interessiert sich im Moment nicht für meinen Tisch.) »Haben Sie eigentlich – jetzt fällt es mir ein – einen Durchsuchungsbefehl?« Sie antworten: »Nein.« »Ach so? Dann aber raus!« schreit meine Frau. Es prallt von ihnen ab, als wären sie von Stein. Ah, und das Säckchen ist ja noch immer nicht vorbereitet! Ich habe ein anderes – aus der Schulzeit für die Gummiüberschuhe, jetzt ist es mit Papieren gefüllt, die ich mitnehme, um sie außerhalb der Stadt zu verbrennen, das heißt, es sind die allerwichtigsten Papiere, und nun sind sie immer noch nicht verbrannt, und es kommt noch schlimmer: ich leere das Säckchen aus, die Papiere bleiben auf dem Stuhl liegen, und meine Frau verstaut in dem Säckchen die bereitliegenden Sachen für das Gefängnis. Aber auch die KGB-Männer sind wie versengt (oder ebenso ohne Rechte?): sie interessieren sich überhaupt nicht für die Papiere, nur für meine Sicherheit und Unversehrtheit. Ich nehme das Säckchen, ich gehe zurück, wir alle gehen durch den klei-

nen Korridor zurück, wir stoßen uns – ich will nicht zögern, ich *beeile* mich sogar – wie merkwürdig, warum beeile ich mich eigentlich? Jetzt müßte man die Sache in die Länge ziehen – sich hinsetzen, eine halbe Stunde zu Mittag essen, mit der Familie verschiedene praktische Dinge besprechen! Solche Szene wäre mir gelungen, ich verstehe mich darauf! Warum habe ich das Tempo der KGB-Männer übernommen? Aha, das ist der Grund: ich will sie schneller hier raus haben (ich bin wie versengt: wenn ich gehe – gehen sie auch, und dann ist die Wohnung wieder frei). Mein einziger Gedanke: die alten Kleider anziehen, die für das Gefängnis geeignet sind, so wie ich es mir vorgenommen hatte, die alte Mütze, den Schafspelz aus der Verbannungszeit. Die Männer drücken mir meine Pelzjacke in die Hand – »Hier ist Ihre Jacke, ziehen Sie die an!« – Nee, so dumm bin ich nicht, das werdet ihr mir nicht weismachen: ich muß doch etwas haben, um auf dem Zementboden liegen zu können! Aber ich verabschiede mich von niemandem, so eilig habe ich es! (Komme ich bald wieder?) – nur von meiner Frau, nur von meiner Frau, und das schon an der Tür, von den Männern umringt, wie in einem überfüllten Bus, wir küssen uns – nehmen Abschied, nun ohne uns zu beeilen, mit dem erwachenden Bewußtsein, daß es vielleicht für immer sein wird. Also – noch einmal zurück? Noch einige Verfügungen treffen? Dann also doch noch zögern, bremsen, so lange es geht? – Nein, ich bin wie versengt! (Und das alles wegen der ersten Fehlleistung, weil ich so blöde war und die Tür aufgemacht habe und jetzt wie auf glühenden Kohlen stehe, bis die Wohnung leer ist, bis sie mit mir gegangen sind; ich bin wie versengt, und ich verwechsele es: wer führt wen ab?)
Langsam schlage ich das Kreuz über meiner Frau und sie über mich. Die Männer zögern verlegen.
»Paß auf die Kinder auf.«
Und danach drehe ich mich nicht mehr um, und dann die Treppe, ohne auf die Stufen zu achten. Alles wie erwartet: unten, dicht vor der Eingangstür, ein Wagen. (Er parkt auf dem Gehweg, damit ich kaum einen Schritt zu gehen habe, ausländische Korrespondenten sind gerade nicht da.) Natürlich ist der Schlag geöffnet, wie es bei ihnen üblich ist. Warum soll ich mich jetzt wehren, ich habe ja *schon einmal nachgegeben*, und so setze ich mich in die Mitte auf den hinteren

Sitz. Zwei setzen sich neben mich, einer rechts und einer links von mir, schlagen die Türen zu, der Chauffeur und der Beifahrer sitzen schon drin – wir fahren los. Im Spiegel sehe ich, ein zweites Auto folgt uns, ebenfalls voll besetzt. Vier in meinem Auto, vier andere im zweiten – ich habe also alle acht mitgenommen, ist nun alles in Ordnung? (Ich bin wie versengt und kann nicht kombinieren: der Chauffeur, der Beifahrer und offenbar auch die Bewacher links und rechts sind neue Gesichter, wo sind meine acht geblieben?) Wie kommt es, daß man so lange fährt, es lohnt sich gar nicht, wenn man durch das hintere Tor gegangen wäre, wäre man zu Fuß schneller da. Jetzt müssen wir in die Puschkinskaja, aber die Puschkinskaja ist Einbahnstraße, also müssen wir hinauf, über die Petrowka. Jetzt kommt der Strastnoj-Boulevard. Gestern haben wir uns hier überlegt: *sollte es so kommen* – was dann? Gestern hatte der Frost noch nicht ganz nachgelassen, aber jetzt ist es matschig, der Scheibenwischer geht hin und her – und ich sehe, daß wir uns links einordnen: wir biegen nicht nach unten, zur Staatsanwaltschaft, ab, sondern nach oben – zum Sadowyj-Ring.

»Ach, so-o-o ist das . . .« – sage ich. (Als hätte ich etwas anderes erwartet, wenn schon Gefängnis, dann ist es eigentlich gleich, welches. Ich war wie versengt, daher der Fehlschluß. Aber nun ist das vorbei, ich bin wieder kühl, einzig durch diese Linkskurve vor dem Petrowskij-Tor). Ich nehme die Mütze ab (beide Bewacher zucken zusammen), lege sie auf die Knie. Die Ruhe senkt sich über mich, sie kehrt zurück. Wie ich einmal selbst geschrieben habe, nach meiner ersten Verhaftung:

> Auf meinen Leib, auf meine Knochen
> Senkt sich Ruhe nun herab,
> Die Ruhe jener, die zum Beil man führt.

Plötzlich habe ich das Bedürfnis, mit zwei Fingern die Kehle zu berühren und sie ein bißchen zu massieren. Der rechte Bewacher, schnell und nervös:

»Lassen Sie die Hand unten!«

Ich – wieder im Vollbesitz gesegneter Bedächtigkeit:

»Ich kenne die Vorschriften. Ich führe nichts zum Schneiden und Stechen bei mir.«

Ich massiere die Kehle. Aus irgendeinem Grunde ist das außerordentlich hilfreich. Wieder der Rechte (der Linke schweigt, einer von den beiden Räubern zur Seite ist immer böser als der andere): »Lassen Sie die Hand unten!« (Haben sie Angst, ich könnte mich selbst erwürgen?)

Ich massiere weiter:

»Ich kenne die Vorschriften.«

Über den Sadowyj-Ring – rechts. Wahrscheinlich nach Lefortowo. Ich vervollständige meine Sammlung: dort war ich schon als Besucher, aber noch nie in der Zelle.

Und so einfach ist das Ende: das Kalb rannte immer wieder gegen die Eiche an. Der Liliputaner behauptete sich immer wieder gegen den Leviathan. Die Weltpresse brachte Schlagzeilen: »Der einzige Russe, vor dem das Regime Respekt hat! ... Er untergräbt den Marxismus und bewegt sich ungehindert im Zentrum von Moskau!« Und nur zwei PKWs genügten, mit acht Mann, und eigentlich war das schon zu viel.

Ich hatte meine Ruhe wiedergefunden – und beging den zweiten Fehler: ich zweifelte nicht daran, daß ich verhaftet war. Ich hatte ihnen eine solche Entschlossenheit, eine solche Kühnheit nicht zugetraut, ich hatte sie unterschätzt – und nun? Sie waren stark, zugegeben. Ich hatte immer schon mit der Verhaftung gerechnet, ich war nicht überrascht, nun nähert sich die Angelegenheit ihrem Abschluß.

(Und meine Frau stürzte, sobald wir uns losgelassen hatten, ohne abzuwarten, bis die Männer, die sich im Flur drängten, gegangen waren, in das Arbeitszimmer und raffte von meinem und ihrem Schreibtisch das Allergefährlichste zusammen. Unersetzliches versteckte sie am eigenen Körper, alles andere, weniger Wichtige, verbrannte sie auf einem Tablett aus Metall, das in meinem Arbeitszimmer extra für das tägliche Verbrennen der »geschriebenen Gespräche« stand. Sie stürzte zum Telefon – abgeschaltet, damit hatten wir natürlich gerechnet. Aber warum kommt niemand von der Familie? Man hört keine Stimmen, keine Schritte, die Wohnung ist stumm, was ist eigentlich geschehen? Sie vergewisserte sich, ob alles Versteckte sicher war, trat in den Flur und sah: von den acht waren zwei geblieben: der Hauptmann – ein Rausschmeißer in Milizuniform – und jener erste, verlegene »Bote«. Aha, sie warten auf Verstärkung, um das Haus zu durchsuchen. Die Kinder! Zwei waren immer noch im Hof, aber die Frauen durften sie nicht holen, nicht hinuntergehen, um unsere Kräfte hier nicht zu schwächen. Sie stürzte zurück in das Arbeitszimmer, nachdem sie Igor Rostislawowitsch ein Zeichen gegeben hatte, die Tür zu bewachen. Und er stellte sich breitbeinig hin und versperrte die Tür, seine beinahe ein Pud schwere Aktentasche immer noch in der Hand. Und dann ging es an ein zweites Aussortieren von Papieren, diesmal systematischer, aber immer noch in Windeseile. Manches ist zum Verbrennen zu schade, aber wenn man es in einem solchen Augenblick nicht verbrennt, wird man später mit den Zähnen knirschen. Einiges kann blattweise auf die Bücher verteilt werden, und selbst wenn sie es finden, können sie es schwerlich zusammenbringen. Das Arbeitszimmer ist voller Qualm, er kann durch das Klappfenster nicht abziehen, natürlich dringt der Rauch auch in den Flur, sie müssen es riechen, aber sie kommen nicht! . . . Keine Verzweiflung, keine Erregung, keine Niedergeschlagenheit, die Augen bleiben trocken – nur ruhige, stille Wut: meine Frau sortiert, ordnet und verbrennt mit einer Geschwindigkeit, die unter normalen Umständen unmöglich wäre. Und wieviel Material liegt immer noch herum – und alles handschriftlich, von den verschiedensten Menschen! Und der ganze Roman, sämtliche Entwürfe – Berge von Umschlägen und Mappen – bis zur Hausdurchsuchung nicht wegzuräumen! Sie trat in den Flur hinaus, aber *sie* waren weg: sie hatten die ganze Zeit auf die Uhr gesehen. Nachdem zwanzig Minuten vergangen waren, sagte der eine: »Wollen wir gehen?« Und der andere: »Noch ein paar Minuten.« Dann waren sie ohne ein Wort gegangen. Zweiundzwanzig Minuten? Es konnte weder die Staatsanwaltschaft, noch die Ljubjanka sein . . . Lefortowo? Jetzt erst stellte sich heraus, daß die Tür nicht mehr abzuschließen war, das Schloß war kaputt, der anderthalbjährige Ignat kroch auf den Treppenabsatz hinaus. Nun gingen sie hinunter, um die beiden anderen Buben zu holen, und erfuhren: der Hof war von Miliz besetzt gewesen. Rechneten sie mit Widerstand? Mit einer Einmischung von außen? ... Meine Frau wählte eine Telefonnummer nach der anderen, obwohl es aussichtslos schien. In der Leitung nicht die Wattebausch-Stille, sondern jemand dazwischengeschaltet (wollte man vielleicht feststellen, welche Nummern gewählt wurden?): Amtszeichen, normales Wählen, dann plötzlich Störung und wieder langes Tuten. Aber man durfte nicht aufgeben: SIE HABEN IHN GEHOLT, UND NIEMAND WEISS ES! Und meine Frau wählte immer weiter. Stjopka wurde hereingerollt. Jetzt mußte Jermolaj aus dem Kindergarten geholt werden, vielleicht kann man unterwegs vom Automaten aus irgendeinen Korrespondenten anrufen. Aber plötzlich – was für ein Zufall! – wurde die Leitung nicht mehr unterbrochen, und Alja hatte Zeit, Irina Scholkowskoja atemlos zuzurufen: »Paß auf, vor einer halben Stunde wurde Alexandr Issajewitsch mit Gewalt aus dem Haus geholt, acht KGB-Männer mit Zwangsvorführungs-Befehl, mach schnell!« Sie legte auf und wählte sofort die nächste Nummer! Aus irgendeinem Grunde hatte sie mit noch zwei weiteren Anrufen Glück. Dann funktionierte das Störsystem weitere anderthalb Stunden. Aber auch diese drei hatten genügt – nun wurde in ganz Moskau angerufen.)

Die wohlbekannten Zugänge von Lefortowo. (Auf meinem Zenit, als Kandidat für den Leninpreis, war ich hierher gekommen, um Lefortowo von außen kennenzulernen, so etwas kann niemals schaden.) Das wohlbekannte Schiebetor, der Hof, die Reihe von Besuchszimmern. Bis wir ankamen, war es bereits dunkel geworden, die Scheinwerfer reichten für den Hof nicht aus, dort standen ein paar Offiziere, die auf mich warteten. Ohne falsche Bescheidenheit: es war ein durchaus nicht alltäglicher Moment in der Geschichte von Lefortowo, und ich hätte mich nicht gewundert, wenn auch jemand von der Partei sich eingefunden hätte, um dabei zu sein und zu beobachten. Das wäre verständlich, ich habe ja so laut gekläfft, so laut gedroht und bin nun eingesperrt. Wie Pugatschow zu Katharinas Zeiten – hier ist er, endlich haben wir ihn!

Kommandos wie bei einer Schlacht: das Auto wird eingewiesen, eine Kette von etwa zehn Menschen kreist es ein, sie kommen auf das Auto zugelaufen, sie deuten, welche Wagentür geöffnet und welche nicht geöffnet werden soll, und in welcher Reihenfolge wir aus dem Auto steigen müssen. Ich sitze ruhig da, es ist weich, es ist warm, besser werde ich es nicht kriegen. »Steigen Sie aus!« – in Richtung auf die Gefängnisstufen.

Und ohne vorher überlegt zu haben, eine augenblickliche Eingebung: wie soll ich jetzt so aussteigen, daß ich sie beleidigen und ärgern kann? Ich hatte ja mein Säckchen für die Überschuhe, es ist dunkel, mit einem langen Band zum Zuziehen, wie sie in den Schulgarderoben zu hängen pflegen, ich warf mir dieses Säckchen über die Schulter – und schon war es ein Bettelsack. Ich kletterte gemächlich aus dem Auto und ging in das Gefängnis – einige Schritte bis zu den Stufen, die Stufen hinauf, der Vorplatz – in einer abgeschabten runden Pelzmütze, in einer Pelzjacke, wie sie die Hirten in Kasachstan tragen (»Sie haben sich ja ausstaffiert wie zum Angeln«, wie später Maljarow sehr treffend sagen wird), ging, bedächtig und fest auftretend, den Bettelsack mit Almosen über der Schulter – wie in meinen eigenen Unterschlupf, als wären sie alle gar nicht da.

Die Amtszimmer der Untersuchungsrichter sind alle verlegt, jetzt haben sie hier die Boxen zum Filzen eingerichtet: nackter Stein, kahler Tisch, zwei kahle Bänke und eine jämmerliche Birne unter der Decke. Auf der Bank saßen zwei ziemlich unansehnliche und mickrige Bäuerchen, ich dachte beim ersten Blick, es seien Häftlinge. (Aber später stellte sich heraus, es waren zwei Zeugen aus der Hausverwaltung des Nachbarblocks! Ein Beweis für den rechtmäßigen Verlauf des Verfahrens!...) Ich setzte mich ebenfalls, auf die andere Bank, und legte mein Säckchen neben mich.

Nein, damit hatte ich nicht gerechnet. Ehrlich gesagt – nein.

Die Entscheidung war gefallen.

»Es ist noch zu früh zum Schlafen, sprach der Fuchs in der Falle, aber man muß sich für die Nacht einrichten.«

Da trat schon ein ganz gewöhnlicher flinker Filzer ein, grau und ausdruckslos, und forderte mich munter auf, alle meine Sachen auf den Tisch zu legen. Das war die übliche Gefängnissitte, ganz schlicht, einleuchtend, sogar ehrlich und ohne Täuschung, so, daß ich mich, ohne zu zögern, unterwarf: Ordnung muß sein, wir sind mit dieser Ordnung aufgewachsen, wie könnte ein Häftling in ein Gefängnis aufgenommen werden, ohne vorher gefilzt zu werden, das wäre genauso unmöglich, wie sich zum Mittagessen zu setzen, ohne sich vorher die Hände zu waschen, oder ohne Löffel. Und so reichte ich ihm meine Mütze hin, Pelzjacke, Hemd, Hose und erwartete sie sofort zurück (inzwischen war noch ein Bursche aufgetaucht, zur Unterstützung, sie tasteten die Nähte ab, aber das machten sie meiner Meinung nach ziemlich flüchtig). Der Filzer trieb mich keineswegs zur Eile an, ich brauchte mich noch nicht nackt auszuziehen – bleiben Sie vorläufig so. Da trat ein geschniegelter Oberst mit ergrautem Haar und Hängebacken ein.

Als ich mir meinen künftigen Gefängnisaufenthalt ausgemalt hatte – das heißt, in der letzten Zeit, im Besitz meiner erkämpften Macht und Bedeutung, war ich fest davon überzeugt, daß nicht nur der Untersuchungsrichter nichts aus mir herausbekommen würde, nicht um den Preis des Lebens, daß ich nicht nur das Gericht nicht anerkennen, es von Anfang an ablehnen, während des ganzen Prozesses schweigen und nur in meinem Schlußwort sie verfluchen würde, sondern auch, daß ich mich niemals der üblichen Gefängnisordnung unserer politischen Gefängnisse unterwerfen würde. Habe ich doch selbst im *Archipel* beschrieben, wie die Jugend noch in den zwanziger Jahren die stolzen Traditionen der früheren russischen politischen Häftlinge verteidigt hatte: beim Eintreten des Gefängnisleiters sich nicht erheben usw. usw. . . . Und was hatte ich heute noch zu verlieren? Ich konnte es mir leisten, mich zu widersetzen! Wer könnte das besser als ich?

Aber kaum ging ich über die ersten hellen und sauberen (in ihrer Sauberkeit grausamen) Gefängniskorridore, kaum hatte ich mich in der ersten Box auf der ersten Bank niedergelassen und mich so selbstverständlich in das Filzen geschickt – so

selbstverständlich wie eine Kuh, die gemolken wird – da wurde ich unsicher: wo blieb meine Linie? Die Maschine begann zu arbeiten, ohne sich darum zu kümmern (oder tat so, als kümmere sie sich nicht darum), ob jemand eine bekannte oder unbekannte Person ist. Und ich – ich bin stark, wenn ich nach Herzenslust essen kann, spazierengehen, wenn ich so lange schlafen kann, wie ich will und von lauter kleinen Bequemlichkeiten umgeben bin: ein Kissen unter dem Kopf, ein Schutz für die Augen oder für die Ohren. Aber jetzt fehlt das alles, der Kopf glüht schon, der Blutdruck macht sich bemerkbar, und wenn ich außerdem gegenüber der Gefängnisleitung auf meine *Prinzipien pochen* würde – dann wäre mir im Handumdrehen Karzer, Kälte, Hunger, Feuchtigkeit, Radiculitis usw. usw. sicher – immerhin bin ich fünfundfünfzig, nicht mehr derselbe wie früher, wie mit siebenundzwanzig, Milch und Blut, Frontsoldat, der damals in der ersten Zelle gefragt wurde: Wo hast du Urlaub gemacht? Jetzt spürte ich ganz deutlich, daß meine Kräfte für einen Zweifrontenkrieg – gegen das Untersuchungsverfahren und gegen die Gefängnisleitung wahrscheinlich nicht reichen würden. Und daß es vielleicht vernünftig wäre, die Kräfte für die erste Front aufzusparen und an der zweiten sofort den Rückzug anzutreten, hol's der Teufel.
Und da kam dieser geschniegelte, verschlagene grauhaarige Oberst mit seinem Gefolge herein. Und fragte – sehr selbstsicher, aber nicht unfreundlich:
»Warum stehen Sie nicht auf? Ich bin der Leiter des Untersuchungsgefängnisses Lefortowo, Oberst Komarow.«
Früher hatte ich mir diese Szene auf verschiedene Weise ausgemalt, aber eigentlich immer in der Zelle (üblicherweise kommt ja die Gefängnisleitung zu dem Häftling in die Zelle). Zum Beispiel: ich sitze auf dem Bett und mache den Gegenvorschlag: »Nehmen Sie doch auch Platz.« Oder: »Im alten Rußland pflegten die Politischen sich vor der Gefängnisleitung nicht zu erheben, und ich sehe nicht ein, warum es im sowjetischen Rußland anders sein soll.« Oder irgend etwas über die eigenen unerschütterlichen Absichten. Oder sie unterlaufen und schon beim Rasseln des Schlüssels aufstehen, ruhig stehenbleiben, aber sich nicht vor ihnen erheben.
Aber hier, beim Filzen, fast nackt, überrascht, vor dem gesamten Gefolge, da höre ich die offizielle, für alle verpflich-

tende Aufforderung, aufzustehen und – bereits schon überzeugt, daß die Kräfte für Wichtigeres aufgespart werden müssen – erhebe mich langsam, abgewandt, widerwillig, wie aus
Rücksicht – aber ich erhebe mich.

Aber in Wirklichkeit – war das nicht das erste Zugeständnis?
Fängt man damit an, meinen Willen zu brechen? Wem von
denen da oben wurde bereits berichtet, daß ich mich den Gefängnisregeln unterworfen habe? War jemand da oben fähig,
dies zu würdigen und zu genießen? Es war sehr gut möglich,
daß sie beschlossen hatten, gleich am ersten Abend meinen
Willen zu brechen – warum sollten sie es dann nicht sofort
versuchen?

Nun ja – es folgen weitere Attacken und weitere Rückzieher:
ein Offizier füllt ein Formular aus und fragt mich nach Namen, Vornamen, Vatersnamen, Geburtsort – ist das nicht ein
Witz? Soll ich die Antwort verweigern? Aber ich weiß doch,
daß es immer so ist, ich weiß doch, daß es die Regel ist. Ich
beantwortete alles ordnungsgemäß. (Der nächste Schritt?) Eine
Ärztin, typisches Gefängnisweib. Klagen? Keine Klagen. (Soll
ich euch etwas zugeben: Blutdruck?) In Ordnung, Stethoskop,
bitte atmen, bitte nicht atmen, umdrehen, Arme heben. Soll
ich mich weigern, soll ich die Untersuchung ablehnen? Das
wäre töricht. Inzwischen haben sie schon alles durchgefilzt
und kommen dazu: Arme heben! (Nichts zu machen, ich habe
mich ja von Anfang an auf das Filzen eingelassen!) Umdrehen,
hinhocken . . . Es ist richtig: »Wenn man nicht um ein einzelnes
Haar kämpft – dann ist der Bart schnell ab.« Das ist seltsam,
das ist nicht üblich – ein zweiter Arzt kommt dazu, ein Mann,
nicht gerade ein intellektueller Typ, so ein Gefängnis-Iltis,
aber er geht sehr behutsam und aufmerksam vor: Erlauben Sie,
daß ich Sie ebenfalls untersuche? Puls, wieder das Stethoskop.
»Nun, denke ich, da gibt es nicht viel zu hören, der Herzschlag ist regelmäßig – so einen kann ich jedem wünschen, ich
bin völlig ruhig, ich fühle mich ganz wie bei meinen Penaten,
hier ist mir alles vertraut, nichts läßt mich zusammenfahren.)
Aber plötzlich holt dieser Halunke ein Blutdruckmeßgerät hervor: Sie erlauben? Soll ich etwa nicht erlauben, daß sie mir
den Blutdruck messen? Und jetzt wird meine schwache Seite
offenbar, ich schiele nach der Skala, ich zähle die Schläge –
160–170, das ist erst der Anfang, noch habe ich keine ein-

zige Gefängnisnacht hinter mir. Ja, ich werde es nicht mehr lange machen. »Haben Sie Schwierigkeiten mit dem Blutdruck?« Wie oft haben wir uns am Telefon über den Blutdruck unterhalten – und das KGB hörte mit – nicht verschlüsselt, worüber hätte man sich sonst noch am Telefon unterhalten können? – »Nein, nein.«

Ich habe mich vorschriftsmäßig verhalten – und sie? Sie geben mir meinen *Krempel* nicht zurück! Warum nicht? Für das Kreuz, das ich auf der Brust trage, und für die Uhr wird eine Quittung ausgestellt, das ist üblich. Um das Kreuz beginne ich zu feilschen, die erste Auseinandersetzung. »Ich brauche es in der Zelle!« Aber sie rücken es nicht heraus: Metall! Aber der ganze weiche Plunder, ohne ein Stückchen Eisen und ohne einen Haken, den sie Naht um Naht abgetastet hatten – warum bekomme ich das alles nicht zurück? Antwort: Das kommt erst in die Desinfektion. Aber hier ist die Liste, bitte, alles ist aufgeführt, bis zum selbstgemachten Augenschirm. Früher gab es so was nicht, aber vielleicht bin ich nicht mehr auf dem laufenden, was das moderne Gefängniswesen betrifft, warum sollte jetzt nicht auch desinfiziert werden? Ich zeige auf die Pelzjacke – »Ja nicht erhitzen!« – »Klar, wird nicht erhitzt!« Ich wunderte mich, aber ich schrieb das den neuen Sitten zu. Ich bekam ein ärmelloses Unterhemd, furchtbar grob und kratzig, das war ganz normal. Darüber eine schwarze Weste, das sah nach Gefängnis und Armenhaus aus, so was hätte man sich nie freiwillig gekauft. Und obendrein noch ein Anzug, ein richtiger Anzug, was weiß ich, ob er gut oder schlecht war, das war mir schon immer egal, und Halbschuhe (ohne Schnürsenkel), wahrscheinlich war das die neue Gefängniskluft? Bei uns in der Scharaschka war ja auch manchmal Maskerade, und man bekam einen Anzug. In einer oder zwei Stunden würde ich meine Klamotten ja wiederhaben. Dann gingen wir. Vor mir und hinter mir ein Bewacher, Gänge, Korridore, Ausweichstellen – es ist alles wie früher. Ich sehe es mir mit Interesse an, ich bin gespannt auf das amerikanische System der überhängenden Galerien, mir wurde viel über Lefortowo erzählt, und jetzt kann ich es selbst in Augenschein nehmen. Wir steigen zum zweiten Stockwerk hinauf. Aber zu sehen gab es nicht viel, sie hatten eine neue Idee gehabt: die im Treppenhaus zwischen den Stockwerken gespannten Netze sind mit grauen Stoffbahnen abgedeckt, und man kann nicht mehr von Stockwerk zu Stockwerk sehen. Das ganze wirkt wie ein düsterer, schweigender Zirkus in der Nacht, zwischen den Vorstellungen.

(Auf die Telefonanrufe hin versammelten sich fünf Personen auf der Puschkinskaja und bezogen Posten, mit Sacharow an der Spitze, vor der Generalstaatsanwaltschaft – teils um zu demonstrieren, teils um abzuwarten, ob ich nicht herauskäme. Und in unsere Wohnung kamen immer mehr Menschen, es war ja eine Art Ausnahmezustand, Nahe- und Fernerstehende, sie kamen zu zweit, zu dritt, zu fünft, und hinter jedem wurde die Kette vorgelegt, die Tür ließ sich noch nicht wieder schließen – ein Zeichen der geschehenen Katastrophe. Meine Frau hatte den ersten den Hergang erzählt, und die erzählten es den nächsten weiter, sie aber kehrte zu den Papieren zurück: oh, wieviel Papier gab es hier, jetzt erst fiel das auf, solange wir hier lebten, hatten wir das überhaupt nicht gemerkt. Und immer noch dieselbe Stimmung, dieselbe Mischung: kalte Wut und arbeitsame Selbstbeherrschung. Die Gedanken ziehen vorüber, als ginge es um jemand anderes, ohne Verzweiflung auszulösen: Was werden sie mit ihm machen? Werden sie ihn umbringen? Unmöglich! Aber auch eine Verhaftung schien unmöglich! Und nebenher andere, präzise Überlegungen: was soll man als nächstes tun? Wohin kommt dies oder jenes?)

Ich wollte mir die Nummer an der Zellentür merken, aber dann vergaß ich es, vielleicht war auch keine dran. Ich bin überzeugt, daß ich jetzt in eine Einzelzelle komme, der Größe nach, es ist auch eine Einzelzelle, aber mit drei Betten, zwei junge Burschen liegen da, sie paffen, alles ist voller Rauch. Damit hatte ich nicht gerechnet, warum komme ich nicht in eine Einzelzelle? Und auch das Rauchen: früher habe ich selbst geraucht, leidenschaftlich, aber jetzt dreht sich mir nach zehn Minuten der Kopf. Das beste wäre die harte Linie – schweigen. Aber ich halte mich an die weiche und erkläre: »Ich möchte in einer Einzelzelle untergebracht werden.« Der begleitende Oberstleutnant, höflich: er werde das melden. Überhaupt, alle sind sehr höflich. Ist das vielleicht der neue Stil? (Abgesehen davon, daß derselbe Oberstleutnant meine beiden Zellengenossen sofort angepfiffen hat.) Sie sind höflich – und ich bin ruhig, so ruhig, als hätte ich sie das ganze Vierteljahrhundert lang nicht verlassen und wäre restlos mit ihnen einig. (Übrigens: ich bin deshalb so mühelos ruhig, weil ich mich den Gefängnisregeln von vornherein unterworfen habe, sonst würden die kleinen Zusammenstöße mich aufreiben. Ich hatte es mir zwar nicht so vorgenommen, aber es hätte nicht besser kommen können: hier ist mein Körper, damit könnt ihr machen, was ihr wollt, aber meine Ruhe – daran werdet ihr euch die Zähne ausbeißen! Und wenn irgend jemand aus dem ZK sich erkundigen wird, in der Hoffnung, daß ich hier rase, verrückt spiele oder hysterisch werde – nicht die Spur! Ich habe nicht einmal die Stimme erhoben, das Tempo nicht beschleunigt, ich sitze auf dem Bett, so entspannt, als würde ich einnicken, und wenn ich in der Zelle auf- und abgehe, dann klingt mein Schritt tapp – tapp – gleichmäßig. Und *wenn sie* damit gerechnet haben, daß ich plötzlich zusammenbrechen, umfallen, betteln oder mich verhandlungsbereit zeigen würde, dann sind *ihre* Hoffnungen an meiner Ruhe zerschellt.)

Die Tür wurde abgeschlossen. Meine Jungens wirken irgendwie verloren. Wie ist das eigentlich mit dem Rauchen? Und warum ist das Fenster geschlossen? Ach, es ist ja kalt, hier wird schlecht geheizt, wir müssen uns mit den Mänteln zudecken und frieren trotzdem. Aber wenn ihr jetzt mit Rauchen fertig seid, wollen wir trotzdem lüften.

So, so. Es ist alles so, wie man mir erzählte, die Zellen haben sich nicht geändert: die graue, scheußliche Kloschüssel, aber wenigstens kein Kübel; Becher auf dem Tisch, aber die tanzen wenigstens nicht, weil aerodynamische Rohre in der Nachbarschaft brüllen und vibrieren, wie damals –, es ist still, das ist schon eine Gnade; die grelle Birne hinter einem Drahtnetz oben an der Decke; auf dem Regal – Schwarzbrot, es ist noch viel da, und dabei ist es bereits Abend. Der Spion in der Tür raschelt immer wieder, es ist also nicht bloß der Wachtposten draußen, sondern noch andere, die nacheinander reingucken wollen. Guckt nur, guckt, ihr habt mich gefangen. Aber paßt auf, daß der Bissen euch nicht im Halse steckenbleibt.

Ich beobachte mich selbst und stelle mit Befriedigung fest, daß ich mich in keiner Weise wie ein Neuling fühle. Ich kann meinen Zellengenossen meine volle Aufmerksamkeit widmen. (Neulinge pflegen sich ihrem eigenen Kummer zu überlassen.) Beide sind noch jung, der eine dunkelhaarig, sehr lebhaft, verschmitzt, aber er wirkt wie versengt, er sitzt erst seit einem Tag und ist noch nicht zur Besinnung gekommen; der andere blond, sitzt angeblich auch erst seit drei Tagen, er behauptet, nicht verhaftet, sondern nur vorläufig festgenommen zu sein, aber, falls er nicht krank ist, kann man an ihm deutliche Spuren einer langen Haftzeit bemerken – er ist träge, aufgeschwemmt, bleich, so sehen die Dauersitzer, die *Glucken* aus. Sie sind schon ganz vertraut miteinander, und wahrscheinlich hat der erste dem zweiten bereits alles erzählt ... Ich frage nicht: »Weswegen sitzt ihr?« – Ich frage: »Was wird euch vorgeworfen?« Devisenvergehen.*

Sie kannten das besondere Gefängnisvergnügen noch nicht – in der Zelle auf- und abzugehen. Es sind zwar nur vier Schritte –, aber immerhin. Das Schreiten, an dem ich mein Leben lang festgehalten habe, jetzt sollte es sich wieder bewähren. Langsam, ganz langsam, ich wäre gerne leiser aufgetreten, aber die fremden Stiefel klappern, als wären sie aus Holz. Und der Spion raschelt, er raschelt ununterbrochen, sie gucken und können sich nicht satt sehen.

Sie haben es also doch gewagt.

(Die Gruppe Sacharows, die auf der Straße vor der Generalstaatsanwaltschaft wartete, rief von Zeit zu Zeit an, alles sei ruhig, und man habe ihnen gesagt: »Einen Solschenizyn haben wir hier nicht.« Es kamen immer mehr Freunde, sie saßen in der langen, geräumigen Küche, jetzt kamen auch ausländische Korrespondenten – aber niemand mit einem Durchsuchungsbefehl. Sollte man darauf warten? Die Gedanken überstürzten sich: jetzt sofort das Archiv unter Freunden und Bekannten verteilen, sie werden es ver-

* Das ist für den Westen schwer zu verstehen: sie haben gegen das Gesetz verstoßen, weil sie Devisen nach dem tatsächlichen und nicht nach dem künstlichen sowjetischen Kurs gehandelt haben.

stecken, unter dem Hemd, auf der Brust, in Aktenmappen und Handtaschen? Aber vielleicht *wartet man nur darauf*? Und alle werden einzeln abgefangen, ins Auto gesteckt und ohne Durchsuchungsbefehl und Protokoll leibesvisitiert, und hinterher kann man nichts beweisen . . . [Aber vielleicht ist er gar nicht verhaftet?] Vielleicht kommt er noch zurück? Sie hatten doch gesagt – »In einer Stunde ist er wieder zurück.« Jetzt sind drei Stunden vorbei. Natürlich ist er verhaftet. Jemand hatte sich erboten, den dreijährigen Jermolaj mitzunehmen, damit dem Kind die schweren Eindrücke erspart bleiben. »Nein, er soll sich dran gewöhnen, er ist ein Solschenizyn.«)

Sie haben es gewagt. Ja, haben sie denn nicht begriffen, daß ich wie eines jener mit einem Sprengkörper versehenen Fahrräder bin, wie sie die Deutschen für uns mitten auf die Straße gelegt haben: da lag es, vor aller Augen, jeder konnte es haben, man brauchte sich nur zu bücken und es aufzuheben – und schon waren ein paar von unseren Männern hinüber. Alles ist ja schon längst im Westen, alles ist startbereit. Jetzt wird automatisch mein ganzes Programm anlaufen: mein Testament – zwei weitere Bände des *Archipel, Eiche und Kalb* mit dem dritten Nachtrag, das Drehbuch und der Film, die *Ostpreußischen Nächte,* das *Festmahl der Sieger,* die *Dekabristen,* die *Chaussee der Enthusiasten,* der *Kreis 96,* die *Lenin-Kapitel,* der *Zweite Knoten* – das Ausmaß der Explosion können sie natürlich gar nicht übersehen. Ihr werdet es noch merken! Wenn es anders wäre, würde ich mich genauso winden und quälen wie mein unglücklicher Nachbar, aber ich bin jetzt ruhig, und wenn es das Ende ist, dann ist es eben das Ende. Ich hoffe bloß, daß es dann auch *euer* Ende ist.

Die Jungens bieten mir von dem Brot an, das auf dem Wandregal liegt und Suchari. Ich habe eigentlich Hunger, jetzt fällt mir ein: zu Hause wollten sie um drei Uhr Mittag essen, aber ich sagte nein, ich will mit Stepan an die Luft gehen. So hatte ich seit morgens früh nichts gegessen, ich war schon hungrig, als ich in die Zelle kam und bis zum Morgen gibt es hier nichts mehr, denn die Essenszeit ist vorbei. Das ist ein schlechter Start für die erste Vorführung vor dem Untersuchungsrichter. Und ich hatte nicht einmal ein Portemonnaie dabei, keinen einzigen Rubel, keine Kopeke für den Kiosk, so sehr hatte ich mich beeilt! Brot? Und ihr selbst? Aber wir haben doch genug. Sie bieten mir an, weil sie selbst *satt* sind. Satt?! Das ist ein Wunder, das hat es noch nie gegeben. Ich breche mir einige Bissen ab. Im Vergleich zu dem Moskauer dunklen Roggenbrot schmeckt es ziemlich schlecht, pappig, es wird extra schlechter gebacken. Das macht nichts, ich werde mich daran gewöhnen.

Aber was ist eigentlich los? Zwei Stunden sind schon vorbei, aber meine Klamotten sind noch nicht da. Ich »stimme« (indem ich einen Finger hochhebe). Die Tür wird sofort bereitwillig geöffnet: sie kommen alle herein, auch ein Offizier und noch ein zweiter. Ich spreche ganz leise, ich will keinen Krach schlagen, anders als früher, als ich lautstark auf die *Vorschrift* gepocht habe, eher träge (damals lag meine ganze Kraft in der Lautstärke, aber jetzt liegt sie in etwas anderem – in dem unaufhaltsamen Bücherstrom): es wäre jetzt an der Zeit, mir meine Sachen zurückzugeben, die Desinfektion müßte längst beendet sein. »Das wird geklärt . . . Die Frage wird geklärt.« Was gibt's denn da zu klären? Nun, vielleicht ist es jetzt ganz anders. (Ich vergesse, die Jungens zu fragen: Wie war das eigentlich – wurden eure Sachen auch so lange desinfiziert?) Sie sagen: ohne Mantel sind Sie verloren, nachts ist es unter der einen Decke viel zu kalt. Und plötzlich geht die Tür auf, der Oberstleutnant persönlich erscheint und hinter ihm noch einer von den unteren Rängen mit einer zweiten Decke für mich, funkelnagelneu, aus dem Magazin und kein einziges Mal gebraucht. Die Jungens machen große Augen – was ist das eigentlich für ein komischer Vogel? . . . Also dauert die Desinfektion bis zum nächsten Morgen? Seltsam. Nun, dann ist eben nichts zu machen. Jetzt habe ich alles, was ich brauche. So schnell wie möglich schlafen. Ich bin gewohnt, um neun ins Bett zu gehen, und um acht ist es mir auch recht, hier aber wird das Signal erst um zehn gegeben, und es ist nicht leicht, einzuschlafen. Die heutige Nacht entscheidet; sie ist für den Erfolg des morgigen ersten Kampfes entscheidend. Meine Gedanken fließen träge, es stellt sich der beglückende allabendliche langsame Rhythmus ein, jetzt sollte ich mindestens eine, zwei, drei Stunden herausschlagen können. Ich habe keine Schlafmittel, es wird eine schlaflose Nacht werden, ich müßte *jetzt* schlafen können. Aber das ist unmöglich: jetzt darf man nur auf der Decke liegen, ohne sich auszuziehen und ohne sich zuzudecken. Ich liege, aber der Nacken wird steif. Ich liege viel zu flach! (Wie kann ich nur verheimlichen, daß mir ein flaches Bett Schwierigkeiten macht?) Und die Jungens rauchen noch eine Zigarette, und noch eine, aber sie lüften jedesmal hinterher, der Dunkle, an meinem Kopfende, findet immer noch keine Ruhe. »Aber *wer* hat es angezeigt? *Wer*?? Das ist es, was mich interessiert.« Mit seiner Frau, die er offensichtlich sehr liebt, wollte er sich ein schönes Leben machen, so wie sie sich es vorstellen – sie hatten verschiedene Möbel angeschafft und jetzt ein Auto – Dinge, die in einem normalen Land ein Arbeiter sich verdienen kann, aber bei uns ergaunert werden müssen. Man hatte bei der Hausdurchsuchung irgendwelches Geld gefunden, und jetzt muß er über die Herkunft dieses Geldes Rechenschaft ablegen. »Junge, weiß du, du solltest in der Zelle weniger darüber reden, hier gibt es doch Mikrophone. Darauf kannst du dich verlassen. Vielleicht ist überhaupt *nichts dagewesen*, verstehst du? Du solltest lieber den Mund halten.« Er wurde nachdenklich. Ich erzählte ihm noch einiges aus meiner Gefängniserfahrung, um die Zeit bis zum Einschlafen totzuschlagen. Plötzlich das Rasseln des Schlüssels im Schloß. Genau wie früher in der Ljubjanka, das Verhör kurz vor Schlafenszeit. Aber jetzt soll doch nachts nicht mehr verhört werden? (Ich werde mich allerdings auch tagsüber nicht mit ihnen unterhalten.)

Aber der Oberstleutnant, der mich kein einziges Mal mit meinem Namen anredet und auch nicht nach dem Namen fragt, fordert mich auf, *mitzukommen*. Nach Zapfenstreich wäre ich unter keinen Umständen mitgegangen, aber jetzt – in Ordnung, vielleicht bekomme ich meine Pelzjacke zurück, man fühlt sich so geborgen darin, ob man auf Eisenbahnschienen hockt, im Viehwagen oder auf der Lagerpritsche. Ich brauchte nicht lange zu gehen – kaum ein paar Schritte, die haben die Zelle richtig ausgesucht, ich komme gar nicht dazu, die gespannten Stoffbahnen genauer anzusehen, ein Offizier vor mir, ein Offizier hinter mir, und schon steht der Oberst, der Leiter von Lefortowo, mitten auf dem Gang: »Bitte, hier um die Ecke.« Ein kleiner Vorraum – noch ein kleiner Vorraum – und die Tür zu einem Büro. Grelles Licht. Stühle im Kreis: zwei Männer sitzen schon da (ich sehe mir die Gesichter gar nicht an – woher sind sie, wer sind sie? Mummenschanz?) Insgesamt, mit denen, die mich gebracht haben, fünf. Und hinter dem großen Tisch bückt sich ein Kleiner, Scharfer über das von der Tischlampe grell angestrahlte Papier. Und mitten im Zimmer, völlig frei, wie es sonst nicht üblich ist, unmittelbar unter den Deckenlampen, dem Scharfen gegenüber, ein einziger Stuhl, auf den deuten der Oberst und der Oberstleutnant. Nitschewo, immerhin ist Sitzen besser als Stehen. Ich setze mich. Und merke, daß auch die anderen sich setzten, im Halbkreis hinter meinem Rücken. Schweigen.

Der Scharfe frißt mich förmlich mit den Augen, als hätte er noch nie einen Menschen gesehen.

Nitschewo, dann guck mal.

Betont durchdringend, schneidend:

»Solschenizyn??«

Das war ein Fehler, er hätte fragen müssen: »Name?« . . . Na ja, ihr habt mich geschnappt, jetzt müßt ihr mich festhalten:

»Der bin ich.«

Ebenso schneidend:

»Alexandr Issajewitsch?«

Ich, beruhigend:

»Genau.«

Darauf mit höchstem Nachdruck und größtem Volumen:

»Ich bin Maljarow! Stellvertretender Generalstaatsanwalt der UdSSR!«

»Aha. Schon mal von Ihnen gehört.«

Ich habe bei Sacharow über ihn gelesen, aber Sacharow hatte nicht erwähnt, daß er so klein ist. Nach seiner Schilderung hätte man denken können, er sei ein Brocken von einem Aparatschik, ein Oskolupow.

Aber er ist sachlich und macht nicht viel Federlesens. Vielleicht fällt es ihm einfach schwer, mit mir in demselben Zimmer zu sein und dieselbe Luft zu atmen, vielleicht beeilt er sich deshalb:

»Ich verlese jetzt den Beschluß . . .«

Ich kann mich nicht mehr erinnern, wer den Beschluß »bestätigt« hat – er oder vielleicht der Generalstaatsanwalt persönlich – aber »beschlossen« wurde er lediglich von jenem Justizoberrat Swerew, der in seinem prächtigen Pelz persönlich in meiner Wohnung erschien (fast wie ein einfacher Milizionär), aber in diesem Fall für das ganze Politbüro beschlußfähig war:

». . . Wegen . . . wegen . . . Anklage nach Paragraph 64 (kam da noch Artikel und Absatz?)«

Darauf ich, mit schläfriger Stimme und bäuerlicher Naivität:

»Diesen neuen Kodex . . . (er ist ja erst dreizehn Jahre alt) . . . kenne ich ja gar nicht. Was ist das, Paragraph 64?«

In der guten alten Zeit, unter Väterchen Stalin, da war alles ganz anders, wenn man damals seine Zehn abgesessen hatte, da konnte man jeden Artikel im Dunkeln auswendig aufsagen.

Maljarow starrte mich an wie ein Krebs:

»Landesverrat!«

Ich rühre mich nicht.

(Die Fünf in meinem Rücken – warten sie vielleicht darauf, daß ich dem Staatsanwalt an die Gurgel springe?)

»Unterschreiben Sie!« – Er dreht den Bogen um und fordert mich auf, an den Tisch zu treten.

Ich, ohne mich zu rühren, jedes Wort genau abgewogen, längst überlegt:

»Ich werde mich weder bei Ihrem Untersuchungsverfahren, noch beim Prozeß äußern. Sie können das alles ohne mich machen.«

Er hat offensichtlich damit gerechnet. Er ist gar nicht erstaunt:

»Sie müssen nur unterschreiben, daß Sie davon in Kenntnis gesetzt worden sind.«

»Ich habe alles gesagt.«

Er streitet nicht. Er dreht das Blatt wieder um und unterschreibt selbst.

Ach, wie hat mich doch der Staatsanwalt vor neunundzwanzig Jahren, als ich noch völlig unerfahren war, bearbeitet, weil er wußte, daß jeder Mensch etwas in sich hat, was man aus ihm herausholen kann. Und wie gut ist es jetzt, daß man in der Lage ist, sich als Monolith zu zeigen, so daß niemand auch nur auf die Idee kommt, dran zu drücken, zu pressen, zu probieren.

Die Untersuchung wird nicht schwierig sein: man braucht den Verstand überhaupt nicht anzustrengen. Ich habe alle, alle im voraus gewarnt: ihr könnt sagen, ihr könnt auftürmen, was ihr wollt, ich werde euch nie widersprechen, weil ich überhaupt auf keine Frage antworten werde.

So ist es genau richtig. Das ist die allerbeste Taktik.

Fertig. In der gleichen Reihenfolge – die hinter mir stehen auf, ich stehe auf, ein Offizier vor mir, ein Offizier hinter mir, die beiden Vorräume – Hände auf den Rücken! (Keineswegs scharf, eher als freundliche Erinnerung.) Selbstverständlich hätte ich die Hände nicht auf den Rücken zu nehmen brauchen. Aber ich lege die Hände auf den Rücken. Ich fühle mich, wenn ihr es ganz genau wissen wollt, in dieser Haltung sogar noch sicherer: was habe ich davon, wenn ich mit den Armen schlenkere und so tue, als sei ich ein freier Mann, während ich mich mit den Händen im Rücken augenblicklich in einen eisernen Häftling verwandele und mit Millionen anderen eins werde. Das könnt ihr euch gar nicht vorstellen, wie sehr so ein kurzer Weg unter Bewachung das Selbstbewußtsein eines Häftlings stärken kann.

Und in diesem Fall geht es ja obendrein noch ganz schnell, schon bin ich wieder in der Zelle. Die Jungens: »Nun, was hat es gegeben?«

Soll ich es sagen, oder soll ich es nicht sagen? . . .

Ich weiß es wirklich nicht mehr genau: bis zu fünfzehn Jahren, bestimmt. Aber natürlich auch Erschießen.

Ja, ich habe nicht erwartet, daß sie es wagen würden. Das habe ich nun davon, von meinen Varianten. »Keinem Weisen bleibt ein bißchen Dummheit erspart.«

(Heute läßt sich das Geschehene nicht mehr Minute um Minute zurückverfolgen. Es war noch vor neun Uhr abends, als sie mich aus der Zelle holten. Und es war Viertel nach neun, als sie meine Frau anriefen: »Ihr Mann ist vorläufig festgenommen.« Die Ankündigung unseres Botschafters, daß er am nächsten Morgen im Außenministerium der Bundesrepublik in einer wichtigen Angelegenheit vorsprechen möchte, erfolgte am späten Abend (nach europäischer Zeit) – also noch später. Diese Gegenüberstellung schließt nicht aus, daß man sich in den ersten Stunden nach meiner Festnahme und auch noch als Maljarow mit mir sprach, über meine Ausweisung noch nicht endgültig schlüssig war. (Wären sie sich schlüssig gewesen – wozu dann der Paragraph?) Hatten sie noch die Hoffnung, daß ich zusammenzucken würde – und sie mich unter Druck setzen und mir Zugeständnisse abringen könnten? Sollten sie diese Absicht gehabt haben – dann war sie durch meine steinerne Trägheit sofort vereitelt worden.

Die Stimme eines Halbgebildeten im Hörer empfahl meiner Frau, telefonische Anfragen an den Staatsanwalt Balaschow zu richten, zu dem ich (angeblich) bestellt worden war. Das war alles. Verhaftet. Sie hing ein – und dann telefonierten wieder die anderen und verbreiteten das in ganz Moskau.)

Endlich gaben sie durch die Essensklappe Signal zum Schlafengehen. Jetzt aber schnell, früher hatten wir das gut raus: Decke zurückschlagen, Jacke ausziehen, Hose ausziehen – aber es ist gar nicht so angenehm: es ist kalt, und die Halunken haben bestimmt meine Pelzjacke geklaut! Und auch die Wollstrümpfe! Ich muß schnell machen. Sie hatten es so eilig, mir die Anklageschrift vorzulesen, daß sie mit dem Untersuchungsverfahren gleich morgen früh anfangen werden. Bei dem Tempo und bei der Unruhe – unbemerkt die Stiefel unter das Kopfkissen! Der alte Häftlingstrick, dort sind sie sicher, aber jetzt brauche ich sie, um das Kopfkissen zu erhöhen. Das Licht fällt direkt in die Augen, ich will mir ein Handtuch auf das Gesicht legen, in der Ljubjanka war das nicht verboten. Muß man die Hand auf der Decke liegen haben? Vielleicht nicht. Schlafen! Tief, tief, tief Luft holen. (Luft holen? In der Zelle ist ja gar keine Luft, ich wußte schon gar nicht mehr, daß es so etwas gibt.) Es geht nicht! Dieser Hundesohn merkt sofort, daß es unter meinem Bett leer ist und öffnet die Klappe:
»Stellen Sie die Schuhe auf den Boden!«
Ich versuchte, mir das Kissen ohne Schuhe zurechtzulegen. Und dann atmete ich tief. Und schlief ein.

(Die Kinder wollten nicht einschlafen, sie waren durcheinander bei dem Lärm, dem Licht, den vielen Stimmen. Immer neue Menschen kamen dazu, auch die Gruppe Sacharows, die vor der Staatsanwaltschaft gestanden hatte. (Trotz allem, diese große Zahl unerschrockener Sympathisanten in der Wohnung eines Verhafteten ist ein Zeichen der NEUEN ZEIT. Es ist um euch geschehen, Genossen Bolschewiki, wie man das auch dreht und wendet! . . .) Und aus unserer Wohnung antwortete Sacharow dem Kanadischen Rundfunk: »Die Verhaftung Solschenizyns ist ein Racheakt für sein Buch, sie ist nicht nur eine Beleidigung für die russische Literatur, sondern auch für unsere Toten.« Es kamen Anrufe aus Stockholm, Amsterdam, Hamburg, Paris, New York, die Gäste nahmen den Hörer ab, bestätigten die Einzelheiten. Und jeder dachte: Wenn sie nun den gefeiten Solschenizyn eingesperrt haben – vor wem werden sie dann noch Halt machen? Wer wird morgen dran sein? . . .

Wer die Konspiration nicht kennt, wird niemals diese entsetzlichen Zweifel verstehen: wo soll man alles am besten aufbewahren? Wegbringen? Dalassen? Jetzt sind so viele Freunde da – soll man es unter ihnen verteilen? Sie werden doch bestimmt nicht alle abfangen, es kann sein, daß man diesen günstigen Moment verstreichen läßt – und morgen werden sie kommen, *und alles holen*?! Aber verteilen – das heißt, die Menschen gefährden. Und wie soll man dann alles wieder einsammeln? Ach was, solange man nicht klarsieht, solange verläßt man sich am besten auf die Verstecke im Haus.)

Abends einzuschlafen – das ist nicht so schwierig, es ist erst schwierig, nachdem man zum erstenmal aufgewacht ist. Alles, was der Tag an Schwerem hinterlassen hat, das bricht beim ersten Aufwachen hervor und brennt in der Brust und brennt im Herzen, wie soll man da wieder einschlafen? Nicht das Seufzen des Devisenverbrechers, der sich hinter meinem Kopf hin- und herwälzte, nicht sein pausenloses Rauchen, nicht einmal die höllische Lampe, die in die Augen schnitt – das alles war es nicht, es waren die eigenen Fehler, das eigene Versagen, woher tauchten sie bloß in die nächtlichen Gedanken hinauf, ein nicht abreißender Reigen!

Die brennendste Frage: wie ist die Hausdurchsuchung verlaufen, wie sieht es bei Alja aus? Gestern abend war ich von den

Eindrücken und Ereignissen so in Anspruch genommen – vielleicht war es innere Abwehr – daß der Gedanke an die Hausdurchsuchung mich nicht beunruhigte. Jetzt aber, jetzt stand er im Mittelpunkt, und jetzt entdeckte ich überall Fehler. Warum hatte ich die Tür geöffnet?! Wir hätten eine halbe Stunde gewinnen können, zum Verbrennen, Packen, Absprechen. Warum hatte ich mich so beeilt, wegzukommen? Fast alle sind geblieben, denn *sie*, jene *acht*, habe ich später nicht mehr gesehen, und dieser Swerew leitet nun die Hausdurchsuchung. Und dann dieses Zusammentreffen: zwei Exemplare des *Sozialismus* auf einmal – und Schafarewitsch gleich dazu. Möglich, daß er sich weigert, seine Aktentasche vorzuzeigen, aber er hatte ein Exemplar auf den Tisch gelegt, und ist bestimmt nicht dazu gekommen, es wieder zu verstecken! Nur gut, daß er meine Artikel für den Sammelband eingesteckt hatte, aber die übrigen Exemplare liegen offen auf dem Tisch, auch die Exposés anderer Autoren, teilweise halbfertige Arbeiten, oje – oje – oje, *Stimmen aus dem Untergrund* ist verloren, wir haben diesen Band drei Jahre lang vorbereitet, und nun ist auch er im Abgrund verschwunden. Ja. Und Briefe aus dem Westen. Sie liegen offen auf dem Tisch, brauchen gar nicht gesucht zu werden, man braucht nur die Hand auszustrecken! Noch niemals hatten sie einen solchen Brief erwischt, und *diese* werden sie jetzt lesen und uns in die Karten gucken! Ja, dort kann man vieles finden . . . Der korrigierte *Offene Brief an die sowjetische Führung*, an dem ich in der letzten Nacht gearbeitet hatte. Noch schlimmer! Der letzte Anhang zum *Stillen Don*, wir können ihn jetzt nicht nur nicht abschicken, sondern es wird auch *alles* herauskommen! Ja, und noch ein Film, halbverdorben, ein Duplikat der letzten Sendung, er sollte verbrannt werden, aber ich hatte vergessen, ihn aufs Land mitzunehmen, und im Haus ist das Verbrennen sehr kompliziert – ihnen diese Trophäe zu überlassen, ist idiotisch und eine Schande. Ja! Und in dem feuerfesten Schrank – dort liegt *Eiche und Kalb*! Komplett, abgetippt! Am liebsten hätte ich geschrien, wäre aufgesprungen und in der Zelle auf- und abgerannt! Jahrelang war es wie eine Lotterie: einmal glaubte ich, es ist bei mir am sichersten, und wir holten wieder alles zusammen, dann glaubte ich, der Boden brennt unter den Füßen, und wir packten einen ganzen Sack, schleppten ihn weg und vergruben ihn. Und liegt nicht auch ein Exemplar der *Dekabristen* zu Hause? Von dem *Zweiten Knoten* ganz zu schweigen, und auch die *Lenin-Kapitel* – das ist jetzt alles in ihrer Hand. Mein Gott, mein Gott, ich stand wie ein Fels, fünfundzwanzig Jahre Untergrund, nur Erfolge, nur Erfolge – und jetzt diese Katastrophe. Und sie brauchten nichts anderes zu tun, als das, wozu sie immer zu feige gewesen waren – offen, direkt zu mir zu kommen. Sonst nichts.

Und der arme Devisenverbrecher seufzt immer noch hinter meinem Kopfende und wälzt sich von einer Seite auf die andere, kommt nicht zur Ruhe, steckt sich eine Zigarette an der anderen an. »Schlaf doch«, sage ich zu ihm, »schlaf, du wirst deine Kräfte noch brauchen.« Nein – »wer hat mich verraten?«, diese Frage brennt in ihm. Die brennendste Wunde ist die Einsicht, daß man selbst Fehler gemacht hat und das Zweitschlimmste – der Verrat der Nächsten. Und der andere schlief ganz ruhig.

(Gegen Mitternacht wurden die Beine schwer und der Kopf, die Augen fielen zu, und alle Klarheit schwand. Nicht einmal Gedankenfetzen, sondern einfach ein Brei, aber Alja konnte nicht schlafen. Sie wollte zum drittenmal alle Papiere durchsehen, aber die Kräfte reichten nicht. Da erst fiel ihr ein, daß sie seit dem Frühstück nichts mehr gegessen hatte, und daß der Mann auch ohne Essen gegangen war. Das alte Tablett, das zum Verbrennen von Papier bestimmt war, reichte nicht mehr aus, sie stellten in der Küche eine große Blechschüssel auf den Boden, um Feuer machen zu können – und diese Schüssel sollte eineinhalb Monate dort stehenbleiben.

Während dieser Nacht fand eine Hausdurchsuchung statt – von vierzehn KGB-Männern durchgeführt – in Rjasan, bei Radugins, meinen Bekannten, denen ich niemals etwas zum Verstecken anvertraut hatte, und bei denen jetzt etwas Kolossales gesucht wurde, etwas, was noch schlimmer war als der *Archipel* – sie suchten nach diesem *Kalb*, nach allem, was sie noch nicht hatten. Aber sie fanden nichts.)

Es brannte in mir, es brannte wohl, aber nicht ununterbrochen. Worin besteht der Vorteil gegenüber der ersten Verhaftung? Der Kopf ist frei von allen zermürbenden Überlegungen: wenn er *so* fragen wird? – dann werde ich *so* antworten, und wenn er so fragt? Dann so. Wie frei fühle ich mich: keine einzige Antwort, rutscht mir den Buckel runter! . . . Ich atmete tief ein und aus, um mich zu beruhigen, ich betete, und dann senkte sich ein wohltuender kurzer Schlaf auf mich, aber beim Aufwachen kam jedesmal die grausame Klarheit wieder. Der Kopf glüht, der Nacken wird steif, ich habe bereits beide Fäuste unter dem Kissen, aber es ist mir immer noch zu flach. Ich hatte meiner Frau versprochen, im Gefängnis und im Lager zwei Jahre durchzuhalten, was mir auch zustoßen würde – zwei Jahre durchzuhalten. Bis ich sicher wäre, daß alles von mir Geschriebene gedruckt ist, um dann ruhig sterben zu können: ich habe eine Spur hinterlassen. Und jetzt merke ich – ich habe mich mit diesem Versprechen übernommen. Ich hätte noch mehrere Jahre unter beliebigen Bedingungen weiterleben können, wenn ich nur Luft, Stille und die Möglichkeit gehabt hätte, weiter zu schreiben. Aber hier – sind zwei Monate für mich nicht schon zu viel? Werde ich sie überleben? Das Minimum für ein Untersuchungsverfahren – zwei Monate. Ich habe keine Angst, und ich werde nicht ein Haarbreit nachgeben, aber – werde ich es überleben?

Und schon betrachtete ich mein Leben aus der Distanz, überdachte es, als sei es bereits abgeschlossen. Es geht, ich hatte Glück, mit dem, was ich aufgetürmt habe, wird weder diese, noch die nächste Führung, auch in fünfzig Jahren noch nicht fertig werden. Ich hätte so gerne noch die *Knoten* abgeschlossen, das war mir das Wichtigste, aber ich muß Gott auch schon für das danken, was fertig geworden ist. Wenn ich von dem Ärger mit der Hausdurchsuchung absah und das Ganze von einer höheren Warte aus betrachtete – dann war alles gut, die Bücher zur Veröffentlichung bereit, und alles, was noch in Bewegung war, als Skizzen, Varianten, Pläne vorlag – das war alles in den festen und treuen Händen Aljas gut aufgehoben. Es ist gut, einen würdigen Nachfolger zu hinterlassen, wenn man aus dem Leben scheidet. Und eines Tages werden auch die drei Söhne erwachsen sein und die Linie ihres Alten auf irgendeine Weise fortsetzen.

(Sie schliefen die ganze Nacht nicht, sie ordneten und verbrannten, aber nicht sehr viel: es war zu schade zum Verbrennen. Das alles würde sich nicht wieder herstellen lassen. Ja, werden *die* überhaupt morgen noch *kommen*? Warum waren sie nicht gestern abend gekommen? Plötzlich fiel ihr etwas ein! Es fiel ihr wieder etwas ein, und sie begann zu suchen: im vergangenen Sommer, vor dem Begegnungsgefecht war eine Erklärung über die Unrechtmäßigkeit der Urteile über die russische Literatur aufgesetzt worden, dann aber als Entwurf liegengeblieben. Und gestern hat er auf dem Strastnoj-Boulevard wiederholt: er wird weder Verhöre noch Untersuchungs- oder Gerichtsverfahren je anerkennen. Und dann erinnerte sie sich, wo sie zu suchen hatte! Sie fand es!! [Anhang 37] Das muß raus! Nachts? . . . Es brennt ihr förmlich die Hand. Nur nicht zu spät! Sie können ab sechs Uhr morgens *kommen*, das ist »gesetzlich«. Sie werden alles mitnehmen, alles zum Erlöschen bringen, alles wird unbekannt bleiben. Das muß sofort, mitten in der Nacht, unter die Menschen! Einen Korrespondenten anrufen? Wen? Aus verschiedenen Gründen Lacontre (*Figaro*). »Können Sie kommen? Ich habe eine Bitte an Sie.« – »Ich bin in fünf Minuten bei Ihnen!« (Wie? Ein ausländischer Korrespondent wird nachts telefonisch in das Haus eines Verhafteten gerufen – und *nicht angehalten*? . . . Ja, die Kräfte der Bolschewiki haben nachgelassen, nachgelassen. O wo bist du geblieben, feuriger Dserschinskij? . . .) Alja setzt sich an die Schreibmaschine und tippt gleich zehn Exemplare auf Durchschlagpapier. Lacontre ist Korrespondent, warum sollte er sich nicht für eine neue Nachricht interessieren? Das ist doch sein gutes Recht. Er faltet die Bogen sorgfältig zusammen, verspricht, daß er sie an alle Agenturen weitergeben wird, und fährt. Die Papiere müssen weiter sortiert werden. Wie viele fremde Briefe müssen verbrannt, wie viele fremde Handschriften vor der Identifizierung bewahrt werden! Und – welcher Schrecken?! Zwei vollständige Mikrofilme, man muß sie lange, lange durch die Lupe studieren, um sich zu überzeugen: unbrauchbar, Duplikate, müssen verbrannt werden. Aber sie brennen schlecht. Neben der Blechschüssel Papiere, die auf das Verbrennen warten. Im großen ganzen sind sie auf die Hausdurchsuchung nicht schlecht vorbereitet. Und wenn sie kommen, wird die Tür nicht aufgemacht (das Schloß ist schon repariert): »Ich betrachte Solschenizyns Verhaftung als widerrechtlich, und um so mehr eine Hausdurchsuchung in seiner Abwesenheit. Meinetwegen können Sie die Tür aufbrechen!« Sechs Uhr morgens. Aber sie *kommen nicht.* Und jetzt ist es schon sieben, die Kinder sind wach, die Erwachsenen haben keine Zeit zum Schlafen.)

Komisch, in dieser Nacht war es in der Zelle nicht kalt, obwohl wir oft gelüftet hatten. Aber es konnte doch nicht durch meinen Atem wärmer geworden sein. Es ist unmöglich, an den Heizkörper zu fühlen, er ist verkleidet und wird natürlich zentral reguliert, vermutlich jede Zelle extra, wie hätte man sonst die jeweils erforderlichen Bedingungen schaffen können? (Heute glaube ich, daß sie meinetwegen die Heizung angedreht haben.)
Das übliche Wecken: unter der Nachtlampe das Poltern der Klappe in der Tür. Natürlich sind alle kurz vor dem Wecken nochmals eingeschlafen, aber jetzt muß man sich beeilen und rasch aufstehen. Alle Türen poltern einmal und dann noch einmal: Wer hat Zellendienst? Besen in die Hand, fegen. Aber welch milde Sitten: ich zog mich an, machte das Bett und durfte mich auf dem gemachten Bett noch einmal hinlegen. (Die Decken haaren, und irgendwelche Flusen bleiben am Anzug hängen.) Es gibt nichts Düstereres als einen Morgen im Gefängnis, darüber ist schon unzählige Male geschrieben worden, aber es gibt ja auch unzählige solcher Morgende. Bei unverändert grellem Licht von oben, bei unverändert dunklen Fenstern wartet man auf die üblichen Ereignisse des Gefängnisalltags: Brot, heißes Wasser, Morgenappell. Und niemals wird man vor halb zehn zum Verhör geholt.
Von wegen! Das Schloß knirscht, wieder der Oberstleutnant, und hinter ihm ein Hauptmann (für die frühe Stunde viel zu hohe Ränge, aber ich kenne die heutige Gefängnisordnung

nicht mehr und weiß nicht, welchen Rang ein Abteilungsleiter hat), und ohne das übliche »Wer fängt hier mit S . . . an?«, ohne den geringsten Zweifel an meinem Namen, bedeuteten sie mir mit Worten und Gesten: *mitkommen*.

Das geht hier ja wie bei der Feuerwehr! In einem ordentlichen Gefängnis braucht man zwölf Stunden, um aus der Badestube in die Zelle zu kommen (übrigens, warum bin ich nicht ins Bad gekommen?), hier jedoch kennt man schon die Anklage und muß gleich zum ersten Verhör! Die haben es aber eilig.

Wir gehen in dieselbe Richtung wie gestern, aber unmittelbar vor dem Büro von Maljarow biegen wir ab. Aha, das ist ja das Arztzimmer, die beiden Ärzte von gestern! Die Offiziere retirieren, sie gehen rückwärts aus dem Zimmer. Das Weibsstück hält sich zurück, sie wirkt eher wie eine Krankenschwester, der Mann zeigt sich sehr besorgt: wie ist das Befinden?

Aha, ihr Bestien, irgend etwas macht euch zahm, ihr habt bestimmte Richtlinien. Aber vielleicht ist es für euch einfach ungünstig, schon vor dem Untersuchungsverfahren euer wahres Gesicht zu zeigen? Oberkörper freimachen, hinlegen, wo war die Geschwulst? Der weiß genau Bescheid und tastet auch nicht schlecht, genau an den Rändern des Petrifikats, er ist also wirklich Arzt. Und dann mißt er den Blutdruck, ja, er ist auch für den Morgen zu hoch. »Was nehmen Sie gewöhnlich für den Blutdruck?« Da gibt es nichts zu verheimlichen, sie haben das schon hundertmal am Telefon gehört: »Kräuter.« »Was für Kräuter?« Wollen sie mir hier etwa Kräuter aufbrühen? Aber was habe ich eigentlich zu verlieren? Wenn ich während des Untersuchungsverfahrens den Blutdruck herunterbekomme, dann könnte ich ja doch noch loslegen!! Und dann ganz frech: »Einige sind als fertiger Aufguß zu haben: Weißdorn und Löwenschweif.« Er sieht zu der Schwester hinüber, die Schwester öffnet den Schrank, und schon kommt sie mit dem wohlbekannten Fläschchen Löwenschweif in der Hand! (Daran ist nichts Erstaunliches, acht von zehn Häftlingen werden so weit gebracht, daß sie erhöhten Blutdruck haben.) Sie zählten ab, ich trank aus, auf leeren Magen, wie günstig, auf leeren Magen, das ist das beste! In die Zelle zurück. Die Jungens staunen: ich bin ein Privilegierter, ich gehöre nicht *zu ihnen*. Ich selbst finde es ja auch komisch: ich habe selbst schon Legenden über berühmte Häftlinge gehört, ich habe selbst gesehen, wie der Oberst Worobjow aus dem Innenministerium behandelt wurde – und jetzt sollte es mir genau so ergehen?

Und dann kommt die Ration. Nein, das ist keine Ration: in der Klappe auf dem Tablett angeschnittene Brotlaibe, man kann sich abbrechen und nehmen, so viel man will. Ha, ist das ein Leben! Die Jungens haben keinen Appetit, jeder nimmt nur einen halben Laib, und ich auf meinem Bett, ich kriegte einen Schrecken:

»He, he! Seid ihr verrückt!« Ich springe auf und, ohne den Anstand der Privilegierten zu wahren, alle möglichen, über mich kursierenden Legenden zerstörend, bin ich in wenigen Sätzen an der Klappe und reiße zwei ganze Brotlaibe an mich. Dann besinne ich mich und lege ein Drittel von einem Laib zurück.

»Bis zum Abend ist das alles weg, was glaubt ihr denn!«

Ich mache mich gleich über das Brot her, allerdings braucht man länger als einen Tag, um sich an das Brot von Lefortowo zu gewöhnen, das Bewußtsein allein langt dabei nicht.

Dann kommt der Zucker und das heiße Wasser, es ist sogar leicht gefärbt. Man bekommt genausoviel Zucker wie 1945, die Heimat ist inzwischen nicht wohlhabender geworden, und es ist auch kein heller Würfelzucker, sondern dunkler Rohzucker. Wollte man ihn den ganzen Tag auf einem Stückchen Papier aufbewahren, dann würde ihn schließlich der Luftzug wegblasen, lieber gleich ins heiße Wasser, damit hat man dann keine Sorgen mehr.

Nein, aber das ist noch nicht alles! Sie bringen Kascha! Morgens – auch noch Kascha? Unwahrscheinlich. Und so viel! Die Schüssel ist fast gestrichen voll, das würde für sechs oder sieben Mittagsrationen der früheren Ljubjanka reichen. Die reinste Mastkur! . . .

Nein, für eine Mastkur reicht es noch nicht: keine Spur Fett, versteht sich, aber – Salz! – wahrscheinlich eine ganze Handvoll. Und trotz des ausgeprägten Häftlingsbewußtseins – diesen Hirsebrei kann ich nicht essen. Nun ist es ganz leicht für sie, mich zur Strecke zu bringen: einfach alles versalzen.

Und gleich darauf die Morgenkontrolle. Und plötzlich komme ich auf die Idee – meine Dreistigkeit nimmt zu – eigentlich mehr zum Spaß: ich erkläre in aller Form, daß ich salzlose

Diät brauche. (Nun liegen sowieso die Karten auf dem Tisch, etwas Salzigeres als diese Kascha können sie mir kaum bringen.)

(Und für meine Frau zieht sich die Zeit bis neun Uhr, wenn man in der Staatsanwaltschaft anrufen kann, unendlich lange hin. Sobald die Läden geöffnet wurden, kauften sie Lebensmittel ein, für eine *Belagerung*. Nachts schienen die Ereignisse in der äußeren Welt stehengeblieben zu sein, aber am Morgen – wieder der angehaltene Atem, das stockende Herz: was wird man gleich aus dem Hörer vernehmen, was wird gleich hereinbrechen? Sie kann kaum die Hände heben, sie ist müde, als sei es spät am Abend. Endlich – neun Uhr. Sie ruft diesen Balaschow an. Natürlich nimmt niemand ab. Sie versucht es wieder und wieder – alle zehn Minuten. Nichts, nichts... Was soll sie jetzt denken? Was haben sie mit *ihm* gemacht. Das Tuten und die Pausen dazwischen im leeren Hörer. Jetzt erst wird es ihr dunkel vor den Augen, bis zur Übelkeit: ermordet. Eine nicht existierende Telefonnummer, einen Balaschow gibt es auch nicht, niemand wird jemals abnehmen, und niemand wird jemals antworten, denn sie haben ihn umgebracht. Wie war es nur möglich, daß sie das nicht schon gestern begriffen hatte? Sie rannte herum, suchte neue Verstecke, verbrannte weiter. Aber nach welcher Seite sie sich jetzt auch wenden würde – sie würde überall auf eine Mauer stoßen. Ein Ratschlag: man muß Andropow anrufen. Nach der sowjetischen Logik – ja. Aber: soll sie den Mörder um Auskunft bitten? Um nichts in der Welt! Sie werden nicht umhin können, sie werden es selbst sagen müssen! Aber wie kann man so lange warten?... Aber auch zur Hausdurchsuchung kommen sie nicht – warum nicht? Wir können doch innerhalb von vierundzwanzig Stunden alles verstecken, oder glauben sie, daß wir in ihrer Hand sind, und daß sie sich nicht zu beeilen brauchen? Oder ist es gar nicht so schrecklich? Wenn sie ihn umgebracht hätten, dann hätten sie sich sofort drauf stürzen, alles bis auf die letzte Zeile an sich reißen müssen! Und dann ging sie waschen, es war viel Kinderwäsche zusammengekommen.)

Und dann kam die Zeit der Verhöre – zuerst wurde der eine Bursche geholt, dann der andere, aber ich nicht. Irgendwo tagte es, irgendwo wurde es hell – aber nicht in dem Hof von Lefortowo, nur *über* dem Hof, im Hof herrschte trübes Halblicht, hinter den Zellenfenstern hing gelbe Dämmerung. Und die verdammte Birne an der Decke wird den ganzen langen Tag ihr totes Licht verbreiten, nicht anders als in der Nacht. Ach, da erinnert man sich an die prächtigen Zellen in der Ljubjanka, vor allem in den obersten Stockwerken! Man hat das »Ministerium« auf das »Komitee beim . . .« reduziert, aber das Budget ist sicherlich aufgestockt und die unsterblichen, ruhmreichen Zellen des Mitteltrakts sind zu Büros umgebaut worden.
Sie haben den nervösen Devisenverbrecher vom ersten Verhör zurückgebracht, und den Aufgeschwemmten zum Zahnarzt geführt, er bekam einen Zahn gezogen. (War er vielleicht nur deshalb so schlaff und in sich gekehrt?) Mein Nachbar kam nun endgültig in Untersuchungshaft, trotzdem hatte das erste Verhör auf ihn irgendwie beruhigend gewirkt. (Das erste Verhör wirkt manchmal beruhigend: du bestreitest es? Ich bestreite es! Gut, du mußt hier unterschreiben und kannst gehen.) Der Untersuchungsrichter braucht einen Ansatzpunkt, von dem aus er seine Virtuosität entfalten kann. Ich hatte ihn darauf aufmerksam gemacht, welchen Verlauf die Untersuchung nehmen könnte, wie man sich selbst genaue Grenzen setzen müßte und sie um keinen Preis überschreiten dürfte, wo dagegen ein Rückzug unvermeidlich wäre und wo man ausreichende Erklärungen parat haben müßte. Und ferner auf die gängigsten Methoden eines Untersuchungsrichters. (Warum bloß hatte man mich zu ihnen und nicht in eine Einzelzelle gesteckt? Hatten sie gehofft, ich würde hier mein Herz ausschütten? . . .) Und schon fragte er, nach zwei Gefängnisnächten, das Unvermeidliche erkennend: und wie ist es? Wie geht es in den Lagern zu? Aber es hat sich ja inzwischen vieles geändert, ich kann nur von den früheren erzählen . . . Und ich erzähle. Sein Horizont weitet sich zusehends. (In das erschreckte Kaninchen zieht

die unsterbliche Seele eines Häftlings ein.) Das erste Zeichen – das erwachende Interesse für den Gesprächspartner: wann ich gesessen hatte? Warum? Ich erzähle zuerst ganz allgemein, aber dann denke ich: warum soll ich nicht eine lebendige Spur hinterlassen? Sie werden mich ja verschlingen, mich wird ja niemand mehr lebendig sehen, aber dieser wird im Lager von mir erzählen, und sie werden es weitergeben.

»Hast du den *Iwan Denissowitsch* gelesen?«

»Nee. Aber ich habe schon davon gehört. Und Sie – sind Sie Iwan Denissowitsch?«

»Ich bin es nicht ganz . . . Aber von Solschenizyn hast du doch schon gehört?«

»Das war der . . . der in der *Prawda* stand?« – Er wurde lebhafter, aber auch ein wenig verlegen, ich war ja ein *Verräter* – und das ist unangenehm. Er fragt interessiert, er erinnert sich: wie das eigentlich sei, ich hätte doch im Ausland Kapital, hätte ich da nicht ausreisen können?

»Doch.«

»Und?«

»Ich wollte nicht.«

»Wie?? Was???« Er staunte, er warf sich aufs Bett, ich erzählte ihm nur von dem Nobelpreis, siebzigtausend Rubel, er faßte sich an den Kopf, er stöhnte vor Schmerz – meinetwegen: wie konnte ich bloß?! Wie viele Autos hätte man für dieses Geld kaufen können, wie viele . . . In seinen Ausrufen, in seinem Lamentieren lag nicht die geringste Spur von Egoismus, es ging ja um mich und nicht um ihn! Er konnte einfach diese Ungeheuerlichkeit mit seinem sowjetischen Weltbild nicht vereinen: die Möglichkeit zu haben, zu seinen siebzigtausend Goldrubeln auszureisen – und es nicht zu tun. (Auch um unsere *Spitze* zu durchschauen, braucht man nicht mehr: sind ihre Köpfe meistenteils nicht damit beschäftigt, wie sie auf Staatskosten zuerst für sich, dann für ihre Kinder, eine Datscha bauen können? Sie mußten mich hassen, sie waren ehrlich fassungslos: warum sollte ich nicht freiwillig ausreisen?)

Er saß mit unterschlagenen Beinen auf dem Bett, und ich ging auf und ab, ich schritt langsam in der Zelle auf und ab, in den fremden Schuhen, die wie aus Holz waren, in dem trüb-gelben Tageslicht, und diese ausgesprochen mitfühlende Stimme zeigte mir deutlich: es ist wahr, ich bin ja *freiwillig*, ich bin ja von selbst hierhergekommen, wie zum Selbstmord. Im Jahre 1970 hatte sich vor mir über Stockholm ein Weg zu dem Schriftstellerschicksal der guten alten Zeit aufgetan, im Stil meiner Vorgänger: sich irgendwo an einem zurückgezogenen Ort niederlassen, Pferde, ein Fluß, Alleen, Steine, eine Bibliothek, schreiben, schreiben, zehn Jahre, zwanzig Jahre. Aber durch meinen eigenen Willen sollte dieses ganze, nun völlig unvorstellbare Leben sich nicht verwirklichen. Die wichtigste Arbeit meines Lebens sollte ungeschrieben bleiben, und ich selbst habe mich drei weitere Jahre unbehaust herumgetrieben und bin schließlich im Gefängnis gelandet zum Verrecken.

Und jetzt bedauerte ich es, ich bedauerte es, daß ich im Jahre 1970 nicht gefahren war . . .

In den drei Jahren hatte ich es kein einziges Mal bedauert: ich hatte ihnen meine Meinung gesagt – was hatte ich nicht alles gesagt! – noch nie ist unter diesem Regime ähnliches gesagt worden. Und jetzt hatte ich den *Archipel* veröffentlicht, aus der günstigsten Stellung heraus – im *Inland*!

Ich habe meine Pflicht erfüllt. Was bleibt dann noch zu bedauern? Dennoch: es ist nicht schwer, den unvermeidlichen Tod anzunehmen, aber den selbstgewählten – das ist schwer.

Die Tür. Wieder der Oberstleutnant. Also bin ich dran. Die auffordernde Geste. Jetzt komme auch ich zum Verhör. Sie führen mich nach unten, früher lagen dort die Büros der Untersuchungsrichter, aber jetzt sind dort die Aufnahmeboxen. In einer von ihnen, neben der Box, wo sie mich gestern gefilzt haben, liegen auf dem Tisch verschiedene Klamotten. Und zwar: eine Sealmütze, oder wie das Zeug heißt, ein Mantel – keine Ahnung woraus; ein schneeweißes Hemd; Krawatte; Schnürsenkel! Dünn, kurz, damit kann sich kein Spatz erhängen, aber immerhin das Zeichen eines freien Menschen; und statt meines groben, kratzigen, ärmellosen Unterhemdes – die traditionelle russische ehrwürdige Soldaten- und Gefängniswäsche. Der Oberstleutnant, irgendwie verlegen:

»Hier . . . Ziehen Sie das an.«

Ich sehe: sie haben mir meine Pelzjacke geklaut, und ebenfalls die geliebte Kamelhaarjacke.

»Warum soll ich das anziehen? Sie müssen mir *meine* Sachen zurückgeben. Wie lange wollen Sie denn noch desinfizieren?«

Der Oberstleutnant, noch verlegener:

»Später, später . . . jetzt ist das unmöglich. Sie werden jetzt fahren . . .«

Sie werden *fahren* . . . Genau dasselbe sagte der Brigade-Kommandeur Trzawkin als ich verhaftet wurde, und dann *fuhr* ich aus Deutschland nach Moskau ins Gefängnis.

». . . Den Anzug müssen Sie anbehalten. Was ist denn das? . . .«

Was war das? In der Zelle konnte man es nicht richtig sehen, aber jetzt bei Tageslicht: auf der Jacke, der Hose, in denen ich auf der Gefängnisdecke gelegen hatte, waren nicht Flaum, noch Federn, sondern feine, ganz feine Flusen, Hunderte, Tausende von Flusen, wie Hundehaare! Der Oberstleutnant geriet in Aufregung, rief einen Leutnant, verlangte nach einer Bürste, zum Glück war der Wasserhahn in Reichweite, und befahl dem Leutnant, meine Jacke zu bürsten, aber doch nicht so, du mußt erst das Wasser abschütteln und dann bürsten, und immer mit dem Strich, mit dem Strich! Ich rühre keinen Finger, um ihnen zu helfen, mir ist alles egal, ich will ja nur meinen Pelz, meine Kamelhaarjacke und meine Hose zurück haben. Endlich ist die Jacke sauber, die Hose muß an mir gebürstet werden, und so, abwechselnd, einmal hinten, einmal vorne, bürsten der Leutnant und der Oberstleutnant meine Hose, das ist ein ordentliches Stück Arbeit, die Flusen hängen sehr fest, man könnte jede einzeln mit den Nägeln entfernen, aber offensichtlich drängt die Zeit.

Wohin eigentlich? Zweifellos zur Regierung, vor das Politbüro, von dem Majakowskij so sehr schwärmte. Endlich werden wir – zum ersten und zum letzten Mal – offen miteinander sprechen! Ich habe schon manches Mal auf diesen Augenblick gewartet: daß ihnen ein Licht aufgehen würde, daß sie sich für ein Gespräch mit mir interessieren, kann es denn möglich sein, daß sie sich nicht dafür interessieren? Und als ich den *Brief an die Führung* schrieb, war das als Ersatz für ein Gespräch gedacht und nicht ohne Hoffnung, daß doch noch eines stattfinden würde: es fällt einem schwer, die Hoffnung aufzugeben: wenn ihre Väter einfache russische Menschen waren, viele sogar Bauern, so können doch die Kinder nicht alles, alles, alles über Bord werfen? Und kein Gesetz kennen, außer dem Egoismus, nur an sich selbst denken, während das Land ruhig zugrunde gehen kann? Man darf doch die Hoffnung nicht aufgeben, jemand ließe sich *überzeugen*, das wäre einfach nicht mehr menschlich. Haben *sie* denn alles Menschliche verloren?

Das wird ein ernstes Gespräch, vielleicht das wichtigste meines Lebens. Ich brauche mir nichts vorzunehmen, ich trage den Plan schon längst in meinem Herzen und in meinem Kopf, die Argumente stellen sich von selbst ein, ich werde offen sein, bis zum letzten, und werde mit ihnen so sprechen, wie ihre Untergebenen mit ihnen nicht sprechen. Krawatte? Nicht nötig. Die können sie behalten.

Ich bin angezogen. Allgemeine Bewegung: wollen sie mich hinausführen? Sie laufen hinaus, kommen nicht wieder zurück. Warten sie auf das Auto, das uns zur Staraja Ploschtschad bringen soll? Sie kommen immer noch nicht zurück. Sie kommen immer noch nicht zurück. Dann wieder der Oberstleutnant, und wieder mit seiner Entschuldigung:

»Sie müssen sich ein bißchen gedulden in . . . in der . . .« Er kann das entsetzliche, das fatale Wort »Zelle« nicht über die Lippen bringen, aber an seinen Gesten, an dem Weg erkenne ich: wir kehren in die Zelle zurück.

Es sind immer dieselben Gänge, inzwischen fange ich an, sie mir genau zu merken. Nein, nein, das ist vielleicht doch nicht ein Zirkus, sondern ein Segelschiff, das überholt wird, und alle Segel liegen flach.

Meine Devisenverbrecher erstarrten förmlich: das weiße Hemd macht die ganze Zelle hell. Ich hätte mich am liebsten noch einmal auf die Decke gesetzt, aber der Oberstleutnant tut mir leid, er hatte sich so viel Mühe gemacht, und ich werde lieber auf- und abgehen.

Ich gehe auf und ab und unterhalte mich in Gedanken mit dem Politbüro. Ich werde das Gefühl nicht los, daß ich sie in zwei, drei Stunden irgendwie von der Stelle rücken könnte, daß sie zusammenzucken würden. Die Fanatiker aus dem Politbüro Lenins, die Schafböcke aus dem Politbüro Stalins – gegen die war nichts auszurichten. Gegen diese aber – es ist seltsam? – gegen diese glaube ich etwas ausrichten zu können. Denn schon Chruschtschow war nicht mehr ganz unansprechbar.

(Aber es ist nichts mit der Wäsche, die Fragen überstürzen sich, und der Kopf ist nicht klar. Was ist nun mit dem Testament-Programm? Und mit *Lebt nicht mit der Lüge*? Das Testament sieht verschiedene Fälle vor, es muß *veröffentlicht werden*, wenn dem Autor etwas zustößt: Tod, Verhaftung, Verschickung. Aber – was ist ihm jetzt zugestoßen? Ist es noch nicht entschieden? Schwanken sie noch? Ist er noch verhaftet? Vielleicht lebt er nicht mehr? Ach, wenn sie schon *gekommen* sind, dann sind sie auch zu allem entschlossen. Nur angreifen! *Herausgeben!* Mit dem gestrigen Datum. (Wenige Stunden später ging beides heraus.) Da ruft aus Zürich der Rechtsanwalt Heeb an: »Kann ich Frau Solschenizyn behilflich sein?« Zunächst ist es sogar komisch, wenn auch rührend: womit könnte er behilflich sein!?

Aber plötzlich, wie eine Erleuchtung: natürlich! Und ins Telefon feierlich: »Ich bitte Dr. Heeb, unverzüglich die Veröffentlichung sämtlicher bis jetzt nicht veröffentlichten Werke Solschenizyns zu veranlassen!« – Soll doch der KGB mithören! . . . Und das Telefon klingelt, klingelt ununterbrochen, man ist wie in einer fremden Wohnung: diese Anrufe bedeuten nichts. Sie kommen aus verschiedenen Hauptstädten, man erfährt nichts, und man hat selbst auch nichts zu sagen.)

Sie holen mich. Führen mich hinaus. Mit Gott! Ich gehe rasch durch den nachtschlafenen Zirkus, es wird ein weiter Weg. Aber nichts dergleichen – wieder um die nächste Biegung, an dem Arztzimmer vorbei, Oberst Komarow, noch ein Oberst, dasselbe Büro, wo gestern die Anklage auf Landesverrat verlesen wurde, aber heute ist es hell von dem etwas trüben Licht draußen, und hinter demselben Tisch – derselbe Maljarow, wie gestern, ja, niemand anderes als Maljarow. Wozu hatten sie mich dann so herausgeputzt? Derselbe Stuhl für mich mitten im Zimmer. Und die höheren Offiziere nehmen wieder hinter mir Platz für den Fall, daß ich mich auf Maljarow stürze.

Und mit derselben Schärfe wie gestern, mit derselben affektierten Betonung, jedes Wort übertrieben artikulierend:

»Beschluss des Präsidenten des Obersten . . .«

Nach diesen ersten Worten ist mir alles klar, alles weitere höre ich nur beiläufig, einfach zur Kontrolle.

Wie rasch sie innerhalb dieser achtzehn Stunden die Belastung umstellen: einmal Dehnen, einmal Zusammendrücken. Aber mit Freude stelle ich fest, daß ich mich nicht deformieren lasse, daß ich mich gestern nicht zusammendrücken und heute nicht ausdehnen lasse.

Also sie wollen nicht mit mir sprechen, sie wissen schon alles. Ihr wißt es wohl, aber warum befindet ihr euch mit euren Raketen, mit eurer motorisierten Infanterie, mit euren Sprengkommandos und Provokateuren aus dem KGB – warum befindet ihr euch auf dem Rückzug, denn dies ist doch ein Rückzug, nicht wahr? Ein Kalb rannte gegen die Eiche an – das sah aus wie ein fruchtloses Unterfangen. Die Eiche ist nicht umgestürzt – aber wurde sie nicht ein bißchen erschüttert, hat sie nicht ein bißchen nachgegeben? Und bei dem Kalb ist die Stirn immer noch heil, sogar die kleinen Hörner, auch wenn es jetzt zurückprallt und irgendwo landen wird.

Aber die Sekunden vergehen, und ich muß schnell kombinieren.

»Nur mit meiner Familie. Ich muß zu meiner Familie zurück.«

Maljarow – in feierlichem Schwarz, das Hemd noch weißer als das meine, erhebt sich, baut sich mitten in dem geräumigen Zimmer auf, wie ein Schauspieler mit erhobenem Kopf:

»Ihre Familie wird nachkommen.«

»Wir müssen zusammen fahren.«

»Das ist unmöglich.«

So ist das. Eine unerwartete Form einer Verschickung. Allerdings, wenn man es sich genau überlegt, gab es für sie ja gar keine andere Möglichkeit als mich so schnell loszuwerden.

»Und die Garantie?«

»Aber wer sollte Sie trennen wollen?«

Stimmt, das würde zu viel Geschrei geben.

»Dann muß ich . . .« – man braucht nur eine Sekunde nicht aufzupassen, und schon hat man etwas übersehen, das geht einem immer so mit *ihnen* – »dann muß ich einen Antrag stellen.«

Wozu ich eigentlich einen Antrag stellen wollte, das weiß ich heute immer noch nicht, als ob ein Antrag von Bedeutung wäre, wenn sie sich anders entschlossen haben. Einfach Zeit gewinnen, das gewohnte Sich-Festklammern des Häftlings. Maljarow überlegte:

»OWIR? Schreiben Sie.«

»An den OWIR nicht. Es ist ein Beschluß von Podgornyj. An ihn.«

Er überlegte. Ich sollte mich an den Tisch setzen, an die Seite. Ein Blatt Papier.

Ich schreibe, schreibe, ich führe die Familienmitglieder auf, die Geburtsdaten. Wozu ich schreibe, das weiß ich selbst nicht. (Es war ein Irrtum: sie fürchteten, ich würde die Fensterscheiben einschlagen, ich aber setze ganz friedlich einen Antrag auf.) Was könnte ich mir noch einfallen lassen?

»Ich kann nicht mit dem Flugzeug fliegen.«

»Warum nicht?«

»Aus Gesundheitsgründen.«

Er bleibt unerschütterlich feierlich (das ist ja fast eine militärische Operation, er könnte sich dabei einen Orden verdienen). Ein Kopfnicken? Im Prinzip will er es sich überlegen.

Ich habe keine Zeit zu überlegen, daß sie eine Reise im Zug unter keinen Umständen riskieren können – wenn es plötzlich unterwegs zu Demonstrationen oder irgendwelchen Zwischenfällen kommen würde?

Und – zurück in die Zelle, ich halte die Hände von vornherein auf dem Rücken, in dieser Haltung fühle ich mich stabiler. Ich komme herein, das Licht ist ausgeschaltet, es ist Mittag, von zwölf bis eins muß sich die Elektrizität erholen. Mein Gott, wie dunkel, stickig, welche Untergangsstimmung. Aber meine Füße treten immer leichter auf, sie berühren den Boden immer flüchtiger, ich schwebe beinahe – gleich werde ich aus diesem Sarg herausfliegen. Heute morgen hatte ich mich bereits damit abgefunden, daß ich nur noch zwei Monate zu leben haben würde und das in Untersuchungshaft und im Kerker. Aber plötzlich stellt sich heraus, daß ich gesund bin, daß ich mir nichts habe zuschulden kommen lassen, kein Operationstisch, kein Schafott vor mir, ich kann weiterleben.

Der zweite Bursche ist wieder nicht da, aber mein Freund starrt mich an und wartet auf meinen Bericht. Aber es ist mir peinlich, ihm alles zu erzählen. Damals, aus den Zellen in der Butyrka wurde ich in die Freiheit geleitet (ein Irrtum), ich triumphierte, rief laute Grüße, jetzt aber ist es mir peinlich. Und außerdem gibt es jetzt noch ein Wunder: jeden Tag liegt in der Zelle die Zeitung. Er kennt ja meinen Namen und wird morgen selbst den Beschluß lesen, und dann wird er sich noch mehr aufregen als heute: Mensch, ist das 'ne Strafe!

Die Klappe geht auf, Mittag. Wir holen das Essen, Schtschi und Haferkascha. Aber in meine Hände geraten zwei besondere Schüsseln, ich habe das nicht sofort verstanden. Der Junge zieht sich mit seinen Schüsseln auf sein Bett zurück, und ich setze mich auf den einzigen Stuhl an den Tisch zurück. Ich nehme den ersten Löffel Schtschi – was ist das? Es ist vollkommen ungesalzen, so wie ich es gerne habe und wie es im Gefängnis sonst niemals gekocht wird. Also auf Bestellung salzlose Diät! Und ich esse mit Genuß bis auf den letzten Löffel diese Gefängnis-Schtschi auf, die ja auch echte russische fettarme Schtschi ist, ganz anders wie die übliche Balanda. Und dann die Hafergrütze, ohne eine Spur Fett, aber, im Vergleich mit der Ljubjanka, die fünffache Portion und auch viel dikker! In den *Dekabristen ohne Dezember* erkennt unser per Flugzeug von Berlin aus Europa entführter Bursche die wiedererreichte bittere Heimat an dieser Soldatengrütze. Und so ist diese Kascha für mich, die Kascha in Lefortowo, ein Abschied von Rußland, das letzte russische Essen.

Sie haben mich nicht zu Ende essen lassen, schon rasselte das Schloß, ich wurde geholt. Nun, ich habe wenigstens die Schtschi zu Ende gelöffelt. Und auf dem Regal hatte ich mein Brot liegen, wer wird das jetzt aufessen? Ich steckte ein Stück in die Jackentasche, bis man in dieses Europa kommt, wird man noch einmal fressen müssen. Dem Jungen die Hand gedrückt, alles Gute gewünscht – weg. Ich habe keine Zeit gehabt, mir alle Gänge in Lefortowo zu merken. Nur, an einer Stelle haben sie mich immer gewarnt, nicht mit dem Kopf anzustoßen.

In der Aufnahmebox bekam ich meine Uhr und mein Kreuz zurück und mußte quittieren. Der Oberstleutnant zeigte sich beunruhigt, daß meine Jackentasche so weit abstand. Ich zeigte ihm das Brot. Er zögerte einen Moment, sagte aber nichts.

Und wieder warten. Der verschlagene Gefängnisleiter kam, um mir Gesellschaft zu leisten. Er wirkte, wenn auch geschniegelt, schon weniger imposant und sah fast nachdenklich aus, als fühlte er sich von mir angezogen, wie von etwas Geheimnisvollem, Unerklärlichem, den Gesetzen des Lebens nicht Unterworfenem, wie von einem vorüberfliegenden Meteoriten.

Er schien mir sogar freundlich zuzulächeln, legte den Kopf schief und betrachtete mich.

»Welche Artillerie-Schule haben Sie absolviert?«

»Leningrad. Die dritte.«

»Und ich die Zweite. Derselbe Jahrgang.«

Ich finde das auch komisch. Wir sind zur selben Zeit als Schüler derselben Anstalt mit leerem Magen herumgelaufen und haben von den gekreuzten Kanönchen auf den Spiegeln geträumt. Aber jetzt zieren seine Achselklappen die Zeichen des MWD.

»Ja, . . . wir kämpften im Krieg auf derselben Seite, aber heute stehen Sie auf der anderen Seite der Barrikade.«

Ach, diese Lenin-Trotzkij-Sprache, sie ist an drei Generationen hängengeblieben. Die ganze Welt ist für sie voller Barrikaden, aber einen Schneeball-Busch können sie nicht sehen. Barrikaden bleiben Barrikaden, aber ihr habt euch auf eurer Seite nicht schlecht mit Polstermöbeln eingerichtet, und auf unserer Seite heißt es – »Hände auf den Rücken!«

Wir kommen nach draußen. Und wieder werde ich auf dem Hof eingekreist, wieder auf den Hintersitz gedrängt, in die Mitte zwischen zwei andere, ganz eng. Und der Beifahrer von gestern, der mich zu Hause abgeholt hatte, dieselbe Mütze, derselbe Kragen, aber das Gesicht kommt mir plötzlich bekannt vor?

Aha, ich Dummkopf! Das ist ja mein Arzt! Der von gestern, der von heute früh. Ich habe kein gutes Auge, sonst hätte ich sofort gemerkt: von der Haustüre ab hatte mich dieser Arzt ständig begleitet, mit einem Köfferchen, Schritt für Schritt hatte er mich überwacht.

Die verfluchten Torflügel öffneten sich, wir fuhren hinaus. Zwei Wagen, auch in dem anderen vier, also wieder acht. Ich versuchte wieder, mit der Hand die Kehle zu massieren – sie beobachteten mich wachsam.

Auch heute hatte es getaut, auf den Straßen war es matschig, die Autos bespritzten sich gegenseitig. Wir fuhren am Kurskij-Bahnhof vorbei. Wir fuhren an drei Bahnhöfen vorbei. Wir biegen ab – zum Leningrader Prospekt. Belorusskij-Bahnhof? Von dort hatten sie mich damals, als ich verhaftet aus Europa kam, abgeholt. Nein, vorbei, über den schmutzigen, matschigen Prospekt an diesem ungemütlichen, schmutzigen Tag – Scheremtjewo – wohin denn sonst? Ich hasse diesen Weg, schon seit dem vergangenen Sommer, seit unserem unheildrohenden Firsanowka. Ich sage zu dem Arzt:

»Ich kann nicht fliegen.«

Er dreht sich um und sagt ganz menschlich, überhaupt nicht im Gefängniston:

»Es läßt sich nicht ändern, das Flugzeug wartet schon.«

(Hätte ich nur gewußt, wie lange das Flugzeug schon wartet! Drei Stunden, die Fluggäste waren schon ganz verzweifelt, es waren auch Kinder dabei, und niemand wußte, worauf die Verspätung zurückzuführen war. Und zwei Kommissionen, nacheinander, hatten dieses Flugzeug geprüft. Auf Anfragen aus Europa wurde geschwindelt: Nebel.)

»Aber ich fliege mit Ihnen, ich habe alle Mittel dabei.«

Und wieder der Halbkreis – jetzt um die Gangway: ich könnte ja durchschlüpfen und weglaufen! Die Gangway führt zur ersten Kabine. In der Kabine – Sieben in Zivil. Der Achte ist der Arzt an meiner Seite. Außer dem Arzt sind sie wieder alle neu. (Es mußten ja jedesmal neue Schutzmaßnahmen getroffen werden.) Sie zeigen mir meinen Platz neben dem Gang in der mittleren Reihe, hier bitte. Neben mir am Fenster sitzt einer, hinter uns zwei, vor mir noch einer. Und auf der andern Seite des Ganges zwei und hinter diesen noch zwei. Ich bin von einem richtigen Gürtel umgeben. Und jetzt kommt der Arzt: er beugt sich fürsorglich über mich und erklärt, empfiehlt, welche Arznei ich jetzt, welche ich in einer halben und welche ich in zwei Stunden nehmen könnte, und reißt jede einzelne Tablette vor meinen Augen von der fabrikneuen Packung ab, um mir damit zu zeigen, daß es kein Gift sei. Übrigens ist eine von diesen Tabletten meiner Meinung nach ein Schlafmittel, und ich nehme sie nicht. (Wollen sie mich unterwegs einschläfern oder betäuben?) »Wieso? Dauert der Flug so lange?« frage ich ihn naiv. »Wieviele Stunden?« Aber seine Antwort ist geradezu verblüffend: »Sehen Sie, ich weiß es nicht genau.« Länger wird nicht mehr gewartet: die Türen werden geschlossen, die Aufforderung, die Gurte anzulegen leuchtet auf, mein Nachbar fragt, auch er fürsorglich: »Sind Sie noch nie geflogen? Das macht man so zu. Und nehmen Sie einen Startbonbon, die sind sehr gut.« Von der Stewardess in Dunkelblau. Sie ist ganz unschuldig, sie hat nicht die mindeste Ahnung, was das für Fluggäste sind. Unsere einfachen sowjetischen Bürger.

Das Flugzeug rollte über den trüben schmutzig-weißen Flugplatz, an anderen Flugzeugen und irgendwelchen Gebäuden vorbei, ich registriere keine Einzelheiten: alles hier ist mir genau so widerwärtig wie auf jedem Flugplatz, dies alles ist das Letzte, was ich von Rußland sehe.

Zum zweiten Male verlasse ich Rußland: das erste Mal auf einem Militärauto in Richtung Front, mit den vorrückenden Truppen:

> Tu dich auf, du fremde Erde!
> Öffne vor uns Tür und Tor!

Und einmal bin ich zurückgekommen: aus Deutschland nach Moskau, in Begleitung von drei KGB-Männern. Und jetzt wieder in der gleichen Begleitung von Moskau aus, und dieses Mal sind es acht. Verhaftung verkehrtherum.

Als das Flugzeug erzittert und abhebt – bekreuzige ich mich und verneige mich vor der zurückweichenden Erde.

Die KGB-Männer starren mich an.

(Die Telefonanrufe bedeuten nichts . . . Aber plötzlich schallt es durch die ganze Wohnung: »Er fliegt! Sie haben ihn ausgewiesen! Nach Westdeutschland!« Es war angerufen und mitgeteilt worden, daß man von Freunden von Heinrich Böll gehört habe, er erwarte seinen Gast in Frankfurt. Ist das glaubwürdig? Kann man dem Glauben schenken? Haben *sie* nicht selbst dieses Gerücht in die Welt gesetzt, um von ihren Kellern abzulenken? »Ich werde es erst glauben, wenn ich die Stimme von Alexandr Issajewitsch höre.« Was haben die Freunde von Heinrich Böll damit zu tun? Das ist doch Theater! . . . Warum haben sie ihn dann auf diese Weise geholt, acht Mann gegen einen? Wozu haben sie sich vor der ganzen Welt so blamiert, ihn verhaftet, um ihn auszuweisen? Aber wieder und wieder kommen Anrufe verschiedener Agenturen. Das Innenministerium von Nordrhein-Westfalen bestätigte: »Er wird in Westdeutschland erwartet« . . . Und noch mehr: »Er ist schon angekommen, er befindet

sich unterwegs zum Wohnsitz von Heinrich Böll! . . .
So ist das also? . . . Aber warum freuen sich eigentlich
alle so? Das ist doch ein Unglück, das ist doch Gewalt, nicht weniger als das Lager . . . *Ausgewiesen,*
was für ein zischendes, fremdes Wort . . . Ihn haben
sie ausgewiesen – wird jetzt bei uns alles beschlagnahmt? Ach, hätte ich doch alles nur rechtzeitig verteilt, ich habe ja so viel Zeit verloren! Sie verbrennt.
Sie verbrennt ununterbrochen. Andere rufen an, gra-
tulieren – zu einem Unglück? . . .)

Alles, was dann kommt, kennen meine Leser besser als ich,
verschiedene Wolkenschichten, über den Wolken die Sonne,
wie über einer Schneebene. Als die Flugrichtung feststand,
kombinierte ich: (es ist jetzt gegen zwei, 15° über dem exakten
Mittag hinaus) unsere Position gegenüber der Sonne, und ich
erhalte eine Linie zwischen Minsk und Kiew. Also ist mit einer
Landung in der UdSSR nicht mehr zu rechnen, also Wien?
Auf eine andere Idee komme ich nicht, denn ich kenne weder
Fluglinien noch Flugplätze.
Wir fliegen, als wären wir in der Luft aufgehängt. Links vor
uns blendendes Sonnenlicht auf den schneeigen Wolkenfeldern.
Und die Zellen für Menschen die *anders* denken sind so ein-
gerichtet, daß an den Decken schon wieder die Nachtlampen
brennen, bis zum nächsten Mittag. Herr, wenn Du mir das Le-
ben zurückgibst, wie kann ich diese Zellen niederreißen?
Es waren reichlich viele Übergänge in diesen letzten, nicht
ganz vierundzwanzig Stunden. Ein weich gepolsterter Sitz,
Bonbons. Und in der Tasche ein Stück Brot aus Lefortowo: im
Märchen gelingt es einem, aus einer bösen Verzauberung einen
materiellen Beweis an sich zu reißen und mitzubringen: dies ist
wirklich geschehen, dies ist kein Traum.
Aber auch ohne diesen Brotkanten hatte ich all dies nicht vergessen.
Dieser Flug ist ein Symbol: fünfzig Jahre im Rücken sind abgeschnitten, ein paar liegen noch irgendwo vor mir. Dies Hängen in der Luft ist wie ein Erwägen: hast du auch richtig
gelebt? Richtig. Mach jetzt keinen Fehler, die neue Welt bringt
neue Schwierigkeiten.
So schwebe ich und denke und habe nicht einmal Muße und

Lust, mir meine Bewacher anzusehen. Der eine zieht ein Radio hervor, er grinst, das ist eine lustige Dienstreise, er möchte so gerne das Radio einschalten und fragt den anderen, ob das geht? (Es ist nicht zu erkennen, wer der Rangälteste ist.) Ich runzele deutlich die Stirn, schüttele den Kopf: »Das stört« (beim Nachdenken). Man winkt ab, er legt den Apparat weg. Die zwei hinter uns – sie sind *irgendwie anders* – lesen deutsche Zeitungen, die *Frankfurter Allgemeine,* sind das vielleicht Diplomaten? Die KGB-Männer langweilen sich, sie studieren die verstreuten Reklamen, Prospekte und . . . Flugpläne, die Flugpläne der Aeroflot. Träge, wie in höchster Langeweile, nehme ich einen Flugplan und fange an, ihn ebenso gelangweilt zu studieren. Die Flugzeugtypen kann ich überhaupt nicht unterscheiden. Es gibt ungezählte Fluglinien, es geht nach Wien, es geht nach Zürich, aber die Zeit paßt für keine. Zwischen halb zwei und zwei startet nach Europa nicht ein einziges Flugzeug in der Frage kommenden Richtung. Das war also ein Sonderflug für mich. Dafür hat unser Staat Geld, das ist russische revolutionäre Lebensart.

Gar nicht erst denken. Waagebalken. Aufgehoben schweben und wissen: solche Stunden gibt es im Leben nur wenige. Von welcher Seite man es auch ansehen mag, es ist ein Sieg. Das Kalb hat sich nicht schwächer als die Eiche gezeigt. Worauf ich meine Gedanken auch richte – ich kann mich nicht konzentrieren. *Zuhause –* was haben sie bei der Hausdurchsuchung erbeutet? (Aber das ist jetzt nicht mehr so brennend wie heute Nacht!) Wie mag es ihnen allen jetzt gehen?

(Alle Sender hatten inzwischen zehnmal wiederholt: er ist im Flugzeug, er ist gelandet, er ist unterwegs zu Böll. Und als niemand mehr auch nur den geringsten Zweifel hatte: »Das Flugzeug wird in anderthalb Stunden landen.« Aber wieso hatte der Minister gesagt: »Schon angekommen«? Und alle Korrespondenten? Dann hatte ihn noch niemand lebend gesehen?? Dann ist das also Theater?! Dann ist er also doch nicht abgeflogen?!? Dann war das *vorher* noch nicht das wirkliche Unglück!? Dann kommt es erst jetzt . . . die Nachrichten überstürzen sich: er ist noch in der Luft . . . er ist gelandet . . . Das Flugzeug ist noch

NICHT AUS MOSKAU ABGEFLOGEN, der Flug mußte *verschoben werden*! Jetzt, jetzt ist es endgültig klar: sie haben ihn ausgeflogen. Sie fliegen mit ihm nach Ägypten oder nach Kuba, sie lassen ihn dort zurück und haben keine Verantwortung mehr. Wartet, ihr Schufte, ich werde euch wie eine Gräte quer im Hals steckenbleiben! Ich werde es euch zeigen!)

Die Stewardess bringt Kaffee und Gebäck. Na, dann wollen wir mal trinken, dann brauchen wir unser Brot nicht anzubrechen. Und wieder beugt sich der Arzt über mich: Wie mein Befinden sei? Ob ich etwas Besonderes spüre? Ob ich vielleicht noch eine Tablette möchte? Wirklich, er ist sehr liebenswürdig, gleich von den ersten Morgenstunden in Lefortowo an, er hat wahrscheinlich sogar im Gefängnis übernachtet. »Entschuldigen Sie, wie heißen Sie?« Er erstarrt sofort zu Eis und sagt mit ebenfalls eisiger Stimme: »Iwan Iwanowitsch.« Da habe ich daneben gehauen! . . .
Aber jetzt etwas anderes! Ich bin die begehrenswerteste Staatsangehörigkeit los. Nun bin ich also ein freier Mensch und will auf die Toilette. Wo ist das? Wahrscheinlich im Heck. Ohne ein Wort zu sagen, ohne mich um jemanden zu kümmern, stehe ich auf und gehe ganz schnell nach hinten, ich gehe so schnell, daß sie sich zwei Sekunden zu spät aufregen, aber dann um so heftiger. Ich öffne die Tür – dahinter ist noch eine Kabine. Etwa für zwanzig Passagiere – *völlig leer*! Ja, solchen Luxus kann sich der Sozialismus leisten. Ich gehe weiter, aber schon haben mich drei eingeholt! Unter ihnen auch »Iwan Iwanowitsch«. Was ist denn los? Wieso? Was soll denn los sein? Ich will zur Toilette. Aber das ist doch nicht hier, das ist doch falsch, das ist doch vorne! Aha, vorne, in Ordnung. Ich mache kehrt. Auch das kann ich noch als eine besondere Liebenswürdigkeit verstehen, aber als ich die Toilettentür geöffnet habe, kann ich die Tür hinter mir nicht mehr schließen: zwei KGB-Männer drängen sich dazwischen, allerdings nicht ohne mir den Vortritt zu lassen. Sträflingsmanieren: möchten sie unbedingt dabeisein? Bitteschön, die Männer machen das so. So, das wäre es. Erlauben Sie! Natürlich, bitteschön. Sie machen mir Platz. Aber jetzt sitzt am Fenster neben mir ein anderer, offenbar ein scharfer Hund, der erste hat sich nicht bewährt.

Meinen neuen Nachbarn betrachte ich mit etwas mehr Aufmerksamkeit: eigentlich sieht er aus wie ein Mörder. Und jetzt sehe ich mir auch die andern an. Drei, vier von ihnen sehen so aus, als ob sie schon Blut an den Fingern kleben hätten, und sollte einer noch keine Gelegenheit gehabt haben, so ist er bestimmt bereit, sich heute noch auszuzeichnen. Heute . . . Was bin ich doch für ein Schlappohr, daß ich mich so in Wohlgefühl aufgelöst habe? Auf wen habe ich mich eigentlich verlassen? Maljarow? Podgornyj? Ein alter Strafgefangener – und schon zwei Tage lang nichts als Fehler. Ich habe vieles verlernt, wie kann ein richtiger Sträfling – »schmal, durchsichtig und mit heller Stimme« – auch für eine Kopeke, auch nur einen Augenblick lang einem sowjetischen Staatsanwalt oder einem sowjetischen Präsidenten trauen? Ausgerechnet ich! Kenne ich denn nicht genügend Beispiele, wie unsere Helden nach dem Krieg in verschiedenen europäischen Hauptstädten, mitten am hellichten Tag, auf der Straße ihr Opfer in ein Auto gezerrt und in den Keller der Botschaft verschleppt haben, um es nachher irgendwohin zu exportieren? In jeder sowjetischen Botschaft gibt es mehrere solcher Kellerräume, gut ausgemauert, massiv, man braucht für mich nicht unbedingt eine Zelle in Lefortowo. Gleich, nach der Landung in Wien, in dem eingeschüchterten neutralen Österreich, steht an der Gangway dieses leeren Flugzeugs ein Auto der Botschaft, diese acht stoßen mich mühelos hinein. (Ach was! Sie verpacken mich gleich hier im Flugzeug zu einem Bündel und tragen mich herunter, solche Geschichten hat es ja schon oft gegeben!) Ich werde einige Tage in der Botschaft bleiben. Der Beschluß ist veröffentlicht, ich bin ausgewiesen, wann und wohin, darüber ist man den Korrespondenten keine Auskunft schuldig. Und einige Tage später findet man mich tot auf der Böschung einer österreichischen Straße – warum sollte die sowjetische Regierung sich dafür verantworten müssen? All die Jahre waren sie zu ihrem größten Bedauern für mich verantwortlich, und darin lag meine Sicherheit – aber *jetzt* war das vorbei!

Dieser Plan war derart im Stil des KGB, daß ich ihn weder bezweifelte noch weiter überdachte. Wieso hatte ich das nicht sofort erkannt? . . . Und was jetzt? Jetzt gibt es nur eins: möglichst sorglos tun: ich ruhe mich aus, ich bin entspannt, ich lächle, ich wechsle sogar mit dem einen oder anderen ein Wort

– ich vertraue ihnen. (Wenn sie mich nur nicht in einen Sack stecken, wenn ich nur auf eigenen Füßen herauskommen kann, ich kenne die Regeln auf einem Flughafen nicht, aber ich halte es für ausgeschlossen, daß bei der Landung kein Polizist in der Nähe sein würde. Und wenn es auch nur ein einziger ist, werde ich Zeit haben, laut zu schreien. Schnell, schnell, in der Kindheit erlernte, seit langem vernachlässigte deutsche Sprache, rette mich jetzt! Und ich stelle im Kopf den Satz zusammen: »Herr Polizei! Achtung! Ich bin Schriftsteller Solschenizyn! Ich bitte um Ihre Hilfe und Verteidigung!« Werde ich Zeit haben, das herauszuschreien? Selbst wenn es auch die Hälfte ist und sie mir den Mund zuhalten, er wird es verstehen!)

Und jetzt – jetzt muß ich sie beobachten. Ich dämmere so vor mich hin und beobachte sie: was machen sie für Gesichter? Sprechen sie miteinander? Sieht es so aus, als ob sie sich auf etwas vorbereiten würden? Was haben sie für Gepäck mit? Aber alle sitzen mit leeren Händen da. Das heißt, sie sind frei, um . . . Und jetzt sind wir fast seit drei Stunden unterwegs, das ist ziemlich lang. Wie weit ist es bis nach Wien? Ich habe keine Ahnung, ich habe mich nie dafür interessiert. Und jetzt gehen wir langsam herunter. Und jetzt kann ich mich nicht beherrschen und versuche es noch einmal: ohne Hast, eher gemütlich, gehe ich den inzwischen bekannten Weg zur Toilette. Zehn Minuten vor dem Flugplatz – bin ich noch ein Häftling, oder bin ich kein Häftling mehr? Sofort sind zwei hinter mir her, und sogar mit dem Vorwurf, warum ich denn nichts gesagt hätte. (Damit der eine Bewacher Zeit hat, seinen Posten vor mir zu beziehen.) »Braucht man denn das noch?« Ich lächle. »Aber wieso denn, ich kann Ihnen doch die Tür aufmachen.« Und wieder blieben sie zu zweit vor der Tür stehen, damit ich sie nicht hinter mir schließen kann. Da muß ich mir nüchtern sagen: Nein, die Sache ist nicht ganz so einfach. Sie haben etwas mit mir vor. (Heute weiß ich: sie hatten die Instruktion, mich vor einem Selbstmord zu bewahren oder davor, daß ich mir die Adern oder das Gesicht zerschneide, wie es die Kriminellen tun, wenn sie nicht verschickt werden wollen. Wie hätte es ausgesehen, wenn sie mich mit Schnittwunden aus dem Flugzeug geführt hätten!)

In Ordnung. Ich setze mich auf meinen alten Platz und blicke entspannt und sorglos vor mich hin. Wir gehen immer tiefer.

Jetzt kann ich eine große Stadt erkennen. An einem Fluß. Einem nicht besonders breiten, aber auch nicht kleinen Fluß. Die Donau? Wer weiß? Wir ziehen eine Schleife. Keine Grünanlagen und keine Vororte wie in Wien, viel Industrie, aber wo gibt es heute keine Industrie? . . . Und jetzt sind wir am Flughafen. Wir rollen über die Landebahn. Ein Gebäude überragt alle anderen, darauf steht »Frankfurt am Main«. Nein, so was! . . . Wir rollen aus, wir wenden, Polizei ist da, und nicht einmal so wenig, soweit ich das an den Uniformen erkennen kann. Es sind überhaupt ziemlich viele Menschen versammelt, etwa zweihundert, jedenfalls genügend, um ihnen etwas zuzurufen.

Wir bleiben stehen. Draußen wird die Gangway herangefahren. Einige der *Unseren* laufen zum Piloten und kommen zurück. Ich halte es nicht aus, das ist ja auch die automatische Geste eines Passagiers – der Griff nach dem Mantel (dem Mantel aus Lefortowo, brüderliches Produkt aus der Tschechoslowakei), soll ich ihn vielleicht anziehen? Sofort bauen sie sich vor mir auf, und herrschen mich an: »Sitzenbleiben!« Es sieht schlecht aus. Ich bleibe sitzen. Drei oder vier rennen hin und her, die andern hocken um mich herum wie die Tiger. Ich sitze gelassen da: wirklich, warum sollte ich hier im Mantel schwitzen? Und plötzlich aus dem Cockpit das Kommando – laut und scharf: »Zieht ihn an! Führt ihn raus!«

Die schlimmsten Befürchtungen bewahrheiten sich, *in dieser Weise* kann man nur von einem Häftling sprechen. Schön, ich wiederhole in Gedanken die deutschen Sätze. Den Mantel durfte ich übrigens selbst anziehen. Und auch die Mütze. Immerhin komme ich nicht in den Sack. Und plötzlich drängt sich einer von diesen acht an mich, Gesicht an Gesicht, Brust an Brust, Bauch gegen Bauch und drückt mir fünf Scheine in die Hand, fünfhundert Deutsche Mark. Was bedeutet das?? Wenn ich schon ein Häftling bin – warum sollte ich sie nicht annehmen? Ich nehme von ihnen ja auch Brot und die Schtschi . . . Aber trotzdem spiele ich den Gentleman:

»Erlauben Sie . . . wem bleibe ich das schuldig?«

(Sie haben genug von unserem Blut getrunken. Haben sie seit 1918 auch nur einen einzigen russischen Rubel mit ihrer eigenen Hände Arbeit verdient?)

»Niemandem, niemandem« . . .

Und schon trat er beiseite, ich konnte mir nicht einmal sein Gesicht merken.

Überhaupt, plötzlich ist der Weg frei. Die KGB-Männer stehen auf beiden Seiten, der Pilot kommt aus dem Cockpit. Und dann die Stimme:

»Gehen Sie.«

Ich gehe. Ich steige hinunter. Die Bewacher an beiden Seiten, die mich wie in eine Schachtel eingezwängt hatten, sind fort. Ich stieg drei, vier Stufen herunter – drehe mich nochmals um, staune. Sie kommen nicht hinterher! Die höllische Schar blieb im Flugzeug.

Und es kam überhaupt niemand, ich war ja in den beiden Kabinen der einzige Passagier gewesen.

Ich muß jetzt darauf achten, wohin ich trete, um nicht zu stolpern. Dann werfe ich einen kurzen Blick geradeaus. In einem weiten Kreis, offensichtlich jenseits der Absperrung, stehen etwa zweihundert Menschen, klatschen, fotografieren oder filmen. Haben sie mich etwa erwartet? Sind sie im Bilde? Mit dem Nächstliegenden, mit einer Begrüßung, hatte ich überhaupt nicht gerechnet. (Ich hatte völlig vergessen, daß man einen Menschen nicht in ein Land abschieben darf, ohne dieses Land vorher gefragt zu haben. Nach kommunistischer Sitte allerdings braucht man keine Erlaubnis. Man war ja auch am 21. August in Prag gelandet.)

Und unten jemand sehr Sympathisches, er lächelt und sagt in passablem Russisch:

»Peter Dingens, Referent im Auswärtigen Amt der Bundesrepublik.«

Und dann tritt eine Frau vor und überreicht mir eine Blume.

Siebzehn Uhr fünf nach Moskauer Zeit. Vor genau vierundzwanzig Stunden brachen sie in meine Wohnung ein, drängten sich dort und ließen mir keine Zeit zum Packen . . . Für nur vierundzwanzig Stunden ist das alles freilich ein bißchen viel.

Aber jetzt beginnen die zweiten vierundzwanzig Stunden – ich werde durch eine Nebenausfahrt in einem Polizeiauto vom Flugplatz gebracht. Mein Begleiter schlägt mir vor, zu Böll zu fahren, und wir rasen über die Chaussee und sprechen bereits von *diesem* Leben: es hat ja bereits begonnen.

Wir rasen mit hundertzwanzig Stundenkilometern, aber trotzdem werden wir von einem anderen Polizeiauto überholt, das uns ein Zeichen gibt, an die Seite zu fahren. Ein rothaariger junger Mann springt heraus und überreicht mir einen riesigen Blumenstrauß mit der Erklärung:

»Vom Innenminister des Landes Rheinland-Pfalz. Der Herr Minister nimmt an, daß dies der erste Blumenstrauß ist, den Sie von einem Innenminister erhalten!«

Und ob! Das kann man wohl sagen! Von den *Unseren* gab es höchstens Handfesseln. Nicht einmal mit meiner Familie hatte ich zusammenleben dürfen . . .

(In Moskau wurden die ausländischen Korrespondenten über die Aberkennung der Staatsbürgerschaft informiert: »Die Familie kann auf Wunsch unverzüglich nachreisen.« »Ich glaube gar nichts, solange ich nicht seine Stimme höre.« Und jetzt aus der Bundesrepublik: Einzelheiten über die Ankunft auf dem Flugplatz. So etwas kann man sich doch nicht ausdenken, es kann doch kein Schauspieler gewesen sein? Und dann der Anruf eines Korrespondenten der *New York Times*: er habe gerade bei Böll angerufen und mit Solschenizyn gesprochen . . .

Und endlich ruft er selbst an. Im Arbeitszimmer mit den zwei Schreibtischen, wo gestern noch in spannungsgeladener Stille irgend etwas abgeschlossen wurde, wo später die KGB-Männer einbrachen, wo noch später so viel verbrannt wurde, drängten sich vierzig Menschen – Freunde, Bekannte – um bei dem Gespräch dabei zu sein . . . Anklage wegen *Landesverrat*. . . vom KGB eingekleidet. . . Oberst Komarow. . . Hier kursiert ein Gerücht (sie haben es selbst in Umlauf gesetzt, aber viel zu voreilig, es ist nicht durchdacht), daß du dich freiwillig für die Ausweisung statt der Haft entschieden hättest. »Hast du keine Erklärung unterschrieben?« »Aber ich bitte dich, ich habe mit keinem Gedanken daran gedacht.« Na, jetzt wird er *es ihnen zeigen*!! . . .)

Abends in dem kleinen Dörfchen von Böll mußten wir zwischen zwei Reihen Autos von Korrespondenten hindurchfahren, die bereits das schmale Sträßchen säumten. Unter auf-

flammenden Blitzlichtern betraten wir das Haus, und bis tief
in die Nacht und vom frühen Morgen an hörten wir das Stimmengewirr draußen. Der gute Heinrich schob seine Arbeit beiseite, der Ärmste, und nahm mich gastfreundlich auf. Am
nächsten Morgen, so wurde mir erklärt, würde es sich wohl
nicht vermeiden lassen, sich draußen den Fotografen zu stellen
und etwas zu sagen.

Etwas sagen? Mein ganzes Leben lang hatte ich mich gequält,
weil es unmöglich war, die Wahrheit laut zu sagen. Mein ganzes Leben war ein Durchbruch zu der unverhüllten, öffentlichen Wahrheit. Und nun, endlich, war ich so frei wie noch
nie, kein Henkersbeil über dem Kopf, Dutzende von Mikrophonen der größten Agenturen der Welt vor dem Mund – es
wäre einfach unnatürlich gewesen, jetzt nichts zu sagen! Ich
könnte jetzt die wichtigsten Erklärungen abgeben, und sie würden weiter, weiter, weiter getragen werden . . . Aber in meinem
Inneren war irgend etwas gerissen. Vielleicht durch die Plötzlichkeit dieser Verpflanzung – ich bin mit mir selbst noch nicht
ins reine gekommen, wie sollte ich da etwas sagen können?
Das wird es auch gewesen sein. Aber in erster Linie kam es
mir plötzlich unwürdig vor: aus einer sicheren Stellung heraus
zu schimpfen, dort zu sprechen, wo alle anderen auch sprechen, wo es erlaubt ist. Und es kam wie von selbst über meine
Lippen:

»Ich habe genug gesprochen, solange ich in der Sowjetunion
war. Jetzt möchte ich schweigen.«

Und heute, aus der Distanz, denke ich: es war ganz richtig,
mein Gefühl hat mich nicht getäuscht. (Und später, als meine
Familie bereits in Zürich war, und die Korrespondenten mich
von neuem bestürmten, in der Annahme, daß ich nun, frei
von Angst, etwas Entscheidendes sagen würde – da wurde wieder nichts daraus, *ich hatte nichts*, was ich gerne gesagt hätte.)

Schweigen – ich wollte vor den Mikrophonen schweigen, mein
Leben in Europa habe ich von den ersten Stunden, von den
ersten Minuten an als eine Tätigkeit aufgefaßt, die endlich nicht
eingeschränkt sein würde: seit siebenundzwanzig Jahren
schrieb ich für die *Schublade*, und wenn man aus der Entfernung die Sachen drucken läßt, gerät es niemals so, wie es sein
soll. Erst jetzt kann ich zügig und sorgfältig meine Ernte einbringen. Das Wichtigste war für mich: der Tod in Lefortowo

wurde mir erspart, damit ich Bücher veröffentliche.

Aber bei uns, dort, in *Rußland,* könnten meine Worte rätselhaft klingen: wieso denn – *Schweigen?* Angesichts so vieler abgewürgter Kehlen – wie kann man denn da bloß schweigen? *Dort, für sie,* war die Gewalt, die mir angetan wurde, die ihnen gegenüber ausgeübt wird, das Wichtigste. Und ich wollte schweigen? *Sie* vernahmen den Donner des *Auf den Tod eines Dichters* von Lermontow, Regelson hat es am deutlichsten ausgesprochen. [Anhang 38]. Sie glaubten (im Affekt): besser ein Lager in der Sowjetunion als sein Leben im Ausland beschließen. So kann eine Erschütterung, unter verschiedenen Existenzbedingungen erlebt, auch bei Nahestehenden schon innerhalb von vierundzwanzig Stunden völlig gegensätzliche Auffassungen erzeugen.

(Der KGB hat ihn eingekleidet! . . . Ekelhaft! Und seine eigenen Sachen, die aus der Verbannung, sollen bei ihnen bleiben? Der Dreck bleibt an den Kleidern hängen, es ist so, als würden sie noch seinen Körper in den Händen haben. Ich muß sie abholen, aber wie kommt man nach Lefortowo? Da kommt man nicht herein. Anrufen? Solche Nummern stehen nicht im Telefonbuch. Bei den Untersuchungsrichtern? Der eine oder andere kennt die Nummern seiner Quäler. Aber der Untersuchungsrichter verweist auf eine andere Nummer, und dort wird nicht abgenommen. Die Staatsanwaltschaft? »Wir haben die Nummer von Lofortowo nicht.« – Aber *Sie* haben Solschenizyn doch hingebracht.« »Darüber ist nichts bekannt.« Da fiel ihnen ein: Donnerstag ist in Lefortowo Besuchstag. Sie fuhr einfach hin. Sie hämmerte gegen den geschlossenen Schalter: »Rufen Sie Oberst Komarow!« Hinter der Wand anhaltendes Schlüsselgerassel, und in Begleitung von zwei Adjutanten (sie schnellen hervor und stehen auf beiden Seiten stramm), jemand mit Hängebacken, grauhaarig und würdevoll: »Leiter des Untersuchungsgefängnisses Lefortowo, Oberst Petrenko!«

Auf dieser Seite der Barrikade kannst du lange laufen, um den Richtigen zu finden! Und erst recht die Kleider ... *Verbrannt*! Die sind am gleichen Tag, heißt es, verbrannt worden. Oder haben sie die Kleider unter sich verteilt? Oder brauchen sie sie, um sie nachzumachen?)

Was stand ihr nicht noch alles bevor! Jetzt stand ihr die Hauptsache bevor, sie mußte es anfangen und zu Ende führen: mein gesamtes riesiges Archiv, die Vorbereitungsarbeit von zwölf Jahren, für viele *Knoten*, mußte sie in die Schweiz bringen, durch die Luft, über die Erde oder übers Wasser, ohne auch nur einen Zettel, auch nur einen der vertrauten Umschläge zu verlieren, und mußte alles in dieselben Schubladen von diesem Schreibtisch einräumen, wenn alles dort gelandet war – und auf dem Weg durfte nicht ein einziges wichtiges Blatt (und ich habe nur wenige unwichtige) den eisernen Ring des Grenzschutzes passieren, um ihnen die Möglichkeit zu nehmen, beim Zoll mit einem Dutzend bereitstehender Geräte zu fotokopieren, oder gar alles zu konfiszieren, weil es dem KGB physisch *unmöglich ist*, weil es dem sowjetischen Regime physisch *unmöglich ist*, auch nur ein einziges Blatt in die Freiheit ziehen zu lassen, das ihnen nicht genehm ist.
Und diese Aufgabe hat meine Frau gelöst. Wäre es anders gekommen, müßte ich hier in der Verbannung mit einer blutenden Seite leben, mit einer weinenden Seele, ein Krüppel und nicht ein Schriftsteller.
Auch diese Geschicht müßte noch in dieses Buch aufgenommen werden. Aber – es geht nicht, es geht nicht ...

Sternenberg über den Höhen von Zürich
Juni 1974

ANHANG

Aus dem Russischen von
Wolfgang Kasack

Sehr geehrter Herr S. Komoto!

Ihr freundlicher Vorschlag, in der Neujahrsausgabe zu den japanischen Lesern zu sprechen, hat mich sehr gefreut. Alle drei Ausgaben von *Ein Tag im Leben des Iwan Denissowitsch* in japanischer Sprache besitze ich. Zwar habe ich keine Möglichkeit, die Übersetzungen zu beurteilen, doch bin ich von der äußeren Form der Publikationen begeistert.
Bis jetzt habe ich es abgelehnt, irgendwelche Interviews zu geben oder mich an die Leser einer Zeitung zu wenden. Doch seit kurzem denke ich anders über diesen Entschluß. Sie sind der erste, dem ich ein Interview gebe.
Ich beantworte Ihre Fragen.

1. (Wie ich die Reaktionen der Leser und Kritiker auf meine Werke beurteile.)

Die Lawine der Leserbriefe nach der ersten Publikation meiner Werke war für mich bisher eines der erregendsten und stärksten Erlebnisse meines ganzen Lebens. Viele Jahre hatte ich mich mit literarischer Arbeit befaßt, ohne auch nur ein Dutzend Leser zu haben. Um so spürbarer war das erste lebendige Empfinden des lesenden Landes.

2. (Was ich über *Krebsstation* sagen könnte.)

Krebsstation ist ein Roman im Umfang von fünfundzwanzig Druckbogen, er besteht aus zwei Teilen. Den ersten Teil habe ich im Frühjahr 1966 abgeschlossen, doch es gelang mir noch nicht, einen Verleger für ihn zu finden. Den zweiten Teil hoffe ich bald abzuschließen. Die Handlung des Romans spielt im Jahre 1955 in einer onkologischen Klinik einer großen sowjetischen Stadt im Süden. Ich habe selbst dort gelegen, befand mich an der Schwelle zum Tode und nutze meine persönlichen Erfahrungen. Übrigens ist es nicht nur ein Roman über ein Krankenhaus, denn bei künstlerischer Gestaltung wird jede einzelne Erscheinung, um einen mathematischen Vergleich zu benutzen, zu einem Ebenenbündel: Eine Menge verschiedener Ebenen des Lebens überschneiden sich unerwartet in einem ausgewählten Punkt.

3. (Meine literarischen Pläne.)

Auf eine solche Frage zu antworten, hat nur für einen Schriftsteller Sinn, der seine vorangehenden Werke bereits gedruckt und zur Aufführung gebracht hat. Mit mir verhält es sich nicht so. Bis jetzt blieben von mir ungedruckt mein großer Roman *(Im ersten Kreis)*, einige kleine Erzählungen, unaufgeführt sind meine Theaterstücke *(Nemow und das Flittchen, Das Licht, das in dir ist)*. Unter diesen Umständen hat man irgendwie nicht den Wunsch, von »literarischen Plänen« zu sprechen, sie haben keine reale Bedeutung.

Die mich am meisten anziehende literarische Form ist der »polyphone« Roman (ohne einen Haupthelden, wo die wichtigste Figur jene ist, die im jeweiligen Kapitel an der Reihe ist); in ihm müssen Handlungszeit und Handlungsort genau erkennbar sein.

4. (Mein Verhältnis zu Japan, dem japanischen Volk und seiner Kultur.)

Ich bemühe mich immer, *dicht* zu schreiben, das heißt, viel in einen geringen Umfang zu bringen. Als Unbeteiligtem kommt es mir aus der Ferne so vor, als ob dieser Zug einer der wichtigsten im japanischen Nationalcharakter sei, als ob die geographische Lage selbst diesen Zug bei den Japanern entwickelt habe. Das gibt mir das Empfinden einer »Verwandtschaft« mit dem japanischen Charakter, obwohl dies mit keinem speziellen Erforschen der japanischen Kultur bei mir verbunden ist. (Eine Ausnahme bedeutet die Philosophie von Yamaga Soko, die auf mich sogar bei oberflächlicher Begegnung einen unauslöschlichen Eindruck gemacht hat.) Da ich während eines langen Abschnittes meines Lebens teils der Freiheit beraubt war, teils mich mit Mathematik und Physik befassen mußte, die mir die Existenzgrundlage gaben, habe ich mich für den Rest der Zeit der eigenen literarischen Tätigkeit gewidmet und bin daher wenig über die Ereignisse der gegenwärtigen Kultur der Welt informiert, weiß wenig von Schriftstellern, Künstlern, Theater und Kino des Auslands in unserer Zeit. Das gilt auch für Japan. Nur einmal ist es mir gelungen, bei einer japanischen Theateraufführung zu sein (des Theaters »Kabuki«), und ich habe nur drei japanische Filme gesehen. Von ihnen hat *Die nackte Insel* den stärksten Eindruck bei mir hinterlassen.

Hoch achte ich die ungewöhnliche Arbeitsamkeit und Begabung des japanischen Volkes, die es unter stets nicht leichten naturgegebenen Bedingungen gezeigt hat.

5. (Wie ich die Verpflichtung des Schriftstellers zur Verteidigung des Friedens sehe.)

Ich fasse diese Frage weiter auf. Der Kampf um den Frieden ist nur ein Teil der Verpflichtungen des Schriftstellers vor der Gesellschaft. Nicht weniger wichtig ist auch der Kampf um soziale Gerechtigkeit und um die Festigung geistiger Werte bei seinen Zeitgenossen. Es ist gerade die Verteidigung der sittlichen Werte in der Seele eines jeden, mit der allein eine fruchtbringende Verteidigung des Friedens anfangen kann.
In den Traditionen der russischen Literatur groß geworden, kann ich mir eine eigene literarische Tätigkeit ohne dieses Ziel nicht vorstellen.
Ich wünsche den japanischen Lesern ein glückliches Neues Jahr!

A. Solschenizyn

2   16. Mai 1967

Brief an den IV. Allunionskongreß des Schriftstellerverbandes der UdSSR (Anstelle einer Rede)

An das Präsidium und die Delegierten des Kongresses
An die Mitglieder des Schriftstellerverbandes der UdSSR
An die Redaktionen der Literaturzeitungen und -zeitschriften

Da ich keinen Zutritt zum Podium des Kongresses habe, bitte ich den Kongreß zu diskutieren:

1. Jene nicht weiter zu duldende Unterdrückung, der unsere Literatur Jahrzehnt um Jahrzehnt durch die Zensur ausgesetzt ist und mit der sich der Schriftstellerverband in Zukunft nicht abfinden kann.

Die in der Verfassung unseres Staates nicht vorgesehene und daher ungesetzliche, nirgends öffentlich so benannte Zensur lastet unter der nebelhaften Bezeichnung »Glawlit« (Hauptverwaltung für Literatur) auf unserer Literatur und verwirklicht die Willkür literarischer Analphabeten an den Schriftstellern. Die Zensur, ein Überbleibsel des Mittelalters, schleppt ihr methusalemisches Alter fast bis ins 21. Jahrhundert! Selbst verweslich, drängt sie danach, sich das anzueignen, was der unverweslichen Zeit zusteht: die wertvollen Bücher von den wertlosen zu scheiden.

Unseren Schriftstellern wird das Recht nicht zuerkannt, es wird geleugnet, über das sittliche Leben des Menschen und der Gesellschaft Urteile im voraus abzugeben, in eigener Weise die sozialen Probleme zu erklären oder die historische Erfahrung, die in unserem Land so tief erlitten wurde. Werke, die in der Lage wären, Gedanken Gestalt zu geben, die im Volke herangereift sind und rechtzeitig und heilsam auf das geistige Leben oder die Entwicklung des gesellschaftlichen Bewußtseins Einfluß nehmen könnten, werden verboten oder von der Zensur nach kleinlichen, egoistischen und für das Leben des Volkes kurzsichtigen Erwägungen verunstaltet.

Ausgezeichnete Manuskripte junger Autoren, deren Namen noch niemand kennt, erhalten heute von den Redaktionen nur deshalb Absagen, weil sie bei der Zensur »nicht durchkommen würden«. Viele Mitglieder des Schriftstellerverbandes und auch Delegierte dieses Kongresses wissen, wie sie selbst dem Zensurdruck nicht widerstanden und in Struktur und Idee ihrer Bücher nachgaben, Kapitel, Seiten, Absätze und Sätze austauschten, ihnen blasse Titel gaben, nur um sie gedruckt zu sehen, und auf diese Weise ihren Inhalt und die eigene literarische Methode in nicht wiedergutzumachender Weise verfälschten. Aufgrund der verständlichen Eigenart der Literatur richten alle diese Verfälschungen talentierte Werke zugrunde, wirken sich aber auf unbegabte Werke nicht aus. Gerade der beste Teil unserer Literatur erscheint in verfälschter Form.

Indessen sind die Abstempelungen der Zensur selbst (»ideologisch schädlich «, » fehlerhaft « usw.) nicht von langer Dauer und ändern sich vor unseren Augen. Eine Zeitlang wurde bei uns sogar Dostojewskij, der Stolz der Weltliteratur, nicht gedruckt (auch heute erscheint er nicht vollständig), er wurde aus den Lehrplänen der Schulen gestrichen, dem Leser unzugänglich gemacht, verunglimpft. Viele Jahre galt Jessenin als » konterrevolutionär « (und für seine Bücher kam man sogar in Haft). War nicht auch Majakowskij ein » anarchisierender, politischer Rowdy «? Jahrzehntelang galten die nie welkenden Verse der Achmatowa als » antisowjetisch «. Die erste schüchterne Veröffentlichung der strahlenden Zwetajewa wurde vor zehn Jahren als » grober politischer Irrtum « bezeichnet. Erst mit einer Verspätung von zwanzig und dreißig Jahren gab man uns Bunin, Bulgakow und Platonow zurück, unabdingbar stehen Mandelstam, Woloschin, Gumiljow und Kljujew an, es wird sich nicht vermeiden lassen, eines Tages auch Samjatin und Remisow » anzuerkennen «. Er gibt hier einen genehmigungsauslösenden Umstand – den Tod eines mißliebigen Schriftstellers. Danach, einmal früher, einmal später, wird er uns, verbunden mit einer » Erklärung der Fehler «, zurückgegeben. Längere Zeit durfte man den Namen Pasternaks nicht einmal aussprechen, nun ist er gestorben – da werden seine Bücher veröffentlicht und seine Gedichte sogar bei feierlichen Anlässen zitiert.

Wahrlich, Puschkins Worte erfüllen sich:

Sie können nur die Toten lieben!

Doch eine spätere Veröffentlichung von Büchern und eine » Freigabe « von Namen schafft keinen Ersatz für die Verluste im gesellschaftlichen und künstlerischen Leben, die unser Volk durch diese entstellenden Verzögerungen, durch die Unterdrückung des künstlerischen Bewußtseins erleidet. (Eine Einzelheit: Es gab in den zwanziger Jahren Schriftsteller – Pilnjak, Platonow, Mandelstam, die sehr früh auf das Entstehen eines Personenkults und die besonderen Eigenschaften Stalins hingewiesen haben, doch sie wurden zum Schweigen gebracht und ermordet, statt daß man auf sie gehört hätte.) Literatur kann sich nicht in den Kategorien entwickeln, daß etwas » durchgelassen « oder » nicht durchgelassen « wird, daß etwas » erlaubt «, etwas » nicht erlaubt « ist. Eine Literatur, die nicht die Luft der Gesellschaft ihrer Zeit ist, die nicht wagt, der Gesellschaft das zu vermitteln, was sie schmerzt und beunruhigt, die nicht zur rechten Zeit vor drohenden sittlichen und sozialen Gefahren warnt, verdient nicht einmal die Bezeichnung Literatur, sondern bloß Kosmetik. Eine solche Literatur verliert beim eigenen Volk das Vertrauen, und ihre Auflagen gelangen nicht zum Leser, sondern zum Altpapier.

Unsere Literatur hat jene führende Stellung in der Welt verloren, die sie gegen Ende des vorigen und zu Beginn unseres Jahrhunderts eingenommen hat, ihr fehlt der Glanz des Experiments, der sie in den zwanziger Jahren auszeichnete. Das literarische Leben unseres Landes steht heute vor der ganzen Welt unermeßlich ärmer, flacher und niedriger da als es in Wirklichkeit ist, als es sich erweisen würde, wenn man es nicht einschränkte und abriegelte. Das bedeutet einen Verlust für unser Land in der öffentlichen Meinung der Welt, bedeutet auch einen Verlust für die Weltliteratur: Könnte sie ohne Einschränkung über alle Früchte unserer Literatur verfügen und sich in unsere geistige Erfahrung vertiefen, dann würde die künstlerische Entwicklung der ganzen Welt anders verlaufen, eine neue Standfestigkeit gewinnen und möglicherweise sogar eine neue künstlerische Stufe erreichen.

Ich beantrage, der Kongreß möge in einem Beschluß fordern und dafür sorgen, daß jede offene oder verborgene Zensur künstlerischer Werke abgeschafft wird, daß die Verlage von der Verpflichtung, für jeden Druckbogen eine Genehmigung einzuholen, befreit werden.

2. . . . die Verpflichtungen des Schriftstellerverbandes gegenüber seinen Mitgliedern. In der Satzung des Schriftstellerverbandes der UdSSR sind diese Verpflichtungen (»Schutz der Autorenrechte« und »Maßnahmen zum Schutz anderer Rechte der Schriftsteller«) nicht eindeutig formuliert, indessen ist aber im Laufe eines Dritteljahrhunderts in beklagenswerter Weise deutlich geworden, daß der Schriftstellerverband weder die »anderen Rechte«, noch auch nur die Autorenrechte verfolgter Schriftsteller beschützt hat.

Viele Autoren wurden zu ihren Lebzeiten in Presse und öffentlichen Reden Beleidigungen und Verleumdungen ausgesetzt, ohne rein physisch die Möglichkeit zu erhalten, darauf zu antworten, mehr noch, sie wurden persönlich unterdrückt und verfolgt (Bulgakow, Achmatowa, Zwetajewa, Pasternak, Soscht-schenko, Andrej Platonow, Alexandr Grin, Wassilij Grossman). Der Schriftstellerverband seinerseits hat ihnen nicht nur keine Seite seiner Druckerzeugnisse zu Antwort und Rechtfertigung zur Verfügung gestellt, hat nicht nur nichts für ihre Verteidigung getan, sondern die Leitung des Verbandes zeigte sich ständig an der Spitze der Verfolger. Namen, welche die Zierde unserer Lyrik des Zwanzigsten Jahrhunderts bilden, stehen in der Liste der aus dem Verband Ausgeschlossenen oder der nicht einmal Aufgenommenen! Um so mehr ließ die Verbandsleitung kleinmütig jene im Stich, deren Verfolgung mit Verbannung, Lager und Tod endete (Pawel Wassiljew, Mandelstam, Artem Wesjolyj, Pilnjak, Babel, Tabidse, Sabolozkij und andere). Zwangsweise brechen wir diese Liste mit den Worten » und andere « ab: Wir haben nach dem XX. Parteitag erfahren, daß es *über sechshundert* absolut unschuldige Schriftsteller waren, die der Schriftstellerverband gehorsam ihrem Schicksal im Gefängnis und Lager überantwortete. Doch diese Namensrolle ist noch länger, ihr eingerolltes Ende läßt sich nicht lesen und wird nie vor unsere Augen kommen: In ihr sind auch die Namen von so jungen Prosaikern und Lyrikern verzeichnet, daß wir von ihnen nur zufällig bei persönlichen Begegnungen erfahren konnten, deren Begabungen in den Lagern vor ihrem Aufblühen zugrunde gingen, deren Werke nicht über die Räume des Staatssicherheitsdienstes der Zeiten Jagodas – Jeschows – Berijas – Abakumows hinausgelangten.

Für die neugewählte Leitung des Verbandes besteht keinerlei historische Notwendigkeit, mit den früheren Leitungen die Verantwortung für die Vergangenheit zu tragen.

Ich beantrage, in Punkt 22 der Satzung des Schriftstellerverbandes der UdSSR alle jene Schutzgarantien genau zu formulieren, die der Verband seinen Mitgliedern gewährt, die Verleumdung und Unrecht der Verfolgung ausgesetzt waren, damit eine Wiederholung ungesetzlicher Akte unmöglich gemacht wird.

Sollte den Kongreß das Gesagte nicht gleichgültig lassen, bitte ich ihn, seine Aufmerksamkeit den Verboten und Verfolgungen zu schenken, die ich persönlich erfahre:

1. Mein Roman *Im ersten Kreis* (fünfunddreißig Druckbogen) wurde mir vor fast zwei Jahren vom Staatssicherheitsdienst ab-

genommen und auf diese Weise der Entscheidungsprozeß in der Redaktion angehalten. Stattdessen wurde dieser Roman zu meinen Lebzeiten, gegen meinen Willen und sogar ohne mein Wissen, in einer unüblichen »begrenzten« Auflage zur Lektüre in einem ausgewählten anonymen Kreis »herausgegeben«. Ich bin nicht in der Lage, eine öffentliche Lesung, eine offene Diskussion des Romans zu erreichen, Mißbrauch und Plagiat zu verhindern. Mein Roman wird den Literaturfunktionären gezeigt, der Mehrheit der Schriftsteller hingegen vorenthalten.

2. Zusammen mit dem Roman wurde mir mein literarisches Archiv, das in fünfzehn bis zwanzig Jahren entstanden ist, abgenommen, Dinge, die nicht zum Druck bestimmt waren. Tendenziöse Auszüge aus diesem Archiv wurden in einer begrenzten Auflage »herausgegeben« und in demselben Kreis verbreitet. Das Theaterstück *Das Festmahl der Sieger*, das ich im Lager in Versen verfaßt und auswendig gelernt hatte, als ich vierfach mit einer Nummer gekennzeichnet war (als wir dem sicheren Tod durch Hunger und Erschöpfung entgegengingen, waren wir von der Gesellschaft vergessen und außerhalb der Lager trat *niemand* gegen die Repressalien auf), dieses Stück, von dem ich mich seit langem gelöst habe, wird jetzt als meine allerneueste Arbeit bezeichnet.

3. Schon drei Jahre lang wird gegen mich, der ich den ganzen Krieg über als Kommandeur einer Artilleriebatterie gekämpft habe und für den Kampf mit Orden ausgezeichnet worden bin, eine verantwortungslose Verleumdungskampagne geführt: Ich sei als Krimineller in Haft gewesen oder ich hätte mich freiwillig in Kriegsgefangenschaft begeben (dort war ich nie), ich hätte »die Heimat verraten«, ich hätte »bei den Deutschen gedient«. So werden die elf Jahre ausgedeutet, die ich in Lagern und in Verbannung verbrachte, wohin ich wegen einer Kritik an Stalin geriet. Diese Verleumdung wird auf geschlossenen Veranstaltungen und auf Versammlungen von Leuten betrieben, die offizielle Posten bekleiden. Vergeblich habe ich mich bemüht, dieser Verleumdung durch ein Schreiben an den Vorstand des Schriftstellerverbandes der RSFSR und die Presse Einhalt zu gebieten: Der Vorstand des Schriftstellerverbandes hat nicht einmal reagiert, keine einzige Zeitung hat meine Antwort an die Verleumder gedruckt. Im Gegenteil, während des letzten Jahres hat die Verleumdung durch verschiedene Redner zugenommen, ja, sie

ist noch erbitterter geworden und nutzt entstellte Materialien des beschlagnahmten Archivs – ich aber bin der Möglichkeit beraubt, darauf zu antworten.

4. Mein Roman *Krebsstation* (fünfundzwanzig Bogen), dessen Druck (Teil I) von der Prosasektion der Moskauer Schriftstellerorganisation gebilligt worden war, kann in einzelnen Kapiteln nicht herausgebracht werden (Ablehnungen von fünf Zeitschriften) und erst recht nicht vollständig (Ablehnung durch die Zeitschriften *Nowyj mir, Prostor* und *Swesda*).

5. Das Stück *Nemow und das Flittchen,* das das Theater *Sowremennik* 1962 angenommen hat, ist bisher zur Aufführung nicht freigegeben worden.

6. Das Drehbuch *Die Wahrheit kennen die Panzer,* das Stück *Das Licht, das in dir ist* und kleinere Erzählungen (*Die rechte Hand, Wie schade,* eine Reihe Miniaturen) finden keinen Regisseur und keinen Verleger.

7. Meine Erzählungen, die in der Zeitschrift *Nowyj mir* gedruckt wurden, sind kein einziges Mal als selbständiges Buch aufgelegt worden, sie werden überall abgelehnt (durch die Verlage »Sowjetskij pisatel«, »Goslitisdat«, »Bibliothek des Ogonjok«). Somit sind sie einer breiten Leserschaft nicht zugänglich.

8. Dabei sind mir auch alle anderen Kontakte mit den Lesern verboten: Öffentliche Lesungen von Ausschnitten (im November 1966 wurden von elf bereits vereinbarten Lesungen im letzten Augenblick neun verboten) oder Lesungen im Radio. Die einfache Weitergabe eines Manuskripts »zum Lesen und Abschreiben« wird bei uns jetzt strafrechtlich verfolgt (den altrussischen Schreibern vor fünf Jahrhunderten war es gestattet!).

So ist meine Arbeit endgültig erstickt, abgeriegelt und verleumdet.

Ob nicht angesichts einer derartig groben Verletzung meiner Autorenrechte und »anderer« Rechte, der IV. Allunionsschriftstellerkongreß es übernimmt, mich zu schützen? Mir scheint die Entscheidung nicht unwichtig zu sein, auch für die literarische Zukunft des einen oder anderen der Delegierten.

Ich habe natürlich die ruhige Gewißheit, daß ich meine Aufgabe als Schriftsteller unter allen Umständen erfüllen werde, aus dem Grab sogar noch erfolgreicher und unumstrittener denn als Lebender. Niemand kann der Wahrheit die Wege versperren, und ich bin bereit, für den Fortgang der Wahrheit auch den Tod auf

mich zu nehmen. Doch vielleicht werden uns die vielen Lektionen schließlich lehren, daß man einem Schriftsteller zu Lebzeiten die Feder nicht anhält?
Das hat unserer Geschichte noch kein einziges Mal zur Zierde gereicht.

A. Solschenizyn

3

12. September 1967

An das Sekretariat des Vorstandes
des Schriftstellerverbandes der UdSSR
An alle Sekretäre des Vorstandes

Mein Schreiben an den IV. Kongreß des Schriftstellerverbandes blieb, obwohl von mehr als einhundert Schriftstellern unterstützt, unverlesen und unbeantwortet. Es wurden nur übereinstimmende, offensichtlich zentral gesteuerte Gerüchte verbreitet, die die öffentliche Meinung beruhigen sollten: mir seien mein Archiv und der Roman zurückgegeben worden, *Krebsstation* und ein Buch mit Erzählungen würden angeblich gedruckt. All' das ist Lüge, wie Sie wissen.
Die Sekretäre des Vorstandes des Schriftstellerverbandes der UdSSR G. Markow, K. Woronkow, S. Sartakow und L. Soboljew haben in einem Gespräch mit mir am 12. Juni 1967 erklärt, daß der Vorstand des Schriftstellerverbandes es für seine Pflicht hält, öffentlich die gemeinen Verleumdungen zurückzuweisen, die über mich und mein Leben während des Krieges verbreitet werden. Aber es erfolgte nicht nur kein Dementi, sondern man verleumdet mich weiter: Auf geschlossenen Instruktionsveranstaltungen, bei Aktivistenversammlungen und Seminaren für Propagandisten wird über mich neuer phantastischer Unsinn verbreitet, etwa von einer Flucht in die Vereinigte Arabische Re-

publik oder nach England (ich möchte den Verleumdern versichern, daß sie die Flucht früher ergreifen). Am nachhaltigsten wird von angesehenen Persönlichkeiten ihr Bedauern darüber zum Ausdruck gebracht, daß ich im Lager nicht gestorben bin, daß man mich entlassen hat. (Übrigens ist solches Bedauern auch unmittelbar nach *Ein Tag im Leben des Iwan Denissowitsch* laut geworden. Jetzt wird dieses Buch insgeheim von der Benutzung in den Bibliotheken ausgeschlossen.)

Dieselben Sekretäre des Vorstands des Schriftstellerverbandes hatten versprochen, wenigstens die Frage der Veröffentlichung meines letzten Romans die *Krebsstation* » einer Prüfung zu unterziehen «. Doch im Laufe von drei Monaten – ein Vierteljahr! – ist die Angelegenheit keinen Schritt weiter gekommen. Im Laufe von drei Monaten haben sich zweiundvierzig Vorstandssekretäre nicht in der Lage gesehen, eine Beurteilung des Romans abzugeben oder eine Empfehlung zu seiner Veröffentlichung auszusprechen. In diesem seltsamen Schwebezustand ohne direktes Verbot und ohne direkte Genehmigung existiert mein Roman nun schon mehr als ein Jahr, seit Sommer 1966. Gegenwärtig möchte die Zeitschrift *Nowyj mir* den Roman drucken, hat aber keine Genehmigung.

Glaubt das Sekretariat, daß mein Roman infolge dieses endlosen Hinziehens still verkümmern wird, aufhören wird zu existieren und eine Abstimmung über seine Einbeziehung in die russische Literatur oder über seinen Ausschluß nicht mehr erforderlich ist? Doch er wird, angefangen bei den Schriftstellern, gern gelesen. Nach dem Willen der Leser ist er bereits in Hunderten von maschinenschriftlichen Exemplaren verbreitet. In dem Gespräch am 12. Juni habe ich das Sekretariat warnend darauf hingewiesen, daß man ihn rasch drucken muß, wenn wir wollen, daß er zuerst in russischer Sprache erscheint; daß wir unter solchen Bedingungen sein unkontrolliertes Erscheinen im Westen nicht aufhalten können. Nach der monatelangen sinnlosen Verzögerung ist es nun an der Zeit zu erklären: Wenn dies geschehen sollte, so aufgrund der eindeutigen Schuld (vielleicht auch des geheimen Wunsches?) des Sekretariats des Vorstandes des Schriftstellerverbandes der UdSSR.

Ich bestehe auf der unverzüglichen Veröffentlichung meines Romans.

Solschenizyn

Aufzeichnung der Sitzung des Sekretariats des Schriftstellerverbandes der UdSSR

Anwesend waren etwa dreißig Sekretäre des Schriftstellerver-
bandes und der Genosse Melentjew von der Kulturabteilung des
Zentralkomitees der KPdSU. Den Vorsitz führte K. A. Fedin.
Die Sitzung, die zur Besprechung der Briefe des Schriftstellers
Solschenizyn einberufen worden war, begann um 13 Uhr und en-
dete nach 18 Uhr.

FEDIN: Der zweite Brief Solschenizyns hat mich unangenehm
berührt. Seine Motivierung, die Angelegenheit sei zum Stillstand
gekommen, scheint mir fadenscheinig. Sie kommt mir wie eine
Beleidigung unseres Kollektivs vor. Dreieinhalb Monate, das ist
keineswegs eine lange Frist für die Prüfung seiner Manuskripte.
Ich habe hier eine Art Drohung herausgehört. Eine solche Motivierung dürfte beleidigend sein! Der zweite Brief Solschenizyns
zwingt uns gleichsam, uns überstürzt an seine Manuskripte zu
setzen und sie so schnell wie möglich zu veröffentlichen. Der
zweite Brief setzt die Linie des ersten fort, doch dort war ausführlicher und eher besorgt die Rede vom Schicksal des Schriftstellers, dieser hier scheint mit jedoch beleidigend zu sein.
Worum handelt es sich denn bei der komplizierten Frage der
Drucklegung von Solschenizyns Werken? Keiner von uns be-
streitet sein Talent. Er geht aber *im Ton* einfach zu weit. Wenn
man den Brief liest, empfindet man ihn wie eine Ohrfeige, als ob
wir Nichtsnutze seien und nicht die Vertreter der schöpferischen
Intelligenz. Schließlich und endlich bremst er selbst mit seinen
Forderungen die Prüfung der Frage. Ich habe in seinen Briefen
keine Anzeichen schriftstellerischen Gemeinschaftsgeistes gefunden. Ob wir's wollen oder nicht, wir werden heute auch über
Solschenizyns Werke sprechen müssen, doch es scheint mir, daß
das Gespräch im allgemeinen seine Briefe behandeln sollte.

SOLSCHENIZYN *bittet um die Genehmigung, einige Worte über*
den Gegenstand der Diskussion sagen zu dürfen, und verliest
eine schriftliche Erklärung:

» Ich habe erfahren, daß den Sekretären des Vorstands des Schriftstellerverbandes nahegelegt wurde, für die Beurteilung des Romans *Krebsstation* das Stück *Das Festmahl der Sieger* zu lesen, von dem ich mich seit langem distanziert und das ich seit zehn Jahren nicht mehr gelesen habe, von dem ich alle Exemplare, außer dem beschlagnahmten und nunmehr vervielfältigten, vernichtet habe. Mehrfach versuchte ich bereits, deutlich zu machen, daß dieses Stück nicht von dem Mitglied des Schriftstellerverbandes Solschenizyn geschrieben wurde, sondern von dem namenlosen Häftling Schtsch-232 in jenen weit zurückliegenden Jahren, als es für politische Häftlinge keine Rückkehr in die Freiheit gab und niemand in der Öffentlichkeit, auch kein Schriftsteller, mit Wort oder Tat gegen die Unterdrückungen auftrat, die sogar ganze Völker betrafen. Ich bin heute ebensowenig für dieses Stück verantwortlich, wie viele im Bereich der Literatur Tätige manche Reden und Bücher nicht wiederholen wollen, die sie 1949 geschrieben haben. Dieses Stück trägt den Stempel der Ausweglosigkeit des Lagers jener Jahre, als das Sein das Bewußtsein bestimmte und sicher keine Gebete für die Verfolger gen Himmel gerichtet wurden. Dieses Stück hat keinerlei Beziehung zu meinem heutigen Schaffen, und seine Behandlung ist eine bewußte Ablenkung von einer sachlichen Diskussion des Romans *Krebsstation*.

Außerdem ist es vom Standpunkt der Ethik eines Schriftstellers unwürdig, über ein Werk zu sprechen, das auf *solche* Weise aus einer Privatwohnung weggenommen worden ist.

Die Besprechung meines Romans *Im ersten Kreis* ist eine gesonderte Frage, und sie kann nicht die Besprechung des Romans *Krebsstation* ersetzen. «

KORNEJTSCHUK: Ich habe eine Frage an Solschenizyn. Wie verhält er sich zu der zügellosen bourgeoisen Propaganda, die um seinen Brief entfacht wurde? Warum distanziert er sich nicht von ihr? Warum nimmt er sie ruhig hin? Warum begann der westliche Rundfunk den Brief noch vor Beginn des Kongresses zu verlesen?

FEDIN *fordert Solschenizyn auf zu antworten.*

SOLSCHENIZYN *weist darauf hin, er sei kein Schuljunge und brau-*

*che nicht bei jeder Frage aufzuspringen, er werde geschlossen
sprechen wie die anderen auch.*

FEDIN sagt, man könne einige Fragen sammeln und sie dann gemeinsam beantworten.

BARUSDIN: Obwohl Solschenizyn gegen die Diskussion des Stückes *Das Festmahl der Sieger* Einwände hat, wird man, ob man's will oder nicht, über dieses Stück sprechen müssen. Frage: Wieso hielt Solschenizyn es für nötig, dieses Stück dem Kongreß gegenüber zu erwähnen?

SALYNSKIJ: Ich bitte, daß Solschenizyn erzählt, wer, wann und unter welchen Umständen diese Materialien beschlagnahmt hat. Hat der Autor um Rückgabe gebeten? Wen hat er darum gebeten?

FEDIN *fordert Solschenizyn auf, die eingelaufenen Fragen zu beantworten.*

SOLSCHENIZYN *wiederholt, er werde in einer Rede auf die Fragen eingehen.*

FEDIN *(von anderen unterstützt):* Das Sekretariat kann aber nicht zur Diskussion übergehen, ohne auf diese Fragen eine Antwort erhalten zu haben.

Stimmengewirr: Solschenizyn könne es ablehnen, überhaupt mit dem Sekretariat zu sprechen, dann solle er das erklären.

SOLSCHENIZYN: Gut, ich werde die Fragen beantworten. Es stimmt nicht, daß der Brief *vor* dem Kongreß vom westlichen Rundfunk gesendet wurde: Er wurde erst *nach* Abschluß des Kongresses gesendet; dies auch nicht sofort *(von nun an wörtlich:)* » Hier wird das Wort ›Ausland‹ verwendet, und mit großer Bedeutung, mit großer Betonung, als handele es sich um eine wichtige Instanz, deren Ansicht sehr geschätzt würde. Vielleicht ist das auch denen verständlich, die einen großen Teil ihrer Schaffenszeit auf Auslandsreisen verbringen und unsere Literatur mit flüchtigen Notizen über das Ausland überschwemmen.

Mir aber kommt das merkwürdig vor. Ich habe kein Ausland gesehen, kenne es nicht, und habe in meinem Leben nicht die Zeit, es kennenzulernen. Ich verstehe nicht, wie man so empfindlich mit dem Ausland rechnen kann, und nicht mit seinem eigenen Land und dessen lebendiger öffentlicher Meinung. Ein ganzes Leben lang war unter meinen Schuhsohlen die Erde meines Vaterlandes, nur seinen Schmerz nehme ich wahr, nur darüber schreibe ich. «

Warum das Stück *Das Festmahl der Sieger* in dem Brief an den Schriftstellerkongreß erwähnt ist? Das geht doch aus dem Brief selbst hervor: Um gegen die ungesetztliche » Veröffentlichung « und Verbreitung dieses Stückes gegen den Willen des Autors und ohne sein Wissen zu protestieren. Nunmehr zur Frage der Beschlagnahme meines Romans und meines Archivs. Ja, ich habe seit 1965 mehrmals an das Zentralkomitee in dieser Angelegenheit geschrieben und protestiert. (*Weiter wörtlich:*) » Noch in jüngster Zeit ist eine neue Version über die Beschlagnahme meines Archivs erfunden worden. Angeblich sei jene Person, Teusch, bei der meine Manuskripte aufbewahrt wurden, mit einem anderen Menschen verbunden gewesen, dessen Name nicht genannt wird und den man am Zoll festgehalten habe, (wo, wird nicht gesagt) und bei dem man etwas gefunden habe (was, wird nicht gesagt), man habe nichts von mir gefunden, doch beschlossen, mich vor einer solchen Bekanntschaft zu schützen. All das ist Lüge. Gegen meinen Bekannten Teusch lief vor zwei Jahren ein Untersuchungsverfahren, doch ist niemals Anklage erhoben worden. Der Ort, wo ich mein Archiv aufbewahrte, ist durch ganz gewöhnliche Beschattung festgestellt worden, durch das Abhören von Telephongesprächen und durch ein Abhörgerät im Zimmer. Eines aber ist bemerkenswert: Kaum tauchte die neue Version auf, da war sie mit einem Schlag in verschiedenen Teilen unseres Landes zu finden: der Lektor Potjomkin hat sie gerade vor einer großen Versammlung in Riga verkündet, einer der Sekretäre des Schriftstellerverbandes vor den Moskauer Schriftstellern. Hierbei hat er noch von sich aus eine Erfindung hinzugefügt: Ich hätte das alles angeblich bei der letzten Sitzung im Sekretariat zugegeben. Das Gespräch hat aber die Frage nicht einmal berührt. Ich zweifle nicht daran, daß ich bald aus allen Teilen unseres Landes Briefe über die Verbreitung dieser Version erhalten werde. «

STIMME: Hat die Redaktion von *Nowyj mir* den Roman *Krebsstation* abgelehnt oder angenommen?

ABDUMOMUNOW: Was für eine Genehmigung braucht *Nowyj mir* zur Veröffentlichung des Romans und von wem?

TWARDOWSKIJ: Im allgemeinen liegt die Entscheidung, ob das eine oder andere Werk gedruckt oder nicht gedruckt wird, in der Zuständigkeit der Redaktion. Doch in der gegebenen Situation, die sich um den Namen des Autors ergeben hat, muß das Sekretariat des Verbandes die Entscheidung treffen.

WORONKOW: Solschenizyn hat sich kein einziges Mal unmittelbar an das Sekretariat des Schriftstellerverbandes der UdSSR gewandt. Nach Solschenizyns Brief an den Kongreß hatten Genossen des Sekretariats den Wunsch, mit ihm zusammenzutreffen, auf seine Fragen zu antworten, mit ihm zu sprechen und ihm zu helfen. Doch nachdem der Brief in der schmutzigen bourgeoisen Presse erschienen war, Solschenizyn aber in keiner Weise reagierte . . .

TWARDOWSKIJ: Genau wie der Schriftstellerverband!

WORONKOW: . . . da entfiel dieser Wunsch. Und da tauchte der zweite Brief auf. Er ist ultimativ, beleidigend, unserer schriftstellerischen Öffentlichkeit unwürdig. Soeben erwähnte Solschenizyn »einen der Sekretäre«, der einer Parteiversammlung der Moskauer Schriftsteller eine Information gegeben haben soll. Dieser Sekretär bin ich. Man hatte es recht eilig, Ihnen das zu berichten, aber der Bericht ist falsch. Von der Beschlagnahme Ihrer Dinge habe ich auf der letzten Versammlung nur das gesagt, was Sie zugegeben haben, nämlich, daß die beschlagnahmten Dinge Ihnen gehören und daß bei Ihnen zu Hause keine Durchsuchung stattgefunden hat. Nach Ihrem Brief an den Schriftstellerkongreß haben wir selber beantragt, alle Ihre Werke zu lesen. So grob dürfen Sie mit Ihren Genossen der Arbeit und der Feder nicht umgehen! Und Sie, Alexander Trifonowitsch, wenn Sie es für notwendig halten, diesen Roman zu drucken, und wenn der Autor Ihre Korrekturen akzeptiert, dann drucken Sie ihn doch selbst, was hat das Sekretariat damit zu tun?

TWARDOWSKIJ: Und wie war es mit Bek? Hier war das Sekretariat eingeschaltet, hat auch eine Empfehlung ausgesprochen, dennoch kam es nicht zur Veröffentlichung.

WORONKOW: Aber mich interessiert im Augenblick vor allem das staatsbürgerliche Verhalten Solschenizyns: Warum reagiert er nicht auf die niederträchtige bourgeoise Propaganda? Und warum geht er so mit uns um?

MUSREPOW: Ich habe auch eine Frage: Wie kommt es, daß er in seinem Brief schreibt: »Höhergestellte Genossen geben dem Bedauern Ausdruck, daß ich nicht im Lager gestorben bin?« Was für ein Recht hat er, so etwas zu schreiben?

SCHARIPOW: Und durch welche Kanäle konnte der Brief in den Westen kommen?

FEDIN *fordert Solschenizyn auf, die gestellten Fragen zu beantworten.*

SOLSCHENIZYN: Ja, was ist nicht alles über mich geredet worden! Eine Person, die noch heute einen hohen Posten innehat, hat öffentlich erklärt, daß es ihr leid täte: Wenn sie damals zu dem Dreierkolleg gehört hätte, das mich 1945 verurteilte, sie hätte mich damals zum Tod durch Erschießen verurteilt! . . . Hier wird mein zweiter Brief als Ultimatum aufgefaßt: Entweder Ihr druckt den Roman oder er wird im Westen gedruckt. Doch nicht ich bin es, der dem Sekretariat dieses Ultimatum stellt, sondern dieses Ultimatum stellt Ihnen und mir gemeinsam das Leben selbst. Ich schreibe, daß mich die Verbreitung des Romans in Hunderten von maschinenschriftlichen Exemplaren beunruhigt. Die Zahl ist geschätzt, ich habe sie nicht gezählt.

STIMME: Wie ist es dazu gekommen?

SOLSCHENIZYN: Mit dem, was ich schreibe, hat es eine seltsame Bewandtnis: Man bittet mich beharrlich, es lesen zu dürfen, und wenn einer es zum Lesen erhalten hat, dann schreibt er es in seiner Freizeit oder auf eigene Kosten ab und gibt es weiter. Den ersten Teil des Romans hat noch vor einem Jahr die Moskauer Prosasektion des Schriftstellerverbandes gelesen, und ich wundere mich, warum hier der Genosse Woronkow sagte, sie hätten nicht gewußt, woher sie es bekommen sollten und hätten beim Staatssicherheitsdienst angefragt. Vor drei Jahren erfuhren meine *Miniaturen* oder Gedichte in Prosa eine ebenso schnelle Verbreitung: Kaum hatte ich sie einigen Menschen zum Lesen gegeben, da tauchten sie schon in verschiedenen Städten der Sowjetunion auf. Dann aber traf bei der Redaktion von *Nowyj mir* ein Brief aus dem Westen ein, aus dem wir erfuhren, daß diese *Miniaturen* dort bereits gedruckt sind. Sehen Sie, damit so etwas mit der *Krebsstation* nicht passiert, schrieb ich meinen eindringlichen Brief an das Sekretariat des Verbandes. Ich kann mich nicht weniger wundern, warum das Sekretariat nicht in der Lage war, auf meinen Brief an den Kongreß früher als der Westen zu reagieren? Und nicht auf die ganze Verleumdung zu reagieren, die mich umgab? Genosse Woronkow benutzte hier die bemerkenswerte Formulierung » Brüder der Feder und der Arbeit «, diese Brüder der Feder und der Arbeit schauen schon zweieinhalb Jahre ruhig zu, wie man mich unter Druck setzt, verfolgt und verleumdet.

TWARDOWSKIJ: Nicht alle sind teilnahmslos!

SOLSCHENIZYN: . . . Die Zeitungsredakteure, auch Brüder, drucken meine Dementis nicht ab. (*Weiter wörtlich:*) » Ich rede schon gar nicht darüber, daß mein Buch in den Lagern nicht gelesen werden darf. Man hat es sogar in jenen Monaten nicht in die Lager gelassen, hat es bei Durchsuchungen beschlagnahmt und Menschen dafür in den Bunker gesperrt, als alle Zeitungen *Ein Tag im Leben des Iwan Denissowitsch* lauthals lobten und versprachen, ›daß sich so etwas nicht wiederholen‹ werde. Doch in der letzten Zeit begann man, das Buch insgeheim aus den öffentlichen Bibliotheken zu entfernen. Verschiedenerorts berichtet man mir von Ausleihverboten: Es gibt eine Anweisung, den Lesern zu sagen, das Buch sei beim Buchbinder oder ausgeliehen oder man käme an die Regale nicht heran. So wird die Ausleihe behindert. Hier ein Brief der letzten Tage aus dem Gebiet Krasnogwardejsk auf der Krim:

> In der Bezirksbibliothek wurde mir vertraulich (ich bin ein Aktivist dieser Bibliothek) gesagt, es gebe eine Anweisung,

Ihre Bücher zu entfernen. Eine der Bibliothekarinnen wollte mir ein nunmehr überflüssiges Exemplar von *Ein Tag im Leben des Iwan Denissowitsch* in der Zeitungsfassung geben, da hielt eine andere ihre übereifrige Freundin zurück: › Was tun Sie da, halt, das geht doch nicht! Wenn das Buch einmal für die Sonderabteilung bestimmt ist, ist es gefährlich, es jemandem zu schenken.‹

Ich behaupte nicht, daß das Buch aus *allen* Bibliotheken entfernt ist, hier und da liegt es noch vor. Doch Leute, die mich in Rjasan besuchten, konnten es im *Lesesaal* der Rjasaner Bezirksbibliothek nicht erhalten: Man fand verschiedene Ausflüchte und gab es ihnen nicht.

Es ist seit langem bekannt, daß Verleumdungen unerschöpflich, erfinderisch und wuchernd sind. Wenn man aber selbst mit einer Verleumdung konfrontiert wird, und zwar mit der noch nicht dagewesenen Form der Verleumdung vom Rednerpult herab, dann wundert man sich nicht wenig. Ungehindert zog die Lüge ihre Kreise, ich sei in Gefangenschaft gewesen und hätte mit den Deutschen kollaboriert, doch das war noch zu wenig! Diesen Sommer wurde den Agitatoren der politischen Aufklärung, zum Beispiel in Bolschewo, diktiert, ich sei in die Vereinigte Arabische Republik geflohen und habe die Staatsangehörigkeit gewechselt. All das wird natürlich in die Notizbücher geschrieben und mit dem Koeffizienten Hundert verbreitet. Und das geschieht in unmittelbarer Nachbarschaft der Hauptstadt! Es gibt noch eine andere Variante. In Solikamsk (Postfach 389) hat ein Major Schestakow erklärt, ich sei mit einem Touristenvisum nach England geflohen. Das sagt der stellvertretende Leiter der politischen Abteilung; wer wagt, das nicht zu glauben? Ein anderes Mal erklärte er: » Es ist Solschenizyn offiziell verboten, zu schreiben!« Nun, hier ist er der Wahrheit wenigstens näher. Folgendes wird noch von Rednerpulten über mich gesagt: » Er wurde vorzeitig entlassen – unnötigerweise. « Nötiger- oder unnötigerweise, das können wir dem Gerichtsbeschluß des Militärkollegiums des Obersten Gerichts für Rehabilitationen entnehmen. Er liegt dem Sekretariat vor . . .

Twardowskij: Dort befindet sich auch die militärische Beurteilung Solschenizyns als Offizier.

Solschenizyn: Da heißt es »vorzeitig«, – wahrhaftig, gut getroffen! Über die acht Jahre der Verurteilung hinaus saß ich einen Monat in Durchgangsgefängnissen, man schämt sich bei uns, eine solche Kleinigkeit zu erwähnen, danach wurde mir *ohne Urteil* ewige Verbannung zudiktiert, und mit diesem Verdammtsein auf *ewig* saß ich *drei Jahre* in Verbannung und kam nur dank dem XX. Parteitag frei – und das nennt sich *vorzeitig!* Was für eine bequeme Auffassung von den Jahren 1949 bis 1953 drückt dieses Wörtchen doch aus: Wenn einer nicht an der Abfallgrube des Lagers verreckt ist, wenn er, und sei es auf den Knien, aus dem Lager herauskroch, dann heißt das, »vorzeitig entlassen« . . . Es hieß doch »auf ewig«, und alles, was früher liegt, das ist eben »vorzeitig«.

Der frühere Minister Semitschastnyj, der gern über Fragen der Literatur sprach, hat mehr als einmal auch mir seine Aufmerksamkeit geschenkt. Eine seiner erstaunlichen, geradezu komischen Beschuldigungen lautete: »Solschenizyn unterstützt *materiell* die kapitalistische Welt, indem er kein Honorar für irgendein Buch nimmt«, das irgendwo erschienen ist. Offenbar meinte er *Ein Tag im Leben des Iwan Denissowitsch,* ein anderes gab es nicht. Wenn Sie es also wissen und irgendwo gelesen haben und es für sehr notwendig halten, daß ich diese Gelder dem Kapitalismus entziehe, warum teilt man mir das dann nicht mit? Ich in Rjasan weiß es doch nicht. »Das Internationale Buch«? Die Auslandskommission des Schriftstellerverbandes? – teilen Sie mir doch mit: Es ist, meinen wir, Deine patriotische Pflicht, diese Gelder zu kassieren. Es ist doch wirklich ein Durcheinander wie in einer Komödie: Wer Honorare vom Westen nimmt, der hat sich den Kapitalisten verkauft, wer sie nicht nimmt, der unterstützt sie materiell. Und die dritte Lösung? – Fahr' gen Himmel! Semitschastnyj ist schon kein Minister mehr, doch seine Idee ist nicht erloschen: Lektoren der Allunionsgesellschaft zur Verbreitung wissenschaftlicher Kenntnisse haben sie weitergetragen. Zum Beispiel hat sie am 16. Juli diesen Jahres der Lektor A. A. Frejfeld im Zirkus von Swerdlowsk wiederholt. Da saßen zweitausend Menschen und staunten: Was ist dieser Solschenizyn doch für ein geschickter Kerl! Ohne die Sowjetunion zu verlassen, überhaupt ohne eine Kopeke in der Tasche, hat er es fertiggebracht, den Weltkapitalismus materiell zu stärken. (In der Tat, das ist eine Geschichte für den Zirkus.)

Solchen Blödsinn erzählt jeder ungehindert über mich, der dazu
Lust hat.

Am 12. Juni hat hier im Sekretariat ein Gespräch stattgefunden –
still und friedlich. Wir gingen fort, es verging nur wenig Zeit,
und schon verbreiteten sich Gerüchte in ganz Moskau, die das,
was geschehen ist, völlig verdreht haben, angefangen damit, daß
Twardowskij mich hier angeschrien und mit der Faust auf den
Tisch geschlagen haben soll. Doch wer dabei war, weiß doch,
daß davon keine Rede sein kann, was soll die Lüge? Auch jetzt
hören wir eindeutig, was hier gesprochen wird, doch wo ist die
Garantie, daß auch nach der heutigen Sekretariatssitzung nicht
alles wieder verdreht wird? Und wenn wir schon »Brüder der
Feder und der Arbeit« sind, dann wäre meine erste Bitte: Lassen
Sie uns doch bei Berichten über die heutige Sitzung des Sekreta-
riats nichts hinzufügen und nichts verdrehen.

Ich bin allein, und Hunderte verleumden mich. Ich werde es natürlich nie schaffen, mich zu verteidigen, ich weiß auch nicht im
voraus, wogegen. Man kann mich noch zum Anhänger des geo-
zentrischen Weltsystems erklären und behaupten, ich hätte als
erster den Scheiterhaufen von Giordano Bruno angezündet; es
würde mich nicht wundern.

SALYNSKIJ: Ich werde über die *Krebsstation* sprechen. Ich bin der
Auffassung, dieses Werk muß unbedingt gedruckt werden, es ist
ein wirksames und starkes Werk. Allerdings, da wird patholo-
gisch von Krankheiten geschrieben, und der Leser unterliegt unfreiwillig der Angst vor dem Krebs, die in unserem Jahrhundert
ohnehin verbreitet ist. Das muß irgendwie aus dem Buch heraus.
Dann muß auch die journalistische Schärfe heraus. Ferner stört,
daß fast alle Schicksale und Figuren in der einen oder anderen
Weise mit dem Lager oder dem Lagerleben verbunden sind.
Nun, mag das bei Kostoglotow der Fall sein, auch bei Rusanow,
doch warum unbedingt bei Wadim? und bei Schulubin? und sogar bei dem Soldaten?

Ganz am Schluß erfahren wir, daß er kein einfacher Soldat aus
der Armee ist, sondern zu den Lagerwachmannschaften gehört.
Jetzt zum ethischen Sozialismus. Meiner Ansicht nach liegt
hierin nichts Schlimmes. Wenn Solschenizyn einen *un*ethischen
Sozialismus propagierte, das wäre schrecklich. Wenn er National-Sozialismus oder einen National-Sozialismus chinesischer

Prägung propagieren würde, das wäre schrecklich. Jeder Mensch ist frei, in seiner Weise über den Sozialismus und seine Entwicklung zu denken. Ich selbst glaube, daß der Sozialismus von wirtschaftlichen Gesetzen bestimmt ist. Aber darüber kann man streiten: Warum soll man den Roman nicht drucken? *(Im weiteren fordert er das Sekretariat auf, den verleumderischen Angriffen gegen Solschenizyn entschieden entgegenzutreten.)*

SIMONOW: Den Roman *Im ersten Kreis* akzeptiere ich nicht, ich bin gegen seine Veröffentlichung. Aber bei der *Krebsstation* bin ich für die Publikation. Mir gefällt nicht alles an diesem Roman, aber es muß auch nicht sein, daß er allen gefällt. Vielleicht sollte der Autor die eine oder andere Bemerkung akzeptieren. Aber es ist natürlich unmöglich, alle zu akzeptieren. Wir sind verpflichtet, die Verleumdung gegen ihn zu widerlegen. Auch muß ein Buch mit seinen Erzählungen herauskommen, und das Vorwort böte eine gute Gelegenheit, seine Biographie darzustellen, dann zerfällt die Verleumdung von selbst. Den falschen Beschuldigungen müssen und können *wir* ein Ende bereiten, nicht er selbst. Das *Festmahl der Sieger* habe ich nicht gelesen, ich habe auch nicht den Wunsch, es zu lesen, da der Autor das nicht möchte.

TWARDOWSKIJ: Solschenizyn befindet sich in einer derartigen Lage, daß er an eine Rechtfertigung nicht einmal denken kann. Es sind wir, es ist der Verband, der eine Erklärung abgeben muß, die die Verleumdung zurückweist. Gleichzeitig müssen wir Solschenizyn gegenüber eine strenge Warnung aussprechen, wegen der unzulässigen und unüblichen Form, in der er sich an den Kongreß gewandt hat, an viele einzelne Adressaten. Die Redaktion von *Nowyj mir* sieht keinen Grund, *Krebsstation* nicht zu drucken, natürlich mit gewissen Überarbeitungen. Wir möchten nur die Billigung des Sekretariats erhalten oder wenigstens die Zusage, daß das Sekretariat keine Einwände hat. *(Er bittet Woronkow, den Entwurf eines Kommuniqués zu holen, das schon früher, im Juni, vorbereitet worden ist.)*

WORONKOW *hat es nicht eilig, das Kommuniqué zu holen. Inzwischen:*

STIMMEN: Es liegt doch noch kein Beschluß vor! Es gibt auch Gegenstimmen!

FEDIN: Nein, das ist nicht richtig. Das Sekretariat braucht nichts zu veröffentlichen, nichts zu dementieren. Haben wir denn irgendwelche Schuld? Halten Sie sich denn, Alexander Trifonowitsch, für schuldig?

TWARDOWSKIJ *(schnell und nachdrücklich):* Ich?? – Nein!

FEDIN: Wir brauchen keinen künstlichen Anlaß für eine Erklärung zu suchen. Irgendwelche Gerüchte sind kein hinreichender Anlaß. Eine andere Sache wäre es, wenn Solschenizyn selbst einen Anlaß fände, die entstandene Lage zu entspannen. Solschenizyn *selbst* muß eine öffentliche Erklärung abgeben. Überlegen Sie doch, Alexander Issajewitsch, in wessen Interesse würden wir Ihre Proteste abdrucken? Wir müssen vor allem gegen die schmutzige Ausnutzung Ihres Namens durch unsere Feinde im Westen protestieren. Bei dieser Gelegenheit werden Sie natürlich auch eine Möglichkeit finden, einen Teil Ihrer heute hier geäußerten Beschwerden offen auszusprechen. Wenn das ein geschicktes und taktvolles Dokument wird, dann werden wir es veröffentlichen und Ihnen helfen. Genau damit muß Ihre Rechtfertigung anfangen und nicht mit Ihren Werken, nicht mit diesem Handel, wieviele Monate lang wir Ihr Manuskript prüfen dürfen, drei Monate? oder vier? Ist *das* etwa schlimm? Schlimm ist das Ereignis, daß Ihr Name dort im Westen in schmutzigster Absicht ausgenutzt wird.
(Zustimmung unter den Mitgliedern des Sekretariats)

KORNEJTSCHUK: Wir haben Sie nicht hierher geladen, um Steine auf Sie zu werfen. Wir haben Sie gebeten, um Ihnen aus dieser schwierigen und zweideutigen Situation herauszuhelfen. Man hat Ihnen Fragen gestellt, doch Sie sind der Antwort ausgewichen. Sind Sie sich darüber im klaren: ein kolossaler, weltweiter Kampf findet unter sehr schwierigen Bedingungen statt. Wir können nicht abseits stehen. Mit unserem Schaffen verteidigen wir unsere Regierung, unsere Partei, unser Volk. Sie haben sich hier ironisch über die Auslandsreisen wie über angenehme Ausflüge geäußert. Wir aber fahren ins Ausland, um zu kämpfen.

Wir kehren von dort erschöpft und ermattet zurück, doch mit dem Bewußtsein erfüllter Pflicht. Glauben Sie nicht, daß mich Ihre Bemerkung über die Reiseberichte getroffen hat, ich schreibe sie nicht, ich fahre in Angelegenheiten des Weltfriedensrates. Wir wissen, Sie haben viel erduldet, doch nicht Sie allein. Es waren außer Ihnen viele andere Menschen in den Lagern. Alte Kommunisten. Sie zogen vom Lager an die Front. In unserer Vergangenheit gab es nicht nur Gesetzlosigkeit, es gab auch Heldentum. Sie aber haben das nicht gesehen. Was Sie äußern, das klagt nur an. Und das *Festmahl der Sieger*, das ist bösartig, schmutzig, beleidigend! Und dieses widerliche Ding wird verbreitet, das Volk liest es! Wann haben Sie gesessen? Nicht 1937! Aber 1937 mußten *wir* durchstehen!! Doch nichts hat uns aufgehalten! Zu Recht hat Konstantin Alexandrowitsch Ihnen gesagt: Sie müssen öffentlich auftreten und einen Schlag gegen die westliche Propaganda führen. Ziehen Sie in den Kampf gegen die Feinde unseres Landes! Verstehen Sie, daß es in der Welt Atomwaffen gibt und daß die Vereinigten Staaten sie trotz aller unserer friedlichen Bemühungen anwenden können? Wie sollten wir, die sowjetischen Schriftsteller, nicht Soldaten sein?

SOLSCHENIZYN: Ich erkläre erneut, daß die Diskussion des *Festmahls der Sieger* ungehörig ist, und ich bestehe darauf, daß es nicht behandelt wird.

SURKOW: Wir können den Leuten nicht den Mund stopfen.

KOSCHEWNIKOW: Die große Zeitspanne, die zwischen Solschenizyns Brief und der heutigen Diskussion vergangen ist, zeugt davon, wie *ernst* das Sekretariat den Brief nimmt. Hätten wir ihn damals diskutiert, in der ersten Erregung, hätten wir uns dazu schärfer und weniger überlegt geäußert. Wir hatten beschlossen, uns selbst zu überzeugen, was für antisowjetische Manuskripte das sind. Wir haben viel Zeit für ihre Lektüre aufgewendet. Offenbar ist die Kriegszeit Solschenizyns dokumentarisch belegt, doch wir diskutieren gegenwärtig nicht über den Offizier, sondern über den Schriftsteller. Ich höre heute erstmals, daß Solschenizyn sich von der verleumderischen Darstellung der sowjetischen Wirklichkeit im *Festmahl der Sieger* lossagt, ich aber kann mich nicht von dem ersten Eindruck befreien, den dieses

Stück auf mich gemacht hat. Für mich fällt der Augenblick der Distanzierung Solschenizyns vom *Festmahl der Sieger* noch nicht mit meiner Aufnahme dieses Stückes zusammen. Vielleicht liegt das daran, daß der *Erste Kreis* und die *Krebsstation* dasselbe Empfinden der Rache für das Durchlittene auslösen. Und wenn es um das Schicksal dieser Werke geht, dann muß sich der Autor daran erinnern, daß er dem Organ gegenüber verpflichtet ist, das ihn entdeckt hat. Ich habe seinerzeit als erster meine Besorgnis über *Matrjonas Hof* geäußert. Wir haben Zeit geopfert, haben Ihre Rohfassungen von Manuskripten gelesen, die Sie sich noch nicht entschließen konnten, einer Redaktion zu übergeben. *Krebsstation* ruft wegen des Übermaßes an Naturalismus Widerwillen hervor, wegen der Anhäufung aller möglicher Schrecken, doch die Hauptschicht dieses Buches ist nicht medizinisch, sondern sozial, und sie ist unannehmbar. Und hierauf bezieht sich gleichsam auch der Titel des Buches. Mit Ihrem zweiten Brief wollen Sie die Veröffentlichung Ihres unfertigen Romans erzwingen. Ist ein derartiger Erpressungsversuch eines Schriftstellers würdig? Bei uns hören doch alle Schriftsteller gern auf die Meinung der Redakteure und drängen sie nicht.

SOLSCHENIZYN *(wörtlich):* »Ungeachtet meiner Erklärungen und Entgegnungen, ungeachtet der vollständigen Sinnlosigkeit, über ein Werk zu diskutieren, das vor zwanzig Jahren geschrieben worden ist, in einer anderen Epoche, unter unvergleichlichen Umständen und von einem anderen Menschen, über ein Werk, das darüberhinaus nie publiziert worden ist, von niemandem gelesen und aus der Schreibtischschublade gestohlen wurde, konzentriert sich hier ein Teil der Redner ausgerechnet auf dieses Werk. Das ist erheblich sinnloser, als wenn man beispielsweise beim ersten Schriftstellerkongreß Maxim Gorkij wegen der *Unzeitgemäßen Gedanken* oder Sergejew-Zenskij wegen der Oswagowsker Korrespondenz angegriffen hätte, die doch immerhin publiziert waren, und auch nur fünfzehn Jahre vorher. Hier hat Kornejtschuk gesagt, ›so etwas habe es nicht gegeben und werde es nicht geben, und in der Geschichte der russischen Literatur sei so etwas noch nicht vorgekommen‹. Er hat vollkommen recht!«

OSEROW: Dieser Brief an den Schriftstellerkongreß war aus politischer Sicht ein schrecklicher Akt. Er diente vor allem unseren Feinden. Im Brief standen falsche Dinge. In denselben Haufen mit unrechtmäßig unterdrückten Schriftstellern ist auch Samjatin geraten. Hinsichtlich des Abdrucks der *Krebsstation* kann man sich mit *Nowyj mir* einigen: Der Roman könnte unter der Bedingung gedruckt werden, daß das Manuskript korrigiert und über die durchgeführten Korrekturen eine Diskussion geführt wird. Da steht noch eine sehr ernsthafte Arbeit bevor. Der Roman ist von unterschiedlicher Qualität, es gibt darin gelungene und mißlungene Teile. Besonders ist dem Aufdringlichen und Karikierenden zu widersprechen. Ich würde eine ganze Reihe Kürzungen erbitten, doch ist hier im Augenblick einfach nicht die Zeit, darüber zu sprechen. Die Philosophie des ethischen Sozialismus wird nicht nur von einer Romanfigur vertreten, sie klingt wie eine Meinung des Autors. Das ist unzulässig.

SURKOW: Ich habe das *Festmahl der Sieger* auch gelesen. Die darin vorherrschende Stimmung lautet: »Seid alle verflucht!« Der gleiche Ton findet sich auch in der *Krebsstation*. Welche von allen Figuren ist denn in die Welt der Hauptfigur näher eingedrungen? Nur dieser seltsame Schulubin, der einem Kommunisten so wenig gleicht wie ich einem . . . Schulubin mit seinen hoffnungslos veralteten Ansichten. Ich will nicht verschweigen, ich bin ein belesener Mensch. Alle diese ökonomischen und sozialen Theorien kenne ich gut, habe etwas in Michajlowskij und Wladimir Solowjow hineingerochen und in die naive Vorstellung, daß die Wirtschaft von der Ethik abhängen kann. Nach dem, was Sie durchlitten haben, hatten Sie als Mensch das Recht verbittert zu sein, Sie sind aber doch Schriftsteller! Kommunisten, die ich kannte, hatten, wie Sie sich ausdrücken, auch das Höchstmaß bekommen, doch das hatte keinerlei Einfluß auf ihre Weltanschauung. Nein, dieser Roman ist kein physiologischer, sondern ein politischer, und alles geht hier auf die Frage der Konzeption zurück. Und dann dieser Götze auf dem Theaterplatz, obwohl das Marx-Denkmal damals noch nicht aufgestellt war. Wenn Ihre *Krebsstation* gedruckt wird, dann kann dieses Werk gegen uns verwendet werden, und es wird sich stärker auswirken als Swetlanas Memoiren. Natürlich müßte man einer Veröffentlichung im Westen zuvorkommen, doch das ist schwierig. Ich stand in letzter Zeit Anna Andrejewna Achmatowa nahe und weiß: Sie hat einigen Menschen ihr *Requiem* zu lesen gegeben, es war einige Wochen im Umlauf, sofort erschien es im Westen. Natürlich ist unser Leser bereits so weit entwickelt und so gefestigt, daß kein Buch ihn vom Kommunismus abbringen kann, dennoch sind die Werke Solschenizyns für uns gefährlicher als die Pasternaks. Pasternak war ein Mensch, der fern vom Leben stand, Solschenizyn aber – mit seinem lebendigen, kämpferischen Temperament, seinem Gedankenreichtum, das ist ein Mensch mit eigenen politischen Ideen. Wir sind die erste Revolution in der Geschichte der Menschheit, die ihre Losungen und ihre Banner nicht gewandelt hat!» Ethischer Sozialismus«, das ist ein ziemlich spießbürgerlicher Sozialismus, ein alter, primitiver und *(zu Salynskij gewandt)* ich weiß nicht, wie man das nicht begreifen, wie man daran etwas finden kann.

SALYNSKIJ: Ja, ich verteidige ihn doch gar nicht.

RJURIKOW: Solschenizyn hat durch jene gelitten, die ihn verleumdet haben. Doch auch durch jene, die ihn übermäßig loben und ihm Qualitäten zuschreiben, die er nicht hat. Wenn sich Solschenizyn von etwas lossagen sollte, dann von der Bezeichnung »Fortführer des russischen Realismus«. Das Verhalten des Marschalls Rokossowskij und des Generals Gorbatow ist ehrlicher als das Ihrer Helden. Die Quelle der Energie dieses Schriftstellers liegt in der Verbitterung und im Beleidigtsein. Indessen, Sie schreiben, daß Ihre Werke verboten werden? Die Zensur hat doch bisher mit keinem Ihrer Romane etwas zu tun gehabt! Ich wundere mich, warum Twardowskij unsere Genehmigung erbittet. Ich zum Beispiel habe den Schriftstellerverband nie um die Genehmigung gebeten, ob ich etwas drucken darf oder nicht. *(Er bittet Solschenizyn, den Empfehlungen von* Nowyj *mir vertrauensvoll entgegenzukommen und verspricht ihm, von* »jedem beliebigen Anwesenden« *mehrseitige kritische Bemerkungen zur* Krebsstation.)

BARUSDIN: Ich gehöre gerade zu den Menschen, die von Anfang an die Begeisterung für Solschenizyns Werke nicht geteilt haben. *Matrjonas Hof* ist bereits erheblich schwächer als sein erstes Werk. Im *Ersten Kreis* ist sehr viel Schwaches, wie armselig, naiv und primitiv sind Stalin, Abakumow, Poskrjobyschew gezeichnet. *Krebsstation* ist ein anti-humanitäres Buch. Das Ende des Romans führt darauf hinaus, daß man » einen anderen Weg hätte gehen müssen «. Hat Solschenizyn wirklich damit gerechnet, daß sein Brief » anstelle einer Rede « mir nichts dir nichts auf dem Kongreß verlesen wird? Wieviele Briefe hat der Kongreß erhalten?

WORONKOW: Etwa fünfhundert.

BARUSDIN: Also! War es etwa möglich, sie alle schnell zu prüfen? Ich bin mit Rjurikow nicht einverstanden: Es stimmt, die Frage der Genehmigung ist im Sekretariat behandelt worden. Unser Sekretariat soll sich häufiger in den Schaffensprozeß einschalten und den Redakteuren bereitwillig Ratschläge erteilen.

ABDUMOMUNOW: Es ist sehr gut, daß Solschenizyn den Mut gefunden hat, sich von dem *Festmahl der Sieger* loszusagen. Er wird auch den Mut finden, darüber nachzudenken, wie sich der Vorschlag Fedins ausführen läßt. Wenn wir die *Krebsstation* publizieren, wird das noch mehr Lärm und Schaden anrichten als sein erster Brief. Und was heißt das denn: » Er streute dem Rhesusaffen Tabak in die Augen – ganz einfach so? « Was heißt das – einfach so? Das ist eine Äußerung gegen unser ganzes System. In dem Roman gibt es Rusanows und gibt es Lagermärtyrer – ist das alles? Und wo bleibt die sowjetische Gesellschaft? Man darf die Farben nicht so dick auftragen, so ohne jeden Lichtschein darf ein Roman nicht vorgelegt werden. Da gibt es viele Längen, Wiederholungen und naturalistische Szenen, alles das muß heraus.

ABASCHIDSE: Ich habe nur einhundertfünfzig Seiten der *Krebsstation* gelesen, daher kann ich kein tiefergehendes Urteil abgeben. Doch ich habe nicht den Eindruck gewonnen, daß man diesen Roman nicht drucken darf. Indessen, ich wiederhole, ein tiefergehendes Urteil kann ich nicht abgeben. Vielleicht kommt das Wichtigste erst später. Wir alle, als ehrliche und begabte Schriftsteller, haben immer gegen jene gekämpft, die in der Literatur alles beschönigten, sogar als man uns das verbot. Doch Solschenizyn läuft Gefahr, in das andere Extrem zu verfallen: Da sind Teile, die haben einen rein publizistischen, anklägerischen Charakter. Ein Künstler ist wie ein Kind, er nimmt eine Maschine auseinander, um nachzuschauen, wie es innen aussieht. Wahrhafte Kunst aber beginnt mit dem Zusammensetzen. Ich bemerke, daß er bei seinem Nachbarn den Namen des jeweiligen Sprechers erfragt. Warum kennt er niemanden von uns? Weil wir ihn niemals eingeladen haben. Konstantin Alexandrowitschs Vorschlag ist richtig, lassen wir doch Solschenizyn selbst auf die Verleumdung antworten, vielleicht zunächst für den internen Gebrauch.

BROWKA: In Weißrußland gibt es auch viele Menschen, die gesessen haben, Sergej Grakowskij zum Beispiel hat zwanzig Jahre gesessen. Doch diese Menschen haben begriffen, daß nicht das Volk und nicht die Partei und nicht die Sowjetmacht an den Ungesetzlichkeiten schuld sind. Die Aufzeichnungen der Swetlana Allilujewa sind Weibergewäsch, das Volk hat das bereits durchschaut und lacht darüber. Hier aber steht ein allgemein anerkanntes Talent vor uns, darin liegt die Gefahr der Veröffentlichung. Ja, Sie fühlen den Schmerz Ihres Landes, und sogar übermäßig. Doch Sie fühlen nicht seine Freuden. *Krebsstation* ist zu düster, man darf den Roman nicht drucken. *(Wie alle vorangehenden und folgenden Sprecher unterstützt er den Vorschlag K. A. Fedins, Solschenizyn solle in der Presse gegen die westlichen Verleumdungen auftreten, die im Zusammenhang mit seinem Brief erhoben worden sind.)*

JASCHEN *(beschimpft das* Festmahl der Sieger*):* Dieser Autor ist nicht von Ungerechtigkeit gequält, sondern von Haß vergiftet. Die Menschen sind empört, daß es in den Reihen des Schriftstellerverbandes einen solchen Schriftsteller gibt. Ich möchte beantragen, ihn aus dem Verband auszuschließen. Nicht er allein hat gelitten, doch die anderen verstehen die Tragödie der Zeit besser. Zum Beispiel der junge Ikramow. *Krebsstation* stammt natürlich von der Hand eines Meisters. Der Autor kennt den Gegenstand besser als ein beliebiger Arzt oder Professor. Doch wegen der Blockade Leningrads beschuldigt er außer Hitler »noch andere«. Wer das ist, bleibt unverständlich. Berija? Oder die großen Führer unserer Tage? Das muß man klar ausdrücken. *(Dennoch unterstützt der Redner den mutigen Entschluß Twardowskijs, an dem Roman zusammen mit dem Autor zu arbeiten. Danach könne man ihn einem kleinen Kreis zur Durchsicht geben.)*

KERBABAJEW: Ich habe *Krebsstation* mit großem Ärger gelesen. Alle sind ehemalige Häftlinge, alles ist finster, kein einziges warmes Wort. Es wird einem einfach schlecht, wenn man das liest. Vera bietet dem Helden ihr Heim und ihre Umarmungen an, er aber sagt sich vom Leben los. Dann dieses » Neunundneunzig weinen, einer lacht«, wie soll man das verstehen? Geht es hier um die Sowjetunion? Ich stimme dem zu, was mein Freund Kornejtschuk gesagt hat. Warum sieht der Autor nur das Schwarze? Und warum schreibe ich nicht Schwarzes? Ich bemühe mich, immer nur über Erfreuliches zu schreiben. Es reicht nicht, daß er sich vom *Festmahl der Sieger* lossagt. Ich würde es für mannhaft halten, wenn er sich von der *Krebsstation* lossagte, dann würde ich ihn wie einen Bruder umarmen.

SCHARIPOW: Ich würde ihm keine Zugeständnisse machen, ich würde ihn aus dem Verband ausschließen! In dem Theaterstück ist alles Sowjetische negativ dargestellt, und sogar Suworow. Ich bin völlig einverstanden: Er soll sich von der *Krebsstation* lossagen. Unsere Republik hat Ödland und Neuland urbar gemacht und schreitet von Erfolg zu Erfolg.

NOWITSCHENKO: Beim Versand des Briefes an den Schriftstellerkongreß wurde der offizielle Adressat unzulässigerweise umgangen. Ich schließe mich den strengen Worten Twardowskijs an, wonach wir diese Form entschlossen verurteilen müssen. Mit den Hauptforderungen des Briefes bin ich nicht einverstanden: Wir dürfen es nicht zulassen, daß alles veröffentlicht wird. Was soll denn das heißen; soll dann auch das *Festmahl der Sieger* veröffentlicht werden? Zur *Krebsstation*. Meine Beziehung zu diesem Buch ist kompliziert. Ich bin kein Kind, ich werde auch sterben müssen, und vielleicht unter ebensolchen Qualen wie die Helden Solchenizyns. Hier ist doch am wichtigsten: Wie ist dein Gewissen? Wie sind deine moralischen Reserven? Wenn sich der Roman darauf beschränken würde, würde ich eine Veröffentlichung für nötig halten. Doch diese miese Einmischung in unser literarisches Leben, diese karikierte Szene mit der Tochter Rusanows. Der ideologisch-politische Sinn des ethischen Sozialismus ist die Ablehnung des Marxismus-Leninismus. Dann diese Worte Puschkins: »In allem Elementaren ist der Mensch Tyrann, Verräter oder Gefangener«, das ist eine beleidigende Theorie. Alle diese Dinge sind kategorisch unannehmbar, für uns und unsere Gesellschaft und unser Volk. Im Roman werden alle, die gelitten haben, zum Richter der Gesellschaft, das ist beleidigend. Rusanow, ein widerlicher Typ, er ist richtig dargestellt. Aber man kann nicht zulassen, daß er als Typ zum Träger und Ausdruck unserer ganzen offiziellen Gesellschaft wird. Peinlich berührt, wie oft der Name Gorkijs diesem gemeinen und dreckigen Rusanow über die Lippen kommt. Selbst wenn es gelingt, dem Roman eine bestimmte Kondition zu verschaffen, wird er kein Roman des sozialistischen Realismus werden. Aber er wird ein Ereignis, ein bemerkenswertes Werk. Ich habe auch *Das Festmahl der Sieger* gelesen, da ist bei mir gegenüber dem Autor etwas menschlich zerbrochen. Man muß alle Wurzeln austilgen, die von diesem Stück herkommen.

MARKOW: Hier hat sich eine wertvolle Diskussion ergeben. Ich komme soeben aus Sibirien und habe dort fünfmal vor einem riesigen Auditorium gesprochen. Ich muß sagen, besondere Bewegung löst der Name dieses Autors nirgendwo aus. Nur in einem Falle reichte man einen Zettel nach vorn, ich bitte um Entschuldigung, aber es stand genauso da: »Wann hört denn dieser Dolschenizyn auf, sowjetische Literatur in den Dreck zu ziehen?« Wir erwarten von Solschenizyn eine absolut klare Antwort auf die bourgeoisen Verleumdungen, warten auf eine Stellungnahme in der Presse. Er muß seine Ehre als sowjetischer Schriftsteller verteidigen. Mit seiner Erklärung zum *Festmahl der Sieger* hat er mir einen Stein von der Seele genommen. Die *Krebsstation* beurteile ich ebenso wie Surkow. Das Werk hat immerhin in einer praktischen Schicht seinen Halt. Absolut unannehmbar sind darin alle die übertriebenen gesellschaftlich-politischen Ansätze. »Jemand hat es getan«, da ist unklar, wer gemeint ist. Angesichts der guten Zusammenarbeit, die sich zwischen *Nowyj mir* und Alexander Issajewitsch ergeben hat, kann dieser Roman in eine endgültige Fassung gebracht werden, obwohl das sehr ernsthafte Arbeit erfordert. Heute darf man ihn natürlich nicht in Satz geben. Wie nun weiter? Ein konstruktiver Vorschlag: Alexander Issajewitsch bereitet eine Äußerung für die Presse in der Weise vor, wie sie hier von allen gewünscht wurde, das wird sich vor dem Jahrestag der Oktoberrevolution gut machen; später wäre irgendein Kommuniqué seitens des Sekretariats in Erwägung zu ziehen. Immerhin halte ich ihn weiter für unseren Genossen. In diese schwierige Situation aber, Alexander Issajewitsch, sind wir durch Ihre Schuld geraten und nicht durch die irgendeines anderen. Zu den Vorschlägen, ihn aus dem Verband auszuschließen: Angesichts der Ansätze kollegialen Einvernehmens, zu denen es kommen soll, dürfen wir nichts überstürzen.

SOLSCHENIZYN: Ich bin heute schon ein paarmal gegen eine Diskussion von *Das Festmahl der Sieger* aufgetreten, aber ich muß immer wieder darauf zurückkommen. Schließlich kann ich Ihnen allen den Vorwurf machen, daß Sie keine Anhänger der Theorie der Entwicklung sind, wenn Sie ernstlich annehmen, daß sich ein Mensch im Laufe von zwanzig Jahren und bei völliger Veränderung aller Lebensumstände nicht wandelt. Ich hörte hier auch eine ernster zu nehmende Äußerung: Kornejtschuk, Barusdin und noch jemand sagten, »das Volk lese« *Das Festmahl der Sieger,* als ob dieses Theaterstück verbreitet werde. Ich werde jetzt sehr langsam sprechen, möge jedes meiner Worte exakt mitgeschrieben werden. Wenn *Das Festmahl der Sieger* in großem Umfang von Hand zu Hand geht oder gedruckt wird, dann erkläre ich feierlich, daß die gesamte Verantwortung hierfür jene Organisation trägt, die das einzige erhaltene Exemplar, das von niemandem gelesene Exemplar dieses Stückes, für eine »Veröffentlichung« zu meinen Lebzeiten und gegen meinen Willen genutzt hat: Sie ist es, die das Theaterstück verbreitet! Anderthalb Jahre lang habe ich ständig gewarnt, daß das sehr gefährlich ist! Ich nehme an, daß Sie da keinen Lesesaal haben, sondern das Stück in die Hände gegeben und nach Hause genommen wird, wo es Söhne und Töchter gibt und nicht alle Schubladen abgeschlossen werden. Ich habe gewarnt! Und ich warne auch jetzt!
Nunmehr zur *Krebsstation.* Es werden schon wegen des Titels Vorwürfe erhoben, man erklärt, Krebs und Krebsstation seien kein medizinischer Gegenstand, sondern irgendein Symbol. Ich antworte: Ein bequemes Symbol, wenn man, um es zu finden, selbst durch Krebs und Sterben hindurch muß. Zu zäh ist der Teig für ein Symbol, zu viele medizinische Einzelheiten für ein Symbol. Ich habe den Roman von bedeutenden Onkologen beurteilen lassen, sie haben ihn vom medizinischen Standpunkt aus als einwandfrei und dem heutigen Stande der Wissenschaft ent-

sprechend bezeichnet. Es handelt sich ausgesprochen um Krebs, Krebs als solchen, wie man ihn in der Unterhaltungsliteratur meidet, doch wie ihn die Kranken tagtäglich erfahren, darunter auch ihre Verwandten; vielleicht wird bald einer der Anwesenden sich in ein Bett in einer onkologischen Klinik legen und begreifen, was das für ein »Symbol« ist.

Ich verstehe es absolut nicht, wenn *Krebsstation* eines anti-humanitären Geistes beschuldigt wird. Genau umgekehrt: Es ist die Überwindung des Todes durch das Leben, der Vergangenheit durch die Zukunft; der Eigenart meines Charakters entsprechend hätte ich mich sonst nicht darangemacht zu schreiben. Doch ich bin der Auffassung, daß die Aufgaben der Literatur sowohl der Gesellschaft als auch dem einzelnen Menschen gegenüber nicht darin bestehen, die Wahrheit zu verbergen, sie abzuschwächen, sondern ehrlich das zu sagen, was ist und was bevorsteht. In russischen Sprichworten hören wir dieselbe Lebensweisheit:

Nicht der Schönredner, der Streiter sei dir lieb,
Honig auf den Lippen zeigt nicht den guten Willen.

Überhaupt liegt die Aufgabe eines Schriftstellers nicht darin, die eine oder andere Art der Verteilung des gesellschaftlichen Produkts, die eine oder andere Form einer staatlichen Struktur zu verteidigen oder zu kritisieren. Die Aufgabe des Schriftstellers betrifft inhaltlich und zeitlich umfassendere Fragen. Sie betrifft Geheimnisse des menschlichen Herzens und Gewissens, das Zusammentreffen von Leben und Tod, die Überwindung seelischen Schmerzes und jener Gesetze der Geschichte der Menschheit, die in der fernen Tiefe der Jahrtausende entstanden sind und die erst dann aufhören werden, wenn die Sonne verlischt.

Mich betrübt, daß einige Stellen des Romans von den Genossen einfach unaufmerksam gelesen wurden und dadurch verkehrte Vorstellungen entstanden sind. Das hätte nicht zu sein brauchen. Dieses »Neunundneunzig weinen, einer lacht« ist im Lager eine übliche Redewendung; an den Kerl, der sich ohne anzustehen vordrängelt, wendet sich Kostoglotow mit diesem Sprichwort, um sich zu erkennen zu geben, und damit hat es sich. Hier aber wird daraus der Schluß gezogen, die Redewendung beziehe sich auf die Sowjetunion. Oder die Sache mit dem Rhesusaffen. Er kommt zweimal vor, und aus einem Vergleich wird klar, daß mit dem bösen Menschen, der dem Affen *einfach so* Tabak in die Augen streut, konkret Stalin gemeint ist. Und was hält man mir vor? Daß es nicht » einfach so « gewesen sei? Doch wenn es nicht » einfach so « war, dann war es also gesetzlich, notwendig? Erstaunt hat mich Surkow, ich konnte sogar nicht sofort begreifen, warum er auf Marx zu sprechen kam, wo kommt er denn bei mir im Roman vor? Nun, Alexej Alexandrowitsch! Sie sind doch Lyriker, ein Mensch von feinem künstlerischen Geschmack, und plötzlich trifft Ihre Vorstellungskraft derartig daneben, haben Sie denn die Szene nicht verstanden? Schulubin bringt Bacons Gedanken in dessen Terminologie vor, er spricht von den » Götzen des Marktes « und Kostoglotow versucht, sich das vorzustellen: Einen Markt, und in der Mitte erhebt sich ein dunkelgrauer Götze; Schulubin spricht von den » Götzen des Theaters «, und Kostoglotow stellt sich einen Götzen mitten im Theater vor, nein, da paßt er nicht hinein, also auf dem Theaterplatz. Wie konnten Sie annehmen, daß es sich um Moskau handelt und um das Marx-Denkmal, das noch nicht errichtet war? . . .

Genosse Surkow sagte, daß Achmatowas *Requiem* nur einige Wochen von Hand zu Hand zu gehen brauchte, um bereits im Ausland aufzutauchen. *Krebsstation* (Teil I) geht schon mehr als ein Jahr von Hand zu Hand. Das ist es ja, was mich beunruhigt, darum dränge ich doch das Sekretariat so.

Gerade gab mir Genosse Rjurikow den Rat, ich solle mich von der Fortführung des russischen Realismus lossagen. Also davon – Hand aufs Herz – sage ich mich niemals los.

RJURIKOW: Ich habe nicht gesagt, Sie sollten sich von der Fortführung des russischen Realismus lossagen, sondern von der Interpretation dieser Rolle, wie sie im Westen gegeben wird.

SOLSCHENIZYN: Nunmehr zum Vorschlag von Konstantin Alexandrowitsch. Schön, natürlich, ich begrüße ihn. Gerade um *Publizität* bin ich die ganze Zeit bemüht! Hören wir auf mit der Geheimniskrämerei, hören wir auf damit, unsere Reden zu verstecken, unsere Stenogramme hinter sieben Siegeln zu verbergen. Da hat die Diskussion der *Krebsstation* stattgefunden. Die Prosasektion hatte beschlossen, den interessierten Redaktionen das Stenogramm der Diskussion zu übersenden. Nichts dergleichen! Man hat es versteckt, kaum konnte man sich einigen, es

mir, dem Autor, zu geben. Und das heutige Stenogramm – ich darf hoffen, Konstantin Alexandrowitsch, es zu erhalten?
Konstantin Alexandrowitsch fragte: » In wessen Interesse sollen Ihre Proteste gedruckt werden?« Meiner Ansicht nach ist das klar: Im Interesse der Literatur unseres Landes. Doch seltsamerweise sagt Konstantin Alexandrowitsch, ich sei es, der eine Lösung der Situation *herbeiführen* solle. Mir sind Hände und Füße gebunden, der Mund geknebelt, und ich soll eine Lösung der Situation herbeiführen? Mir scheint, das kann der mächtige Schriftstellerverband leichter. Mir streicht man jede Zeile, dem Verband aber steht die gesamte Presse zur Verfügung. Ich sehe trotz allem nicht ein und begreife nicht, warum mein Brief auf dem Kongreß nicht verlesen wurde. Jetzt macht Konstantin Alexandrowitsch den Vorschlag, nicht gegen die *Ursachen,* sondern gegen die *Folgen* zu kämpfen, gegen den Lärm im Westen, der sich um meinen Brief erhoben hat. Sie möchten, daß ich ein Dementi veröffentliche, *was* soll ich denn dementieren? Ich kann doch keine generelle Erklärung zu einem nicht veröffentlichten Brief abgeben. Und die Hauptsache: In meinem Brief ist ein allgemeiner und ein persönlicher Teil. Soll ich den *allgemeinen* Teil widerrufen? Ich denke jetzt noch immer so und widerrufe kein einziges Wort. Wovon handelt doch dieser Brief?

STIMMEN: Von der Zensur.

SOLSCHENIZYN: Dann haben Sie nichts verstanden, wenn Sie sagen » von der Zensur«. Es ist ein Brief über das Schicksal unserer großen Literatur, die einmal die Welt eroberte und begeisterte, jetzt aber ihre Stellung verloren hat. Man sagt uns vom Westen her: Der Roman ist tot, wir aber gestikulieren und halten Vorträge, so sei es nicht, er sei nicht tot. Aber man muß keine Vorträge halten, sondern Romane veröffentlichen, und zwar solche, daß ihnen dort die Augen übergehen, wie von grellem Licht, dann wird es still um den » nouveau roman« werden, dann werden die » Neoavantgardisten« verstummen. Ich habe nicht die Absicht, den allgemeinen Teil meines Briefes zu widerrufen. Soll ich also erklären, daß die acht Punkte des persönlichen Teils meines Briefes unberechtigt und falsch sind? Sie sind aber alle berechtigt. Soll ich denn sagen, daß einige Punkte sich bereits erledigt haben, in Ordnung gebracht worden sind? Es ist aber nicht einer erledigt, nicht einer in Ordnung gebracht worden. Was kann ich denn erklären? Nein, machen Sie mir erst einmal einen, wenn auch schmalen Weg für eine solche Erklärung frei: Veröffentlichen Sie zunächst meinen Brief, dann ein Kommuniqué des Schriftstellerverbandes zu dem Brief, dann zeigen Sie mir, was von den acht Punkten in Ordnung gebracht wird, und dann kann ich auch selbst eine Erklärung abgeben, mit Vergnügen. Meine heutige Erklärung zum *Festmahl der Sieger* können Sie dann, wenn Sie wollen, auch veröffentlichen, obwohl ich nicht begreife, wie man über gestohlene Theaterstücke und über ein Dementi ungedruckter Briefe diskutieren kann. Am 12. Juni hat man mir hier im Sekretariat erklärt, ein Kommuniqué würde ohne jegliche Bedingungen gedruckt, heute aber stellt man Bedingungen. Was hat sich geändert?

Mein Buch *Ein Tag im Leben des Iwan Denissowitsch* ist verboten. Die Verleumdung gegen mich wird fortgesetzt und flammt immer wieder neu auf. Die Möglichkeit zu dementieren haben Sie, nicht ich. Nur eines beruhigt mich, daß ich von solcher Verleumdung nie einen Herzinfarkt bekommen werde, weil man mich in Stalins Lagern abgehärtet hat.

FEDIN: Nein, die Reihenfolge stimmt nicht. Die erste öffentliche Erklärung muß von Ihnen kommen. Nachdem Sie so viele anerkennende Äußerungen zu Ihrem Talent und Ihrem Stil erhalten haben, werden Sie die Form finden, das können Sie. Erst wir, dann Sie – für eine solche Erwiderung gibt es keine Begründung.

TWARDOWSKIJ: Wird der Brief selbst hierbei veröffentlicht?

FEDIN: Nein, den Brief hätte man damals, seinerzeit veröffentlichen müssen. Jetzt hat uns das Ausland überholt, warum jetzt noch?

SOLSCHENIZYN: Besser spät als nie. Und an meinen acht Punkten ändert sich nichts?

FEDIN: Das werden wir uns später ansehen.

SOLSCHENIZYN: Also, ich habe meine Antwort gegeben, und alles ist hoffentlich genau stenographiert worden.

SURKOW: Sie müssen sagen, ob Sie sich von jener Rolle des Führers der politischen Opposition distanzieren, die man Ihnen im Westen zuschreibt?

SOLSCHENIZYN: Alexej Alexandrowitsch, da traut man doch seinen Ohren kaum, so etwas von Ihnen zu hören: Ein Künstler des Wortes und Führer einer politischen Opposition? Paßt das zusammen?

Es folgen einige kurze Diskussionsbeiträge, die darauf bestehen, daß Solschenizyn Fedins Vorschlag annimmt.

STIMMEN: Er wird es sich überlegen! . . .

SOLSCHENIZYN *sagt noch einmal, daß es ihm unmöglich sei, eine solche Erklärung als erster abzugeben, die Leser in seinem Lande würden nicht begreifen, worum es sich handelt.*

(Diese Aufzeichnung wurde während der Sitzung von A. Solschenizyn vorgenommen.)

Schriftstellerverband der UdSSR
Der Vorstand
Nr. 3142

Genossen
A. I. Solschenizyn

Sehr geehrter Alexander Issajewitsch!

Im Laufe der Sitzung des Sekretariats des Vorstands des Schriftstellerverbandes der UdSSR vom 22. September diesen Jahres,
auf der Ihre Briefe diskutiert wurden, wurde neben scharfer Kritik Ihres Vorgehens von den Genossen auch der wohlwollende
Gedanke geäußert, Sie müßten eine zeitlich ausreichende Möglichkeit erhalten, alles sorgfältig zu überdenken, was im Sekretariat besprochen wurde und sie sollten danach öffentlich Ihre
Haltung zu der antisowjetischen Kampagne äußern, die von der
unfreundlichen ausländischen Propaganda um Ihren Namen und
Ihre Briefe entfacht worden ist. Zwei Monate sind vergangen.
Das Sekretariat würde gern erfahren, zu welchem Entschluß Sie
gekommen sind.

Mit vorzüglicher Hochachtung
K. Woronkow
Im Auftrag des Sekretariats,
Sekretär des Vorstandes
des Schriftstellerverbandes der UdSSR

An das Sekretariat
des Schriftstellerverbandes der UdSSR

Ihrem Schreiben Nr. 3142 vom 25. November 1967 kann ich
nicht entnehmen:

1. ob das Sekretariat beabsichtigt, mich gegen die im Laufe von
drei Jahren ununterbrochen andauernden Verleumdungen (es
wäre milde, sie » unfreundlich « zu nennen) in Schutz zu nehmen, die in meiner Heimat stattfinden. (Neue Fakten: Am 5.
Oktober 1967 wiederholte der Chefredakteur der *Prawda*, Sim-
janin, in Leningrad im Haus der Presse vor einem zahlreichen
Auditorium die abgeschmackte Lüge, ich sei in Kriegsgefangenschaft gewesen, und versuchte auch den abgedroschenen Trick
gegen Mißliebige, mich zum Schizophrenen zu erklären und
meine Lagervergangenheit eine fixe Idee zu nennen. Die Lektoren des Moskauer Stadtkomitees der Kommunistischen Partei
haben neue lügnerische Behauptungen aufgestellt, ich hätte angeblich in der Armee eine » defätistische « oder eine » terroristi-
sche « Organisation aufgebaut. Es ist unbegreiflich, warum das
Militärkollegium des Obersten Gerichts das in den Akten nicht
entdeckt hat.)

2. welche Maßnahmen das Sekretariat gegen das ungesetzliche
Verbot ergriffen hat, meine Bücher in Bibliotheken zu benutzen,
und gegen die Zensuranweisung, meinen Namen, wann immer
er in literarischen Besprechungen erwähnt ist, zu löschen? (In
der Zeitschrift *Woprosy literatury* ist man sogar bei der Übersetzung eines Aufsatzes aus dem Japanischen so vorgegangen. In
der Universität Perm wurde eine Gruppe Studenten dafür bestraft, daß sie versucht hat, meine gedruckten Werke in einem
wissenschaftlichen Sammelband zu besprechen.)

3. ob das Sekretariat die Absicht hat, unkontrollierte Veröffentlichungen der *Krebsstation* im Ausland zu verhindern, oder ob es
dieser Gefahr gegenüber gleichgültig bleibt. Werden irgendwelche Schritte unternommen, Auszüge dieses Romans in der *Lite-*

raturnaja gaseta oder des ganzen Romans in *Nowyj mir* abzudrucken.

4. ob das Sekretariat die Absicht hat, sich bei der Regierung für einen Beitritt unseres Landes zum internationalen Urheberrechtsabkommen einzusetzen. Hierdurch würden unsere Autoren ein sicheres Mittel erhalten, ihre Werke vor ungesetzlichen ausländischen Veröffentlichungen und einem schamlosen kommerziellen Wettlauf der Übersetzungen zu schützen.

5. ob in dem seit meinem Brief an den Schriftstellerkongreß vergangenen *halben Jahr* die Verbreitung der ungesetzlichen » Herausgabe« von Auszügen aus meinem Archiv schließlich eingestellt worden, und diese » Ausgabe« vernichtet worden ist.

6. welche Maßnahmen das Sekretariat unternommen hat, damit mir das beschlagnahmte Archiv und der Roman *Im ersten Kreis* zurückgegeben werden, abgesehen von den öffentlichen Versicherungen, sie seien mir angeblich schon zurückgegeben worden (Sekretär Oserow zum Beispiel).

7. ob das Sekretariat den Vorschlag von K. M. Simonow angenommen oder abgelehnt hat, einen Sammelband meiner Erzählungen zu veröffentlichen.

8. warum ich bis heute das Stenogramm der Sitzung des Sekretariats vom 22. September nicht zur Durchsicht erhalten habe.

Für eine Klärung dieser Fragen wäre ich sehr verbunden.

A. Solschenizyn

Schreiben an eine Reihe von Mitgliedern
des Schriftstellerverbandes der UdSSR

Bald ist es ein Jahr her, daß ich meinen Brief an den Schriftstellerkongreß schickte, der ohne Antwort blieb. Danach habe ich noch zweimal an das Sekretariat des Schriftstellerverbandes geschrieben, dreimal war ich persönlich dort. Nichts hat sich bis heute geändert: Mein Archiv hat man mir nicht zurückgegeben, meine Bücher werden nicht veröffentlicht, mein Name darf nicht genannt werden. Eindringlich habe ich das Sekretariat vor der Gefahr gewarnt, daß meine Werke ins Ausland gelangen können, da sie seit langem und in großer Zahl von Hand zu Hand gehen. Das Sekretariat hingegen hat nicht nur nichts dazu beigetragen, daß die für *Nowyj mir* bereits gesetzte *Krebsstation* gedruckt werden konnte, sondern hat hartnäckig dagegen gearbeitet und sogar verhindert, daß die Moskauer Prosasektion den zweiten Teil des Romans *erörtert*.
Ein Jahr ist versäumt, das Unvermeidliche ist geschehen: Vor einigen Tagen sind Kapitel aus *Krebsstation* in der Literaturbeilage der *Times* erschienen. Nun sind auch andere Veröffentlichungen nicht ausgeschlossen, vielleicht nach ungenauen oder unfertigen Fassungen des Romans. Dieser Vorfall zwingt mich, unsere literarische Öffentlichkeit über den Inhalt der anliegenden Briefe und Äußerungen zu informieren, um die Haltung und die Verantwortung des Schriftstellerverbandes der UdSSR klarzulegen. Die beigefügte Aufzeichnung über die Sitzung des Sekretariats vom 22. September 1967, die ich persönlich verfaßt habe, ist selbstverständlich nicht vollständig, doch absolut zuverlässig und kann als ausreichende Information bis zur Veröffentlichung des vollständigen Stenogramms dienen.

                                                                Solschenizyn

Anlagen:

1. Mein Schreiben an alle (42) Sekretäre des Schriftstellerverbandes vom 12. September 1967.
2. Aufzeichnung über die Sitzung im Sekretariat am 22. September 1967.
3. Schreiben K. Woronkows vom 25. November 1967.
4. Mein Schreiben an das Sekretariat vom 1. Dezember 1967.

An das Sekretariat
des Schriftstellerverbandes der UdSSR
Ferner an
die Redaktion der Zeitschrift Nowyj mir
die Redaktion der Zeitschrift Literaturnaja gaseta
Mitglieder des Schriftstellerverbandes.

In der Redaktion der Zeitschrift *Nowyj mir* hat man mir von folgendem Telegramm Kenntnis gegeben:

> NMO 177 Frankfurt am Main Tsch 2 9 16.20 an Twardowski, Nowyj mir.
> Informieren Sie, daß Komitee für Staatssicherheit durch Viktor Louis ein weiteres Exemplar der *Krebsstation* in den Westen übersandt hat, um damit seine Veröffentlichung in *Nowyj mir* zu verhindern. Wir haben daher beschlossen, dieses Werk sofort zu veröffentlichen.

Redaktion der Zeitschrift *Grani*.

Ich würde gern gegen die Veröffentlichung in *Grani* und gegen die Handlungsweise von V. Louis protestieren, doch der unklare Charakter des Telegramms fordert vorher folgende Klärungen:

1. Ist das Telegramm tatsächlich von der Redaktion der Zeitschrift *Grani* aufgegeben worden oder von einer fiktiven Person (das könnte man über das Internationale Telegraphenamt oder durch eine Anfrage des Moskauer Telegraphenamts in Frankfurt am Main feststellen)?

2. Wer ist Viktor Louis, was ist das für eine Persönlichkeit, was für eine Staatsangehörigkeit hat er? Hat er tatsächlich ein Exemplar der *Krebsstation* aus der Sowjetunion herausgebracht, und wem hat er es übergeben? Wo droht noch eine Veröffentlichung? Wie verhält sich hierzu das Komitee für Staatssicherheit? Wenn das Sekretariat des Schriftstellerverbandes interessiert ist, die Wahrheit herauszufinden, die drohende Publikation der

Krebsstation in russicher Sprache im Ausland zu unterbinden, dann, glaube ich, kann es sich schnell Antwort auf diese Fragen verschaffen.

Diese Episode läßt einen über die seltsamen und dunklen Wege nachdenken, auf denen Manuskripte sowjetischer Schriftsteller in den Westen gelangen können. Sie erinnert uns auch nachdrücklich daran, daß man Literatur nicht in eine solche Situation bringen darf, in der literarische Werke eine günstige Ware für jeden beliebigen Geschäftsmann werden, der im Besitze eines Visums ist. Werke unserer Schriftsteller müssen zum Druck in ihrer Heimat zugelassen und nicht ausländischen Verlagen als Beute überlassen werden.

A. Solschenizyn

9   25. April 1968

An die Redaktionen
» Le Monde «
» Unità «
» Literaturnaja gaseta «

Einer Mitteilung der Zeitung *le Monde* vom 13. April entnehme ich, daß im Westen verschiedentlich Auszüge und Teile des Romans *Krebsstation* gedruckt werden und zwischen den Verlagen Mondadori (Italien) und Bodley Head (England) bereits ein Rechtsstreit über das » Copyright « dieses Romanes anhängig ist. Ich erkläre, daß KEIN ausländischer Verleger von mir das Manuskript dieses Romans oder die Vollmacht ihn zu drucken, erhalten hat. Daher erkenne ich KEINE bereits bestehenden oder (ohne meine Genehmigung) erfolgenden Veröffentlichungen als rechtmäßig an, niemand besitzt die Verlagsrechte; jegliche Ent-

stellung des Textes (die bei einer unkontrollierten Vervielfältigung und Verbreitung des Manuskripts unvermeidlich ist) bringt
mir Schaden; jegliche nicht von mir veranlaßte Verfilmung und
Inszenierung verurteile und verbiete ich entschieden.

Ich habe bereits Erfahrung, wie in allen Übersetzungen der *Iwan
Denissowitsch* aus Übereilung entstellt worden ist. Offensichtlich erwartet die *Krebsstation* dasselbe. Doch außer Geld gibt es
auch Literatur.

A. Solschenizyn

10

An die Redaktion
der » Literaturnaja gaseta «
Kopie:
An die Redaktion
der Zeitschrift » Nowyj mir «

Ich weiß, daß Ihre Zeitung keine einzige Zeile von mir druckt,
ohne ihr eine entstellende oder schmähende Interpretation zu
geben. Aber ich habe keine andere Möglichkeit, meinen zahlreichen Gratulanten zu antworten als mit Ihrer Hilfe:

»Den Lesern und Schriftstellern, die mir Gratulationen und
Glückwünsche zu meinem 50. Geburtstag übersandt haben, bin
ich von Herzen dankbar. Ich verspreche Ihnen, niemals die
Wahrheit zu verraten. Mein einziger Traum ist, mich der Hoffnungen des lesenden Rußland würdig zu erweisen. «

A. Solschenizyn
Rjasan, 12. Dezember 1968

Aufzeichnung
über die Sitzung der Sektion Rjasan des
Schriftstellerverbandes der UdSSR vom 4. November
1969

(Die Sitzung dauerte von 15.00 Uhr bis 16.30 Uhr)

Von den sieben Mitgliedern der Sektion Rjasan des Schriftstellerverbandes waren sechs anwesend (der Sekretär der Sektion Rjasan Ernst Safonow hatte sich zu einer Operation ins Krankenhaus begeben); der Sekretär des Schriftstellerverbandes der RSFSR F. N. Taurin; der Sekretär für Agitation und Propaganda des Gebietskomitees der KPdSU Rjasan Alexander Sergejewitsch Koschewnikow; der Verlagsredakteur Powarjonkin und drei weitere Genossen aus Gebietsorganisationen.
Die vorliegende Aufzeichnung über den Gang der Sitzung wurde von Solschenizyn vorgenommen.

Auf der Tagesordnung stand nur ein, folgendermaßen formulierter Punkt: Information durch den Sekretär des Schriftstellerverbandes der RSFSR Taurin über den Beschluß des Sekretariats des Schriftstellerverbandes der RSFSR » Über Maßnahmen, die Arbeit der ideologischen Erziehung unter den Schriftstellern zu verstärken «.
Die Information selbst nimmt nicht viel Zeit in Anspruch. F. Taurin verliest den Beschluß des Sekretariats des Schriftstellerverbandes der RSFSR, der durch die Flucht von A. Kusnezow ins Ausland ausgelöst worden ist, und weist auf neue Maßnahmen zur Intensivierung der Kontrolle der Schriftsteller, die ins Ausland reisen, hin, sowie auf Maßnahmen zur ideologischen Erziehung der Schriftsteller. Er teilt mit, daß derartige Sitzungen bereits in vielen Gebietsorganisationen des Schriftstellerverbandes durchgeführt worden seien und auf hohem Niveau stattgefunden hätten, insbesondere in der Moskauer Schriftstellerorganisation,

wo Beschuldigungen gegen Lidija Tschukowskaja, Lew Kope-
lew, Bulat Okudschawa sowie gegen das Mitglied der Rjasaner
Organisation des Schriftstellerverbandes Solschenizyn erhoben
worden seien.
Diskussion (Rededauer beschränkt auf zehn Minuten):

WASSILIJ MATUSCHKIN *(Mitglied des Schriftstellerverbandes,*
Rjasan), nach einigen allgemeinen Sätzen über die Situation in
der Sektion Rjasan: Ich muß einiges über das Verhältnis des Genossen Solschenizyn zur Literatur und zu unserer Schriftstellerorganisation sagen. Ich trage hier auch eine persönliche Verantwortung: Ich habe ihm seinerzeit eine Empfehlung bei seinem
Eintritt in den Schriftstellerverband gegeben. Auf diese Weise
kritisiere ich auch mich selbst, wenn ich heute ihn kritisiere. Als
Iwan Denissowitsch erschienen war, wurde nicht alles in diesem
Buch sofort akzeptiert, vieles darin stieß auf Ablehnung. Doch
nach den Rezensionen von Simonow und Twardowskij konnten
wir nichts mehr dagegen sagen. Dennoch hatten wir die Hoffnung, daß Solschenizyn eine Zierde unserer Schriftstellerorganisation würde. Diese Hoffnungen haben sich nicht erfüllt. Nehmen wir sein Verhältnis zu unserer Schriftstellerorganisation. In
all den Jahren hat er niemals teilgenommen. Bei den Wahlversammlungen hat er zwar teilgenommen, aber nicht gesprochen.
Um die Betreuung junger Schriftsteller – eine der wichtigsten
Verpflichtungen nach unserer Satzung – hat er sich nicht gekümmert, er hat an den Diskussionen der Werke junger Autoren
nicht teilgenommen. *Arbeit* hat er überhaupt keine geleistet. Da
drängt sich einem doch der Gedanke, das schmerzliche Empfinden auf, daß er unserer Schriftstellerorganisation und unseren
nicht geringen Leistungen in der Literatur hochmütig gegenübersteht. Ich sage es ehrlich und offen, sein gesamtes Schaffen
der letzten Zeit (wir kennen es zwar nicht, haben es nicht gelesen, man hat uns zur Diskussion nicht eingeladen) steht im Widerspruch zu dem, was wir, die übrigen, schreiben. Für uns existiert die Mutter-Heimat, und es gibt nichts Teureres. Aber Solschenizyns Schaffen wird im Ausland gedruckt, und all das ergießt sich später auf unsere Heimat. Als man diese unsere Mutter
mit Schmutz überschüttete und dabei seine Werke verwendete
und als Alexander Issajewitsch Anweisungen erhielt, wie er zu

antworten habe und sogar ein Artikel in der *Literaturnaja gaseta* erschien, da hat er nicht geantwortet und hielt sich für klüger.

S. BARANOW *(als Vorsitzender):* Die Redezeit ist abgelaufen, zehn Minuten.

MATUSCHKIN bittet um Verlängerung.

SOLSCHENIZYN: Geben Sie dem Genossen soviel Zeit, wie er erbittet.

(Die Redefrist wird verlängert.)

MATUSCHKIN: Der Schriftstellerverband ist eine vollkommen freiwillige Organisation. Es gibt Menschen, deren Werke gedruckt werden, die aber nicht Mitglied des Schriftstellerverbandes sind. In der Satzung des Verbandes heißt es ohne Umschweife: Der Verband vereint Gleichgesinnte, die den Kommunismus aufbauen, die ihm ihr ganzes Schaffen widmen, die dem sozialistischen Realismus folgen. Solschenizyn aber hat dann keinen Platz in der Schriftstellerorganisation, möge er für sich allein schreiben. So bitter es auch sein mag, ich aber muß sagen: Alexander Issajewitsch, wir haben verschiedene Wege, und wir müssen uns voneinander lösen.

NIKOLAJ RODIN *(Mitglied des Schriftstellerverbandes, aus Kasimow, den man zur Sicherung des Quorums im letzten Augenblick in krankem Zustand zur Sitzung gebracht hat):* Wassilij Semjonowitsch hat so gesprochen, daß man nichts hinzufügen braucht. Wenn man die Satzung des Schriftstellerverbandes nimmt und damit die staatsbürgerliche Tätigkeit von Alexander Issajewitsch vergleicht, dann sieht man erhebliche Abweichungen. Ich habe den Worten von Wassilij Semjonowitsch nichts hinzuzufügen. Er hat sich an die Satzung nicht gehalten und unseren Verband nicht beachtet. Es kommt vor, daß man niemanden hat, dem man das Manuskript eines beginnenden Schriftstellers zur Rezension geben kann, Solschenizyn aber hat keine Rezensionen geschrieben. Ich habe ihm gegenüber große Bedenken.

Sergej Ch. Baranow *(Mitglied des Schriftstellerverbandes, Rjasan):* Das ist eine sehr ernste Frage, und die Leitung des Schriftstellerverbandes wirft sie rechtzeitig auf. Wir müssen im Schriftstellerverband einander im Innersten gut kennen und einander helfen. Doch wie soll es weitergehen, wenn sich jeder in seine Ecke zurückzieht, wer wird die Jugend erziehen? Wer wird die literarischen Zirkel leiten, von denen wir so viele in den Fabriken und Schulen haben? Wassilij Semjonowitsch hat zu Recht das Gespräch auf Solschenizyn gebracht. Sein Werk kennen wir nicht, uns ist sein Schaffen unbekannt. Anfangs gab es um seine Werke übertriebenen Lärm. Ich persönlich aber habe im *Iwan Denissowitsch* immer reine Schwarzmalerei gesehen. Oder *Matrjonas Hof* – wo hat er denn eine solche einsame Frau mit Küchenschaben und einer Katze gesehen, und wo, daß es niemanden gäbe, der ihr hilft; wo soll man denn eine solche Matrjona finden? Ich hatte die ganze Zeit gehofft, Alexander Issajewitsch würde Werke schreiben, die das Volk braucht. Doch wo druckt er seine Werke, wovon handeln sie? Wir wissen es nicht. Wir müssen die Anforderungen an uns selbst und an andere erhöhen. Solschenizyn hat sich von unserer Organisation gelöst, und wir müssen uns offensichtlich von ihm trennen.

Solschenizyn bittet um die Genehmigung, eine allgemeine Frage an die Redner stellen zu dürfen, der Vorsitzende lehnt dies ab.

Jewgenij Markin*(Mitglied des Schriftstellerverbandes, Rjasan):* Mir ist es am schwersten, hier zu sprechen, schwerer als allen anderen. Schauen wir der Wahrheit ins Auge – es handelt sich um den Verbleib von Alexander Issajewitsch in unserer Organisation. Ich war noch kein Mitglied des Verbandes, als Sie ihn aufgenommen haben. Ich fühle mich aus folgendem Grunde so bedrückt: Ein solches Schwanken eines Uhrpendels von einer Richtung in die andere hat es noch nicht gegeben. Ich war Mitarbeiter der Zeitung *Literatura i Schisn,* als man Solschenizyn über alle Maßen lobte. Seitdem hat sich alles gewandelt: Über niemanden habe ich so scharfe Urteile gehört wie über Solschenizyn. Ein derartig extremes Schwanken muß das Gewissen der Menschen belasten, die jetzt zu einer Entscheidung aufgerufen sind. Erinnern wir uns daran, wie man Jessenin beschimpft hat, später hob man ihn in den Himmel, jetzt aber möchte manch einer ihn wieder in der Versenkung verschwinden lassen. Erinnern wir uns an die scharfen Verurteilungen nach 1946. Für mich ist es am schwersten von allen, mich zurechtzufinden. Wenn Solschenizyn jetzt ausgeschlossen wird, später wieder aufgenommen wird, dann wieder ausgeschlossen wird, dann wieder aufgenommen wird – ich möchte keinen Anteil daran haben. An welchen Beschluß sollen sich jene halten, die der heutigen Verhandlung ferngeblieben sind, wo sollen sie einen zweiten Blinddarm hernehmen? In unserer Schriftstellerorganisation gibt es große Übelstände: Mitglieder des Schriftstellerverbandes bekommen keine Wohnungen. Zwei Jahre lang wurde unsere Rjasaner Schriftstellerorganisation von dem Hochstapler Iwan Abramow kommandiert, der nicht einmal Mitglied des Verbandes war, er gab uns allen politische Etiketten. Mit Anatolij Kusnezow habe ich zusammen im Literaturinstitut studiert, die Intuition trügt nicht, wir mochten ihn nicht, weil er so scheinheilig war. Meiner Ansicht nach kann man die Satzung des Schriftstellerverbandes doppelsinnig interpretieren, das ist ein Stock mit zwei Enden. Doch natürlich möchte man Alexander Issajewitsch fragen, warum er am gesellschaftlichen Leben nicht teilgenommen hat, warum er sich zu dem Lärm, den die ausländische Presse um seinen Namen ausgelöst hat, nicht in unserer Presse äußerte und uns davon nicht berichtete. Warum hat sich Alexander Issajewitsch nicht bemüht, seine Haltung richtig zu erklären und allgemein bekannt zu machen? Seine neuen Werke habe ich nicht gelesen. Meine Meinung über das Verbleiben von Alexander Issajewitsch im Schriftstellerverband: Zur Schriftstellerorganisation von *Rjasan* hat er nicht gehört. Ich stimme der Meinung der Mehrheit der Schriftstellerorganisation zu.

Nikolaj Lewtschenko *(Mitglied des Schriftstellerverbandes, Rjasan):* Im wesentlichen ist das Problem von den Genossen, die bisher gesprochen haben, klar gemacht worden. Ich möchte mich in die Lage von Alexander Issajewitsch versetzen und mir vorstellen, wie ich mich verhalten hätte. Wenn mein Schaffen im Ausland als Waffe benutzt würde – was hätte ich getan? Ich wäre zu den Genossen gekommen und hätte mich beraten. Er hat sich selbst isoliert. Ich schließe mich der Mehrheit an.

POWARJONKIN: Im Verlauf von vielen Jahren war Alexander Issajewitsch vom Schriftstellerverband gelöst. Er ist zu Wahlversammlungen nicht gekommen, sondern sandte Telegramme: ›Ich schließe mich der Mehrheit an.‹ Ist das etwa eine von Prinzipien getragene Haltung? Gorkij hat doch gesagt, der Schriftstellerverband ist ein kollektives Organ, eine gesellschaftliche Organisation. Alexander Issajewitsch ist in den Schriftstellerverband offenbar mit anderen Zielen eingetreten, wollte nur den Mitgliedsausweis besitzen. Die ideologischen Qualitäten seiner Werke helfen uns nicht, die kommunistische Gesellschaft aufzubauen. Er schwärzt unsere lichte Zukunft an. Sein Inneres ist selbst schwarz. Einen so schwunglosen Menschen darzustellen, wie den Iwan Denissowitsch, das konnte nur ein ideologischer Gegner von uns. Er hat sich selbst außerhalb der Schriftstellerorganisation gestellt.

SOLSCHENIZYN *bittet erneut um die Genehmigung, eine Frage zu stellen. Stattdessen wird ihm vorgeschlagen, mit seinem Diskussionsbeitrag zu beginnen. Nach einigem Schwanken genehmigt man eine Frage.*

SOLSCHENIZYN *bittet die Mitglieder des Schriftstellerverbandes, die den Vorwurf ausgesprochen haben, er habe keine Manuskripte rezensiert, er habe es abgelehnt, von der literarischen Jugend zu sprechen, wenigstens einen konkreten Fall zu nennen.*

Die Redner schweigen.

MATUSCHKIN: Ein Mitglied des Schriftstellerverbandes muß satzungsgemäß aktiv mitarbeiten und nicht auf Einladungen warten.

SOLSCHENIZYN: Ich bedauere, daß unsere Diskussion nicht stenographiert wird, und es keine sorgfältige Mitschrift gibt. Indessen kann sie nicht nur morgen von Interesse sein, sondern auch weit über eine Woche hinaus. Übrigens, beim Sekretariat des Schriftstellerverbandes der UdSSR waren drei Stenographen tätig, doch das Sekretariat, das meine Aufzeichnungen als tendenziös bezeichnet hat, konnte oder wollte das Stenogramm jener Versammlung bisher nicht vorlegen.

Vor allem möchte ich das Gewissen des Genossen Matuschkin entlasten. Wassilij Semjonowitsch, ich erinnere Sie, daß Sie mir niemals eine Empfehlung gegeben haben, Sie brachten mir als damaliger Sekretär des Schriftstellerverbandes nur die unausgefüllten Formulare. In jener Periode des ungewöhnlichen Lobes hatte es das Sekretariat des Schriftstellerverbandes der RSFSR so eilig, mich aufzunehmen, daß es keine Empfehlungen einholen ließ, die Aufnahme in die lokale Schriftstellerorganisation Rjasan übersprang, mich unmittelbar aufnahm und mir ein Glückwunschtelegramm übersandte.

Die Beschuldigungen, die mir gegenüber hier erhoben worden sind, lassen sich in zwei ganz unterschiedliche Komplexe teilen. Der erste betrifft die Sektion Rjasan des Schriftstellerverbandes, der zweite mein ganzes literarisches Schicksal. Zum ersten Komplex sage ich, daß keine einzige begründete Beschuldigung vorliegt. Zunächst fehlt hier unser Sekretär, Genosse Safonow. Ich aber habe ihn über jeden meiner Schritte im gesellschaftlichen Bereich und über jeden Brief an den Schriftstellerkongreß oder das Sekretariat des Verbandes informiert, und zwar *am selben Tage,* und ich habe ihn immer gebeten, diese Unterlagen allen Mitgliedern der Sektion Rjasan des Schriftstellerverbandes und auch unserer literarischen Jugend zur Kenntnis zu geben. Er hat Ihnen nichts gezeigt? Weil er es selbst nicht wollte? Oder weil es ihm der hier anwesende Genosse Koschewnikow verboten hatte? Ich habe den Kontakt in literarischen Fragen mit der Sektion Rjasan des Schriftstellerverbandes nicht nur nicht vermieden, sondern ich habe bei Safonow auf meiner Bitte bestanden, daß meine *Krebsstation,* die in der Moskauer Schriftstellerorganisation diskutiert worden war, unbedingt auch in der Rjasaner Sektion diskutiert würde, ich habe eine Kopie des entsprechenden Schreibens. Doch auch die *Krebsstation* wurde den Mitgliedern der Rjasaner Sektion aus irgendeinem Grunde vorenthalten. Ebenso habe ich stets meine Bereitschaft zum Ausdruck gebracht, öffentlich zu sprechen, doch man hat mir das niemals gestattet, offensichtlich aus irgendeiner Furcht. Was meinen angeblichen Hochmut betrifft, so ist das lächerlich, keiner von Ihnen erinnert sich an einen solchen Fall, an einen solchen Satz, an einen solchen Gesichtsausdruck, im Gegenteil, ich habe mich immer ganz ungezwungen und kameradschaftlich unter Ihnen allen gefühlt. Daß ich nicht immer an den Wahlen teilgenommen habe, das stimmt, doch der Grund liegt darin, daß ich meistens nicht in Rjasan lebe, ich lebe in der Nähe von Moskau, außerhalb der Stadt. Bald nachdem der *Iwan Denissowitsch* gedruckt worden war, hat man mir nachdrücklich nahegelegt, nach Moskau zu übersiedeln, doch ich fürchtete, mich dort zu verzetteln und lehnte ab. Als ich dann einige Jahre später um die Genehmigung zur Übersiedlung bat, wurde sie mir verwehrt. Ich wandte mich an die Moskauer Schriftstellerorganisation mit der Bitte, mich dort zu registrieren, doch ihr Sekretär W. N. Iljin antwortete, dies sei nicht möglich, ich hätte Mitglied der Organisation des Ortes zu sein, wo ich polizeilich registriert sei, und es spiele hierbei keine Rolle, wo ich tatsächlich lebe. Aus diesem Grunde hatte ich gelegentlich Schwierigkeiten, zu den Wahlen zu kommen.

Was die Beschuldigungen allgemeinen Charakters betrifft, so verstehe ich immer noch nicht, was für eine » Antwort « man von mir erwartet, worauf sich diese » Antwort « beziehen soll? Auf jenen berüchtigten Artikel in der *Literaturnaja gaseta*, wo mir Anatolij Kusnezow vorgehalten wurde, und es hieß, ich müsse dem Westen so antworten wie er und nicht so wie ich? Auf jenen anonymen Artikel habe ich nichts zu antworten. Dort wird bezweifelt, ob ich tatsächlich rehabilitiert worden bin – durch die hinterlistige Formulierung » er verbüßte eine Strafe « – verbüßte eine Strafe und sonst nichts, man sollte das so verstehen, als habe eine Straftat vorgelegen. Dort ist die Lüge über meine Romane aufgestellt, als ob *Im ersten Kreis* eine » böse Verleumdung unserer gesellschaftlichen Ordnung « darstelle, doch wer hat das bewiesen, wer gezeigt, veranschaulicht? Die Romane kennt niemand, man kann über sie sagen, was man will. Und da sind noch viele kleine Verdrehungen in dem Artikel, entstellt ist der ganze Sinn meines Briefes an den Schriftstellerkongreß. Schließlich wird wieder die abgeschmackte Geschichte mit dem *Festmahl der Sieger* durchgehechelt – da ist es dann übrigens angebracht, sich einmal zu überlegen, woher die Redaktion der *Literaturnaja gaseta* Informationen über dieses Stück hat, *woher* sie es zur Lektüre erhielt, wenn doch *das einzige* Exemplar in einem Schreibtisch des Staatssicherheitsdienstes liegt?

Überhaupt verfährt man mit meinen Werken folgendermaßen: Wenn ich irgend etwas selbst ablehne, nicht möchte, daß es vorliegt, wie bei dem *Festmahl der Sieger,* dann bemüht man sich, soviel wie möglich davon zu sprechen und es »zu interpretieren«. Wenn ich aber auf der Veröffentlichung von Werken bestehe, wie bei der *Krebsstation* oder bei *Im ersten Kreis,* dann hält man sie zurück und verschweigt sie.

Bin ich verpflichtet, dem Sekretariat eine »Antwort« zu geben? Ich habe doch schon auf alle mir gestellten Fragen geantwortet, das Sekretariat aber hat mir auf keinen Punkt eine Antwort gegeben! Auf meinen Brief an den Schriftstellerkongreß mit seinem allgemeinen und seinem persönlichen Teil bekam ich keinerlei Antwort zur Sache. Er wurde neben anderen Angelegenheiten des Kongresses als unwichtig angesehen, wurde beiseite gelegt, mir kommt der Gedanke, man habe bewußt abgewartet, bis er zwei Wochen lang in weiten Kreisen zirkulierte, und als er im Westen erschienen war, nahm man das als bequemen Vorwand, ihn bei uns nicht zu drucken.

Genau dieselbe Taktik hatte man gegenüber der *Krebsstation* angewandt. Im September 1967 hatte ich das Sekretariat eindringlich vor der Gefahr des Erscheinens der *Krebsstation* im Ausland gewarnt, da sie bei uns in Abschriften stark im Umlauf war. Ich drängte auf die Genehmigung, sie bei uns, in *Nowyj mir*, zu veröffentlichen, doch das Sekretariat wartete ab. Als im Frühjahr 1968 Anzeichen auftauchten, sie würde bald im Westen gedruckt, wandte ich mich mit Briefen an die *Literaturnaja gaseta,* an *le Monde* und an *Unità*, in denen ich einen Abdruck der *Krebsstation* verbot und westlichen Verlegern jegliche Rechte daran absprach. Was geschah? Der eingeschriebene Brief an *le Monde*, den ich mit der Post geschickt hatte, wurde nicht durchgelassen. Mein Brief an die *Unità*, den ich dem bekannten kommunistischen Publizisten Vittorio Strada mitgegeben hatte, wurde ihm vom Zoll abgenommen, und es kostete mich große Mühe, die Zollbeamten davon zu überzeugen, es sei im Interesse unserer Literatur notwendig, daß dieser Brief in der *Unità* erscheine. Einige Tage nach diesem Gespräch, es war bereits Anfang Juni, wurde er tatsächlich in der *Unità* abgedruckt, die *Literaturnaja gaseta* wartete immer noch ab! *Worauf* wartete sie? Warum hielt sie meinen Brief *neun* Wochen lang zurück – vom 21. April bis zum 26. Juni? Sie wartete, daß die *Krebsstation* im Westen erscheint! Und als sie im Juni in der scheußlichen russischen Ausgabe von Mondadori herausgekommen war, *erst da* druckte die *Literaturnaja gaseta* meinen Protest ab und umgab ihn mit einem wortreichen eigenen Artikel ohne Unterschrift, wo mir vorgeworfen wurde, ich würde *nicht energisch genug,* nicht scharf gegen den Abdruck der *Krebsstation* protestieren. Warum hat denn die *Literaturnaja gaseta* den Protest neun Wochen zurückgehalten? Die Rechnung ist klar: Die *Krebsstation* sollte erst einmal im Westen erscheinen, dann hatte man die Möglichkeit, sie zu verdammen und sie dem sowjetischen Leser vorzuenthalten. Ein rechtzeitig abgedruckter Protest hingegen hätte die Veröffentlichung der *Krebsstation* im Westen aufhalten können. So haben zum Beispiel die beiden amerikanischen Verlage Dutton und Praeger im Mai 1968 von ihrer Absicht Abstand genommen, das Buch zu drucken, sobald nur das *Gerücht* zu ihnen gedrungen war, ich würde gegen den Abdruck der *Krebsstation* protestieren. Was wäre geschehen, wenn die *Literaturnaja gaseta* meinen Protest sofort veröffentlicht hätte?

BARANOW (der den Vorsitz führt): Ihre Redezeit ist abgelaufen, zehn Minuten.

SOLSCHENIZYN: Was heißt hier Redezeit? Es geht um eine lebenswichtige Frage.

BARANOW: Wir können Ihnen nicht mehr geben, die Redezeit ist begrenzt.

SOLSCHENIZYN *besteht auf einer Verlängerung. Man äußert sich unterschiedlich.*

BARANOW: Wieviel brauchen Sie noch?

SOLSCHENIZYN: Ich habe viel zu sagen, doch geben Sie mir wenigstens noch zehn Minuten.

MATUSCHKIN: Gebt ihm drei Minuten.

(Nach kurzer Beratung werden zehn Minuten zugebilligt)

SOLSCHENIZYN *(beschleunigt seine ohnehin schnelle Redeweise).* Ich wandte mich an das Postministerium mit der Bitte, der Beschlagnahmung meiner Korrespondenz ein Ende zu setzen,

Briefe, Telegramme, Drucksachen, insbesondere ausländische, zum Beispiel als ich die Glückwünsche zu meinem fünfzigsten Geburtstag beantwortete, nicht mehr zu beschlagnahmen oder die Zustellung zu verzögern. Doch was soll man sagen, wenn das Sekretariat des Schriftstellerverbandes der UdSSR selbst diesen *Postraub* unterstützt? Hat doch das Sekretariat mir keinen einzigen Brief, kein einziges Telegramm aus jenem Stoß übersandt, der dort auf meinen Namen zum fünfzigsten Geburtstag einging. Es hält die Post stillschweigend zurück.

Meine gesamte Post wird überwacht, doch nicht genug damit: Die Ergebnisse dieser ungesetzlichen Postzensur werden mit zynischer Offenheit ausgewertet. So hat der Sekretär des Parteikomitees des Moskauer Frunsebezirks den Direktor des Instituts für die russische Sprache der Akademie der Wissenschaften vorgeladen und ihm eine Tonbandaufnahme meiner Stimme in seinem Institut verboten – von dem Vorhaben hatte er durch einen Auszug erfahren, den ihm die Postzensur zur Verfügung gestellt hat.

Nunmehr zu der Beschuldigung der sogenannten » Anschwärzung der Wirklichkeit«. Sagen Sie bitte: Wann und wo, in welcher Erkenntnistheorie wird die *Widerspiegelung* eines Gegenstandes für wichtiger erachtet als der Gegenstand selbst? Höchstens in irgendwelchen Scheinphilosophien, nicht aber in der materialistischen Dialektik. Das sieht dann so aus: Unwichtig ist, was wir tun, wichtig allein, was man darüber sagt. Und damit nichts Schlechtes gesagt wird, soll über alles, was tatsächlich geschieht, geschwiegen und geschwiegen werden. Doch das ist kein Ausweg. Man soll sich nicht erst dann einer Gemeinheit schämen, wenn über sie gesprochen wird, sondern wenn sie *geschieht*. Der Dichter Nekrassow sagt:

> Wer da lebt ohne Zorn und Trauer,
> dem ist sein Vaterland nicht lieb.

Dem hingegen, der alles mit strahlend freudigen Farben überzieht, ist seine Heimat gleichgültig.

Man spricht hier vom Uhrpendel. Ja, natürlich, das Uhrpendel schwankt sehr stark, doch nicht nur mit mir allein, sondern mit unserem ganzen Leben: Man möchte die Stalinschen Verbrechen verleugnen, vergessen machen und nicht mehr an sie erinnern. » Soll man sich an das Vergangene erinnern?« wurde Lew Tolstoj einmal von seinem Biographen Birjukow gefragt. Und Tolstoj antwortete, ich zitiere nach Birjukows Biographie *L. N. Tolstoj,* Band 3/4, Seite 48 *(liest schnell):* »Wenn ich einmal eine böse Krankheit hatte und gesund wurde, mich von ihr gereinigt hatte, dann werde ich mich immer gern daran erinnern. Ich werde mich nur dann nicht daran erinnern, wenn ich ebenso oder noch schlimmer krank bin und mich selbst betrügen möchte. Wir sind krank und stets in gleicher Weise krank. Die Krankheit hat die Form verändert, doch die Krankheit ist stets dieselbe, man gibt ihr nur verschiedene Namen . . . Die Krankheit, an der wir leiden, ist Menschenmord . . . Wenn wir uns der Vergangenheit erinnern und ihr direkt ins Gesicht schauen, dann wird uns auch die Gewalt unserer Zeit bewußt. «

Nein! Auf die Dauer lassen sich Stalins Verbrechen nicht verschweigen, auf die Dauer kann man nicht gegen die Wahrheit vorgehen. Es sind Verbrechen an Millionen, und sie fordern Entlarvung. Es wäre auch gut, sich zu überlegen, was für einen moralischen Einfluß auf die Jugend das Verheimlichen dieser Verbrechen hat? Es *verdirbt* neue Millionen. Es wächst keine dumme Jugend heran, sie versteht recht gut: Da hat es millionenfache Verbrechen gegeben, und von ihnen wird geschwiegen, alles wird vertuscht. Was soll uns hindern, an ungesetzlichen Akten teilzunehmen? Das wird auch vertuscht werden.

Hier bleibt zu sagen, daß ich kein einziges Wort, keinen einzigen Buchstaben aus meinem Brief an den Schriftstellerkongreß zurücknehme. Ich kann mit denselben Worten aufhören, mit denen auch der Brief schließt *(er liest):* »Ich habe natürlich die ruhige Gewißheit, daß ich meine Aufgabe als Schriftsteller unter allen Umständen erfüllen werde, aus dem Grab sogar noch erfolgreicher und unumstrittener denn als Lebender. Niemand kann der Wahrheit die Wege versperren, und ich bin bereit, für den Fortgang der Wahrheit auch den Tod auf mich zu nehmen. « Den Tod! und nicht nur den Ausschluß aus dem Schriftstellerverband. »Doch vielleicht werden uns die vielen Lektionen schließlich lehren, daß man einem Schriftsteller zu Lebzeiten die Feder nicht anhält. Das hat unserer Geschichte noch kein einziges Mal zur Zierde gereicht. «

Nun, stimmen Sie ab, hinter Ihnen steht die Mehrheit. Vergessen Sie nicht: Die Literaturgeschichte wird sich für unsere heutige Sitzung noch interessieren.

MATUSCHKIN: Ich habe eine Frage an Solschenizyn. Wie erklären Sie sich, daß man Sie im Westen so gern druckt?

SOLSCHENIZYN: Und wie erklären Sie sich, daß man sich in meiner Heimat so beharrlich dagegen sperrt, mich zu drucken?

MATUSCHKIN: Nein, antworten Sie mir, ich habe eine Frage an Sie gerichtet.

SOLSCHENIZYN: Ich habe bereits mehrfach geantwortet. Ich habe mehr Fragen, und ich habe sie früher gestellt; soll das Sekretariat dazu Stellung nehmen.

KOSCHEWNIKOW *(stoppt Matuschkin):* Lassen Sie das, das ist nicht nötig. Genossen, ich möchte mich in Ihre Versammlung und in Ihre Entscheidung nicht einmischen, Sie sind vollkommen unabhängig. Doch ich möchte (mit metallischer Stimme) jener politischen Resonanz entgegentreten, die Solschenizyn uns aufzwingen will. Wir stellen eine Frage, er aber eine andere. Ihm stehen alle Zeitungen zur Verfügung, um dem Ausland eine Antwort zu geben; aber er macht keinen Gebrauch davon. Er will unseren Feinden nicht antworten. Er will dem Ausland keine Abfuhr erteilen und will nicht mit eigenen Worten, ohne Nekrassow und Tolstoj zu zitieren, unseren Feinden antworten. Der Kongreß hat Ihren Brief als etwas Überflüssiges und ideologisch Falsches abgelehnt. Sie leugnen in diesem Brief die führende Rolle der Partei, wir aber bestehen auf der führenden Rolle der Partei! Und ich glaube, daß Ihre ehemaligen Schriftstellerkollegen hier zu Recht gesprochen haben. Wir können keinen Frieden miteinander schließen! Wir müssen alle im gleichen Schritt marschieren, zusammengeschweißt, in einer Reihe, alle wie einer, doch nicht unter irgendeiner Knute, sondern nach eigenem Bewußtsein!

FRANZ TAURIN: Jetzt muß sich das Sekretariat des Schriftstellerverbandes der RSFSR mit dieser Frage befassen. Es ist richtig, das Entscheidende liegt nicht im Rezensieren von Manuskripten oder in der Durchführung von literarischen Zirkeln. Das Entscheidende ist, daß Sie, Genosse Solschenizyn, keinen Widerstand gegen die Ausnutzung Ihres Namens im Westen geleistet haben. Das kann man zum Teil mit Ungerechtigkeiten erklären, die Ihnen gegenüber vorgekommen sind, mit den angestauten Beleidigungen. Doch gelegentlich muß man das Schicksal der Heimat über das eigene Schicksal stellen. Verstehen Sie, niemand will Sie auf die Knie zwingen. Diese Sitzung ist ein Versuch, Ihnen zu helfen, alles von sich abzuschütteln, was man Ihnen im Westen angehängt hat. Der dortigen Darstellung nach treten Sie mit dem Ihnen eigenen Talent gegen Ihre Heimat auf. Vielleicht gibt es in diesem Kampf auch Übertreibungen, doch ich kenne die Stenogramme der Sitzungen des Schriftstellerverbandes. Die Sekretäre haben Sie gebeten, vor allem der Genosse Fedin als alter Mann: Geben Sie nach, erteilen Sie dem westlichen Presselärm eine öffentliche Abfuhr. Darin liegt ein doppelter Schaden: Man macht uns als Land schlecht, und man nimmt uns einen begabten Schriftsteller. Wie der Entschluß, der heute hier gefällt wird, auch ausfallen mag, er wird im Sekretariat des Schriftstellerverbandes der RSFSR diskutiert werden.

LEWTSCHENKO *(steht auf und verliest einen vorher getippten Entwurf)*

. . . Punkt 2. Die Versammlung ist der Auffassung, daß das Verhalten Solschenizyns einen gesellschaftsfeindlichen Charakter trägt, der seinem Wesen nach den Zielen und Aufgaben des Schriftstellerverbandes der UdSSR widerspricht.

Wegen des antigesellschaftlichen Verhaltens, das den Zielen und Aufgaben des Schriftstellerverbandes der UdSSR widerspricht, wegen groben Verstoßes gegen die Grundprinzipien der Satzung des Schriftstellerverbandes der UdSSR ist der *Literat* Solschenizyn aus dem Schriftstellerverband der UdSSR auszuschließen.

Das Sekretariat des Schriftstellerverbandes wird gebeten, diesen Beschluß zu bestätigen.

MARKIN: Man müßte die Meinung unseres Sekretärs, des Genossen Safonow, erfahren. Ist er informiert oder nicht?

BARANOW: Er ist krank. Unsere Versammlung ist beschlußfähig.

Die Abstimmung wird durchgeführt. Für die Resolution stimmen: fünf, dagegen: einer (ich selbst).

Offener Brief
an das Sekretariat
des Schriftstellerverbandes der RSFSR

Unter schamloser Mißachtung Ihrer eigenen Satzung haben Sie
mich in Abwesenheit, im Eilverfahren, ausgeschlossen, sogar
ohne mir eine telegraphische Vorladung zu senden, sogar ohne
mir die erforderlichen vier Stunden zu gewähren, um aus Rjasan
zu kommen und anwesend zu sein. Sie haben offen gezeigt, daß
der *Beschluß* der » Diskussion « vorausging. Fürchteten Sie, auch
mir zehn Minuten Redezeit zubilligen zu müssen? Ich bin gezwungen, sie durch diesen Brief zu ersetzen.
Putzen Sie Ihre Zifferblätter! – Ihre Uhren hinken hinter dem
Jahrhundert her. Ziehen Sie die teuren, schweren Vorhänge zurück! Sie ahnen nicht einmal, daß es draußen schon tagt. Das ist
nicht die dumpfe, finstere, ausweglose Zeit, in der Sie ebenso bereitwillig die Achmatowa ausschlossen. Auch nicht jene ängstli-
che, fröstelnde, als man unter Wutgeheul Pasternak ausschloß.
Ist Ihnen jene Schande nicht genug? Wollen Sie sie vermehren?
Doch nah ist die Stunde, da jeder von Ihnen nach einer Möglichkeit suchen wird, wie er seine Unterschrift unter der heutigen
Resolution herauskratzen kann.
Ihr blinden Blindenführer! Ihr bemerkt sogar nicht einmal, daß
Ihr in eine Richtung tappt, die der von Euch verkündeten entgegengesetzt ist. In dieser, für unsere schwerkranke Gesellschaft
kritischen Zeit sind Sie nicht fähig, etwas Konstruktives vorzuschlagen, nichts Gutes, sondern nur Ihre haßgetränkte Wachsamkeit, nur Ihr » haltet ihn und laßt ihn nicht los! «
Ihre weitschweifigen Artikel sind unzusammenhängend, lahm
schleicht Ihre Geistlosigkeit. Sie haben keine Argumente, Sie
haben nur Abstimmung und Anordnung. Daher wagten auch
weder Scholochow noch Sie alle miteinander, auf den berühmten
Brief Lidija Tschukowskajas zu antworten, diesen Stolz der russischen Publizistik. Doch sie soll in die bürokratische Zange genommen werden: Wie wagt sie es zuzulassen, daß man ihr nicht
veröffentlichtes Buch liest? Haben die *Instanzen* einmal be-

schlossen, dich nicht zu drucken, dann ersticke, geh ein, hör auf zu existieren! Laß niemanden etwas lesen!

Auch Lew Kopelew droht der Ausschluß, dem ehemaligen Frontsoldaten, der bereits zehn Jahre unschuldig gesessen hat, jetzt besteht seine Schuld darin, daß er sich für Verfolgte einsetzt, daß er über ein heiliges geheimes Gespräch mit einer einflußreichen Person berichtet hat, ein *Kabinettsgeheimnis* brach. Doch weshalb führen Sie solche Gespräche, die man vor dem Volk verbergen soll? Hat man uns nicht vor fünfzig Jahren versprochen, daß endgültig Schluß sein soll mit Geheimdiplomatie, geheimen Gesprächen, geheimen, undurchsichtigen Ernennungen und Versetzungen, daß die Massen alles erfahren und *offen* beurteilen dürfen?

»Feind hört mit«, das ist Ihre Ausrede, die ewigen »Feinde« sind die bequeme Grundlage Ihrer Posten und Ihrer Existenz. Als ob es damals keine Feinde gegeben hätte, als man die sofortige Öffentlichkeit versprach. Was würden Sie ohne »Feinde« tun? Sie könnten ja ohne »Feinde« nicht mehr leben, zu Ihrer unfruchtbaren Atmosphäre wurde der *Haß*, ein Haß, der dem Rassenhaß nicht nachsteht. Doch so geht das Gefühl für die Menschheit als etwas Ganzem und Einheitlichem verloren, beschleunigt sich ihr Untergang. Morgen braucht nur das Eis der Antarktis zu schmelzen, und wir alle verwandeln uns in eine ertrinkende Menschheit – wem werden Sie da den »Klassenkampf« unter die Nase reiben? Ganz zu schweigen davon, wenn die Reste der Zweibeiner auf einer radioaktiven Erde herumirren und sterben.

Es ist Zeit, daran zu denken, daß wir vor allem anderen der Menschheit angehören. Die Menschheit aber hat sich von der Tierwelt durch das *Denken* und die *Rede* getrennt. Und diese müssen natürlich *frei* sein. Wenn wir sie aber in Fesseln legen, werden wir wieder zu Tieren.

Öffentlichkeit, ehrliche und vollständige *Öffentlichkeit* – das ist die erste Bedingung für die Gesundheit jeder Gesellschaft, auch unserer. Wer aber in unserer Gesellschaft keine Öffentlichkeit will, dem gilt unser Vaterland nichts, der denkt nur an seinen Vorteil. Wer für sein Vaterland keine Öffentlichkeit will, der will es nicht von Krankheiten befreien, sondern die Krankheiten nach innen treiben, damit sie dort wuchern.

A. Solschenizyn

So leben wir

So leben wir: ohne jeden Haftbefehl oder eine medizinische Begründung kommen vier Milizionäre und zwei Ärzte zu einem gesunden Menschen, die Ärzte erklären, er sei geisteskrank, ein Major der Miliz schreit: »Wir sind die Organe der Gewalt! Aufstehen!« Sie fesseln ihm die Hände und bringen ihn in eine Irrenanstalt.

Das kann jedem von uns morgen passieren, so geschah es mit Schores Medwedjew, dem Genetiker und Publizisten, einem Menschen mit beweglichem, präzisem, glänzendem Intellekt und gutem Herzen (ich kenne persönlich seine selbstlose Hilfsbereitschaft Notleidenden und Kranken gegenüber). Ausgerechnet die *Vielfalt* seiner Begabungen wurde ihm als Anomalie vorgeworfen: »Spaltung der Persönlichkeit«! Ausgerechnet seine Empfindlichkeit für Ungerechtigkeit und Dummheit deutet man als krankhafte Absonderlichkeit: »Schlechte Anpassung an die gesellschaftliche Umwelt«! Wenn man nicht so denkt, wie es *vorgeschrieben* ist, bedeutet das, man ist nicht normal! Die Angepaßten aber müssen alle das Gleiche denken. Und dem ist nicht beizukommen, sogar die Bemühungen unserer besten Gelehrten und Schriftsteller prallen wie Erbsen von einer Wand ab. Ja, wenn dies der erste Fall wäre! Doch offenbar kommt sie in Mode, diese krumme Art der Abrechnung, bei der die Schuld nicht genannt wird, wenn man sich schämt, den Grund zu nennen. Einige Geschädigte sind weithin bekannt, viel größer ist die Zahl der Unbekannten. Willfährige, eidbrüchige Psychiater bezeichnen als »Geisteskrankheit« Interesse an gesellschaftlichen Problemen, übermäßigen Eifer ebenso wie übermäßige Kaltblütigkeit und zu deutliche oder zu reiche Fähigkeiten.

Indessen sollte sie schon die Vernunft zurückhalten. Man hat Tschaadajew seinerzeit nicht einmal angerührt, doch wir verfluchen die Henker bereits das zweite Jahrhundert. Es wäre an der Zeit zu erkennen: Das Einsperren frei denkender Menschen in Irrenhäuser ist GEISTIGER MORD, das ist eine Variante der GAS-KAMMERN, und sogar eine noch grausamere: Die Qualen der

Todgeweihten sind schlimmer und länger. Wie die Gaskammern, so werden auch diese Verbrechen NIEMALS vergessen werden und ALLE, die daran teilhaben, werden ohne Verjährungsfrist verurteilt werden, im Leben und über den Tod hinaus.

Auch bei Gesetzwidrigkeiten und bei Schandtaten sollte man die Grenze kennen, wo der Mensch zum Menschenfresser wird! Es ist kurzsichtig damit zu rechnen, daß man leben kann, wenn man ständig allein auf die Gewalt vertraut und auf die Stimme des Gewissens nicht hört.

A. Solschenizyn

14

14. Oktober 1970

*An den Sekretär des ZK der KPdSU
Genossen M. A. Suslow*

Michail Andrejewitsch!

Ich richte dieses Schreiben deshalb an Sie, weil ich mich daran erinnere, daß wir uns im Dezember 1962 kennenlernten und Sie damals Verständnis für meine Arbeit zeigten. Ich bitte Sie, den folgenden Vorschlag persönlich zu prüfen und den anderen Mitgliedern der Staatsführung mitzuteilen.

Ich beantrage eine Überprüfung der Situation, die von gewissenlosen Funktionären des Schriftstellerverbandes, die der Regierung falsche Informationen geben, um mich und meine Werke geschaffen worden ist.

Wie Ihnen bekannt ist, wurde mir der Nobelpreis für Literatur verliehen. Im Verlauf der acht Wochen, die bis zu seiner Übergabe bleiben, hat die Staatsführung die Möglichkeit, die mir gegenüber geschaffene Situation im Bereich der Literatur energisch zu verändern, und dann wird die Prozedur der Aushändigung unter erheblich angenehmeren Umständen vor sich gehen als sie zur Zeit bestehen. Wegen der Kürze der verbleibenden Zeit beschränke ich meinen Antrag auf ein Minimum:

1. In kürzester Frist als selbständiges Buch in größerer Auflage meinen Roman *Krebsstation* drucken zu lassen (die Korrekturen müßten mir überlassen bleiben. Der Staatsverlag für Literatur ist, wenn er die entsprechende Weisung bekommt, in der Lage, die Gesamtarbeit in zwei, drei Wochen durchzuführen). Das Verbot dieses Romans, der von der Moskauer Prosasektion des Schriftstellerverbandes gebilligt und von *Nowyj mir* angenommen wurde, ist ein *reines Mißverständnis*.

2. Alle Formen der Bestrafung (Ausschluß von Studenten aus Instituten u. a.) von Personen, die der Lektüre und Diskussion meiner Bücher beschuldigt sind, müssen aufgehoben werden. Es muß das Ausleihverbot der in Bibliotheken noch erhaltenen Exemplare meiner früher gedruckten Erzählungen aufgehoben werden. Es muß eine Ankündigung erfolgen, daß ein Sammelband meiner Erzählungen für den Druck vorbereitet wird (bisher ist keiner erschienen).
Falls dies angenommen und verwirklicht wird, kann ich Ihnen zur Veröffentlichung meinen neuen Roman *August Vierzehn* übergeben, den ich in diesen Tagen abschließe. Dieses Buch kann überhaupt keine Zensurschwierigkeiten machen: Es handelt sich um eine detaillierte militärische Analyse der »Samsonow-Katastrophe« von 1914, wo Opfermut und bester Einsatz der russischen Soldaten und Offiziere durch die Lähmung des zaristischen militärischen Oberkommandos ihres Sinnes beraubt und zugrunde gerichtet wurden. Wenn in unserem Land auch *dieses* Buch noch verboten wird, würde dies allgemeines Erstaunen hervorrufen.
Falls Sie eine persönliche Begegnung, ein Gespräch, eine Diskussion für notwendig erachten, bin ich bereit zu kommen.

Solschenizyn

15

An die Königlich-Schwedische Akademie
Nobelstiftung

Sehr geehrte Herren!

In dem Telegramm an den Sekretär der Akademie habe ich meinen Dank für die Ehre, die mir durch die Verleihung des Nobelpreises erwiesen worden ist, zum Ausdruck gebracht, ich möchte dies hiermit wiederholen. Innerlich teile ich diese Ehre mit jenen Vorläufern von mir in der russischen Literatur, die wegen der schweren Bedingungen der vergangenen Jahrzehnte nicht bis zur Verleihung eines solchen Preises lebten, oder zu Lebzeiten der Leserschaft der Welt in Übersetzungen oder sogar den Menschen des eigenen Landes im Original wenig bekannt waren.

In jenem Telegramm drückte ich die Absicht aus, Ihre Einladung, nach Stockholm zu kommen, anzunehmen, obwohl ich mir dessen bewußt war, daß mich die in unserem Lande bei jeder Auslandsreise übliche entwürdigende Prozedur der Ausfüllung besonderer Fragebogen, der Einholung von Beurteilungen durch Parteiorganisationen, auch für ein Nicht-Parteimitglied, und der Anweisungen über das Verhalten im Ausland erwartete. Doch die feindselige Haltung meinem Preis gegenüber, die während der letzten zwei Wochen in der Presse meines Landes zum Ausdruck kam, und die unveränderte Verfemung meiner Bücher (für ihr Lesen wird man von der Arbeit entlassen, von den Hochschulen relegiert) zwingen mich zu der Annahme, daß meine Reise nach Stockholm ausgenutzt werden wird, um mich von meinem Heimatland abzuschneiden und mir einfach die Rückkehr nach Hause zu verwehren.

Zudem entnahm ich den Materialien, die Sie mir über die Einzelheiten der Aushändigung des Preises übersandt haben, daß die Preisverleihung viel zeremonielle Feierlichkeit enthält, die für mich ermüdend und meiner Lebensform und meinem Charakter ungewohnt ist. Der sachliche Teil – die Nobelpreisrede – gehört eigentlich nicht zum Zeremoniell. Später, in Ihrem Telegramm und Ihrem Brief, äußerten Sie ähnliche Befürchtungen wegen des Aufhebens, das mit meinem Aufenthalt in Stockholm verbunden sein kann.

Unter Berücksichtigung des oben Gesagten und Ihrer freundlichen Erklärung, daß die persönliche Anwesenheit bei der Zeremonie keine unbedingte Voraussetzung für den Empfang des Preises ist, ziehe ich es gegenwärtig vor, keinen Antrag auf die Genehmigung zur Reise nach Stockholm zu stellen.

Das Diplom und die Medaille des Nobelpreises könnte ich, wenn eine solche Form Ihnen annehmbar scheint, in Moskau von Ihren Vertretern zu einer Ihnen und mir genehmen Zeit entgegennehmen. Wie in der Satzung der Nobelstiftung vorgesehen, bin ich bereit, im Laufe eines halben Jahres vom 10. Dezember 1970 an, die Nobelpreisrede zu halten oder schriftlich vorzulegen.

Dieser Brief ist offen, ich habe keine Bedenken, wenn Sie ihn veröffentlichen.

Mit besten Wünschen
A. Solschenizyn

16

Anstelle eines Grußwortes
auf dem Bankett anläßlich der Übergabe der Nobelpreise
am 10. Dezember 1970

Majestät!
Meine Damen und Herren!

Ich hoffe, daß meine unfreiwillige Abwesenheit die Geschlossenheit des heutigen Zeremoniells nicht trübt. In der Reihe der kurzen Begrüßungen wird auch die meine erwartet. Noch weniger möchte ich, daß meine Worte die Feierlichkeit trüben. Aber ich kann jenen bemerkenswerten Zufall nicht außer acht lassen, daß der Tag der Übergabe der Nobelpreise mit dem Tag der Menschenrechte zusammenfällt. Nobelpreisträger können die Verantwortung vor diesem Zusammentreffen nicht leugnen. Alle, die im Stockholmer Rathaus versammelt sind, können an diesem Symbol nicht vorbeischauen. So lassen Sie uns an dieser festlichen Tafel nicht vergessen, daß heute politische Häftlinge in den Hungerstreik getreten sind, um ihre geschmälerten oder gänzlich mit Füßen getretenen Rechte zu verteidigen.

A. Solschenizyn

17 13. August 1971

Offener Brief
an den Minister
für Staatssicherheit der UdSSR,
Andropow

Viele Jahre habe ich die Ungesetzlichkeiten Ihrer Mitarbeiter schweigend ertragen: die Überwachung meiner gesamten Korrespondenz, die Beschlagnahme der Hälfte davon, das Aufspüren meiner Briefpartner, ihre dienstliche und behördliche Verfolgung, die Spionage um mein Haus, die Beschattung der Besucher, das Abhören der Telefongespräche, das Anbohren der Zimmerdecken, die Installierung von Abhörgeräten in meiner Stadtwohnung und in meinem kleinen Sommerhaus sowie die beharrliche Verleumdungskampagne gegen mich von Rednerpulten, wenn sie Mitarbeitern Ihres Ministeriums zur Verfügung gestellt werden.

Doch nach dem gestrigen Überfall werde ich nicht mehr schweigen. Mein kleines Sommerhaus (im Dorf Roschdestwo, Bezirk Naro-Fominsk) stand leer, die Abhörer hatten festgestellt, daß ich verreist war. Ich war jedoch wegen einer plötzlichen Erkrankung nach Moskau zurückgekehrt und hatte meinen Freund Alexander Gorlow gebeten, mir aus dem Sommerhaus ein Ersatzteil für das Auto zu holen. Doch das Schloß vor dem Haus war entfernt, von innen hörte man Stimmen. Gorlow trat ein und forderte von den Einbrechern Ausweise. In dem kleinen Gebäude, wo sich kaum drei bis vier Menschen bewegen können, befanden sich an die zehn Personen in Zivil. Auf das Kommando eines Vorgesetzten: »In den Wald mit ihm! Bringt ihn zum Schweigen!« fesselten sie Gorlow, warfen ihn zu Boden, zerrten ihn mit dem Gesicht zur Erde in den Wald und schlugen grausam auf ihn ein. Die anderen liefen inzwischen eilig auf einem Umweg durchs Gebüsch zu ihren Kraftfahrzeugen und brachten Bündel, Papiere und andere Gegenstände (vielleicht auch ein Teil der mitgebrachten Apparatur) dorthin. Gorlow leistete indessen energischen Widerstand und schrie, rief nach Zeugen. Auf sein Schreien kamen Nachbarn von anderen Grundstücken herbei, versperrten den Einbrechern den Weg zur Chaussee und forderten Ausweise. Da wies einer der Einbrecher einen roten Dienstausweis vor, und die Nachbarn machten Platz. Gorlow wurde mit verunstaltetem Gesicht und zerrissenem Anzug zu einem Auto gebracht. »Schön sind Ihre Methoden!« sagte er zu den Begleitern. »Wir sind im Einsatz, und im Einsatz ist uns alles gestattet.«

Eine Person, die dem den Nachbarn vorgewiesenen Ausweis nach den Rang eines Hauptmanns hatte und sich Iwanow nannte, brachte Gorlow zunächst in die Milizstation von Naro-Fominsk, wo die örtlichen Milizionäre »Iwanow« ehrerbietig begrüßten. Dort forderte »Iwanow« von Gorlow (!!) eine erklärende Aufzeichnung über das Geschehene. Obwohl man ihn stark geschlagen hatte, gab Gorlow den Zweck seiner Reise und alle Umstände zu Papier. Danach forderte der oberste Einbrecher von Gorlow eine Unterschrift, daß er über das Vorgefallene NICHT SPRECHEN werde. Gorlow wies dies kategorisch zurück. Dann fuhren sie nach Moskau, und unterwegs suchte der oberste Einbrecher auf Gorlow mit folgenden, wörtlich wiedergegebenen Sätzen Einfluß auszuüben: »Sollte Solschenizyn erfahren, was sich auf seiner Datscha ereignet hat, können Sie damit rechnen, daß Sie erledigt sind. Ihre berufliche Laufbahn (Gorlow ist Doktor der technischen Wissenschaften, er hat seine Habilitation zur Verteidigung eingereicht und arbeitet in einem technischen Forschungs- und Projektierungsinstitut der obersten staatlichen Baubehörde der UdSSR) wird beendet sein, Ihre Habilitation werden Sie nicht verteidigen. Ihre Familie wird es zu spüren bekommen, auch Ihre Kinder, und wenn nötig, werden wir Sie EINSPERREN. «

Wer unser Leben kennt, weiß, daß diese Drohungen in vollem Umfang verwirklicht werden können. Doch Gorlow gab nicht nach, er verweigerte die Unterschrift, und nun droht ihm die Rache.

Ich fordere von Ihnen, Herr Minister, daß Sie die Namen der Einbrecher öffentlich bekanntgeben, für ihre strafrechtliche Verfolgung sorgen und das Ereignis der Öffentlichkeit erklären. Anderenfalls kann ich nur einen als Auftraggeber ansehen, nämlich Sie.

A. Solschenizyn

18 13. August 1971

An den Vorsitzenden
des Ministerrats der UdSSR
A. N. Kossygin

Ich übermittle Ihnen die Kopie meines Schreibens an den Minister für Staatssicherheit. Für alle aufgeführten gesetzwidrigen Handlungen halte ich ihn persönlich für verantwortlich. Falls die Regierung der UdSSR diese Handlungen des Ministers Andropow nicht billigt, erwarte ich eine Untersuchung.

A. Solschenizyn

Nachruf auf Twardowskij

Es gibt viele Arten, einen Dichter umzubringen.

Bei Twardowskij beschloß man: nehmt ihm sein Kind, seine Passion, also seine Zeitschrift.

Es war noch zu wenig, daß man diesen großen Menschen sechzehn Jahre lang Erniedrigungen aussetzte, die er geduldig ertrug – nur damit die Zeitschrift durchgebracht wurde, nur damit die Literatur nicht abriß, nur damit Menschen gedruckt wurden und Menschen lasen. Zu wenig! – man fügte das zehrende Feuer der Auflösung, der Zerschlagung, der Ungerechtigkeit hinzu. Dieses zehrende Feuer verbrannte ihn in einem halben Jahr, ein halbes Jahr später war er schon krank auf den Tod, und nur dank seiner gewohnten Zähigkeit hat er bis jetzt noch gelebt – und bis zur letzten Stunde bei vollem Bewußtsein. Voll Leid.

Der *dritte* Tag. Über dem Sarg sein Bild, auf dem der Tote um vierzig ist, und die Stirn ist von der gern getragenen Bitterkeit mit der Zeitschrift noch nicht durchfurcht, und voll erstrahlt jene kindlich leuchtende Vertrauensbereitschaft, die er durch sein ganzes Leben trug und die sogar den Todgeweihten nicht verließ.

Zu bester Musik bringt man Kränze, Kränze über Kränze . . . »von sowjetischen Soldaten« . . . zu Recht. Ich erinnere mich, wie die Soldaten an der Front stets das Wunder des *Tjorkin* in seinem reinen Klang von anderen Kriegsbüchern unterschieden. Doch vergessen wir nicht: man hat den Armeebibliotheken verboten, *Nowyj mir* zu halten, und erst kürzlich wurde man für das blaue Büchlein seiner Zeitschrift in Kasernen zum Verhör gezerrt.

Und da hatte sich die gesamte unheilige Schar des SEKRETARIATS in den Vordergrund gedrängt. In der Ehrenwache dieselben leichenhaft aufgeschwemmten Gesichter, die ihn mit Halali hetzten. Das ist bei uns seit langem so, seit Puschkin: Es sind die Hände der Feinde, in die der gestorbene Dichter fällt. Und hastig verfügen sie über den Körper, suchen Ausflüchte in trefflichen Reden.

Sie standen um den Sarg wie eine steinerne Gruppe und glauben, sie hätten ihn sich gesichert. Sie zerschlugen unsere einzige Zeitschrift und glauben, sie hätten gesiegt. Aber man muß vom letzten Jahrhundert der russischen Geschichte gar nichts wissen, gar nichts begreifen, um dies als einen Sieg anzusehen und nicht als einen unverbesserlichen Fehler.

Wahnwitzige! Wenn einmal junge, scharfe Stimmen ertönen – wie werdet ihr dann bedauern, daß unter Euch nicht dieser geduldige Kritiker ist, auf dessen sanfte, beruhigende Stimme alle hörten. Dann werdet Ihr mit den Händen die Erde aufgraben wollen, um Trifonytsch zurückzuholen. Doch zu spät.

A. Solschenizyn

Zum neunten Tage

20 Moskau, 22. Oktober 1971

An die Schwedische Akademie
Herrn Karl Ragnar Gierow
Nobelstiftung
Herrn Nils K. Ståhle

Sehr geehrte Herren!

Ich erhielt ihre Pressemitteilung vom 7. Oktober 1971, danke. Herr Botschafter Jarring hat mir tatsächlich im vorigen Jahr unter anderen Möglichkeiten vorgeschlagen, mir Diplom und Medaille des Nobelpreises in der Schwedischen Botschaft in Moskau zu übergeben. Da mir im Augenblick des Gespräches mit ihm bereits klar war, daß ich nicht nach Stockholm würde fahren können, wollte ich diese mir vorgeschlagene Möglichkeit annehmen, wobei ich es so verstand, daß die Übergabe offen, in Anwesenheit einer gewissen Anzahl von Gästen stattfindet, und daß ich vor diesen meine Nobelpreisrede halten kann. Indessen entgegnete mir Botschafter Jarring kategorisch, daß die Übergabe nur vertraulich sein könne, »so wie jetzt in meinem Arbeitszimmer«.

Einem solchen Vorschlag zuzustimmen, schien mir für den Nobelpreis selbst erniedrigend; als ob er etwas Schimpfliches sei, das man vor den Menschen verbergen müsse. Wie ich es verstehe, erfolgt die Übergabe der Nobelpreise deshalb öffentlich, weil die Zeremonie einen gesellschaftlichen Sinn enthält.

Als ich Ihnen am 27. November 1970 schrieb, ich sei bereit, die Nobel-Insignien auch in Moskau entgegenzunehmen, verstand ich darunter eine solche, natürliche Auslegung.

Seitdem haben sich weder meine Lage noch mein Standpunkt geändert. Auch in diesem Jahr bin ich ebenso wie im vergangenen bereit, die Nobel-Insignien in Moskau entgegenzunehmen, doch, selbstverständlich nicht vertraulich. Wenn eine solche Zeremonie wie im vorigen Jahr als nicht wünschenswert oder unbequem angesehen wird, werde ich Sie erneut bitten, meine Nobel-Insignien bei der Nobelstiftung zu verwahren, um so mehr, da dies Ihren Bestimmungen nicht widerspricht, wie ich aus dem von Ihnen übersandten Kommuniqué erfuhr.

In diesem Falle werde ich gemeinsam mit Ihnen geduldig darauf hoffen, daß in irgendeinem Jahr die Umstände schließlich für meine Teilnahme an der traditionellen Nobel-Zeremonie in Stockholm günstig werden.

Sie beide persönlich bitte ich sehr um Entschuldigung, daß ich unfreiwillig zum Anlaß überflüssiger Belästigungen und Sorgen wurde, die Sie mit der Mehrheit meiner Vorgänger nicht erfahren haben.

Mit den besten Wünschen

A. Solschenizyn

Lieber Herr Solschenizyn,

Nils Ståhle und ich trafen kürzlich mit Gunnar Jarring zusammen. Unser Gespräch brachte nichts Neues, doch wir hatten auch kaum positive Ergebnisse erwartet. Es bleibt festzuhalten, daß es in der Botschaft keinen geeigneten Raum für einen öffentlichen Vortrag gibt und daß die Akademie gegenwärtig nicht die Möglichkeit hat, einen solchen Raum an anderer Stelle in Moskau zu finden. Wir müssen uns mit Geduld wappnen, wie Sie schreiben, in der Hoffnung, daß die Umstände uns später erlauben, die Wünsche zu verwirklichen, die wir gegenwärtig zurückstellen müssen. Die Ehren-Insignien bleiben weiter hier. Doch ich bin selbstverständlich immer bereit, nach Moskau zu kommen, um Ihnen in würdiger Form Diplom und Medaille des Nobelpreises zu übergeben, in der Botschaft oder an einem anderen Ihnen genehmen Ort, je nach Möglichkeit. In diesem Falle könnte ich eine Kopie Ihres Vortrags mitnehmen, um sie in *les Prix Nobel* veröffentlichen zu lassen und auf eine Gelegenheit zu warten, daß Sie ihn selbst halten können. Das ist nur ein Vorschlag, den ich erwähnen möchte.

Mit aufrichtigsten Wünschen

Ihr K. R. Gierow

Herrn Karl Ragnar Gierow
Königlich-Schwedische Akademie
Stockholm

Lieber Herr Gierow!

Ihre vier letzten Briefe (vom 7. und 14. Oktober, 9. und 22. November) tragen zunehmend zur Klärung der Frage bei, ob es möglich sein wird, mir die Nobel-Insignien in Moskau unter, wie Sie schreiben, würdigen Umständen zu übergeben.
Zunächst folgendes: Obwohl die Hindernisse anscheinend wachsen und die Zuversicht schwindet, schätze ich hoch und von Herzen Ihre unverändert geäußerte Absicht, persönlich jederzeit, unter welchen Umständen auch immer, nach Moskau zu kommen, damit die Übergabe stattfindet. Ich bin Ihnen für diesen Entschluß aufrichtig dankbar und finde, offen gesagt, daß er diese Hindernisse wie ein Lichtstrahl durchdringt.
Also, nach allen Anfragen, Zeitungsartikeln, Pressekommuniqués, Antworten des schwedischen Außenministeriums und sogar persönlichen Erklärungen Ihres Premierministers sind wir wieder bei dem, was mir Herr Jarring mühelos bereits vor einem Jahr großzügig angeboten hat: geheime Übergabe der Nobel-Insignien in seinem verschlossenen Arbeitszimmer.
Nach dem Sprichwort, kleiner Tropfen aus großer Wolke . . .
Das ganze Ärgernis aber liegt daran, daß die Schwedische Botschaft in Moskau einfach keinen *Raum* für eine solche Prozedur hat. (Und infolge dieser Notlage finden dort vielleicht sogar niemals Empfänge statt?)
Da drängt sich die Frage auf: Liegt hier nicht ein semantisches Mißverständnis vor? Verstehen der Herr Botschafter Jarring und die ihm vorgesetzte Behörde unter Öffentlichkeit der Prozedur vielleicht eine Massenveranstaltung? – wenn schon nicht unter vier Augen, dann nur vor tausend Personen? Dafür gibt es in der Tat keinen Raum. Aber kann man wirklich in das Arbeitszimmer des Herrn Botschafter Jarring keine Stühle für dreißig Personen stellen? Und falls diese Gäste von Ihnen und mir eingeladen wer-

den, dann wäre meiner Ansicht nach ein vollständig würdiger öffentlicher Rahmen gegeben, die Nobelpreisrede zu halten. Das wäre die einfachste Lösung.

Aber ach, ich fürchte, es ist nicht oberflächliche Semantik, die uns und die Besitzer der Räume trennt, sondern eine unerwartete Unterschiedlichkeit in der Auffassung dessen, wo die Grenzen der Kultur verlaufen. Für kulturelle Angelegenheiten hat die Schwedische Botschaft in ihrem Personalbestand einen Attaché, und dementsprechend gehören zu ihrer Zuständigkeit alle möglichen kulturellen Fragen, Veranstaltungen, Ereignisse, – doch ob sie die Übergabe eines Nobelpreises (in diesem Falle leider an mich) als ein Ereignis des kulturellen Lebens, das unsere Völker verbindet, ansieht? Aber wenn nicht, sondern eher als ungebührlichen Schatten, der droht, die Tätigkeit der Botschaft in schlechtes Licht zu setzen – dann wird Herr Gierow auch angesichts des geräumigsten Saales für unsere gemeinsame Prozedur keinen Platz finden.

Doch da trösten mich Ihre Worte, daß die Schwedische Akademie und die Nobelstiftung in ihrer Tätigkeit und in ihren Entscheidungen unabhängig und unantastbar sind, und daß sich eine offizielle Zeremonie, die »gleichsam« vom schwedischen Staat organisiert ist, auf diesen Tatbestand beeinträchtigend auswirken könnte.

Da ich Ihr Empfinden sehr wohl verstehe und teile, andererseits aber in Moskau keine gesellschaftliche oder kooperative Organisation kenne, die bereit wäre, uns einen Raum für den bewußten Zweck zur Verfügung zu stellen, wage ich, Ihnen eine andere Lösung vorzuschlagen: Die ganze Zeremonie in Moskau in einer Privatwohnung durchzuführen, und zwar dort, wohin Sie mir Ihre Briefe schreiben. Diese Wohnung ist zwar keineswegs geräumiger als die Schwedische Botschaft, doch vierzig bis fünfzig Personen lassen sich nach russischen Vorstellungen ohne weiteres unterbringen. Die Zeremonie kann etwas an offiziellem Charakter einbüßen, dafür an häuslicher Wärme gewinnen. Doch stellen Sie sich, Herr Gierow, vor, was für eine seelische Last wir in diesem Falle dem schwedischen Herrn Botschafter nehmen, sogar dem schwedischen Außenminister?

Ich kenne die Nobel-Chroniken nicht, nehme aber an, daß es auch schon in der Vergangenheit einen Fall gegeben haben kann, in dem ein Nobelpreisträger an seinen Wohnort gebunden war –

nun, zum Beispiel durch Krankheit – und ein Vertreter der Stiftung oder der Akademie zu ihm gereist ist und ihm den Preis unmittelbar zu Hause ausgehändigt hat?

Wenn aber alle Lösungsmöglichkeiten Ihnen und mir versperrt sind? Je nun, dann beugen wir uns dem Schicksal: Dann sollen meine Nobel-Insignien auch weiterhin bei der Nobelstiftung aufbewahrt werden, sie sinken dadurch keineswegs im Wert. Irgendwann, vielleicht sogar erst nach meinem Tode, werden Ihre Nachfolger verständnisvoll diese Insignien meinem Sohn aushändigen?

Indessen hat die Rede zum Literaturnobelpreis des Jahres 1970 schon über ein Jahr gewartet und wird älter, wie sollen wir damit verfahren? . . .

In diesem Brief, Herr Gierow, habe ich einen nicht ganz ernsten Ton angeschlagen, lediglich damit sich die unangenehmen Schwierigkeiten leichter überwinden lassen. Doch Sie spüren, daß dieser Ton sich nirgendwo auf Sie persönlich bezieht. Ihr Entschluß ist ehrenwert, befindet sich an der Grenze Ihrer Möglichkeiten, und ich danke Ihnen erneut herzlich dafür.

Übermitteln Sie meine besten Wünsche Herrn Nils Ståhle, der, wie ich verstanden habe, Ihre Ansichten und Ihre Beurteilung voll teilt.

Dennoch in dem Glauben, daß es uns nicht verwehrt ist, in diesem Leben noch zusammenzutreffen, drücke ich fest Ihre Hand.

Aufrichtig Ihr
A. Solschenizyn

Interview A. Solschenizyns
mit *New York Times* und *Washington Post*

Woran der Autor gegenwärtig arbeite?

An *Oktober Sechzehn*, das ist der zweite » Knoten « desselben
Buches.

Ob er bald fertig sei?

Nein. Im Laufe der Arbeit hat•sich herausgestellt, daß dieser
Knoten komplizierter ist als ich angenommen hatte. Ich muß die
Geschichte der gesellschaftlichen und geistigen Strömungen von
Ende des neunzehnten Jahrhunderts an erfassen, denn sie finden
ihren Ausdruck in den Personen. Ohne die vorangegangenen
Ereignisse kann man auch die Menschen nicht verstehen:

*Ob er keine Sorge habe, sich bei der Vertiefung in Einzelheiten
der Geschichte Rußlands von allgemein menschlichen und zeitlo-
sen Themen zu entfernen?*

Ich glaube im Gegenteil: Mir wird dabei viel Allgemeines und
sogar Zeitloses klar.

Ob er viel Material durcharbeiten müsse?

Sehr viel. Und diese Arbeit ist einerseits für mich ungewohnt,
denn bis vor kurzem habe ich mich nur mit der Gegenwart befaßt
und aus der eigenen Lebenserfahrung heraus geschrieben. Darüberhinaus gibt es so viele äußere Schwierigkeiten, daß es erheblich leichter für den unbekannten Studenten im provinziellen
Rostow 1937/38 gewesen ist, Material über die Samsonow-Katastrophe zu sammeln (noch ohne zu wissen, daß es ihm bestimmt
sein würde, durch dasselbe Gebiet zu marschieren, doch daß
man dabei nicht uns umzingelt, sondern wir sie). Und obwohl
die kümmerliche Hütte, wo meine Mutter und ich lebten, 1942

von einer Bombe zerstört wurde und alle unsere Sachen, Bücher und Papiere verbrannten, blieben diese beiden Heftchen durch ein Wunder erhalten, und als ich aus der Verbannung zurückkehrte, hat man sie mir übergeben. Jetzt habe ich sie genutzt. Ja, damals legte man mir keine besonderen Hindernisse in den Weg. Aber jetzt . . . Ihnen als Menschen aus dem Westen ist es nicht möglich, sich meine Lage vorzustellen. Ich lebe in meiner Heimat, schreibe einen Roman über Rußland, doch es ist für mich schwerer, dafür Material zu sammeln, als wenn ich über Polynesien schreiben würde. Für den jeweiligen Knoten muß ich mich in einigen historischen Gebäuden aufhalten, doch dort befinden sich Behörden, und ich erhalte keinen Zutritt. Mir ist die Benutzung der zentralen Archive und der Archive in den Bezirken verboten. Ich muß dorthin fahren, wo die Handlung spielt, und alte Leute befragen, die letzten, noch nicht gestorbenen Zeugen, doch dafür brauche ich die Billigung und Unterstützung der örtlichen Behörden, die mir versagt werden. Und ohne Genehmigung verstummen alle, aus Mißtrauen wagt keiner zu erzählen, ja, man hält auch mich, ohne entsprechende Bescheinigung, bei jedem Schritt auf. Das habe ich schon erprobt.

Ob das nicht andere Personen, Helfer, ein Sekretär machen könnten?

Nein, das geht nicht. Erstens habe ich als Nicht-Mitglied des Schriftstellerverbandes kein Recht auf einen Sekretär oder Mitarbeiter. Zweitens wäre ein solcher Sekretär, der meine Interessen vertritt, in derselben Weise behindert und eingeschränkt wie ich selbst. Drittens hätte ich einfach kein Geld, um einen Sekretär zu bezahlen. Nach dem Honorar für den *Iwan Denissowitsch* hatte ich keine nennenswerten Einnahmen, lediglich die Gelder, die mir K. I. Tschukowskij nach seinem Tode hinterlassen hat, jetzt gehen auch sie ihrem Ende zu. Der erste Betrag reichte für sechs, der zweite für drei Jahre. Es war mir dadurch möglich, daß ich meine Ausgaben auf dem früheren Niveau gehalten habe, so wie in der Zeit als ich unterrichtete. Ich gebe für mich selbst nie mehr Geld aus als ich einem Sekretär bezahlen müßte.

Ob es nicht möglich sei, Geld aus dem Westen zu erhalten?

Ich habe ein Testament verfaßt, und wenn die Möglichkeit eintritt, es zu verwirklichen, dann werden alle Honorare von meinem Rechtsanwalt für gemeinnützige Zwecke in meiner Heimat überwiesen werden. (Die nie lügende, treuherzige *Literaturnaja gaseta* hat dementsprechend gedruckt: »Er gab detaillierte Anweisungen, wie mit seinen Honoraren verfahren werden soll«, doch daß sie für gemeinnützige Zwecke in der Heimat bestimmt sind, das fiel dort einer unschuldigen Kürzung zum Opfer.) Ich selbst werde nur die Gelder aus dem Nobelpreis verwenden. Die Auszahlung dieser Gelder aber ist für mich entwürdigend, schwierig und unsicher. Das Außenhandelsministerium hat mir erklärt, daß für jeden eingehenden Betrag eine besondere Genehmigung des Kollegiums erforderlich ist, ob ich ihn überhaupt erhalte, in welcher Weise und wieviel Prozent davon.

Wie es dennoch gelänge, Material zu sammeln?

Hierin liegt wieder eine Besonderheit unseres Lebens, die ein Mensch aus dem Westen wahrscheinlich schwer begreifen kann. Soweit ich es verstehe, vielleicht ist das auch nicht richtig, hat es sich im Westen eingebürgert, daß jede Arbeit bezahlt sein muß, und es ist wenig üblich, Arbeit ohne Bezahlung zu tun. Aber nehmen Sie nur den Samisdat, hält er sich bei uns nicht nur dadurch, daß dafür nicht gezahlt wird? Die Menschen opfern ihre Arbeitskraft, ihre freie Zeit, sitzen nächtelang an der Arbeit, für die sie nur Verfolgung erleiden können.

So geht es auch mir. Meine Arbeit und mein jetziges Thema sind weithin in der Gesellschaft bekannt, auch außerhalb von Moskau, und gutwillige Menschen, oft unbekannte, schicken mir – selbstverständlich nicht per Post, das käme nicht an – verschiedene Bücher, sogar sehr seltene, eigene Erinnerungen usw. Oft fügt es sich in die Arbeit und ist sehr wertvoll, manchmal paßt es nicht, doch immer rührt es mich und festigt in mir das lebendige Empfinden, daß ich für Rußland arbeite und Rußland mir hilft. Dann die andere Form. Oft bitte ich selbst informierte Menschen, Spezialisten um Beratung, bei komplizierten Fragen, um Auswahl von Materialien, was Zeit und Arbeit kostet, und nie hat irgendeiner eine Entschädigung erbeten, im Gegenteil, alle waren froh, mir zu helfen.

Und das kann auch noch sehr gefährlich sein. Um mich und

meine Familie ist gleichsam eine verbotene, vergiftete Zone gebildet worden. Noch heute gibt es Menschen in Rjasan, die von ihrer Arbeit entlassen wurden, weil sie vor einigen Jahren mein Haus besucht haben. Der Direktor eines Moskauer wissenschaftlichen Instituts, Korrespondierendes Mitglied der Akademie der Wissenschaften, T. Timofejew, hat, sobald er erfuhr, daß eine bei ihm arbeitende Mathematikerin meine Frau ist, solche Angst bekommen, daß er mit unanständiger Eile ihre Entlassung erzwang, und dies fast unmittelbar nach der Geburt unseres Kindes und im Widerspruch zu allen Gesetzen. Eine Familie führte einen absolut legalen Wohnungstausch durch, bis bekannt wurde, daß es sich um meine Familie handelte. Kaum hatte sich dies herausgestellt, wurden einige Beamte in der Moskauer Stadtverwaltung bestraft: Wie konnten sie zulassen, daß ein Solschenizyn, wenn auch nicht er selbst, sondern sein kleiner Sohn, im Zentrum von Moskau polizeilich registriert wird?

Bisweilen trifft sich jemand mit mir, wir haben ein oder zwei Stunden ein Fachgespräch, und dann beginnt seine totale Beschattung, als sei er ein Staatsverbrecher. Seine Personalien werden festgestellt. Dann geht die Beschattung weiter: mit wem dieser Mensch sonst Kontakt hat.

Übrigens ist es nicht immer so. Der Staatssicherheitsdienst hat seinen eigenen Arbeitsplan, seine tiefsinnigen Erwägungen. An manchen Tagen fällt die äußere Beobachtung weg oder ist sehr primitiv. An anderen kleben sie an einem, zum Beispiel vor dem Besuch von Heinrich Böll. An den Hauseingängen steht je ein Auto, in jedem sitzen drei Mann, und die werden von Zeit zu Zeit von einer neuen Besatzung abgelöst, dann fahren sie meinen Besuchern nach und beschatten auch alle, die zu Fuß kommen. Wenn man sich bewußt macht, daß Tag und Nacht Gespräche per Telefon und im Zimmer abgehört werden, daß diese Tonbänder und der ganze Briefwechsel analysiert und in irgendwelchen weitläufigen Räumen alle eingehenden Daten gesammelt und ausgewertet werden, und nicht von niedrigen Dienstgraden, dann kann man nur staunen, wie viele Tagediebe in der Blüte ihrer Jahre und Kräfte, die sich mit produktiver Arbeit zum Nutzen unseres Landes beschäftigen könnten, mit meinen Bekannten und mir befaßt sind und sich Feinde ausdenken. Und dann gibt es noch jemanden, der in meiner Biographie wühlt, jemand schickt Agenten ins Ausland, um Chaos in die Herausgabe meiner Bücher zu bringen. Irgendwer entwirft und steuert den Gesamtplan meiner Ausschaltung. Erfolg hat dieser Plan noch nicht gebracht, und daher ist er mehrfach geändert worden. Doch seine Entwicklung während der letzten Jahre kann man an Stadien verfolgen.

1965 beschloß man, mich kaltzustellen, als man mein Archiv beschlagnahmte und vor meinen Werken der Lagerjahre erschrak, als hätten sie nicht auf sich den Stempel auf ewig verdammter Menschen tragen müssen! Wären das noch die Stalinschen Jahre gewesen, so wäre nichts einfacher: Ich wäre verschwunden und basta, niemand hätte danach gefragt. Doch nach dem XX. und XXII. Parteikongreß ist es komplizierter.

Zunächst beschloß man, mich *totzuschweigen*. Keine Zeile von mir im Druck, keine Erwähnung auch im negativen Sinne, und nach wenigen Jahren würde man mich vergessen. Dann hätte man mich auch beseitigen können. Doch da war die Epoche des Samisdat schon im Gange, und meine Bücher ergossen sich über das Land, gelangten dann auch ins Ausland. Mit dem Verschweigen hatte es nicht geklappt.

Dann setzte gegen mich eine *Verleumdung in geheimen Veranstaltungen* ein (das hat bis heute nicht aufgehört).

Auch das kann sich ein Mensch aus dem Westen fast nicht vorstellen. Bei uns gibt es im ganzen Lande ein als fester Bestandteil der Partei- und sonstiger gesellschaftlicher Organisationen eingebürgertes Netz der Schulung, ein Netz der Vorträge. Es gibt keine Behörde oder Militäreinheit, kein Gebietszentrum und keinen Sowchos, wo nicht nach bestimmtem Fahrplan Lektoren und Propagandisten Reden hielten, und sie alle reden an allen Stellen in ein und derselben Zeit ein und dasselbe, was sie von derselben zentralen Stelle als Instruktion erhalten haben. Es gibt auch gewisse Varianten, für die Hauptstadt, die Provinz, für die Armee, für Akademieinstitute und so weiter. Da nur die eigenen Mitarbeiter oder die in den jeweiligen Bezirken lebenden Personen zugelassen werden, tragen solche Vorträge faktisch einen geschlossenen Charakter, oder sie sind direkt geschlossen. Bisweilen wird einfach befohlen, sogar Wissenschaftlern: Stecken Sie Notizbücher und Füllfederhalter weg! In dieses Netz kann man eine beliebige Information, eine beliebige Losung eingeben. Ab 1966 wurde der Befehl erteilt, folgendes von mir zu sagen: zunächst, daß ich unter Stalin aus *gutem Grund* gesessen hätte, daß ich zu Unrecht rehabilitiert sei, daß meine Werke verbrecherisch seien und so weiter. Hierbei haben die Redner selbst jene Werke nie gelesen, denn man hatte Angst, sie ihnen zu geben, doch sie hatten die Anweisung, so zu sprechen.

Das System oder die Absicht besteht darin, nur die eigenen Mitarbeiter zu belehren. Nach außen hin ist Stille und Wohlergehen, keinerlei Hetze, über das Land aber ergießt sich die Verleumdung, und sie ist unwiderlegbar: Man fährt nicht in alle Städte, man wird in geschlossene Veranstaltungen nicht hineingelassen, die Zahl dieser Redner geht in die Tausende, da ist keiner, dem man widersprechen könnte, die Verleumdung aber setzt sich in den Köpfen fest.

Wie man so etwas erfahren könne?

Die Zeit ist neu, die Zeit ist anders. Aus der Provinz und aus Moskau strömt viel bei mir zusammen. Die Zeit ist so, daß bei allen diesen Veranstaltungen, sogar den ganz geschlossenen, Menschen sitzen, die mir wohlwollen und mir dann auf verschiedenen Wegen zur Kenntnis geben: Am soundsovielten hat in dem und dem Auditorium der Lektor Sowieso über Sie folgende Lüge und Gemeinheit verbreitet. Die krassesten Fälle schreibe ich auf, vielleicht kann man es einmal brauchen, einem dieser Lektoren einmal präsentieren. Vielleicht kommt auch in unserem Land eine Zeit, in der sie sich für all das persönlich vor Gericht zu verantworten haben.

Warum die Zuhörer nicht sofort widersprächen, wenn sie eine Entstellung erkennen?

Oh, das ist bei uns auch heute unmöglich. Niemand wagt es, aufzustehen und einem Propagandaredner der Partei zu widersprechen. Dann bist du morgen die Arbeit und vielleicht auch die Freiheit los. Es ist auch vorgekommen, daß man mich wie Lackmuspapier verwendet hat, um die Loyalität bei der Entscheidung über ein Doktorandenstipendium oder einen günstigen Posten zu prüfen: » Haben Sie Solschenizyn gelesen? Wie ist Ihre Meinung über ihn?« Und von der Antwort hängt das Schicksal des Bewerbers ab.

Bei diesen Schulungen wird auch viel leeres Stroh gedroschen.

Eine Zeitlang wurde meine Familiengeschichte durchgekaut, ohne daß man im Grunde darüber informiert war, also auf reinem Hintertreppenniveau. Stellen Sie sich einmal vor, wie beschäftigt die Leute bei uns sind, und wofür Geld gezahlt wird, wenn nicht die Marktweiber, sondern offiziell bezahlte Propagandaredner im *Schulungsnetz* irgendeine Ehegeschichte, sowie Geburt und Taufe eines Kindes vom Podium her behandeln. Eine Zeitlang haben sie sich mit besonderem Vergnügen meinen Vatersnamen »Issajewitsch« vorgenommen. Sie sagten, gleichsam nebenbei: »Übrigens sein eigentlicher Name ist Solscheni*zer* oder Solscheni*zker,* aber das hat natürlich in unserem Lande keine Bedeutung.«

Ernst zu nehmen war jedoch eine Formulierung, für die die Hörer ein offenes Ohr haben: *Vaterlandsverräter.* Bei uns ist es überhaupt üblich, für die Hetze nie Argumente zu verwenden, sondern primitivste Abstempelungen, ganz grobe Schimpfnamen, so simpel wie möglich, um, wie es heißt, die »Wut der Massen« auszulösen. In den zwanziger Jahren war das »konterrevolutionär«, in den Dreißigern »Volksfeind«, seit den Vierzigern »Vaterlandsverräter«. Ach, wie hat man meine militärischen Unterlagen durchgeblättert, wie gesucht, ob ich nicht wenigstens zwei Tage lang in Gefangenschaft gewesen wäre, wie Iwan Denissowitsch – das wäre ein Fund gewesen! Doch übrigens, in geschlossenen Veranstaltungen kann man einem vertrauensseligen Publikum eine beliebige Lüge vorspinnen. Und es hieß jahrelang, *jahrelang,* in allen nahen und fernen Vortragssälen des ganzen Landes: Solschenizyn ist freiwillig zu den Deutschen in Gefangenschaft gegangen! Nein, er hat eine ganze Batterie übergeben! Danach hat er bei der Besatzungsarmee als Polizist gedient! Nein, er war Wlassow-Soldat! Nein, er hat unmittelbar bei der Gestapo gedient! . . . Nach außen hin ist alles still, keinerlei Hetze, aber unter der Rinde ist schon die Geschwulst der Verleumdung. Einmal hat *Nowyj mir* eine Leserkonferenz in Nowosibirsk durchgeführt, man reichte Twardowskij einen Zettel vor: »Wie konnten Sie zulassen, daß in Ihrer Zeitschrift ein Mitarbeiter der Gestapo gedruckt wurde?« Auf diese Weise wurde die öffentliche Meinung im ganzen Lande auf eine beliebige Abrechnung mit mir vorbereitet. Dennoch, die Zeiten haben sich geändert – und einen erledigen, ohne daß es jemand erfährt . . .

Richtig, man hat öffentlich zugeben müssen, daß ich als Offizier im Kampf gestanden habe, daß mein Kriegsdienst keine Makel enthält. Der Nebel hing und hing, ohne daß es regnete, und fing an, sich zu lichten.

Da begann eine neue Beschuldigungskampagne, ich selbst hätte die *Krebsstation* in den Westen gegeben. Was wurde bei den geschlossenen Veranstaltungen nicht alles gelogen: Wie man an der Grenze (unbekannt, wo) einen Bekannten eines Bekannten von mir (keinerlei Namen) erwischt hätte, sein Koffer hätte einen doppelten Boden gehabt, dort hätten sich meine Werke befunden (keinerlei Titel). Und dieses unsinnige Zeug machte man ernsthaft der ganzen Provinz weis, die Menschen erschraken, was ich für ein Bösewicht sei, wieder so ein Vaterlandsverräter. – Dann bedeutete man mir im Zusammenhang mit dem Ausschluß aus dem Schriftstellerverband offen, ich solle mich aus dem Lande machen, und zog dabei denselben »Vaterlandsverrat« heran. Dann drehte es sich um den Nobelpreis. In allen Sälen hieß es: *der Nobelpreis, das ist der Judaslohn für den Vaterlandsverrat.* Das wiederholt man auch jetzt, ohne sich darum zu kümmern, daß das einen Schatten zum Beispiel auf Pablo Neruda werfen kann. Bedenkenlos beleidigen sie alle Nobelpreisträger, und selbst die Institution der Nobelpreise.

Er habe doch August Vierzehn selbst ins Ausland gegeben, und wegen dieser Handlung würden keine Vorwürfe erhoben.

Noch sind sie gescheit genug, keine Vorwürfe zu erheben. Doch die ehrliche *Literaturnaja gaseta* hat auch hier etwas gekürzt, harmlos, wie bei allen ihren »Kürzungen«: »Solschenizyn hat das Manuskript seines Romans *sofort* ins Ausland geleitet«, keine Lüge! Es wurde ganz wenig weggelassen: *Nachdem er es sieben sowjetischen Verlagen angeboten hatte* – den Verlagen *Chudoschestwennaja literatura, Sowjetskij pisatel, Molodaja gwardija,* und verschiedenen Zeitschriften, *ob sie den Roman wenigstens durchlesen* oder wenigstens durchblättern wollten – *nicht von einer Seite wurde der Wunsch geäußert,* ihn auch nur in die Hand zu nehmen. Als ob sie sich verabredet hätten. Niemand antwortete auf meinen Brief, keiner bat um das Manuskript. Indessen, das Erscheinen des *August Vierzehn* brachte meine Verfolger auf die Idee, einen neuen Weg einzuschlagen. Es handelt sich darum, daß ich in diesem Roman ausführlich von meinen Vorfahren mütterlicher und väterlicher Seite erzählt habe. Obwohl viele heute noch lebende Freunde und Bekannte meine Verwandten kannten, hat, wie lächerlich das auch sein mag, der allwissende Staatssicherheitsdienst nur aus diesem Roman davon Kenntnis erhalten. Nun stürzten sie sich auf die Fährte, um mich nach sowjetischen Maßstäben zu diskreditieren. Hierbei teilten sich ihre Bemühungen. Zunächst ritten sie wieder die Tour mit der *Rasse*, richtiger mit der jüdischen Herkunft. Ein Major des Staatssicherheitsdienstes mit Namen Blagowidow stürzte sich auf die Archive der Moskauer Universität, um die Personalakten aller Isaaks im Jahre 1914 zu überprüfen, in der Hoffnung zu beweisen, daß ich Jude bin. Das hätte die verführerische Möglichkeit gegeben, meine literarische Haltung zu »erklären«. Denn das Erscheinen eines historischen Romanes macht die Aufgabe jener, die mich verfolgen, komplizierter: Es reicht nicht, den Autor selbst in Mißkredit zu bringen, man muß auch noch Mißtrauen gegen seine Ansichten über die russische Geschichte säen, gegen die geäußerten und eventuelle spätere.

Oh weh, die Rassenforschung brach zusammen: Es stellte sich heraus, daß ich ein Russe bin.

Dann wurde die Rassen-Frage durch die *Klassen-Frage* abgelöst, wofür man zu meiner alten Tante fuhr. Aus ihren Erzählungen hat eine Boulevardzeitschrift, *Stern*, einen Artikel fabriziert und veröffentlicht.

Der Chefredakteur des *Stern* bestätigt, daß es sein Korrespondent gewesen sei, der meine Tante im September in Liwadija aufgesucht hat. Andererseits kamen nicht im September, sondern schon im August drei Personen, die russisch sprachen. Sie waren fünfmal bei meiner Tante, hatten keine Eile.

Sie waren von deren Lebenslauf sehr begeistert, erbaten sich für einige Stunden ihre Notizen, um sie zu lesen, und kehrten nicht mehr zurück. Diebstahl. Wie sie aussahen, hat die fast Blinde nicht gesehen, doch nach ihren Umgangsformen und ihrer psychologischen Manier à la Job Trotter von Dickens, stammten die Gäste aus der Kumpanei von Viktor Louis, ja, ich schließe nicht aus, daß er selbst dabei war. Auch die Verbindung zwischen dem *Stern* und Viktor Louis ist seit langem bekannt. Zum Beispiel, nachdem Louis bei mir war, um sich zu rechtfertigen und vorzugeben, nicht er habe die *Krebsstation* in den Westen verkauft, erschienen Einzelheiten unseres Gesprächs und seine heimlich aufgenommenen Photographien (mit Teleobjektiv aus dem Gebüsch) ausgerechnet im *Stern*, aber nicht von ihm gezeichnet. Mir hat sogar meine geringe Erfahrung gezeigt, daß der *Stern* besondere Vorrechte in unserem Lande genießt.   *)

Kaum war der Artikel im *Stern* erschienen, da sagte der Sekretär des Schriftstellerverbandes Wertschenko auf einer Parteiversammlung: »*Das ist die Quelle, der wir allen Grund haben, zu glauben.*«

*)

Es gäbe die Meinung, daß die bei Langen-Müller verlegte Übersetzung nicht schlecht sei.

Ich bin sicher, daß die Übersetzung nivelliert, das heißt, daß das sprachliche Relief beschnitten ist. Ich habe dort oft eine elliptische Syntax, das heißt, es werden sogar gleichsam unumgängliche Worte weggelassen, das ist für einen Ausländer sehr schwer, und dann noch in vier Monaten? Vielleicht hat dort ein Übersetzer-Kollektiv gesessen, an Geld hat man ja wohl nicht gespart? Doch von einem Kollektiv wird die Übersetzung nicht besser.

Der Verleger Fleissner versichere, er habe das Manuskript noch im Frühjahr vom Samisdat bekommen.

Das ist alles Gerede. Wie konnte er es bekommen, wenn ich bis zum Juni nur jenes eine Exemplar herausgegeben habe, das zu YMCA-Press ging? Soll er doch sagen, *von wem* er es erhalten hat. Das muß entweder ein mir sehr naher Mensch sein oder Diebe jener Kategorie, die in Abwesenheit des Hausherrn dessen Haus mit einem zuverlässigen Ausweis betritt. Fleissner möchte sich unedel hinter unserem edlen Samisdat verstecken. Nachdem meine früheren Werke zunächst im Samisdat erschienen sind, bedient er sich der Schlußfolgerung, daß es auch in die-

*) [Dieses Buch war bereits zum Druck gegeben, als der Verlag davon Kenntnis erhielt, daß über bestimmte, eine westdeutsche Zeitschrift betreffende Passagen ein Verfahren eingeleitet sei. Um die Veröffentlichung seines Buches nicht zu verzögern, hat der Autor sich vorerst damit einverstanden erklärt, die Wiedergabe dieser Stellen zu unterlassen. Sie sind hier durch Leerstellen ersetzt. Der Verlag.]

sem Falle so sein müsse. Es ist aber in diesem Falle gerade nicht so! Die früheren Werke habe ich ungehindert zum Lesen weitergegeben. Dieses Buch wollte ich bis zur Veröffentlichung unbedingt zurückhalten. Erst als es erschienen war, gab ich auch das Manuskript an Personen weiter, die darum baten.

Der Ton des *Stern*-Artikels, seine mißgünstigen Anspielungen erinnern an bestimmte bekannte Autoren, besonders dort, wo sie sich anmaßen, über die Natur literarischen Schaffens zu urteilen. Wir erfahren, daß Solschenizyn folgenden raffinierten literarischen Trick angewandt hat: Er hat die Handlung in die vorrevolutionäre Zeit verlegt, hat sich dafür mit Menschen einer anderen Epoche befaßt, nicht wenige militärische und historische Werke gelesen, hat sich bemüht, nicht den Krieg darzustellen, den er selbst erlebt hat, sondern den anderen, nicht ähnlichen – und alles deshalb, um auf Seite 740 einen Satz zu äußern, den der *Stern* nahe legt, im übertragenen Sinne zu verstehen und Solschenizyn dafür ins Gefängnis zu bringen. Genauso wie seinerzeit die Führer des Schriftstellerverbandes mir vorgeworfen haben, daß ich die Onkologie gründlich studiert habe, in eine Krebsklinik gegangen bin und absichtlich an Krebs erkrankte, um irgendein Symbol unterzuschieben. Feige Lumpen machen sich hier daran, über die Natur künstlerischen Schaffens zu urteilen. Ihnen geht es nicht in den Kopf, daß jemand seit langem nicht mehr Versteck spielen muß und über die Gegenwart offen alles sagt, was er denkt.

Wie weit die Informationen des Stern-*Artikels glaubwürdig seien?*

Sprechen wir von dem *Literaturnaja gaseta*-Artikel. Glaubwürdig sind sie soweit, als sie mit dem, was in meinem Roman gedruckt ist, übereinstimmen. Im übrigen findet sich dort lächerlicher Unfug, aber auch wohlgesteuerte und durchdachte Lüge. Nur ist man vor lauter Eifer zu weit gegangen. Zum Beispiel wird behauptet, meine beiden Großväter seien *Gutsbesitzer* im Nord-Kaukasus gewesen. Für die *Literaturnaja gaseta* ist es immerhin peinlich, in solchem Umfang die Geschichte unseres Landes nicht zu kennen. Außer einigen allgemein bekannten Kosaken-Generälen hat es im Nord-Kaukasus überhaupt keine *Gutsbesitzer,* das heißt,

Grundbesitzer aus dem Adelsstand, Nachfahren der alten Adelsgeschlechter, die Land für Militärdienst erhalten haben, gegeben. Das gesamte Gebiet gehörte den Tersker und Kubaner Kosakentruppen. Diese Länder lagen bis zu Beginn des zwanzigsten Jahrhunderts in großem Umfang brach, es fehlte an Arbeitskräften. Bauern, die sich dort niederließen, konnten nur kleine Grundstücke zu eigen erhalten, doch die Kosakentruppen gaben ihnen soviel sie wollten in Pacht, zu einem sagenhaft niedrigen Preis.

Meine Großväter waren keine Kosaken, der eine wie der andere war Bauer. Ganz zufällig wird das bäuerliche Geschlecht der Solschenizyns sogar in den Dokumenten des Jahres 1698 erwähnt, als mein Vorfahre Philipp unter dem Zorn von Peter dem I. zu leiden hatte (Einzelheiten in der Zeitung *Woroneschskaja kommuna* vom 9. März 1969, Aufsatz über die Stadt Bobrow). Meinen Ur-Urgroßvater hat man aus dem Gouvernement Woronesch wegen Teilnahme an einem Aufruhr in das Land der Kaukasus-Truppen verbannt. Hier hat man ihn offenbar als Aufsässigen nicht in die Kosaken eingegliedert, sondern im noch unbebauten Land leben lassen. Die Solschenizyns waren gewöhnliche Stawropoler Bauern: in Stawropol galten bis zur Revolution ein paar Ochsen und Pferde, ein Dutzend Kühe und zweihundert Schafe keineswegs als Reichtum. Die Familie war groß, und man tat alles mit eigener Hand. Auf dem Hof stand eine einfache, mit Lehm verschmierte Hütte, ich erinnere mich daran. Doch für die *Klassen*-Tour mußte man, damit die fortschrittliche Theorie recht habe, eine Bank hinzulügen, Nullen zum Vermögen fügen, fünfzig Knechte erfinden, eine Cousine, die im Kolchos arbeitet, zum Verhör beim Kolchos-Vorstand vorladen, und unter das Photo vom Landhaus der Schtscherbaks bei Kislowodsk, wo ich geboren bin, schreiben, dies sei das »Gutshaus« der Solschenizyns. Auch ein dummer Mensch sieht, daß das kein Haus einer Kosaken-Siedlung ist. Solche »Gutsbesitzer« sind wir also. All diese Lügen hat das Pack auch noch deshalb aufgeblasen, um meinem Vater, einem Volkstümler und Tolstoj-Anhänger, feigen Selbstmord »aus Angst vor den Roten« anzudichten; er habe nicht auf den ersehnten Ersten gewartet und fast nicht mit der geliebten Frau zusammengelebt! So denken Reptilien.

Über die Mutter.

Sie hat mich unter unwahrscheinlich schweren Bedingungen großgezogen. Noch vor meiner Geburt verwitwet, ging sie keine zweite Ehe ein, vor allem aus Sorge vor der möglichen Strenge eines Stiefvaters. Wir lebten bis zum Krieg in Rostow, neunzehn Jahre, davon konnten wir fünfzehn kein Zimmer vom Staat erhalten, die ganze Zeit mußten wir uns in irgendwelchen fauligen Hütten für hohen Preis privat einmieten; als wir dann ein Zimmer bekamen, war es ein Teil eines umgebauten Pferdestalls. Immer kalt, es zog, Heizung mit Kohle, die schwer zu bekommen war, das Wasser von weit herzuholen; was es heißt, eine Wasserleitung in der Wohnung zu haben, habe ich überhaupt erst vor kurzem erfahren. Meine Mutter konnte gut Französisch und Englisch, dann hatte sie Stenographie und Schreibmaschine gelernt, doch sie wurde nie in Behörden, wo guter Lohn gezahlt wird, aufgenommen, wegen ihrer *sozialen Herkunft;* sogar aus harmlosen Institutionen, wie der Baubehörde Melstroj wurde sie »*gesäubert*«, das heißt mit eingeschränkten Rechten für alle Zukunft entlassen. Das zwang sie, zusätzliche Abendarbeit zu suchen und den Haushalt nachts zu erledigen, ohne jemals auszuschlafen. Auf Grund unserer Wohnbedingungen war sie oft erkältet, bekam Tuberkulose und starb im Alter von neunundvierzig Jahren. Ich war damals an der Front, vor ihrem Grab stand ich zum ersten Mal nach zwölf Jahren, nach Lager und Verbannung.

Über die Tante Irina.

Zwei-, dreimal hat mich meine Mutter zu ihr in die Sommerferien geschickt. Das übrige ist eine Frucht ihrer bereits beeinträchtigten Phantasie. Ich habe nie mit ihr zusammengewohnt.

Was für Erinnerungen er an den Vater habe?

Nur Photographien und Erzählungen von meiner Mutter und Personen, die ihn gekannt haben. Aus der Universität ist er freiwillig zur Front gegangen, hat in einer Artillerie-Einheit der Grenadiere gedient. Als die Geschützstellung in Flammen stand, hat er die Munitionskästen weggeschleppt. Er besaß drei Orden aus dem Ersten Weltkrieg, die in meiner Kindheit als gefährliches Indiz angesehen wurden, und Mutter und ich, erinnere ich mich, haben sie vergraben, da wir eine Hausdurchsuchung fürchteten. Die Front hatte sich schon fast aufgelöst, doch die Batterie, in der mein Vater diente, stand bis zum Frieden von Brest in der vordersten Linie. Er hatte die Ehe mit meiner Mutter an der Front beim Brigade-Geistlichen geschlossen. Im Frühjahr 1918 ist mein Vater von der Front zurückgekehrt und bald danach infolge eines Unfalls und schlechter medizinischer Versorgung ums Leben gekommen. Sein Grab in Georgijewsk ist von einem Bagger beim Stadionbau eingeebnet worden.

Über den anderen Großvater.

Mein Großvater mütterlicherseits hatte Taurien als junger Bursche verlassen, war Schafe hüten gegangen und hatte sich als Knecht verdingt. Er hat mit nichts angefangen, später hat er Land gepachtet, und im Alter war er tatsächlich recht reich. Er war ein Mensch von seltener Energie und Arbeitsfreude. Mit seinen fünfzig Jahren lieferte er dem Land mehr Korn und Wolle als viele heutige Sowchosen und arbeitete nicht weniger als jene Direktoren. Mit den Arbeitern ging er so um, daß sie ihn nach der Revolution als alten Mann noch zwölf Jahre bis zum Tode freiwillig ernährten. Lassen Sie einmal einen abgesetzten Direktor versuchen, seine Arbeiter darum zu bitten.

Ob einem gegenwärtig Schwierigkeiten aus der Herkunft erwüchsen?

So wie in den zwanziger und dreißiger Jahren ist es natürlich nicht, doch diese »Beurteilung nach der sozialen Herkunft« ist tief ins Bewußtsein eingedrungen und in unserem Land noch recht lebendig, dies Feuer läßt sich jederzeit leicht wieder entfachen. Kürzlich haben Twardowskijs Feinde ihm öffentlich die sogenannte »Kulaken«-Herkunft vorgeworfen. Bei mir ist das so: Wenn es mit dem »Vaterlandsverrat« in der angeblichen Gefangenschaft nicht geklappt hat, dann schafft man es vielleicht mit der *Klassenherkunft?* So sind die letzten Artikel in der *Literaturnaja gaseta* bei all ihrem schlechten Stil und ihrer Dummheit durchaus kein einfaches, zielloses Possenreißen.

Es ist bemerkenswert, daß die *Literaturnaja gaseta* sich noch nie mit meinen Werken und Ansichten *im eigentlichen Sinne* auseinandergesetzt hat, daß sie nie den Mut hatte, auch nur eine echte kritische Analyse über mich zu drucken, und sei es die feindseligste, denn dadurch hätte sie einen Teil der unerträglichen *Wahrheit* bloßlegen müssen – sie hat bei dem, was sie über mich schrieb, gleichsam die eigene Stimme verloren, als ob sie keine eigenen Kritiker und Autoren hätte. Sie versteckt sich bei den Angriffen auf mich ständig hinter Nachdrucken, hinter einer Boulevard-Illustrierten, hinter ausländischen Journalisten, ja sogar hinter Unterhaltungssängern oder Jongleuren. Ich verstehe diese Schüchternheit nicht. Vielleicht liegt der Grund darin, daß die »von Kindheit an mit Essig Aufgezogenen«, wie es in Finnland heißt, dennoch beispielhafte sozialistische Realisten werden und sogar in die Leitung des Schriftstellerverbandes und eben dieser *Literaturnaja gaseta* vordringen? . . .

So hat der finnische Journalist Larni es im Auftrag der *Literaturnaja gaseta* übernommen, etwas zu schreiben und zu veröffentlichen, nicht bei sich in Finnland, sondern in einem anderen Land, hat sich daran gemacht, mit den Zähnen einen Stahldraht zu spannen. Ein lebensgefährlicher Auftritt. Wie im Zirkus: Ein tölpelhafter Clown tritt auf, alle lachen über ihn, er klettert hinauf zu den Artisten unter das Zirkuszelt, geht aufs Seil, hängt plötzlich an den Zähnen, und der ganze Zirkus erstarrt und sieht, daß er durchaus kein Clown, daß sein Auftritt lebensgefährlich ist. Larni *spielt* auf irgendwelche *Anspielungen an,* ich verstehe das so: daß sich in meinem Roman der Sozialdemokrat und Defätist Lenartowitsch 1914 in dem Sinne ausspricht, Rußland möge eine Niederlage erleiden, dann würde es sich sozial neugestalten. *Genau so* waren Wunsch und Überlegungen aller sozialdemokratischen Defätisten im Unterschied zu den sogenannten *Sozialpatrioten,* den sozialdemokratischen Vaterlandsverteidigern, und Larni als Kommunist hat wahrscheinlich davon Kenntnis und spannt dennoch sinnlos den Stahldraht mit den Zähnen, ohne zu verstehen, wie leicht er selbst abstürzen kann. Er geht so weit zu erklären, daß der *Autor* selbst, also ich (keineswegs ein Sozialdemokrat!) »nicht abgeneigt ist, die Deutschen als Sieger zu sehen«, und dies anscheinend nicht 1914, sondern 1941 (»1« und »4« – warum soll man sie nicht umstellen, man hat doch freie Hand?).

Wenn von irgend etwas in meinem Roman auch nicht der geringste Hauch vorhanden ist, dann von Defätismus. Aber da wird trotzdem angesetzt. Um jeden Preis brauchen sie eine Basis in der Zeitung, um die » wütenden Briefe der Werktätigen « abzudrucken, wie das schon oft vorgekommen ist. Diese charakterlose Schwindelei der Presse, die Korrekturen und Dementis nicht gewohnt ist. Ach, wie nötig wäre ihnen die *Gefangenschaft*, wie nötig ihrer » *literarischen Kritik* « ein Beleg von der Gestapo . . . Wenn sie es vor den Augen des gesamten Zirkus so halsbrecherisch, was für Unfug können sie dann erst in den nicht kontrollierten geschlossenen Versammlungen treiben!

Natürlich, das ist nicht die letzte Lüge, es stehen sicher noch mehr bevor, gegen alle Lügen kann man sich nicht rechtfertigen, sollen sie sie mir anhängen. Vielleicht antwortet auch ein anderer an meiner Stelle. Ein Interview, das ist nichts für einen Schriftsteller. Neun Jahre habe ich auf Interviews verzichtet und bedaure das keineswegs.

Überhaupt bringt es erhebliche Störungen mit sich, bekannt zu sein, das kostet sinnlos viel Zeit. Immerhin zwingt man mich nicht zu Sitzungen wie andere, das verdanke ich dem Ausschluß. Schön könnte ich arbeiten, wenn niemand mich kennen würde, wenn niemand sich bemühte, Märchen über mich zu erdichten, keinen Treppenklatsch sammelte wie jene Gauner Burg und Feifer.

Worin der P LAN bestehe?

Der PLAN besteht darin, mich aus dem Leben oder dem Lande auszustoßen, mich im Straßengraben verschwinden zu lassen oder nach Sibirien zu schicken, oder ich soll mich, wie sie direkt schreiben, doch im Nebel in der Fremde auflösen. Was für eine Selbstsicherheit, daß die, denen die Zensur wohl will, mehr Recht auf die russische Erde haben als andere, die ebenso auf ihr geboren wurden. Überhaupt ist in dieser ganzen Hetze Unvernunft und Kurzsichtigkeit derer, die sie leiten. Sie wollen das Komplizierte und den Reichtum der Geschichte in ihrer Vielfalt nicht wahrnehmen. Ihnen liegt nur daran, alle Stimmen schweigen zu machen, die sie ungern hören, die ihnen heute die Ruhe nehmen, aber an die Zukunft denken sie nicht. So töricht haben sie bereits *Nowyj mir* und Twardowskij erstickt, sind davon arm geworden, sind davon blind geworden, und wollen ihren Verlust nicht begreifen.

Übrigens, vor zwei Wochen stand in der *New York Times* der Brief eines sowjetischen Lyrikers, Smeljakow, in dem er sich gegen meine Gedenkworte an Twardowskij wendet.

Ob es möglich sei, die westliche Presse zu lesen?

Nein, die sehen wir nicht, doch bisweilen sind durch das Knirschen der Störsender westliche Rundfunkstationen zu hören. Wenn wir etwas über die Ereignisse in unserem Lande erfahren, dann von dort. Dieser neue Angriff gegen mich ist in der *Form* erstaunlich: Man sollte doch annehmen, die ganze Presse sei in ihren Händen, man hat aber keinen näheren Ort mir zu antworten als die *New York Times?* Das heißt, die Wahrheit fürchten: Würde man mir in der sowjetischen Presse antworten, müßte man mich wenigstens ein bißchen zitieren, das aber ist nicht möglich. Was den Inhalt anbetrifft: Es ist erstaunlich, daß Smeljakow streitet, als ob er mich nicht gelesen hätte. Ich schreibe, daß sie *Nowyj mir* erstickt haben und auf diese Weise Twardowskij umbrachten. Smeljakow weicht aus: »Twardowskij hatte schwere Minuten.« Ich sage, Twardowskij habe über die Front aufrichtiger und sauberer als alle anderen geschrieben. Smeljakow verdreht das und schreibt: »Twardowskij hatte ein negatives Verhältnis zur sowjetischen Armee.« Wo kommt das her? Ich schrieb wörtlich: » . . . auf dessen sanfte, beruhigende Stimme alle hörten.« Smeljakow verdreht das: »Solschenizyn schreibt Twardowskij seine Illusionen zu, daß eines Tages die Sowjetmacht zusammenbricht und eine neue Generation ein neues Rußland aufbaut.« Lesen Sie meine Gedenkworte nach, wo steht da dergleichen?

Und der letzte Absatz dort ist wirklich voller Gedanken, doch was soll man tun, wenn sie es nicht lesen wollen, nicht können? Das Studium der russischen Geschichte, das mich heute bereits bis ins Ende des vorigen Jahrhunderts geführt hat, hat mir gezeigt, wie teuer für ein Land *friedliche* Lösungen sind, wie wichtig es ist, daß eine Macht, wie autokratisch und uneingeschränkt sie auch sein mag, wohlwollend auf die Gesellschaft hört, sich die Gesellschaft aber in die tatsächliche Lage der Macht versetzt; wie wichtig es ist, daß nicht *Stärke* und *Gewalt* ein Land leiten,

sondern *Gerechtigkeit.* Sicherlich hat mir dieses Studium auch geholfen, in Twardowskijs Tätigkeit gerade die persönliche, die vermittelnde Linie zu erkennen. Doch leider, auch die sanfteste mahnende Stimme ist bereits unerträglich, auch sie wird zum Schweigen gebracht. Wie nachgiebig, wie wohlwollend haben bei uns kürzlich Sacharow und Grigorenko gesprochen, man *hörte nicht einmal hin,* sollen sie doch zugrunde gehen . . .
Darin liegt auch die Kleinlichkeit und die Niedrigkeit der Berechnung von denen, die die Kampagne gegen mich leiten. Ihnen will es tatsächlich nicht in den Kopf, daß ein Schriftsteller, der anders denkt als die Mehrheit seiner Gesellschaft, einen Reichtum dieser Gesellschaft darstellt und nicht ihren Schimpf und ihre Schande.

Am 9. April soll die Nobel-Zeremonie stattfinden. Wo wird das sein?

Vorläufig haben weder die Schwedische Botschaft noch unser Kulturministerium sich einverstanden erklärt, uns zu unterstützen. Auch das ist bis zum Komischen erstaunlich: Warum eine solche Verärgerung wegen des Nobelpreises? Es werden ein paar Jahre vergehen, und man wird dasselbe Ereignis genau umgekehrt beleuchten müssen, das wird peinlich.

Über die Eingeladenen.

Ich weiß nicht, wen Herr Gierow einzuladen wünscht. Meinerseits handelt es sich, wenn ich einmal von meinen nächsten Freunden absehe, um hochangesehene Vertreter der künstlerischen und wissenschaftlichen Intelligenz, einige Schriftsteller, die Chefregisseure der führenden Theater, bedeutende Musiker, Schauspieler, einige Akademiemitglieder. Ich nenne ihre Namen zunächst nicht, denn ich weiß nicht, ob sie alle die Möglichkeit sehen und den Wunsch haben zu kommen, und was man ihnen für Hindernisse in den Weg legt. In jedem Falle werde ich die einladen, die ich kenne, deren Schaffen ich achte, wir werden sehen, wer kommt.
Dann würde ich gern noch zur Zeremonie meinen Rechtsanwalt, Doktor Heeb, einladen, doch als Privatperson habe ich nicht das offizielle Recht, jemanden aus dem Ausland einzuladen.

Außerdem lade ich den Kulturminister der UdSSR und die Korrespondenten der Zeitungen *Selskaja schisn* und *Trud* ein, der beiden überregionalen Zeitungen, die bisher an der Verleumdung gegen mich nicht teilgenommen haben.

Ob der Zeremonie keine Hindernisse in den Weg gelegt werden könnten?

Theoretisch ist das nicht ausgeschlossen, praktisch läßt sich das sehr leicht machen; es erfordert nicht viele Kräfte, nicht viel Verstand. Doch ich nehme das nicht an, es wäre eine schändliche Unverschämtheit.

Wenn man aber Herrn Gierow kein Visum erteilte?

Dann findet die Zeremonie nicht statt, und meine Insignien werden in Stockholm noch zehn bis zwanzig Jahre liegen.

Ob nach einem bisher nicht bestätigten Gerücht ein Strafverfahren gegen den Schriftsteller Maximow wegen seines Romans Die sieben Tage der Schöpfung *eingeleitet worden sei?*

Die schöne Literatur ist eine der höchsten Gaben, eines der feinsten und vollkommensten Instrumente des Menschen. Ein Strafverfahren dagegen können nur diejenigen einleiten, die selbst strafwürdig, selbst kriminell sind, die bereits beschlossen haben, jenseits der Menschheit und der menschlichen Natur zu stehen.

Erklärung
anläßlich der Absage der Nobelzeremonie

Herr Gierow und ich hatten in allem nachgegeben, was nur möglich war: Seine Reise wurde als *private* Reise geplant, in eine *pri-*
vate Wohnung, zur Durchführung einer Zeremonie fast nach
privatem Brauch. Das Verbot der Zeremonie sogar in dieser
Form ist das unaufhebbare und endgültige Verbot *jeder* Form
der Aushändigung des Nobelpreises an mich auf dem Territorium meines Landes. Daher ist die verspätete Konzession des
schwedischen Außenministeriums bereits unrealistisch.
Doch sie ist auch beleidigend: Das schwedische Außenministerium bleibt hartnäckig dabei, die Aushändigung des Nobelpreises an mich nicht als Ereignis des kulturellen Lebens, sondern als
politisches Ereignis anzusehen, daher stellt es auch eine Bedingung, die entweder erneut zu der »geschlossenen« Variante der
Aushändigung oder zu einer speziellen Auswahl der Anwesenden geführt hätte und zum Verbot für die Anwesenden, irgendwie ihr Verhältnis zu dem Vorgang auszudrücken, denn all das
hätte ja jemand als »politische Demonstration« interpretieren
können.
Außerdem würde ich es, nachdem Herrn Gierow das Visum
verweigert worden ist, als erniedrigend für ihn und mich ansehen, die Insignien des Nobelpreises aus den Händen von irgend
jemand anderem als dem Ständigen Sekretär der Schwedischen
Akademie entgegenzunehmen.
Schließlich hatten wir mit unseren bescheidenen Kräften bereits
die ganze nicht leichte Vorbereitung getroffen: Einladungen waren versandt worden, nicht nur in Moskau, an ungefähr zwanzig
Schriftsteller, die ich für die Blüte und den schöpferischen Kern
unserer heutigen Literatur ansehe, und etwa an die gleiche Anzahl von Schauspielern, Musikern und Akademiemitgliedern;
viele von ihnen hatten aus diesem Grunde Reisen oder Proben
oder andere Verpflichtungen abgesagt. Alle diese vierzig Gäste
sind durch die Visumsverweigerung beleidigt worden, die Absage der Einladung ist versandt. Sie und ich sind genügend be-

schäftigte Menschen, um eine solche Prozedur nicht ein zweites Mal einzuleiten.

Nach den mir erläuterten Bestimmungen der Schwedischen Akademie können die Nobel-Insignien von ihr unbegrenzt lange aufgehoben werden. Falls mein Leben nicht ausreicht, vermache ich sie meinem Sohn.

A. Solschenizyn

24   2. Juli 1973

An das Komitee
für Staatssicherheit der UdSSR

Ich übersende Ihnen die Kopien von zwei üblen anonymen Briefen, die Ihnen übrigens dienstlich vorliegen.

Ich habe nicht die Muße, mit Ihnen ein Detektivspiel anzufangen. Wenn das gegebene Sujet seine Fortsetzung in der Form neuer Episoden haben wird, werde ich es ebenso der Öffentlichkeit bekanntgeben wie alle vorangegangenen beharrlichen Unternehmungen Ihrer Behörde gegen mein Privatleben.

A. Solschenizyn

25   21. August 1973

An den Minister des Innern der UdSSR
N. A. Schtscholokow

Vor vier Monaten habe ich den Antrag gestellt, polizeilich bei meiner Familie registriert zu werden. Nach so langer Prüfung über eine so unstrittige Frage ist mir jetzt die *Ablehnung* mitgeteilt worden: von der Miliz und von Ihnen persönlich.

Ich würde zum Ausdruck bringen, daß ich nicht begreife, von was für menschlichen und juristischen Überlegungen man sich leiten lassen kann, einen Ehemann zu hindern, mit seiner Frau zu leben, einen Vater mit seinen kleinen Kindern, wenn ich nicht gut und aus langer Erfahrung wüßte, daß die einen wie die anderen in unserem Staatsapparat einfach nicht existieren.

Das entwürdigende »Paßreglement«, bei dem nicht der Mensch selbst den Wohnort wählt, sondern statt seiner eine vorgesetzte Behörde, bei der das Recht, von einer Stadt in eine andere zu übersiedeln, insbesondere vom Dorf in die Stadt, wie eine Gnade erworben werden muß, existiert sogar in den Kolonialländern der heutigen Welt kaum noch. Doch im Laufe von zweiundvierzig Jahren litten bereits und leiden daran jeden Tag Millionen meiner Mitbürger. Bei der heutigen umfangreichen Diskussion über die Freiheit der Emigration für Tausende fällt desto mehr die Rechtlosigkeit von Millionen auf, die ihren Wohnort und die Art ihrer Tätigkeit – sogar in den Grenzen des eigenen Landes, nicht wählen dürfen! Diese Rechtlosigkeit ist durch das Gesetz von 1973 noch verstärkt worden (erlassen vom Ministerrat am 19. Juni): Sogar eine zeitlich begrenzte Reise eines Bauern zur Saisonarbeit ist ohne Beurlaubung aus dem Kolchos verboten. Ich nehme die Gelegenheit zum Anlaß, Sie daran zu erinnern, daß die Leibeigenschaft in unserem Lande immerhin vor einhundertundzwölf Jahren aufgehoben worden ist. Und man sagt, die Oktoberrevolution habe ihre letzten Spuren weggefegt.

Dementsprechend bin ich, wie jeder beliebige Bürger dieses Landes, kein Leibeigener, kein Sklave, bin frei, dort zu leben, wo ich es für notwendig ansehe, und keine noch so hohen *Führer* haben das Besitzerrecht, mich von meiner Familie zu trennen.

A. Solschenizyn

Interview von A. Solschenizyn
mit der Agentur *Associated Press* und
der Zeitung *le Monde*

*Stimmt es, daß Sie Briefe mit Drohungen und Forderungen von
Banditen erhalten?*

Nicht so sehr mit Forderungen als mit ausgesprochenen Drohungen, mit mir und meiner Familie abzurechnen, ja. In diesem
Sommer gelangten solche Briefe mit der Post zu mir. Wenn ich
einmal die psychologischen Fehler außer acht lasse, so haben bereits viele technische Fehler der Verfasser mich davon überzeugt,
daß diese Briefe von Funktionären des Staatssicherheitsdienstes
stammen. Hier zunächst die unwahrscheinliche Geschwindigkeit der Zustellung dieser »Banditen«-Briefe, sie brauchen weniger als vierundzwanzig Stunden, was nur für Briefe der wichtigsten Regierungsbehörden gilt (die Normalpost innerhalb
Moskaus braucht drei bis fünf Tage zu mir, etwas wichtigere
Briefe, eilige und nützliche, werden mir überhaupt nicht zugestellt). Hier kommt auch solche Hetze vor, daß ein Brief erst
nach (!) der Abstempelung durch die Post verschlossen worden
ist. Hier kommen auch terminologische Irrtümer vor. Zum Beispiel der letzte Brief vom 30. Juli:

> »Nun, Schwein, bist Du doch nicht gekommen?! Jetzt bist
> Du SELBST schuld.
> WIR RECHNEN MIT DIR AB. Warte!!!«

Die Autoren imitierten hierbei den Gaunerjargon, kannten ihn
aber nicht genügend und bedienten sich einer Formulierung, die
Gericht und Urteilsvollzug der Gauner über einen *ihrer eigenen*
Leute bedeutet, der sich etwas zuschulden kommen läßt oder
Verrat begeht, niemals aber über einen freien Menschen der üb-
rigen verachteten Welt. Diese Menschen sind nach Ansicht der
Gauner einer solchen Bestrafung nicht würdig, sie werden ein-
fach beseitigt.

Eine solche Tarnung von Mitarbeitern des Sicherheitsdienstes als Banditen ist allerdings nicht mehr neu: Bekannt sind Fälle, bei denen Rowdys unbestraft blieben, die auf der Straße unliebsame » Andersdenkende« verprügelten, Korrespondenten Aktentaschen entrissen oder bei ausländischen Kraftwagen die Scheiben einschlugen. Nachdem die Kampagne der ferngelenkten Verleumdung gegen mich zusammengebrochen war, ließen sich getarnte Banditenüberfälle durchaus erwarten.

Da wäre der Fall des ehrenwerten Redakteurs des *Index,* Michael Skammel, der mir nach seiner Ausreise aus der UdSSR folgende Geschichte mitteilte. Auf dem Flughafen Scheremetjewo wurde er einer dreistündigen Zollinspektion unterzogen, man fand Aufzeichnungen über seine Reise bei ihm. Sich derartige Notizen zu machen, gilt nach allgemein menschlichen Begriffen als selbstverständlich, nach sowjetischen Begriffen als verbrecherisch. Auf Grund dieser Entdeckung übten die sogenannten » Zöllner« Druck auf ihn aus und legten ihm nahe, ein Manuskript über Solschenizyn zu kaufen (ohne den Autor zu nennen und ohne das Manuskript zu zeigen), auf diese Weise würde der Zwischenfall als bereinigt gelten. Skammel lehnte ab.

Es mag eine Provokation gegen Skammel gewesen sein oder die Vorbereitung einer der üblichen Provokationen gegen mich, in jedem Fall können Sie daraus entnehmen, wie weit gespannt der Bogen des Staatssicherheitsdienstes ist: von » Gangstern« und Straßenrowdys bis zu » Zöllnern« und literarischen Agenten. Da fragt man sich: Wenn unser Staatssicherheitsdienst die fortschrittlichste Gesellschaftsstruktur in der Welt verteidigt, der, entsprechend der Einzig Richtigen Weltanschauung, auch ohnehin der Sieg in der ganzen Welt garantiert ist, warum dann solche Geschäftigkeit und so niedrige Methoden?

Im Winter 1971/72 erhielt ich Warnungen, sogar über verschiedene Kanäle (im Apparat des Staatssicherheitsdienstes gibt es auch Menschen, die ihr Schicksal quälend bedrängt), daß ein Plan vorbereitet wird, mich bei einem » Autounfall« ums Leben kommen zu lassen. Ich habe in meinem letzten Interview darauf angespielt.

Doch hier liegt eine Besonderheit oder, ich würde sogar wagen zu sagen, ein Vorteil unserer Staatsordnung: Ohne Wissen und Billigung des Staatssicherheitsdienstes wird weder mir noch einem meiner Familienmitglieder ein Haar gekrümmt, so sehr werden wir bespitzelt, ständig beschattet, beobachtet und abgehört. Und falls zum Beispiel die gegenwärtigen Gangster wirklich welche wären, befänden sie sich vom ersten Brief an unter vollständiger Kontrolle des Sicherheitsdienstes. Wenn zum Beispiel ein Brief explodiert, der mir mit der Post zugestellt worden ist, wäre es unerklärlich, warum er nicht vorher in der Hand der Zensoren explodierte. Und da ich seit langem keine ernsthaften Krankheiten habe, mich nicht ans Steuer eines Autos setze, auf Grund meiner Überzeugungen unter keinerlei Lebensumständen Selbstmord begehen würde, so können Sie, falls es heißt, ich sei ermordet worden oder plötzlich unter rätselhaften Umständen ums Leben gekommen, ohne jeden Zweifel, mit hundertprozentiger Sicherheit davon ausgehen, daß ich mit Billigung des KGB oder von ihm selbst ermordet worden bin.

Doch dazu ist eines zu sagen: Mein Tod wird denen keine Freude bringen, die damit rechnen, auf diese Weise meine literarische Tätigkeit zu beenden. Unmittelbar nach meinem Tode oder nach meinem Verschwinden oder nach irgendeiner anderen Form des Freiheitsentzugs tritt unweigerlich mein literarisches Vermächtnis in Kraft (sogar wenn in meinem Namen eine falsche gegenteilige Erklärung erfolgt, in der Art des Briefes von Trajtscho Kostow aus der Todeszelle), und dann beginnt der Hauptteil meiner Publikationen, auf die ich all diese Jahre verzichtet habe.

Wenn Offiziere des Staatssicherheitsdienstes in allen Provinzstädten Exemplare der harmlosen *Krebsstation* aufspüren und wegnehmen (und die Besitzer ihre Arbeitsplätze verlieren, von den Hochschulen vertrieben werden), was werden sie machen, wenn durch Rußland meine wichtigsten und postumen Bücher ziehen?

Im letzten Interview, vor anderthalb Jahren, sprachen Sie von Beeinträchtigungen und Verfolgungen, denen Sie sowohl in Ihrer literarischen Tätigkeit, beim Sammeln von Material, als auch in Ihrem Alltagsleben ausgesetzt waren. Hat sich hier etwas zum Besseren gewandt?

Der Leiter des Bezirksarchivs von Tambow, Waganow, lehnte es ab, mir fünfundfünfzig Jahre alte Zeitungen zugänglich zu machen, obwohl die ganze Geschichte von Tambow bei ihnen auf dem Fußboden einer feuchten, verlassenen Kirche verkommt und von Mäusen zerfressen wird. Im militärhistorischen Zentralarchiv wurde kürzlich eine strenge Untersuchung durchgeführt, wer – und aus welchem Grunde – es gewagt hat, mir im Jahre 1963 (!) Materialien über den Ersten Weltkrieg vorzulegen. Der junge Literaturwissenschaftler Gabriel Superfin, der mir viel geholfen hat, ein Mann von erstaunlichem Talent und Spürsinn in der Erfassung von Archivalien, ist am 3. Juli auf Grund der Angaben von Jakir und Krassin verhaftet und nach Orjol verbracht worden, um ihn in größerer Entfernung und mit weniger Aufsehen verurteilen zu können, ihm werden Verbrechen nach § 72 vorgeworfen, für die es bis zu fünfzehn Jahren gibt. Bei seiner anfälligen Gesundheit heißt das Mord durch Haft. Offen wirft man ihm natürlich nicht vor, er habe mich unterstützt, doch diese Unterstützung belastet sein Schicksal. Alexander Gorlow, der 1971 den Forderungen des Komitees für Staatssicherheit nicht nachgegeben hat, den Einbruch in mein Sommerhaus zu verschweigen, ist seitdem nun schon das dritte Jahr der Möglichkeit beraubt, seine damals vorgelegte Habilitationsschrift zu verteidigen, wie man es ihm auch angedroht hatte: Zu seiner wissenschaftlichen Untersuchung sind fünfundzwanzig positive Gutachten eingegangen, auch von allen offiziell bestellten Opponenten; es gab keine einzige negative Stellungnahme, auf wissenschaftlichem Gebiet ist er nicht angreifbar, dennoch findet die Verteidigung der Arbeit (zur Mechanik von Fundamenten!) nicht statt, da Gorlow als »politisch unzuverlässig« gilt. Es wurden vorbereitende Maßnahmen getroffen, Gorlow von seinem Arbeitsplatz zu entlassen.

Mstislaw Rostropowitsch wird seit Jahren mit der unermüdlichen erfindungsreichen Kleinlichkeit verfolgt, wie sie dem Apparat einer Großmacht eigen ist. Es ist eine lange Reihe von Nörgeleien, Sticheleien, Störungen und Erniedrigungen, die ihm bei jedem Schritt seines Alltagslebens bereitet werden, um ihn dazu zu zwingen, mir die Gastfreundschaft aufzukündigen. Diese Forderung haben ihm Madame Furzewa und ihre Stellvertreter ohne Umschweife gestellt. Eine Zeitlang wurden sämtliche Sendungen im Rundfunk und im Fernsehen mit ihm und sogar mit seiner Frau, Galina Wischnewskaja, abgesetzt, wurden Pressemitteilungen über ihn entstellt. Nicht wenige Konzerte in der UdSSR wurden ohne ersichtlichen Grund abgesetzt, sogar wenn er sich bereits unterwegs nach einer Stadt befand, wo ein Konzert stattfinden sollte. Planmäßig hinderte man ihn am beruflichen Kontakt mit bedeutendsten Musikern der Welt. Aus diesem Grunde wird zum Beispiel schon mehrere Jahre lang die Uraufführung des Violinkonzerts von Lutoslawski in Polen, der Heimat des Komponisten, hinausgezögert, wohin man Rostropowitsch nicht reisen läßt, ebenso die Uraufführung eines Konzerts von Britten, das Rostropowitsch gewidmet ist. Schließlich hat man ihn an seiner Arbeit als Dirigent im Bolschoj-Theater gehindert, die für ihn künstlerisch am wichtigsten und interessantesten war. In diesem Frühjahr hielt ich es für meine Pflicht, seine Datscha zu verlassen, um ihn von den Verfolgungen zu befreien. Doch, sie gehen bis heute weiter, man rächt sich. Man kann ihm seinen Brief über das Schicksal der russsichen Kunst immer noch nicht verzeihen.

Schon einige Jahre lang blieb kein einziges Telefongespräch und kein Wort im Zimmer – von mir oder den Mitgliedern meiner Familie, sogar über das nichtigste Alltagsthema unabgehört und (dafür gibt es Anzeichen) unanalysiert. Wir haben uns bereits daran gewöhnt, uns tagsüber und nachts ständig in Anwesenheit des Staatssicherheitsdienstes zu unterhalten. Wenn ihr Band voll ist, unterbrechen sie ungeniert ein Telefongespräch, um ein neues aufzulegen, während wir neu wählen. In derselben Situation sind Rostropowitsch, Sacharow, Schafarewitsch, die Tschukowskijs, viele mir bekannte Familien und noch viel mehr unbekannte.

Es ist seltsam zu hören, daß es irgendwo Streitigkeiten gibt, ob ein Staatspräsident das Recht hat, Anordnungen über die Einrichtung elektronischer Abhörgeräte zum Schutz militärischer Geheimnisse seines Landes zu treffen, und daß ein Mensch sogar vor Gericht freigesprochen wurde, der über solche geheime Praktiken öffentlich berichtet hat. Bei uns aber gilt schon ohne Gerichtsverfahren jeder als *schuldig,* der einmal laut eine Ansicht geäußert hat, die der offiziellen Meinung widerspricht. Und das elektronische Abhören verfügt nicht das Staatsoberhaupt, sondern ein mittlerer Beamter des Staatssicherheitsdienstes. Ein solches elektronisches Abhören, von aller übrigen Beschattung ganz zu schweigen, umgibt Tausende und Abertausende von Menschen der Intelligenz und der in verantwortlichen Verwaltungsposten Tätigen in den Hauptstädten der Sowjetunion. Und eine Masse von Schmarotzern in Uniform sitzt herum und analysiert die Abhörbänder. Das wird nicht einmal besonders geheimgehalten, ein Minister hält es für zulässig, einem Untergebenen zu erklären: »Man gab mir Ihr Telefongespräch vom soundsovielten zum Abhören«, und dann folgt eine Rüge für dieses Gespräch. Die Beschattung geht so weit, daß die fünfte Abteilung des Komitees für Staatssicherheit (Generalmajor Nikischkin) und seine erste Unterabteilung (Schironin) hinsichtlich der Personen, die mit mir Kontakt hatten, schriftliche Weisungen geben, »die von *ihnen* besuchten Adressen aufzuspüren«, das bedeutet eine Spirale zweiter Ordnung.

Auf unserem Hof steht der alte »Moskwitsch« unserer Familie aus Ischewsk. Nacht für Nacht stehen daneben erheblich bessere Wagen, doch irgendwelche seltsamen »Diebe« haben es jedesmal ausgerechnet auf dieses Auto abgesehen. Zweimal hat es nicht geklappt, einmal haben sie es absichtlich beschädigt, ein anderes Mal nach Georgien gebracht. Und obwohl die Miliz das Auto wiederfand und angeblich auch die Autoknacker – wurden sie nie vor Gericht gestellt. Nicht nur ich, auch meine Bekannten werden mit anonymen beleidigenden Briefen überschüttet. Vor den kürzlichen Stadtratwahlen erklärte ein *Agitator* (» des Blocks der Kommunisten und der Parteilosen«) über meine Frau unverblümt: »Solche Leute *sollte man umlegen*!« Ein Redakteur der Zeitschrift *Oktjabr*, Swerew, erklärte bei öffentlichen Vorträgen in den Instituten für Virusforschung und Immunologie der Akademie der Wissenschaften der UdSSR, ich »sei ein Mitglied des Exekutivkomitees der Zionisten«. Man entgegnete ihm naiv: »In der Zeitung stand aber, daß Solschenizyn von einem Gutsbesitzer abstammt.« Der findige Redakteur antwortete lauthals: »*Damals mußte* man *so* schreiben, *jetzt* aber *muß* man Solschenizyn für einen Juden halten.« Die Postzensur hat *nicht einen* einzigen der zahlreichen westlichen Zeitungsausschnitte über *August Vierzehn* durchgelassen, die mir mein Rechtsanwalt Dr. Heeb geschickt hat. Auf diese Weise habe ich keine Möglichkeit zu erfahren, wie mein Buch im Westen aufgenommen worden ist. Der Minister für Außenhandel Patolitschew hat sich geweigert, mein Recht auf den Empfang von Beträgen aus dem Nobelpreis anzuerkennen, man zwingt mich, den Nobelpreis zu diskriminieren, indem ich das als »Geschenk einer Privatperson« deklariere, was darüber hinaus dem Staat das Recht gibt, ein Drittel des so grimmiglich beurteilten Preises zu beschlagnahmen. Das Komitee für Staatssicherheit schickt mir gelegentlich seine Agenten in Gestalt » junger Autoren «, die mir ihre literarischen Werke bringen.

Ein angesehener General des Komitees für Staatssicherheit ließ mir über eine dritte Person ein Ultimatum übermitteln: Ich solle sehen, daß ich mich ins Ausland schere, andernfalls würde man mich im Lager zugrunde gehen lassen, und zwar in der Kolyma (also nach dem Beispiel von Amalrik, verurteilt wegen » Vergehen im Alltag «). Falls erforderlich wird diese dritte Person heute oder morgen weitere Einzelheiten dieser Geschichte bekanntgeben.

Wo leben Sie eigentlich, nachdem man Ihnen die Genehmigung zur polizeilichen Registrierung bei Ihrer Familie verweigert hat?

Ich lebe nunmehr nirgendwo, im Winter habe ich keinen anderen Ort zum Leben als die Wohnung meiner Familie, den natürlichen Ort für jeden Menschen. Ich werde auch hier wohnen bleiben, unabhängig davon, ob man mir die Registrierung gestattet oder nicht. Sollen doch diese schamlosen Kerle kommen und mich rauswerfen, das wird eine würdige Reklame für unsere fortschrittliche Staatsordnung sein.

Wie beurteilen Sie Ihre Lage und die Lage anderer Autoren im Zusammenhang des Beitritts der UdSSR zum Welturheberrechtsabkommen? Es gab halboffizielle Mitteilungen, daß von nun an die Ausfuhr literarischer Werke, auch wenn sie keineswegs als » antisowjetisch « betrachtet werden, nach dem Strafgesetzbuch als Verbrechen angesehen wird, als Verstoß gegen das Außenhandelsmonopol?

Nikolai I. hat sich niemals zum Herren der Gedichte Puschkins erklärt. Um so weniger waren unter Alexander II. die Romane Tolstojs, Turgenjews oder Gontscharows Eigentum des Staates. Niemals hat Alexander III. Tschechow angewiesen, wo er zu publizieren habe. Kaufleute und Finanzgewaltige des sogenannten Kapitalismus sind bisher nicht auf den Gedanken gekommen, mit Geistes- und Kunsterzeugnissen zu handeln, ehe der Autor selbst ihnen solche Rechte abtritt. Und wenn beim ersten verwirklichten Sozialismus niedrige merkantile Geister auf den

Gedanken kommen, das Produkt geistigen Schaffens, werde, kaum daß es sich von Herz und Geist seines Schöpfers getrennt hat, automatisch Ware und Eigentum des Ministeriums für Außenhandel, dann kann ein solches Unterfangen nichts außer Verachtung hervorrufen.

Ich werde, solange mir die Wege zur Veröffentlichung in der Heimat verschlossen sind, meine Bücher weiter in westlichen Verlagen erscheinen lassen und eine solche finanzpolizeiliche Idee der Unbedarften vollständig ignorieren. Im voraus erkläre ich ein beliebiges Strafverfahren über die russische Literatur, über ein beliebiges ihrer Bücher und über einen beliebigen russischen Autor für unbefugt.

Ich glaube aber nicht, daß sie es so weit kommen lassen. Andererseits bin ich auch der Ansicht, daß der Beitritt unseres Landes zum Urheberrechtsabkommen in einer gewissen Hinsicht die Freiheit unserer Autoren erhöht. Zum Beispiel habe ich in letzter Zeit keine meiner Sachen in den Samisdat gegeben, da ich befürchtete, daß sie für irgendeinen Raubdruck mißbraucht werden. Jetzt aber, sagt man, seien die Rechte der sowjetischen Autoren zuverlässig geschützt und dementsprechend kann man ohne Sorge den Samisdat beliefern und unsere Leser mit Werken vertraut machen, die des öffentlichen Drucks noch nicht für würdig befunden sind.

Wann beabsichtigen Sie, den zweiten Knoten Ihrer Serie zu veröffentlichen?

Wahrscheinlich werde ich *Oktober Sechzehn* nicht publizieren ehe der dritte Knoten *März Siebzehn* abgeschlossen ist. Diese Knoten sind zu eng miteinander verschlungen und klären nur gemeinsam den Gang der Ereignisse, wie der Autor ihn versteht.

Stimmt es, daß Ihre Nobelpreisrede auf den Rat Ihrer Freunde hin gegenüber der ursprünglich rein literarischen Fassung verschärft worden ist?

Ich weiß nicht, woher der Korrespondent der *New York Times* eine solche Version hat. Sie widerspricht nicht nur der Wahrheit, sie paßt auch nicht zu meinem Temperament. Der Vortrag ist im Gegenteil *abgemildert* und im literarischen Rahmen belassen worden; deshalb hat sich sein Erscheinen um ein Jahr verzögert.

Was sagen Sie zu der heutigen Sowjetliteratur?

Ich kann über die heutige russische Prosa sprechen. Sie existiert und ist recht ernsthaft. Und wenn man sich diesen unwahrscheinlichen Fleischwolf der Zensur vorstellt, durch den die Autoren ihre Werke hindurchlassen müssen, so kann man über die wachsende Qualität nur staunen: In kleinen künstlerischen Details uns den großen Bereich des Lebens, dessen Darstellung verboten ist, zu bewahren und zu übermitteln. Ich nenne Namen, wenn das auch nicht leicht ist und vermutlich nicht vollständig sein kann: Die einen, wie Kasakow, wenden sich plötzlich unverständlicherweise von einer größeren Arbeit ab und nehmen uns die Möglichkeit, uns über ihre Prosa zu freuen. Anderen, wie Salygin gegenüber, dessen Roman über Stepan Tschausow *(Am Irtysch),* eines der besten Werke der sowjetischen Prosa im Laufe der letzten fünfzig Jahre ist, könnte ich unobjektiv sein, da sie mir wegen der verschiedenen Auffassung, wie unsere heutige Literatur unserer heutigen Gesellschaft dienen kann, fremd sind; zur dritten Gruppe gehören zweifellos sehr begabte Autoren, doch berührt ihr Schaffen kaum oder nur oberflächlich die für unser Leben wichtigen Fragen. Mit allen diesen Vorbehalten besteht der Kern der gegenwärtigen russischen Prosa, wie ich ihn sehe, aus folgenden Schriftstellern: Abramow, Astafjew, Below, Bykow, Wladimow, Wojnowitsch, Maximow, Moschajew, Nossow, Okudschawa, Solouchin, Tendrjakow, Trifonow und Schukschin.

Was sagen Sie zu dem Ausschluß von W. Maximow aus dem Schriftstellerverband?

Über den Schriftstellerverband möchte ich nicht ernsthaft sprechen: Was ist das für ein *Verband von Schriftstellern,* wenn an seiner Spitze Generäle des Staatssicherheitsdienstes wie Viktor Iljin stehen?
Wladimir Maximow ist ein ehrlicher, mutiger Schriftsteller, uneigennützig, opferbereit und der Wahrheit ergeben, der auf der Suche nach der Wahrheit viel erreicht hat. Deshalb ist sein Ausschluß aus dem verlogenen Schriftstellerverband vollkommen gesetzmäßig.

Was sagen Sie zur Aberkennung der sowjetischen Staatsangehö-
rigkeit von Schores Medwedjew?

Der Fall steht nicht allein, es geben bereits einige die Möglichkeit, gewisse Gesetzmäßigkeiten zu erkennen.

1. Staatsangehörigkeit ist in unserem Lande kein unabdingbares
Naturrecht eines jeden in diesem Lande Geborenen, sondern
gleichsam ein Gutschein, der von einer kleinen Personenclique
verwahrt wird, die durch nichts ein größeres Recht auf das russische Land bewiesen hat. Und diese Clique kann, wenn sie die
Überzeugungen eines Staatsangehörigen nicht billigt, erklären,
daß er seiner Heimat beraubt sei. Wie soll man eine solche
Staatsordnung nennen? Suchen Sie sich selbst ein geeignetes
Wort.

2. In den Fällen, in denen man es unterlassen hat, einen Menschen auf *geheime* Weise auszuschalten, da er unbekannt ist, findet man es am schmerzlosesten, ihn in den Westen hinauszuwer-
fen, am liebsten in der Form des freiwilligen Einverständnisses –
als zeitweilige dienstliche Abordnung oder Reise ohne Rückkehr.

3. Man muß leider zugeben, daß sie sich hierbei nicht verrechnet
haben. Unser Land gleicht einer dichten, zähen Masse: selbst die
kleinsten Bewegungen lassen sich hier unglaublich schwierig
durchführen, dafür wirken sich diese Bewegungen sofort auf die
ganze Masse aus. Der demokratische Westen entspricht ver-
dünntem Gas oder fast einem Vakuum, man kann ohne weiteres
mit den Armen fuchteln, springen, laufen, Purzelbäume schlagen, das hat auf niemanden eine Wirkung, alle übrigen machen
dieselben chaotischen Bewegungen.

Was halten Sie von dem zu erwartenden Prozeß gegen Jakir und
Krassin?

Selbst wenn westliche Korrespondenten zu diesem Prozeß zugelassen werden, wird es sich offensichtlich nur um eine trübe
Wiederholung der kümmerlichen Farcen von Stalin und Wyschinskij handeln. In den dreißiger Jahren hatten übrigens diese
Farcen bei all ihrer Holzhammerdramaturgie, der grob aufgetra-
genen Schminke und der Lautstärke des Souffleurs, großen Erfolg bei der *denkenden* westlichen Intelligenz: So stark war ihr

Hang, der fortschrittlichen Staatsordnung *zu glauben*. Solche *Denkenden* gibt es auch in der heutigen Generation zur Genüge. Wenn aber Korrespondenten zum Prozeß nicht zugelassen werden, heißt das, er wird noch zwei Ebenen tiefer durchgeführt. Soweit mir bekannt ist, hat bei Zeugen-Gegenüberstellungen niemand Jakir und Krassin offen die Meinung gesagt, so tue ich das nach dem Recht des alten Häftlings heute hier: Sie haben sich kleinmütig, niedrig und sogar lächerlich aufgeführt, haben mit vierzigjähriger Verspätung und unter passenden Umständen die unrühmliche Erfahrung einer verlorenen Generation wiederholt, jener aufgeblasenen Figuren der Geschichte, die in den dreißiger Jahren kapitulierten.

Was sagen Sie zu den letzten Angriffen in der sowjetischen Presse auf das Akademiemitglied Sacharow?

Die Frage betrifft zugleich auch ein weiteres Mitglied des Komitees der Menschenrechte, meinen Freund Igor Rostislawowitsch Schafarewitsch. Schafarewitsch, der Präsident der Moskauer Mathematischen Gesellschaft, ein in internationalen Mathematiker-Kreisen als hervorragender Algebraiker gut bekannter Gelehrter, hat sich durch seine gesellschaftlichen Aktivitäten selbst seiner internationalen wissenschaftlichen Kontakte und der Möglichkeit, ordentliches Mitglied der Akademie der Wissenschaften der UdSSR zu werden, beraubt. Nach seinem Vortrag über die Verfolgung der Religion in unserem Lande und seinem aktiven Einsatz vor psychiatrischen Kongressen wegen der unmenschlichen Ausnutzung der Psychiatrie in unserem Lande, haben seine Unterdrückung und Beschattung zugenommen. Der Psychiaterkongreß hat es vorgezogen, dem Schutz der Leidenden diplomatisch aus dem Wege zu gehen, Schafarewitsch wird heute nicht nur aus der Moskauer Universität hinausgedrängt, wo er seit dreißig Jahren unterrichtet, sogar allen seinen Doktoranden und Schülern (angesehenen Wissenschaftlern mit zweitem Examen) werden die Wege zu wissenschaftlicher Tätigkeit verschlossen.
Die unermüdliche gesellschaftliche Tätigkeit von Andrej Dmitrijewitsch Sacharow wurde bis vor kurzem von unserer Presse totgeschwiegen, jetzt setzt die Schimpfkanonade gegen ihn ein. Da hat man erklärt, er sei ein »Verleumdungsherd«, ein »unge-

bildeter Kerl« (die größten wissenschaftlichen Geister wurden bei uns immer auf das Niveau der Ungebildeten herabgestuft, sobald sie es ablehnten, das allgemeine Papageigeplapper nachzusprechen), zum naiven Pläneschmieder, vor allem aber zum bösartigen Kritiker, der sein Land hasse, und . . . nicht konstruktiv denke.

Es ist schwer, so oft hintereinander zu lügen und dabei immer danebenzutreffen. Hier ist jeder Vorwurf ein Schlag ins Wasser. Wer einige Jahre lang die Aufsätze von Sacharow verfolgt hat, seine sozialen Vorschläge, sein Suchen nach Rettungswegen für unseren Planeten, seine Briefe an die Regierung, seine freundschaftlichen Überredungsversuche, der kann nicht umhin, seine tiefe Vertrautheit mit den Prozessen des sowjetischen Lebens zu erkennen, seinen Schmerz um sein Land, seine Qualen um die Irrtümer, die nicht er begangen hat, seine gütige, besänftigende Haltung, die für recht widersprüchliche Gruppen annehmbar war (hierin erinnert er an Twardowskij). Mit vielem, was Andrej Dmitrijewitsch konkret für unser Land vorschlägt, bin ich nicht einverstanden, doch das *Konstruktive* seiner Vorschläge unterliegt keinem Zweifel: Keiner dieser Vorschläge ist ein losgelöster Traum von der Art » schön wär's, aber wie soll man dahin kommen« – nein: jeder seiner Vorschläge ist, wie bei einem Ingenieur, fest mit dem verkettet, was heute existiert, und bietet einen sanften, nicht explosiven Übergang.

TASS hat Sacharow geantwortet, daß man bei uns » Kritik . . . sogar die schärfste, als etwas Nützliches ansieht«. Das ist finstere Unwahrheit. Ernsthafte Kritik ist in unserem Lande – auf keiner Ebene und wie konstruktiv sie auch sei – *niemandem* gestattet, außer einem kleinen Kreis von Menschen, die ihre Position durch mehrjährigen Gehorsam erreicht haben, was gerade die kritischen Fähigkeiten in ihnen besonders wenig entwickelt hat. Sacharow ist leider zu bekannt, und da muß man ihn öffentlich zu Boden schlagen (so wie man auch die Zeitschrift *Nowyj mir* zu Boden geschlagen hat, die dieselbe versöhnliche, verfassungsmäßige Linie verfolgt hatte). Unbekannte Kritiker aber werden massenhaft zum Schweigen gebracht, wovon man nichts hört, in der Provinz, irgendwo in der Tiefe, und wie viele von diesen, von niemandem jemals Erwähnten, schmachten in psychiatrischen Kliniken der Provinz und gehen dort zugrunde. Überprüfen Sie die letzten zehn, zwanzig oder dreißig Jahre: ge-

gen welchen Andersdenkenden ist man mit *Argumenten* aufgetreten? Gegen keinen einzigen, denn man hat keine Argumente.
Man reagiert stets mit Schimpfworten und Verleumdung. Eine
solche »Antwort« erhielt auch Sacharow. So hohl war auch die
»Antwort« an Heinrich Böll. Am häufigsten aber ist das völlige
Verschweigen, wie es mit den Anträgen und Schriftsätzen Sacharows geschah, mit meinen offenen Briefen, mit den Briefen Rostropowitschs, Wladimows, Maximows, mit den Bergen von
Gruppenanträgen zur Amnestie, zur Rettung von Unschuldigen
oder zur Erhaltung des alten russischen Stadtbildes von Moskau
oder der russischen Natur oder zur Verhinderung der Schließ-
Ebenso vergeblich wies ich dort daraufhin, daß das Stören west-
sche Bestrafung, beschimpfen oder verschweigen – das sind die
drei Lösungen denen gegenüber, denen man DEM WESEN NACH
NICHTS zu antworten hat.

Jetzt zieht man auch gegen Sacharow die abgegriffene, ver-
staubte Trumpfkarte der dreißiger Jahre hervor – Unterstützung
der ausländischen Spionage! . . . Welche Ungeheuerlichkeit!
Der Mann, der sie mit der schrecklichsten Waffe, auf der ihre
Macht jahrzehntelang beruhte und noch beruht, ausgerüstet hat
– und Unterstützung der ausländischen Spionage? Das ist das
Äußerste an Schamlosigkeit und Undank.

Und dabei liegt doch ein tiefer Sinn und ein hohes Symbol und
eine persönliche Gesetzmäßigkeit des Schicksals darin verborgen, daß der Erfinder der schrecklichsten Zerstörungswaffe unseres Jahrhunderts, der mächtigen Regung des Weltgewissens
und dem althergebrachten leidvollen Gewissen Rußlands gehorsam, unter der Last der Sünden von uns allen und von jedem einzelnen von uns, jenes Wohlergehen im Überfluß verlassen hat,
das ihm gesichert war und das so viele heute in der Welt zugrunde richtet, und heraustrat vor den Rachen der mächtigen
Gewaltherrschaft.

*Wie beurteilen Sie die gegenwärtige gesellschaftliche Situation in
der UdSSR? Haben auf ihre Entwicklung die Haltung und die
Äußerungen von Menschen im Westen, die im kulturellen Bereich tätig sind, einen Einfluß?*

Die wahre Geschichte unseres Landes wird seit langem nicht registriert, nicht geschrieben, nicht offen dargelegt. Wenn aus ei-

ner ganzen Armee von preisgekrönten, bedeutenden, mittelmäßigen und jungen Historikern sich einer findet (so wie Amalrik), der am allgemeinen Wiederkäuen nicht teilhaben will, der seine Äußerungen nicht mit Zitaten der Väter der fortschrittlichen Lehre spickt, sondern wagt, eine selbständige Analyse der gegenwärtigen Gesellschaftsstruktur zu geben und über die Zukunft das vorauszusagen, was tatsächlich mit unserem Land geschehen kann, dann steckt man ihn, statt seine Arbeit zu analysieren und das Richtige und praktisch Nützliche daraus zu übernehmen, einfach ins Gefängnis.

Und als sich in der Reihe unserer glänzenden – ordentragenden Generäle als einziger Grigorenko fand, der es wagte, *seine eigene*, nicht standardisierte Meinung über den Verlauf des letzten Krieges und über die heutige sowjetische Gesellschaft auszusprechen, eine übrigens vollkommen marxistisch-leninistische Meinung, dann wird auch sie für psychischen Wahnsinn erklärt.

Einige Jahre lang stillte die *Chronik der laufenden Ereignisse* selbstlos den allgemeinen natürlichen menschlichen Durst: zu wissen, was geschieht. Sie teilte, wenn auch in sehr unvollständigem Maße, Namen, Daten, Orte, Haftfristen und Formen der Verfolgungen mit, sie holte aus dem Abgrund der Unkenntnis wenigstens einen ganz kleinen Teil unserer schrecklichen Vergangenheit an die Oberfläche hervor – und wurde dafür mit einer Systematik zerschlagen und zertreten, mit der . . . nehmen wir ein beliebiges westliches Beispiel . . . in Griechenland selbst Verschwörer gegen den Staat nicht verfolgt werden.

Jetzt, ohne die *Chronik* werden wir nicht so rasch von weiteren Opfern der Gefängnis- und Lagerordnung erfahren, die schon durch ihre sich über weite Zeiträume erstreckende Grausamkeit mordet, wie sie den kranken Galanskow umbrachte, Talantow, den Greis Jakob Odobesku (Hungerstreik gegen Unterdrückungen im Lager). Wir werden nicht so rasch hören von *zweiten* und *dritten* Verurteilungen bereits verurteilter Menschen die, wie Swjatoslaw Karawanskij und Stepan Soroka (der fünfundzwanzig Jahre dafür bekommen hatte, daß er als Schüler der zehnten Klasse einige nationalistische Hefte gelesen hatte), erneut eingeliefert worden sind, um ihre fünfundzwanzig Jahre trotz der zwischenzeitlichen »Amnestie« zu Ende abzusitzen, ebenso erging es dem lettischen Pastor Jonas Stagers; daß Jurij Schuchewitsch erneut zehn Jahre bekam, als er sich bereits in der

Entlassungsstelle befand, weil ihn ein Mensch, der ihn keine vierundzwanzig Stunden kannte, angezeigt hatte – kürzlich wurden ihm zum dritten Mal zehn Jahre zudiktiert; daß Boris Sdorowez zum dritten Mal aus religiösen Gründen verurteilt worden ist, während Peter Tokar gleich beim ersten Mal fünfundzwanzig Jahre erhielt (und jetzt im vierundzwanzigsten sitzt!); oder daß mancher, wie Sinowij Krassiwskij und Jurij Below nach Ablauf der Frist aus dem Gefängnis von Wladimir in die psychiatrische Gefängnisanstalt von Smolensk auf unbestimmte Zeit eingewiesen wurde. Unserem Blickfeld und unserem Wissen sind die weiteren Schicksale der Inhaftierten Swetlitschnyj, Swerstjuk, Ogurzow, Boris Bykow (Gruppe »Junger Arbeiter« aus Alma-Alta) entschwunden, ebenso geht es uns mit Oleg Worobjow (Samisdat Perm), Gerschuni, Wjatscheslaw Platonow, Jewgenij Wagin, Nina Strokataja, Stefanija Schabatura, Irina Stasiw und vielen, vielen anderen, von denen, abgesehen von ihren Familien, Kollegen und Nachbarn, niemand mehr etwas weiß.

Gerade infolge der totalen Abgeschlossenheit von fast allem, was bei uns geschieht, wirkten die Zeugnisse von Martschenko, als sie im Westen an die Oberfläche kamen, dort »übertrieben«. Und kaum jemand dachte sich beispielsweise in eine solche Aussage von ihm hinein, daß die Haftbedingungen der zaristischen Zentrale von Wladimir sich während der Sowjetzeit allein hinsichtlich der Lichtverhältnisse um das Vierfache verschlechtert haben (die Fenster wurden bis auf ein Viertel zugemauert), in anderer Hinsicht ist es noch kälter, noch grausamer als um das Vierfache.

Und bereits daran gewöhnt, daß man über uns ohnehin niemals etwas erfährt, nimmt die Welt auch die ganz klare und offene Information nicht auf: daß in diesem erstaunlichen Land, mit der fortschrittlichsten sozialen Staatsordnung, innerhalb eines halben Jahrhunderts *keine einzige Amnestie für politische Häftlinge stattgefunden hat!* Als unsere Fristen fünfundzwanzig und zehn Jahre betrugen, als acht Jahre bei uns ohne Lächeln als »Kinderfrist« galten, da verkündete die berühmte Stalinsche Amestie (7. Juli 1945), politische Häftlinge, die bis zu drei Jahren verurteilt waren, würden entlassen, das heißt *niemand.* Die Amnestie Woroschilows vom März 1953, die etwas höher lag (bis zu fünf Jahren) überschwemmte das Land nur mit Kriminellen. Im September 1955, als Chruschtschow Adenauer die Deutschen überließ, die gerichtlich festgelegte Fristen in der UdSSR verbüßten, war er gezwungen, auch jene zu amnestieren, die mit den Deutschen kollaboriert hatten. Doch für *Andersdenkende* hat es innerhalb des letzten halben Jahrhunderts *nie* eine Amnestie gegeben! Wer kann auf dem Planeten ein anderes Beispiel für eine Staatsordnung nennen, die sich ihrer Stabilität so sicher ist? Menschen, denen es Spaß macht, sie mit Griechenland zu vergleichen, mögen es nur tun.

Als Ende der vierziger Jahre die Verurteilungen zu fünfundzwanzig Jahren in Massen über uns kamen, da lasen wir in den Zeitungen nur, wie in Griechenland Verfolgungen in nie gewesenem Ausmaß stattfänden. Auch heute sind viele Äußerungen in der westlichen Presse und sogar von Persönlichkeiten des Westens, die besonders empfindlich gegenüber den Unterdrückungen und Verfolgungen des Ostens sind, zur Erzeugung eines künstlichen Gleichgewichts gegenüber den »linken« Kreisen unbedingt mit einer Klausel verbunden: »Übrigens, *wie auch* in Griechenland, in Spanien, in der Türkei . . .«. Solange diese künstliche Reihe *wie auch* angehängt wird, verliert das Mitgefühl mit uns seine Bedeutung, seine Tiefe, beleidigt uns sogar, die Mitfühlenden aber selbst sehen nicht die schlimme Warnung. Ich wage zu behaupten, daß es *nicht wie auch* ist! Ich wage zu bemerken, daß in allen jenen Ländern die Gewalt nicht an die Gaskammern von heute, das heißt, die psychiatrischen Gefängnisanstalten, heranreicht. Daß Griechenland nicht von einer Betonmauer und elektronischen Mordgeräten an seiner Grenze umgeben ist und junge Griechen nicht zu Hunderten mit der schwachen Hoffnung über den Todesstreifen gehen, in die Freiheit durchzubrechen. Und nirgendwo östlich von Griechenland kann ein vertriebener Minister (Karamanlis) in Zeitungen sein gegen die Regierung gerichtetes Programm drucken. Und in der Türkei kann man nicht (wie in Albanien) einen Geistlichen deshalb erschießen, weil dieser ein Kind getauft hat. Und in der Türkei stürzen sich nicht täglich einhundert Menschen ins Meer (wie die Chinesen es bei Hongkong tun), um zwischen Haifischen das Los zu ziehen »Freiheit oder Tod«. Und in Spanien werden weder die Radiosendungen aus Kuba noch aus Chile gestört. Und Portugal hat ausländische Korrespondenten zugelassen, um entstandene Verdächtigungen untersuchen zu lassen, eine Einladung, wie sie Korrespondenten am anderen Ende Europas niemals erhielten und niemals erhalten werden – und sie *bleiben vollkommen zufrieden,* sie wagen sogar nicht zu protestieren! Das ist das Typischste.

Der erste Strich auf einer Skala kann 10 bedeuten, der erste Strich auf einer anderen 10^6, das heißt eine Million. Und kann man nur mit der Ignoranz der Beobachter oder der Verdrehtheit ihrer Köpfe ihren Schluß erklären: »Dort wie hier ist der erste Strich überschritten«?

Vor einem Jahr habe ich mich in meiner Nobelpreisrede vergeblich bemüht, maßvoll die Aufmerksamkeit auf diese zwei unvergleichbaren Skalen der Bewertung des Ausmaßes und des sittlichen Sinnes der Ereignisse zu lenken. Und daß es unzulässig sei, Ereignisse in Ländern, die das Weltschicksal bestimmen, als »innere Angelegenheiten« anzusehen.

Ebenso vergeblich wies ich dort daraufhin, daß das Stören westlicher Rundfunksendungen im Osten die Situation am Vorabend einer allgemeinen Katastrophe schafft, internationale Verträge und Garantien nichtig macht, da sie auf diese Weise im Bewußtsein der einen Hälfte der Menschheit nicht existieren und ihre oberflächliche Spur leicht im Laufe weniger Tage oder sogar Stunden verwischt werden kann. Ich war damals der Ansicht, daß auch die bedrohliche Lage des Vortragenden, der nicht von einem gesicherten Rednerpult spricht, sondern von jenen Felsen, wo die Eisberge der Welt entstehen und von denen aus sie sich verbreiten, die Aufmerksamkeit der zerstreuten Welt seinen Warnungen gegenüber etwas erhöht.

Ich irrte mich. Das Gesagte blieb ungesagt. Und vielleicht ist es ebenso nutzlos, dies heute zu wiederholen.

Was das Stören von Radiosendungen bedeutet, kann man niemandem erklären, der es nicht an sich selbst erfahren, nicht jahrelang damit gelebt hat. Das ist tägliches Speien in die Ohren und die Augen, das ist die Beleidigung und Erniedrigung des Menschen zu einem Roboter, ob man nun mit der Methode der völligen Ausschaltung des Sendebereichs arbeitet oder mit der Methode der »verrosteten Säge« oder trivialer Musik. Das ist eine Herabwürdigung Erwachsener zu Kleinstkindern: Schlucke nur, was die Mama vorgekaut hat. Selbst die wohlwollendsten Sendungen in den Tagen freundschaftlichster Besuche werden vollständig gestört: Es soll nicht die kleinste Abweichung in der

Beurteilung eines Ereignisses geben, in den Schattierungen, in den Akzenten, alle sollen das Ereignis hundertprozentig identisch aufnehmen und behalten. Viele Ereignisse des Weltgeschehens sollen unserer Bevölkerung überhaupt nicht bekannt werden. Moskau und Leningrad wurden paradoxerweise die am wenigsten informierten Hauptstädte der Welt: Die Einwohner fragen die Menschen, die aus den Dorfbezirken kommen, nach den Neuigkeiten. Dort ist die Störung aus Sparsamkeitsgründen nämlich schwächer (diese Stör-» *Betreuung* « kommt unserer Bevölkerung *keineswegs* kostenlos zu). Nach der Beobachtung von Bewohnern verschiedener Orte hat sich das Stören während der letzten Monate erweitert, auf neue Bereiche ausgedehnt und an Intensität zugenommen. (Erinnern wir uns an das Schicksal von Sergej Chansohonkow, der bis 1973 sieben Jahre gesessen hat, weil er versucht hatte, beziehungsweise nur die Absicht gehabt hatte, einen Störsender in Minsk zu sprengen. Geht man aber von einer Besorgnis um das menschliche Wohl im allgemeinen aus, dann kann man in diesem » Verbrecher « nichts anderes als einen Kämpfer für den allgemeinen Frieden sehen.)
Das Gesamtziel der heutigen Unterdrückung des Denkens in unserem Lande könnte man Anpassung an China nennen, Erreichung des chinesischen Ideals, wenn dieses Ideal nicht schon in den dreißiger Jahren bei uns bestanden hätte, dann aber den Händen entglitt. Wußten denn viele Menschen im Westen in den dreißiger Jahren etwas von Michail Bulgakow, von Platonow, von Florenskij? So gibt es auch im heutigen China Tausende von Andersdenkenden, gibt es geheime Schriftsteller und Philosophen, doch die Welt wird von ihnen erst eine ganze Epoche später erfahren, in fünfzig bis einhundert Jahren, und auch dann nur von jenen wenigen, die inmitten der unerbittlichen Mühlsteine ihr Schaffen werden bewahren können. Zu diesem Ideal will man uns jetzt zurückbringen.
Doch ich erkläre überzeugt, daß es in unserem Lande nicht mehr möglich ist, zu diesem System zurückzukehren.
Der erste Grund liegt in der internationalen Information, darin, daß trotz allem Ideen, Tatsachen und menschliche Proteste durchdringen und Einfluß haben. Man muß begreifen, daß der Osten den Protesten der westlichen Öffentlichkeit durchaus nicht gleichgültig gegenübersteht, im Gegenteil, er fürchtet sie *tödlich*, und *allein* diese! Doch nur, wenn es sich um eine mäch-

tige, einige Stimme von Hunderten bedeutender Persönlichkeiten handelt, um die öffentliche Meinung eines ganzen Kontinents, von der die Autorität der *fortschrittlichen* Gesellschaftsordnung erschüttert werden kann. Wenn es bloß einzelne schüchterne Proteste sind ohne jeden Glauben an den Erfolg und mit den obligatorischen Reverenzen »*wie übrigens auch* in Griechenland, der Türkei und Spanien«, dann ruft das nur das Lachen der Gewalttäter hervor. Wenn die rassische Zusammensetzung einer Basketballmannschaft ein größeres Weltereignis ist als tägliche Injektionen, die Gefangenen in den psychiatrischen Gefängnisanstalten das Gehirn zerstören – was kann man dann noch außer Verachtung gegenüber einer egoistischen, kurzsichtigen und schutzlosen Zivilisation empfinden?

Vor offener Darlegung vor der Weltöffentlichkeit weicht unser Gefängnis zurück und verbirgt sich. Man sah sich genötigt, Amalrik, dessen Ausschaltung schon 1970 auf weite Sicht geplant war, zunächst eine Verurteilung für drei Jahre wegen »Vergehen im Alltag« auszusprechen, um ihn von den politischen Lagern in Mordwinien fernzuhalten und in die Kolyma zu jagen, sich jetzt aber wegen erneuter weltweiter Behandlung seines Falles wieder auf »insgesamt nur« drei Jahre zu beschränken, er hätte mehr bekommen.

Die westliche Welt hat durch die Publizität schon sehr viele der bei uns Verfolgten unterstützt und gerettet. Doch hieraus hat der Westen nicht genug gelernt, die Stärke des Empfindens reicht nicht aus, für sich zu erfassen, daß die bei uns Verfolgten nicht nur für den Schutz dankbar sind, sondern auch ein hohes Beispiel der Standhaftigkeit im Geiste und der Opferbereitschaft unmittelbar an der Grenze des Todes und unter der Injektion des mordenden Psychiaters geben.

Hier ist der zweite und hauptsächliche Grund, warum ich sicher bin, daß das chinesische Ideal für unser Land schon nicht mehr erreichbar ist.

Der unbeugsame General Grigorenko braucht unvergleichlich mehr Mut als ihn Schlachtfelder fordern, wenn er bereits vier Jahre lang, in der Hölle der psychiatrischen Gefängnisanstalt, Tag für Tag der Verführung widersteht, die Befreiung von der Folter für den Preis seiner Überzeugungen zu erkaufen, das Unwahre als wahr zu bezeichnen.

Wladimir Bukowskij, der sein ganzes junges Leben hindurch

abwechselnd durch die verschiedenen Fleischwölfe von psychiatrischen Gefängnissen, normalen Gefängnissen und Lagern gedreht wird, hat die bereits greifbare Freiheit nicht gewählt, sondern sein Leben als bewußtes Opfer für andere hingegeben. In diesem Jahr wurde er nach Moskau überführt, man schlug ihm die Entlassung und die Ausreise ins Ausland vor, nur dürfe er sich bis zur Ausreise politisch nicht betätigen. Das war alles! Und er hätte ungehindert ins Ausland fahren und seine Gesundheit in Ordnung bringen können. Nach heutigen westlichen Kriterien kann man für seine Freiheit, für die Befreiung von Qualen, auch erheblich mehr zahlen, gewisse amerikanische Kriegsgefangene hielten es für möglich, beliebige Papiere gegen ihr Land zu unterzeichnen, stellten hierbei ihr wertvolles Leben selbstverständlich höher als ihre Überzeugungen. Aber Bukowskij achtete seine Überzeugungen höher als das Leben. Eine deutliche Lehre für seine Altersgenossen im Westen, wenn auch höchstwahrscheinlich eine nutzlose. Bukowskij hat als Antwort selbst eine Bedingung gestellt: alle, über die er geschrieben habe, müßten aus psychiatrischen Gefängnisanstalten entlassen werden. Es genügte ihm nicht, daß er, ohne es durch Gesinnungslosigkeit zu erkaufen, entlassen wurde: Er wollte nicht fliehen und dabei andere im Unglück lassen. Er wurde ins Lager geschickt, seine zwölf Jahre zu Ende abzusitzen.

Eine ähnliche Wahl ist im Frühjahr diesen Jahres auch Amalrik geboten worden: Er hätte die Aussagen von Krassin und Jakir bestätigen können, dafür hatte man ihm die Freiheit angeboten. Und auch er hatte das zurückgewiesen und wurde für eine neue Straffrist an die Kolyma geschickt. Und in allen Fällen, von denen wir heute Einzelheiten noch nicht wissen, wo Foltern und Qualen, als »Staatsgeheimnis« geschützt, vor uns verborgen werden, können wir allein nach dem Umstand, daß man einen Menschen *nicht* freiläßt, daß man ihm den Strafvollzug *nicht* erleichtert, ohne Zweifel schließen: Dieser Mensch ist weiterhin standhaft bei seinen Überzeugungen geblieben.

Vor eine ähnliche Wahl werden nicht selten auch Menschen gestellt, die ein normaleres Leben, nicht als Gefangener leben, doch das macht die Wahl nicht leichter. Da wäre Gorlow, der vor zwei Jahren in meinem Sommerhäuschen die Einbrecher des Staatssicherheitsdienstes überraschte. In jenen Minuten hat man ihn nur dank seinem aktiven Widerstand, der Menschen zusammenrief, nicht umgebracht. Doch später forderte man von ihm Schweigen, drohte, seine gesamte berufliche und wissenschaftliche Karriere zu zerstören, und es war deutlich, daß dies keine leere Drohung war, daß er auch das Wohl seiner Familie opfert, – und dennoch gab er der Verführung zu schweigen nicht nach, bloß zu *schweigen.*

Sehen Sie, diese Linie der Opferentscheidungen von Einzelnen, das ist das Licht unserer Zukunft.

Immer bleibt diese psychologische Besonderheit des menschlichen Wesens erstaunlich: In Wohlergehen und Sorglosigkeit fürchtet der Mensch sogar die kleinsten Beunruhigungen an der Peripherie seiner Existenz, bemüht sich fremde (und die künftigen eigenen) Leiden nicht zu beachten, in vielem nachzugeben, sogar im Wesentlichen, Seelischen, Zentralen – allein um sein Wohlergehen zu verlängern. Und plötzlich, vor den letzten Schranken, wenn der Mensch schon bettelarm, nackt und all dessen beraubt ist, was anscheinend das Leben schön macht, dann findet er in sich die Festigkeit, beim letzten Schritt Widerstand zu leisten, sein Leben, doch nicht das Prinzip, zu opfern!

Wegen der ersten Eigenschaft hat sich die Menschheit nicht auf einer der von ihr erreichten Hochebenen gehalten. Dank der zweiten hat sie sich aus allen Abgründen emporgearbeitet.

Natürlich wäre es nicht schlecht, noch auf der Hochebene befindlich, den eigenen künftigen Sturz und den Preis der künftigen Abrechnung vorauszusehen, Standhaftigkeit und Mut schon vor der kritischen Frist zu zeigen, Weniges zu opfern, doch beizeiten.

Man darf dem nicht zustimmen, daß der katastrophale Verlauf der Geschichte unabwendbar sei und daß ein in sich sicherer Geist nicht auf die größte Macht der Welt einwirken könne. Die Erfahrung der letzten Generationen scheint mir vollkommen bewiesen zu haben, daß nur die Unbeugsamkeit des menschlichen Geistes, der sich fest gegen die veränderliche Frontlinie der angreifenden Gewalt behauptet und, zu Opfer und Tod bereit erklärt: »Kein Schritt weiter!«, daß nur diese Unbeugsamkeit des Geistes den wahren Schutz des Friedens für den Einzelnen, des allgemeinen Friedens und der ganzen Menschheit bildet.

27 31. August 1973

An das Komitee
für Staatssicherheit der UdSSR
Poststelle
z. Hd. Frau Poljakowa

In meinem letzten Brief, den Sie am 3. Juli erhalten haben, hatte ich warnend ausgesprochen, die Geschichte mit den Banditen sei allzu offensichtlich, aber es sei klüger, sie einzustellen. Mit Ihrem dritten Brief, der dazu noch so bösartig ist, hat Ihre Behörde mich zu einem Interview gezwungen.
Falls Sie Iwan Pawlowitsch Abramow sehen, teilen Sie ihm dies bitte mit.

A. Solschenizyn

28 5. September 1973

Erklärung
über die Beschlagnahme des Manuskriptes
von *Archipel GULag*

Wie Solschenizyn mitgeteilt hat, wurde Ende August in Leningrad vom Komitee für Staatssicherheit ein maschinenschriftliches Exemplar von Solschenizyns Buch *Archipel GULag* beschlagnahmt, einer mehrbändigen Untersuchung über die sowjetischen Lager in der Zeit von 1918 bis 1956, das ausschließlich wirkliche Tatbestände, Orte und Namen von (über zweihundert) heute lebenden Personen enthält. Der Autor fürchtet, es werde jetzt eine Verfolgung aller dieser Personen einsetzen, da sie über ihre Leiden in stalinistischen Lagern vor zehn Jahren berichtet haben.

Informationen über den Aufbewahrungsort des Buches hatte Jelisaweta Woronjanskaja gegeben, die man im Komitee für Staatssssicherheit fünf Tage pausenlos verhörte. Nach ihrer Rückkehr nach Hause hat sie sich erhängt.

29   21. September 1973

(Auf dem Titelblatt einer Samisdatausgabe)

Vorbemerkung des Autors

Der Beitritt der UdSSR zum Welturheberrechtsabkommen erlaubt die Annahme, daß jetzt die Rechte der Schriftsteller unseres Landes gegen willkürliche Publikationen geschützt sind. In dieser Annahme gibt der Autor diesen Ausschnitt dem Samisdat.

30   28. Oktober 1973

An Andrej Dmitrijewitsch Sacharow

Lieber Andrej Dmitrijewitsch!

Als ich von dem Überfall auf Sie erfuhr, war ich verreist, daher schreibe ich erst jetzt.

Wie tief steht unser Land gegenüber den Arabern, wenn diese keinen Grund haben, unsere nationale Ehre zu achten. Das hat gerade noch gefehlt, daß der arabische Terrorismus die russische Geschichte »verbessert«.

Ich bin jedoch fest davon überzeugt, daß in unserem Vaterland, lückenlose Beschattung und Abhörung, denen Sie ausgesetzt sind, vorausgesetzt, ein derartiger Überfall ohne Wissen und Unterstützung der Behörden nicht möglich ist. Wäre er unabhängig und für die Behörden unerwünscht, würde es bei dem üppigen Personalbestand keinerlei Mühe machen, ihn zu unterbinden, ehe er noch angefangen hat, oder während des anderthalbstündigen Verlaufs oder unmittelbar nach Abschluß die Verbrecher dingfest zu machen. Die sollten bei uns wagen, sich zu rühren ohne vorherige Genehmigung! – Schon ein solcher Gedanke ist für den Kenner unserer Lebensbedingungen töricht. Doch das ist eine neue Taktik. Was soll man dem freien Wort eines freien Menschen entgegenstellen? Argumente hat man nicht, Raketen lassen sich nicht anwenden, das Gitter schmälert das Ansehen, da bleibt der gedingte Mörder.

Sollte man Ihnen einmal diesen Schlag versetzen, ich aber noch am Leben sein, versichere ich Ihnen, ich werde mit dem Rest meiner Feder und meines Lebens dem dienen, daß die Mörder nicht gewinnen, sondern verlieren.

Ich umarme Sie fest!

Ihr A. Solschenizyn

31   18. Januar 1974

Erklärung von A. Solschenizyn

Eine wutentbrannte Pressekampagne verbirgt vor dem sowjetischen Leser das Wichtigste, *wovon* dieses Buch handelt. Was ist

671

das für ein seltsames Wort in seinem Titel, »GULag«? Die *Prawda* lügt: Der Autor »sieht mit den Augen jener, die die revolutionären Arbeiter und Bauern hängten«. Nein! Mit den Augen jener, die das NKWD erschoß und quälte. Die *Prawda* behauptet, in unserem Lande gäbe es eine »kompromißlose Kritik« der Periode bis zum Jahre 1956. Nun, sollen sie uns doch ihre kompromißlose Kritik zeigen, ich gab ihnen reichstes Faktenmaterial.

Noch heute – noch heute! – ist dieser Weg nicht verschlossen. Und was für eine Reinigung wäre das für unser Land!

Als ich den *Archipel GULag* veröffentlichte, habe ich trotz allem nicht erwartet, daß selbst die schwachen früheren Eingeständnisse in einem solchen Maße geleugnet werden. Die Linie, die von den Organen unserer Presse gewählt wurde, ist die Linie einer tierischen Angst vor der Entlarvung. Sie zeigt, wie zäh man sich bei uns an die blutige Vergangenheit klammert und wie man sie in einem zugebundenen Sack mit sich in die Zukunft schleppen will – bloß kein Wort sagen, nicht einer soll schuldig gesprochen, nicht ein einziger Henker, Untersuchungsrichter oder Denunziant soll auch nur moralisch verurteilt werden. Es ist charakteristisch: Kaum hatte die *Deutsche Welle* angekündigt, daß sie jeden Tag eine halbe Stunde lang den *Archipel GULag* lesen würde, gingen auch schon die Störversuche los: Nicht ein Wort dieses Buches soll in unser Land eindringen.

Als könnte so etwas lange währen! Ich bin sicher, daß bald eine Zeit kommt, zu der man dieses Buch in unserem Land weithin und sogar frei lesen wird. Und es werden sich Menschen mit gutem Gedächtnis und mit Forscherdrang finden, die sich daran machen zu überprüfen: Was hat denn die sowjetische Presse beim Erscheinen dieses Buches geschrieben? Und wer hat unterschrieben? Und im Strom des trüben Geschimpfes werden sie keine richtigen Namen finden, keine Verantwortlichen, überall feige Anonymität und Pseudonymität.

Darum lügt man auch so leicht, was einem gefällt: Meinem Buch entsprechend seien angeblich »die Hitlerleute mildtätig und gnädig zu den versklavten Völkern« gewesen, sei »die Schlacht um Stalingrad von Strafbataillonen gewonnen worden«. Das ist alles Lüge, Ihr Genossen von der *Prawda*. Bitte teilen Sie die genauen Seiten mit! (Sie werden sehen, daß sie es nicht tun.) Oder TASS: »In seiner Autobiographie hat Solschenizyn selbst seinen

Haß auf die sowjetische Staatsordnung und das sowjetische Volk zugegeben«. Meine Autobiographie ist im Sammelband der Nobelstiftung 1970 abgedruckt und der ganzen Welt zugängig, überprüfen Sie, wie frech die TASS, die Nachrichtenagentur der Sowjetunion, lügt. Was soll man da noch sagen, wenn sie die Schamlosigkeit hatte, allen Ermordeten in die geschlossenen Augen zu spucken: Es sei über ihre Qualen und Tode nur um des westlichen Geldes willen geschrieben worden. (Mitteilung von Kyrill Andrejew, TASS. Und *sein* Vater – ist der am Leben? Oder auch dort erschossen worden?)

Doch auch hier hat die TASS danebengetroffen: Der Verkaufspreis des Buches wird in allen Sprachen außerordentlich niedrig sein, damit es so viel wie möglich gelesen wird. Der Preis wird so sein, daß nur die Arbeit der Übersetzer, der Druckereien und die Materialkosten gedeckt sind. Und sollten Honorare übrig bleiben, dann werden sie verwandt, um dem Gedächtnis der Opfer und der Unterstützung der Familien politischer Häftlinge in der Sowjetunion zu dienen. Und ich rufe die Verlage auf, auch ihren Gewinn für diesen Zweck herzugeben.

Und hier die Lüge der *Literaturnaja gaseta:* Angeblich seien bei mir »die sowjetischen Menschen Auswürfe der Hölle«, bestünde das Wesen der russischen Seele darin, daß »der russische Mensch bereit ist, für eine Brotration Vater und Mutter zu verkaufen«. Nennen Sie mir die Seiten, Lügner! Das wird nur geschrieben, um meine uninformierten Landsleute gegen mich aufzubringen: Solschenizyn »macht keinen Unterschied zwischen Sowjetmenschen und faschistischen Mördern«. Eine kleine Fälschung: zwischen faschistischen Mördern und den Mördern von Tscheka – GPU – NKWD – ja, zwischen denen nicht. Doch die *Literaturnaja gaseta* mischt hier »alle Sowjetmenschen« unter, damit sich unter ihnen unsere Henker leichter verbergen können.

Doch auf *welche* Seiten, aus *welchem* Band beziehen sie sich? Die *Literaturnaja gaseta* begeht doch hier Raub, Leichenfledderei: Sie zitiert aus dem *beschlagnahmten* Exemplar, aus dem vierten und fünften Teil des »Archipel GULag«, die noch nirgendwo gedruckt sind, es war *ausgerechnet im Komitee für Staatssicherheit,* wo der verdächtige »Literator« seine Auszüge machte! Wenn der vierte Teil erschienen ist, dann werden sie auch dieses Zitat lesen: »Ich begriff die Lüge aller Revolutionen

der Geschichte« (Ende des ersten Kapitels) und folgende Beurteilung, nicht des russischen Menschen, sondern der sowjetischen *Freiheit* (drittes Kapitel, Titel der Abschnitte): »Ständige
Angst«, »Verborgenheit und Mißtrauen«, »Verwesen der Seele«, »Lüge als Existenzform« . . .
Und sie wagen noch den Vorwurf, der Zeitpunkt der Veröffentlichung des *Archipel GULag* sei von der Weltreaktion ausgewählt worden, um die Entspannung zu stören. Er ist von unserem Staatssicherheitsdienst ausgewählt worden (dieser ist ja auch
die wichtigste »Weltreaktion« des heutigen Tages), ausgewählt
von ihm durch die Gier, das Manuskript in die Hände zu bekommen. Wenn der Staatssicherheitsdienst die Entspannung
hochschätzt, warum hat er dann im August fünf Tage und
Nächte das Wissen um dieses Manuskript aus einer armen Frau
herausgepreßt, herausgebrannt? Ich sah in dem Geschehenen einen Fingerzeig Gottes: das hieß, *die Zeit war gekommen.* Wie
Macbeth prophezeit worden war: *Bis Birnams Waldung rückt
bergan!*

32

19. Januar 1974

Interview
von A. Solschenizyn mit
der Zeitschrift *Time*

*Die Brüder Medwedjew glauben, daß Reformen in der UdSSR
nur von innen erfolgen können, und zwar von oben, und daß die
westliche öffentliche Meinung kaum irgendwie helfen kann. Sacharow meint, daß nur der Druck von unten und von außen
wirksam sein kann. Es wurden Vorwürfe ausgesprochen, daß er
und Sie sich an westliche Regierungen und reaktionäre Kreise im
Westen gewandt hätten. Was sagen Sie hierzu?*

Weder an ausländische Regierungen noch an Parlamente, noch an ausländische politische Kreise habe ich mich jemals persönlich gewandt. Sacharow seinerseits, soviel ich weiß, ein einziges Mal an den amerikanischen Senat und einmal indirekt an die Regierungen Westeuropas. Richtig, das ist keine Adresse für uns und kein Weg. Wir haben uns an die Weltöffentlichkeit gewandt, an die Menschen, die im Bereich der Kultur tätig sind. Ihre Unterstützung ist für uns unschätzbar und stets wirksam. Dank ihrer sind wir beide bis jetzt heil und lebendig. Indessen, auch sie kann nicht grenzenlos sein, wir wagen nicht Mißbrauch mit den Aufrufen zu dieser Unterstützung zu treiben: Alle Länder haben ihre eigenen Sorgen und sind nicht verpflichtet, sich ständig mit unseren zu befassen.

Doch lächerlich ist Roj Medwedjews Vorschlag in einem schwammigen Artikel, der in seiner Langweiligkeit fast legal ist: sich um Hilfe an die westlichen kommunistischen Kreise zu wenden, an jene, die nicht einmal den Wunsch und die Einsatzbereitschaft hatten, die kommunistische Sache in der Tschechoslowakei zu verteidigen – werden sie etwa *uns* verteidigen? (Für die Veröffentlichung von *Ein Tag im Leben des Iwan Denissowitsch* wurde Chruschtschow von Gomulka und Ulbricht getadelt.)

Die Brüder Medwedjew schlagen vor, geduldig auf den Knien zu warten, bis irgendwo »von oben« irgendwelche mythischen »Linken«, die niemand kennt und nennt, die Oberhand über irgendwelche »Rechten« gewinnen oder eine »neue Generation von Führern« heranwächst, aber wir alle, die wir da leben, sollen – was? »den Marxismus entwickeln«, auch wenn man uns vorläufig ins Gefängnis setzt, auch wenn »zeitweilig« die Unterdrückung zunimmt. Reiner Blödsinn.

Anscheinend wäre es auch für uns natürlich, sich an unsere Regierung zu wenden, an unsere Führer, in der Annahme, ihnen sei das Schicksal des Volkes, dem sie entstammen, nicht ganz gleichgültig? Solche Briefe sind nicht nur einmal geschrieben worden, von Grigorenko, von Sacharow, von mir, von Hunderten anderer Menschen mit konstruktiven Lösungsvorschlägen aus der verwickelten und gefährlichen Lage unseres Landes, doch sie sind niemals auch nur als Diskussionsgrundlage angenommen worden, es gab keine Antwort, nur Strafmaßnahmen. Und da bleibt unser Recht und unser direkter Weg, uns an unsere

Leser zu wenden, an unsere Landsleute und besonders an unsere Jugend. Und wenn sie uns, nachdem sie alles erfahren und begriffen hat, nicht unterstützt, dann liegt das nur am Mangel an Mut. Dann haben sie und wir unser elendes Schicksal verdient, und wir brauchen uns bei niemandem zu beschweren, brauchen nur unsere eigene innere Versklavung anzuklagen.

Auf welche Weise können Ihre Landsleute und Ihre Jugend Sie unterstützen?

Mit keinerlei physischen Aktionen, alles in allem nur mit einem: mit dem Verzicht auf die Lüge, mit der *persönlichen Nicht-Teilnahme an der Lüge.* Jeder muß entschlossen aufhören, mit der Lüge zusammenzuarbeiten, überall, wo er sie selbst erkennt: ob man ihn zwingt, etwas zu sagen, zu schreiben, zu zitieren oder zu unterschreiben oder nur abzustimmen oder nur zu lesen. Bei uns ist die Lüge nicht einfach eine sittliche Kategorie geworden, sondern auch eine Säule unseres Staatsgebäudes. Wenn wir vor der Lüge zurückschrecken, dann vollziehen wir eine sittliche Tat, keine politische, keine, die dem Strafrecht unterliegt, – doch es würde sich sofort auf unser gesamtes Leben auswirken.

TASS erklärt, daß die Veröffentlichung Ihres Buches Archipel GULag *die Gefahr einer Rückkehr zur Atmosphäre des »Kalten Krieges« mit sich bringt und der Entspannung zwischen dem Osten und dem Westen schadet.*

Schaden bringt der Welt und den guten Beziehungen zwischen den Menschen und den Völkern nicht derjenige, der von vollzogenen Verbrechen berichtet, sondern derjenige, der sie beging oder begeht. Die Reue einer Person, einer Gesellschaft oder einer Nation wird immer nur die Atmosphäre reinigen. Wenn wir unsere schreckliche Vergangenheit offen zugeben und sie mit aller Strenge, nicht mit leeren Worten, verurteilen, dann wird das in der ganzen Welt das Vertrauen unserem Land gegenüber nur festigen.

Ihr neues Buch wird hier nicht gedruckt werden, doch viele Russen werden es im Radio hören. Wie stellen Sie sich ihre Reaktion vor, insbesondere die Reaktion der jungen Generation, die wenig von den Ereignissen weiß, die Sie beschreiben?

Ob sie es im Radio hören werden, weiß man nicht. Die *Archipel GULag*-Sendungen der *Deutschen Welle* werden schon gestört. Dennoch, die Wahrheit dringt durch, wird bekannt. Jahrzehntelang war sie in solchem Maße verborgen, daß, wenn sie nun in ganzem Umfang erscheint, dies jeden Unwissenden erschüttert, aber zugleich sein Herz erzieht, ihm auch Licht und Kraft für die Zukunft gibt.

Wie werden Ihrer Ansicht nach die Behörden Ihnen gegenüber vorgehen?

Ich wage überhaupt keine Prognosen. Ich und meine Familie sind zu allem bereit.
Ich habe meine Pflicht vor denen getan, die ihr Leben verloren haben, das gibt mir Erleichterung und Ruhe. Dieser Wahrheit ·war bestimmt, vernichtet zu werden, man hat sie zerschlagen, ertränkt, verbrannt, zu Pulver zerrieben. Doch nun hat sie sich zusammengefügt, lebt, ist gedruckt – und niemand wird jemals in der Lage sein, dies wieder aufzuheben.

33   Moskau, 4. Februar 1974

Lidija Tschukowskaja
Durchbruch des Verschwiegenen

Ich bin der Ansicht, daß die Veröffentlichung des neuen Buches von Solschenizyn, *Archipel GULag*, im Jahre 1973 ein ungeheures Ereignis ist. Im Hinblick auf seine weittragenden Folgen kann man es nur mit dem Ereignis von 1953 vergleichen – mit dem Tode Stalins.
In unseren Zeitungen hat man Solschenizyn zum Verräter erklärt.

Er hat tatsächlich etwas verraten – nicht die Heimat, selbstverständlich, für die er ehrlich im Kriege gekämpft hat, auch nicht das Volk, dem er mit seinem Schaffen und mit seinem Leben Ehre macht, sondern die staatliche Lagerverwaltung *Gulag,* hat die Geschichte des Untergangs von Millionen der Öffentlichkeit verraten, hat, mit konkreten Tatsachen, Zeugnissen und Biographien in der Hand, die Geschichte berichtet, die jeder auswendig kennen muß, doch die die Behörden aus unerfindlichen Gründen mit allen Kräften versuchen dem Vergessen zu überlassen. Wer ist also der Verräter?

Der XX. Parteitag hat über den Bergen von Leichen ein blutiges Stück der Decke ein wenig geöffnet. Bereits das hat in den fünfziger Jahren Millionen Lebender, Halbtoter und jener gerettet, die noch eine Spur Leben in sich hatten. Ruhm dem XX. Parteitag. Auf dem XXII. Parteitag wurde der Beschluß gefaßt, den Opfern ein Denkmal zu setzen. Doch im Gegenteil. Nach wenigen Jahren begann man, die Untaten, die in unserem Lande in einem Ausmaß, wie es die Geschichte noch nie gesehen hat, stattgefunden haben, mit Inbrunst aus dem Gedächtnis des Volkes auszuroden. Millionen Menschen sind zugrunde gegangen, alle fanden den Tod in gleicher Weise, doch jeder war schließlich keine Fliege sondern ein Mensch, ein Mensch mit seinem besonderen Schicksal, seinem besonderen Tod. »Postum rehabilitiert.« »Folgen des Personenkults Stalins.« Was aber geschah mit der Person, nicht jener, die vom Kult umgeben war, sondern jener, jener, von der einzig und allein eine Bescheinigung über die postume Rehabilitierung geblieben ist? Wohin hat man diese Person geschafft, und wo ist sie beigesetzt? Was ist mit dem Menschen geschehen, was hat er durchlebt, beginnend von der Minute, als man ihn aus dem Hause führte und endend mit der Minute, als er in der Form einer Bescheinigung zu den Seinen zurückkehrte?

Was steht hinter den Worten »postum rehabilitiert«, was für ein Leben, was für eine Hinrichtung? Etwa ab 1965 ist befohlen worden, darüber zu schweigen.

Solschenizyn, dieser Mensch aus der Sage, aus der Legende, hat erneut die Blockade des Verschweigens durchbrochen; er ließ das Geschehene wieder Realität werden, gab der Masse der Opfer und Schicksale – ihre Namen wieder, und vor allem, verlieh den Ereignissen ihr wahres Gewicht und ihren lehrreichen Sinn.

Erneut haben wir es erfahren, – wir hören, wir sehen, was das war: Durchsuchung, Verhaftung, Verhör, Gefängnis, Verlegung, Häftlingsgruppe, Lager, Hunger, Schläge, Arbeit, Leiche. *Der Archipel GULag.*

34

Erklärung von A. Solschenizyn

Im Dezember, als *Archipel GULag* noch nicht erschienen war, erklärten die Lektoren des Moskauer Stadtkomitees der KPdSU (zum Beispiel Kapiza im Gosplan) wörtlich: »Solschenizyn werden wir nicht lange herumlaufen lassen.« Diese Versprechungen der Behörden stimmten mit Briefen von Pseudobanditen überein, in denen nur noch ein Totenkopf und gekreuzte Knochen hinzugezeichnet waren. Als *Archipel GULag* erschienen war, wanderte das beliebte Zeichen der Banditen aus den anonymen Briefen in die Vitrine des Künstlerverbandes, die Mordandrohungen wandelten sich zum Telefonangriff. (»Wir werden das Urteil vollstrecken!«) Diese Telefonangriffe auf meine Familie, zwei Frauen und vier Kinder, führten zwei Schichten von Agenten des Staatssicherheitsdienstes in übelster Weise – von 8.00 Uhr morgens bis 12.00 Uhr nachts, außer an Sonnabenden und Sonntagen, wenn sie ihren gesetzlichen Feiertag haben. Die schreierische Zeitungskampagne ist eigentlich nicht gegen mich gerichtet: Sie könnten mit ihrem Geschimpfe ruhig ganze Spalten füllen, das alles zusammengenommen verdirbt mir nicht einen einzigen Arbeitstag. Die Zeitungskampagne ist gegen unser Volk gerichtet, gegen unsere Gesellschaft: Sie soll meine Landsleute ersticken, betäuben, mit Schrecken und Abscheu von meinem Buch fernhalten, in sowjetischen Menschen die *Kenntnis* zertreten, wenn sie durch Störsender hindurchdringt. Auch dieses Spiel mit niedrigen Instinkten – Solschenizyn hat drei Autos, ein Bourgeois! – Wer widerlegt die allmächtigen Lügner und wo, daß es diese drei Wagen nicht gibt und nicht gab, und ich mich mit meinen zwei Beinen und dem O-Bus bewege, was auch für den kleinsten TASS-Korrespondenten unter der Würde wäre. Dieses Spiel mit erhabener Empörung: er beschmutzt die Gräber der Gefallenen des Vaterländischen Krieges! Wer erkennt denn durch die Türme von Zeitungslüge hindurch, daß mein Buch überhaupt nicht von diesem Krieg handelt und nicht von den zwanzig Millionen unserer Gefallenen sondern von anderen *sechzig Millionen,* die durch einen inneren Krieg im Laufe von vierzig Jahren umgebracht worden sind, von den heimlich zu Tode Gequälten, von den in menschenlosen Gebieten Erfrorenen, von durch Hunger entvölkerten ganzen Republiken?

Vor Wochen war der ehrliche Weg noch offen: die Wahrheit über die Vergangenheit anzuerkennen und sich so von den alten Verbrechen zu reinigen. Doch krampfhaft, doch voller tierischer Angst, entschloß man sich zum Einsatz für die Lüge bis zum Schluß, verteidigt sich mit Zeitungsbastionen.

Der Schutz der öffentlichen Meinung der Welt läßt es bisher nicht zu, daß der Autor umgebracht, nicht einmal verhaftet wird: Das wäre die beste Bestätigung für das Buch. Doch es bleibt der Weg der Verleumdung und der persönlichen Diskreditierung, diesen hat man nun auch mit vereinten Kräften eingeschlagen. Da hat man aus der Provinz meinen ehemaligen »Mitangeklagten« Witkewitsch geholt, und im Interesse der Weiterführung seiner wissenschaftlichen Karriere preist er über APN, diese erprobte Filiale des Staatssicherheitsdienstes (sie haben ihm die Untersuchungsprotokolle von 1945 »freundschaftlich gezeigt«, das sollte mal einer versuchen zu bekommen, das Untersuchungsverfahren jener Jahre: »Der Untersuchungsrichter hatte es nicht nötig, die Wahrheit zu entstellen.« Neunundzwanzig Jahre lang hat er keine Vorwürfe wegen meines Verhaltens bei der Untersuchung erhoben, wie gut paßt jetzt seine Stimme in den allgemeinen Chor. Er weiß sehr wohl, daß auf Grund meiner Aussagen niemand gelitten hat, und unser gemeinsamer Fall unabhängig von der Untersuchung bereits vor der Verhaftung entschieden war: Die Anklagen stammten aus unserem von der Zensur ermittelten Briefwechsel (er war ein Jahr lang fotokopiert worden) mit seiner Beschimpfung Stalins und ferner aus der »Resolution Nr. 1«, die man in unseren Brotbeuteln gefunden hatte; wir hatten sie zusammen an der Front geschrieben und verurteilten darin unsere Staatsordnung. Er erinnert sich an meine »Aussagen vor Gericht«, es hat aber überhaupt kein Gericht über mich entschieden, sondern ein Sonderausschuß beim NKWD in Abwesenheit. Er schreibt zu Recht, daß wir »zu verschiedenen menschlichen Kategorien gehören«: Er besteht auf dem Vergesssen aller Tode und Qualen, der eigenen und fremder. Das ist nur der Anfang. Man wird die Zeugen und die Menschen feststellen und zur Lüge zwingen, mit denen ich eine Zeitlang zusammenlebte, die mir in dem halben Jahrhundert meines Lebens begegnet sind. Man wird die ehemaligen Häftlinge, die man nicht erschossen, nicht zu Tode gequält hat, erpressen zu erklären, daß sie nicht litten, daß man sie nicht folterte, daß es keinen Archipel gab.

Beim Zentralkomitee der Kommunistischen Partei, beim Komitee für Staatssicherheit und bei unseren Zeitungsverlagen, wo man sich heute insgeheim darum reißt, den *Archipel GULag* zu lesen, ist das Niveau nicht hoch genug, um zu begreifen, daß ich von mir selbst in diesem Buch das Geheimste erzählte, viel schlimmer als alles Schlimme, was ihre Liebediener schreiben können. Das ist das Wesen meines Buches: Es ist kein Pamphlet, sondern ein Ruf zur Reue.

Der ganze heutige kreischende Zeitungstanz, in den sich namhafte Künstler eingefügt haben (andere haben sich standhaft geweigert und man spricht von ihrem Mut), diese ganze Kampagne ist ein Kampf gegen das Gewissen des Volkes, gegen die Wahrheit für das Volk. Diese gehörnte Höllenbrut wehrt ihr mit ihren schwarzen Rockschößen und ihren Flügelschlägen; sie hat sich zu diesem aussichtslosen Kampf vor der Frühmesse entschlossen, um ihre Macht über die menschlichen Seelen zu verlängern. Doch je tollkühner sie das Schwarze auftragen, desto stärker wird die Wirkung der Wahrheit sein, wenn sie einmal erkannt ist.

Unser Volk kommt schon ein halbes Jahrhundert zur Wahrheit allein durch das Wegräumen von Lüge. Die Menschen sind klüger geworden, sie wissen schon warum und wann so ein unmäßiges Geschrei ertönt. Ich finde Unterstützung – in Telefongesprächen, in Briefen, die durchkamen, in Notizen von namentlich genannten oder unbekannten Menschen –

» Aus dem Ural. Alles verstanden. Halte Dich so, Bruder.
Eine Gruppe Arbeiter. «

Einzelne Proteste werden den Zeitungen übersandt, im Bewußtsein der verderblichen Folgen für den Absender. Drei furchtlose
junge Menschen sind öffentlich aufgetreten – *Boris Michajlow,
Wadim Borissow, Jewgenij Barabanow* (jeder von ihnen hat
kleine Kinder), sie sind durch nichts geschützt außer durch die
Wahrheit. Vielleicht wird man sie und mich zertreten, nicht aber
die Wahrheit, wie viele berühmte, bedauernswerte Namen sie
auch ihrem schwarzen Reigen anhängen mögen.
Ich habe nie daran gezweifelt, daß die Wahrheit zu meinem Volk
zurückkehren wird. Ich glaube an unsere Reue, an unsere geistliche Reinigung, an die nationale Wiedergeburt Rußlands.

Staatsanwaltschaft der UdSSR
103793 Moskau, K-9
Puschkin-Straße 15 a

Bürger
A. I. Solschenizyn
Moskau
Gorkij-Straße 12
Wohnung 169

Bürger A. I. Solschenizyn,

Sie werden zur Staatsanwaltschaft der UdSSR, Puschkin-Straße
15 a, am 8. Februar 1974 um 17.00 Uhr, Zimmer 513 im 5.
Stockwerk vorgeladen.

Der Staatsanwalt der Untersuchungsabteilung
der Staatsanwaltschaft der UdSSR
A. Balaschow

An die Staatsanwaltschaft
der Union der Sozialistischen Sowjetrepubliken

Als Antwort auf Ihre wiederholte Vorladung.

Angesichts der undurchdringlichen allgemeinen Gesetzlosigkeit, die seit vielen Jahren in unserem Land herrscht (sowie mir
persönlich gegenüber der achtjährigen Verleumdungs- und Verfolgungskampagne) lehne ich es ab, die Gesetzlichkeit Ihrer Vorladung anzuerkennen und werde vor keiner staatlichen Institution zu einem Verhör erscheinen.
Ehe Sie die Erfüllung des Gesetzes von den Staatsbürgern fordern, lernen Sie selbst, es zu erfüllen. Befreien Sie die Unschuldigen aus der Haft. Bestrafen Sie die an den Massenvernichtun-
gen Schuldigen und die lügnerischen Denunzianten. Strafen Sie
die Vertreter der Verwaltung und die Sonderkommandos, die
Völkermord (Austreibung von *Völkern*) durchgeführt haben.
Nehmen Sie *heute* den örtlichen Satrapen ihre grenzenlose
Macht über die Bürger, ihren willkürlichen Einsatz von Gerich-
ten und Psychiatern. Entsprechen Sie den *Millionen* gesetzli-
cher, doch unterdrückter Beschwerden.

A. Solschenizyn

37

Für den Fall meiner Verhaftung

Ich spreche im voraus jedem Strafverfahren gegen die russische
Literatur, gegen ein einziges ihrer Bücher, gegen einen beliebi-

gen russischen Autor die Rechtmäßigkeit ab. Wenn ein solches Gerichtsverfahren für mich angeordnet wird, dann werde ich dorthin nicht mit eigenen Beinen gehen, man wird mich mit gefesselten Händen im Gefängniswagen hinbringen müssen. Einem solchen Gericht werde ich auf keine seiner Fragen antworten. Verurteilt zu Haft, werde ich mich dem Urteil nicht anders unterwerfen als in Handfesseln. In der Haft selbst werde ich, nachdem ich bereits meine besten acht Jahre der staatlichen Zwangsarbeit gegeben und mir dort den Krebs geholt, keine halbe Stunde mehr für die Unterdrücker arbeiten.

Auf diese Weise lasse ich Ihnen die einfache Möglichkeit der nackten Gewalt: mich kurzerhand zu töten, weil ich die Wahrheit über die russische Geschichte schreibe.

A. Solschenizyn

38   Moskau, 17. Februar 1974

Aus einem Brief
an die Regierung der UdSSR
anläßlich der Vertreibung von Solschenizyn

Verantwortungslose Regierende eines großen Landes!

. . . Sie haben anscheinend begonnen, ein wenig zu begreifen . . . daß im geistigen Kampf der getötete Gegner gefährlicher als der lebende ist . . . doch . . . Sie haben noch nicht begriffen, daß mit der Veröffentlichung des *Archipel GULag* für Sie die Schicksalsstunde der Geschichte geschlagen hat; . . . Sie haben noch nicht begriffen, daß *Birnams Waldungen bereits bergan ziehen,* daß sich gegen Sie Dutzende von Millionen der Getöteten erhoben haben . . . seit langem klopfen sie schon an unser Leben, doch da war keiner, ihnen die Tür zu öffnen . . . *Archipel GULag,* das ist die Anklageschrift, mit der ein Gerichtsprozeß des Menschengeschlechts gegen Sie eröffnet wird . . . und möge die Paralyse, mit der Gott ihren ersten Führer strafte, Ihnen als prophetisches Bild jener geistigen Paralyse dienen, die nun unvermeidlich auf Sie zukommt.

. . . vielleicht wird einer von Ihnen auf den Gedanken kommen: Gibt es denn nicht über uns allen Jenen, der für alles Rechenschaft verlangen wird?

Zweifeln Sie nicht – es gibt Ihn.

Und Er wird Rechenschaft verlangen. Und Sie werden antworten. . . . Nehmen Sie Rußland dem Kain weg und geben Sie es Gott zurück . . .

L. L. Regelson

Verzeichnis des Anhangs

1. An S. Komoto. (Interview). 15. 11. 1966
2. Brief an den IV. Allunionskongreß des Schriftstellerverbandes der UdSSR. 16. 5. 1967
3. An das Sekretariat des Vorstandes des Schrifstellerverbandes der UdSSR. 12. 9. 1967
4. Aufzeichnung über die Sitzung des Sekretariats des Schriftstellerverbandes der UdSSR. 22. 9. 1967
5. K. Woronkow, Sekretär des Vorstandes des Schriftstellerverbandes der UdSSR, an A. Solschenizyn. 25. 11. 1967
6. An das Sekretariat des Schriftstellerverbandes der UdSSR. 1. 12. 1967
7. Schreiben an eine Reihe von Mitgliedern des Schriftstellerverbandes der UdSSR. 16. 4. 1968
8. An das Sekretariat des Schriftstellerverbandes der UdSSR. 18. 4. 1968
9. An die Redaktionen der Zeitungen *le Monde, Unità* und *Literaturnaja gaseta*. 25. 4. 1968
10. An die Redaktion der *Literaturnaja gaseta* (Antwort an die Gratulanten). 12. 12. 1968
11. Aufzeichnung über die Sitzung der Sektion Rjasan des Schriftstellerverbandes der UdSSR (anläßlich seines Ausschlusses aus dem Verband). 4. 11. 1969
12. Offener Brief an das Sekretariat des Schriftstellerverbandes der RSFSR. 12. 11. 1969
13. »So leben wir.« (Anläßlich der Zwangseinweisung von Schores Medwedjew in eine Psychiatrische Klinik.) 15. 6. 1970
14. An M. A. Suslow, Sekretär des ZK der KPdSU. 14. 10. 1970
15. An die Königlich-Schwedische Akademie, Nobelstiftung. 27. 11. 1970
16. Anstelle eines Grußwortes auf dem Bankett anläßlich der Übergabe der Nobelpreise am 10. 12. 1970
17. Offener Brief an den Minister für Staatssicherheit der UdSSR, Andropow. 13. 8. 1971
18. An den Vorsitzenden des Ministerrats der UdSSR, A. N. Kossygin. 13. 8. 1971
19. Nachruf auf Twardowskij. 27. 12. 1971
20. An die Königlich-Schwedische Akademie, Nobelstiftung. 22. 10. 1971
   K. R. Gierow, Königlich-Schwedische Akademie, an A. Solschenizyn. 22. 11. 1971
21. An K. R. Gierow. 4. 12. 1971

688

Biographischer Index der erwähnten Personen

Abakumow, Viktor Semjonowitsch (1897–1954), Leiter des Ministeriums für Staatssicherheit von 1946–1952. Wegen Verschwörung und Anwendung ungesetzlicher Untersuchungsmethoden Ende Dezember 1954 erschossen.

Abdumomunow, Toktobolot (geb. 1922), kirgisischer Dramatiker

Achmatowa (Gorenko), Anna Andrejewna (1889–1966) bedeutende Dichterin, unter Stalin in Ungnade, 1946 von Schdanow als »ideenfeindlich« gebrandmarkt. 1958 Beginn ihrer Rehabilitierung.

Adschubej, Alexej Iwanowitsch (geb. 1924), Journalist, Schwiegersohn Chruschtschows, mit verschiedenen Aufgaben betraut. Chefredakteur der *Komsomolskaja Prawda*, später der *Iswestija*.

Ajtmatow, Tschingis (geb. 1928) Kirgisischer Romancier, (dt.: *Der weiße Dampfer, Dshamilja*).

Alexejew, Michail Nikolajewitsch (geb. 1918), trat 1942 der KP bei. Chefredakteur der Zeitschrift *Moskwa*, Sekretär des Vorstandes des Schriftstellerverbandes der UdSSR.

Allilujewa, Swetlana (geb. 1926), Tochter J. Stalins, emigrierte 1967 in den Westen (dt.: *Zwanzig Briefe an einen Freund*, Memoiren).

Amalrik, Andrej Alexejewitsch (geb. 1937), Schriftsteller, Historiker. Publizierte im Ausland und im Samisdat (dt.: *Kann die Sowjetunion das Jahr 1984 erleben?*) In Verbannung 1965 bis 1966, 1970 bis 1973 im Lager, erneut verbannt 1973.

Andropow, Jurij Wladimirowitsch (geb. 1914), Chef des KGB seit 1967, Mitglied des Politbüros seit 1973.

Assanow, Nikolaj Alexandrowitsch (geb. 1906), Dichter und Romancier.

Axakow, Iwan Sergejewitsch (1823–1866), Schriftsteller und Publizist.

Babel, Isaak Jemmanilowitsch (1894–1941), bedeutender Erzähler (dt.: u. a. *Ein Abend bei der Kaiserin*, Luchterhand Verlag), 1940 im Zuge der *stalinistischen* Säuberungswelle verhaftet und vermutlich 1941 in einem Lager ums Leben gekommen. Auf dem 2. Schriftstellerkongreß 1954 rehabilitiert.

Bajan, Mikola (geb. 1904), ukrainischer Dichter und Publizist.

Bendera, Stepan (1909–1959), ukrainischer Nationalistenführer. Nach dem 2. Weltkrieg emigriert, in München ermordet.

Barabanow, Jewgenij Viktorowitsch (geb. 1943), Kunsthistoriker, arbeitete bei der Zeitschrift *Dekoratiwnoje Iskusstwo* und bei dem Verlag *Iskusstwo*. Verlor 1973 wegen der Weiterleitung von Manuskripten in den Westen seine Arbeit. Mitverfasser des Buches *Stimmen aus dem Untergrund*, Luchterhand Verlag 1975.

Barusdin, Sergej Alexejewitsch (geb. 1926), Verfasser von Kinderbüchern.

Bek, Alexandr Alfredowitsch (geb. 1902), Schriftsteller (dt.: *Die Ernennung*).

Below, Wassilij (geb. 1933), Schriftsteller (dt.: *Zimmermannsgeschichten*).

Benkendorf, Alexandr Christoforowitsch (1781–1844) Chef der Geheimpolizei unter Nikolaus I.

Berija, Lawrentij Pawlowitsch (1899–1953). Seit 1938 Leiter des NKWD. Seit 1946 Mitglied des Politbüros. Nach Stalins Tod hingerichtet.

Bogoras, Larissa, Ehefrau des Schriftstellers Julij Daniel. 1968 im Zusammenhang mit einer Protestkundgebung gegen den Einmarsch in die ČSSR zu vier Jahren Arbeitslager verurteilt und nach Sibirien deportiert.

Böll, Heinrich (geb. 1917), deutscher Schriftsteller. Nobelpreis 1972. Nahm Solschenizyn nach dessen Ausweisung aus der UdSSR bei sich auf.

Bondarew, Jurij Wassiljewitsch (geb. 1924), Schriftsteller. Trat 1944 der KP bei.

Brooke, Gerald, Belgischer Beauftragter des NTS, einer Widerstandsorganisation gegen die Sowjetmacht mit Sitz im Westen. Vermittelte Dokumente sowjetischer Dissidenten. 1968 vom KGB verhaftet.

Bucharin, Nikolaj Iwanowitsch (1888–1938), einflußreicher Parteiideologe. Im dritten Moskauer Schauprozeß zum Tode verurteilt und erschossen.

Bukowskij, Wladimir Konstantinowitsch (geb. 1942), oppositioneller Publizist. Auf Befehl des KGB wegen » antisowjetischer Umtriebe « von 1963 bis 1965 in einer psychiatrischen Anstalt interniert. 1967 erneut verhaftet und zu drei Jahren Lager verurteilt. 1971 übermittelt er westlichen Korrespondenten eine Dokumentation über Internierungen in den psychiatrischen Anstalten (dt.: *Opposition. Eine neue Geisteskrankheit in der Sowjetunion*). Im Sommer 1971 in das Serbskij-Institut interniert und für » normal « erklärt. Im Januar 1972 zu zwölf Jahren Freiheitsentzug verurteilt.

Bulgakow, Michail Afanasjewitsch (1891–1940), Verfasser von Romanen und Theaterstücken, die zum größten Teil erst nach dem 2. Schriftstellerkongreß 1954 erscheinen konnten (dt.: u. a. *Hundeherz, Aufzeichnungen eines Toten, Der Meister und Margarita, Die weiße Garde, Das Leben des Herrn Molière, Arztgeschichten* Luchterhand Verlag).

Bunin, Iwan Alexejewitsch (1870–1953), Schriftsteller, Nobelpreis 1933, lebte von 1920 bis zu seinem Tod in Frankreich.

Bykow, Wassilij (geb. 1924), Verfasser von Romanen und Erzählungen über den 2. Weltkrieg. Wurde in den sechziger Jahren in der UdSSR mehrmals angegriffen (dt.: *Die Schlinge* Luchterhand Verlag).

Daniel, Julij Markowitsch (geb. 1925), publizierte im Samisdat und veröffentlichte unter dem Pseudonym Nikolaj Arschak Erzählungen im Westen. Im September 1965 verhaftet und zusammen mit A. Sinjawskij wegen » sowjetfeindlicher Haltung « zu fünf Jahren strengen Arbeitslagers verurteilt.

Dementjew, Alexandr Grigorjewitsch (geb. 1904) Kritiker und Literaturhistoriker. Trat 1941 der KP bei.

Djomitschew, Pjotr Nilowitsch (geb. 1918) KP-Mitglied seit 1939. Sekretär des ZK der KP der UdSSR. Seit 1974, als Nachfolger von Furzewa, Minister für Kultur.

Dobroljubow, Nikolaj Alexandrowitsch (1836–1861), Literaturkritiker und revolutionärer Demokrat.

Dorosch, Jefim Jakowlewitsch (geb. 1908), Schriftsteller. Trat 1945 der KP bei.

Dscherschinskij, Felix Edmundowitsch (1877–1926), begründete im Jahre 1917 die » Tscheka « (Tschreswytschajnaja Kommissija = Sonderkommssion), und blieb bis zu seinem Tod Leiter des Staatssicherheitsdienstes.

Ehrenburg, Ilja Grigorjewitsch (1891–1967), Schriftsteller (dt.: u. a. *Tauwetter*, Memoiren:*Menschen, Jahre, Leben*).

Fadejew, Alexandr Alexandrowitsch (1901–1956), Schriftsteller, Stalinpreisträger 1946 für *Die junge Garde* (dt.: 1953). Erschoß sich nach dem XX. Parteitag im Mai 1956.

Farge, Yves (1899–1953), französischer Widerstandskämpfer, Vorsitzender der Friedensbewegung in Frankreich, starb in Tblissi bei einem Autounfall.

Fedin, Konstantin Alexandrowitsch (geb. 1892), Schriftsteller. Seit 1971 Vorsitzender des Schriftstellerverbandes der UdSSR.

Furzewa, Jekaterina (1910–1974), als einzige Frau Mitglied des Präsidiums des ZK, von 1960 bis zu Ihrem Tod Minister für Kultur.

Galanskow, Jurij (1939–1972), Lyriker und Publizist, Mitarbeiter von *Phönix 61*. 1961 verhaftet und unter psychiatrische Beobachtung gestellt. 1966 protestierte er gegen den Prozeß Sinjawskij-Daniel. Im Januar 1967 wurde er verhaftet und ein Jahr darauf zu sieben Jahren Zwangsarbeit verurteilt. Starb in einem Lager in Mordwinien.

Galitsch, Alexandr Arkadjewitsch (geb. 1919), Dramatiker, Dichter und Sänger, dessen Lieder in der UdSSR außerordentlich populär sind. 1971 aus dem Schriftstellerverband ausgeschlossen. Emigrierte 1974 und lebt in Norwegen.

Gerassimow, Jewgenij Nikolajewitsch (geb. 1903) Schriftsteller, trat 1944 der KP bei.

Ginzburg, Alexandr (geb. 1936), Publizist und Redakteur der Untergrundzeitschrift *Syntax*. Gab 1966 das *Weißbuch in Sachen Sinjawskij-Daniel* heraus (dt.: 1967). 1968 zusammen mit Galanskow vor Gericht gestellt und zu fünf Jahren strengster Zwangsarbeit verurteilt.

Gontschar, Alexandr Terentjewitsch (geb. 1918), ukrainischer Schriftsteller, Mitglied des ZK der Ukraine.

Granin, Danil Alexandrowitsch (geb. 1918), Schriftsteller (dt.: *Bahnbrecher*).

Gribatschow, Nikolaj Matwejewitsch (geb. 1910), trat 1943 der KP bei, seit 1956 Chefredakteur der Zeitschrift *Sowjetunion*.

Grigorenko, Pjotr (geb. 1906), Brigadegeneral. 1964 wegen »antisowjetischer Umtriebe« verhaftet, für unzurechnungsfähig erklärt, aus der KP ausgeschlossen und degradiert. 1969 erneut verhaftet, vom Serbskij-Institut für unzurechnungsfähig erklärt und in einer psychiatrischen Anstalt interniert.

Grossman (Jossif Solomonowitsch), Wassilij (1905–1964), 1961 beschlagnahmte der KGB in Grossmans Wohnung den Roman *Leben und Schicksal*, den der Autor bis zu seinem Tode nicht zurückerhielt.

Heeb, Dr. Fritz, Schweizer Rechtsanwalt. Solschenizyn beauftragte ihn 1969 von der UdSSR aus mit der Wahrnehmung seiner Interessen im westlichen Ausland.

Henry, Ernst (Pseud.), sowjetischer Journalist.

Herzen, Alexandr Iwanowitsch (1812–1870), Revolutionär, Schriftsteller und Philosoph.

Jakir, Pjotr Iwanowitsch (geb. 1923), mit vierzehn Jahren als Sohn des unter Stalin ermordeten Generals Jakir deportiert. Mitarbeiter am Institut für Russische Geschichte der Akademie der Wissenschaften der UdSSR. Im Juni 1972 verhaftet und zusammen mit Krassin wegen seiner Mitarbeit an der seit 1968 erscheinenden Untergrundzeitschrift *Chronik der laufenden Ereignisse* vor Gericht gestellt. Durch einen Gnadenakt nach Rjasan in die Verbannung geschickt.

Jaschen, Kamil (geb. 1909), usbekischer Dichter.

Iljitschow, Leonid Fjodorowitsch (geb. 1906), Mitglied des ZK der KP der UdSSR und z. Zt. Chruschtschows Sekretär und Vorsitzender der Ideologiekommission des ZK.

Issakowskij, Michail Wassiljewitsch (geb. 1900), trat 1918 der KP bei. Schildert in seinen Werken das bäuerliche Leben.

Jessenin, Sergej Alexandrowitsch (1895–1925), Lyriker, beging 1925 in Leningrad Selbstmord (dt.: *Gedichte*).

Jewtuschenko, Jewgenij Alexandrowitsch (geb. 1933), Lyriker, wurde wegen der Veröffentlichung seiner *Autobiographie* im Ausland stark kritisiert.

Kapiza, Pjotr Leonidowitsch (geb. 1894), Physiker, Mitglied der Akademie der Wissenschaften seit 1939, Mitglied des Präsidiums der Akademie seit 1957.

Karjakin, Jurij (geb. 1920), Publizist und Philosoph.

Kasakewitsch, Emmanuil Genrichowitsch (1913–1961), Schriftsteller, trat 1944 der KP bei.

Kasakow, Jurij Pawlowitsch (geb. 1927), Schriftsteller (dt.: *Larifari*).

Kawerin, Wenjamin Alexandrowitsch (geb. 1920), Schriftsteller (dt.: u. a. *Vor dem Spiegel*, Luchterhand Verlag).

Kerbabajew, Berdij (geb. 1894), turkmenischer Schriftsteller und Übersetzer.

Kerenskij, Alexandr Fjodorowitsch (1881–1970), Politiker, Justizminister und Vizepräsident des Petersburger Arbeiter- und Soldatenrats, wurde als Ministerpräsident der provisorischen Regierung im November 1917 von den Bolschewiki gestürzt. Emigrierte in die USA.

Kirow (Kostrikow), Sergej Mironowitsch (1886–1934), enger Mitarbeiter Stalins, auf dessen Befehl 1934 ermordet.

Kljujew, Nikolaj Alexejewitsch (1887–1937), Bauerndichter, begrüßte die Revolution als »Bauernparadies«, fiel später in Ungnade.

Klytschkow (Leschenkow), Sergej (1889–1940), Vertreter der Bauerndichtung, später als »reaktionärer Romantiker« kritisiert, vermutlich in einem Lager umgekommen.

Kolzow, Alexej Wassiljewitsch (1809–1842), beschrieb in seinen Dichtungen das bäuerliche Leben.

Konjew, Iwan Stepanowitsch (1897–1973), seit 1944 Generalfeldmarschall der UdSSR, von 1955–1960 Oberbefehlshaber der Streitkräfte des Warschauer Pakts.

Kopelew, Lew (geb. 1912), Kritiker und Übersetzer aus dem Deutschen.

Kornejtschuk, Alexandr Jewdokimowitsch (geb. 1905) ukrainischer Dramatiker, Mitglied des ZK seit 1922.

Koschewnikow, Wadim Michailowitsch (geb. 1909), Schriftsteller, Mitglied der KP seit 1943.

Kossolapow, Walerij A. (geb. 1910), von 1970 bis 1974 als Nachfolger Twardowskijs Chefredakteur von *Nowyj mir*.

Kotschetow, Wsewolod Anissimowitsch (geb. 1912), Schriftsteller, Mitglied der KP seit 1944. Chefredakteur der Zeitschrift *Oktjabr* seit 1961.

Krassin, Viktor (geb. 1929), Nationalökonom. Wegen seiner Mitarbeit an *Chronik der laufenden Ereignisse* 1972 zusammen mit Jakir vor Gericht gestellt und zu drei Jahren Gefängnis und drei Jahren Verbannung verurteilt; die Strafe wurde jedoch umgewandelt und er in die Verbannung nach Kaliningrad geschickt.

Kusnezow, Anatolij (geb. 1930), Schriftsteller. Emigrierte während einer Englandreise im Juli 1969 (dt.: *Im Gepäcknetz nach Sibirien*).

Lakschin, Wladimir Jakowlewitsch (geb. 1933), Literaturkritiker, trat 1966 der KP bei.

Leonow, Leonid Maximowitsch (geb. 1899), Schriftsteller (dt.: *Die Dachse* Luchterhand Verlag).

Leontjew, Konstantin Nikolajewitsch (1831–1891), Religionsphilosoph, trat für eine »Rückbesinnung auf die christlich-byzantinischen Ursprünge« der russischen Kultur ein.

Lermontow, Michail Jurewitsch (1814–1841) Romantischer Dichter. Wurde im Duell getötet.

Lichatschow, Dmitrij Sergejewitsch (geb. 1906), Literatur- und Kulturhistoriker des Altrusssischen.

Litwinow, Pawel Michailowitsch (geb. 1940), Physiker. Protestierte im Januar 1968 öffentlich gegen den Prozeß Sinjawskij-Daniel und gegen den Einmarsch in die ČSSR. Wurde vor Gericht gestellt und zu fünf Jahren Arbeitslager verurteilt.

Losskij, Nikolaj Onufrijewitsch (1870–1965), Philosoph. Wurde 1922 des Landes verwiesen.

Louis (Witalij Jewgenitsch), Viktor (geb. 1928), russischer Journalist. Moskauer Korrespondent der Londoner *Evening News*; vermittelt gesteuerte Nachrichten und Manuskripte (Allilujewa-Memoiren, Chruschtschows Erinnerungen) an den Westen.

Lundkvist, Arthur (geb. 1906), schwedischer Dichter, Vizepräsident des Weltfriedenskomitees. Erhielt 1957 den Leninpreis für seine Verdienste um die Festigung des Friedens zwischen den Völkern.

Lunz, D. R., Mediziner und Oberst des KGB. Erstellte mehrere psychiatrische Gutachten in dem Serbskij-Institut bei Moskau, die zur Zwangsinternierung von Dissidenten führten.

Majakowskij, Wladimir Wladimirowitsch (1893–1930), Lyriker, Mitbegründer des russischen Futurismus. Später überzeugter Vertreter engagierter Kunst im Sinne Lenins. Beging Selbstmord.

Mandelstam, Ossip Emiljewitsch (1891–1938), bedeutender Lyriker. Wurde 1932 verhaftet und deportiert. Starb vermutlich in einem sibirischen Lager.

Markow, Georgi Mokejewitsch (geb. 1911), Sekretär des Vorstandes des Schriftstellerverbands der UdSSR.

Marschak, Samuil Jakowlewitsch (1887–1964), Lyriker und Verfasser von Kinderbüchern. Bedeutender Übersetzer aus dem Englischen.

Martschenko, Anatolij (geb. 1938), Schriftsteller. Sein Bericht über Arbeitslager gilt als Hauptdokument über politische Gefängnisse der nachstalinistischen Zeit (dt.: *Meine Aussagen*).

Matuschkin, Wassilij Semjonowitsch (geb. 1906), Schriftsteller, trat 1945 der KP bei.

Maximow, Wladimir Emeljanowitsch (geb. 1932), Schriftsteller, 1973 aus dem Schriftstellerverband der UdSSR ausgeschlossen, emigrierte 1974 (dt.: *Die Quarantäne, Die sieben Tage der Schöpfung*).

Medwedjew, Roj (geb. 1925), Historiker und Publizist (dt.: *Sowjetbürger in Opposition, Die Wahrheit ist unsere Stärke*).

Medwedjew, Schores (geb. 1925), Biologe und Genetiker, nach Veröffentlichung seines Buches *Der Fall Lyssenko* (dt.: 1971) wurde er im Jahr 1970 in eine psychiatrische Anstalt eingewiesen, auf Grund weltweiter Proteste jedoch bald wieder entlassen. Publizierte zusammen mit seinem Bruder Roj *Sie sind ein psychiatrischer Fall, Genosse* (dt.: 1972). 1973 wurde ihm während eines Forschungsaufenthaltes in London die sowjetische Staatsbürgerschaft entzogen. Autor des Buches *Zehn Jahre im Leben des Alexander Solschenizyn* (Luchterhand Verlag 1974).

Michalkow, Sergej Wladimirowitsch (geb. 1913), Dichter und Dramatiker, trat 1950 der KP bei.

Moschajew, Boris Andrejewitsch (geb. 1923), Schriftsteller.

Nekrassow, Viktor Platonowitsch (geb. 1911), Schriftsteller. 1974 Ausreise aus der UdSSR.

Nikitin, Iwan S. (1829–1861), Schilderer des ländlichen Lebens.

Okudschawa, Bulat (geb. 1924). Populärer Dichter und Liedersänger (dt.: u. a. *Der fröhliche Trommler, Mach's gut*). Mitglied der KP seit 1954.

Ossietzky, Carl von (1889–1938), deutscher Publizist, Friedensnobelpreis 1936, wegen antifaschistischer Artikel von 1933 bis 1936 in Konzentrationslagern.

Paltschinskij, Pjotr Akimowitsch (1878–1929), Bergbauingenieur und Nationalökonom. Im Gefängnis erschossen.

Pankow, Viktor Xenofontowitsch (geb. 1920), Kritiker und Literaturhistoriker, trat 1944 der KP bei.

Pasternak, Boris Leonidowitsch (1890–1960), Schriftsteller und Lyriker, Literaturnobelpreis 1958, (dt.: u. a. *Doktor Schiwago, Gedichte.*)

Paustowskij, Konstantin Georgijewitsch (1893–1968), Schriftsteller, (dt.: *Gesammelte Werke*, 8 Bände).

Petrowskij, Iwan Georgijewitsch (1901–1963), Mathematiker, Mitglied der Akademie der Wissenschaften der UdSSR, von 1951 bis zu seinem Tode Rektor der Universität Moskau.

Pimen (weltlicher Name Sergej Michailowitsch Iswekow) geb. 1910, 1971 durch die Synode der Russischen Kirche zum Patriarchen gewählt.

Polikarpow, Dmitrij (1905–1965), verantwortlich für die Sektion Kunst und Literatur im ZK. 1962 abgesetzt.

Pospelow, Gennadij Nikolajewitsch (geb. 1899), Literaturhistoriker.

Pugatschow, Emeljan Iwanowitsch (gest. 1775), Anführer eines Aufstandes der Kosaken und Bauern unter Katharina II., gefangengenommen, im Käfig nach Moskau gebracht und dort gerädert.

Raditschew, Alexandr Nikolajewitsch (1749–1802), Schriftsteller, Kritiker der Leibeigenschaft und Autokratie.

Regelson, Lew Lwowitsch, junger Physiker, führte Forschungen auf dem Gebiet der Quantenphysik durch.

Rekemtschuk, Alexandr Jewssejewitsch (geb. 1927), Schriftsteller und Redakteur bei *Nowyj mir*, trat 1948 der KP bei.

Reschetowskaja, Natalja Alexejewna (geb. 1920), Chemikerin, heiratete Solschenizyn 1940, beantragte die Scheidung wegen der bevorstehenden Inhaftierung Solschenizyns, Wiederverheiratung mit dem Schriftsteller 1956. Erneute Trennung 1968. (dt.: *Lieber Alexander* 1975).

Rjurikow, Boris Sergejewitsch (1909–1969), Kritiker, Chefredakteur der Zeitschrift *Inostrannaja Literatura*.

Rostropowitsch, Mstislaw (geb. 1927), Cellist. Stellte Solschenizyn mehrfach sein Haus in der Nähe Moskaus zur Verfügung. Nach einem Brief Rostropowitschs im Jahre 1970 an das ZK, in dem er sich für S. einsetzte, wurden seine Gastspielreisen ins Ausland abgesagt.

Rudenko, Roman Andrejewitsch (geb. 1904), Generalstaatsanwalt der UdSSR seit 1953.

Russell, Bertrand Graf (1872–1970), britischer Mathematiker und Philosoph, Nobelpreis für Literatur 1950.

Safonow, Ernst, Vorsitzender der Sektion Rjasan des Schriftstellerverbandes der UdSSR.

Sacharow, Andrej Dmitrijewitsch (geb. 1921), Physiker, »Vater der sowjetischen H-Bombe«. Begründete 1970 zusammen mit Tschalidse und Twerdochlebow das Komitee für Menschenrechte. (dt.: *Gedanken über Fortschritt, friedliche Koexistenz und geistige Freiheit*). Weitere Veröffentlichungen im Westen: (dt.: *Wie ich mir die Zukunft vorstelle, Stellungnahme*).

Salinskij, Afanassij Dmitrijewitsch (geb. 1920), Dramatiker, Erzähler und Drehbuchautor.

Samjatin, Jewgenij Iwanowitsch (1884–1937), Schriftsteller. Verfasser utopischer und satirischer Romane und Erzählungen (dt.: *Wir*). Ging 1931 auf eigenen Wunsch, mit Erlaubnis Stalins, ins Exil.

Samsonow, Alexandr Wassiljewitsch (1859–1914), Oberbefehlshaber der Zweiten Armee in der Schlacht bei Tannenberg, beging nach der Niederlage Selbstmord. Hauptfigur in *August Vierzehn.*

Sartakow, Sergej Wenidiktowitsch (geb. 1908), Schriftsteller und Dramatiker. Sekretär des Vorstandes des Schriftstellerverbandes der UdSSR.

Schafarewitsch, Igor Rostislawowitsch (geb. 1923), Mathematiker, Korrespondierendes Mitglied der Akademie der Wissenschaften der UdSSR seit 1958. Leninpreisträger, Mitglied des Komitees zum Schutze der Menschenrechte in der UdSSR. Mitverfasser der *Stimmen aus dem Untergrund* (Luchterhand Verlag 1975).

Schalamow, Warlam Tichonowitsch (geb. 1907), Schriftsteller, verbrachte siebzehn Jahre in Lagern. Seine Erinnerungen an das Lager Kolyma dürfen in der UdSSR nicht erscheinen (dt.: *Artikel 58 Die Aufzeichnungen des Häftlings S.*).

Schelepin, Alexandr Nikolajewitsch (geb. 1918), Vorsitzender des Gewerkschaftsverbandes seit 1967, wurde 1975 im Sommer abgesetzt.

Scholochow, Michail Alexandrowitsch (geb. 1905), Schriftsteller, »Klassiker des sozialistischen Realismus« (dt.: u. a. *Der Stille Don*), Nobelpreis für Literatur 1965.

Semitschastnij, Wladimir Jefimowitsch (geb,. 1914), Mitglied der KP seit 1944, Sekretär des Komsomol und Leiter des KGB bis 1967, Mitglied des ZK bis 1971.

Simonow, Konstantin Michailowitsch (geb. 1915), Schriftsteller und Publizist, trat 1942 der KP bei. (dt.: u. a. *Tage und Nächte, Die Lebenden und die Toten*).

Sinjawskij, Andrej Donatowitsch (geb. 1925), Schriftsteller und Literaturhistoriker. Veröffentlichte seit 1955 unter dem Pseudonym Abram Terz im Westen (dt.: u. a. *Phantastische Erzählungen, Ljubimow*). 1965 aus dem Schriftstellerverband ausgeschlossen. Im Februar 1966 zusammen mit J. Daniel zu sieben Jahren Arbeitslager verurteilt. Emigrierte 1973 nach Frankreich. Erhielt 1974 den französischen Preis »für das beste fremdsprachige Buch« (dt.: *Eine Stimme im Chor*).

Soboljew, Leonid Sergejewitsch (1898–1971), Sekretär des Vorstandes des Schriftstellerverbands der UdSSR. (dt.: u. a. *Die Seele des Meeres*).

Sofronow, Anatolij Wladimirowitsch (geb. 1911), Dichter und Dramatiker, Chefredakteur des *Ogonjok* seit 1953. Trat 1940 in die KP ein.

Solouchin, Wladimir Alexejewitsch (geb. 1924), Publizist und Schriftsteller, (dt.: u. a. *Ein Tropfen Tau, Wiedersehen in Wjasniki*), trat der KP 1952 bei.

Surkow, Alexej Alexandrowitsch (geb. 1899), Lyriker, Erster Sekretär des Schriftstellerverbandes der UdSSR zur Zeit der Pasternak-Affäre.

Suslow, Michail Andrejewitsch (geb. 1902), Parteiideologe, Mitglied der KP seit 1921, Mitglied des Politbüros seit 1951.

Swetlowa, Natalja, Chemikerin, zweite Ehefrau Solschenizyns.

Swirskij, Grigorij Tschesarewitsch, Schriftsteller. 1968 aus dem Schriftstellerverband ausgeschlossen. Wandte sich gegen antisemitische Tendenzen, emigrierte und lebt seit 1971 in Israel.

Tarsis, Walerij, einer der ersten sowjetischen Schriftsteller, der seine Zwangsinternierung in eine psychiatrische Anstalt beschrieb. 1966 wurde ihm erlaubt, die UdSSR zu verlassen.

Tendrjakow, Wladimir Fjodorowitsch (geb. 1923), Schriftsteller, trat 1948 der Partei bei.

Teusch, W. L. Mathematiker. In seiner Wohnung beschlagnahmte der KGB 1965 unter anderem das Manuskript des *Ersten Kreises*. Das Ermittlungsverfahren gegen ihn wurde jedoch eingestellt.

Tschaadajew, Pjotr Jakowlewitsch (1794–1856), Philosoph und Publizist. Nach Veröffentlichung des ersten seiner kritischen » Philosophischen Briefe« (ursprünglich in französischer Sprache) wurde er 1836 öffentlich für unzurechnungsfähig erklärt und unter Polizeiaufsicht gestellt.

Tschakowskij, Alexandr (geb. 1913), Schriftsteller, Leiter der *Literaturnaja gaseta*.

Tschalidse, Walerij N., Physiker, Mitbegründer des Komitees für Menschenrechte. Ihm wurde während einer Reise durch die USA die sowjetische Staatsbürgerschaft aberkannt.

Tschernyschewskij, Nikolaj Gawrilowitsch (1828–1889), radikal-sozialistischer Schriftsteller. 1864 nach Sibirien verbannt.

Tschukowskaja, Lidija Kornejewna (geb. 1907), Schriftstellerin und Literaturkritikerin, verbrachte mehrere Jahre im Lager. 1974 aus dem Schriftstellerverband ausgeschlossen, (dt.: *Ein leeres Haus, Untertauchen*).

Tschukowskij, Kornej Iwanowitsch (1882–1969), Lyriker und Übersetzer. Nach der Beschlagnahme des *Ersten Kreises* bot er Solschenizyn seine Datscha in Peredelkino an. Verfügte in seinem Testament, daß Solschenizyn aus seinem nachgelassenen Vermögen unterstützt werden sollte.

Turtschin, V. F., Physiker, unterzeichnete im Jahre 1970 zusammen mit Sacharow und R. Medwedjew einen offenen Brief an die sowjetische Führung, in dem eine Demokratisierung des Regimes gefordert wurde.

Twardowskij, Alexandr Trifonowitsch (1910–1971), Lyriker, Mitglied der KP seit 1940. Von 1949 bis 1957 und von 1958 bis 1970 Chefredakteur der Zeitschrift *Nowyj mir*. Wurde im Westen bekannt durch die Satire *Tjorkin im Jenseits* (dt.: 1963).

Tytschina, Pawlo Grigorijewitsch (1891–1967), Ukrainischer Lyriker, seit 1929 Mitglied der Akademie der Wissenschaften der UdSSR, trat 1944 der KP bei.

Vigorelli, Giovanni, Generalsekretär der Europäischen Schriftstellergemeinschaft. Protestierte in einem Schreiben an den Schriftstellerverband der UdSSR gegen die Verfolgung Solschenizyns. In seiner Antwort vom 18. 2. 1970 lehnte der Schriftstellerverband die weitere Zusammenarbeit mit Vigorelli wegen seiner » unfreundlichen Haltung« ab, und trat aus der Vereinigung aus.

Wertinskij, Alexandr Nikolajewitsch (1889–1957), Schauspieler, Dichter und Komponist.

Winogradow, Viktor Wladimirowitsch (geb. 1895), Philologe, Direktor des Instituts für Russische Sprache an der Akademie der Wissenschaften der UdSSR.

Wladimow (Wolossewitsch), Georgij Nikolajewitsch (geb. 1931), Schriftsteller und Literaturkritiker.

Woinowitsch, Wladimir (geb. 1932), satirischer Erzähler, 1974 aus dem Schriftstellerverband der UdSSR ausgeschlossen. (dt.: *Die denkwürdigen Abenteuer des Soldaten Iwan Tschonkin*, Luchterhand Verlag.

Woronkow, Konstantin, Sekretär des Vorstandes des Schriftstellerverbands der UdSSR.

Wosnessenskij, Andrej Andrejewitsch (geb. 1933), Lyriker und Schriftsteller (dt.: *Dreieckige Birne*).

Wyschinskij, Andrej Januarijewitsch (1883–1954), Generalstaatsanwalt der UdSSR von 1935 bis 1939, Außenminister der UdSSR von 1949 bis 1953.

Zwetajewa, Marina Iwanowa (1892–1941), Lyrikerin, emigrierte 1922, kehrte 1939 zurück. Beging Selbstmord (dt.: *Gedichte*).

Anmerkungen der Redaktion

5 *Der Archipel Gulag* war abgeschlossen, *August Vierzehn* in Vorbereitung.

8 Puschkinhaus oder Institut für Russische Literatur; gemeint ist das Institut für literarische Forschung der Akademie der Wissenschaften der UdSSR in Leningrad.

12 Die Originalfassung des *Kreises, Kreis 96,* wurde für den Westen um neun Kapitel „erleichtert"; diese im Westen einzig bekannte Ausgabe wird hier zuweilen mit *Kreis 87* bezeichnet.

12 Buchstabe und Zahl, die „Nummer" des Häftlings Iwan Denissowitsch, sollten ursprünglich der Titel der Erzählung sein.

15 Helden eines Sagenkreises, der auf das 13. Jahrhundert zurückgeht.

16 Verserzählung Twardowskijs, kurz nach dem Tod Stalins geschrieben, aber erst 1963 veröffentlicht. Der Soldat Tjorkin, im Krieg gefallen, entdeckt die andere Welt, die Hölle: die ausschließliche Herrschaft des stalinistischen Bürokratismus.

22 *In den Schützengräben von Stalingrad,* 1946. Die erste Veröffentlichung V. Nekrassows. Nüchternheit und Genauigkeit der psychologischen Beobachtungen machten diesen Roman berühmt.

13 *Tjorkin im Jenseits* — Verserzählung von 1946, für die Twardowskij 1947 den Stalinpreis erhielt. Der Zerfall einer Familie beim Rückzug der deutschen Truppen während des Krieges.

23 Das Pseudonym Jossif Wissarionowitsch Dschugaschwilis, Stalin, ist gebildet aus dem Russischen *stal* (dtsch. Stahl).

25 *Scharaschka* nannten die Häftlinge ein Sondergefängnis, in dem die Forschungen inhaftierter Wissenschaftler und Techniker vom stalinistischen Regime ausgebeutet wurden. Solschenizyn spielt hier auf die Scharaschka Mawrino aus dem *Ersten Kreis* an.

28 B. Saks, Leiter des Redaktionssekretariats der Zeitschrift *Nowyj mir.*

35 Erzählung, die später unter dem Titel *Matrjonas Hof* bekannt werden sollte.

35 Zitat aus dem Gedicht N. Lermontows, *Es blinkt ein einsam Segel.*

37 In Moskau und Umgebung wird das unbetonte „o" eher wie „a" ausgesprochen. Dementjew bewahrt den ursprünglichen Klang, was seiner Sprache eine leicht provinzielle Färbung verleiht.

39 Jessenin beging mit neunundzwanzig Jahren Selbstmord, „ohne Bedauern", starb also noch jünger als Puschkin, der mit siebenunddreißig Jahren im Duell getötet wurde.

39 Mitglied der politischen Organisation der Kommunistischen Jugend.

43 Die Kandidaten des ZK dürfen an den Sitzungen teilnehmen, besitzen aber nur eine beratende Stimme.

46 Die *Opritschniki* waren die berüchtigte Leibwache Iwans des Schrecklichen. Der Autor wendet die Bezeichnung hier auf den KGB an.

47 Um den 1. Mai herum, dem Tag der Arbeit.

47 Der Name leitet sich von P. A. Stolypin, Innenminister unter Zar Nikolaus II. her; es handelt sich um Waggons, die zum ersten Mal bei der Zwangsumsiedlung der Bauern nach Sibirien eingesetzt wurden; das Sowjetregime benutzte sie zum Transport der Häftlinge, unter den Bedingungen, die *Archipel Gulag* Bd. I, zweiter Teil, 1. Kapitel beschreibt.

49 Ekibastus und Kengir, zwei Lager im nördlichen Kasachstan.

51 Fregattenkapitän Bujnowskij protestiert gegen die Leibesvisitation der Häftlinge, die sich bei 30° Kälte ausziehen müssen. Er droht den Aufsehern mit dem Strafgesetzbuch und wird mit zehn Tagen Karzer „belohnt".

52 *Pizunda*, offizielle Sommerresidenz des Ersten Sekretärs der KPdSU an der Schwarzmeerküste.

53 Am 22. Oktober 1962 entlud sich die sog. Kubakrise um die sowjetischen Raketen, am 16. Oktober 1964 gab die *Prawda* den „Rücktritt" Chruschtschows bekannt.

55 Jahrestag der Oktoberrevolution, der nach dem neuen Kalender auf den 7. November fällt.

60 Twardowskij fürchtet, die sympathische Figur Tweritinow sei der Spion, den er hinter dem Unbekannten von Kretschetowka vermutet. Als er am Schluß der Erzählung feststellt, daß Tweritinow ordnungsgemäß als Spion entlarvt und verhaftet wird, kann er bedingungslos zustimmen: die Moral der Geschichte ist gewahrt. Nach dem Willen Solschenizyns hat in Wirklichkeit jedoch der Leutnant, der die Verhaftung Tweritinows vornimmt, Zweifel an dessen Täterschaft — eine Einzelheit, die Twardowskij nicht weiter beunruhigt.

64 Beim Besuch einer Ausstellung in der *Manege* spottete Chruschtschow beim Anblick der Avantgarde-Malerei: das hätte auch ein Esel mit seinem Schwanz fertiggebracht.

65 Das 1956 gegründete Moskauer Theater ist auf russische, zuweilen auch ausländische Gegenwartsdramatik ausgerichtet. Seine anfangs eher realistische Stilkonzeption veränderte sich bald in Richtung „psychologisches Theater".

66 Den Begriff „politisches Vergehen" gibt es im sowjetischen Strafrecht nicht. Aber es gibt Sonderlager, in denen nur solche Gefangene leben, die gegen denselben Paragraphen verstoßen haben (anti-sowjetische Betätigung). In den übrigen Lagern verbüßen Häftlinge verschiedenster „Paragraphen" ihre Strafe.

67 *Barwicha* — ein Sanatorium unter medizinischer Leitung, rund dreißig Kilometer von Moskau entfernt und den Spitzenfunktionären der KPdSU, ausnahmsweise auch deren Schwesterparteien, vorbehalten.

68 Das Zusammentreffen zwischen den Repräsentanten von Kunst und Literatur und der sowjetischen Führung fand am 17. Dezember 1962 statt.

69 *Junost* — Monatsschrift für die Jugend; die anfangs ziemlich liberale Haltung unter Katajew wurde unter Polewoj zusehends konformistischer.

69 *Moskwa* — literarische Monatsschrift, an der vor allem die Mitglieder der Moskauer Sektion des Schriftstellerverbandes mitarbeiteten. Unscheinbarer als *Nowyj mir* zu den Zeiten Twardowskijs, gebührt ihr doch das Verdienst, um dieselbe Zeit die Werke M. Bulgakows herausgebracht zu haben.

71 *Snamja,* wörtlich *Fahne,* ist eine literarische Monatsschrift.

78 Das russische Billard besitzt an seinen vier Ecken je eine Tasche, einen *Beutel,* in den die gegnerische Kugel fallen muß.

83 Der Staraja-Platz liegt hinter dem Roten Platz; hier befindet sich das Gebäude des Zentralkomitees der KPdSU.

90 Der Moskauer Kasaner Bahnhof wurde zwischen 1914 und 1926 im pseudoorientalischen, durch Türme bereicherten Stil erbaut; Twardowskij kauft seine Fahrkarte nach Rjasan wie alle Reisenden am Fahrkartenschalter im runden Turm, statt sich an das Sonderbüro zu wenden, das allen Abgeordneten des Obersten Sowjet zur Verfügung steht.

92 Markowitsch: der geriebene Häftling, der stets einen Dreh findet, seine Lage zu verbessern. Wolkowoj: der großkotzige, brutale Aufseher, den sogar der Lagerkommandant fürchtet *(Denissowitsch).*

93 Pjotr Philippowitsch Jakubowitsch (Melschin; Pseudonym), 1860 bis 1911. Autor, Mitglied der revolutionären Bewegung *Narodnaja Wolja,* zu achtzehn Jahren Zuchthaus verurteilt. Wieder in Freiheit, publiziert er seine Memoiren unter dem Titel *Die Welt der Verstoßenen, Erinnerungen eines ehemaligen Zuchthäuslers,* zwei Bände, 1895—1898, 1933 neu herausgegeben.

93 Innokentij Wolodin, der junge Diplomat, der im ersten Kapitel des Romans seinen Freund, den Arzt Dobroumow, telefonisch davon abzuhalten sucht, den Kontakt mit ausländischen Kollegen wieder aufzunehmen. Dies bezahlt er am Ende des Romans mit seiner Verhaftung, dank der Technik der Stimmenidentifizierung, die in der Scharaschka von Mawrino auf den neuesten Stand gebracht wurde.

93 Wörtlich: *Alter* (Wodka); eine Wodkamarke, die besonders hochprozentig ist.

96 Ehemalige Bezeichnung der Mari (ostfinnisches Volk an der mittleren Wolga), hier als Synonym des rückständigen Volkes überhaupt.

97 Krasnaja Pachra, Dorf, in dem die Datschas der Privilegierten des Regimes stehen.

97 Scherzhafte Abkürzung des Vor- und Vatersnamens von Dementjew, ALexander GRIGorjewitsch.

100 Dserschinskij, erster Leiter der Tscheka und „Gründer" der Lubjanka; der Platz, an dem sich das berühmte Gefängnis befindet, trägt den Namen Dserschinskijs.

104 Der Held des *Stillen Don* ist ein Kosake, der bis zum letzten Moment gegen die sowjetische Herrschaft kämpft.

105 Die Sozial-Demokratische Arbeiterpartei Rußlands; die marxistische Partei, die sich in der Folge in Menschewiki und Bolschewiki teilen sollte.

107 *Grani*, Emigrantenzeitschrift, erscheint in russischer Sprache in Frankfurt/Main.

111 Obninsk, Stadt im Gebiet von Kaluga, etwa hundert Kilometer von Moskau entfernt. Das erste Atomkraftwerk der UdSSR wurde 1955 hier errichtet.

111 Zentrale Leitstelle für Agitation und Propaganda.

115 Djakow, *Wie ich gelebt habe.* Lagererinnerungen eines KP-Mitglieds, Opfer Stalins im Jahre 1949; 1964 veröffentlicht.

117 Anspielung auf *Krieg und Frieden* von Tolstoij. Die Bauern haben es keineswegs eilig, ihren vor Napoleon flüchtenden Herren zu folgen.

132 *Sowremennik* (Der Zeitgenosse), von Puschkin in Petersburg gegründete Vierteljahresschrift; sie erschien zwischen 1836 und 1846 unter den schwierigen Bedingungen der strengen Zensur Nikolaus I.

132 Andropow wurde Minister des Staatssicherheitsdienstes.

147 Kaukasischer Freiheitskämpfer, berühmt durch die Erzählung Tolstoijs, *Hadschi Murat.*

149 Um jede Sicht nach draußen zu verhindern, sind die Zellenfenster mit einer Schutzvorrichtung versehen, die die Häftlinge „Maulkorb" nennen.

151 I. D. Sytin, 1851—1934, bekannter russischer Verleger, brachte die ersten Klassiker in Billigausgaben auf den Markt.

155 Interview mit P. Daix, am 25. November 1965 in *Les Lettres Françaises* veröffentlicht.

163 Durch Annexion des finnischen West-Karelien, 1940.

164 *Über die Aufrichtigkeit in der Literatur,* in *Nowyj mir,* 1953, Heft 12. Pomeranzew kritisierte hier ausdrücklich die Nachkriegsliteratur, schlug aber „subjektive Kriterien zur Beurteilung literarischer Werke" vor. Twardowskij wurde von 1954 bis 1958 durch K. Simonow abgelöst.

164 Russanow, einer der Kranken aus der *Krebsstation.*

167 Der 50. Jahrestag der Oktoberrevolution.

173 Eine der zahlreichen durch Geheimhaltung geschützten sowjetischen Einrichtungen, deren Adresse aus Sicherheitsgründen nicht publik gemacht wird, und die gewöhnlich nur durch eine Briefkastennummer

bekannt sind. Hier handelt es sich, wie weiter unten ersichtlich, um das Institut für Physik.

181 Die Presseagentur APN wurde 1961 in Moskau gegründet; über sie laufen alle für das Ausland bestimmten oder aus dem Ausland kommenden Nachrichten.

183 Das Werk, das Solschenizyn über die Revolution von 1917 schreiben will und dessen erster „Knoten" *August Vierzehn* ist.

184 Offener Brief an Podgorny, datiert vom 15. Dezember 1965, der die Illegalität der Repressionsmaßnahmen gegen die russisch-orthodoxe Kirche anprangert.

185 *Prostor,* wörtl. Raum, illustrierte Monatsschrift der Kasachstaner Sektion des Schriftstellerverbandes.

185 *Swesda,* wörtl. Stern, Organ der Leningrader Sektion des Schriftstellerverbandes.

188 Der „Goldene Stern", die Auszeichnung „Held der Sowjetunion".

200 Einer der Moskauer Bahnhöfe.

202 Schaura war Vorsitzender der Sektion Schöne Literatur und Künste, dem Kontrollorgan des ZK.

202 Scholochow.

212 Einer der Kranken der *Krebsstation.*

212 Puschkin-Zitat in der *Krebsstation.*

212 Schewardino, Name einer Schanze in der Nähe von Borodino, wo es zu einem Vorgefecht vor der großen Schlacht kam.

229 In der Übersicht seines historischen Werkes zur Oktoberrevolution, ihren Ursachen und ihren Folgen, im vorliegenden Text *R-Siebzehn* bezeichnet, nennt Solschenizyn *Knoten* die einzelnen Bände, deren jeder einen für den Verlauf der Geschichte entscheidenden Augenblick behandelt. *August Vierzehn* hat auf diese Weise den Untertitel *Erster Knoten.*

232 Mak, eine Figur aus Leskows Roman *Tschortowij kuklij* („Die Puppen des Teufels"), ist der Typus des treuen Freundes und wahren Künstlers, der den Tollheiten der Masse gleichermaßen wie den Launen des Tyrannen widersteht.

236 Alexander II. schaffte die Leibeigenschaft am 19. Februar 1861 ab.

237 Vgl. *Die Krebsstation,* Kap. 3.

237 Dorf, etwa zwanzig Kilometer von Rjasan.

241 Solschenizyn verbindet den Namen Twardowskij mit dem Adjektiv *twjordij,* stark, fest, sicher.

245 Die Feier zum hundertsten Geburtstag des Schriftstellers, am 16. März 1868.

246 Sammlung von Leserzuschriften aus der Sowjetunion, zusammengestellt von Solschenizyn und verbreitet im Samisdat.

252 Djomitschew, Pjotr Nilowytsch.

255 Die *Zwölf Stühle*, satirischer Roman von Ilf und Petrow, in dem der orthodoxe Priester Vater Fjodor mit den Zügen eines Glücksritters ausgestattet wird. Er ist auf der Suche nach einem Schatz, der in einem der zwölf Stühle stecken muß, die über ganz Rußland verstreut wurden.

257 Die Kommunistische Partei Italiens hat stets, insbesondere als Togliatti Generalsekretär war, ihre Autonomie gegenüber Moskau betont.

257 1920, während des Feldzugs gegen Wrangel zur Befreiung der Krim, sollen die günstigen Witterungsverhältnisse der Roten Armee die Durchquerung der flachen Buchten des Siwasch, der *Faulen See*, ermöglicht haben.

258 Der Verfasser spottet über die Namen mit ihrer ganz und gar unrussischen Lautwiederholung.

258 In Puschkins Gedicht *Russlan und Ljudmila* kämpft der Held mit einem riesenhaften Kopf ohne Körper.

259 Den Beweisstücken, die sie gleich vorlegen werden.

263 *Komitetschik* bedeutet Mitglied des Komitees für Staatssicherheit (KGB); das Wort gehört dem internen Sprachgebrauch der Geheimpolizei an. In der Umgangssprache „draußen" heißen sie Gebisten, Kagebeschniks oder Gebeschniks.

264 An der das Boot des Schiffbrüchigen, nach Meinung des Volkes, auseinanderbricht. *Die Neunte Welle* heißt ein berühmtes Meeresbild von Ajwasowskij.

266 Vgl. Anhang 9, der die Veröffentlichung der *Krebsstation* im Ausland betrifft.

267 „Man muß sich schämen, ein Russe zu sein." Dieser Gedanke ist in immer neuen Variationen das Leitmotiv A. Herzens bei seinem, aus dem Exil in London geführten Kampf gegen das zaristische Regime anläßlich der blutigen Unterdrückung des Polenaufstandes im Jahre 1863.

271 Schulubin und Sim sind Gestalten aus der *Krebsstation*; Njerschin ist einer der Helden des *Ersten Kreises*; Ida Lubjanskaja heißt soviel wie „Ida aus der Lubjanka", eine Anspielung auf das berüchtigte Moskauer Gefängnis.

277 Die Abkürzung bedeutet Zentralbüro für Fragen der Literatur und Edition, das ist die oberste Zensurinstanz, von der letztlich das „Imprimatur" aller Veröffentlichungen in der UdSSR abhängt.

277 Zum Kongreß der Europäischen Schriftstellergemeinschaft.

277 *Spidola* — Marke eines Transistorgeräts.

278 Die Schwierigkeiten entstanden auf Grund des „Prager Frühlings".

278 Mit den „Unterschreibern" von Petitionen, vor allem im Anschluß an den Einmarsch in die Tschechoslowakei.

278 Im Parteikomitee für die Parteimitglieder; auf dem bürokratischen Weg für die Parteilosen.

283 Die Autoren harmloser Bücher oder Artikel nämlich, die regelmäßig „grünes Licht" von der Zensur erhalten.

283 *Marxismus und Fragen der Sprachwissenschaft.*

284 Die „Aspirantur" ist die erste Stufe der Hochschullaufbahn in der UdSSR.

284 1949.

285 Wladimir Jakowlewitsch Lakschin.

286 Die pelzbesetzte Krone, dem Großfürsten von Kiew, Wladimir Monomach (1053—1125) zugeschrieben, ist Insignum und Symbol der russischen Souveränität. Hier Bezug auf die Worte Puschkins aus dem Drama *Boris Godunow* über die irdische Macht.

286 Marina Zwetajewa, hervorragende russische Dichterin, geboren 1892, lebte lange Jahre in der Emigration, kehrte 1939 in die UdSSR zurück und beging 1941 Selbstmord; ihre Schwester Anastasija hat hat wenig mehr als Erinnerungen an ihre Schwester und an andere Persönlichkeiten des literarischen Lebens geschrieben.

287 Iwan Denissowitsch Schuchow, unverfälschter Muschik, der Held aus *Ein Tag im Leben des Iwan Denissowitsch.*

287 Beißende Ironie: Urizkij war der Leiter der Tscheka von Petrograd.

287 *Über allen Gipfeln ist Ruh',* Gedicht von Goethe, von Lermontow ins Russische übersetzt.

287 Den Aufstand vom 15. Januar 1863.

287 Er wurde für mehr als zwanzig Jahre nach Sibirien verbannt.

288 Nowotscherkassk, Industriestadt in der Gegend um Rostow am Don. Anlaß des brutal unterdrückten Aufstands war eine extreme Lebensmittelknappheit. Um die Ordnung wiederherzustellen, setzte man zunächst reguläre Truppen ein. Doch der Kommandant weigerte sich, auf die Menge zu schießen und beging vor den Augen seiner Leute Selbstmord. So wurden Panzer und die Spezialeinheiten des KGB eingesetzt . . . Zeugen sprechen von fünfhundert Toten und einigen tausend Verletzten. Die ersten Hinweise auf die Geschehnisse gelangten erst drei Monate später an die Öffentlichkeit.

288 Der Roman *Der Meister und Margarita* von M. Bulgakow wurde lange von der Zensur zurückgehalten. Sechsundzwanzig Jahre nach dem Tod des Verfassers erschien ein Teilabdruck in der Zeitschrift *Moskwa* (1966/11 und 1967/1) mit zahlreichen Streichungen. Die Witwe des Schriftstellers verbreitete die verbotenen Passagen im Samisdat; auf diese Weise gelangten sie in den Westen, wo sie in einem Sammelband veröffentlicht wurden. Der vollständige Text erschien 1973 schließlich auch in der UdSSR.

289 In *Der Meister und Margarita* verlassen die Magier Woland und sein Gefolge Moskau auf geflügelten Pferden und nehmen Margarita und den Meister mit.

289 *Diaboliade,* von M. Bulgakow.

295 Es wurde später in der Zeitschrift *Possew* publiziert.

298 Sergius von Radonesch, 1314—1392, ist eine der verehrtesten Kloster-
gestalten Rußlands. Der Patriarch Hermogen war Patriarch aller
Russischen Reiche von 1606 bis 1612, in der Zeit der Wirren; er
wurde das Opfer eines abgekarteten Handels zwischen den Bojaren
Moskaus und Polens, die ihn Hungers sterben ließen. Joann von
Kronstadt, 1829—1908, schrieb geistliche Werke wie *Mein Leben in
Christus.* Der Mönch Serafim Moschnin, 1760—1833, lebte als
Anachoret bei Sarow, ehe er zum berühmtesten Starez und Heiligen
der neueren Zeit erklärt wurde.

298 Ziemlich konventionelle Bilderfolge, die „die gute alte Zeit" darstellt. Korin ist ein Schüler Nestorows und lebte von 1892 bis 1967.

298 *Is glubinnyj* (De profundis), *Sammlung von Beiträgen zur Russischen
Revolution.* Die erste, 1921 heimlich gedruckte Ausgabe wurde konfisziert; 2. Ausgabe, YMCA-Press 1967.

299 Basarow, eine Figur aus *Väter und Söhne* von Turgenjew, ist der
klassische Typ des russischen Nihilisten.

299 Die Raskolniki (Altgläubigen) widersetzten sich den liturgischen
Reformen des Patriarchen Nikon im XVII. Jahrhundert.

299 *Sowremennik* — hier die von Puschkin gegründete Zeitschrift.

299 Naturalistische Maler der Avantgarde aus der zweiten Hälfte des
XIX. Jahrhunderts, die mit „mobilen" Kunstausstellungen über
Land zogen.

300 *Die Intelligenzler* heißt einer der Beiträge des Verfassers zu dem
Sammelband *Stimmen aus dem Untergrund.*

300 Die Artikel erschienen 1930 in verschiedenen Zeitschriften. Neben
anderen stuften sie Kljujew und Klytschkow als „Kulakendichter"
ein. Beide gehören einer bäuerliche Traditionen und Folklore neu
entdeckenden Strömung der russischen Literatur an.

301 *Na literaturnom postu* (Auf Kampfposten für die Literatur). Die
Litfront (Literaturfront) nahm es 1930 gleichzeitig mit dieser Zeit-
schrift und mit der RAPP, der Russischen Vereinigung proletarischer
Schriftsteller, auf, die von 1925 bis 1932 bestand.

303 *Wechi,* „eine Sammlung von Beiträgen zur Intelligenzija", wurde
1909 in Moskau von N. Berdjajew, S. Bulgakow, P. Struwe, S. Frank
u. a. veröffentlicht.

303 Leontjew, Axakow und Kljutschewskij rechnen sich aus ziemlich
unterschiedlichen Gründen den Slawophilen zu.

303 *Potschwenniki,* durch F. und M. Dostojewskij, A. Grigorjew, N.
Strachow um 1860 vertretene Strömung, die die Heimatliche Erde als
Grund und Ursprung aller sozialen und kulturellen Entwicklung in
Rußland pries.

305 In H. G. Wells *Zeitmaschine* werden die Morlocks von den trägen
und unwissenden Eloi beherrscht, zum Ausgleich aber nähren sie sich
vom rohen Fleisch ihrer Unterdrücker.

305 Illustrierte Wochenschrift für die breite Masse.

309 Alexander Grigorjewitsch Dementjew.

310 Wladimir Jakowlewitsch Lakschin.

312 Bei „der Person" handelt es sich um Lenin.

314 *Die Chronik der laufenden Ereignisse,* vom Samisdat seit 1968 verbreitet, enthält Informationen zur Opposition der Intellektuellen und der Repressionen in der UdSSR. Siebenundzwanzig Hefte erschienen bis zur Verhaftung von P. Jakir und W. Krassin im Januar 1972; zwei weitere sind seither erschienen.

319 *Sekretariat* — die Zentrale des sowjetischen Schriftstellerverbandes in Moskau.

319 Die sechstausend „offiziellen Schriftsteller der UdSSR, die der Organisation angehören.

327 Lidija Kornejewna Tschukowskaja.

341 „Wir wollen ihm seine Ungerechtigkeiten nicht nachtragen: er hat Paris eingenommen, er hat das Gymnasium begründet." Zitat aus *Der 19. Oktober,* einem Gedicht, in dem Puschkin den Jahrestag der Gründung des kaiserlichen Gymnasiums von Tsarskoje Selo am 19. Oktober 1811 durch den Zaren Alexander I. feiert.

345 Ein erstes Mal festgenommen, als er sich für junge Schriftsteller einsetzte, verwandte er seine ganze Kraft darauf, das Recht der während des Krieges nach Sibirien deportierten Krimtartaren auf Rückkehr in ihre Heimat dem öffentlichen Bewußtsein nahezubringen. Auf Anweisung des Serbskij-Instituts in Moskau für unzurechnungsfähig erklärt, wurde er in eine psychiatrische Sonderanstalt eingewiesen. Bis zum heutigen Tag hat er seine Freiheit nicht wiedererlangt.

349 Solschenizyn spielt hier auf drei russische Schriftsteller an, die den Nobelpreis für Literatur vor ihm erhielten. 1933 Bunin, der dem Kandidaten der Sowjetunion, Gorkij, vorgezogen wurde; aber Bunin lebte bereits in der Emigration. 1958 Pasternak, der, an der Ausreise nach Stockholm gehindert, seinen Preis nicht in Empfang nehmen durfte. 1965 Scholochow, auf Vorschlag der Sowjetunion und für einen Roman, der praktisch einen Gegner der Bolschewiki, einen Kosakenoffizier, rühmte, doch hielten die Schweden, sagt Solschenizyn, auf Grund „nicht unpolitischer" Überlegungen an dieser Nominierung fest.

350 Es handelt sich um den *Stillen Don* von Scholochow, dessen erster Band bereits 1928 erschien.

351 *Kok-Terek* — Marktflecken im südlichen Kasachstan, wohin Solschenizyn nach seiner Entlassung aus dem Lager verbannt wurde.

354 *Natalja Swetlowa* — zweite Ehefrau Solschenizyns.

355 *Pinega* — rechter Nebenfluß der Nördlichen Dwina.

356 Anspielung auf Ermordungen russischer Persönlichkeiten, die im Westen lebten.

357 Puschkins Märchen *Zar Saltan.*

359 Auf Veranlassung Lenins, der in ihnen Konterrevolutionäre sah, wurden Ende 1922, Anfang 1923 zahlreiche Intellektuelle und Künstler aus Rußland verbannt.

359 Um einen legalen Wohnsitz beanspruchen zu können, muß sich jeder Sowjetbürger bei den zuständigen Behörden registrieren lassen. Ohne ihre Zustimmung erhält er keine Zuzugsgenehmigung. Vor allem in den großen Städten, besonders in Moskau, ist diese Bewilligung sehr schwer zu erlangen.

370 Persönlichkeiten, die befugt sind, an internationalen Kundgebungen teilzunehmen und hier die Interessen der UdSSR zu vertreten.

377 Das Scheidungsverfahren in der UdSSR ist normalerweise rasch und unproblematisch. Im Falle Solschenizyns jedoch widersetzten sich die Sowjetbehörden einer Scheidung, um auf diese Weise die Heirat mit Natalja Swetlowa zu verhindern, die ihm das Recht auf einen legalen Wohnsitz in Moskau einräumen würde.

385 Hilfsfond aus dem Jahre 1934 zugunsten und in eigener Verwaltung der Mitglieder der Schriftstellerorganisation der UdSSR.

392 Der englische Richter verurteilte den Raubdruck des Romans durch Flegon-Press.

407 Die „demokratische Bewegung" tauchte 1969 auf; sie wird zum ersten Mal am 31. Oktober 1969 in Heft 10 der *Chronik der laufenden Ereignisse* erwähnt. In einem achtzig Seiten starken Memorandum, am 5. Dezember 1970 an den Obersten Sowjet gerichtet, fordert sie die Ablösung der KPdSU als Trägerin der eigentlichen Macht im Staat, die Durchführung freier Wahlen und die Reform der Verfassung von 1936.

412 Dieser *Rat* scheint keine offizielle Institution zu sein; solch ein Komitee von Weisen, von Männern, die sich alle Verdienste um das Vaterland erworben haben, bietet jede Gewähr für eine schickliche Auswahl jener Würdigen, die in Moskau wohnen dürfen.

412 *Benja Krik* — Protagonist dreier *Geschichten aus Odessa* von Isaak Babel. Sympathischer Räuber, der sich immer zu helfen weiß.

412 Vgl. den Anhang zum *Offenen Brief an die sowjetische Führung.* Luchterhand Verlag, 1974.

418/19 Das Interview vom 30. März 1972, *New York Times* und *Washington Post.*

421 Die orthodoxe Kirche feiert, wie die katholische Kirche Mariä Himmelfahrt am 15. August, aber nach dem Julianischen Kalender, der zur Zeit um dreizehn Tage von dem Gregorianischen abweicht.

421 *Das Große Haus* — der Sitz des KGB in Leningrad.

425 Die Europäische Konferenz für Sicherheit und Zusammenarbeit, die am 18. September 1973 in Genf eröffnet wurde, stellte mit einem Schlag das Problem des freien Meinungsaustauschs und der vollen Bewegungsfreiheit des Einzelnen.

429 Am *Staraja Ploschtschad* (wörtlich „Alter Platz") befindet sich der Sitz der Kremlführung.

429 Seit dem 29. August hatte die sowjetische Presse mit dem Abdruck kollektiver Leserbriefe begonnen, der öffentlichen Mißbilligung Sacharows durch das Volk. Eine der ersten Zuschriften war von vierzig Mitgliedern der Akademie der Wissenschaften der UdSSR unterzeichnet.

429 Nixons Unterschrift unter das Abkommen über wissenschaftliche und technische Zusammenarbeit.

430 Im Anschluß an den Prozeß gegen Jakir und Krassin, der die Angeklagten zu führenden Köpfen der *Chronik der laufenden Ereignisse* gemacht hatte, und die Drohung des KGB, bei neuerlichem Erscheinen der *Chronik* die bereits „entlarvten", aber noch in Freiheit befindlichen „Komplizen" alle festzunehmen, wurde diese Publikation des Samisdat eingestellt. Sie ist erst seit kurzem wieder aufgenommen worden.

432 Jewenij Barabanow, im Sommer 1973 durch den KGB verhört, gestand die Übermittlung von Dokumenten des Samisdat in den Westen. Von Strafverfolgung bedroht, retteten ihn die Reaktionen des Westens auf seine *Erklärung* vor der Verhaftung.

434 Nach dem Beitritt der UdSSR zum Internationalen Urheberrechtsabkommen (27. Mai 1973) wurde am 20. September desselben Jahres in Moskau die *Allsowjetische Agentur für Urheberrechte* gegründet. Seit dem 1. Januar 1974 müssen alle Veröffentlichungen sowjetischer Schriftsteller im Ausland über diese Agentur laufen.

437 Der Überfall auf Sacharow fand am 21. Oktober 1973 statt.

439 Innokentij Wolodin ist der junge sowjetische Diplomat, der zu Beginn des *Ersten Kreises* den verzweifelten Versuch unternimmt, einen Freund vor der großen Gefahr, die ihm droht, zu warnen. Diese Szene hat Natalja Reschetowskaja bei ihrem „ernsten Gespräch" vor Augen.

440 *Die Stiefmutter sucht ihren Stiefsohn, wenn der Eisgang vorbei ist —* Geflügeltes Wort für scheinheilige und reichlich späte Fürsorglichkeit.

442 Die zweihundertsiebenundzwanzig Überlebenden des Gulag, die durch ihre Zeugnisse Solschenizyn den *Archipel* zu schreiben ermöglichten.

446 *Fürst Nechljadow* — Hauptheld von Tolstoijs Roman *Die Auferstehung*. Ein reicher, egoistischer Adeliger entdeckt sein Gewissen als Geschworener im Verlauf eines Prozesses gegen eine des Mordes angeklagte Dirne, die er einst verführt hatte.

447 P. L. Kapiza, Direktor des Instituts für Physik, reichte 1946 seinen Rücktritt ein, weil er, wie es heißt, nicht an der Entwicklung der Kernwaffen mitarbeiten wollte.

448 Anspielung auf die Arbeit des „jungen Historikers" Roj Medwedjew, *Der Stalinismus*.

454 In seinem *Gespräch auf der Prokuratura* erklärt Sacharow, daß Petrowskij ihm Enthüllungen zur Affäre S. Glusman versprochen habe. Der jüdische Psychiater war am 12. Mai 1972 verhaftet worden, weil er Grigorenko für geistig gesund erklärt hatte. Es wird unterstellt, daß Petrowskij sich aus Angst umbrachte. (Vgl. Sacharow, *Stellungnahme*)

456 Das Jackson-Amendment band die Gewährung der kommerziellen Meistbegünstigung an die UdSSR an das Recht der sowjetischen Bürger auf freie Auswanderung. W. Mills verlangte die Einhaltung der Konvention der Menschenrechte in ihrer Gesamtheit.

456 E. Bonner, die Sacharow nach dem Tod seiner ersten Frau heiratete.

459 Autobiographie für die Nobelpreisstiftung, deutsch in *Solschenizyn — Eine Bildbiographie*, Luchterhand 1974.

459 Zitat aus Shakespeares Drama *Macbeth*.

465 Das Ministerium für Staatssicherheit bzw. der KGB.

465 *Russkaja mysl — der Russische Geist*, 1947 gegründete Wochenschrift der ersten russischen Emigration, herausgegeben in Paris. Ein sowjetischer Staatsbürger darf Emigrantenzeitschriften nicht abonnieren.

476 Band I des *Archipel* erschien bei Harper and Row im Setember 1974, sieben Monate nach der Ausweisung Solschenizyns, obwohl das Manuskript dem amerikanischen Verleger bereits 1968 zugegangen war.

477 *Witkewitsch* — der Jugendfreund, mit dem Solschenizyn korrespondierte, als er an der Front war. Diese Korrespondenz war der Anlaß zur Verhaftung der beiden „Komplizen".

480 *Storting* — das norwegische Parlament.

483 Der Passus erschien am 13. Februar in der *New York Times*.

485 Hier geht es nicht um den Roman Scholochows, sondern um einen von Solschenizyn eingeleiteten anonymen, postumen Aufsatz, der Scholochow des Plagiats bezichtigt.

487 *Der Sozialismus*, einer der Beiträge Schafarewitschs zu *Stimmen aus dem Untergrund*.

490 Solschenizyn war zunächst mehrere Jahre in einer „Scharaschka" interniert, wo die Lebensbedingungen wesentlich leichter als in den Lagern waren. Danach konnte er sich seinen Lebensunterhalt als Mathematiklehrer verdienen.

492 *Reue und Selbstbeschränkung* und *Die Intelligenzler* in *Stimmen aus dem Untergrund*.

493 *Archipel Gulag* — Band I, 1. Kap.

494 Wettbewerbe werden in der Sowjetunion mit dem Ziel organisiert, die Produktion zu steigern oder die Qualität der Dienstleistungen anzuheben; in einem Betrieb, einer Werkstatt oder Firma oder auch in einem ganzen Produktionszweig; der Beste — ein einzelner Arbeiter oder eine Gruppe, eine Brigade, eine Fabrik etc. — erhält einen Preis.

Inhalt